Calcul intégral

11e édition

Thomas
Weir
Hass
Giordano

ADAPTATION
Vincent Godbout
Hughes Boulanger

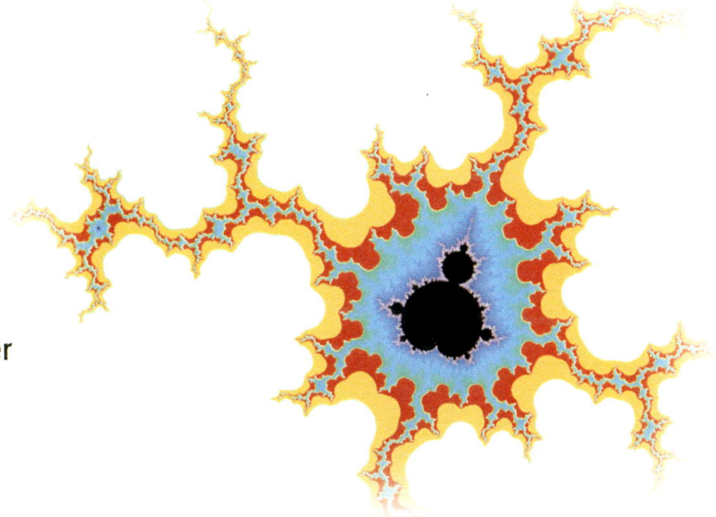

CHENELIÈRE ÉDUCATION

Calcul intégral
11e édition

Adaptation de : *Thomas' Calculus Early Transcendentals – Media Upgrade, Eleventh Edition de George B. Thomas, Jr., Maurice D. Weir, Joel Hass et Frank R. Giordano* © 2008 Pearson Education, Inc. (ISBN 978-0-321-49575-4)

Édition : France Vandal
Coordination : Mélanie D'Amours et Josée Desjardins
Traduction de la 10e édition : Jean-Pierre Leroy
Rédaction des biographies : Axel Harvey
Correction d'épreuves : Catherine Baron
Conception graphique : Josée Bégin
Infographie : Infoscan Collette (Sherbrooke)
Conception de la couverture : Josée Bégin

Catalogage avant publication de Bibliothèque et Archives nationales du Québec et Bibliothèque et Archives Canada

Vedette principale au titre :

Calcul intégral

11e éd.

Traduction de : Thomas' calculus: early transcendentals, Media upgrade, 11th ed.

Comprend un index.
Pour les étudiants du niveau collégial.

ISBN 978-2-7650-2508-5

1. Calcul intégral. 2. Calcul intégral – Problèmes et exercices. I. Thomas, George B. (George Brinton), 1914-2006. II. Godbout, Vincent. III. Boulanger, Hughes.

QA308.T4614 2008 515'.43 C2008-941981-2

CHENELIÈRE ÉDUCATION

5800, rue Saint-Denis, bureau 900
Montréal (Québec) H2S 3L5 Canada
Téléphone : 514 273-1066
Télécopieur : 514 276-0324 ou 1 800 814-0324
info@cheneliere.ca

ISBN 978-2-7650-2508-5

Dépôt légal : 1er trimestre 2009
Bibliothèque et Archives nationales du Québec
Bibliothèque et Archives Canada

Imprimé au Canada

34567 ITIB 17 16 15 14 13

Nous reconnaissons l'aide financière du gouvernement du Canada par l'entremise du Fonds du livre du Canada (FLC) pour nos activités d'édition.

Gouvernement du Québec – Programme de crédit d'impôt pour l'édition de livres – Gestion SODEC.

Sources iconographiques

Image de couverture : Gregory Sams/SPL/PUBLIPHOTO

p. III, IX, X, 191, 199, 201, 210, 213, 221, 223, 231, 233, 246, 248, 251, 255, 256, 269, 273, 285, 287, 299, 302, 310, 313, 328, 330, 347, 351, 352, 355, 361, 362, 364, 365, 369, 371, 373, 375, 377, 379, 381, 386, 389, 393, 394 : Gregory Sams/SPL/PUBLIPHOTO ;

p. IX, 1, 11, 15, 27, 29, 40, 42, 51, 55, 65, 68, 74, 76, 85, 88, 89, 92, 381 : © Steve Terrill/CORBIS ;

p. 2, 9, 10, 17, 19, 21, 29, 31, 110, 126, 144, 152, 156, 163, 165, 223, 225, 260, 261, 290, 291, 295, 323, 333, 337, 359, 367, 377 : Wikimedia Commons ;

p. 86 : Marshall Henrichs ;

p. IX, 95, 106, 108, 117, 122, 128, 130, 141, 144, 153, 156, 166, 171, 181, 183, 188, 384 : Copyright : Joan Kerrigan/Shutterstock ;

p. 172, 278 : PSSC Physics, 2e Édition Copyright D.C. Heath. Avec l'autorisation de Holt McDougal, une division de Houghton Mifflin Harcourt Publishing Company. Tous droits réservés ;

p. 360 : Alan Mason Chesney Medical Archives/Johns Hopkins Medical Institution.

Dans cet ouvrage, le masculin est utilisé comme représentant des deux sexes, sans discrimination à l'égard des hommes et des femmes, et dans le seul but d'alléger le texte.

REMERCIEMENTS

Je tiens tout d'abord à remercier mon collègue Vincent Godbout. Sans lui, ce merveilleux livre n'aurait pas été adapté pour le Québec. Son bon travail s'est poursuivi avec cette nouvelle édition par de judicieux conseils et corrections. Merci à France Vandal, notre éditrice, de sa gestion efficace du projet et de son sourire. Un gros merci aux étudiants et étudiantes, grâce à qui ce projet prend tout son sens. Merci à Mélanie D'Amours, chargée de projet, qui a démarré cette réédition avec vigueur et efficacité. Merci aussi à celle qui a pris sa relève, Josée Desjardins, qui communique toujours avec justesse et finesse. Merci à mes deux fils, Jakob et Vincent, de leur joie de vivre dans l'intensité.

Hughes Boulanger

Calcul intégral, 11e édition est issu de la 10e édition parue en 2002. Ainsi, je remercie les personnes suivantes pour leur contribution à la création de cette 10e édition : Colette Messier (Cégep du Vieux-Montréal), Raymonde Lavoie (Collège Montmorency), Pierre Archambault (Cégep de St-Laurent), Paul Charlebois (Cégep François-Xavier Garneau), Diane Demers (Collège de Maisonneuve) ainsi que Hélène Larue (révision linguistique). Je remercie également Viviane Lescouzères, ma compagne et complice, pour ses encouragements constants tout au long du projet.

Vincent Godbout

AVANT-PROPOS

La onzième édition du *Calculus* de Thomas s'appuie sur une très longue tradition qui se poursuit depuis 1951. Au cours des éditions successives, l'ouvrage a conservé ses qualités originales : un niveau mathématique solide, un grand nombre d'applications stimulantes et une banque considérable de bons exercices.

Ce grand classique des mathématiques met de l'avant une approche qui présente les concepts selon quatre modes : le mode verbal descriptif, le mode d'exploration numérique, le mode géométrique visuel et le mode symbolique analytique.

Dans cette adaptation québécoise entièrement revisitée, vous trouverez quatre chapitres comportant un total de 25 sections ainsi que huit annexes, le tout couvrant la matière prévue aux programmes des cours 203 et NYB.

CARACTÉRISTIQUES DE L'OUVRAGE

Les idées sont présentées d'après les quatre modes de l'**approche conceptuelle**: verbal descriptif, numérique exploratoire, visuel géométrique et symbolique analytique.

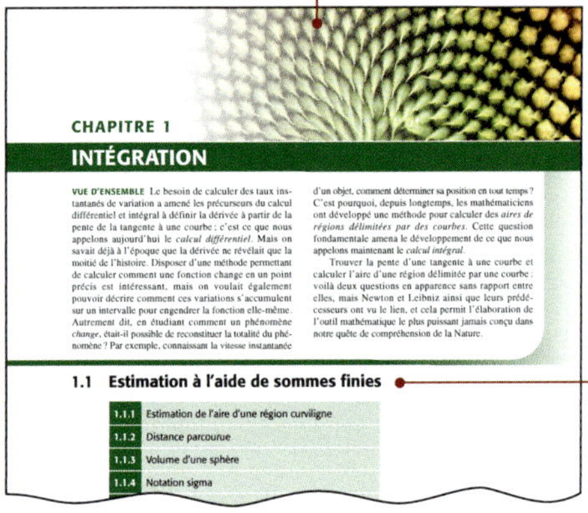

CHAPITRE 1

INTÉGRATION

VUE D'ENSEMBLE Le besoin de calculer des taux instantanés de variation a amené les précurseurs du calcul différentiel et intégral à définir la dérivée à partir de la pente de la tangente à une courbe ; c'est ce que nous appelons aujourd'hui le *calcul différentiel*. Mais on savait déjà à l'époque que la dérivée ne révélait que la moitié de l'histoire. Disposer d'une méthode permettant de calculer comment une fonction change en un point précis est intéressant, mais on voulait également pouvoir décrire comment ces variations s'accumulent sur un intervalle pour engendrer la fonction elle-même. Autrement dit, en étudiant comment un phénomène *change*, était-il possible de reconstituer la totalité du phénomène ? Par exemple, connaissant la vitesse instantanée d'un objet, comment déterminer sa position en tout temps ? C'est pourquoi, depuis longtemps, les mathématiciens ont développé une méthode pour calculer des *aires de régions délimitées par des courbes*. Cette question fondamentale amena le développement de ce que nous appelons maintenant le *calcul intégral*.

Trouver la pente d'une tangente à une courbe et calculer l'aire d'une région délimitée par une courbe : voilà deux questions en apparence sans rapport entre elles, mais Newton et Leibniz ainsi que leurs prédécesseurs ont vu le lien, et cela permit l'élaboration de l'outil mathématique le plus puissant jamais conçu dans notre quête de compréhension de la Nature.

1.1 Estimation à l'aide de sommes finies

1.1.1 Estimation de l'aire d'une région curviligne
1.1.2 Distance parcourue
1.1.3 Volume d'une sphère
1.1.4 Notation sigma

La mise en pages renouvelée et aérée ainsi que l'emploi des **couleurs** facilitent la compréhension visuelle et le repérage rapide des rubriques.

Les **sous-titres** de chaque section mettent en évidence les concepts clés.

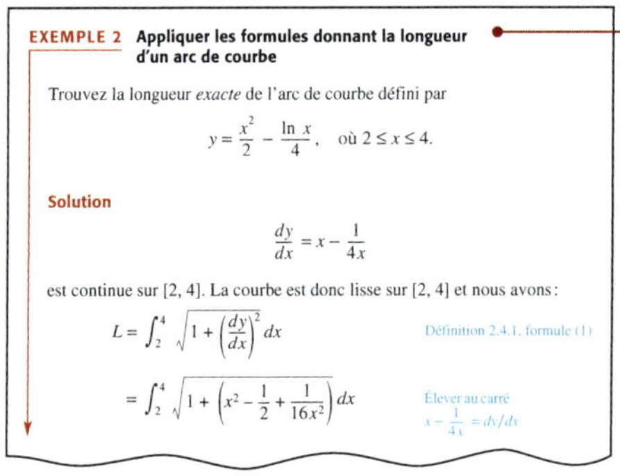

EXEMPLE 2 Appliquer les formules donnant la longueur d'un arc de courbe

Trouvez la longueur *exacte* de l'arc de courbe défini par

$$y = \frac{x^2}{2} - \frac{\ln x}{4}, \quad \text{où } 2 \le x \le 4.$$

Solution

$$\frac{dy}{dx} = x - \frac{1}{4x}$$

est continue sur [2, 4]. La courbe est donc lisse sur [2, 4] et nous avons :

$$L = \int_2^4 \sqrt{1 + \left(\frac{dy}{dx}\right)^2}\, dx \qquad \text{Définition 2.4.1, formule (1)}$$

$$= \int_2^4 \sqrt{1 + \left(x^2 - \frac{1}{2} + \frac{1}{16x^2}\right)}\, dx \qquad \text{Élever au carré } x - \frac{1}{4x} = dy/dx$$

De nombreux **exemples**, prenant souvent la forme de questions, parsèment le texte. Les étapes de chaque raisonnement sont décrites en détail, et diverses figures clarifient les démonstrations.

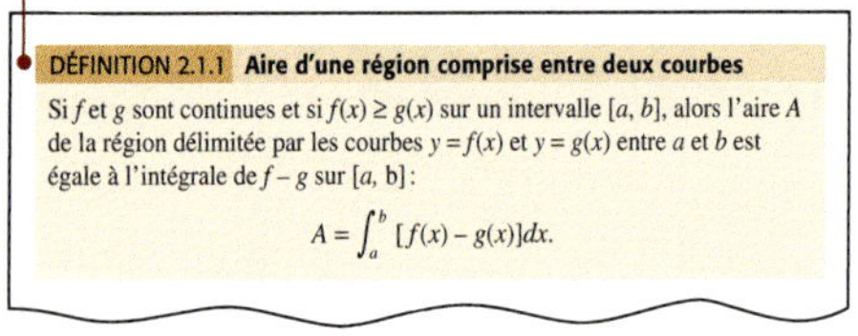

DÉFINITION 2.1.1 Aire d'une région comprise entre deux courbes

Si f et g sont continues et si $f(x) \ge g(x)$ sur un intervalle $[a, b]$, alors l'aire A de la région délimitée par les courbes $y = f(x)$ et $y = g(x)$ entre a et b est égale à l'intégrale de $f - g$ sur $[a, b]$:

$$A = \int_a^b [f(x) - g(x)]dx.$$

Ce livre veut mettre en valeur la beauté formelle des mathématiques. **Définitions, théorèmes, preuves** s'articulent en un tout cohérent, afin d'en garantir l'exactitude et la clarté.

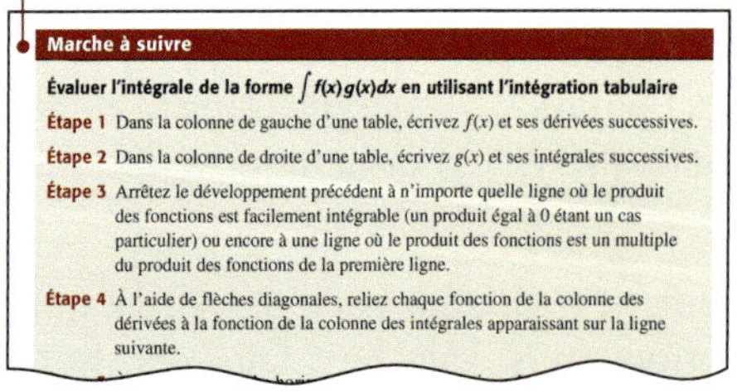

Marche à suivre

Évaluer l'intégrale de la forme $\int f(x)g(x)dx$ en utilisant l'intégration tabulaire

Étape 1 Dans la colonne de gauche d'une table, écrivez $f(x)$ et ses dérivées successives.

Étape 2 Dans la colonne de droite d'une table, écrivez $g(x)$ et ses intégrales successives.

Étape 3 Arrêtez le développement précédent à n'importe quelle ligne où le produit des fonctions est facilement intégrable (un produit égal à 0 étant un cas particulier) ou encore à une ligne où le produit des fonctions est un multiple du produit des fonctions de la première ligne.

Étape 4 À l'aide de flèches diagonales, reliez chaque fonction de la colonne des dérivées à la fonction de la colonne des intégrales apparaissant sur la ligne suivante.

Les étudiants apprécient grandement les **marches à suivre** présentées par étapes ; ces stratégies sont mises en évidence dans des boîtes à bande rouge.

Dans la marge figurent de nombreuses **mises en garde** marquées par un ✓.
Elles soulignent des pièges courants et permettent d'éviter des erreurs souvent commises.

La **modélisation**, à partir de problèmes actuels, variés et basés sur des données réelles, révèle des applications concrètes du calcul intégral à des sciences aussi variées que la physique, le génie, l'économie, la gestion, la biologie et la médecine.

En marge s'insèrent des **suppléments d'information**, dans le but de stimuler les lecteurs à approfondir leurs connaissances. Et pour un brin d'histoire, pour une touche de culture, quoi de mieux que les **biographies** d'une trentaine de grands mathématiciens qui ont contribué au raffinement du calcul intégral !

Pourquoi « harmonique » ?

Les termes de la série harmonique représentent les nœuds d'une corde vibrante qui produisent les multiples de la fréquence fondamentale. Par exemple, 1/2 représente

RIEMANN

« Un esprit glorieusement fertile dans son originalité... » C'était l'opinion du célèbre Gauss, pourtant peu enclin

Dans chaque section sont répartis des **pointeurs d'exercices**. Il est aussi facile de savoir, au fur et à mesure, quels exercices aller faire pour faciliter la compréhension.

Voir les exercices **5** à **10**.

Les **exercices**, classés par catégories – des plus faciles aux plus difficiles –, vont de simples contrôles de routine à des problèmes de modélisation, en passant par des questions conceptuelles. Il y en a près de deux milliers. Les plus ardus, les problèmes défis, sont marqués du pictogramme. Les réponses des numéros impairs figurent à la fin du manuel. Les solutions détaillées de ces problèmes impairs se trouvent sur le **site Internet** www.cheneliere.ca. Un **corrigé complet** est mis à la disposition des professeurs, sur le Web.

LISTE DES APPLICATIONS

Sciences physiques

Sciences appliquées, technique, design

Sciences économiques, administration

Sciences de la vie, biologie, médecine

Sciences sociales

Sports et loisirs

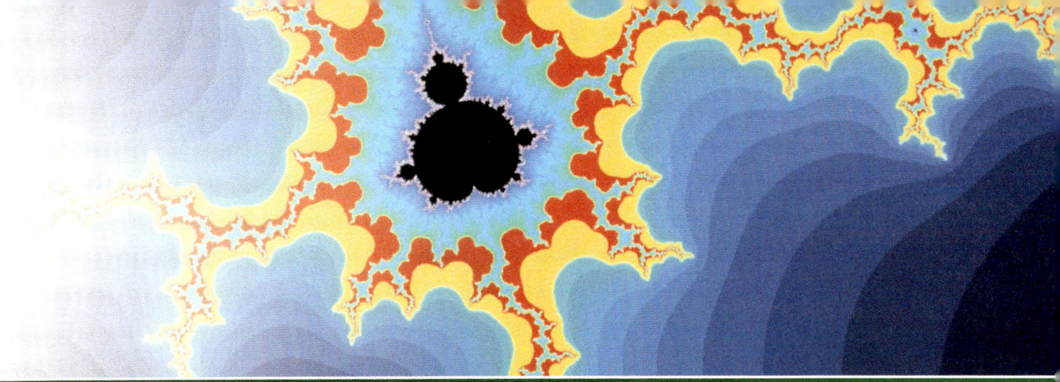

TABLE DES MATIÈRES

CHAPITRE 3 Techniques d'intégration, règle de L'Hospital et intégrales impropres

CHAPITRE 4 Séries infinies

ANNEXES

CHAPITRE 1

INTÉGRATION

VUE D'ENSEMBLE Le besoin de calculer des taux instantanés de variation a amené les précurseurs du calcul différentiel et intégral à définir la dérivée à partir de la pente de la tangente à une courbe ; c'est ce que nous appelons aujourd'hui le *calcul différentiel*. Mais on savait déjà à l'époque que la dérivée ne révélait que la moitié de l'histoire. Disposer d'une méthode permettant de calculer comment une fonction change en un point précis est intéressant, mais on voulait également pouvoir décrire comment ces variations s'accumulent sur un intervalle pour engendrer la fonction elle-même. Autrement dit, en étudiant comment un phénomène change, était-il possible de reconstituer la totalité du phénomène ? Par exemple, connaissant la vitesse instantanée d'un objet, comment déterminer sa position en tout temps ? C'est pourquoi, depuis longtemps, les mathématiciens ont développé une méthode pour calculer des aires de régions délimitées par des courbes. Cette question fondamentale amena le développement de ce que nous appelons maintenant le *calcul intégral*.

Trouver la pente d'une tangente à une courbe et calculer l'aire d'une région délimitée par une courbe : voilà deux questions en apparence sans rapport entre elles, mais Newton et Leibniz ainsi que leurs prédécesseurs ont vu le lien, et cela permit l'élaboration de l'outil mathématique le plus puissant jamais conçu dans notre quête de compréhension de la Nature.

1.1 Estimation à l'aide de sommes finies

Deux problèmes fondamentaux sont au cœur du calcul différentiel et intégral. D'abord, le problème des tangentes, étudié précédemment, qui consiste à décrire les droites tangentes à une courbe ; cette question est à la base du calcul différentiel. Ensuite, le problème de la quadrature, abordé dans les pages suivantes, qui consiste à déterminer l'aire enfermée par une courbe ; cette question est à la base du calcul intégral.

Newton et Leibniz ainsi que les frères Bernoulli ont chacun le mérite d'avoir été les premiers à reconnaître clairement le lien étroit entre ces deux problèmes.

1.1.1 Estimation de l'aire d'une région curviligne

Dès l'Antiquité, les géomètres s'intéressèrent au calcul de l'aire des figures planes. Ils savaient comment calculer l'aire de n'importe quelle surface polygonale plane en la découpant par triangulation et en faisant la somme des aires de chacun des triangles ainsi obtenus. En pratique, ils utilisaient la formule de Héron pour trouver l'aire de chaque triangle calculée à partir de la mesure de ses trois côtés (figure 1.1.1).

Mais comment déterminer l'aire de surfaces délimitées par des courbes ?

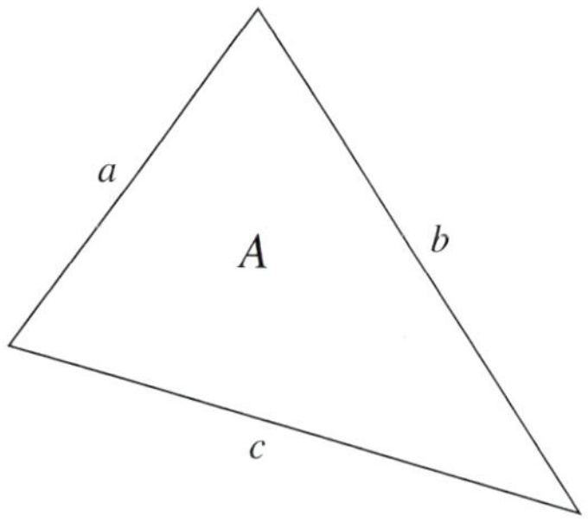

Figure 1.1.1 La formule de Héron : soit $s = (a + b + c)/2$ le demi-périmètre d'un triangle. L'aire A du triangle est donnée par $A = \sqrt{s(s-a)(s-b)(s-c)}$.

EXEMPLE 1 Estimer l'aire de la région sous une hyperbole

Trouvez une approximation de l'aire A de la région comprise entre l'axe des x et l'hyperbole $f(x) = 1/x$, entre les bornes $x = 2$ et $x = 4$.

Solution

L'idée consiste à estimer l'aire A en remplaçant l'hyperbole par une courbe en escalier qui lui soit voisine : l'aire de chaque rectangle obtenu est facile à calculer, et la somme S_n des aires de ces n rectangles sera à peu près égale à A ; plus la base des rectangles sera petite, plus leur nombre augmentera et plus la somme S_n sera proche de l'aire A de la région sous la courbe.

Subdivisons cette région d'aire A en n bandes de largeur égale Δx et formons sur chaque bande un rectangle fermé au-dessous de la courbe et un rectangle fermé au-dessus de la courbe. Il est clair que l'aire A est comprise entre la somme $\underline{S_n}$ des aires des rectangles inscrits et la somme $\overline{S_n}$ des aires des rectangles circonscrits (figure 1.1.2).

À la figure 1.1.2, nous constatons qu'il y a quatre rectangles circonscrits dont les coins supérieurs droits sont au-dessus de la courbe, et quatre rectangles inscrits dont les coins supérieurs gauches sont au-dessous de la courbe.

Calculons ces aires. L'aire de chacun des rectangles est le produit de sa base par sa hauteur. Ici, les quatre rectangles sont de base $\Delta x = (4 - 2)/4 = 0{,}5$. Les hauteurs sont données par l'équation de la courbe.

L'aire totale des quatre rectangles inscrits est

$$\begin{aligned}\underline{S_4} &= a_1 + a_2 + a_3 + a_4\\ &= (0{,}5)(1/2{,}5) + (0{,}5)(1/3) + (0{,}5)(1/3{,}5) + (0{,}5)(1/4)\\ &= (0{,}5)(1/2{,}5 + 1/3 + 1/3{,}5 + 1/4)\\ &\approx (0{,}5)(1{,}2690476) = 0{,}6345238.\end{aligned}$$

Nous avons donc ici une approximation par défaut de A.

L'aire totale sous les quatre rectangles circonscrits est

$$\begin{aligned}\overline{S_4} &= A_1 + A_2 + A_3 + A_4\\ &= (0{,}5)(1/2) + (0{,}5)(1/2{,}5) + (0{,}5)(1/3) + (0{,}5)(1/3{,}5)\\ &= (0{,}5)(1/2 + 1/2{,}5 + 1/3 + 1/3{,}5)\\ &\approx (0{,}5)(1{,}5190476) = 0{,}7595238.\end{aligned}$$

Nous avons ici une approximation par excès de A.

Par conséquent,

$$0{,}6345238 < A < 0{,}7595238.$$

HÉRON

Nous connaissons peu de choses sur la vie de **Héron l'Ancien** ou **d'Alexandrie** (probablement né et mort à Alexandrie au premier siècle de notre ère), bien qu'il soit cité dans de nombreux textes anciens de mathématiques. On lui devrait la formule de l'aire d'un triangle à partir de la longueur des trois côtés a, b et c :

$$\sqrt{s(s-a)(s-b)(s-c)},$$

où $s = (a + b + c)/2$.

Héron écrit sur les aires et les volumes, l'arpentage, la géodésie, l'architecture et les engins militaires.

La mécanique pratique stimule son imagination débordante. Il décrit des appareils fonctionnant astucieusement grâce au basculement de l'eau, à la vapeur, ou au moyen de poulies : fontaines d'où jaillit du vin coupé d'eau selon une proportion ajustable, marionnettes et trompettes magiques, etc. Ces bizarreries servaient probablement à expliquer des principes de mécanique aux étudiants alexandrins. Héron serait-il l'ancêtre de tous les professeurs qui animent leurs cours à l'aide de démonstrations insolites ?

Héron est aussi l'inventeur du premier mécanisme rotatif à vapeur, l'éolipile, une sphère d'où sortaient des jets de vapeur la faisant tournoyer sur son axe.

L'erreur d'approximation de A aussi bien par l'approximation par défaut $\underline{S}_4$ que par l'approximation par excès $\overline{S}_4$ est plus petite que $\left(\overline{S}_4 - \underline{S}_4\right)$ (partie colorée en rouge).

$$\overline{S}_4 - \underline{S}_4 \approx (0{,}7595238 - 0{,}6345238) = 0{,}125$$

En fait,

$$\overline{S}_4 - \underline{S}_4 \text{ vaut exactement } \frac{1}{8}.$$

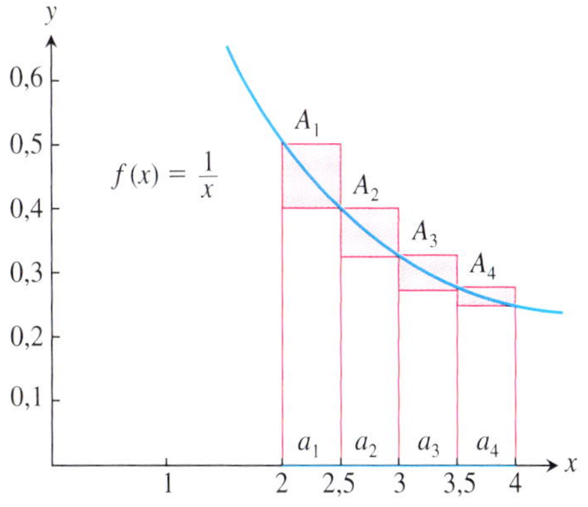

Figure 1.1.2 L'estimation de l'aire A sous l'hyperbole $f(x) = 1/x$ à l'aide de quatre rectangles d'aires a_1, a_2, a_3 et a_4 et de quatre rectangles circonscrits d'aires A_1, A_2, A_3 et A_4.

EXEMPLE 2 Meilleure estimation de l'aire de la région sous une hyperbole

Améliorez l'approximation précédente en subdivisant l'intervalle [2, 4] non plus en quatre, mais en huit parties égales, puis en évaluant A comme une somme $\underline{S}_8$ de huit rectangles inscrits ou comme une somme $\overline{S}_8$ de huit rectangles circonscrits (figure 1.1.3).

Solution

$$\begin{aligned}
\underline{S}_8 &= a_1 + a_2 + a_3 + a_4 + a_5 + a_6 + a_7 + a_8 \\
&= (0{,}25)(1/2{,}25) + (0{,}25)(1/2{,}5) + (0{,}25)(1/2{,}75) + (0{,}25)(1/3) \\
&\quad + (0{,}25)(1/3{,}25) + (0{,}25)(1/3{,}5) + (0{,}25)(1/3{,}75) + (0{,}25)(1/4) \\
&= (0{,}25)(1/2{,}25 + 1/2{,}5 + 1/2{,}75 + 1/3 + 1/3{,}25 + 1/3{,}5 \\
&\qquad + 1/3{,}75 + 1/4) \\
&\approx (0{,}25)(2{,}6514874) = 0{,}6628719
\end{aligned}$$

$$\begin{aligned}
\overline{S}_8 &= A_1 + A_2 + A_3 + A_4 + A_5 + A_6 + A_7 + A_8 \\
&= (0{,}25)(1/2) + (0{,}25)(1/2{,}25) + (0{,}25)(1/2{,}5) + (0{,}25)(1/2{,}75) \\
&\quad + (0{,}25)(1/3) + (0{,}25)(1/3{,}25) + (0{,}25)(1/3{,}5) + (0{,}25)(1/3{,}75) \\
&= (0{,}25)(1/2 + 1/2{,}25 + 1/2{,}5 + 1/2{,}75 + 1/3 + 1/3{,}25 + 1/3{,}5 \\
&\qquad + 1/3{,}75) \\
&\approx (0{,}25)(2{,}9014874) = 0{,}7253719
\end{aligned}$$

Donc,

$$0{,}6628718 < A < 0{,}7253718.$$

L'erreur d'approximation de A par $\underline{S}_8$ ou par $\overline{S}_8$ est plus petite que $\overline{S}_8 - \underline{S}_8$:

$$\overline{S}_8 - \underline{S}_8 \approx 0{,}7253718 - 0{,}6628718 = 0{,}0625.$$

En fait,

$$\overline{S}_8 - \underline{S}_8 \text{ vaut exactement } \frac{1}{16}.$$

Évidemment, l'erreur d'approximation diminue à mesure que n augmente : par exemple, $\underline{S}_8$ et $\overline{S}_8$ sont respectivement une **meilleure approximation par défaut** et une **meilleure approximation par excès** de A que $\underline{S}_4$ et $\overline{S}_4$, c'est-à-dire que nous avons

$$\underline{S}_4 < \underline{S}_8 < A < \overline{S}_8 < \overline{S}_4 .$$

Pour améliorer ces approximations, nous pourrions continuer en subdivisant l'intervalle [2, 4] en sous-intervalles égaux toujours plus courts, donc plus nombreux, et en estimant l'aire A avec des sommes de rectangles également de plus en plus petits. Ainsi, on se rapprocherait de plus en plus de A.

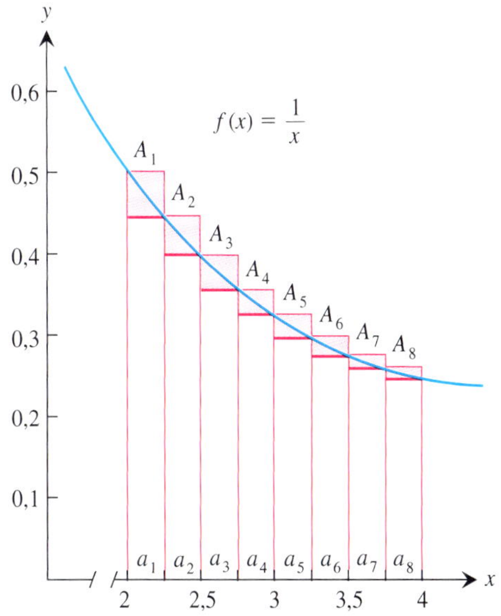

Figure 1.1.3 L'estimation de l'aire A sous l'hyperbole $f(x) = 1/x$ à l'aide de huit rectangles inscrits d'aires a_1 à a_8 et de huit rectangles circonscrits d'aires A_1 à A_8.

TABLE 1.1.1		
n	$\underline{S}_n$	$\overline{S}_n$
4	0,6345238	0,7595238
8	0,6628719	0,7253719
16	0,6777662	0,7090162
32	0,6853957	0,7010207
64	0,6892562	0,6970687
128	0,6911979	0,6951041
256	0,6921716	0,6941247
512	0,6926591	0,6936357
1 024	0,6929031	0,6933914
10 000	0,6931222	0,6931722

Cependant, il resterait toujours une erreur provenant de l'exclusion des triangles curvilignes situés au-dessous de la courbe ou de l'inclusion des triangles curvilignes situés au-dessus de la courbe. Mais cette erreur semble diminuer à mesure que le nombre n de rectangles augmente. La table 1.1.1 ci-contre présente les résultats de calculs à l'ordinateur semblables à ce qui précède pour différentes valeurs de n. Lorsque n vaut 10 000, l'étau s'est passablement resserré : A est compris entre 0,6931222 et 0,6931722. En fait, nous démontrerons plus loin que l'aire exacte A est égale à $\ln 2 \approx 0{,}693147181$. Les erreurs d'approximation de A par $\underline{S}_{10\,000}$ et par $\overline{S}_{10\,000}$ sont donc toutes deux inférieures à 1/10 000.

En faisant la moyenne de ces deux nombres, nous obtenons une très bonne approximation de A :

$$A \approx (0{,}6931222 + 0{,}6931722)/2 = 0{,}6931472.$$

Voir les exercices **1** à **4**.

1.1.2 Distance parcourue

Il est facile de trouver la distance parcourue par un objet dans un intervalle de temps donné si sa vitesse demeure constante : il suffit d'appliquer la formule suivante :

$$\text{distance} = \text{vitesse} \times \text{temps (figure 1.1.4).}$$

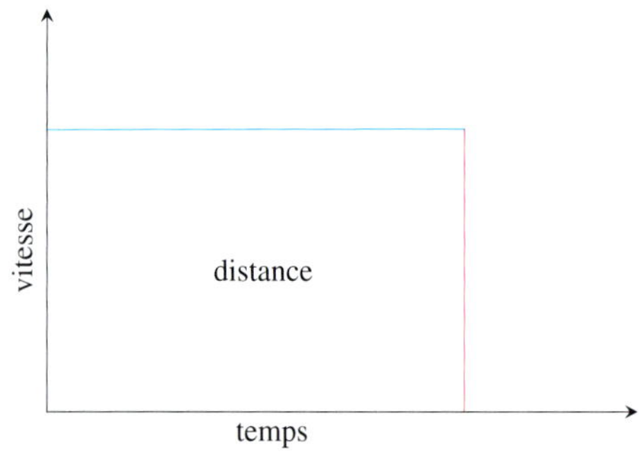

Figure 1.1.4 Lorsque la vitesse est constante, la distance parcourue dans un intervalle de temps correspond à l'aire du rectangle délimité par cet intervalle sur l'axe horizontal et la fonction vitesse.

Cependant, si la vitesse est variable, il est plus difficile d'évaluer la distance parcourue. La méthode d'estimation d'une aire sous une courbe à l'aide de sommes de rectangles peut servir à résoudre ce problème pratique, comme le démontre l'exemple 3.

EXEMPLE 3 Longueur d'une route

Vous êtes en voiture avec un ami. Le compteur de vitesse fonctionne, mais l'odomètre (compteur de distance) est en panne. Pour estimer la distance parcourue en une minute, votre ami note la vitesse de l'auto à intervalles réguliers de cinq secondes. Les données figurent à la table 1.1.2. Estimez la longueur de la route parcourue.

TABLE 1.1.2

Relevé du compteur de vitesse à intervalles réguliers

Temps (s)	**Vitesse (convertie en m/s ; 10 m/s = 36 km/h)**
0	4
5	7
10	10
15	8
20	9
25	14
30	11
35	6
40	8
45	12
50	10
55	7
60	6

Solution

Durant les cinq premières secondes, nous pouvons supposer que la vitesse ne varie pas beaucoup ; nous estimerons donc la distance parcourue pendant cet intervalle de temps en supposant que la vitesse est constante. Si nous posons cette vitesse égale à la vitesse initiale de 4 m/s, nous estimons ainsi la distance parcourue durant les cinq premières secondes :

$$4 \text{ m/s} \times 5 \text{ s} = 20 \text{ m}.$$

Pour le deuxième intervalle de cinq secondes, supposons encore que la vitesse demeure constante ; en prenant la vitesse de l'auto à la cinquième seconde ou au début du deuxième intervalle, nous obtenons l'estimation suivante pour la distance parcourue entre la cinquième et la dixième seconde :

$$7 \text{ m/s} \times 5 \text{ s} = 35 \text{ m}.$$

En continuant de la même façon pour chaque intervalle de 5 secondes, nous trouvons 12 estimations qu'il suffit d'additionner pour obtenir une estimation de la distance totale parcourue en 60 secondes :

$$4 \times 5 + 7 \times 5 + 10 \times 5 + 8 \times 5 + 9 \times 5 + 14 \times 5 + 11 \times 5 + 6 \times 5 + 8 \times 5 + 12 \times 5 + 10 \times 5 + 7 \times 5 = 530 \text{ m.}$$

Nous pouvons également raisonner en posant, pour chaque intervalle, la vitesse constante égale à la vitesse finale plutôt qu'à la vitesse initiale. L'estimation de la distance totale devient alors :

$$7 \times 5 + 10 \times 5 + 8 \times 5 + 9 \times 5 + 14 \times 5 + 11 \times 5 + 6 \times 5 + 8 \times 5 + 12 \times 5 + 10 \times 5 + 7 \times 5 + 6 \times 5 = 540 \text{ m.}$$

Pour obtenir une estimation plus précise, il faudrait faire les relevés du compteur de vitesse à des intervalles plus courts que cinq secondes.

La ressemblance entre le problème de l'estimation de la distance parcourue et celui de l'estimation de l'aire curviligne apparaît clairement en traçant le graphe de la vitesse v de l'auto en fonction du temps et en subdivisant l'intervalle de 60 secondes en 12 sous-intervalles de 5 secondes. Les 12 rectangles obtenus en prenant comme hauteurs les vitesses aux 12 extrémités de gauche des sous-intervalles ont des aires qui correspondent aux 12 termes de la première estimation (figure 1.1.5 **a**) ; les 12 rectangles obtenus en prenant comme hauteurs les vitesses aux 12 extrémités de droite des sous-intervalles ont des aires qui correspondent aux 12 termes de la deuxième estimation (figure 1.1.5 **b**). L'aire de chaque rectangle peut s'interpréter comme une distance puisque la hauteur représente une vitesse et la base, un intervalle de temps.

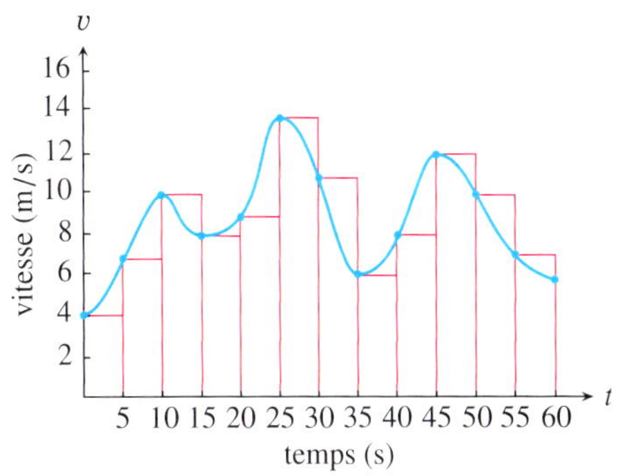

a)

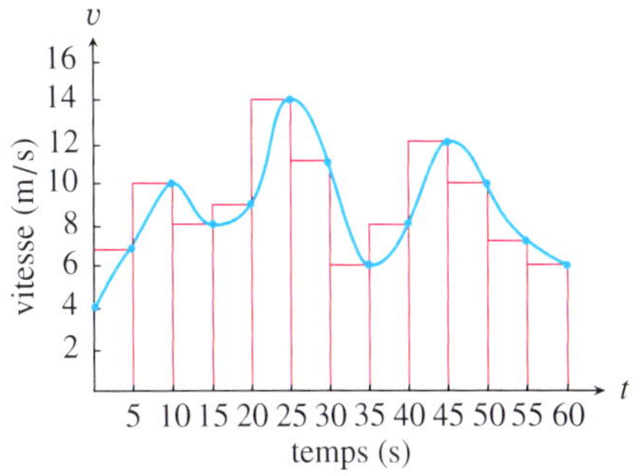

b)

Figure 1.1.5 **a)** Les 12 rectangles obtenus en prenant comme hauteurs les vitesses aux 12 extrémités de gauche des sous-intervalles ont des aires qui correspondent aux 12 termes de la première estimation ; l'aire totale vaut 530 m. **b)** Les 12 rectangles obtenus en prenant comme hauteurs les vitesses aux 12 extrémités de droite des sous-intervalles ont des aires qui correspondent aux 12 termes de la deuxième estimation ; l'aire totale vaut 540 m.

Analysons cette méthode d'estimation de la distance dans un contexte plus général. La vitesse instantanée d'une voiture $v = f(t)$ étant connue, nous désirons connaître la distance D parcourue dans un intervalle de temps $a \leq t \leq b$. Nous pouvons estimer la réponse à l'aide d'une somme de la façon suivante : subdivisons l'intervalle $[a, b]$ en sous-intervalles Δt d'égale longueur au cours desquels la vitesse est approximativement constante. Donc, pour chaque sous-intervalle,

$$\text{distance} = \text{vitesse} \times \text{temps} \approx f(t) \cdot \Delta t.$$

Nous obtenons une estimation de la distance totale D en additionnant les résultats pour tous les sous-intervalles Δt.

Plus précisément, considérons le schéma ci-dessous.

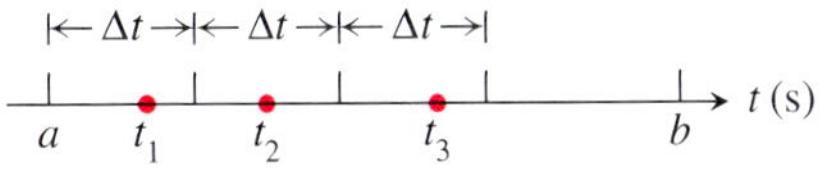

Soit t_1 un point quelconque du premier sous-intervalle. Au cours de cet intervalle de temps, la voiture aura parcouru approximativement $f(t_1) \cdot \Delta t$ m. Si t_2 est un point du deuxième sous-intervalle, l'auto aura parcouru une distance approximative supplémentaire de $f(t_2) \cdot \Delta t$ m, et ainsi de suite. La somme de tous ces produits donnera une approximation de la distance D parcourue dans l'intervalle de temps $[a, b]$. Avec n sous-intervalles, nous pouvons écrire

$$D \approx f(t_1) \cdot \Delta t + f(t_2) \cdot \Delta t + \ldots + f(t_n) \cdot \Delta t.$$

Voir les exercices **5** à **8**, **17** et **18**.

1.1.3 Volume d'une sphère

Dans les trois exemples précédents, nous avons estimé des quantités (aire et distance) à partir de fonctions définies sur un intervalle fermé. Nous avons subdivisé l'intervalle en sous-intervalles suffisamment petits pour que la fonction soit considérée constante sur ces sous-intervalles. Puis nous avons formé la somme des produits de chacune de ces valeurs constantes par la longueur du sous-intervalle correspondant. Appliquons cette méthode à une autre situation : l'estimation du volume d'une sphère.

EXEMPLE 4 Estimer le volume d'une sphère

Estimez le volume d'une sphère de rayon 4.

Solution

Une sphère peut être considérée comme la surface engendrée par la rotation d'un demi-cercle autour de son diamètre. Soit le demi-cercle d'équation $f(x) = \sqrt{16 - x^2}$. Effectuons une rotation autour de l'axe des x (figure 1.1.6 **a**) pour engendrer une sphère de rayon 4. Subdivisons l'intervalle $[-4, 4]$ en n sous-intervalles d'égale longueur $\Delta x = 8/n$ et découpons la sphère en n tranches d'égale épaisseur Δx. Si n est suffisamment grand pour que le rayon soit approximativement constant sur Δx, on peut considérer chaque tranche comme un cylindre de hauteur Δx dont le volume est donné par :

$$\pi r^2 h = \pi r^2 \Delta x.$$

Le rayon r varie évidemment selon la position de la tranche cylindrique ; par exemple, au centre, le rayon est 4, aux deux bornes de l'intervalle, le rayon est 0 et, de façon générale, en $x = c_i$ le rayon est égal à $f(c_i) = \sqrt{16 - c_i^2}$.

Subdivisons l'intervalle $[-4, 4]$ en huit sous-intervalles de longueur $\Delta x = 8/8 = 1$ et prenons c_i à l'extrémité gauche de chacun de ces sous-intervalles (figure 1.1.6 **b**). Le volume de chaque cylindre est alors

$$\pi r^2 \Delta x = \pi\left[\sqrt{16 - c_i^2}\right]^2 \Delta x$$
$$= \pi\left[\sqrt{16 - c_i^2}\right]^2.$$

La somme des volumes des huit cylindres est

$$S_8 = \pi\left[\sqrt{16 - c_1^2}\right]^2 + \pi\left[\sqrt{16 - c_2^2}\right]^2 + \ldots + \pi\left[\sqrt{16 - c_8^2}\right]^2$$
$$= \pi\left[\left(16 - (-4)^2\right) + \left(16 - (-3)^2\right) + \ldots + \left(16 - (3)^2\right)\right]$$
$$= \pi\left[0 + 7 + 12 + 15 + 16 + 15 + 12 + 7\right]$$
$$= 84\pi.$$

Comparons cette estimation avec le volume V exact de la sphère :

$$V = \frac{4}{3}\pi r^3 = \frac{4}{3}\pi(4)^3 = \frac{256\pi}{3}.$$

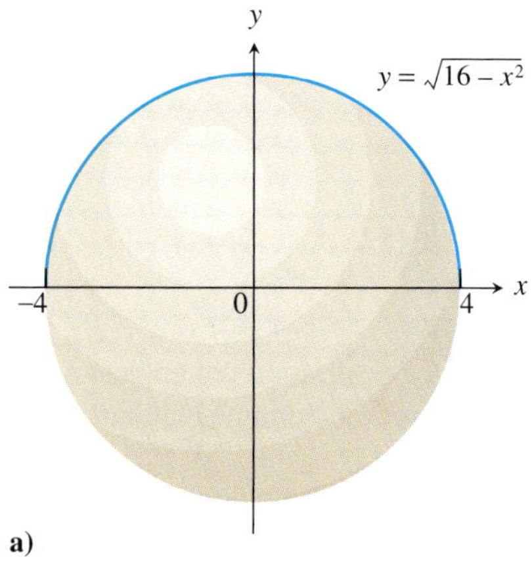

a)

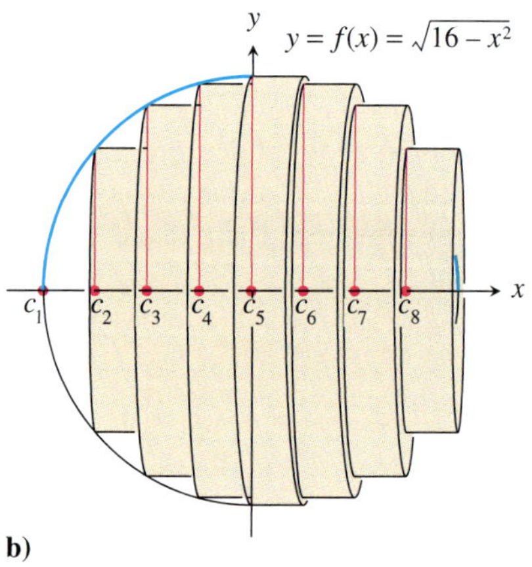

b)

Figure 1.1.6 **a)** Le demi-cercle $y = \sqrt{16 - x^2}$ subit une rotation autour de l'axe des x pour engendrer une sphère. **b)** La sphère est découpée en huit tranches cylindriques.

L'erreur $|V - S_8|$ entre le volume estimé S_8 et le volume exact V ne représente qu'un faible pourcentage de V.

$$\text{Pourcentage d'erreur} = \frac{|V - S_8|}{V} = \frac{(256\pi/3 - 84\pi)}{256\pi/3}$$

$$= \frac{256 - 252}{256} = \frac{1}{64} \approx 1{,}6\ \%$$

Une estimation qui comporterait un plus grand nombre de sous-intervalles plus petits donnerait évidemment une meilleure approximation.

Voir les exercices **9** à **16**.

1.1.4 Notation sigma

La notation sigma permet d'exprimer des sommes sous une forme compacte.

DÉFINITION 1.1.1 Notation sigma

Si a_m, a_{m+1}, a_{m+2}, …, a_{n-1}, a_n sont des nombres réels et si m et n sont des entiers tels que $m \leq n$, alors

$$\sum_{k=m}^{n} a_k = a_m + a_{m+1} + a_{m+2} + \ldots + a_{n-1} + a_n.$$

La lettre grecque majuscule Σ (sigma) est le symbole de sommation. La valeur m de k sous le Σ est la borne inférieure de sommation et nous indique où la somme commence (cette valeur limite n'est pas nécessairement 1). La valeur n de k au-dessus du Σ est la borne supérieure de sommation et nous indique où la somme s'arrête. La lettre k est l'indice de sommation. Le choix de la lettre pour l'indice n'est pas vraiment significatif, car il ne change rien à la valeur de la somme ; les lettres i, j et k sont les plus couramment employées. Si le symbole ∞ est placé en haut du symbole de sommation à la place de n, la sommation des termes se prolonge indéfiniment.

Pour développer une sommation, nous remplaçons l'indice apparaissant dans l'expression à la droite de Σ successivement par tous les entiers allant de la borne inférieure m à la borne supérieure n, puis nous calculons la somme des valeurs obtenues.

EXEMPLE 5 Développer une sommation

Développez, puis évaluez chacune des cinq sommations suivantes.

a) $\sum_{k=1}^{5} k$ **b)** $\sum_{k=1}^{3} (-1)^k k$ **c)** $\sum_{k=0}^{2} \frac{k}{k+1}$ **d)** $\sum_{k=4}^{7} \frac{k^2}{k-1}$ **e)** $\sum_{k=5}^{10} 3$

Solution

a) $\sum_{k=1}^{5} k = 1 + 2 + 3 + 4 + 5 = 15$

b) $\sum_{k=1}^{3} (-1)^k k = (-1)^1(1) + (-1)^2(2) + (-1)^3(3) = -1 + 2 - 3 = -2$

c) $\sum_{k=0}^{2} \frac{k}{k+1} = \frac{0}{0+1} + \frac{1}{1+1} + \frac{2}{2+1} = 0 + \frac{1}{2} + \frac{2}{3} = \frac{7}{6}$

d) $\displaystyle\sum_{k=4}^{7} \frac{k^2}{k-1} = \frac{4^2}{4-1} + \frac{5^2}{5-1} + \frac{6^2}{6-1} + \frac{7^2}{7-1} = \frac{16}{3} + \frac{25}{4} + \frac{36}{5} + \frac{49}{6}$

$\displaystyle = \frac{320+375+432+490}{60} = \frac{1617}{60} = \frac{539}{20}$

e) $\displaystyle\sum_{k=5}^{10} 3 = 3+3+3+3+3+3 = 6 \cdot 3 = 18$

Voir les exercices **23** à **28**.

EXEMPLE 6 Exprimer une somme en notation sigma

Exprimez les sommes suivantes en notation sigma.

a) $\displaystyle\frac{1}{2} + \frac{1}{3} + \frac{1}{4} + \ldots + \frac{1}{31}$

b) $\displaystyle\frac{1}{1^2} + \frac{1}{3^2} + \frac{1}{5^2} + \frac{1}{7^2} + \ldots + \frac{1}{31^2}$

(Ici, il est utile de savoir qu'un nombre impair peut s'exprimer sous la forme $2k+1$ ou $2k-1$, où k est un entier.)

Solution

a) $\displaystyle\sum_{k=2}^{31} \frac{1}{k}$

b) $\displaystyle\sum_{k=0}^{15} \frac{1}{(2k+1)^2}$ ou $\displaystyle\sum_{k=1}^{16} \frac{1}{(2k-1)^2}$.

Attention ! Ici la borne supérieure de sommation n'est pas 31.

Le théorème 1.1.1 fournit quatre règles simples pour utiliser la notation sigma.

THÉORÈME 1.1.1 Propriétés des sommations

Soit c une quantité qui ne dépend pas de k. Alors

a) $\displaystyle\sum_{k=m}^{n} (a_k + b_k) = \sum_{k=m}^{n} a_k + \sum_{k=m}^{n} b_k$;

b) $\displaystyle\sum_{k=m}^{n} (a_k - b_k) = \sum_{k=m}^{n} a_k - \sum_{k=m}^{n} b_k$;

c) $\displaystyle\sum_{k=m}^{n} ca_k = c\sum_{k=m}^{n} a_k$;

d) $\displaystyle\sum_{k=m}^{n} c = (n-m+1)c$.

Preuve du théorème 1.1.1 Pour démontrer ces propriétés, il suffit de développer les deux membres de chaque égalité. La propriété **a)** découle de l'associativité et de la commutativité de l'addition :

$$(a_m + b_m) + (a_{m+1} + b_{m+1}) + \ldots + (a_n + b_n) = (a_m + a_{m+1} + \ldots + a_n) + (b_m + b_{m+1} + \ldots + b_n).$$

La preuve en **b)** est semblable.

La propriété **c)** est tout simplement la distributivité de la multiplication sur l'addition avec un nombre quelconque de termes :

$$(ca_m + ca_{m+1} + \ldots + ca_n) = c(a_m + a_{m+1} + \ldots + a_n).$$

La propriété **d)** découle directement de la définition de la notation sigma. ■

EXEMPLE 7 Faire la somme de puissances d'entiers consécutifs

Développez, puis évaluez les trois sommations suivantes.

a) $\sum_{k=1}^{50} k$ **b)** $\sum_{k=1}^{50} k^2$ **c)** $\sum_{k=1}^{50} k^3$

Solution

a) $\sum_{k=1}^{50} k = 1 + 2 + 3 + \ldots + 48 + 49 + 50 = 1275$

Il est possible d'obtenir la somme par un moyen ingénieux sans devoir additionner les 50 nombres.

Ainsi,

$$\sum_{k=1}^{50} k = 1 + 2 + 3 + \ldots + 48 + 49 + 50$$

et

$$\sum_{k=1}^{50} k = 50 + 49 + 48 + \ldots + 3 + 2 + 1.$$

En additionnant membre à membre, nous obtenons :

$$2\sum_{k=1}^{50} k = (1 + 50) + (2 + 49) + (3 + 48) + \ldots + (48 + 3) + (49 + 2) + (50 + 1)$$

$$= 50 \cdot 51$$

donc,

$$\sum_{k=1}^{50} k = \frac{50 \cdot 51}{2} = 1275.$$

En généralisant cet argument pour une borne supérieure quelconque, nous obtenons la formule

$$\sum_{k=1}^{n} k = \frac{n(n+1)}{2}. \qquad (1)$$

b) $\sum_{k=1}^{50} k^2 = 1^2 + 2^2 + 3^2 + \ldots + 48^2 + 49^2 + 50^2 = 42\,925$

Ici encore, une formule permet d'obtenir la somme sans avoir à tout additionner :

$$\sum_{k=1}^{n} k^2 = 1^2 + 2^2 + 3^2 + \ldots + n^2 = \frac{n(n+1)(2n+1)}{6}. \qquad (2)$$

Ainsi,

$$\sum_{k=1}^{50} k^2 = \frac{50(51)(101)}{6} = 42\,925.$$

c) $\sum_{k=1}^{50} k^3 = 1^3 + 2^3 + 3^3 + \ldots + 48^3 + 49^3 + 50^3 = 1\,625\,625$

Voici la formule qui permet d'obtenir la somme directement :

$$\sum_{k=1}^{n} k^3 = \left[\frac{n(n+1)}{2}\right]^2$$

GAUSS

Il sera prince des mathématiciens : fils d'ouvrier, **Carl Friedrich Gauss** (Brunswick, 30 avril 1777 – Göttingen, 1855) a 10 ans lorsqu'il étonne son professeur par l'addition instantanée des entiers de 1 à 100 (devinez l'astuce !). À 22 ans, étudiant à l'université, Gauss découvre comment construire à la règle et au compas le polygone régulier à 17 côtés. Sa thèse de doctorat établit rigoureusement le théorème fondamental de l'algèbre : toute équation de degré n admet n solutions dans le domaine des nombres complexes. Ce résultat est déjà de tout premier ordre et les exploits se succéderont : méthode des moindres carrés, théorie des erreurs d'observation (loi normale de Gauss), analyse d'orbites à partir d'un nombre restreint de positions, approximations d'intégrales par des polynômes, champs d'attraction des sphéroïdes, méthodes pour analyser la force du magnétisme terrestre, invention d'un instrument d'arpentage et d'un système de télégraphie.

Dans ses carnets de jeunesse figurent la mention de plusieurs concepts importants qui seront redécouverts par d'autres. Il préfère la recherche à l'enseignement : il sera parfois inabordable pour ses étudiants de Göttingen. Toutefois, ce personnage austère cache un esprit sensible, incapable de lire certaines œuvres littéraires tellement il les trouve bouleversantes.

donc,

$$\sum_{k=1}^{50} k^3 = \left[\frac{50(51)}{2}\right]^2 = 1\ 625\ 625. \qquad (3)$$

À la section 1.2, ces formules seront essentielles au calcul exact de l'aire de certaines régions curvilignes. Regroupons-les en un seul théorème.

THÉORÈME 1.1.2 Sommations de certaines puissances d'entiers consécutifs

a) $\sum_{k=1}^{n} k = 1+2+3+\ldots+n = \frac{n(n+1)}{2}$

b) $\sum_{k=1}^{n} k^2 = 1^2+2^2+3^2+\ldots+n^2 = \frac{n(n+1)(2n+1)}{6}$

c) $\sum_{k=1}^{n} k^3 = 1^3+2^3+3^3+\ldots+n^3 = \left[\frac{n(n+1)}{2}\right]^2$

Voir les exercices **29** et **31** à **34**.

JACQUES BERNOULLI

Issu d'une famille de commerçants protestants réfugiés en Suisse, **Jacques Bernoulli** (né et mort à Bâle, 1654-1705) compte de nombreux mathématiciens éminents dans sa parenté. Cependant, il est le premier scientifique Bernoulli, comme le témoigne sa devise : *Invito patre sidera verso*, « J'étudie les astres contre le gré de mon père ».

Professeur de mécanique puis de mathématiques à l'université de Bâle, il connaît les œuvres de Descartes, Wallis et Barrow. Avec son jeune frère Jean, il étudie soigneusement les écrits mathématiques de Leibniz, qui lui semblent obscurs ; il s'efforcera donc de les défendre et de les expliquer plus clairement.

En 1690, un écrit de Jacques Bernoulli contient le mot *intégrale* entendu pour la première fois dans son sens moderne. Cependant, l'expression serait de Jean (avec qui les relations se détérioreront au fil des ans).

On doit à Jacques des textes sur le lien entre l'algèbre et la logique et sur la croissance exponentielle. Il est l'un des fondateurs de la science des probabilités.

Observons la ressemblance entre les formules **a)** et **c)**, ce qui facilite le travail de mémorisation (cependant, il ne faut pas y voir de structure généralisable aux puissances supérieures). Le difficile problème de la sommation de puissances entières quelconques des n premiers entiers a été résolu par Jacques Bernoulli dans un ouvrage publié en 1705. On y trouve une formule générale permettant de calculer directement toute somme de la forme $\sum_{k=1}^{n} k^q$ uniquement en fonction des entiers n et q.

Vous trouverez la preuve de la formule **b)** à la section A.1 ; le raisonnement repose sur une méthode encore plus ingénieuse que celle utilisée précédemment pour la formule **a)**.

Voir l'exercice **30**.

1.1.5 Conclusion

Tout au long de la section, nous avons utilisé des sommes finies formées par des produits de valeurs d'une fonction par les longueurs des sous-intervalles correspondants où la fonction était considérée constante. Cela nous a permis d'estimer une grandeur avec un degré d'approximation suffisant pour répondre à des questions pratiques.

Dans les exemples étudiés, l'estimation semblait se rapprocher de plus en plus de la valeur exacte recherchée au fur et à mesure que les sous-intervalles devenaient plus courts et plus nombreux. Si cette valeur exacte n'est pas toujours accessible par un autre moyen, peut-on quand même conclure que la méthode employée est valable dans tous les cas ? Serait-il possible de trouver une valeur exacte par un passage à la limite, c'est-à-dire à l'aide d'une somme infinie ? Voilà l'objet de la section 1.2.

Exercices 1.1

Estimation de l'aire d'une région curviligne

1. Estimez l'aire A de la région sous la courbe de $f(x) = 1/x$ et au-dessus de l'intervalle $[1, 2]$ en subdivisant l'intervalle en $n = 8$ sous-intervalles d'égale longueur, puis en évaluant A

a) comme une somme $\underline{S}_8$ de huit rectangles inscrits ;

b) comme une somme $\overline{S}_8$ de huit rectangles circonscrits.

c) Que remarquez-vous en comparant vos résultats avec ceux de l'exemple 2 ? Comment expliquez-vous cette observation ?

2. Estimez l'aire A de la région sous la courbe de $f(x) = \sqrt{x}$ et au-dessus de l'intervalle $[0, 9]$ en subdivisant l'intervalle en $n = 18$ sous-intervalles d'égale longueur, puis en évaluant A

a) comme une somme $\underline{S}_{18}$ de 18 rectangles inscrits (hauteurs des rectangles prises aux bornes gauches des sous-intervalles) ;

b) comme une somme $\overline{S}_{18}$ de 18 rectangles circonscrits (hauteurs des rectangles prises aux bornes droites des sous-intervalles).

3. Estimez l'aire A de la région sous la courbe de $f(x) = x^2$ et au-dessus de l'intervalle $[0, 6]$ en subdivisant l'intervalle en $n = 18$ sous-intervalles d'égale longueur, puis en évaluant A

a) comme une somme $\underline{S}_{18}$ de 18 rectangles inscrits (hauteurs des rectangles prises aux bornes gauches des sous-intervalles) ;

b) comme une somme $\overline{S}_{18}$ de 18 rectangles circonscrits (hauteurs des rectangles prises aux bornes droites des sous-intervalles) ;

c) en faisant la moyenne des deux estimations obtenues en **a)** et en **b)**.

4. Estimez l'aire A de la région sous la courbe de $f(x) = x^3$ et au-dessus de l'intervalle $[0, 6]$ en subdivisant l'intervalle en $n = 18$ sous-intervalles d'égale longueur, puis en évaluant A

a) comme une somme $\underline{S}_{18}$ de 18 rectangles inscrits (hauteurs des rectangles prises aux bornes gauches des sous-intervalles) ;

b) comme une somme $\overline{S}_{18}$ de 18 rectangles circonscrits (hauteurs des rectangles prises aux bornes droites des sous-intervalles) ;

c) en faisant la moyenne des deux estimations obtenues en **a)** et en **b)**.

Distance

5. Distance parcourue. La table suivante fournit la vitesse d'un train miniature se déplaçant sur un rail pendant 10 secondes. Estimez la distance parcourue par le train à l'aide de 10 sous-intervalles de longueur 1 en prenant les ordonnées

a) à la borne gauche de chaque sous-intervalle ;

b) à la borne droite de chaque sous-intervalle.

Temps (s)	Vitesse (cm/s)	Temps (s)	Vitesse (cm/s)
0	0	6	11
1	12	7	6
2	22	8	2
3	10	9	6
4	5	10	0
5	13		

6. Distance parcourue en amont. Vous êtes assis au bord d'une rivière qui se jette dans la mer. Vous observez une bouteille qui flotte vers l'amont de la rivière poussée par la marée montante. Vous enregistrez la vitesse du courant toutes les cinq minutes (300 s) pendant une heure. Vos résultats sont notés dans la table ci-dessous. Estimez la distance parcourue par la bouteille en utilisant 12 sous-intervalles de longueur 5 et en prenant les ordonnées

a) à la borne gauche de chaque sous-intervalle ;

b) à la borne droite de chaque sous-intervalle.

Temps (min)	Vitesse (m/s)	Temps (min)	Vitesse (m/s)
0	1	35	1,2
5	1,2	40	1,0
10	1,7	45	1,8
15	2,0	50	1,5
20	1,8	55	1,2
25	1,6	60	0
30	1,4		

7. Longueur d'une route. En compagnie d'un ami, vous vous engagez en voiture sur une route de terre sinueuse. Votre compteur de vitesse fonctionne, mais l'odomètre (compteur de distance) est en panne. Pour connaître la longueur de la route, votre ami note la vitesse de l'auto à intervalles réguliers de 10 secondes. Les données figurent dans la table suivante. Estimez la longueur de la route en prenant les ordonnées

a) à la borne gauche de chaque sous-intervalle ;

b) à la borne droite de chaque sous-intervalle.

Temps (s)	Vitesse (convertie en m/s ; 10 m/s = 36 km/h)	Temps (s)	Vitesse (convertie en m/s ; 10 m/s = 36 km/h)
0	0	70	5
10	14	80	8
20	5	90	11
30	11	100	14
40	9	110	9
50	14	120	11
60	11		

8. Distance évaluée d'après la vitesse. La table ci-dessous fournit des données de vitesse à intervalles réguliers de 1 millième d'heure pour une voiture sport ancienne qui accélère de 0 à 228 km/h en 36 secondes (10 millièmes d'heure).

Temps (h)	Vitesse (km/h)	Temps (h)	Vitesse (km/h)
0,0	0	0,006	187
0,001	64	0,007	201
0,002	100	0,008	212
0,003	132	0,009	220
0,004	154	0,010	228
0,005	174		

a) Utilisez des rectangles pour estimer la distance parcourue pendant les 36 secondes requises pour atteindre 228 km/h. Élevez la hauteur de chaque rectangle du point milieu de chaque sous-intervalle. (Cela revient à prendre comme hauteur de chaque rectangle la moyenne des vitesses aux deux extrémités de chaque sous-intervalle.)

b) En combien de secondes approximativement la voiture arrive-t-elle à mi-parcours ? Quelle est alors sa vitesse ?

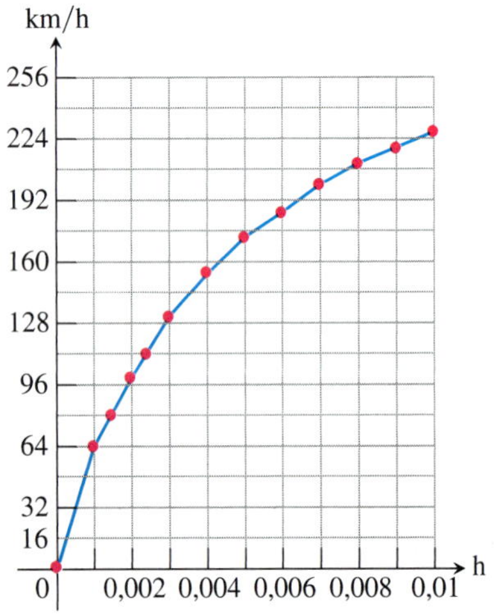

Volume

9. Volume d'une sphère. (suite de l'exemple 4) Estimons le volume V de la sphère de l'exemple 4 en subdivisant l'intervalle $[-4, 4]$ en quatre sous-intervalles de longueur 2 ; nous évaluons les volumes des disques cylindriques dont les bases circulaires correspondent aux sections sphériques découpées à partir des bornes gauches des sous-intervalles. (Comme dans l'exemple 4, le premier cylindre à gauche sera de rayon nul.)

a) Calculez la somme S_4 des volumes des disques cylindriques.

b) Exprimez l'erreur d'approximation $|V - S_4|$ comme pourcentage de V arrondi à l'entier près.

10. Volume d'une sphère. Pour estimer le volume V d'une sphère de rayon 5, subdivisez son diamètre en cinq sous-intervalles de longueur 2. Découpez la sphère avec des plans perpendiculaires au diamètre et passant par la borne gauche de chaque sous-intervalle ; puis additionnez les volumes des disques cylindriques de hauteur 2 dont les bases circulaires correspondent aux sections sphériques découpées par les plans. (Le premier cylindre à gauche sera de rayon nul.)

a) Calculez la somme S_5 des volumes des disques cylindriques.

b) Exprimez l'erreur d'approximation $|V - S_5|$ comme pourcentage de V arrondi à l'entier près.

11. Volume d'un hémisphère. Pour estimer le volume V d'un hémisphère de rayon 4, imaginez que son axe de symétrie est l'intervalle $[0, 4]$ sur l'axe des x. Subdivisez l'intervalle $[0, 4]$ en huit sous-intervalles d'égale longueur. Évaluez les volumes des disques cylindriques dont les bases correspondent aux sections circulaires découpées dans l'hémisphère avec des plans perpendiculaires à l'axe des x et passant par les bornes gauches des sous-intervalles. (Examinez la vue en coupe ci-dessous.)

a) Calculez la somme S_8 des volumes des disques cylindriques. Selon vous, est-ce que S_8 fournit une approximation de V par excès ou par défaut ? Justifiez votre réponse.

b) Exprimez l'erreur d'approximation $|V - S_8|$ comme pourcentage de V arrondi à l'entier près.

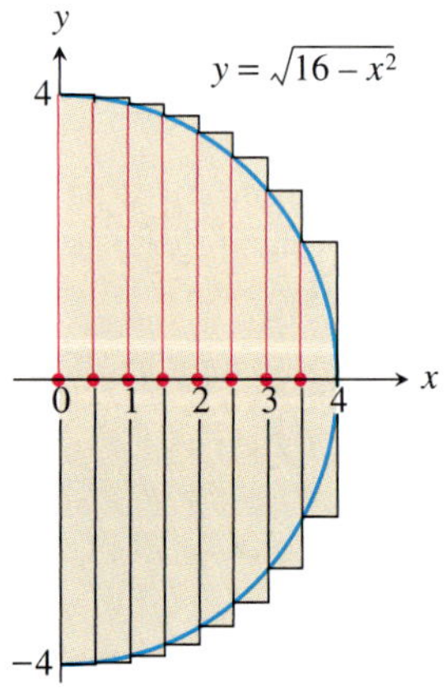

12. Volume d'un hémisphère. Refaites l'exercice **11** en utilisant cette fois huit cylindres construits sur des sections circulaires passant par les bornes droites des sous-intervalles.

13. Volume d'eau dans un réservoir. Un réservoir en forme de bol hémisphérique est partiellement rempli d'eau. Le rayon de la demi-sphère est de 8 m et la profondeur de l'eau est de 4 m.

a) Calculez une estimation S du volume de l'eau en remplaçant ce volume par la somme des volumes de huit cylindres circonscrits.

b) Comme nous le verrons à l'exercice **29** de la section 1.3, le volume exact de l'eau contenue dans le réservoir est $V = 320\pi/3$ m^3. Exprimez l'erreur d'approximation $|V - S|$ comme pourcentage de V arrondi à l'entier près.

14. Volume d'eau dans une piscine. Une piscine rectangulaire mesure 9 m de large sur 15 m de long. La table ci-dessous fournit les mesures de profondeur $h(x)$ de l'eau à des intervalles de 1,50 m d'un bout à l'autre de la piscine. Estimez le volume de l'eau dans la piscine en prenant les hauteurs

a) aux bornes gauches des sous-intervalles;

b) aux bornes droites des sous-intervalles.

Position x (m)	Profondeur $h(x)$ (m)	Position x (m)	Profondeur $h(x)$ (m)
0,0	1,80	9,0	3,50
1,5	2,50	10,5	3,60
3,0	2,75	12,0	3,75
4,5	3,00	13,5	3,90
6,0	3,20	15,0	4,00
7,5	3,40		

15. Volume d'une ogive. L'ogive d'une fusée est une paraboloïde de révolution obtenue en faisant tourner la courbe $y = \sqrt{x}, 0 \leq x \leq 5$ par rapport à l'axe des x, où x est mesuré en mètres. Estimez le volume de l'ogive en subdivisant l'intervalle [0, 5] en cinq sous-intervalles d'égale longueur. Dans ce but, découpez la paraboloïde avec des plans perpendiculaires à l'axe des x passant par les bornes gauches des sous-intervalles et construisez des cylindres de 1 m de hauteur dont les bases circulaires sont les sections de l'ogive obtenues à la suite du découpage (voir figure suivante).

a) Trouvez la somme S_5 des volumes des cylindres. Selon vous, est-ce que S_5 fournit une approximation de V par excès ou par défaut ? Justifiez votre réponse.

b) Comme nous le verrons à l'exercice **30** de la section 1.3, le volume exact de cette ogive est $V = 25\pi/2$ m^3. Exprimez l'erreur $|V - S_5|$ comme pourcentage de V arrondi à l'entier près.

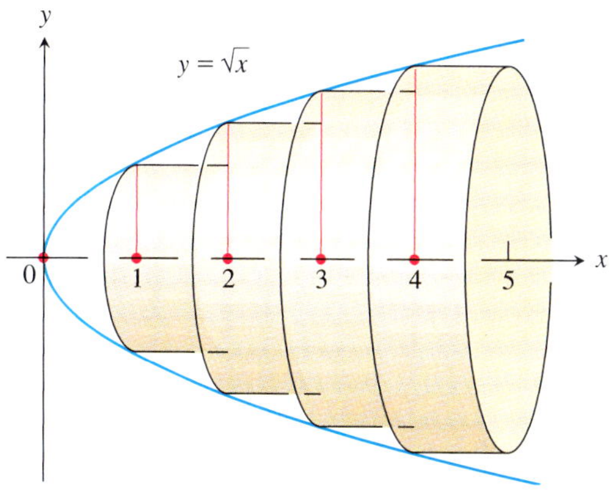

16. Volume d'une ogive. Refaites l'exercice **15** en utilisant cette fois les cylindres des sections circulaires passant par la borne droite de chaque sous-intervalle.

Vitesse et distance

17. Chute libre avec résistance de l'air. On laisse tomber un objet d'un hélicoptère en vol. L'objet tombe de plus en plus vite, mais son accélération décroît avec le temps à cause de la résistance de l'air. L'accélération est mesurée en mètres par seconde par seconde (m/s^2) et on l'enregistre à chaque seconde pendant 5 secondes, tel que noté dans la table ci-dessous. (Rappel : vitesse = accélération × temps)

t	0	1	2	3	4	5
a	9,8	5,9	3,6	2,2	1,3	0,8

a) Trouvez une approximation par excès de la vitesse quand $t = 5$.

b) Trouvez une approximation par défaut de la vitesse quand $t = 5$.

c) Trouvez une approximation par excès de la distance de chute quand $t = 3$.

18. Distance parcourue par un projectile. Un projectile est lancé directement vers le haut à partir du niveau de la mer avec une vitesse initiale de 122 m/s.

a) En supposant que la pesanteur est la seule force agissant sur le projectile, trouvez une approximation par excès de sa vitesse après 5 secondes. Utilisez $g = 9{,}8$ m/s^2 comme constante gravitationnelle (soustrayez 9,8 de la vitesse à chaque accroissement du temps $\Delta t = 1$ s).

b) Trouvez une approximation par défaut de la hauteur atteinte après 5 secondes.

Contrôle de la pollution

19. Pollution de l'eau. Un pétrolier a subi des dommages en mer et du pétrole brut s'écoule de sa coque. La brèche ne cesse de s'aggraver. Le débit de la fuite est relevé d'heure en heure ; les mesures sont consignées dans la table suivante.

Temps (h)	0	1	2	3	4
Fuite (L/h)	200	280	388	544	760

Temps (h)	5	6	7	8
Fuite (L/h)	1060	1476	2064	2880

a) Trouvez une approximation par excès et une approximation par défaut de la quantité totale de pétrole écoulé après cinq heures.

b) Trouvez une approximation par excès et une approximation par défaut de la quantité totale de pétrole écoulé après huit heures.

c) Après 8 heures, le pétrolier continue à déverser son contenu à un débit de 2880 litres/heure. Si le pétrolier contenait initialement 100 000 litres, estimez en combien de temps il sera complètement vide dans le pire des cas ; dans le meilleur des cas.

20. Pollution de l'air. Les génératrices d'une centrale électrique fonctionnent au mazout. Les agents polluants résultant de la combustion sont traités par des épurateurs dans les cheminées. À la longue, les épurateurs s'encrassent et perdent de leur efficacité ; éventuellement, on doit les remplacer lorsque le niveau de pollution dépasse les normes gouvernementales. À la fin de chaque mois, on fait un relevé pour déterminer la quantité quotidienne d'agents polluants dégagés dans l'atmosphère. Les mesures prises sont groupées dans la table ci-dessous.

Mois	**Janv.**	**Févr.**	**Mars**	**Avr.**	**Mai**	**Juin**
Pollution (t/j)	0,20	0,25	0,27	0,34	0,45	0,52

Mois	**Juill.**	**Août**	**Sept.**	**Oct.**	**Nov.**	**Déc.**
Pollution (t/j)	0,63	0,70	0,81	0,85	0,89	0,95

a) Vous supposez que les mois sont tous de 30 jours et vous savez que des épurateurs neufs, installés au début de l'année, ne laissent passer que 0,05 tonne de polluants par jour. Trouvez une approximation par excès et une approximation par défaut de la quantité totale de polluants dégagés jusqu'à la fin de juin.

b) Déterminez à quelle date environ, dans le meilleur des cas, un total de 125 tonnes de polluants auront été dégagées dans l'atmosphère.

Aire

21. Aire d'un cercle. Soit un polygone régulier à n côtés inscrit dans un cercle de rayon 1.

a) Calculez l'aire du polygone pour les valeurs suivantes de n.

i) 4 (carré). **ii)** 8 (octogone). **iii)** 16

b) Comparez les aires des trois polygones ci-dessus avec l'aire exacte du cercle.

22. Suite de l'exercice **21**

a) Soit un polygone régulier à n côtés inscrit dans un cercle de rayon 1. Calculez l'aire d'un seul des n triangles égaux construits en joignant le centre du cercle aux sommets du polygone.

b) Déterminez la limite de l'aire du polygone inscrit quand $n \to \infty$.

c) Refaites la même démarche pour un cercle de rayon quelconque r.

Notation sigma

Développez, puis évaluez les sommes suivantes.

23. $\sum_{k=1}^{2} \frac{6k}{k+1}$

24. $\sum_{k=1}^{3} \frac{k-1}{k}$

25. $\sum_{k=1}^{4} \cos k\pi$

26. $\sum_{k=1}^{5} \sin k\pi$

27. $\sum_{k=1}^{3} (-1)^{k+1} \sin \frac{\pi}{k}$

28. $\sum_{k=1}^{4} (-1)^{k} \cos k\pi$

29. Utilisez les formules du théorème 1.1.2 (voir page 10) pour évaluer les sommes suivantes.

a) $\sum_{k=50}^{100} k$ **b)** $\sum_{k=50}^{100} k^2$ **c)** $\sum_{k=50}^{100} k^3$

30. Prouvez la formule **c)** du théorème 1.1.2 (voir page 10).

$$\sum_{k=1}^{n} k^3 = 1^3 + 2^3 + 3^3 + \ldots + n^3 = \left[\frac{n(n+1)}{2}\right]^2$$

Faites une preuve similaire à celle de la formule **b)** (voir section A.1) en commençant avec $\sum_{k=1}^{n} [(k+1)^4 - k^4]$.

Aux exercices **31** et **32**, utilisez les formules des théorèmes 1.1.1 et 1.1.2 (voir pages 8 et 10) pour évaluer les sommes suivantes.

31. $\sum_{k=1}^{40} (k^3 + 2k^2 - 3k - 1)$ **32.** $\sum_{k=1}^{40} (2k^3 + 3k^2 + 4k + 0{,}5)$

Aux exercices **33** et **34**, abrégez vos calculs en utilisant les formules des théorèmes 1.1.1 et 1.1.2 (voir pages 8 et 10).

33. Reprenez l'exercice **3** avec $n = 180$ sous-intervalles.

34. Reprenez l'exercice **4** avec $n = 180$ sous-intervalles.

1.2 Sommes de Riemann et intégrale définie

Dans la section 1.1, nous avons estimé des distances, des aires et des volumes à l'aide de sommes finies de termes, chacun étant formé par le produit de la valeur choisie d'une fonction à l'intérieur d'un sous-intervalle multipliée par la longueur du sous-intervalle. Dans la présente section, nous allons généraliser ce concept à des sommes infinies pour des sous-intervalles infiniment petits.

1.2.1 Erreur d'approximation

Afin de trouver l'aire exacte A de la région sous une courbe entre deux bornes par la méthode d'estimation par les rectangles, il faudrait s'assurer que l'erreur d'approximation tend vraiment vers 0 lorsque $n \to \infty$. Il est possible de prouver que tel est le cas si la courbe est continue. Dans la situation particulière où la fonction qui détermine la région est toujours croissante ou toujours décroissante, c'est-à-dire monotone sur l'intervalle entre les deux bornes, la preuve est assez simple. Cette preuve repose sur le théorème 1.2.1 démontré à la section A.2.

Fonction monotone

Une fonction f est **monotone** sur un intervalle si f est croissante sur tout l'intervalle ou décroissante sur tout l'intervalle.

THÉORÈME 1.2.1 Erreur maximale d'approximation

Soit f une fonction continue non négative et monotone sur un intervalle $[a, b]$. Soit $\underline{S_n}$ et $\overline{S_n}$ les approximations par défaut et par excès de l'aire A de la région sous la courbe de f entre a et b. Pour tout n, l'erreur maximale d'approximation $\overline{S_n} - \underline{S_n}$ sera toujours égale à la différence entre l'aire du plus grand rectangle circonscrit et celle du plus petit rectangle inscrit, c'est-à-dire $A_1 - a_n$ pour f décroissante et $A_n - a_1$ pour f croissante.

Nous allons maintenant démontrer que l'erreur maximale d'approximation de l'aire tend vers zéro lorsque $n \to \infty$.

THÉORÈME 1.2.2 L'erreur maximale d'approximation de l'aire tend vers zéro

Soit f une fonction continue non négative et monotone sur un intervalle $[a, b]$. Soit $\underline{S_n}$ une somme d'aires de rectangles inscrits à f entre a et b, et soit $\overline{S_n}$ une somme d'aires de rectangles circonscrits à f entre a et b. Alors,

$$\lim_{n\to\infty}\left(\overline{S_n} - \underline{S_n}\right) = 0.$$

Preuve du théorème 1.2.2 Supposons d'abord que f est toujours décroissante sur $[a, b]$. Les rectangles intervenant dans le calcul de $\underline{S_n}$ et $\overline{S_n}$ sont tous de même base $\Delta x = (b - a)/n$. Soit $f(a)$ et $f(b)$ les hauteurs respectives des rectangles d'aires A_1 et a_n. Donc,

$$\begin{aligned}\lim_{n\to\infty}\left(\overline{S_n} - \underline{S_n}\right) &= \lim_{n\to\infty}(A_1 - a_n) && \overline{S_n} - \underline{S_n} = A_1 - a_n\text{, théorème 1.2.1}\\ &= \lim_{n\to\infty}[f(a)\Delta x - f(b)\Delta x]\\ &= \lim_{n\to\infty}[f(a) - f(b)]\Delta x\\ &= [f(a) - f(b)]\cdot\lim_{n\to\infty}\left(\frac{b-a}{n}\right)\\ &= 0. && \lim_{n\to\infty}\left(\frac{b-a}{n}\right) = 0\end{aligned}$$

Dans le cas où f est toujours croissante sur $[a, b]$, il suffit de remplacer $A_1 - a_n$ par $A_n - a_1$ et de développer un argument similaire. ■

On peut élargir le théorème 1.2.2 au cas plus général où f est continue sans être monotone, mais la preuve devient plus difficile et nous ne la présenterons pas dans cet ouvrage. Contentons-nous de mentionner que les notions d'approximation par défaut et d'approximation par excès sont encore valables dans le cas général d'une fonction continue ; cependant, elles ne sont pas obtenues en élevant les hauteurs des rectangles aux extrémités de chaque sous-intervalle, mais plutôt en abaissant les hauteurs respectivement du minimum et du maximum de la fonction sur chaque sous-intervalle (figure 1.2.1 **b**) ; ces deux points existent toujours en raison du théorème des extremums absolus.

Théorème des extremums absolus

Si f est continue sur un intervalle fermé $[a, b]$, alors f atteint à la fois un maximum absolu, $M = f(x_1)$, et un minimum absolu, $m = f(x_2)$, pour deux nombres x_1 et x_2 de l'intervalle $[a, b]$.

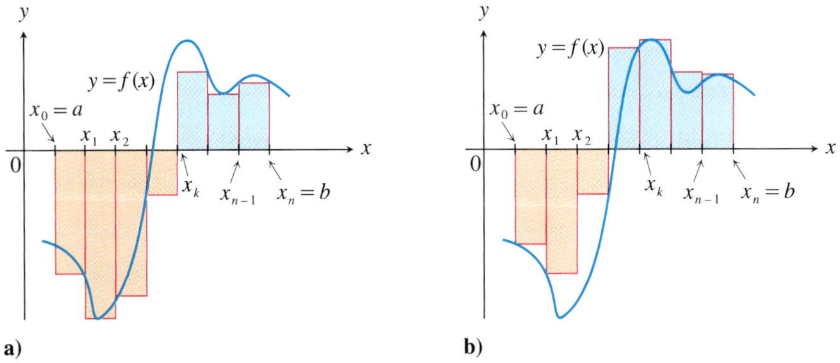

Figure 1.2.1 **a)** Approximation par défaut. **b)** Approximation par excès.

En définitive, puisque $\lim_{n\to\infty}\left(\overline{S_n} - \underline{S_n}\right) = 0$, nous pouvons écrire $\lim_{n\to\infty}\overline{S_n} = \lim_{n\to\infty}\underline{S_n}$ (ces deux limites existent toujours si f est continue) et cela permet de définir l'aire de la région curviligne délimitée par le graphe d'une fonction non négative et l'axe des x entre a et b.

1.2.2 Aire exacte d'une région curviligne

DÉFINITION 1.2.1 Aire exacte *A*

Soit $f(x)$ une fonction continue non négative sur un intervalle entre deux bornes a et b. Soit $\underline{S_n}$ une somme d'aires de rectangles inscrits dans la courbe de f entre a et b, et soit $\overline{S_n}$ une somme d'aires de rectangles circonscrits à la courbe f entre a et b. Alors, l'aire A de la région entre a et b délimitée par le graphe de f et l'axe des x est définie par

$$\lim_{n\to\infty}\overline{S_n} = \lim_{n\to\infty}\underline{S_n} = A.$$

La méthode d'approximation utilisée pour le calcul d'une aire est analogue dans son principe à celle qui est utilisée pour le calcul d'une pente de courbe, c'est-à-dire une dérivée : la dérivée est la limite d'un quotient de différences, l'aire est la limite d'une somme de produits.

Archimède a réussi à calculer des aires de régions curvilignes avec exactitude grâce à sa méthode géométrique d'exhaustion, dont s'inspire la démarche de l'exemple 1. L'un de ses résultats les plus célèbres est le calcul de l'aire d'un segment parabolique, que nous présentons maintenant en notation moderne.

EXEMPLE 1 Calculer l'aire exacte de la région sous une parabole

Trouvez l'aire exacte A de la région sous la parabole $f(x) = x^2$ entre les bornes $x = 0$ et $x = b$, où $b > 0$.

Solution

Subdivisons l'intervalle $[0, b]$ en n parties égales de longueur $\Delta x = b/n$ (voir figure 1.2.2, page 18).

Les n extrémités gauches des sous-intervalles sont

$$x_0 = 0,\ x_1 = \Delta x,\ x_2 = 2\Delta x,\ \ldots,\ x_{n-1} = (n-1)\Delta x.$$

Les n extrémités droites sont

$$x_1 = \Delta x,\ x_2 = 2\Delta x,\ x_3 = 3\Delta x,\ \ldots,\ x_n = n\Delta x.$$

Puisque $f(x) = x^2$ est croissante sur $[0, b]$, les n hauteurs $f(x_0), \ldots, f(x_{n-1})$ élevées à l'extrémité gauche de chaque sous-intervalle déterminent n rectangles inscrits à la courbe, et les n hauteurs $f(x_1), \ldots, f(x_n)$ élevées à l'extrémité droite de chaque sous-intervalle déterminent n rectangles circonscrits.

L'aire totale des rectangles inscrits donne une approximation par défaut de A.

$$\begin{aligned}
\underline{S_n} &= f(x_0)\cdot\Delta x + f(x_1)\cdot\Delta x + f(x_2)\cdot\Delta x + \ldots + f(x_{n-1})\cdot\Delta x\\
&= f(0)\cdot\Delta x + f(\Delta x)\cdot\Delta x + f(2\Delta x)\cdot\Delta x + \ldots + f((n-1)\Delta x)\cdot\Delta x\\
&= 0\cdot\Delta x + (\Delta x)^2\cdot\Delta x + (2\Delta x)^2\cdot\Delta x + \ldots + ((n-1)\Delta x)^2\cdot\Delta x\\
&= (1^2 + 2^2 + \ldots + (n-1)^2)\cdot(\Delta x)^3
\end{aligned}$$

ARCHIMÈDE

Si éclatante est la renommée d'**Archimède** (Syracuse, Sicile, 287-212 av. J.-C.), tant pour ses inventions que pour ses découvertes mathématiques, que ce personnage bien réel semble tout à fait mythique. Il s'illustre d'abord quand, pour trouver la valeur de π, il conçoit un polygone de 96 côtés en doublant le nombre de côtés d'un hexagone quatre fois de suite ; après avoir comparé le périmètre de ce polygone inscrit dans un cercle à celui du polygone circonscrit autour du même cercle, Archimède trouve l'excellente relation $223/71 < \pi < 22/7$. Au moyen de procédés imaginatifs et précis du même genre, il obtient des résultats tels que $265/153 < \sqrt{3} < 1351/780$; malheureusement, nous n'en possédons pas les démonstrations. L'idée de l'infiniment petit était mal vue chez les Grecs ; cela explique pourquoi Archimède employait des approximations géométriques (par exemple, un polygone presque circulaire de 96 côtés) là où un mathématicien moderne utiliserait le concept de limite. Néanmoins, on le compte parmi les lointains précurseurs du calcul différentiel et du calcul intégral.

Le principe d'Archimède, dit-on, servit à vérifier si la nouvelle couronne du roi de Syracuse était faite d'or pur ou d'alliage ; en comparant la flottabilité de l'or à celle d'autres métaux, Archimède aurait découvert que l'orfèvre avait triché ! L'anecdote est amusante, mais Archimède aurait plutôt appliqué son principe à la construction de navires siciliens. Prototype du savant qui sert la patrie en temps de guerre, connaissant très bien les courbes paraboliques, il aurait utilisé des miroirs paraboliques pour concentrer les rayons du soleil sur les navires romains assiégeant Syracuse afin de les incendier ! En fait, il s'agissait probablement de miroirs plats manipulés par une foule nombreuse sur la grève… La marine grecque répéta l'expérience en 1973 : 70 marins firent flamber un petit bateau à l'aide de miroirs.

Un soldat romain tua Archimède le jour de la prise de Syracuse. Il avait 75 ans.

Dans l'exemple 1, nous évaluons la limite de deux suites $\overline{S_n}$ et $\underline{S_n}$. Les suites seront étudiées en détail au chapitre 4. Leurs limites sont calculées de la même façon que les limites de fonctions réelles $f(x)$ à l'infini. En particulier, $\lim_{n\to\infty} 1/n = 0$.

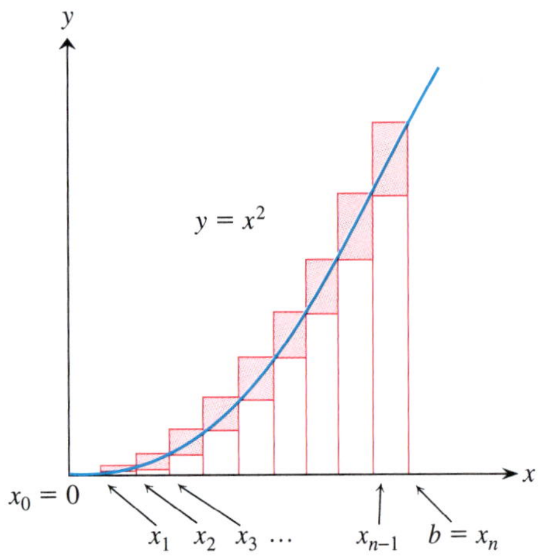

Figure 1.2.2 Le calcul de l'aire sous la parabole $f(x) = x^2$.

TABLE 1.2.1

n	Δx	$\underline{S}_n$	$\overline{S}_n$
6	1	55	91
12	0,5	63,25	81,25
24	0,25	67,5625	76,5625
48	0,125	69,765625	74,265625
96	0,0625	70,87890625	73,12890625

L'aire totale des rectangles circonscrits donne une approximation par excès de A.

$$\begin{aligned}\overline{S}_n &= f(x_1)\cdot\Delta x + f(x_2)\cdot\Delta x + f(x_3)\cdot\Delta x + \ldots + f(x_n)\cdot\Delta x\\ &= f(\Delta x)\cdot\Delta x + f(2\Delta x)\cdot\Delta x + f(3\Delta x)\cdot\Delta x + \ldots + f(n\Delta x)\cdot\Delta x\\ &= (\Delta x)^2\cdot\Delta x + (2\Delta x)^2\cdot\Delta x + (3\Delta x)^2\cdot\Delta x + \ldots + (n\Delta x)^2\cdot\Delta x\\ &= (\Delta x)^3 + 2^2(\Delta x)^3 + 3^2(\Delta x)^3 + \ldots + n^2(\Delta x)^3\\ &= (1^2 + 2^2 + 3^2 + \ldots + n^2)\cdot(\Delta x)^3\end{aligned}$$

La table 1.2.1 ci-contre pour $b = 6$ montre comment $\underline{S}_n$ et $\overline{S}_n$ varient en fonction de n.

Contrairement au cas de l'hyperbole, à l'aide de la formule **b)** du théorème 1.1.2 (voir page 10) il est possible, cette fois, de calculer la limite de $\overline{S}_n$.

$$\sum_{k=1}^{n} k^2 = 1^2 + 2^2 + 3^2 + \ldots + n^2 = \frac{n(n+1)(2n+1)}{6}$$

$$\begin{aligned}\lim_{n\to\infty} \overline{S}_n &= \lim_{n\to\infty} [(\Delta x)^3 (1^2 + 2^2 + 3^2 + \ldots + n^2)]\\ &= \lim_{n\to\infty} \left[(\Delta x)^3 \frac{n(n+1)(2n+1)}{6}\right]\\ &= \lim_{n\to\infty} \left[\left(\frac{b}{n}\right)^3 \frac{n(n+1)(2n+1)}{6}\right]\\ &= \lim_{n\to\infty} \left[\left(\frac{b^3}{6}\right)\left(\frac{n}{n}\right)\left(\frac{n+1}{n}\right)\left(\frac{2n+1}{n}\right)\right]\\ &= \lim_{n\to\infty} \left[\left(\frac{b^3}{6}\right)(1)\left(\frac{n}{n}+\frac{1}{n}\right)\left(\frac{2n}{n}+\frac{1}{n}\right)\right]\\ &= \lim_{n\to\infty} \left[\left(\frac{b^3}{6}\right)\left(1+\frac{1}{n}\right)\left(2+\frac{1}{n}\right)\right]\\ &= \frac{b^3}{6}\cdot(1)\cdot(2)\\ &= \frac{b^3}{3}\end{aligned}$$

Théorème 1.1.2 (cette transformation permet le passage à la limite)

$\lim_{n\to\infty} 1/n = 0$

De même, par un raisonnement analogue

$$\lim_{n\to\infty} \underline{S}_n = \frac{b^3}{3}.$$

Comme prévu, $\underline{S}_n$ et $\overline{S}_n$ ont la même limite de sorte que l'aire A de la région sous la parabole est égale à $b^3/3$.

Voir les exercices **11** et **12**.

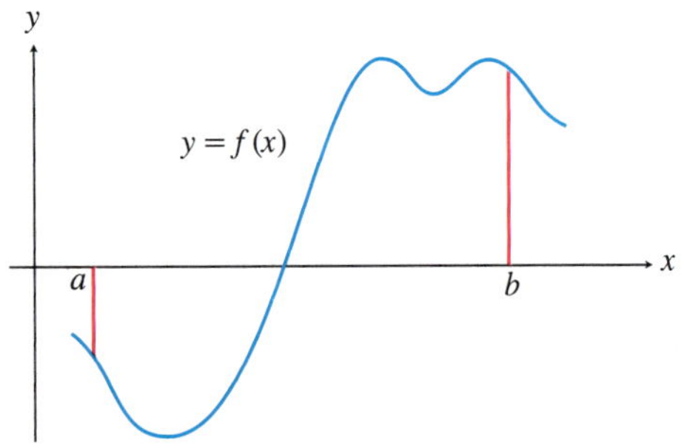

Figure 1.2.3 Une fonction quelconque $f(x)$ continue sur l'intervalle fermé $[a, b]$.

1.2.3 Sommes de Riemann

Les sommes que nous étudierons maintenant sont appelées *sommes de Riemann* en hommage au mathématicien allemand Bernhard Riemann. Nous décrirons la construction des sommes de Riemann de façon formelle en cessant de nous restreindre à des fonctions non négatives.

Soit une fonction continue quelconque $f(x)$ définie sur l'intervalle fermé $[a, b]$. Une telle fonction est représentée graphiquement (figure 1.2.3). Notez que la fonction prend des valeurs positives ou négatives sur l'intervalle.

Formons une partition de l'intervalle $[a, b]$ en le subdivisant en n sous-intervalles, pas nécessairement de mêmes longueurs. Autrement dit, choisissons $n - 1$ points $x_1, x_2, \ldots, x_{n-1}$ entre a et b tels que

$$a < x_1 < x_2 < \ldots < x_{n-1} < b.$$

Pour rendre la notation plus facile d'utilisation, nous poserons $a = x_0$ et $b = x_n$.

Les n sous-intervalles fermés contigus ainsi formés

$$[x_0, x_1], [x_1, x_2], \ldots, [x_{n-1}, x_n]$$

constituent une partition P de l'intervalle $[a, b]$.

L'intervalle $[x_{k-1}, x_k]$ est appelé le k^e sous-intervalle de la partition P.

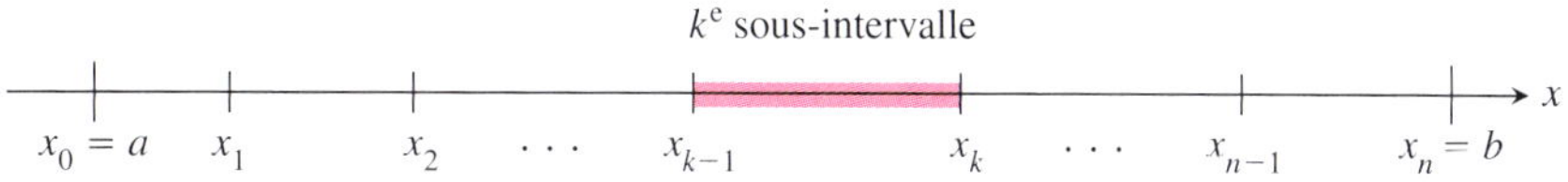

La longueur du k^e intervalle est $\Delta x_k = x_k - x_{k-1}$.

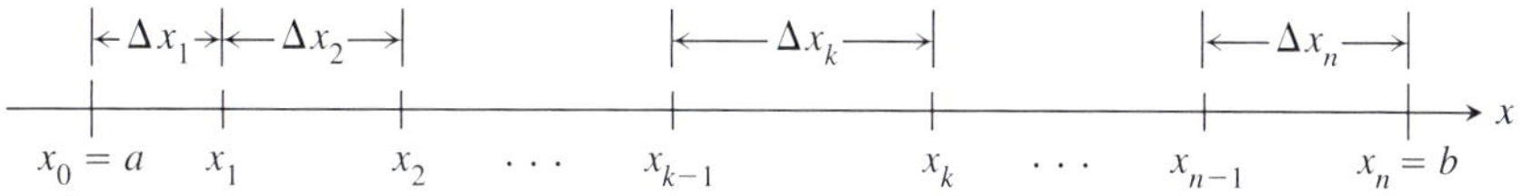

Choisissons un nombre dans chacun des sous-intervalles et notons c_k le nombre correspondant au k^e sous-intervalle.

Pour chaque sous-intervalle, traçons un rectangle dont la base est la longueur Δx_k du sous-intervalle et dont la hauteur est la valeur $f(c_k)$ de la fonction. Ces rectangles peuvent être situés au-dessus ou au-dessous de l'axe des x selon la valeur de la fonction (figure 1.2.4).

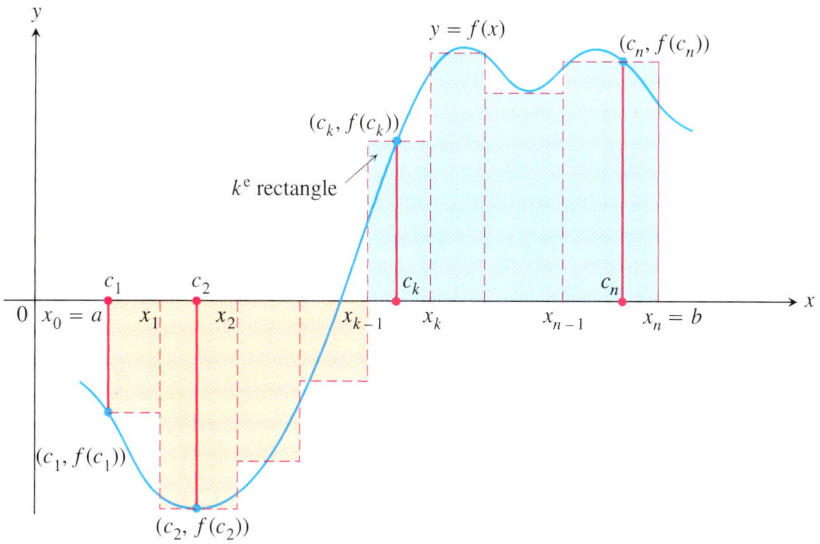

Figure 1.2.4 Les rectangles servent à l'approximation de l'aire comprise entre la courbe $f(x)$ et l'axe des x.

Pour chaque sous-intervalle, formons le produit $f(c_k) \cdot \Delta x_k$. Ce produit peut être positif, négatif ou nul selon la valeur de la fonction.

Abus de langage

Le terme *partition* est employé abusivement ici puisque les intersections de sous-intervalles consécutifs sont non vides alors qu'elles devraient l'être.

RIEMANN

« Un esprit glorieusement fertile dans son originalité... » C'était l'opinion du célèbre Gauss, pourtant peu enclin à la louange, sur son élève **Georg Friedrich Bernhard Riemann** (Breselenz, Allemagne, 17 septembre 1826 – Selasca, Italie, 1866).

Après des études à Göttingen et à Berlin, le jeune Riemann prépare une conférence pour son « habilitation », dernier pas à franchir avant de devenir professeur de mathématiques. Titre : « Sur les hypothèses qui servent de fondements à la géométrie ». Contenu : bombe à retardement.

Riemann y affirme que la géométrie euclidienne, correspondant à notre expérience quotidienne, n'est pas la seule possible, et que des faits apparemment indéniables – par exemple, l'existence de droites parallèles – pourraient se révéler illusoires à l'échelle du cosmos. Il propose un univers sans bornes mais de dimension finie, épousant la surface d'une sphère à quatre dimensions et comportant une géométrie non euclidienne.

L'hypothèse impressionne peu ses collègues. Personne, en 1854, ne s'imagine que l'idée sera reprise un demi-siècle plus tard par un certain Albert Einstein... Le vieux Gauss est presque le seul qui admire la subtilité de son élève.

Les autres exploits de Riemann concernent principalement l'analyse des courbes (fonctions à variables complexes, formules à multiples valeurs, fonctions représentées par des séries trigonométriques). Il établit les conditions rigoureuses de l'intégration et découvre la somme qui porte son nom.

La santé de Riemann est toujours précaire. En 1862 – année de son mariage –, il est frappé de tuberculose. Sa condition s'aggrave quatre ans plus tard et il meurt au lac Majeur en Italie.

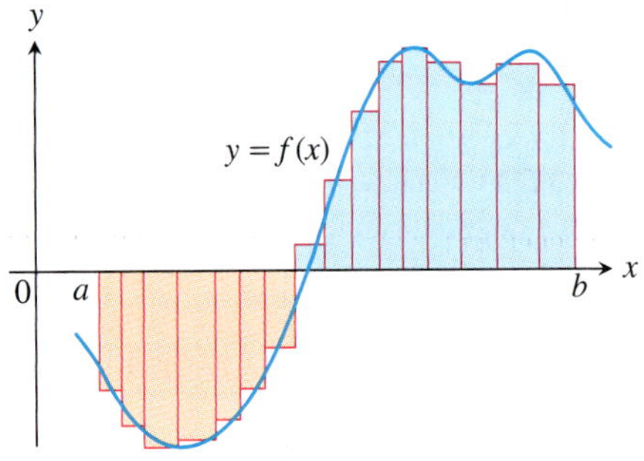

a)

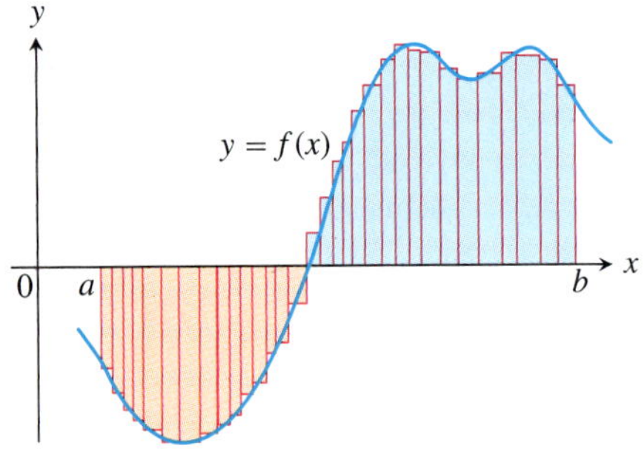

b)

Figure 1.2.5 La courbe de la figure 1.2.4 avec des partitions de plus en plus « fines » de $[a, b]$. Les rectangles sont de plus en plus nombreux et leurs bases sont de plus en plus petites.

Enfin, formons la somme de ces produits :

$$S_n = \sum_{k=1}^{n} f(c_k) \cdot \Delta x_k.$$

Cette somme, qui dépend de la partition P ainsi que du choix des nombres c_k, est une **somme de Riemann pour la fonction f sur l'intervalle $[a, b]$**.

Voir les exercices **1** à **4**.

Au fur et à mesure que la partition devient de plus en plus « fine », les rectangles ont une aire totale qui s'approche continuellement de l'aire comprise entre la courbe et l'axe des x, et l'approximation devient de plus en plus précise (figure 1.2.5). Il semble donc que les sommes de Riemann possèdent une valeur limite. Le théorème 1.2.3 présenté un peu plus loin garantit l'existence de cette limite à condition que les longueurs Δx_k de tous les sous-intervalles tendent vers zéro. Cette condition sera automatiquement remplie si la longueur du plus grand sous-intervalle, $\max \Delta x_k$, tend vers zéro.

Dans le cas d'une fonction continue non négative, la limite commune des sommes de Riemann donne l'aire exacte de la surface comprise entre l'axe des x et la courbe de la fonction ; nous disons qu'il s'agit de l'intégrale définie de la région sous la courbe entre les deux bornes a et b.

DÉFINITION 1.2.2 Intégrale définie en tant que limite de sommes de Riemann

Soit $f(x)$ une fonction définie sur un intervalle $[a, b]$. Soit aussi P une partition de $[a, b]$ et soit enfin les nombres c_k choisis arbitrairement dans les n sous-intervalles $[x_{k-1}, x_k]$ où k varie de 1 à n.

S'il existe un nombre I tel que

$$\lim_{\max \Delta x_k \to 0} \sum_{k=1}^{n} f(c_k)\, \Delta x_k = I$$

quelle que soit la façon dont P et les c_k ont été choisis, alors la fonction f est **intégrable** sur $[a, b]$ et I est appelé **intégrale définie** de f sur $[a, b]$.

Cette définition est une généralisation de la définition 1.2.1 (voir page 17) dont elle élargit le contexte en supprimant trois conditions :

1) la fonction $f(x)$ n'est plus forcément non négative ;

2) il n'est plus question d'approximations par défaut ou par excès, de sorte que les rectangles n'ont plus à être inscrits ou circonscrits ;

3) les bases Δx_k ne sont plus forcément égales.

Malgré la variété infinie de choix qui en résulte pour les partitions P et les c_k, toutes les sommes $\sum_{k=1}^{n} f(c_k)\, \Delta x_k$ ont la même limite lorsque $\max \Delta x_k \to 0$ pourvu que f soit continue sur $[a, b]$.

THÉORÈME 1.2.3 Existence de l'intégrale définie

Toute fonction continue est intégrable. Autrement dit, si une fonction f est continue sur un intervalle $[a, b]$, alors son intégrale définie sur $[a, b]$ existe.

1.2.4 Terminologie et notation de l'intégrale définie

La notation dy/dx, due à Leibniz, est inspirée de la notation fractionnaire, même si la dérivée n'est pas un quotient mais plutôt la limite d'un quotient lorsque le dénominateur tend vers zéro. Bien que n'étant pas vraiment des fractions, les dérivées se comportent souvent comme des fractions. Par exemple, un résultat profond comme la règle de dérivation en chaîne paraît presque simpliste quand on l'écrit dans la notation de Leibniz :

$$\frac{dy}{dx} = \frac{dy}{du} \cdot \frac{du}{dx}.$$

La notation créée par Leibniz pour l'intégrale fut également un trait de génie. Dans sa notation pour la dérivée, le symbole grec Δ pour *différence* devenait le symbole d pour *dérivée* au moment du passage à la limite.

$$\lim_{\Delta x \to 0} \frac{\Delta y}{\Delta x} = \frac{dy}{dx}$$

Pour l'intégrale, Leibniz s'inspira du même principe : avec le passage à la limite, la lettre grecque Σ devenait le symbole $\int$, qui est un « s » majuscule romain allongé.

$$\lim_{n \to \infty} \sum_{k=1}^{n} f(c_k)\, \Delta x_k = \int_a^b f(x)\, dx$$

Observons qu'ici encore Δ est devenu d après le passage à la limite.

Lorsque n tend vers l'infini, les c_k se rapprochent tellement qu'à la limite ils deviennent un échantillon continu de valeurs x entre a et b. C'est comme si nous faisions la somme de tous les produits de la forme $f(x)dx$ pour tous les x compris entre a et b. Par conséquent, nous n'écrivons plus ni k ni n, car l'indice de sommation k devient une sorte d'indice apparemment continu et le nombre n de sous-intervalles devient infini. Nous écrivons plutôt a et b aux extrémités du « $\int$ » pour indiquer qu'il s'agit de faire la limite d'une somme sur un intervalle de borne inférieure a et de borne supérieure b.

La notation

$$\int_a^b f(x)\, dx$$

se lit « l'intégrale entre a et b de f de x dx » ou parfois « l'intégrale entre a et b de f de x par rapport à x ».
Les différents éléments de la notation sont nommés ci-dessous.

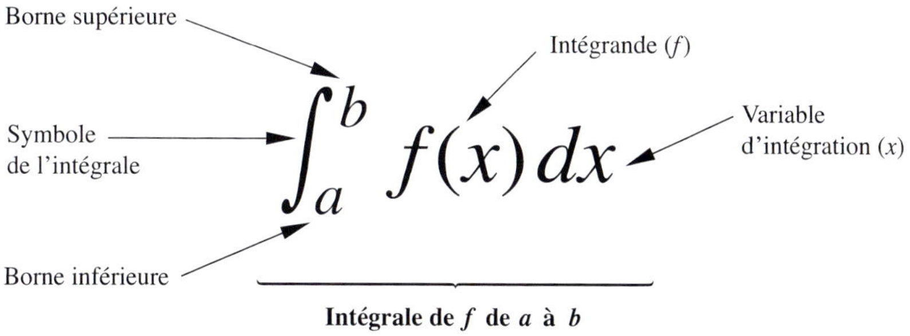

Lorsque la valeur de l'intégrale a été trouvée, on dit que l'intégrale a été évaluée.

La valeur de l'intégrale définie d'une fonction sur un intervalle donné ne dépend que de la fonction elle-même et aucunement de la lettre représentant la

LEIBNIZ

Philosophe et visionnaire, **Gottfried von Leibniz** (Leipzig, 1er juillet 1646 – Hanovre, 1716) est, avec Newton, le cofondateur du calcul différentiel et intégral. Il est l'un des esprits les plus actifs et versatiles de son siècle.
Docteur en philosophie à 20 ans, il devient assistant d'un baron allemand. Une mission politique à Paris lui permet de rencontrer d'éminents savants, notamment Christian Huygens qui l'initie aux mathématiques avancées. L'année suivante, à Londres, il fait part de ses recherches à plusieurs mathématiciens ; malheureusement, il ne semble pas avoir fait une bonne impression. Voilà peut-être l'origine de son différend avec Newton.
Poursuivant ses travaux, Leibniz invente la notation dy/dx pour la dérivée, symbolisme qui exprime clairement un concept de base. Il trouve les règles de la somme, du produit, de la puissance et du quotient. Newton utilisera les mêmes règles, mais sans les énoncer comme formules générales. Leibniz introduit aussi le symbole de l'intégrale.
Il sera accusé de plagiat par les amis de Newton ; la science européenne souffrira de cette controverse, qui jettera un froid entre savants britanniques et continentaux. Deux génies avaient atteint le même but grâce à l'apport de nombreux prédécesseurs.

variable d'intégration. Par exemple, on peut très bien décider de représenter cette variable, dite *variable muette*, par les lettres t ou u plutôt que par la lettre x; ainsi, les trois expressions suivantes sont rigoureusement équivalentes :

$$\int_a^b f(x)\,dx \qquad \int_a^b f(t)\,dt \qquad \int_a^b f(u)\,du.$$

Quelle que soit la façon d'écrire l'intégrale d'une fonction donnée sur un intervalle donné, elle représente toujours le même nombre défini comme la limite d'une somme de Riemann.

EXEMPLE 2 Se familiariser avec la notation

Soit l'intervalle $[-1, 3]$ et P une partition en n sous-intervalles de même longueur $\Delta x = 4/n$. Soit m_k le point milieu du k^e sous-intervalle. Représentez la limite

$$\lim_{n\to\infty} \sum_{k=1}^{n} (3(m_k)^2 - 2m_k + 5)\Delta x$$

sous la forme d'une intégrale définie.

Solution

Puisque chaque point milieu m_k a été choisi dans chacun des sous-intervalles de la partition, l'expression est bien la limite d'une somme de Riemann (les points auraient pu être choisis de façon arbitraire dans chacun des sous-intervalles). La fonction à intégrer sur l'intervalle $[-1, 3]$ est $f(x) = 3x^2 - 2x + 5$. Comme cette fonction est continue sur $[-1, 3]$, la limite existe, f est intégrable et, dès lors,

$$\lim_{n\to\infty} \sum_{k=1}^{n} (3(m_k)^2 - 2m_k + 5)\Delta x = \int_{-1}^{3} (3x^2 - 2x + 5)\,dx.$$

Voir les exercices **5** à **10**.

1.2.5 Aire sous la courbe d'une fonction non négative

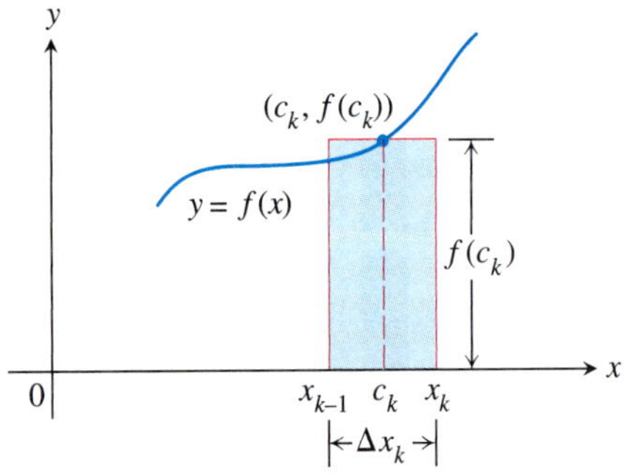

Figure 1.2.6 Chaque terme d'une somme de Riemann $\sum_{k=1}^{n} f(c_k)\Delta x_k$ pour une fonction non négative est soit zéro, soit l'aire d'un rectangle tel qu'illustré.

À la section 1.1, nous avons vu qu'il était possible d'estimer l'aire de la région sous la courbe d'une fonction $y = f(x)$ entre a et b en faisant la somme des aires d'un nombre fini de rectangles qui avaient comme hauteurs les valeurs de la fonction évaluée en un point de chaque sous-intervalle de $[a, b]$. Nous comprenons maintenant pourquoi cela est possible : si une fonction intégrable $y = f(x)$ est non négative sur un intervalle $[a, b]$, chacun des termes $f(c_k)\Delta x_k$ représente l'aire d'un rectangle de base Δx_k et de hauteur $f(c_k)$ tel qu'illustré à la figure 1.2.6.

La somme de Riemann

$$\sum_{k=1}^{n} f(c_k)\Delta x_k$$

est la somme des aires de tous ces rectangles et constitue donc une approximation de l'aire sous la courbe entre a et b. Puisque la somme des aires des rectangles donne une approximation de plus en plus précise lorsque la partition devient de plus en plus « fine », il est raisonnable de considérer la limite de la somme de Riemann comme l'aire sous la courbe entre a et b.

À la lumière de ce qui précède, nous pouvons reformuler la définition 1.2.1 (voir page 17) de la façon suivante.

DÉFINITION 1.2.3 Aire sous une courbe (en tant qu'intégrale définie)

Si $y = f(x)$ est une fonction non négative intégrable sur l'intervalle $[a, b]$, alors l'aire sous la courbe $y = f(x)$ entre a et b est l'intégrale de f entre a et b.

$$A = \int_a^b f(x)dx$$

Cette définition nous permet aussi bien de calculer une aire à partir d'une intégrale que de calculer une intégrale à partir d'une aire.

EXEMPLE 3 Trouver l'aire de la région sous la courbe $y = x$

Évaluez l'intégrale suivante :

$$\int_a^b x dx, \text{ où } 0 < a < b.$$

Solution

Esquissons la région comprise entre la droite $y = x$ et l'axe des x, entre a et b (figure 1.2.7). Cette région est un trapèze en position verticale de bases a et b et de hauteur $(b - a)$. La valeur de l'intégrale est la mesure de l'aire du trapèze :

$$\int_a^b x dx = (b - a) \cdot \frac{b+a}{2} = \frac{b^2 - a^2}{2} = \frac{b^2}{2} - \frac{a^2}{2}.$$

Par exemple, si $a = 1$ et $b = \sqrt{5}$, alors

$$\int_1^{\sqrt{5}} x dx = \frac{(\sqrt{5})^2}{2} - \frac{1^2}{2} = 2.$$

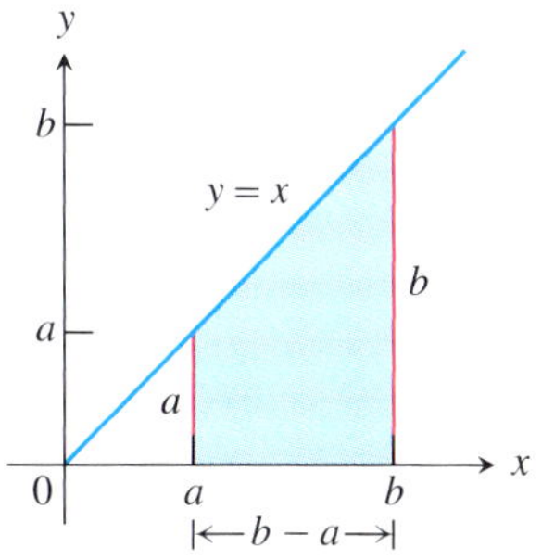

Figure 1.2.7 La région de l'exemple 3.

EXEMPLE 4 Trouver l'aire de la région sous la courbe $y = \sqrt{4 - x^2}$

Évaluez l'intégrale $\int_{-2}^2 \sqrt{4 - x^2} dx$.

Solution

Sachant que $f(x) = \sqrt{4 - x^2} \geq 0$, nous pouvons interpréter l'intégrale comme l'aire entre la courbe $y = \sqrt{4 - x^2}$ et l'axe des x entre -2 et 2. Puisque $y^2 = 4 - x^2$, nous trouvons $x^2 + y^2 = 2^2$, ce qui montre que le graphe de f est un demi-cercle de rayon 2 et centré à l'origine (figure 1.2.8).

L'aire de la surface comprise entre la courbe et l'axe horizontal peut être calculée par la formule de géométrie suivante :

$$\text{Aire} = \frac{\pi r^2}{2} = \frac{\pi(2)^2}{2} = 2\pi.$$

Puisque l'aire est également la valeur de l'intégrale de f de -2 à 2, nous avons

$$\int_{-2}^2 \sqrt{4 - x^2}\, dx = 2\pi.$$

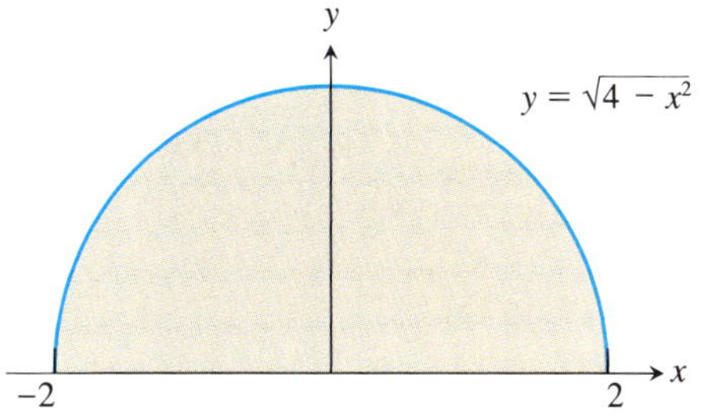

Figure 1.2.8 L'aire sous un demi-cercle de rayon 2.

Voir les exercices **13** à **18**.

1.2.6 Intégrale définie négative

Dans notre interprétation géométrique de l'intégrale de $f(x)$ en tant qu'aire, la fonction $f(x)$ ne devait pas être négative sur l'intervalle $[a, b]$; cependant, il est clair que cette hypothèse n'est pas nécessaire pour la définition analytique de l'intégrale en tant que limite d'une somme de Riemann. Nous faisons la somme de petites quantités de la forme $f(c_k)\Delta x_k$ et passons à la limite ; ce procédé reste parfaitement valable même si certaines des valeurs $f(c_k)$ sont négatives. L'interprétation géométrique de ce fait est la suivante : pour les parties de courbe situées au-dessous de l'axe des x, $f(c_k)\Delta x_k$ prend des valeurs négatives de sorte que les aires sous l'axe des x sont comptées négativement, tandis que les aires au-dessus de l'axe sont comptées positivement. On dit que l'intégrale de $f(x)$ est la somme algébrique des aires comprises entre la courbe et l'axe des x.

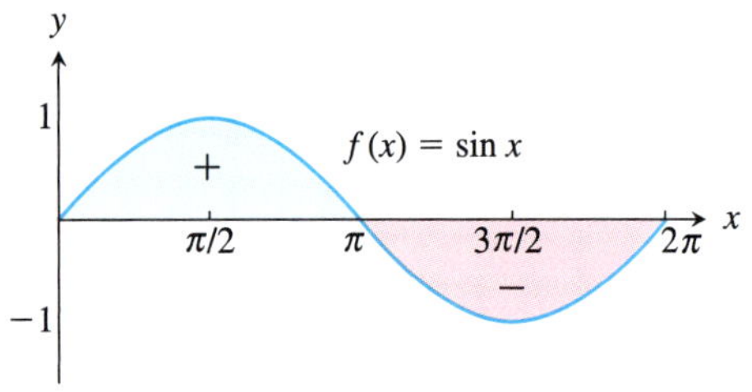

Figure 1.2.9 L'intégrale de la fonction sin x de 0 à 2π égale 0.

EXEMPLE 5 Trouver l'intégrale de la fonction sin x sur $[0, 2\pi]$

Évaluez $\int_0^{2\pi} \sin x \, dx$ (figure 1.2.9).

Solution

La symétrie de la courbe révèle que l'aire de la région de 0 à π au-dessus de l'axe des x est égale à l'aire de la région de π à 2π au-dessous de l'axe des x. D'après la discussion qui précède, il est clair que la portion d'intégrale négative annule la portion d'intégrale positive. Donc,

$$\int_0^{2\pi} \sin x \, dx = 0.$$

1.2.7 Propriétés des intégrales définies

Dans certains problèmes, il arrive que l'on doive calculer une intégrale $\int_a^b f(x)dx$ où $b < a$. En définissant $\int_a^b f(x)dx$ comme la limite des sommes $\sum f(c_k)\Delta x_k$, nous nous déplacions de gauche à droite dans l'intervalle $[a, b]$. Mais si $b < a$, il faut se déplacer de droite à gauche. Les Δx_k deviennent des quantités négatives lorsque x décroît de b vers a et alors, comme les ordonnées $f(x_k)$ ne changent pas, le signe des $f(x_k)\Delta x_k$ est changé ; cela a pour effet de changer le signe de tous les termes de la somme de Riemann et, par conséquent, le signe de l'intégrale elle-même. En d'autres mots, la valeur de l'intégrale de a à b est l'inverse additif de la valeur de l'intégrale de b à a, d'où la définition suivante.

DÉFINITION 1.2.4

Si $b < a$, alors

$$\int_a^b f(x)dx = -\int_b^a f(x)dx.$$

Puisque la définition originale 1.2.2 (voir page 20) ne s'appliquait pas à une intégration de droite à gauche sur un intervalle, nous pouvons considérer cette définition comme son prolongement logique.

Bien que $[a, a]$ ne soit pas un intervalle à proprement parler, un autre prolongement logique de la définition 1.2.2 suggère la définition suivante.

DÉFINITION 1.2.5

$$\int_a^a f(x)\,dx = 0$$

Ces deux définitions apparaissent en premier dans le théorème 1.2.4. Les autres propriétés du théorème sont déduites directement des propriétés d'une somme de Riemann.

THÉORÈME 1.2.4 Propriétés des intégrales définies

Soit f et g des fonctions intégrables sur les intervalles considérés, et soit k une constante.

1. *Ordre d'intégration :* $\int_a^b f(x)\,dx = -\int_b^a f(x)\,dx$ — Définition 1.2.4
2. *Zéro :* $\int_a^a f(x)\,dx = 0$ — Définition 1.2.5
3. *Multiple de fonction :* $\int_a^b kf(x)\,dx = k\int_a^b f(x)\,dx$ — Pour tout k

   en particulier si $k = -1$: $\int_a^b [-f(x)]\,dx = -\int_a^b f(x)\,dx$.
4. *Somme et différence :* $\int_a^b (f(x) \pm g(x))\,dx = \int_a^b f(x)\,dx \pm \int_a^b g(x)\,dx$
5. *Additivité :* $\int_a^b f(x)\,dx + \int_b^c f(x)\,dx = \int_a^c f(x)\,dx$
6. *Inégalité max-min :* si max f et min f sont respectivement les valeurs maximale et minimale de f sur $[a, b]$, alors

   $$\min f \cdot (b-a) \leq \int_a^b f(x)\,dx \leq \max f \cdot (b-a).$$

   (voir figure 1.3.5, page 35)
7. *Dominance :* si $f(x) \geq g(x)$ sur $[a, b]$, alors $\int_a^b f(x)\,dx \geq \int_a^b g(x)\,dx$ en particulier si $f(x) \geq 0$ sur $[a, b]$, alors $\int_a^b f(x)\,dx \geq 0$.

Les preuves des propriétés **3** et **6** apparaissent à la section A.3.

EXEMPLE 6 Appliquer les propriétés des intégrales définies

Soit $\int_{-1}^1 f(x)\,dx = 5$, $\int_1^4 f(x)\,dx = -2$, $\int_{-1}^1 h(x)\,dx = 7$.

Évaluez

a) $\int_4^1 f(x)\,dx$ **b)** $\int_{-1}^1 [2f(x) + 3h(x)]\,dx$ **c)** $\int_{-1}^4 f(x)\,dx$.

Solution

a) $\int_4^1 f(x)\,dx = -\int_1^4 f(x)\,dx = -(-2) = 2$ — Propriété **1**

b) $\int_{-1}^1 [2f(x) + 3h(x)]\,dx = 2\int_{-1}^1 f(x)\,dx + 3\int_{-1}^1 h(x)\,dx$ — Propriétés **3** et **4**

$= 2(5) + 3(7) = 31$

c) $\int_{-1}^4 f(x)\,dx = \int_{-1}^1 f(x)\,dx + \int_1^4 f(x)\,dx = 5 + (-2) = 3$ — Propriété **5**

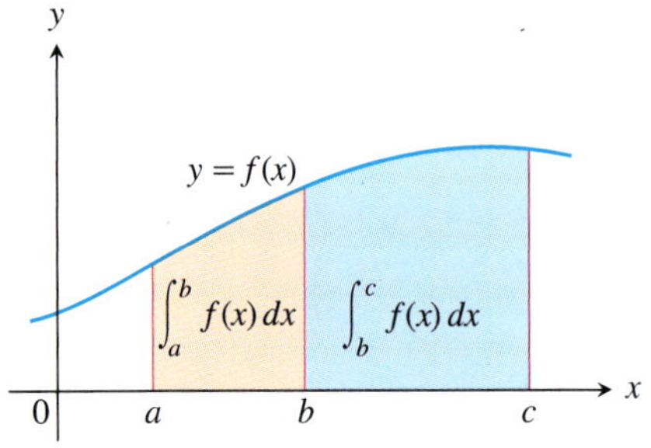

Figure 1.2.10 La propriété d'additivité des intégrales définies. L'intégrale de $f(x)$ sur $[a, c]$ peut être séparée.

La propriété **5** est illustrée à la figure 1.2.10 pour une fonction positive, mais elle s'applique également à toute fonction intégrable. Cette propriété d'additivité est assez évidente, aussi bien d'après sa définition analytique que d'après son interprétation géométrique : si $f(x)$ est intégrable sur $[a, c]$ et si b appartient à cet intervalle, alors b peut toujours être choisi comme point de séparation dans les sommes de Riemann en cause dans le calcul de l'intégrale. En d'autres mots, chaque somme de Riemann peut être séparée en deux sommes, l'une pour $[a, b]$ et l'autre pour $[b, c]$. Puisque la limite d'une somme égale la somme des limites, on en conclut que l'intégrale sur $[a, c]$ est la somme des intégrales sur $[a, b]$ et sur $[b, c]$.

$$\int_a^b f(x)\,dx + \int_b^c f(x)\,dx = \int_a^c f(x)\,dx$$

$$\int_b^c f(x)\,dx = \int_a^c f(x)\,dx - \int_a^b f(x)\,dx$$

Voir les exercices **19** à **24** et **27**.

EXEMPLE 7 Calculer l'aire de la région sous un segment parabolique

Évaluez $\int_3^6 x^2 dx$.

Solution

D'après la propriété **5** (additivité), nous pouvons écrire

$$\int_0^3 x^2 dx + \int_3^6 x^2 dx = \int_0^6 x^2 dx\,;$$

donc,

$$\int_3^6 x^2 dx = \int_0^6 x^2 dx - \int_0^3 x^2 dx.$$

Or,

$$\int_0^b x^2 dx = \frac{b^3}{3}.$$

Aire sous une parabole (exemple 1, voir page 17)

Finalement, l'intégrale recherchée est

$$\int_3^6 x^2 dx = \frac{6^3}{3} - \frac{3^3}{3} = 63.$$

EXEMPLE 8 Évaluer une intégrale d'après les propriétés

Évaluez $\int_0^4 (3x^2 + 5x + 7)\,dx$.

Solution

$$\int_0^4 (3x^2 + 5x + 7)\,dx = \int_0^4 3x^2 dx + \int_0^4 5x dx + \int_0^4 7dx \quad \text{Propriété 4}$$

$$= 3\int_0^4 x^2 dx + 5\int_0^4 xdx + \int_0^4 7dx \quad \text{Propriété 3}$$

Or,

$$\int_0^4 7dx = 4 \times 7 = 28 \quad \text{Aire d'un rectangle}$$

$$\int_0^4 xdx = \frac{4 \times 4}{2} = 8 \quad \text{Aire d'un triangle}$$

et

donc,

$$\int_0^4 x^2 dx = \frac{4^3}{3};$$

$$\int_0^4 (3x^2 + 5x + 7)\,dx = 3\left(\frac{4^3}{3}\right) + 5(8) + 28$$
$$= 132.$$

Aire sous une parabole (exemple 1, voir page 17)

EXEMPLE 9 Trouver un majorant pour une intégrale définie

Montrez que la valeur de $\int_0^1 \sqrt{1 + \cos x}\, dx$ est inférieure à 3/2.

Solution

Selon la propriété **6,** $\int_a^b f(x)dx \le \max f \cdot (b - a)$. Or, la valeur maximale de $\sqrt{1 + \cos x}$ sur [0, 1] est $\sqrt{1 + 1} = \sqrt{2}$. Donc,

$$\int_0^1 \sqrt{1 + \cos x}\, dx \le \sqrt{2} \cdot (1 - 0) = \sqrt{2} < \frac{3}{2}.$$

Voir exercices les **25**, **26** et **28** à **30**.

Majorant et minorant

Un majorant d'un nombre I est une valeur M telle que $I \le M$. De même, un minorant de I est une valeur m telle que $m \le I$.

Exercices 1.2

Rectangles et sommes de Riemann

Représentez graphiquement chacune des fonctions suivantes sur l'intervalle indiqué. Faites une partition de l'intervalle en le subdivisant en quatre sous-intervalles d'égale longueur. Sur le graphique, tracez les rectangles associés à la somme de Riemann $\sum_{k=1}^{4} f(c_k)\Delta x_k$ et calculez la somme dans les trois cas suivants :

a) les c_k sont les bornes de gauche ;

b) les c_k sont les bornes de droite ;

c) les c_k sont les milieux des sous-intervalles. (Indication : Faites un graphique séparé pour chacun des cas.)

1. $f(x) = x^2 - 1$, [0, 2].

2. $f(x) = -x^2$, [0, 1].

3. $f(x) = \sin x$, $[-\pi, \pi]$.

4. $f(x) = \sin x + 1$, $[-\pi, \pi]$.

Limites et intégrales

Aux exercices **5** à **10**, exprimez les limites sous la forme d'intégrales définies.

5. $\lim\limits_{\max \Delta x_k \to 0} \sum_{k=1}^{n} c_k^2 \Delta x_k$, où P est une partition de [0, 2].

6. $\lim\limits_{\max \Delta x_k \to 0} \sum_{k=1}^{n} 2c_k^3 \Delta x_k$, où P est une partition de [−1, 0].

7. $\lim\limits_{\max \Delta x_k \to 0} \sum_{k=1}^{n} (c_k^2 - 3c_k)\Delta x_k$, où P est une partition de [−7, 5].

8. $\lim\limits_{\max \Delta x_k \to 0} \sum_{k=1}^{n} \frac{1}{1 - c_k}\Delta x_k$, où P est une partition de [2, 3].

9. $\lim\limits_{\max \Delta x_k \to 0} \sum_{k=1}^{n} \sqrt{4 - c_k^2}\,\Delta x_k$, où P est une partition de [0, 1].

10. $\lim\limits_{\max \Delta x_k \to 0} \sum_{k=1}^{n} (\sec c_k)\Delta x_k$, où P est une partition de $\left[-\frac{\pi}{4}, 0\right]$.

11. Trouvez l'aire exacte A de la région au-dessus de l'axe des x sous la fonction cubique $f(x) = x^3$ entre les bornes $x = 0$ et $x = b$ où $(b > 0)$ en vous inspirant de la méthode de l'exemple 1, page 17. (Indication : Utilisez la partie **c)** du théorème 1.1.2, page 10.)

12. Trouvez l'aire exacte A de la région au-dessus de l'axe des x sous la courbe $y = 5x^3 + 2x^2$ entre les bornes $x = 0$ et $x = b$ où $(b > 0)$ en vous inspirant de la méthode de l'exemple 1, page 17. (Indication : Utilisez les parties **b)** et **c)** du théorème 1.1.2, page 10.)

Trouver l'aire pour évaluer des intégrales

Tracez les graphes des intégrandes qui correspondent aux intégrales définies suivantes, puis évaluez chaque intégrale en calculant l'aire sous la courbe.

13. $\int_{-2}^{4} \left(\frac{x}{3} + 3\right)dx$

14. $\int_{-3}^{3} \sqrt{9 - x^2}\,dx$

15. $\int_{-2}^{1} |x|dx$

16. $\int_{-1}^{1} \left(2 - |x|\right)dx$

17. $\int_{0}^{b} xdx, b > 0$

18. $\int_{a}^{b} 2sds, 0 < a < b$

Appliquer les propriétés des intégrales définies pour calculer des intégrales

19. Soit f et g deux fonctions continues telles que

$$\int_{1}^{2} f(x)dx = -4, \quad \int_{1}^{5} f(x)dx = 6, \quad \int_{1}^{5} g(x)dx = 8.$$

Appliquez les propriétés des intégrales définies (voir théorème 1.2.4, page 25) pour évaluer les intégrales suivantes.

a) $\int_{2}^{2} g(x)dx$ **b)** $\int_{5}^{1} g(x)dx$

c) $\int_{1}^{2} 3f(x)dx$ **d)** $\int_{2}^{5} f(x)dx$

e) $\int_{1}^{5} [f(x) - g(x)]dx$ **f)** $\int_{1}^{5} [4f(x) - g(x)]dx$

20. Soit f et h deux fonctions continues telles que

$$\int_{1}^{9} f(x)dx = -1, \quad \int_{7}^{9} f(x)dx = 5, \quad \int_{7}^{9} h(x)dx = 4.$$

Appliquez les propriétés des intégrales définies (voir théorème 1.2.4, page 25) pour évaluer les intégrales suivantes.

a) $\int_{1}^{9} -2f(x)dx$ **b)** $\int_{7}^{9} [f(x) + h(x)]dx$

c) $\int_{7}^{9} [2f(x) - 3h(x)]dx$ **d)** $\int_{9}^{1} f(x)dx$

e) $\int_{1}^{7} f(x)dx$ **f)** $\int_{9}^{7} [h(x) - f(x)]dx$

21. Soit $\int_{1}^{2} f(x)dx = 5$. Évaluez les intégrales suivantes.

a) $\int_{1}^{2} f(u)du$ **b)** $\int_{1}^{2} \sqrt{3}f(z)dz$

c) $\int_{2}^{1} f(t)dt$ **d)** $\int_{1}^{2} [-f(x)]dx$

22. Soit $\int_{-3}^{0} g(t)dt = \sqrt{2}$. Évaluez les intégrales suivantes.

a) $\int_{0}^{-3} g(t)dt$ **b)** $\int_{-3}^{0} g(u)du$

c) $\int_{-3}^{0} [-g(x)]dx$ **d)** $\int_{-3}^{0} \frac{g(r)}{\sqrt{2}}dr$

23. Soit f une fonction continue telle que

$$\int_{0}^{3} f(z)dz = 3 \text{ et } \int_{0}^{4} f(z)dz = 7.$$

Évaluez les intégrales suivantes.

a) $\int_{3}^{4} f(z)dz$ **b)** $\int_{4}^{3} f(t)dt$

24. Soit h une fonction continue telle que

$$\int_{-1}^{1} h(r)dr = 0 \text{ et } \int_{-1}^{3} h(r)dr = 6.$$

Évaluez les intégrales suivantes.

a) $\int_{1}^{3} h(r)dr$ **b)** $-\int_{3}^{1} h(u)du$

Théorie et exemples

25. Valeur maximale d'une intégrale définie. Pour quelles valeurs de a et b la valeur de l'intégrale suivante est-elle maximale ?

$$\int_{a}^{b} (x - x^2)dx$$

26. Valeur minimale d'une intégrale définie. Pour quelles valeurs de a et b la valeur de l'intégrale suivante est-elle minimale ?

$$\int_{a}^{b} (x^4 - 2x^2)dx$$

27. Expliquez pourquoi la formule ci-dessous est valable pour toute valeur de la constante k.

$$\int_{a}^{b} kdx = k(b - a)$$

28. Intégrale d'une fonction non négative. Appliquez la propriété **6** du théorème 1.2.4 (inégalité max-min, voir page 25) pour montrer que, pour une fonction f intégrable, on a l'implication suivante :

$$\text{si } f(x) \geq 0 \text{ sur } [a, b], \text{ alors } \int_{a}^{b} f(x)dx \geq 0.$$

29. Majorant et minorant. Appliquez la propriété **6** du théorème 1.2.4 (inégalité max-min, voir page 25) pour déterminer un majorant (valeur supérieure) et un minorant (valeur inférieure) de l'intégrale

$$\int_{0}^{1} \frac{1}{1 + x^2}dx.$$

30. Majorant et minorant. (suite de l'exercice **29**) Appliquez la propriété **6** du théorème 1.2.4 (inégalité max-min, voir page 25) pour déterminer un majorant (valeur supérieure) et un minorant (valeur inférieure) à chacune des intégrales

$$\int_{0}^{0,5} \frac{1}{1 + x^2}dx \text{ et } \int_{0,5}^{1} \frac{1}{1 + x^2}dx.$$

Faites la somme de ces deux résultats pour obtenir une meilleure approximation de l'intégrale

$$\int_{0}^{1} \frac{1}{1 + x^2}dx$$

que celle obtenue à l'exercice **29**.

EXPLORATIONS À L'ORDINATEUR

Trouver des sommes de Riemann

Aux exercices **31** à **36**, si votre logiciel de calcul symbolique le permet, tracez les rectangles associés aux sommes de Riemann pour observer la convergence vers la valeur exacte de chacune des intégrales. Utilisez $n = 4$, 10, 20 et 50 sous-intervalles d'égale longueur dans chaque cas.

31. $\int_{0}^{1} (1 - x)dx = \frac{1}{2}$

32. $\int_{0}^{1} (x^2 + 1)dx = \frac{4}{3}$

33. $\int_{-\pi}^{\pi} \cos x \; dx = 0$

34. $\int_{0}^{\pi/4} \sec^2 x \; dx = 1$

35. $\int_{-1}^{1} |x|dx = 1$

36. $\int_{1}^{2} \frac{1}{x} dx = \ln 2$

1.3 Théorème fondamental du calcul intégral

Le but de la présente section est d'introduire le théorème fondamental du calcul intégral. Ce théorème fait le lien entre deux concepts qui, à première vue, ne semblent pas être reliés : d'une part, le concept de dérivée ; d'autre part, le concept d'intégrale. Démontré séparément par Leibniz et par Newton au XVIIe siècle, le **théorème fondamental** a été le point de départ de la révolution scientifique commencée au siècle suivant et il constitue encore l'une des découvertes les plus importantes de l'histoire des sciences.

1.3.1 Présentation du théorème fondamental

À l'exemple 1 de la section 1.2, nous avons calculé l'intégrale $\int_0^b x^2dx$ en utilisant la formule de la somme de carrés d'entiers consécutifs (voir théorème 1.1.2 **b**, page 10) :

$$\sum_{k=1}^{n} k^2 = 1^2 + 2^2 + 3^2 + \ldots + n^2 = \frac{n(n+1)(2n+1)}{6}.$$

Tel que proposé à l'exercice **11** de la section 1.2, afin de calculer $\int_0^b x^3dx$ avec la même méthode, il fallait utiliser la formule de la somme de cubes d'entiers consécutifs (voir théorème 1.1.2 **c**, page 10) :

$$\sum_{k=1}^{n} k^3 = 1^3 + 2^3 + 3^3 + \ldots + n^3 = \left[\frac{n(n+1)}{2}\right]^2.$$

Le calcul plus général de $\int_0^b x^q dx$ avec la méthode des sommes de Riemann serait possible en utilisant la formule de Bernoulli pour la somme $1^q + 2^q + 3^q + \ldots + n^q$.

En fait, il semble que l'évaluation exacte de l'intégrale de chaque fonction exige que l'on trouve une formule permettant de simplifier une somme de Riemann spécifique dont on cherche la limite. Il n'y a pas de technique générale pour effectuer cette réduction : chaque cas demande une approche particulière.

Y aurait-il une autre approche que la limite d'une somme pour évaluer des intégrales définies ?

Comme cette question difficile avait une grande importance autant pratique que technique, elle a préoccupé les mathématiciens depuis l'Antiquité. Certains arrivaient à intégrer plusieurs fonctions particulières par divers moyens ingénieux, mais les progrès pour trouver une méthode générale se faisaient attendre.

Leibniz et Newton développèrent chacun de leur côté une méthode générale efficace pour calculer les intégrales d'un très grand nombre de fonctions variées.

NEWTON

Isaac Newton (Woolsthorp, Angleterre, 25 décembre 1642 – Londres, 1727) est le fondateur de la mécanique classique, science du mouvement des corps dans l'espace. Si nous pouvons calculer la vitesse d'un objet en chute libre sur Jupiter, c'est grâce à Newton. Parmi ses nombreux exploits, mentionnons l'invention du télescope réflecteur, la création des fondements de l'optique théorique, ses recherches sur les alliages métalliques, une étude rigoureuse de la vitesse du son, etc. Il raconte s'être passionné pour les mathématiques en lisant un traité d'astrologie dont les formules compliquées le dépassaient. Relevant le défi, le jeune Newton dévore la géométrie, la trigonométrie, les écrits de Galilée, Descartes, Wallis et Barrow. Bientôt, il généralise les concepts du calcul différentiel, développe le calcul intégral et trouve comment mieux appliquer ces disciplines aux problèmes physiques. Devenu professeur de mathématiques à 26 ans, il hésite longtemps, bizarrement modeste, avant d'écrire son chef-d'œuvre, *Principia mathematica* (1687). Quelques années plus tard, souffrant de surmenage professionnel, il accepte le poste de maître de la monnaie à Londres et quitte le monde universitaire.

Ils mirent en évidence la connexion étroite entre le problème de l'intégrale et le problème de la dérivée malgré la différence apparente entre les deux procédés limites utilisés. Tous deux établirent ainsi le théorème fondamental du calcul énonçant que l'intégration et la dérivation sont, en fait, des processus inverses l'un de l'autre, un peu comme les opérations d'addition et de soustraction.

Leur astuce ? Introduire du mouvement dans le calcul de l'aire sous une courbe en envisageant non plus une aire fixe mais une aire variable.

Pour comprendre à l'aide d'un exemple, reprenons le problème non résolu de l'aire exacte sous l'hyperbole $f(x) = 1/x$ entre $x = 2$ et $x = 4$ (voir section 1.1, exemple 1, pages 2 et 3); cette aire A est symbolisée par:

$$\int_2^4 \frac{1}{x}\,dx.$$

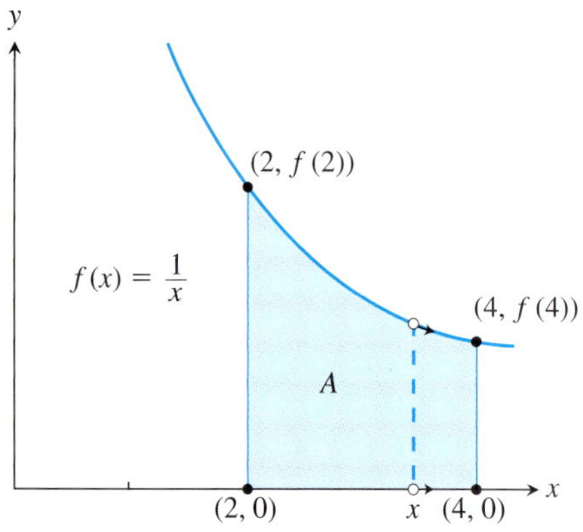

Figure 1.3.1 L'aire sous l'hyperbole entre $x = 2$ et $x = 4$.

Imaginons d'abord que le segment joignant les points (2, 0) et (2, f(2)) est un élastique couvert de peinture bleue; à chaque extrémité de l'élastique se trouve un anneau enfilé autour de la courbe à un bout et autour de l'axe à l'autre bout.

Si nous déplaçons les deux anneaux respectivement jusqu'aux points (4, 0) et (4, f(4)), la peinture de l'élastique laissera une trace colorée en bleu sur la surface de la figure 1.3.1. L'aire A de cette surface est précisément celle que nous recherchons.

Nous pouvons faire varier cette aire en déplaçant l'élastique parallèlement à lui-même. L'aire de la région colorée, c'est-à-dire l'intégrale, devient ainsi une fonction $A(x)$ de sa borne supérieure variable.

Nous nous proposons maintenant de résoudre le problème suivant: quelle est la dérivée de cette aire variable $A(x)$? Si, après l'avoir enduit de peinture rouge, nous déplaçons encore l'élastique sur une petite distance Δx, la peinture laissera une trace additionnelle colorée en rouge (figure 1.3.2).

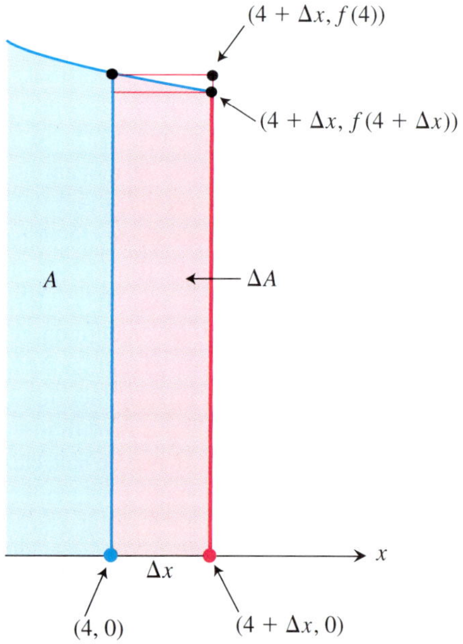

Figure 1.3.2 Un grossissement de la figure 1.3.1.

Appelons ΔA l'aire de cette bande. La variation ΔA divisée par la variation Δx est exactement le quotient des variations requis pour calculer la dérivée de l'aire variable $A(x)$. La dérivée recherchée est donc

$$\lim_{\Delta x \to 0} \frac{\Delta A}{\Delta x}.$$

Pour évaluer la limite de ce quotient, observons la figure 1.3.2: la bande d'aire ΔA est comprise entre, d'une part, un rectangle inscrit de base Δx et de hauteur $f(4 + \Delta x)$ et, d'autre part, un rectangle circonscrit de base Δx et de hauteur $f(4)$.

De sorte que

$$\Delta x \cdot f(4 + \Delta x) \le \Delta A \le \Delta x \cdot f(4).$$

En divisant par Δx, nous obtenons:

$$f(4 + \Delta x) \le \frac{\Delta A}{\Delta x} \le f(4).$$

Lorsque Δx tend vers zéro, $f(4 + \Delta x)$ tend vers $f(4)$, f étant continue sur son domaine, c'est-à-dire

$$\lim_{\Delta x \to 0} f(4 + \Delta x) = f(4).$$

Donc, par le théorème du sandwich,

$$\lim_{\Delta x \to 0} f(4 + \Delta x) \le \lim_{\Delta x \to 0} \frac{\Delta A}{\Delta x} \le \lim_{\Delta x \to 0} f(4),$$

$$f(4) \le \lim_{\Delta x \to 0} \frac{\Delta A}{\Delta x} \le f(4),$$

d'où

$$\lim_{\Delta x \to 0} \frac{\Delta A}{\Delta x} = f(4)$$

qui peut s'écrire

$$\left.\frac{dA}{dx}\right|_{x=4} = f(4).$$

En appliquant le même raisonnement au cas d'une borne supérieure x quelconque au lieu de $x = 4$, nous obtenons le résultat remarquable suivant :

$$\frac{dA}{dx} = f(x).$$

En d'autres mots, le taux d'accroissement de l'aire A par rapport à x est égal à la hauteur de la courbe $f(x)$ évaluée à la borne supérieure x d'intégration. C'est là l'essence du théorème fondamental.

Voilà, enfin, une indication précieuse pour obtenir l'aire A de la région entre $f(x)$ et l'axe des x en fonction de la borne supérieure x : il faut trouver une fonction $F(x)$ dont la dérivée soit $f(x)$; une telle fonction $F(x)$ est appelée *primitive* de $f(x)$.

DÉFINITION 1.3.1 Primitive

Une fonction $F(x)$ telle que $F'(x) = f(x)$ est une **primitive** de $f(x)$.

BARROW

Quand il devient le premier titulaire de la chaire lucasienne de mathématiques à l'université de Cambridge à l'âge de 33 ans, **Isaac Barrow** (né et mort à Londres, 1630-1677) a déjà derrière lui une vie extraordinaire : études disparates – langues classiques et modernes, théologie, médecine, astronomie, optique et géométrie – suivies d'un voyage en Europe et d'un long séjour en Turquie. Durant un pénible voyage de retour, tous ses biens seront détruits par des pirates. Rentré à Cambridge, plus passionné que jamais par les mathématiques, il donne des conférences sur les tangentes et démontre qu'elles équivalent à un taux de variation. Le jeune Newton est dans l'assistance et acquiert alors les premières notions de ce qui deviendra le calcul différentiel et intégral. Barrow enseigne aussi l'optique, discipline où brillera Newton.

On reconnaît à Barrow le mérite d'avoir synthétisé les résultats des meilleurs mathématiciens de son époque et de l'Antiquité. Après avoir cédé son poste à Newton en 1669, il mènera une campagne contre l'ingérence de la monarchie dans les affaires universitaires.

EXEMPLE 1 Calculer la valeur exacte d'une intégrale

Trouvez la valeur exacte de $\displaystyle\int_2^4 \frac{1}{x}\,dx$.

Solution

Pour évaluer $\displaystyle\int_2^4 \frac{1}{x}\,dx$, demandons-nous quelle est la fonction dont la dérivée est $1/x$.

Nous connaissons une fonction qui satisfait à cette condition : $\ln x$. En effet,

$$\frac{d}{dx}(\ln x) = \frac{1}{x}.$$

Mais la fonction $\ln x$ n'est pas la seule à admettre $1/x$ comme dérivée. Rappelons le deuxième corollaire du théorème de la moyenne (voir page 367) :

Si $f'(x) = g'(x)$ pour tous les points d'un intervalle I, alors il existe une constante C telle que

$$f(x) = g(x) + C.$$

En d'autres mots, les fonctions ayant la même dérivée ne diffèrent entre elles que par une valeur constante. Donc, toutes les fonctions de la forme $\ln x + C$ admettent $1/x$ comme dérivée. Le problème ainsi posé semble avoir une infinité de solutions de la forme

$$A(x) = \ln x + C.$$

Cette indétermination n'a rien de surprenant si nous pensons que, dans le raisonnement du théorème fondamental, nous n'avons pas tenu compte de la position fixe de la borne inférieure. Nous rappelant que celle-ci vaut 2, il devient aisé de déterminer C. En effet, puisque x représente la borne supérieure de l'intégrale, si $x = 2$, alors $A = 0$; autrement dit,

$$A(2) = \int_2^2 \frac{1}{x}\,dx = 0.$$

Théorème 1.2.4, propriété 2

En remplaçant x par la valeur 2 dans la formule

$$A(x) = \ln x + C,$$

nous trouvons :

$$A(2) = \ln(2) + C,$$
$$0 = \ln 2 + C,$$

d'où

$$C = -\ln 2.$$

En résumé, l'aire délimitée par l'axe des x et l'hyperbole d'équation $f(x) = 1/x$ entre une borne inférieure fixe $x = 2$ et une borne supérieure variable x est une fonction de x s'écrivant

$$A(x) = \int_2^x \frac{1}{x}\,dx = \ln x - \ln 2.$$

Nous voulions calculer l'aire exacte sous l'hyperbole entre les bornes $x = 2$ et $x = 4$. Il est maintenant facile de l'obtenir en posant $x = 4$ dans la formule précédente :

$$\begin{aligned}\int_2^4 \frac{1}{x}\,dx &= \ln 4 - \ln 2\\ &= \ln(4/2)\\ &= \ln 2\\ &\approx 0{,}693147181.\end{aligned}$$

1.3.2 Règle d'évaluation d'une intégrale définie

À la lumière de ce qui précède, nous énoncerons d'abord une règle pratique pour évaluer $\int_a^b f(x)\,dx$, puis nous illustrerons cette règle à l'aide de quelques exemples avant de démontrer le théorème fondamental dont elle découle.

Marche à suivre

Règle d'évaluation de l'intégrale définie $\int_a^b f(x)\,dx$ si f est continue sur $[a, b]$

Étape 1 Trouvez une primitive F de f ($F'(x) = f(x)$).

Étape 2 Faites la différence $F(b) - F(a)$.

Notation pour $F(b) - F(a)$

La notation usuelle pour $F(b) - F(a)$ est

$$F(x)\Big]_a^b \text{ ou } \Big[F(x)\Big]_a^b$$

selon que F contient un ou plusieurs termes.

EXEMPLE 2 Calculer l'aire exacte sous une parabole

À l'aide de la règle d'évaluation d'une intégrale définie, calculez l'aire exacte délimitée par l'axe des x et la parabole $f(x) = x^2$ entre les bornes $x = 0$ et $x = b$.

Solution

Nous cherchons $\int_0^b x^2 dx$. Il faut trouver une primitive de $f(x) = x^2$. Nous savons que $(x^3)' = 3x^2$; donc $(x^3/3)' = 1/3(x^3)' = x^2$.

Si $x^3/3$ est une primitive de x^2, alors, d'après la règle d'évaluation d'une intégrale définie, nous avons ici

$$\int_0^b x^2 dx = \left.\frac{x^3}{3}\right]_0^b = \frac{b^3}{3} - \frac{0^3}{3} = \frac{b^3}{3}.$$

Nous avons obtenu, beaucoup plus facilement ici, le même résultat qu'à l'exemple 1 de la section 1.2 (voir page 17).

EXEMPLE 3 Évaluer une intégrale définie

Trouvez $\int_{-1}^{3} (x^3 + 1)\,dx$ à l'aide de la règle d'évaluation d'une intégrale définie.

Solution

Une primitive simple de $x^3 + 1$ est $\frac{x^4}{4} + x$ (on peut le vérifier par dérivation). Dès lors,

$$\begin{aligned}\int_{-1}^{3} (x^3 + 1)\,dx &= \left[\frac{x^4}{4} + x\right]_{-1}^{3} \\ &= \left(\frac{81}{4} + 3\right) - \left(\frac{1}{4} - 1\right) \\ &= 24.\end{aligned}$$

EXEMPLE 4 Trouver l'aire exacte sous la fonction cosinus

Trouvez l'aire exacte de la région délimitée par l'axe des x et la fonction cosinus entre les bornes $-\pi/2$ et $\pi/2$ (figure 1.3.3).

Solution

Nous cherchons $\int_{-\pi/2}^{\pi/2} \cos x\,dx$. La fonction $\sin x$ est une primitive de $\cos x$, car $(\sin x)' = \cos x$.

D'après la règle d'évaluation d'une intégrale définie,

$$\int_{-\pi/2}^{\pi/2} \cos x\,dx = \sin x\Big]_{-\pi/2}^{\pi/2} = \sin(\pi/2) - \sin(-\pi/2) = 1 - (-1) = 2.$$

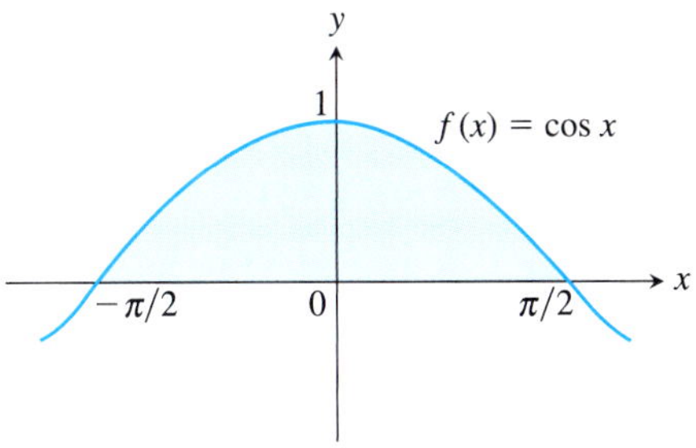

Figure 1.3.3 L'aire sous la fonction cosinus.

EXEMPLE 5 Évaluer l'intégrale de x^q

Évaluez $\int_a^b x^q dx$ où q est un exposant rationnel et $q \neq -1$.

Solution

Nous savons que la dérivée de x^n est nx^{n-1}, d'où, en remplaçant n par $q + 1$

$$\begin{aligned}\left(\frac{x^{q+1}}{q+1}\right)' &= \frac{(q+1)x^q}{q+1}, \text{ où } q \neq -1 \\ &= x^q.\end{aligned}$$

Donc, $\frac{x^{q+1}}{q+1}$ est une primitive de x^q.

Et alors,

$$\int_a^b x^q dx = \left.\frac{x^{q+1}}{q+1}\right]_a^b = \frac{b^{q+1} - a^{q+1}}{q+1}.$$

EXEMPLE 6 Retrouver π

Montrez que $4\int_0^1 \frac{1}{1+x^2}\,dx = \pi$.

Solution

Nous savons que arc tan x est une primitive de $\frac{1}{1+x^2}$, car

$$\frac{d}{dx}\text{arc tan } x = \frac{1}{1+x^2};$$

donc,

$$4\int_0^1 \frac{1}{1+x^2}\,dx = 4\Big[\text{arc tan } x\Big]_0^1 = 4(\text{arc tan } 1 - \text{arc tan } 0) = 4\frac{\pi}{4} = \pi.$$

Voir les exercices **1** à **12**, **29** et **30**.

1.3.3 Théorème fondamental, 1re partie

Nous allons maintenant présenter et démontrer la première partie du théorème fondamental. La démarche du premier exemple de la section se généralise de la façon suivante.

Soit une fonction continue $f(t)$. Considérons l'intégrale de $f(t)$ entre une borne inférieure fixe a et une borne supérieure variable x. Nous écrivons cette intégrale sous la forme

$$A(x) = \int_a^x f(t)\,dt$$

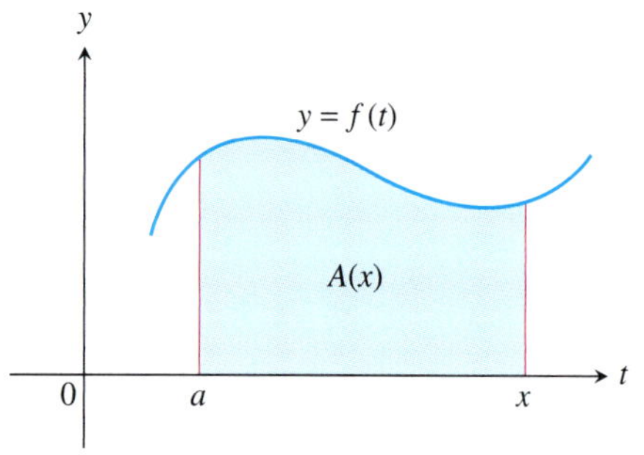

Figure 1.3.4 L'intégrale de $f(t)$ vue comme fonction de sa borne supérieure x.

pour indiquer que nous voulons étudier l'intégrale comme fonction $A(x)$ de sa borne supérieure x. Par exemple, dans le cas où $f(t)$ est positive et $x > a$, la fonction intégrale $A(x)$ correspond à l'aire de la région délimitée par l'axe des abscisses et la courbe $y = f(t)$ entre $t = a$ et $t = x$. Donc, à chaque valeur de la borne supérieure x correspond une valeur numérique particulière de A. En faisant varier x, A varie en conséquence et peut donc être considérée comme une fonction de x (figure 1.3.4).

Par exemple, $A(2) = \int_a^2 f(t)\,dt$, $A(4) = \int_a^4 f(t)\,dt$ ou $A(4+h) = \int_a^{4+h} f(t)\,dt$.

Une intégrale dont la borne supérieure est variable est appelée *intégrale indéfinie*. Cette nouvelle façon d'interpréter une intégrale définie nous permet d'énoncer la première partie du théorème fondamental de la façon suivante.

Soit f continue sur $[a, x]$. La dérivée de l'intégrale indéfinie $\int_a^x f(t)\,dt$ est égale à $f(t)$ évaluée en x.

C'est pour éviter la confusion entre la borne supérieure d'intégration et la variable apparaissant dans l'intégrande que nous les représentons par deux lettres différentes, respectivement x et t. Notons que la nouvelle fonction A ne dépend pas de t; elle ne dépend que de la variable x qui agit comme borne supérieure de l'intégrale.

THÉORÈME 1.3.1 Théorème fondamental, 1re partie

Si f est une fonction continue sur $[a, b]$, alors la fonction A définie par

$$A(x) = \int_a^x f(t)\,dt, \text{ où } a \le x \le b$$

est continue sur $[a, b]$ et elle est dérivable sur $]a, b[$. De plus, A est une primitive de f, c'est-à-dire

$$\frac{d}{dx}A(x) = \frac{d}{dx}\left[\int_a^x f(t)\,dt\right] = f(x).$$

Preuve du théorème fondamental, 1re partie La preuve du théorème fondamental repose sur la définition de la dérivée appliquée à la fonction $A(x)$. Nous devons démontrer que $\frac{d}{dx}A(x) = f(x)$; en d'autres mots, nous devons démontrer que le quotient des accroissements

$$\frac{A(x+h) - A(x)}{h}$$

admet la limite $f(x)$ lorsque $h \to 0$.

En remplaçant $A(x + h)$ et $A(x)$ par des intégrales, le numérateur devient :

$$A(x+h) - A(x) = \int_a^{x+h} f(t)\,dt - \int_a^x f(t)\,dt$$

$$= \int_a^{x+h} f(t)\,dt + \int_x^a f(t)\,dt$$ Théorème 1.2.4, propriété **1** des bornes

$$= \int_x^{x+h} f(t)\,dt.$$ Théorème 1.2.4, propriété **5** d'additivité

Le quotient des accroissements devient donc :

$$\frac{A(x+h) - A(x)}{h} = \frac{\int_x^{x+h} f(t)\,dt}{h}. \qquad (1)$$

Par ailleurs, dans le cas où $h > 0$, nous appliquons la propriété de l'inégalité max-min pour f sur l'intervalle d'intégration $[x, x + h]$ et nous trouvons :

$$\min f \cdot [(x+h) - x] \leq \int_x^{x+h} f(t)\,dt \leq \max f \cdot [(x+h) - x]$$ Théorème 1.2.4, propriété **6**

$$\min f \cdot h \leq \int_x^{x+h} f(t)\,dt \leq \max f \cdot h \text{ (figure 1.3.5).}$$

Comme $h > 0$, nous pouvons diviser cette inégalité par h :

$$\min f \leq \frac{\int_x^{x+h} f(t)\,dt}{h} \leq \max f. \qquad (2)$$

L'inégalité (2) est également vraie dans le cas où $h < 0$; nous reportons cette vérification à la fin de la preuve (voir note, page 36).

Remplaçons le terme central dans l'inégalité (2) en la combinant avec l'équation (1) :

$$\min f \leq \frac{A(x+h) - A(x)}{h} \leq \max f. \qquad (3)$$

À présent, passons à la limite lorsque $h \to 0$. Nous trouvons :

$$\lim_{h\to 0} (\min f) = \lim_{h\to 0} (\max f) = f(x), \text{ car } f \text{ est continue sur } [a, b].$$

Donc, d'après le théorème du sandwich appliqué à (3),

$$\lim_{h\to 0} (\min f) \leq \lim_{h\to 0} \frac{A(x+h) - A(x)}{h} \leq \lim_{h\to 0} (\max f),$$

$$f(x) \leq \lim_{h\to 0} \frac{A(x+h) - A(x)}{h} \leq f(x),$$

Origine de la preuve du théorème fondamental

C'est Cauchy qui, le premier, a présenté une preuve du théorème fondamental (voir biographie, page 377).

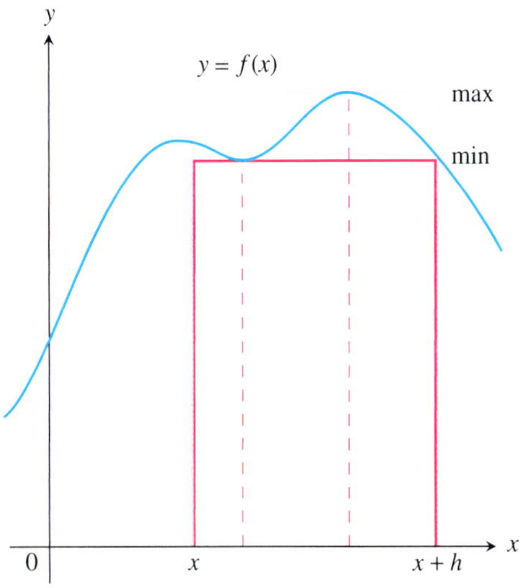

Figure 1.3.5 La propriété de l'inégalité max-min pour f sur l'intervalle d'intégration $[x, x + h]$ dans le cas où $h > 0$.

d'où

$$\lim_{h \to 0} \frac{A(x+h) - A(x)}{h} = f(x),$$

et alors

$$\frac{d}{dx} A(x) = f(x).$$

Note : Dans le cas où $h < 0$, la propriété de l'inégalité max-min pour f doit s'appliquer sur l'intervalle d'intégration $[x + h, x]$ et nous obtenons :

$$\min f \cdot [x - (x+h)] \leq \int_{x+h}^{x} f(t)\,dt$$
$$\leq \max f \cdot [x - (x+h)]$$

Théorème 1.2.4, propriété **6**

$$\min f \cdot (-h) \leq \int_{x+h}^{x} f(t)\,dt \leq \max f \cdot (-h).$$

Comme $h < 0$, nous pouvons diviser cette inégalité par $-h$:

$$\min f \leq \frac{\int_{x+h}^{x} f(t)\,dt}{-h} \leq \max f$$

$$\min f \leq \frac{-\int_{x}^{x+h} f(t)\,dt}{-h} \leq \max f$$

$$\min f \leq \frac{\int_{x}^{x+h} f(t)\,dt}{h} \leq \max f. \qquad (2)$$ ■

Dans plusieurs ouvrages de calcul, on présente le théorème fondamental d'une façon qui le rend difficile à comprendre : on introduit au départ l'intégrale indéfinie simplement comme l'inverse de la dérivée en posant que $F(x)$ est une intégrale indéfinie de $f(x)$ si $F'(x) = f(x)$. Cette façon de procéder associe en commençant le mot *intégrale* à l'opération inverse de la dérivation. Dans ces manuels, la notion d'intégrale définie en tant qu'aire sous une courbe obtenue par une limite de sommes ne sera abordée que plus tard, et cela ne met pas suffisamment en relief le fait que le mot *intégrale* signifie alors tout autre chose. C'est pourquoi nous préférons nommer les inverses de dérivées, c'est-à-dire les $F(x)$ telles que $F'(x) = f(x)$, non pas intégrales indéfinies mais bien primitives de $f(x)$.

Le théorème fondamental est aussi important que son nom le suggère. Il révèle que l'opération d'intégration conduisant de la fonction f à A est en quelque sorte défaite par l'opération de dérivation appliquée à A. Ce théorème permet d'affirmer que toute équation de la forme $dF/dx = f$ (équation différentielle) admet une solution F pour toute fonction continue f. En d'autres mots, toute fonction continue f est la dérivée d'une fonction $\int_a^x f(t)\,dt$ ou encore, toute fonction continue f possède au moins une primitive F.

EXEMPLE 7 Appliquer le théorème fondamental, 1re partie

Utilisez le théorème fondamental pour évaluer les expressions suivantes :

a) $\dfrac{d}{dx} \displaystyle\int_{-\pi}^{x} \cos t\,dt$; **b)** $\dfrac{d}{dx} \displaystyle\int_{0}^{x} \frac{1}{1+t^2}\,dt$.

Solution

a) $\dfrac{d}{dx} \displaystyle\int_{-\pi}^{x} \cos t\,dt = \cos x$

Théorème 1.3.1 avec $f(t) = \cos t$

b) $\dfrac{d}{dx} \displaystyle\int_{0}^{x} \frac{1}{1+t^2}\,dt = \frac{1}{1+x^2}$

Théorème 1.3.1 avec $f(t) = \frac{1}{1+t^2}$

EXEMPLE 8 **Appliquer le théorème fondamental avec la règle de dérivation en chaîne**

Évaluez dy/dx pour $y = \int_1^{x^2} \cos t \, dt$.

Solution

La borne supérieure de l'intégrale est x^2, non x ; nous pouvons considérer y comme la fonction composée de $y = \int_1^u \cos t \, dt$ et $u = x^2$. Nous devons alors appliquer la règle de dérivation en chaîne pour trouver dy/dx.

$$\begin{aligned}\frac{dy}{dx} &= \frac{dy}{du} \cdot \frac{du}{dx} \\ &= \left(\frac{d}{du}\int_1^u \cos t \, dt\right) \cdot \frac{du}{dx} \\ &= \cos u \cdot \frac{du}{dx} \\ &= \cos (x^2) \cdot 2x \\ &= 2x \cos (x^2)\end{aligned}$$

EXEMPLE 9 **Borne inférieure variable**

Évaluez dy/dx pour

a) $y = \int_x^5 3t \sin t \, dt$; **b)** $y = \int_{1+3x^2}^4 \frac{1}{2+e^t} \, dt$.

Solution

La propriété **1** du théorème 1.2.4 (voir page 25) au sujet des intégrales définies nous permet de permuter les bornes en changeant le signe de l'intégrale.

a)
$$\begin{aligned}\frac{d}{dx}\int_x^5 3t \sin t \, dt &= \frac{d}{dx}\left(-\int_5^x 3t \sin t \, dt\right) && \text{Théorème 1.2.4, propriété } \mathbf{1} \\ &= -\frac{d}{dx}\int_5^x 3t \sin t \, dt \\ &= -3x \sin x\end{aligned}$$

b)
$$\begin{aligned}\frac{d}{dx}\int_{1+3x^2}^4 \frac{1}{2+e^t} \, dt &= \frac{d}{dx}\left(-\int_4^{1+3x^2} \frac{1}{2+e^t} \, dt\right) && \text{Théorème 1.2.4, propriété } \mathbf{1} \\ &= -\frac{d}{dx}\int_4^{1+3x^2} \frac{1}{2+e^t} \, dt \\ &= -\frac{1}{2+e^{(1+3x^2)}} \frac{d}{dx}(1+3x^2) && \text{Théorème 1.3.1 et règle de dérivation en chaîne} \\ &= -\frac{6x}{2+e^{(1+3x^2)}}\end{aligned}$$

Voir les exercices **13** à **22**.

EXEMPLE 10 Construire une fonction à partir de sa dérivée et d'une valeur de la fonction

Trouvez une fonction $f(x)$ dont la dérivée est

$$\frac{df}{dx} = \tan x$$

et qui satisfait à la condition $f(3) = 5$.

Solution

Le théorème fondamental permet de construire facilement une fonction y dont la dérivée est $\tan x$ et dont la valeur est 0 à $x = 3$.

$$y = \int_3^x \tan t \, dt$$

En ajoutant 5 à la fonction y, nous obtenons la fonction f demandée :

$$f(x) = \int_3^x \tan t \, dt + 5.$$

Vérification

$$\frac{df}{dx} = \frac{d}{dx}\left[\int_3^x \tan t \, dt + 5\right] = \tan x + 0 = \tan x$$

et

$$f(3) = \int_3^3 \tan t \, dt + 5 = 0 + 5 = 5.$$

La solution précédente satisfait aux deux exigences du problème de l'exemple 10. Cependant, on peut se demander si une solution sous forme d'intégrale est de quelque utilité pratique. Il n'y a pas si longtemps, cette représentation aurait posé de sérieux problèmes de calcul. En fait, pendant des siècles, on fit beaucoup d'efforts pour exprimer les solutions à de tels problèmes sous une forme n'incluant pas l'intégrale. Par exemple, étant donné que $\ln|\sec t|$ est une primitive de $\tan t$, la solution précédente peut également s'exprimer sous la forme

$$f(x) = \ln\left|\frac{\sec x}{\sec 3}\right| + 5.$$

Nous étudierons plus loin des techniques permettant de trouver un tel résultat. À présent que les ordinateurs et les calculatrices sont en mesure d'évaluer des intégrales assez facilement, la représentation de solutions incluant l'intégrale est non seulement utile mais souvent préférable.

Voir les exercices **23** à **26**.

1.3.4 Théorème fondamental, 2e partie

Comme nous l'avons constaté, la règle d'évaluation d'une intégrale définie permet d'évaluer aisément des aires de régions délimitées par une grande variété de courbes en dérivant à rebours. Cette règle correspond à la deuxième partie du théorème fondamental, qui permet d'évaluer des intégrales définies directement à partir des primitives. Cette partie s'énonce comme suit :

THÉORÈME 1.3.2 Théorème fondamental, 2e partie

Si f est une fonction continue sur $[a, b]$ et si F est une primitive de f sur $[a, b]$, alors

$$\int_a^b f(x)\,dx = F(x)\Big]_a^b = F(b) - F(a).$$

Preuve du théorème 1.3.2 La première partie du théorème fondamental nous assure que $\int_a^x f(t)\,dt$ est une primitive de f. D'après le deuxième corollaire du théorème de la moyenne (voir page 367) affirmant que les fonctions qui ont la même dérivée ne diffèrent entre elles que par une valeur constante, si F est une primitive quelconque de f, alors il existe une constante C telle que

$$F(x) = \int_a^x f(t)\,dt + C, \tag{4}$$

car toutes les primitives sont de la forme $\int_a^x f(t)\,dt + C$. Nous démontrerons le théorème en utilisant le fait que $\int_a^a f(t)\,dt = 0$.

$$\begin{aligned} F(b) - F(a) &= \left(\int_a^b f(t)\,dt + C\right) - \left(\int_a^a f(t)\,dt + C\right) \\ &= \left(\int_a^b f(t)\,dt + C\right) - (0 + C) \\ &= \int_a^b f(t)\,dt. \end{aligned}$$

Équation (4) pour $x = b$ et $x = a$

Rappelons encore que l'égalité précédente ne dépend aucunement du choix de la primitive $F(x)$. En effet, si $G(x)$ est une autre primitive de $f(x)$ sur $[a, b]$, alors, d'après le deuxième corollaire du théorème de la moyenne, $G(x)$ peut s'écrire sous la forme $F(x) + C$. Et ainsi,

$$G(x)\Big]_a^b = \Big[F(x) + C\Big]_a^b = [F(b) + C] - [F(a) + C] = F(b) - F(a) = \int_a^b f(x)\,dx. \blacksquare$$

La deuxième partie du théorème fondamental indique que l'intégrale définie de n'importe quelle fonction continue peut être évaluée sans devoir recourir aux limites, sans devoir évaluer une somme de Riemann et bien souvent, sans difficulté à condition, bien sûr, qu'une primitive de la fonction soit connue.

Voir les exercices **27**, **28** et **33** à **38**.

Exercices 1.3

Évaluer des intégrales

Évaluez les intégrales suivantes à l'aide de la règle d'évaluation d'une intégrale définie.

1. $\int_{-2}^{0} (2x+5)\,dx$ **2.** $\int_{0}^{4} \left(3x - \frac{x^3}{4}\right)dx$

3. $\int_{0}^{1} (x^2 + \sqrt{x}\,)\,dx$ **4.** $\int_{-2}^{-1} \frac{2}{x^2}\,dx$

5. $\int_{0}^{\pi} (1 + \cos x)\,dx$ **6.** $\int_{0}^{\pi/3} 2\sec^2 x\,dx$

7. $\int_{\pi/4}^{3\pi/4} \csc\theta \cot\theta\,d\theta$ **8.** $\int_{0}^{\pi/2} \frac{1+\cos t}{2}\,dt$

9. $\int_{-\pi/2}^{\pi/2} (8y^2 + \sin y)\,dy$ **10.** $\int_{-1}^{1} (r+1)^2\,dr$

11. $\int_{1}^{\sqrt{2}} \left(\frac{u^2}{2} - \frac{1}{u^5}\right)du$ **12.** $\int_{4}^{9} \left(\frac{1-\sqrt{u}}{\sqrt{u}}\right)du$

Dériver des intégrales

Aux exercices **13** à **16**, dérivez les expressions

a) en évaluant l'intégrale d'abord et en dérivant le résultat ensuite ;

b) en dérivant l'intégrale directement.

13. $\frac{d}{dx}\int_{0}^{\sqrt{x}} \cos t\,dt$ **14.** $\frac{d}{dx}\int_{1}^{\sin x} 3t^2\,dt$

15. $\frac{d}{dt}\int_{0}^{t^4} \sqrt{u}\,du$ **16.** $\frac{d}{d\theta}\int_{0}^{\tan\theta} \sec^2 y\,dy$

Aux exercices **17** à **22**, évaluez dy/dx.

17. $y = \int_{0}^{x} \sqrt{1+t^2}\,dt$ **18.** $y = \int_{1}^{x} \frac{1}{t}\,dt,\ x > 0$

19. $y = \int_{\sqrt{x}}^{0} \sin t^2\,dt$ **20.** $y = \int_{0}^{x^2} \cos\sqrt{t}\,dt$

21. $y = \int_{1}^{x^{1/3}} e^{(t^3+3)}\,dt$ **22.** $y = \int_{e^x}^{e} \ln t\,dt,\ x > 1$

Problèmes avec une ou des conditions initiales

Résolvez les équations suivantes avec la ou les conditions initiales indiquées.

23. $\frac{dy}{dx} = \sec x, \quad y(2) = 3$

24. $\frac{d^2y}{dt^2} = 1 - e^t, \quad y(1) = -1$ et $y'(1) = 0.$

Applications

25. Coût à partir du coût marginal. Lorsque x affiches sont imprimées, si $C(x)$ représente le coût de x affiches, alors le coût marginal d'impression est donné par

$$\frac{dC}{dx} = \frac{1}{2\sqrt{x}} \text{ dollars.}$$

Trouvez

a) $C(100) - C(1)$, le coût d'impression de 2 à 100 affiches ;

b) $C(400) - C(100)$, le coût d'impression de 101 à 400 affiches.

26. Revenu à partir du revenu marginal. Soit $R(x)$ le revenu d'une entreprise fabriquant des batteurs à œufs. Le revenu marginal est donné par

$$\frac{dR}{dx} = 2 - \frac{2}{(x+1)^2}$$

où R est exprimé en milliers de dollars et x, en milliers d'articles vendus. Quel revenu l'entreprise peut-elle retirer d'une production de 3000 articles ? Pour résoudre ce problème, intégrez le revenu marginal de $x = 0$ à $x = 3$.

Tirer des conclusions sur le mouvement à partir d'un graphe

27. Soit f la fonction dérivable représentée par le graphe ci-dessous. La position au temps t d'une particule se déplaçant sur un axe est donnée par

$$s(t) = \int_{0}^{t} f(x)\,dx,$$

où t est en secondes et s, en mètres.

Utilisez le graphe ci-dessous pour répondre aux questions suivantes. Justifiez vos réponses.

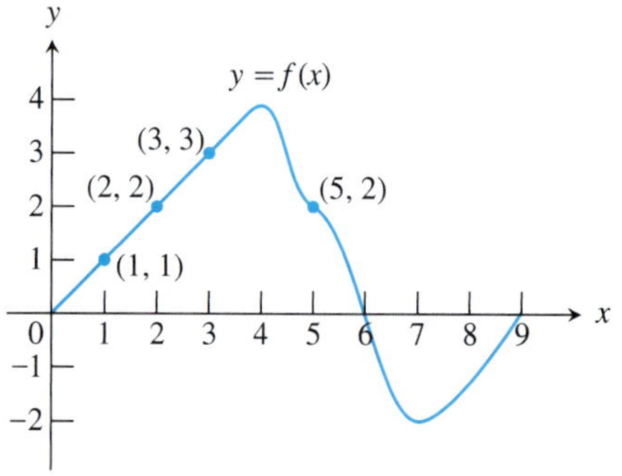

a) Quelle est la vitesse de la particule au temps $t = 5$ secondes ?

b) L'accélération de la particule est-elle positive ou négative à $t = 5$?

c) Quelle est la position de la particule à $t = 3$?

d) À quel moment s atteint-elle sa plus grande valeur ?

e) À quel moment approximatif l'accélération est-elle nulle ?

f) Quand la particule se rapproche-t-elle de l'origine ? Quand la particule s'éloigne-t-elle de l'origine ?

g) À $t = 9$, de quel côté la particule se trouve-t-elle par rapport à l'origine ?

28. Soit g la fonction dérivable représentée par le graphe ci-dessous. La position au temps t d'une particule se déplaçant sur un axe est donnée par

$$s(t) = \int_0^t g(x)\,dx,$$

où t est en secondes et s, en mètres.

Utilisez le graphe ci-dessous pour répondre aux questions suivantes. Justifiez vos réponses.

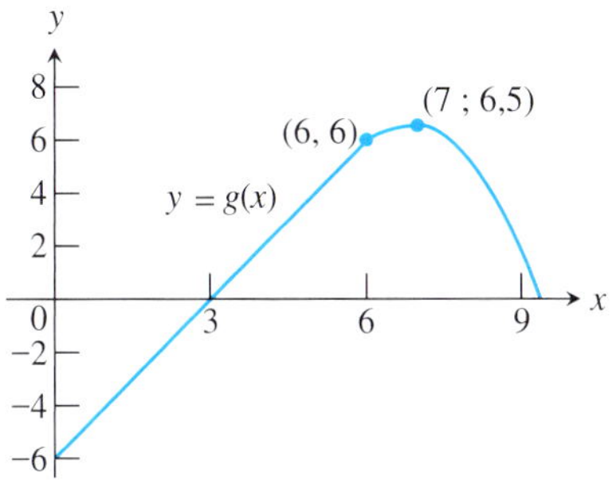

a) Quelle est la vitesse de la particule au temps $t = 3$ secondes ?

b) L'accélération de la particule est-elle positive ou négative à $t = 3$?

c) Quelle est la position de la particule à $t = 3$?

d) À quel moment la particule passe-t-elle par l'origine ?

e) À quel moment l'accélération est-elle nulle ?

f) Quand la particule s'éloigne-t-elle de l'origine ? Quand la particule se rapproche-t-elle de l'origine ?

g) À $t = 9$, de quel côté la particule se trouve-t-elle par rapport à l'origine ?

Volumes

29. Volume d'eau. (suite de la section 1.1, exercice **13**) Les sommes estimant le volume de l'eau à l'exercice **13** de la section 1.1 étaient des sommes de Riemann pour une intégrale définie. Quelle est cette intégrale ? Évaluez-la pour trouver le volume.

30. Ogive d'une fusée. (suite de la section 1.1, exercice **15**) Les sommes estimant le volume de l'ogive à l'exercice **15** de la section 1.1 étaient des sommes de Riemann pour une intégrale définie. Quelle est cette intégrale ? Évaluez-la pour trouver le volume.

Théorie et exemples

31. Soit $\int_1^x f(t)\,dt = x^2 - 2x + 1$. Trouvez $f(x)$.

32. Calculez $f(4)$ lorsque $\int_0^x f(t)\,dt = x \cos \pi x$.

33. Linéarisation. Trouvez l'approximation linéaire $L(x) = f(a) + f'(a)(x - a)$ de

$$f(x) = 2 - \int_2^{x+1} \frac{9}{1+t}\,dt$$

à $a = 1$.

34. Linéarisation. Trouvez l'approximation linéaire $L(x) = f(a) + f'(a)(x - a)$ de

$$f(x) = 3 + \int_1^{x^2} \sec(t-1)\,dt$$

à $a = -1$.

35. Soit f une fonction ayant une dérivée positive pour tout x et soit $f(1) = 0$. Quels sont, parmi les suivants, les énoncés vrais concernant la fonction ci-dessous ? Justifiez vos réponses.

$$g(x) = \int_0^x f(t)\,dt$$

a) g est une fonction de x partout dérivable.

b) g est une fonction de x partout continue.

c) Le graphe de g possède une tangente horizontale en $x = 1$.

d) g possède un maximum relatif en $x = 1$.

e) g possède un minimum relatif en $x = 1$.

f) Le graphe de g possède un point d'inflexion en $x = 1$.

g) Le graphe de dg/dx coupe l'axe des x en $x = 1$.

36. Soit f une fonction ayant une dérivée négative pour tout x et soit $f(1) = 0$. Quels sont, parmi les suivants, les énoncés vrais concernant la fonction ci-dessous ? Justifiez vos réponses.

$$h(x) = \int_0^x f(t)\,dt$$

a) h possède une dérivée seconde par rapport à x.

b) h et dh/dx sont des fonctions de x partout continues.

c) Le graphe de h possède une tangente horizontale en $x = 1$.

d) h possède un maximum relatif en $x = 1$.

e) h possède un minimum relatif en $x = 1$.

f) Le graphe de h possède un point d'inflexion en $x = 1$.

g) Le graphe de dh/dx coupe l'axe des x en $x = 1$.

37. Formule d'Archimède pour l'aire sous une parabole. Archimède (voir biographie, page 17) a prouvé que l'aire de la surface sous une arche parabolique valait les deux tiers de la base multipliée par la hauteur de l'arche.

a) Utilisez une intégrale pour trouver l'aire sous l'arche parabolique

$$y = 6 - x - x^2, \quad -3 \le x \le 2.$$

b) Trouvez la hauteur h de l'arche.

c) Montrez que l'aire vaut les deux tiers de la base b multipliée par la hauteur h.

38. Arche parabolique. (suite de l'exercice **37**) Esquissez l'arche parabolique d'équation $y = h - \left(\frac{4h}{b^2}\right)x^2$, où $-b/2 \le x \le b/2$ et où h et b sont des nombres positifs. Utilisez ensuite le calcul intégral pour évaluer l'aire de la région située entre la courbe et l'axe des x.

EXPLORATIONS À L'ORDINATEUR

Aux exercices **39** à **42**, soit $F(x) = \int_a^x f(t)\,dt$ correspondant à la fonction f donnée et soit l'intervalle $[a, b]$. Utilisez un logiciel de calcul symbolique pour effectuer les étapes suivantes et pour répondre aux questions.

a) Tracez les graphes de f et de F ensemble sur le même intervalle $[a, b]$.

b) Résolvez l'équation $F'(x) = 0$. Quelle conclusion pouvez-vous tirer au sujet de l'allure des graphes de f et de F aux points où $F'(x) = 0$? Est-ce que votre conclusion est confirmée par la première partie du théorème fondamental combinée avec l'information tirée de la dérivée ? Expliquez votre réponse.

c) Sur quels intervalles, approximativement, la fonction F est-elle croissante ? décroissante ? Que pouvez-vous affirmer au sujet de f sur ces intervalles ?

d) Calculez la dérivée f' et tracez son graphe avec celui de F. Quelle conclusion pouvez-vous tirer au sujet de l'allure du graphe de F aux points où $f'(x) = 0$? Est-ce que votre conclusion est confirmée par la première partie du théorème fondamental ? Expliquez votre réponse.

39. $f(x) = x^3 - 4x^2 + 3x, \quad [0, 4]$

40. $f(x) = 2x^4 - 17x^3 + 46x^2 - 43x + 12, \quad [0, 9/2]$

41. $f(x) = \sin 2x \cos \dfrac{x}{3}, \quad [0, 2\pi]$

42. $f(x) = x \cos \pi x, \quad [0, 2\pi]$

Aux exercices **43** à **46**, soit $F(x) = \int_a^{u(x)} f(t)\,dt$ et soit les fonctions f et u ainsi que la constante a. Utilisez un logiciel de calcul symbolique pour effectuer les étapes suivantes et répondre aux questions.

a) Trouvez le domaine de F.

b) Calculez $F'(x)$ et déterminez ses zéros. Sur quels intervalles F est-elle croissante ? décroissante ?

c) Calculez $F''(x)$ et déterminez ses zéros. Trouvez les extremums relatifs et les points d'inflexion de F.

d) En utilisant les réponses obtenues ci-dessus, esquissez le graphe de $y = F(x)$ sur son domaine. Vérifiez votre esquisse en traçant le graphe de $F(x)$ à l'aide d'un logiciel de calcul symbolique.

43. $a = 1, \quad u(x) = x^2, \quad f(x) = \sqrt{1 - x^2}$

44. $a = 0, \quad u(x) = x^2, \quad f(x) = \sqrt{1 - x^2}$

45. $a = 0, \quad u(x) = 1 - x, \quad f(x) = x^2 - 2x - 3$

46. $a = 0, \quad u(x) = 1 - x^2, \quad f(x) = x^2 - 2x - 3$

Aux exercices **47** et **48**, faites le calcul demandé pour chacune des situations définies aux numéros **43** à **46**.

47. Calculez $\dfrac{d}{dx}\int_a^{u(x)} f(t)\,dt$ et vérifiez votre réponse avec un logiciel de calcul symbolique.

48. Calculez $\dfrac{d^2}{dx^2}\int_a^{u(x)} f(t)\,dt$ et vérifiez votre réponse avec un logiciel de calcul symbolique.

1.4 Primitives, intégrales indéfinies et équations différentielles

1.4.1 Recherche de primitives et intégrale indéfinie

Dans plusieurs cas, le théorème fondamental de Newton et Leibniz permet de déterminer l'aire de la région sous une courbe $f(x)$ entre a et b par une intégrale définie. Il s'agit d'abord de trouver une primitive $F(x)$ telle que $F'(x) = f(x)$; l'intégrale définie est simplement égale à la différence $F(b) - F(a)$.

De ce fait, il devient indispensable de pouvoir obtenir des primitives du plus grand nombre possible de fonctions. Pour obtenir ces primitives, nous utilisons le fait que l'intégration est l'opération inverse de la dérivation. Or, la découverte des primitives n'est pas toujours facile. Contrairement à ce que nous pourrions croire, cette recherche ne consiste pas simplement en l'application de quelques règles comme pour le calcul des dérivées.

La recherche de primitives s'appuie sur la connaissance préalable des résultats de la dérivation. Il est donc nécessaire de connaître parfaitement les dérivées des fonctions les plus courantes.

Même si vous ne disposez pas de règle générale pour calculer une primitive, vous pouvez néanmoins vérifier le résultat obtenu : il suffit d'en calculer la dérivée, qui doit être égale à la fonction placée à la droite du symbole d'intégration. Au début, il est conseillé d'effectuer cette vérification après chaque calcul de primitive.

EXEMPLE 1 Intégrer une somme de fonctions puissances

Trouvez une primitive de $f(x) = 3x^2 + 2x - 4/\sqrt{x} - 1$.

Solution

Récrivons $f(x)$ sous une forme plus facile à « dériver à rebours ».

$$f(x) = 3x^2 + 2x - 4x^{-1/2} - 1$$

$$F(x) = 3\frac{x^3}{3} + 2\frac{x^2}{2} - 4\frac{x^{1/2}}{1/2} - x$$

$$= x^3 + x^2 - 8\sqrt{x} - x$$

$F(x)$ est une primitive particulière de $f(x)$; or, toutes les primitives de $F(x)$ sont de la forme $G(x) = F(x) + C$. Donc, la solution la plus générale est :

$$G(x) = x^3 + x^2 - 8\sqrt{x} - x + C.$$

Vérification

$$G'(x) = 3x^2 + 2x - 8\frac{1}{2\sqrt{x}} - 1 + 0$$

$$= 3x^2 + 2x - \frac{4}{\sqrt{x}} - 1 = f(x)$$

Voir les exercices **1** à **5**.

Chercher une primitive de $f(x)$ équivaut à chercher l'intégrale indéfinie $\int_a^x f(t)\,dt$. Puisque les bornes d'intégration sont indéterminées, on note couramment l'intégrale indéfinie sans celles-ci, pour simplifier : $\int f(x)\,dx$. L'intégrale indéfinie de $f(x)$ peut donc s'écrire de deux façons :

$$\int f(x)\,dx = \int_a^x f(t)\,dt \text{ où } a \text{ est une constante arbitraire.}$$

Par le deuxième corollaire du théorème de la moyenne (voir page 367), nous savons que si $F(x)$ est une primitive de $f(x)$, alors toute fonction ne différant de $F(x)$ que par une constante est aussi une primitive de $f(x)$. En notation intégrale, nous indiquons cette propriété de la façon suivante :

$$\int f(x)\,dx = \int_a^x f(t)\,dt + C = F(x) + C.$$

Puisque la borne inférieure a est indéterminée, nous n'avons évidemment aucun moyen de déterminer la constante C dans l'équation précédente. En conséquence, si $F(x)$ est une primitive de $f(x)$, alors l'intégrale indéfinie de $f(x)$ est plutôt, en fait, une famille de primitives.

DÉFINITION 1.4.1 Intégrale indéfinie

Soit F une primitive de f. L'ensemble de toutes les primitives de f est l'**intégrale indéfinie** de f par rapport à la variable x. L'intégrale indéfinie s'écrit ainsi :

$$\int f(x)\,dx = F(x) + C.$$

La constante arbitraire C est appelée **constante d'intégration**.

EXEMPLE 2 Calculer une intégrale indéfinie

Calculez

$$\int e^{2x}dx.$$

Solution

$$\int e^{2x}dx = \frac{1}{2}e^{2x} + C$$

Primitive de e^{2x}

Constante d'intégration

La formule $(1/2)e^{2x} + C$ permet de trouver toutes les primitives de la fonction e^{2x}. Par exemple, les fonctions $(1/2)e^{2x} + 1$, $(1/2)e^{2x} - \pi$ et $(1/2)e^{2x} + \sqrt{2}$ sont toutes des primitives de la fonction e^{2x}, comme vous pouvez le vérifier aisément par dérivation.

Ne confondez pas l'intégrale définie avec l'intégrale indéfinie : une intégrale définie $\int_a^b f(x)\,dx$ est un nombre, alors qu'une intégrale indéfinie est une famille de fonctions.

De nombreuses intégrales indéfinies peuvent être déduites en inversant simplement les formules de dérivation. La table 1.4.1 présente quelques intégrales indéfinies courantes en parallèle avec les formules de dérivation correspondantes. Les intégrales des fonctions tangente, cotangente, sécante et cosécante n'apparaissent pas dans cette table, car leurs formules d'intégration font appel aux logarithmes. Nous les verrons à la section 1.5.

EXEMPLE 3 Intégrales indéfinies d'après la table 1.4.1

a) $\int x^5 dx = \frac{x^6}{6} + C$ — Formule **1** avec $n = 5$

b) $\int \frac{1}{\sqrt{x}}dx = \int x^{-1/2}dx = \frac{x^{1/2}}{1/2} + C = 2\sqrt{x} + C$ — Formule **1** avec $n = -1/2$

c) $\int \sin 2x\,dx = -\frac{\cos 2x}{2} + C$ — Formule **2** avec $k = 2$

d) $\int e^{-3x}dx = -\frac{1}{3}e^{-3x} + C$ — Formule **8** avec $k = -3$

e) $\int 2^x dx = \left(\frac{1}{\ln 2}\right)2^x + C$ — Formule **13** avec $a = 2$

f) $\int \cos\frac{x}{2}\,dx = \int \cos\left(\frac{1}{2}x\right)dx$

$= \frac{\sin((1/2)\,x)}{1/2} + C = 2\sin\frac{x}{2} + C$ — Formule **3** avec $k = 1/2$

TABLE 1.4.1

Formules d'intégration

Intégrale indéfinie	Dérivée correspondante
1. $\int x^n dx = \frac{x^{n+1}}{n+1} + C,$ $n \neq -1$, n est un nombre réel.	$\frac{d}{dx}\left(\frac{x^{n+1}}{n+1}\right) = x^n$
$\int dx = \int 1\, dx = x + C$	$\frac{d}{dx}(x) = 1$
2. $\int \sin kx\, dx = -\frac{\cos kx}{k} + C$	$\frac{d}{dx}\left(-\frac{\cos kx}{k}\right) = \sin kx$
3. $\int \cos kx\, dx = \frac{\sin kx}{k} + C$	$\frac{d}{dx}\left(\frac{\sin kx}{k}\right) = \cos kx$
4. $\int \sec^2 x\, dx = \tan x + C$	$\frac{d}{dx}\tan x = \sec^2 x$
5. $\int \csc^2 x\, dx = -\cot x + C$	$\frac{d}{dx}(-\cot x) = \csc^2 x$
6. $\int \sec x \tan x\, dx = \sec x + C$	$\frac{d}{dx}\sec x = \sec x \tan x$
7. $\int \csc x \cot x\, dx = -\csc x + C$	$\frac{d}{dx}(-\csc x) = \csc x \cot x$
8. $\int e^{kx} dx = \frac{1}{k} e^{kx} + C$	$\frac{d}{dx}\left(\frac{1}{k} e^{kx}\right) = e^{kx}$
9. $\int \frac{1}{x} dx = \ln x + C, \quad x > 0$	$\frac{d}{dx}(\ln x) = \frac{1}{x}, \quad x > 0$
10. $\int \frac{1}{\sqrt{1-x^2}} dx = \text{arc sin } x + C, \lvert x\rvert < 1$	$\frac{d}{dx}(\text{arc sin } x) = \frac{1}{\sqrt{1-x^2}}, \lvert x\rvert < 1$
11. $\int \frac{1}{1+x^2} dx = \text{arc tan } x + C$	$\frac{d}{dx}(\text{arc tan } x) = \frac{1}{1+x^2}$
12. $\int \frac{1}{\lvert x\rvert\sqrt{x^2-1}} dx = \text{arc sec } x + C,$ $\lvert x\rvert > 1$	$\frac{d}{dx}(\text{arc sec } x) = \frac{1}{\lvert x\rvert\sqrt{x^2-1}}, \quad \lvert x\rvert > 1$
13. $\int a^x dx = \left(\frac{1}{\ln a}\right) a^x + C,$ $a > 0, a \neq 1$	$\frac{d}{dx}\left(\frac{1}{\ln a} a^x\right) = a^x, \quad a > 0, a \neq 1$

Pour les formules **10, 11** et **12,** voir la section A.5.

Trouver une intégrale indéfinie représente souvent une tâche difficile. Par contre, la vérifier est relativement simple : il suffit de dériver le côté droit de l'équation. L'opération devrait redonner l'intégrande.

EXEMPLE 4 Vérifier l'exactitude d'une intégrale

Formule incorrecte :

$$\int x \cos x\, dx = x \sin x + C.$$

Raison : la dérivée du côté droit n'est pas égale à l'intégrande.

$$\frac{d}{dx}(x \sin x + C) = \sin x + x \cos x + 0 \neq x \cos x$$

Formule correcte :

$$\int x \cos x \, dx = x \sin x + \cos x + C.$$

Raison : la dérivée du côté droit est égale à l'intégrande.

$$\frac{d}{dx}(x \sin x + \cos x + C) = \sin x + x \cos x - \sin x + 0 = x \cos x$$

Voir les exercices **27** à **32**.

La façon de trouver la formule d'intégration correcte de l'exemple 4 sera présentée au chapitre 3.

1.4.2 Propriétés des intégrales indéfinies

Les propriétés des intégrales indéfinies se déduisent des propriétés correspondantes des dérivées.

Rappelons trois propriétés élémentaires des dérivées : soit F et G deux fonctions dérivables, et soit k une constante.

i) $[kF(x)]' = kF'(x)$
ii) $[-F(x)]' = -F'(x)$
iii) $[F(x) \pm G(x)]' = F'(x) \pm G'(x)$

À partir de ces égalités, nous déduisons les trois propriétés élémentaires des intégrales indéfinies du théorème 1.4.1.

THÉORÈME 1.4.1 Propriétés des intégrales indéfinies

1. *Multiple de fonction* : $\int kf(x)\,dx = k\int f(x)\,dx$,
où k est une constante. (Faux si k dépend de x).

2. *Inverse additif* : $\int -f(x)\,dx = -\int f(x)\,dx$
(propriété **1** avec $k = -1$).

3. *Somme et différence* : $\int [f(x) \pm g(x)]\,dx = \int f(x)\,dx \pm \int g(x)\,dx$

EXEMPLE 5 Regrouper des constantes d'intégration

$\int 5 \sec x \tan x \, dx = 5\int \sec x \tan x \, dx$	Théorème 1.4.1, propriété **1**
$= 5(\sec x + C)$	Table 1.4.1, formule **6**
$= 5 \sec x + 5C$	Première forme
$= 5 \sec x + C^*$	Forme plus courte où $C^* = 5C$
$= 5 \sec x + C$	Forme usuelle (puisque cinq fois une constante arbitraire est aussi une constante arbitraire, C^* peut s'écrire C)

Chacune des quatre dernières équations représente correctement l'ensemble de toutes les primitives de la fonction $f(x) = 5 \sec x \tan x$. La dernière forme est la plus simple et la plus usuelle.

Le choix du symbole pour représenter la constante arbitraire d'intégration n'a pas d'importance : par exemple, on aurait pu garder C^* ou même écrire K. Cependant, par convention, on représente habituellement la constante d'intégration par la lettre C.

Preuve du théorème 1.4.1 La propriété **1** se déduit en montrant que $k\int f(x)\,dx$ est une primitive de $kf(x)$:

$$\left[k\int f(x)\,dx\right]' = k\left[\int f(x)\,dx\right]' = kf(x).$$

La propriété **2** est un cas particulier de la propriété **1.**

La propriété **3** se déduit en montrant que $\int f(x)\,dx \pm \int g(x)\,dx$ est une primitive de $f(x) \pm g(x)$:

$$\left[\int f(x)\,dx \pm \int g(x)\,dx\right]' = \left[\int f(x)\,dx\right]' \pm \left[\int g(x)\,dx\right]' = f(x) \pm g(x).$$

La propriété **3** (somme et différence) permet d'intégrer des expressions terme à terme. En utilisant cette méthode, il est nécessaire de combiner toutes les constantes d'intégration individuelles en une seule constante arbitraire représentée à la fin par l'unique symbole C. ■

EXEMPLE 6 Intégrer à l'aide des propriétés et de la table 1.4.1

Calculez l'intégrale $\int \left(\sqrt[5]{x} + \dfrac{3}{\sqrt[3]{x^2}} - \dfrac{1}{1+x^2}\right) dx.$

Solution

$$\int \left(\sqrt[5]{x} + \frac{3}{\sqrt[3]{x^2}} - \frac{1}{1+x^2}\right) dx = \int x^{1/5}dx + 3\int x^{-2/3}dx - \int \frac{1}{1+x^2}\,dx$$

Théorème 1.4.1, propriétés **1**, **2** et **3**

$$= \frac{x^{6/5}}{6/5} + \frac{3x^{1/3}}{1/3} - \arctan x + C$$

Table 1.4.1, formules **1** et **11**

$$= \frac{5}{6}x\sqrt[5]{x} + 9\sqrt[3]{x} - \arctan x + C$$

EXEMPLE 7 Simplifier avant d'intégrer

Calculez l'intégrale $\int \dfrac{x^4+2x^2-x+4}{x}\,dx$, où $x > 0$.

Solution

$$\int \frac{x^4+2x^2-x+4}{x}\,dx = \int x^3dx + 2\int x\,dx - \int dx + 4\int \frac{1}{x}\,dx$$

Théorème 1.4.1, propriétés **1**, **2** et **3**

$$= \frac{x^4}{4} + x^2 - x + 4\ln x + C$$

Table 1.4.1, formules **1** et **9**

1.4.3 Intégrales de $\sin^2 x$ et $\cos^2 x$

Les identités trigonométriques sont souvent utiles pour simplifier une fonction avant de l'intégrer. Par exemple, les expressions $\sin^2 x$ et $\cos^2 x$ se présentent fréquemment dans des intégrales.

EXEMPLE 8 Intégrer $\sin^2 x$ et $\cos^2 x$

Calculez

a) $\int \sin^2 x dx$; **b)** $\int \cos^2 x dx$.

Solution

a) $$\int \sin^2 x\,dx = \int \frac{1-\cos 2x}{2}dx$$

$\sin^2 x = \frac{1-\cos 2x}{2}$

$$= \frac{1}{2}\int (1-\cos 2x)dx = \frac{1}{2}\int dx - \frac{1}{2}\int \cos 2x\,dx$$

$$= \frac{1}{2}x - \frac{1}{2}\frac{\sin 2x}{2} + C = \frac{x}{2} - \frac{\sin 2x}{4} + C$$

b) $$\int \cos^2 x\,dx = \int \frac{1+\cos 2x}{2}dx$$

$\cos^2 x = \frac{1+\cos 2x}{2}$

$$= \frac{x}{2} + \frac{\sin 2x}{4} + C$$

1.4.4 Problèmes avec une ou des conditions initiales

Équation différentielle

Une **équation différentielle** est une équation reliant une fonction inconnue à une ou à plusieurs de ses dérivées. Une fonction dont les dérivées vérifient une équation différentielle est appelée **solution de l'équation différentielle**. Par exemple, vous pouvez vérifier que l'équation différentielle $y'' - 2y' + y = 0$ admet $y = xe^x$ comme solution.

Le problème qui consiste à trouver une fonction $f(x)$ une fois connues sa dérivée et sa valeur en un point s'appelle *résolution d'une équation différentielle avec une ou des conditions initiales*. La résolution s'effectue en deux étapes.

Marche à suivre

Comment résoudre une équation différentielle avec une ou des conditions initiales

Étape 1 *Résolvez l'équation différentielle* générale (trouvez $F(x) + C$ à l'aide de l'intégrale indéfinie).

Étape 2 *Évaluez la constante C* en utilisant la valeur particulière connue de la fonction pour choisir la primitive appropriée.

EXEMPLE 9 Trouver une courbe à partir des pentes des tangentes et d'un point

Trouvez une courbe passant par le point $(1, -1)$ et dont la pente en tout point (x, y) est donnée par la fonction $3x^2$.

Solution

Il s'agit de résoudre une équation différentielle assujettie à une condition initiale.

Équation différentielle : $\frac{dy}{dx} = 3x^2$.

Les pentes des tangentes à la courbe sont données par $3x^2$

Condition initiale : $y(1) = -1$.

Étape 1 *Résolvez l'équation différentielle.*

$$\frac{dy}{dx} = 3x^2$$

$$y = \int 3x^2 dx$$

$$y = x^3 + C$$

Ce résultat signifie que la solution est $x^3 + C$ pour une certaine valeur de C qui sera déterminée en utilisant la condition initiale $y(1) = -1$.

Étape 2 *Évaluez la constante C.*

$$y = x^3 + C$$

$$-1 = (1)^3 + C \qquad \text{Condition initiale } y(1) = -1$$

$$C = -2$$

L'équation de la courbe recherchée est donc $y = x^3 - 2$ (figure 1.4.1).

Voir les exercices **33** à **46** et **51** à **56**.

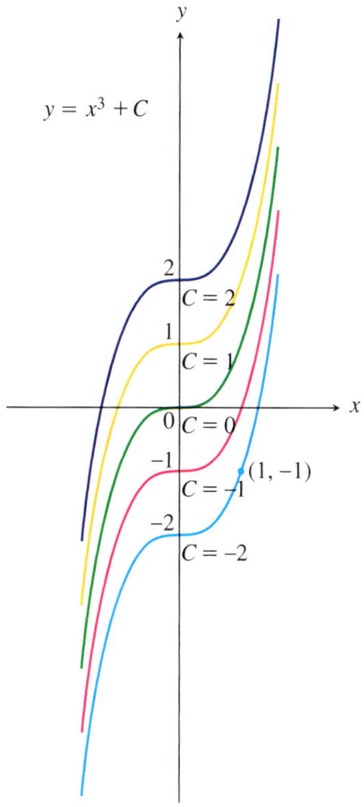

Figure 1.4.1 Les courbes $y = x^3 + C$ remplissent le plan sans se couper entre elles (elles sont toutes parallèles). Dans l'exemple 10, nous avons déterminé l'unique courbe $y = x^3 - 2$ qui passe par le point $(1, -1)$.

L'intégrale indéfinie $F(x) + C$ de la fonction $f(x)$ donne la **solution générale** $y = F(x) + C$ de l' équation différentielle $dy/dx = f(x)$. La solution générale est l'ensemble infini de toutes les solutions de l'équation (il en existe une pour chaque valeur de C). Résoudre un problème avec une condition initiale, c'est trouver la **solution particulière** correspondant à la valeur précise de C déterminée par une équation du type $y(x_0) = y_0$ (y prend la valeur y_0 quand $x = x_0$).

Ce type de problème est d'une grande importance en modélisation mathématique. Dans un contexte scientifique, la modélisation mathématique est un processus essentiel pour décrire les phénomènes et répondre à plusieurs questions qu'ils soulèvent.

EXEMPLE 10 Larguer un objet à partir d'un ballon en ascension

À une altitude de 25 m, on largue un objet à partir d'un ballon s'élevant à une vitesse de 4 m/s. En combien de temps l'objet touchera-t-il le sol ?

Solution

Soit $v(t)$ la vitesse de l'objet et $h(t)$ sa hauteur à l'instant t. L'accélération de la pesanteur est de 9,8 m/s^2 au voisinage de la surface de la Terre. Faisons l'hypothèse qu'aucune autre force n'agit sur l'objet (par exemple, la résistance de l'air). Dans ces conditions,

$$\frac{dv}{dt} = -9{,}8.$$

Signe négatif, car la force agit vers le bas et la direction positive de l'axe est orientée vers le haut

Il s'agit donc de résoudre une équation différentielle assujettie à une condition initiale.

Équation différentielle : $\dfrac{dv}{dt} = -9{,}8.$

Condition initiale : $v(0) = 4.$

Cela constitue notre modèle mathématique pour le mouvement de l'objet. Résolvons en deux étapes l'équation différentielle assortie de la condition initiale pour trouver la vitesse de l'objet en fonction du temps.

Étape 1 *Résolvez l'équation différentielle.*

$$\frac{dv}{dt} = -9{,}8$$

$$v = \int -9{,}8dt$$

$$v = -9{,}8t + C$$

Cela constitue la solution générale de l'équation différentielle. Utilisons maintenant la condition initiale pour déterminer la constante d'intégration C.

Étape 2 *Évaluez la constante C.*

$$4 = -9{,}8(0) + C$$

$$C = 4$$

Condition initiale $v(0) = 4$

La solution particulière est donc

$$v(t) = -9{,}8t + 4.$$

Puisque la vitesse est la dérivée de la hauteur et que la hauteur h de l'objet est de 25 m au début de la chute quand $t = 0$, nous devons résoudre une seconde équation différentielle assortie d'une autre condition initiale pour trouver le temps de chute.

Équation différentielle : $\frac{dh}{dt} = -9{,}8t + 4.$

Condition initiale : $h(0) = 25.$

Remplacer v par dh/dt dans l'équation précédente

Résolvons ce problème en deux étapes de la même façon que précédemment pour trouver la hauteur h en fonction du temps t.

Étape 1 *Résolvez l'équation différentielle.*

$$\frac{dh}{dt} = -9{,}8t + 4$$

$$h = \int (-9{,}8t + 4)dt$$

$$h = -4{,}9t^2 + 4t + C$$

Cela constitue la solution générale de l'équation différentielle. Utilisons maintenant la condition initiale pour déterminer la constante d'intégration C.

Étape 2 *Évaluez la constante C.*

$$25 = -4{,}9(0)^2 + 4(0) + C$$

$$C = 25$$

Condition initiale $h(0) = 25$

Cette solution particulière donne la hauteur de l'objet au temps t :

$$h(t) = -4{,}9t^2 + 4t + 25.$$

Finalement, utilisons la solution afin de savoir en combien de temps l'objet touchera le sol.

$$h(t) = -4{,}9t^2 + 4t + 25 = 0 \qquad \text{Au sol, la hauteur est 0}$$

$$t = \frac{-4 \pm \sqrt{4^2 - 4(-4{,}9)(25)}}{2(-4{,}9)} \qquad \text{Formule quadratique}$$

$$= \frac{-4 \pm \sqrt{506}}{-9{,}8}$$

Donc,

$$t \approx -1{,}8872 \text{ ou } t \approx 2{,}7035.$$

Interprétation

L'objet touche le sol environ 2,7 secondes après le largage (la racine négative ne fait pas partie du domaine défini par le contexte du problème où $t \geq 0$).

Voir les exercices **47** à **50** et **57** à **65**.

Exercices 1.4

Trouver des primitives

Trouvez une primitive pour chacune des fonctions suivantes ; dans la mesure du possible, faites-le mentalement. Vérifiez ensuite l'exactitude de vos réponses par dérivation.

1. **a)** $6x$ **b)** x^7 **c)** $x^7 - 6x + 8$

2. **a)** $-3x^{-4}$ **b)** x^{-4} **c)** $x^{-4} + 2x + 3$

3. **a)** $-\frac{2}{x^3}$ **b)** $\frac{1}{2x^3}$ **c)** $x^3 - \frac{1}{x^3}$

4. **a)** $\frac{3}{2}\sqrt{x}$ **b)** $\frac{1}{2\sqrt{x}}$ **c)** $\sqrt{x} + \frac{1}{\sqrt{x}}$

5. **a)** $\frac{2}{3}x^{-1/3}$ **b)** $\frac{1}{3}x^{-2/3}$ **c)** $-\frac{1}{3}x^{-4/3}$

6. **a)** $-\pi \sin \pi x$ **b)** $3 \sin x$ **c)** $\sin \pi x - 3 \sin 3x$

7. **a)** $\sec^2 x$ **b)** $\frac{2}{3} \sec^2 \frac{x}{3}$ **c)** $-\sec^2 \frac{3x}{2}$

8. **a)** $\sec x \tan x$ **b)** $4 \sec 3x \tan 3x$ **c)** $\sec \frac{\pi x}{2} \tan \frac{\pi x}{2}$

Calculer des intégrales

Calculez les intégrales suivantes. Vérifiez chaque réponse en dérivant le résultat.

9. $\int (x + 1)dx$

10. $\int \left(3t^2 + \frac{t}{2}\right)dt$

11. $\int \left(\frac{1}{x} - \frac{5}{x^2 + 1}\right)dx,\ x > 0$

12. $\int \left(\frac{1}{x^2} - x^2 - \frac{1}{3}\right)dx$

13. $\int (e^{-x} + 4^x)dx$

14. $\int (\sqrt{x} + \sqrt[3]{x})dx$

15. $\int \left(\frac{2}{\sqrt{1 - y^2}} - \frac{1}{y^{1/4}}\right)dy$

16. $\int \left(\frac{\sqrt{x}}{2} + \frac{2}{\sqrt{x}}\right)dx$

17. $\int \left(\frac{1}{7} - \frac{1}{y^{5/4}}\right)dy$

18. $\int 2x(1 - x^{-3})dx$

19. $\int \frac{t\sqrt{t} + \sqrt{t}}{t^2}\, dt$

20. $\int (-2 \cos t)\, dt$

21. $\int 7 \sin \frac{\theta}{3}\, d\theta$

22. $\int (-3 \csc^2 x)\, dx$

23. $\int (1 + \tan^2 \theta)\, d\theta$ (Indication : $1 + \tan^2 \theta = \sec^2 \theta$)

24. $\int \cot^2 x\, dx$ (Indication : $1 + \cot^2 x = \csc^2 x$)

25. $\int \cos \theta\, (\tan \theta + \sec \theta)\, d\theta$

26. $\int \frac{\csc \theta}{\csc \theta - \sin \theta}\, d\theta$

Vérifier des formules d'intégration

Aux exercices **27** à **30**, vérifiez les intégrales en dérivant le membre de droite. Nous verrons comment trouver des formules semblables à la section 1.5.

27. $\int (7x - 2)^3 dx = \frac{(7x - 2)^4}{28} + C$

28. $\int (3x + 5)^{-2} dx = -\frac{(3x + 5)^{-1}}{3} + C$

29. $\int \csc^2 \left(\frac{x - 1}{3}\right)dx = -3 \cot \left(\frac{x - 1}{3}\right) + C$

30. $\int \frac{1}{x + 1}\, dx = \ln (x + 1) + C, \quad x > -1$

31. Vrai ou faux. Indiquez si les équations suivantes sont vraies ou fausses et justifiez brièvement vos réponses.

a) $\int x \sin x \, dx = \frac{x^2}{2} \sin x + C$

b) $\int x \sin x \, dx = -x \cos x + C$

c) $\int x \sin x \, dx = -x \cos x + \sin x + C$

32. Vrai ou faux. Indiquez si les équations suivantes sont vraies ou fausses et justifiez brièvement vos réponses.

a) $\int (2x + 1)^2 \, dx = \frac{(2x + 1)^3}{3} + C$

b) $\int 3(2x + 1)^2 \, dx = (2x + 1)^3 + C$

c) $\int 6(2x + 1)^2 \, dx = (2x + 1)^3 + C$

Équations différentielles avec une ou des conditions initiales

33. Parmi les graphes ci-dessous, trouvez celui qui correspond à la solution de l'équation différentielle dont la condition initiale est indiquée. Justifiez votre réponse.

$$\frac{dy}{dx} = 2x, \quad y = 4 \text{ à } x = 1.$$

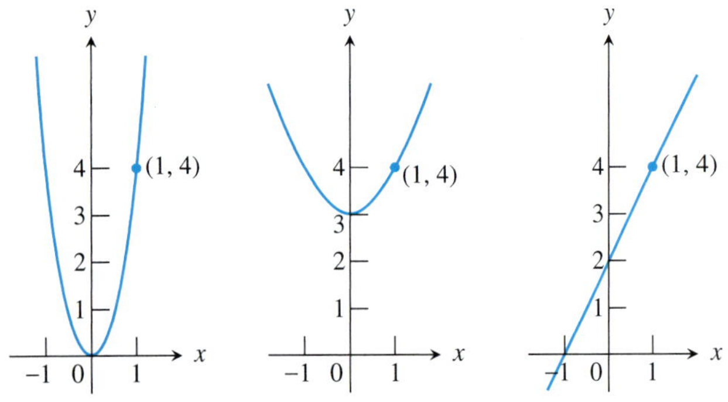

a) **b)** **c)**

34. Parmi les graphes ci-dessous, trouvez celui qui correspond à la solution de l'équation différentielle dont la condition initiale est indiquée. Justifiez votre réponse.

$$\frac{dy}{dx} = -x, \quad y = 1 \text{ à } x = -1.$$

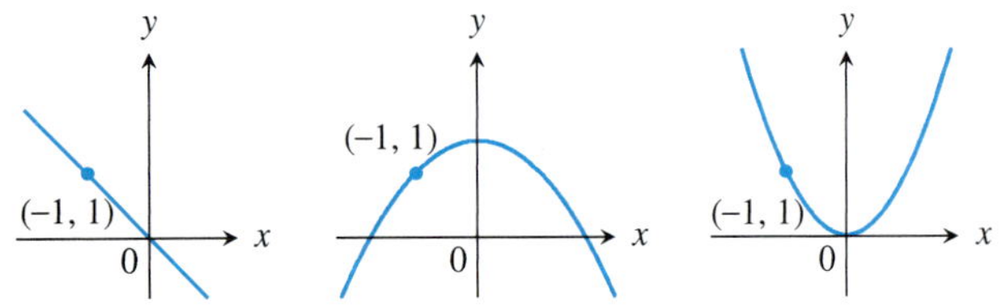

a) **b)** **c)**

Aux exercices **35** à **46**, résolvez les équations différentielles avec une ou des conditions initiales.

35. $\frac{dy}{dx} = 2x - 7, \quad y(2) = 0$

36. $\frac{dy}{dx} = \frac{1}{x^2} + x; \quad x > 0, \quad y(2) = 1$

37. $\frac{dy}{dx} = 3x^{-2/3}, \quad y(-1) = -5$

38. $\frac{dy}{dx} = \frac{1}{2\sqrt{x}}, \quad y(1) = -1$

39. $\frac{ds}{dt} = \cos t + \sin t, \quad s(\pi) = 1$

40. $\frac{dr}{d\theta} = -\pi \sin \pi\theta, \quad r(0) = 0$

41. $\frac{dv}{dt} = \frac{3}{t\sqrt{t^2 - 1}}; \quad t > 1; \quad v(2) = 0$

42. $\frac{dv}{dt} = \frac{8}{1 + t^2} + \sec^2 t, \quad v(0) = 1$

43. $\frac{d^2y}{dx^2} = 2 - 6x; \quad y'(0) = 4, \quad y(0) = 1$

44. $\frac{d^2r}{dt^2} = \frac{2}{t^3}; \quad \left.\frac{dr}{dt}\right|_{t=1} = 1, \quad r(1) = 1$

45. $\frac{d^3y}{dx^3} = 6; \quad y''(0) = -8, \quad y'(0) = 0, \quad y(0) = 5$

46. $y^{(4)} = -\sin t + \cos t; \; y'''(0) = 7, \quad y''(0) = y'(0) = -1, \quad y(0) = 0$

Trouver la position à partir de la vitesse

Un objet se déplace le long d'un axe. Nous connaissons sa vitesse $v = ds/dt$ ainsi que sa position s à un temps donné. Trouvez la position $s(t)$ de l'objet dans les deux cas suivants.

47. $v = 9{,}8t + 5, \quad s(0) = 10$

48. $v = \frac{2}{\pi} \cos \frac{2t}{\pi}, \quad s(\pi^2) = 1$

Trouver la position à partir de l'accélération

Un objet se déplace le long d'un axe. Son accélération $a = d^2s/dt^2$ est donnée ainsi que sa vitesse initiale $v(0)$ et sa position initiale $s(0)$. Trouvez la position $s(t)$ de l'objet dans les deux cas suivants.

49. $a = 32; \quad v(0) = 20, \quad s(0) = 5$

50. $a = -4 \sin 2t; \quad v(0) = 2, \quad s(0) = -3$

Trouver des courbes

51. Quelle est l'équation de la courbe $y = f(x)$ du plan xy passant par le point $(9, 4)$ et dont la pente en tout point est donnée par $3\sqrt{x}$?

52. **a)** Trouvez l'équation de la courbe $y = f(x)$ satisfaisant aux conditions suivantes:

i) $\frac{d^2y}{dx^2} = 6x;$

ii) le graphe de $f(x)$ passe par le point $(0, 1)$ et possède une tangente horizontale en ce point.

b) Combien existe-t-il de courbes satisfaisant aux conditions précédentes ? Comment le savez-vous ?

Courbes-solutions (intégrales)

Aux exercices **53** à **56**, chaque figure représente une famille de courbes-solutions de l'équation différentielle indiquée. Trouvez l'équation de la courbe particulière passant par le point désigné.

53. $\dfrac{dy}{dx} = 1 - \dfrac{4}{3}x^{1/3}$

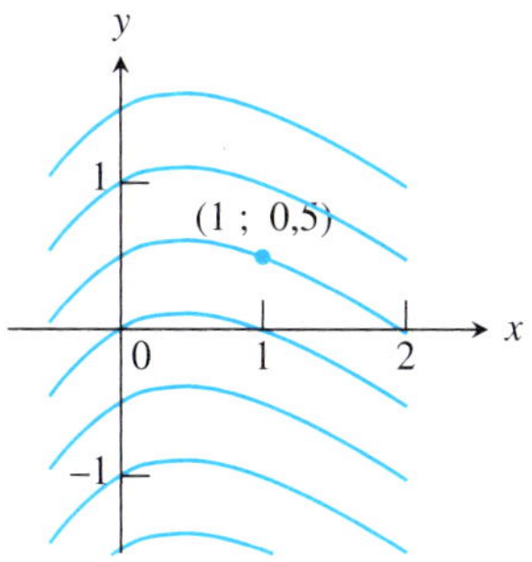

54. $\dfrac{dy}{dx} = x - 1$

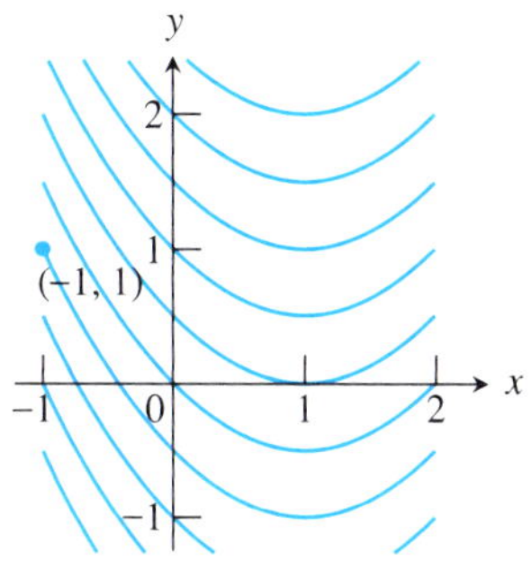

55. $\dfrac{dy}{dx} = \sin x - \cos x$

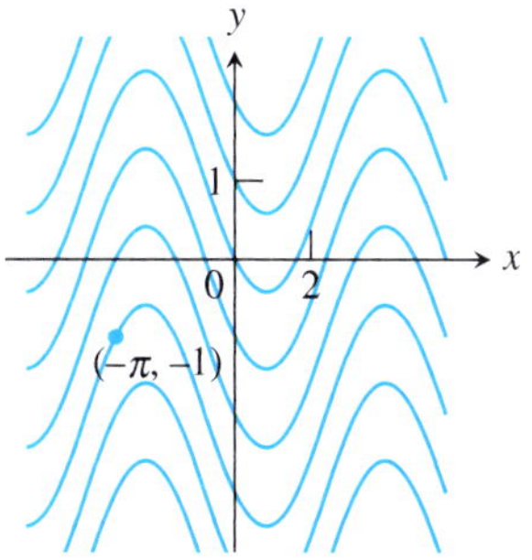

56. $\dfrac{dy}{dx} = \dfrac{1}{2\sqrt{x}} + \pi \sin \pi x$

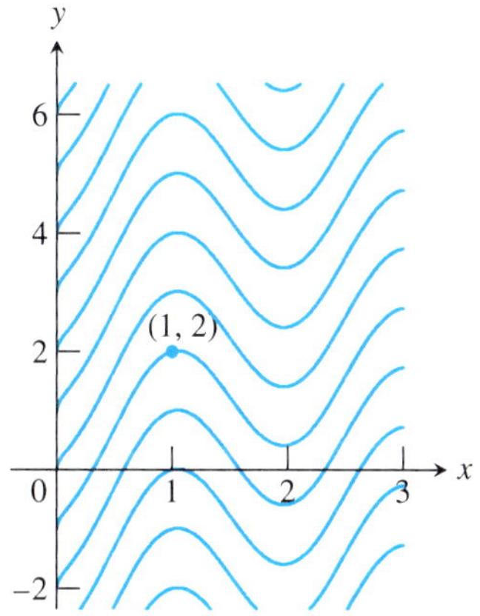

Applications

57. Chute sur la Lune. Sur la Lune, l'accélération due à la pesanteur est de 1,6 m/s^2. Si une pierre tombe dans une crevasse, à quelle vitesse atteint-elle le fond 30 s plus tard ?

58. Décollage vertical d'une fusée. Une fusée décolle verticalement de la surface de la Terre avec une accélération constante de 20 m/s^2. Quelle est sa vitesse une minute plus tard ?

59. Freinage d'urgence. Vous roulez à 100 km/h ($\approx$ 27,8 m/s) lorsque vous apercevez un obstacle en avant de vous. Quelle est la décélération constante requise pour arrêter votre véhicule sur une distance de 75 m ? Pour résoudre ce problème, suivez les étapes suivantes.

Étape 1 Résolvez l'équation différentielle avec des conditions initiales.

Équation différentielle : $\dfrac{d^2s}{dt^2} = -k$ (k est une constante).

Conditions initiales : $\dfrac{ds}{dt} = 27{,}8$ et $s = 0$ à $t = 0$.

La distance et le temps sont mesurés à partir du moment où les freins sont appliqués

Étape 2 Trouvez la valeur de t pour laquelle $ds/dt = 0$ (la réponse contient k).

Étape 3 Trouvez la valeur de k telle que $s = 75$ en vous servant de la valeur de t trouvée à l'étape 2.

60. Arrêt d'une moto. Dans l'État d'Illinois, le programme de sécurité routière impose aux motocyclistes de pouvoir arrêter leur moto sur une distance de 45 pieds lorsqu'ils roulent à 30 milles à l'heure (44 pi/s). Quelle est la décélération constante nécessaire pour satisfaire à cette exigence ?

61. Mouvement rectiligne. Une particule se déplace sur un axe avec une accélération $a = d^2s/dt^2 = 15\sqrt{t} - (3/\sqrt{t})$. La vitesse au temps $t = 1$ est $ds/dt = 4$ et sa position au même instant est $s = 0$. Trouvez

a) la vitesse $v(t) = ds/dt$;

b) la position $s(t)$.

62. Le marteau et la plume. Lors de la mission d'Apollo 15 sur la Lune, l'astronaute David Scott a laissé tomber un marteau et une plume d'une hauteur d'environ 1,2 m pour illustrer le fait que tous les corps dans le vide tombent avec la même accélération constante due à la gravité. Le film de l'événement montrait les deux objets qui tombaient beaucoup plus lentement que sur la Terre, où le temps de chute dans le vide à partir de cette hauteur est d'environ 0,5 s. Quel était le temps de chute du marteau et de la plume sur la Lune ? Pour trouver la réponse, résolvez l'équation différentielle avec les conditions initiales suivantes, puis trouvez la valeur de t pour laquelle s vaut 0.

Équation différentielle : $\dfrac{d^2s}{dt^2} = -1{,}585$ m/s^2.

Conditions initiales : $\dfrac{ds}{dt} = 0$ et $s = 1{,}2$ à $t = 0$.

63. Mouvement rectiligne uniformément accéléré. L'équation donnant la position instantanée s d'un objet se déplaçant sur un axe avec une accélération constante a est bien connue en physique :

$$s = \frac{a}{2}t^2 + v_0 t + s_0, \qquad (1)$$

où v_0 et s_0 sont respectivement la vitesse et la position initiales de l'objet. Retrouvez cette équation en résolvant l'équation différentielle avec les conditions initiales suivantes.

Équation différentielle : $\dfrac{d^2s}{dt^2} = a$.

Conditions initiales : $\dfrac{ds}{dt} = v_0$ et $s = s_0$ à $t = 0$.

64. Chute libre à la surface d'une planète. (suite de l'exercice **63**) Pour étudier la chute libre d'un objet à la surface d'une planète où l'accélération constante g due à la pesanteur est exprimée en m/s^2, on peut utiliser l'équation (1) de l'exercice **63** dans laquelle on remplace a par $-g$:

$$s = -\frac{1}{2}gt^2 + v_0t + s_0, \qquad (2)$$

s étant la position de l'objet mesurée à partir du sol. Le signe négatif indique une accélération dirigée vers le bas, dans la direction de s décroissante. Pour un mouvement vers le bas, la vitesse est négative ; pour un mouvement vers le haut, la vitesse est positive.

Plutôt que de déduire l'équation (2) de (1), vous pouvez la déduire directement en résolvant une équation différentielle appropriée avec des conditions initiales particulières. Quelle est cette équation différentielle ? Résolvez-la pour retrouver l'équation (2) et expliquez les étapes suivies.

Théorie et exemples

65. Trouver une distance parcourue à partir d'une primitive de la vitesse.

a) La vitesse d'un objet se déplaçant sur l'axe s est donnée par

$$\frac{ds}{dt} = v = 9{,}8t - 3.$$

i) Trouvez la distance parcourue par l'objet dans l'intervalle de temps compris entre $t = 1$ et $t = 3$ lorsque $s = 5$ à $t = 0$.

ii) Trouvez la distance parcourue par l'objet dans l'intervalle de temps compris entre $t = 1$ et $t = 3$ lorsque $s = -2$ à $t = 0$.

iii) Trouvez la distance parcourue par l'objet dans l'intervalle de temps compris entre $t = 1$ et $t = 3$ lorsque $s = s_0$ à $t = 0$.

b) En admettant que la position $s(t)$ d'un objet soit une fonction dérivable par rapport au temps, est-il vrai que, connaissant une primitive de la vitesse $v(t)$, vous pouvez déterminer la distance parcourue par l'objet entre $t = a$ et $t = b$ même si la position de l'objet est inconnue à chacun de ces deux instants ? Justifiez votre réponse.

66. Unicité des solutions. Si les deux fonctions $y = F(x)$ et $y = G(x)$ sont dérivables sur un intervalle I et si elles sont toutes deux des solutions de l'équation différentielle avec la condition initiale suivante :

$$\frac{dy}{dx} = f(x), \quad y(x_0) = y_0,$$

est-ce que, nécessairement, $F(x) = G(x)$ pour tout x dans l'intervalle I ? Justifiez votre réponse.

EXPLORATIONS À L'ORDINATEUR

Aux exercices **67** à **72**, utilisez un logiciel de calcul symbolique pour résoudre les équations différentielles avec la ou les conditions initiales suivantes.

67. $y' = \cos^2 x + \sin x, \quad y(\pi) = 1$

68. $y' = xe^x, \quad y(\ln 2) = 0$

69. $y' = \ln x, \quad y(1) = 2$

70. $y' = \dfrac{1}{\sqrt{4 - x^2}}, \quad y(0) = 2$

71. $y'' = 3e^{x/2} + x, \quad y(0) = -1, \quad y'(0) = 4$

72. $y'' = \dfrac{2}{x} + \sqrt{x}, \quad y(1) = 0, \quad y'(1) = 0$

Solutions graphiques d'équations différentielles

Utilisez un logiciel de calcul symbolique pour explorer graphiquement les solutions de chacune des équations différentielles des exercices **73** à **76**. Exécutez les tâches suivantes pour faire vos explorations.

a) Utilisez votre logiciel pour déterminer la solution générale incluant la constante arbitraire C.

b) Tracez ensemble les solutions particulières correspondant aux valeurs $C = -2, -1, 0, 1$ et 2.

c) Déterminez et tracez la solution particulière passant par le point donné $P(x_0, y_0)$ sur l'intervalle donné.

73. $y' = x\sqrt{1 - x}, \quad [0, 1], \quad P(1/2, 1)$

74. $y' = \dfrac{1}{x}, \quad [1, 4], \quad P(2, -1)$

75. $y' = x \sin x, \quad [-4, 4], \quad P(\pi, -1)$

76. $y' = \dfrac{1}{1 + \sin x}, \quad [-\pi/2, \pi/2], \quad P(0, 1)$

1.5 Intégration par changement de variable

Dans la présente section, nous verrons comment il est souvent possible d'amener une intégrale peu familière à une forme connue en remplaçant une partie $g(x)$ de l'intégrande par une nouvelle variable $u = g(x)$.

1.5.1 Intégrale d'une fonction puissance

Soit u une fonction dérivable par rapport à x et soit n un nombre réel différent de -1. En appliquant la règle de dérivation en chaîne d'une puissance, nous écrivons :

$$\frac{d}{dx}\left(\frac{u^{n+1}}{n+1}\right) = u^n \frac{du}{dx}.$$

Cette équation signifie que $u^{n+1}/(n+1)$ est une primitive de la fonction $u^n(du/dx)$ et que, par conséquent,

$$\int \left(u^n \frac{du}{dx}\right) dx = \frac{u^{n+1}}{n+1} + C.$$

L'intégrale peut s'écrire plus simplement sous la forme différentielle :

$$\int u^n du$$

où les dx sont traitées comme des différentielles qui se simplifient. D'où l'énoncé du théorème 1.5.1.

Différentielle *du* et *dx*

Les différentielles du et dx ont déjà été définies dans un cours précédent. Rappelons que si $u = f(x)$, alors $du = f'(x)dx$.

THÉORÈME 1.5.1 Intégrale d'une fonction puissance

Si u est une fonction dérivable, alors :

$$\int \left(u^n \frac{du}{dx}\right) dx = \int u^n du = \frac{u^{n+1}}{n+1} + C. \qquad (n \neq -1,\ n \text{ réel})$$

Dans la formule du théorème 1.5.1, nous supposons simplement que u est dérivable par rapport à x ; le choix de x pour représenter la variable est arbitraire et cette lettre n'apparaît pas dans le résultat final.

EXEMPLE 1 **Intégrer une fonction puissance**

Calculez $\int 2x\sqrt{1+x^2}\,dx$.

Solution

Posons $u = 1 + x^2$. Alors, $du/dx = 2x$.

Nous obtenons :

$$\begin{aligned}\int 2x\sqrt{1+x^2}\,dx &= \int \sqrt{1+x^2}\,2xdx \\ &= \int \left(u^{1/2}\frac{du}{dx}\right)dx \\ &= \int u^{1/2}du \\ &= \frac{u^{(1/2)+1}}{(1/2)+1} + C && \text{Théorème 1.5.1 avec } n = 1/2 \\ &= \frac{2}{3}u^{3/2} + C \\ &= \frac{2}{3}(1+x^2)^{3/2} + C. && u = 1 + x^2\end{aligned}$$

EXEMPLE 2 **Ajuster l'intégrande avec une constante multiplicative**

Calculez $\int (3x+4)^7dx$.

Solution

Nous savons que $\int x^7dx = \dfrac{x^8}{8} + C$, mais attention,

$\int (3x+4)^7dx \neq \dfrac{(3x+4)^8}{8} + C$. (On peut le vérifier en dérivant.)

Posons $u = 3x + 4$. Alors, $du/dx = 3$.

Il manque le facteur $du/dx = 3$ à l'intégrande, mais nous pouvons faire un ajustement en multipliant et en divisant l'intégrande par 3.

$$\begin{aligned}\int (3x+4)^7dx &= \int \frac{1}{3}(3x+4)^7 \cdot 3dx \\ &= \int \frac{1}{3}\left(u^7 \cdot \frac{du}{dx}\right)dx && \frac{du}{dx} = 3 \\ &= \frac{1}{3}\int u^7du \\ &= \frac{u^8}{24} + C && \text{Théorème 1.5.1 avec } n = 7 \\ &= \frac{(3x+4)^8}{24} + C && u = 3x + 4\end{aligned}$$

Vous comprenez maintenant le mécanisme de la méthode : il s'agit de remplacer une intégrale relativement compliquée par une intégrale plus simple. Dans les exemples 1 et 2, il fallait remplacer une expression contenant x par une variable auxiliaire u, puis substituer à x et à dx de nouvelles valeurs en fonction de u. Il devenait alors possible d'évaluer l'intégrale en considérant u comme variable indépendante : c'est ainsi que nous avons fait un changement de variable. Enfin, dans le résultat obtenu, nous avons remplacé, inversement, u par sa valeur en fonction de x.

À l'exemple 3, au moment d'effectuer la substitution, nous travaillerons avec la différentielle plutôt qu'avec la dérivée, car c'est équivalent et plus facile à manipuler : il faudra alors tenir compte de la relation entre les différentielles dx et du de l'ancienne et de la nouvelle variable.

EXEMPLE 3 L' intégrande s'ajuste toute seule

Calculez $\int \sqrt{4x-1}\,dx$.

Solution

Posons $u = 4x - 1$. Alors $du/dx = 4$. Il est également possible d'écrire cette relation sous les formes différentielles $du = 4dx$, ou encore $(1/4)du = dx$. En utilisant cette dernière forme, l'ajustement dû au facteur 4 se fera automatiquement.

$$\int \sqrt{4x-1}\,dx = \int u^{1/2} \cdot \frac{1}{4}\,du \qquad (1/4)\,du = dx$$

$$= \frac{1}{4}\int u^{1/2}du$$

$$= \frac{1}{4} \cdot \frac{u^{3/2}}{3/2} + C \qquad \text{Théorème 1.5.1 avec } n = 1/2$$

$$= \frac{1}{6}u^{3/2} + C$$

$$= \frac{1}{6}(4x-1)^{3/2} + C \qquad u = 4x - 1$$

1.5.2 Changement de variable : la dérivation en chaîne à rebours

Les exemples 1 à 3 sont des cas particuliers de la méthode générale du changement de variable.

$$\int f(g(x)) \cdot g'(x)\,dx = \int f(u)\,du \qquad \text{Remplacer } g(x) \text{ par } u \text{ et } g'(x)dx \text{ par } du, \text{ car } g'(x) = du/dx$$

$$= F(u) + C \qquad \text{Évaluer en trouvant une primitive } F(u) \text{ de } f(u)$$

$$= F(g(x)) + C \qquad \text{Remplacer } u \text{ par } g(x)$$

Cette méthode fonctionne parce que $F(g(x))$ est une primitive de $f(g(x)) \cdot g'(x)$ lorsque F est une primitive de f, ce qui s'écrit formellement :

$$\frac{d}{dx}F(g(x)) = F'(g(x)) \cdot g'(x) \qquad \text{Dérivation en chaîne}$$

$$= f(g(x)) \cdot g'(x). \qquad \text{Car } F' = f$$

Marche à suivre

Intégrer par changement de variable

Étape 1 *Trouvez une fonction* $u = g(x)$ faisant partie de l'intégrande dans le but d'écrire l'intégrale sous la forme $\int f(g(x)) \cdot g'(x)\, dx$ (à un facteur constant près).

Étape 2 *Calculez* $g'(x) = du/dx$.

Étape 3 *Faites les substitutions* $u = g(x)$ *et* $du = g'(x)dx$ pour amener l'intégrale sous la forme $\int f(u)\, du$ (x ne doit plus figurer dans la nouvelle intégrale).

Étape 4 *Intégrez* par rapport à la nouvelle variable u.

Étape 5 *Remplacez* u *par* $g(x)$ *dans le résultat* pour exprimer ce dernier en fonction de la variable initiale.

EXEMPLE 4 Appliquer la méthode du changement de variable

Évaluez $\int \cos(7x + 5)\, dx$.

Solution

$$\int \cos(7x+5)\, dx = \int \cos u \cdot \frac{1}{7}\, du$$ Soit $u = 7x + 5$; $du/dx = 7$ et ainsi, $(1/7)du = dx$

$$= \frac{1}{7}\int \cos u\, du$$ Forme familière

$$= \frac{1}{7}\sin u + C$$ Intégrer par rapport à u

$$= \frac{1}{7}\sin(7x+5) + C$$ Remplacer u par $7x + 5$

EXEMPLE 5 Appliquer la méthode du changement de variable

Évaluez $\int x^2 \sin(x^3)\, dx$.

Solution

$$\int x^2 \sin(x^3)\, dx = \int \sin(x^3) \cdot x^2 dx$$

$$= \int \sin u \cdot \frac{1}{3}\, du$$ Soit $u = x^3$; $du/dx = 3x^2$ et ainsi, $(1/3)\, du = x^2 dx$

$$= \frac{1}{3}\int \sin u\, du$$ Forme familière

$$= \frac{1}{3}(-\cos u) + C$$ Intégrer par rapport à u

$$= -\frac{1}{3}\cos(x^3) + C$$ Remplacer u par x^3

EXEMPLE 6 Combiner le changement de variable et les identités trigonométriques

Calculez $\int \frac{e^t dt}{\cos^2(e^t - 2)}$.

Solution

$$\int \frac{e^t dt}{\cos^2(e^t-2)} = \int \frac{du}{\cos^2 u}$$ Soit $u = e^t - 2$; $du/dt = e^t$ et ainsi, $du = e^t dt$

$$= \int \sec^2 u\, du$$ Forme familière

$$= \tan u + C$$ Intégrer par rapport à u

$$= \tan(e^t - 2) + C$$ Remplacer u par $e^t - 2$

EXEMPLE 7 Expliciter *x* dans un changement de variable

Évaluez $\int x^2 \sqrt{x+1}\, dx$.

Solution

Soit $u = x + 1$, $du = dx$. Ici, le changement de variable présente une difficulté nouvelle : d'une part, x^2 n'est pas la dérivée de u ; d'autre part, souvenons-nous que x ne doit plus apparaître dans l'intégrande après le changement de variable. Il faut donc exprimer x^2 en fonction de u. Explicitons x dans l'équation reliant x et u :

$$u - 1 = x,$$

donc,

$$x^2 = (u-1)^2.$$

Nous obtenons :

$$\int x^2\sqrt{x+1}\, dx = \int (u-1)^2 \sqrt{u}\, du$$ Soit $u = x + 1$; $du = dx$; $x = u - 1$

$$= \int (u^2 - 2u + 1)\sqrt{u}\, du$$ Développer le binôme

$$= \int \left(u^2\sqrt{u} - 2u\sqrt{u} + \sqrt{u}\right) du$$ Distributivité

$$= \int (u^{5/2} - 2u^{3/2} + u^{1/2}) du$$ Formes familières

$$= \frac{u^{7/2}}{7/2} - \frac{2u^{5/2}}{5/2} + \frac{u^{3/2}}{3/2} + C$$ Intégrer par rapport à u

$$= \frac{2(x+1)^{7/2}}{7} - \frac{4(x+1)^{5/2}}{5} + \frac{2(x+1)^{3/2}}{3} + C.$$ $u = x + 1$

Voir les exercices **1** à **10**.

Le succès de la méthode d'intégration par changement de variable dépend du choix d'une substitution appropriée permettant de transformer une intégrale « difficile » en une intégrale « facile ». Il faut trouver une substitution $u = g(x)$ telle que $g(x)$ soit une partie de l'intégrande et telle que $g'(x)$ soit également une partie multiplicative de l'intégrande (à un facteur constant près).

Si une substitution ne donne pas le résultat escompté, recommencez en essayant une autre substitution, ou encore continuez en appliquant des substitutions successives additionnelles pour simplifier davantage l'intégrande.

Voir les exercices **41** et **42**.

À l'exemple 8, nous verrons qu'il est possible d'évaluer une intégrale par changement de variable en commençant avec des substitutions différentes.

EXEMPLE 8 **Utiliser différentes substitutions**

Calculez $\int \frac{2z\,dz}{\sqrt[3]{z^2+1}}$.

Solution

Rien n'interdit d'appliquer un changement de variable comme outil exploratoire, c'est-à-dire de remplacer la partie la plus compliquée de l'intégrande par u, seulement pour voir le résultat. Ainsi, dans le cas présent, nous pourrions essayer $u = z^2 + 1$ ou tenter de substituer u à la racine cubique au complet. Les deux solutions suivantes montrent que, dans cet exemple, les deux approches fonctionnent.

1) Substitution $u = z^2 + 1$

$$\int \frac{2z\,dz}{\sqrt[3]{z^2+1}} = \int \frac{du}{u^{1/3}}$$ Soit $u = z^2 + 1$; $du/dz = 2z$ et ainsi, $du = 2z\,dz$

$$= \int u^{-1/3}\,du$$ Forme familière avec $u = -1/3$

$$= \frac{u^{2/3}}{2/3} + C$$ Intégrer par rapport à u

$$= \frac{3}{2}u^{2/3} + C$$

$$= \frac{3}{2}(z^2+1)^{2/3} + C$$ Remplacer u par $z^2 + 1$

2) Substitution $u = \sqrt[3]{z^2+1}$

$$\int \frac{2z\,dz}{\sqrt[3]{z^2+1}} = \int \frac{3u^2\,du}{u}$$ Soit $u = \sqrt[3]{z^2+1} = (z^2+1)^{1/3}$; $u^3 = z^2 + 1$; $3u^2 du/dz = 2z$ (dérivée implicite) et ainsi, $3u^2 du = 2z\,dz$

$$= 3\int u\,du$$ Forme familière obtenue par simplification

$$= 3 \cdot \frac{u^2}{2} + C$$ Intégrer par rapport à u

$$= \frac{3}{2}(z^2+1)^{2/3} + C$$ Remplacer u par $(z^2 + 1)^{1/3}$

Voir les exercices **11** à **28**.

1.5.3 Intégrale de la fonction $1/u$

L'équation

$$\frac{d}{dx}\ln u = \frac{1}{u}\frac{du}{dx}, \quad \text{où } u > 0$$

mène à la formule d'intégration

$$\int \frac{1}{u}\,du = \ln u + C, \qquad (1)$$

Table 1.4.1 (formule **9**)

où u est une fonction dérivable positive. Mais que se passe-t-il lorsque u est négative dans l'intégrande ? Si u est une fonction négative, $-u$ est positive et alors

$$\int \frac{1}{u}\,du = \int \frac{-1}{(-u)}\,du$$

$$= \int \frac{1}{v}\,dv$$

Soit $v = -u$; $dv = -du$

$$= \ln v + C \qquad (2)$$

Intégrer par rapport à v

$$= \ln(-u) + C.$$

Il est possible de combiner les équations (1) et (2) en une seule formule puisque, dans chaque cas, l'expression de droite est $\ln|u| + C$. Dans l'équation (1), $\ln u = \ln|u|$, car $u > 0$; dans l'équation (2), $\ln(-u) = \ln|u|$, car $u < 0$. En résumé, que u soit positive ou négative, l'intégrale de $(1/u)$ est $\ln|u| + C$. Nous venons de généraliser la formule **9** de la table 1.4.1 (voir page 45).

THÉORÈME 1.5.2 Intégrale de la fonction $1/u$

$$\int \frac{1}{u}\,du = \ln|u| + C, \quad u \neq 0$$

EXEMPLE 9 Appliquer la formule du théorème 1.5.2 avec un changement de variable

Calculez $\int \frac{2x}{x^2 - 5}\,dx.$

Solution

$$\int \frac{2x}{x^2-5}\,dx = \int \frac{du}{u}$$

Soit $u = x^2 - 5$; $du = 2x\,dx$

$$= \ln|u| + C$$

Théorème 1.5.2

$$= \ln|x^2 - 5| + C$$

$u = x^2 - 5$

EXEMPLE 10 Appliquer la formule du théorème 1.5.2 avec un changement de variable

Calculez $\int \frac{1}{x \ln x}\,dx$, où $x > 0$.

Solution

$$\int \frac{1}{x \ln x}\,dx = \int \frac{1}{u}\,du \qquad \text{Soit } u = \ln x\,;\ du = dx/x$$

$$= \ln|u| + C \qquad \text{Théorème 1.5.2}$$

$$= \ln|\ln x| + C \qquad u = \ln x$$

Voir les exercices **29** à **31**.

1.5.4 Intégrales de tan *x* et cot *x*

La formule du théorème 1.5.2 nous permet de calculer l'intégrale des fonctions tangente et cotangente.

Pour la tangente :

$$\int \tan x\,dx = \int \frac{\sin x}{\cos x}\,dx = \int \frac{-du}{u} \qquad \text{Soit } u = \cos x;\ du = -\sin x\,dx;\ -du = \sin x\,dx$$

$$= -\int \frac{du}{u} = -\ln|u| + C \qquad \text{Théorème 1.5.2}$$

$$= -\ln|\cos x| + C = \ln \frac{1}{|\cos x|} + C \qquad u = \cos x;\ \text{Propriété des log (règle du quotient)}$$

$$= \ln|\sec x| + C. \qquad \sec x = 1/\cos x$$

■

Pour la cotangente :

$$\int \cot x\,dx = \int \frac{\cos x\,dx}{\sin x} = \int \frac{du}{u} \qquad \text{Soit } u = \sin x;\ du = \cos x\,dx$$

$$= \ln|u| + C = \ln|\sin x| + C \qquad \text{Théorème 1.5.2}$$

$$= -\ln|\csc x| + C. \qquad \text{Propriété des log et } \csc x = 1/\sin x$$

■

THÉORÈME 1.5.3 Intégrale de la fonction tangente

$$\int \tan u\,du = -\ln|\cos u| + C = \ln|\sec u| + C$$

THÉORÈME 1.5.4 Intégrale de la fonction cotangente

$$\int \cot u\,du = \ln|\sin u| + C = -\ln|\csc u| + C$$

Voir l'exercice **32**.

1.5.5 Changement de variable dans l'intégrale définie

Deux méthodes permettent d'évaluer une intégrale définie par changement de variable. La première consiste à trouver l'intégrale indéfinie par changement de variable, puis à l'utiliser comme primitive pour évaluer l'intégrale définie en appliquant le théorème fondamental. La seconde consiste à utiliser la formule du changement de variable dans l'intégrale définie.

THÉORÈME 1.5.5 Changement de variable dans l'intégrale définie

$$\int_a^b f(g(x)) \cdot g'(x)dx = \int_{g(a)}^{g(b)} f(u)du \qquad u = g(x)$$

Pour utiliser cette formule, procédez de la même façon que pour une intégrale indéfinie (voir Marche à suivre, page 58), sauf à la dernière étape (étape 5). Au lieu de remplacer u par $g(x)$ dans le résultat pour exprimer celui-ci en fonction de la variable initiale x, il faut plutôt laisser le résultat en fonction de u et terminer de la façon suivante.

Marche à suivre

Étape 5' *Faites le changement de variable sur les bornes,* c'est-à-dire remplacez b par $u = g(b)$ et remplacez a par $u = g(a)$.

Étape 6 *Évaluez l'intégrale définie avec ses nouvelles bornes* $g(b)$ et $g(a)$ en appliquant le théorème fondamental sur le résultat exprimé en fonction de u.

EXEMPLE 11 Utiliser la formule du théorème 1.5.5 dans l'intégrale définie

Utilisez la formule du théorème 1.5.5 pour évaluer l'intégrale

$$\int_{-1}^{1} 3x^2\sqrt{x^3+1}\, dx.$$

Solution

Transformons l'intégrale, puis évaluons le résultat en tenant compte des nouvelles bornes d'intégration.

$$\int_{-1}^{1} 3x^2\sqrt{x^3+1}\, dx = \int_0^2 \sqrt{u}\, du$$

Soit $u = x^3 + 1$, $du = 3x^2dx$
À $x = 1$, $u = (1)^3 + 1 = 2$
À $x = -1$, $u = (-1)^3 + 1 = 0$

$$= \frac{2}{3}u^{3/2}\Big]_0^2$$

Intégrer par rapport à u

$$= \frac{2}{3}[2^{3/2} - 0^{3/2}]$$

Théorème fondamental avec les nouvelles bornes

$$= \frac{2}{3}[2\sqrt{2}] = \frac{4\sqrt{2}}{3}.$$

Nous aurions pu employer la première méthode pour évaluer l'intégrale, c'est-à-dire trouver une primitive en fonction de x et appliquer le théorème fondamental sur les bornes initiales. C'est ce que nous allons voir à l'exemple 12, page 64.

EXEMPLE 12 Évaluer une intégrale définie sans utiliser la formule du théorème 1.5.5

Évaluez $\int_{-1}^{1} 3x^2\sqrt{x^3+1}\,dx$ en calculant l'intégrale indéfinie par la méthode du changement de variable, puis en calculant l'intégrale définie avec les bornes initiales.

Solution

$$\int 3x^2\sqrt{x^3+1}\,dx = \int \sqrt{u}\,du \qquad \text{Soit } u = x^3+1,\ du = 3x^2dx$$

$$= \frac{2}{3}u^{3/2} + C \qquad \text{Intégrer par rapport à } u$$

$$= \frac{2}{3}(x^3+1)^{3/2} + C \qquad \text{Remplacer } u \text{ par } x^3+1$$

$$\int_{-1}^{1} 3x^2\sqrt{x^3+1}\,dx = \frac{2}{3}(x^3+1)^{3/2}\Big]_{-1}^{1}$$

$$= \frac{2}{3}[((1)^3+1)^{3/2} - ((-1)^3+1)^{3/2}] \qquad \text{Théorème fondamental avec les bornes initiales}$$

$$= \frac{2}{3}[2^{3/2} - 0^{3/2}] = \frac{2}{3}[2\sqrt{2}\,] = \frac{4\sqrt{2}}{3}$$

Quelle est la meilleure méthode ? Pour l'intégrande $3x^2\sqrt{x^3+1}$ de l'exemple 12, l'utilisation de la nouvelle formule du théorème 1.5.5 (voir page 63) semble être le meilleur choix. Mais ce n'est pas toujours le cas. Il est donc préférable de connaître les deux méthodes et de choisir celle qui semble la plus facile dans chacun des cas.

Preuve du théorème 1.5.5 Soit F une primitive de f. Alors,

$$\int_a^b f(g(x))\cdot g'(x)dx = F(g(x))\Big]_{x=a}^{x=b} \qquad \frac{d}{dx}F(g(x)) = F'(g(x))g'(x) = f(g(x))g'(x)$$

$$= F(g(b)) - F(g(a))$$

$$= F(u)\Big]_{u=g(a)}^{u=g(b)} \qquad u = g(x)$$

$$= \int_{g(a)}^{g(b)} f(u)du. \qquad \text{Théorème fondamental} \quad \blacksquare$$

Envisageons un dernier exemple avec un changement de variable sur les bornes.

EXEMPLE 13 Évaluer une intégrale définie trigonométrique

Évaluez $\int_{\pi/4}^{\pi/2} \cot\theta \csc^2\theta \, d\theta$.

Solution

$$\int_{\pi/4}^{\pi/2} \cot\theta \csc^2\theta \, d\theta = \int_1^0 u \cdot (-du)$$

Soit $u = \cot\theta$, $du = -\csc^2\theta\, d\theta$
$-du = \csc^2\theta\, d\theta$
À $\theta = \pi/2$, $u = \cot(\pi/2) = 0$
À $\theta = \pi/4$, $u = \cot(\pi/4) = 1$

$$= -\int_1^0 u\,du$$

$$= -\frac{u^2}{2}\Big]_1^0$$

Intégrer par rapport à u

$$= -\left[\frac{(0)^2}{2} - \frac{(1)^2}{2}\right] = \frac{1}{2}$$

Théorème fondamental avec les nouvelles bornes

Voir les exercices **69** à **83**.

Avant d'aller plus loin, il est recommandé d'étudier la section A.6.

Bien qu'il existe de nombreuses techniques d'intégration, le changement de variable demeure la plus exploitée. Celle-ci laisse encore une certaine part au tâtonnement ; en dehors de quelques cas particuliers, il n'y a pas de règle générale indiquant quel changement de variable doit être effectué. Souvent, intuition et expérience seront les meilleurs guides. Il arrive que plus d'un essai soit nécessaire avant d'arriver au but.

Voir les exercices **33** à **68**.

Exercices 1.5

Calculer des intégrales indéfinies

Calculez les intégrales indéfinies suivantes par la méthode du changement de variable en utilisant les substitutions proposées afin de transformer chaque intégrale en une forme connue.

1. $\int x \sin(2x^2)\,dx, \quad u = 2x^2$

2. $\int \left(1 - \cos\frac{t}{2}\right)^2 \sin\frac{t}{2}\,dt, \quad u = 1 - \cos\frac{t}{2}$

3. $\int 28(7x-2)^{-5}dx, \quad u = 7x - 2$

4. $\int x^3(x^4-1)^2dx, \quad u = x^4 - 1$

5. $\int \frac{9r^2dr}{\sqrt{1-r^3}}, \quad u = 1 - r^3$

6. $\int 12(y^4+4y^2+1)^2(y^3+2y)dy, \quad u = y^4+4y^2+1$

7. $\int \sqrt{x}\,\sin^2(x^{3/2}-1)dx, \quad u = x^{3/2}-1$

8. $\int \frac{1}{x^2}\cos^2\left(\frac{1}{x}\right)dx, \quad u = \frac{1}{x}$

9. $\int \csc^2 2\theta \cot 2\theta\, d\theta$

a) Avec $u = \cot 2\theta$. **b)** Avec $u = \csc 2\theta$.

10. $\int \frac{dx}{\sqrt{5x+8}}$

a) Avec $u = 5x + 8$. **b)** Avec $u = \sqrt{5x+8}$.

Calculez les intégrales indéfinies suivantes.

11. $\int \sqrt{3-2s}\,ds$

12. $\int \frac{1}{\sqrt{5s+4}}\,ds$

13. $\int \frac{3dx}{(2-x)^2}$

14. $\int \theta\sqrt[4]{1-\theta^2}\,d\theta$

15. $\int 3y\sqrt{7-3y^2}\,dy$

16. $\int \frac{1}{\sqrt{x}(1+\sqrt{x})^2}\,dx$

17. $\int \frac{2e^{\sqrt{x}}}{\sqrt{x}}\,dx$

18. $\int \cos(3z+4)\,dz$

19. $\int \sec^2(3x+2)\,dx$

20. $\int \sin^5\frac{x}{3}\cos\frac{x}{3}\,dx$

21. $\int \frac{1}{t^2}e^{1/t}\,dt$

22. $\int r^2\left(\frac{r^3}{18}-1\right)^5 dr$

23. $\int x^{1/2}\sin(x^{3/2}+1)\,dx$

24. $\int \sec\left(v+\frac{\pi}{2}\right)\tan\left(v+\frac{\pi}{2}\right)dv$

25. $\int \frac{\sin(2t+1)}{\cos^2(2t+1)}dt$

26. $\int \frac{6\cos t}{(2+\sin t)^3}dt$

27. $\int \sqrt{\cot y}\,\csc^2 y\,dy$

28. $\int \frac{1}{t^2}\cos\left(\frac{1}{t}-1\right)dt$

29. $\int \frac{dx}{2x-1}$

30. $\int \frac{xdx}{x^2+4}$

31. $\int \frac{\sin t}{2-\cos t}dt$

32. $\int \frac{1}{\sin t\cos t}dt$ (Indication : $1=\sin^2 t+\cos^2 t$.)

33. $\int \frac{dx}{\sqrt{1-4x^2}}$

34. $\int \frac{dx}{9+3x^2}$

35. $\int \frac{dx}{x\sqrt{25x^2-2}}$

36. $\int \frac{3\,dr}{\sqrt{1-4(r-1)^2}}$

37. $\int \frac{dx}{1+(3x+1)^2}$

38. $\int \frac{ydy}{\sqrt{1-y^4}}$

39. $\int \frac{e^x dx}{1+e^{2x}}$

40. $\int \frac{4dt}{t(1+\ln^2 t)}$

Simplifier des intégrales étape par étape

Si vous ne savez pas quelle substitution employer, essayez de simplifier l'intégrale étape par étape en appliquant une première substitution, puis une deuxième pour simplifier davantage, et ainsi de suite. Les exercices **41** et **42** vous permettront de comprendre cette stratégie.

41. $\int \frac{18\tan^2 x\sec^2 x}{(2+\tan^3 x)^2}dx$

a) $u=\tan x$, suivie de $v=u^3$ puis de $w=2+v$.

b) $u=\tan^3 x$, suivie de $v=2+u$.

c) $u=2+\tan^3 x$

42. $\int \sqrt{1+\sin^2(x-1)}\,\sin(x-1)\cos(x-1)\,dx$

a) $u=x-1$, suivie de $v=\sin u$ puis de $w=1+v^2$.

b) $u=\sin(x-1)$, suivie de $v=1+u^2$.

c) $u=1+\sin^2(x-1)$

Calculez les intégrales suivantes.

43. $\int \frac{(2r-1)\cos\sqrt{3(2r-1)^2+6}}{\sqrt{3(2r-1)^2+6}}dr$

44. $\int \frac{\sin\sqrt{\theta}}{\sqrt{\theta}\cos^3\sqrt{\theta}}d\theta$

Problèmes avec une ou des conditions initiales

Résolvez les problèmes suivants.

45. $\frac{ds}{dt}=12t(3t^2-1)^3,\quad s(1)=3$

46. $\frac{dy}{dx}=4x(x^2+8)^{-1/3},\quad y(0)=0$

47. $\frac{ds}{dt}=8\sin^2\left(t+\frac{\pi}{12}\right),\quad s(0)=8$

48. $\frac{dy}{dx}=1+\frac{1}{x},\quad y(1)=3$

49. $\frac{dy}{dt}=e^t\sin(e^t-2),\quad y(\ln 2)=0$

50. $\frac{dy}{dt}=e^{-t}\sec^2(\pi e^{-t}),\quad y(\ln 4)=2/\pi$

51. $\frac{d^2s}{dt^2}=-4\sin\left(2t-\frac{\pi}{2}\right),\quad s'(0)=100$ et $s(0)=0$.

52. $\frac{d^2y}{dx^2}=\sec^2 x,\quad y(0)=(0)$ et $y'(0)=1$.

53. $\frac{d^2y}{dx^2}=2e^{-x},\quad y(0)=1$ et $y'(0)=0$.

54. $\frac{d^2y}{dt^2}=1-e^{2t},\quad y(1)=-1$ et $y'(1)=0$.

55. $\frac{dy}{dx}=\frac{1}{\sqrt{1-x^2}},\quad y(0)=0$

56. $\frac{dy}{dx}=\frac{1}{x^2+1}-1,\quad y(0)=1$

57. $\frac{dy}{dx}=\frac{1}{x\sqrt{x^2-1}},\quad x>1;\quad y(2)=\pi$

58. $\frac{dy}{dx}=\frac{1}{1+x^2}-\frac{2}{\sqrt{1-x^2}},\quad y(0)=2$

59. $\frac{dy}{dx}=\frac{x}{1+x^4},\quad y(0)=8$

60. $\frac{ds}{dt}=\frac{1}{\sqrt{16-9t^2}},\quad s(2/3)=\pi$

61. Mouvement d'une particule. La vitesse d'une particule se déplaçant sur un axe est donnée par $v=ds/dt=6\sin 2t$ m/s. Si $s=0$ à $t=0$, trouvez la valeur de s à $t=\pi/2$ s.

62. Mouvement d'une particule. L'accélération d'une particule se déplaçant sur un axe est donnée par $a=d^2s/dt^2=\pi^2\cos\pi t$ m/s². Si $s=0$ et $v=8$ m/s à $t=0$, trouvez la valeur de s à $t=1$ s.

Généraliser des formules d'intégration

On peut généraliser les formules **10** et **11** de la table 1.4.1 (voir page 45) de la façon suivante.

10. $\int \frac{1}{\sqrt{a^2-x^2}}dx=\arcsin\frac{x}{a}+C$

11. $\int \frac{1}{a^2+x^2}dx=\frac{1}{a}\arctan\frac{x}{a}+C$

63. Démontrez la formule **10** par dérivation.

64. Démontrez la formule **11** par dérivation.

65. Calculez

a) $\int \frac{1}{\sqrt{9-x^2}}dx$;

b) $\int \frac{1}{3+x^2}dx$.

66. Calculez

a) $\displaystyle\int \frac{1}{\sqrt{16-25x^2}}\,dx$; **b)** $\displaystyle\int \frac{8}{1+4x^2}\,dx$.

Théorie et exemples

67. Ajuster l'intégrande en multipliant par une expression égale à l'unité.

Calculez $\int \sec x\,dx$. (Indication : Multipliez l'intégrande par

$$\frac{\sec x + \tan x}{\sec x + \tan x}$$

et utilisez la méthode du changement de variable pour intégrer le résultat.)

68. Utiliser différentes substitutions. *A priori,* il semblerait possible d'intégrer $2 \sin x \cos x$ par rapport à x de trois façons différentes.

a) $\displaystyle\int 2\sin x\cos x\,dx = \int 2u\,du$ Soit $u = \sin x$

$= u^2 + C_1 = \sin^2 x + C_1$

b) $\displaystyle\int 2\sin x\cos x\,dx = \int -2u\,du$ Soit $u = \cos x$

$= -u^2 + C_2 = -\cos^2 x + C_2$

c) $\displaystyle\int 2\sin x\cos x\,dx = \int \sin 2x\,dx$ Puisque $2\sin x\cos x = \sin 2x$

$= -\dfrac{\cos 2x}{2} + C_3$

Est-ce que les trois méthodes sont correctes ? Justifiez votre réponse.

Changement de variable dans l'intégrale définie

Évaluez les intégrales suivantes en utilisant la formule du théorème 1.5.5 (voir page 63).

69. a) $\displaystyle\int_0^3 \sqrt{y+1}\,dy$ **b)** $\displaystyle\int_{-1}^0 \sqrt{y+1}\,dy$

70. a) $\displaystyle\int_0^{\pi/4} \tan x\sec^2 x\,dx$ **b)** $\displaystyle\int_{-\pi/4}^0 \tan x\sec^2 x\,dx$

71. a) $\displaystyle\int_0^{\pi} 3\cos^2 x\sin x\,dx$ **b)** $\displaystyle\int_{2\pi}^{3\pi} 3\cos^2 x\sin x\,dx$

72. a) $\displaystyle\int_0^{\sqrt{7}} t(t^2+1)^{1/3}\,dt$ **b)** $\displaystyle\int_{-\sqrt{7}}^0 t(t^2+1)^{1/3}\,dt$

73. a) $\displaystyle\int_{-1}^1 \frac{5r}{(4+r^2)^2}\,dr$ **b)** $\displaystyle\int_0^1 \frac{5r}{(4+r^2)^2}\,dr$

74. a) $\displaystyle\int_0^{\sqrt{3}} \frac{4x}{\sqrt{x^2+1}}\,dx$ **b)** $\displaystyle\int_{-\sqrt{3}}^{\sqrt{3}} \frac{4x}{\sqrt{x^2+1}}\,dx$

75. a) $\displaystyle\int_0^{2\pi} \frac{\cos z}{\sqrt{4+3\sin z}}\,dz$ **b)** $\displaystyle\int_{-\pi}^{\pi} \frac{\cos z}{\sqrt{4+3\sin z}}\,dz$

76. $\displaystyle\int_0^1 \sqrt{t^5+2t}\,(5t^4+2)\,dt$ **77.** $\displaystyle\int_1^4 \frac{dy}{2\sqrt{y}\,(1+\sqrt{y})^2}$

78. $\displaystyle\int_0^{\pi/6} \cos^{-3} 2\theta\sin 2\theta\,d\theta$

79. $\displaystyle\int_0^{\pi/4} (1-\sin 2t)^{3/2}\cos 2t\,dt$

80. $\displaystyle\int_0^1 (4y-y^2+4y^3+1)^{-2/3}(12y^2-2y+4)\,dy$

81. $\displaystyle\int_0^{\pi/2} e^{\sin x}\cos x\,dx$ **82.** $\displaystyle\int_0^{\pi/4} (1+e^{\tan\theta})\sec^2\theta\,d\theta$

83. $\displaystyle\int_{\ln(\pi/6)}^{\ln(\pi/2)} 2e^v\cos e^v\,dv$ **84.** $\displaystyle\int_0^{\sqrt{\ln\pi}} 2xe^{x^2}\cos(e^{x^2})\,dx$

Intégrales définies de fonctions paires et de fonctions impaires

Rappelons que f est une fonction paire si et seulement si $f(-x) = f(x)$ et que f est une fonction impaire si et seulement si $f(-x) = -f(x)$.

85. Démontrez l'énoncé suivant.

Si f est paire, alors

$$\int_{-a}^{a} f(x)dx = 2\int_0^a f(x)dx.$$

86. Démontrez l'énoncé suivant.

Si f est impaire, alors

$$\int_{-a}^{a} f(x)dx = 0.$$

87. Dans les cas suivants, quelles sont les intégrales nulles ? non nulles ? (La plupart des cas n'exigent aucun calcul écrit.)

a) $\displaystyle\int_{-\pi}^{\pi} \sin x\cos^2 x\,dx$ **b)** $\displaystyle\int_{-L}^{L} \sqrt[3]{\sin x}\,dx$

c) $\displaystyle\int_{-\pi/4}^{\pi/4} x\sec x\,dx$ **d)** $\displaystyle\int_{-\pi/2}^{\pi/2} x\sin x\,dx$

e) $\displaystyle\int_{-a}^{a} \sin mx\cos mx\,dx,\ m \neq 0$

f) $\displaystyle\int_{-\ln 2}^{\ln 2} x(e^x+e^{-x})\,dx$

g) $\displaystyle\int_{-a}^{a} (e^x\sin x + e^{-x}\sin x)\,dx$

88. Dans les cas suivants, quelles sont les intégrales nulles ? non nulles ? (La plupart des cas n'exigent aucun calcul écrit.)

a) $\displaystyle\int_{-1}^{1} \sin 3x\cos 5x\,dx$ **b)** $\displaystyle\int_{-a}^{a} x\sqrt{a^2-x^2}\,dx$

c) $\displaystyle\int_{-\pi/4}^{\pi/4} \tan^3 x\,dx$ **d)** $\displaystyle\int_{-\pi/2}^{\pi/2} x\cos x\,dx$

e) $\displaystyle\int_{-\pi}^{\pi} \sin^5 x\,dx$ **f)** $\displaystyle\int_{-\pi/2}^{\pi/2} \sin^2 x\cos x\,dx$

g) $\displaystyle\int_{-\pi/4}^{\pi/4} \sec x\tan x\,dx$ **h)** $\displaystyle\int_{-1}^{1} \frac{\sin x\,dx}{e^x+e^{-x}}$

89. Dans l'exercice **87**, quelles sont les intégrales ayant une intégrande paire ? Évaluez ces intégrales. (Indication : Au besoin, utilisez la table d'intégrales à la fin du manuel.)

90. Dans l'exercice **88**, quelles sont les intégrales ayant une intégrande paire ? Évaluez ces intégrales. (Indication : Au besoin, utilisez la table d'intégrales à la fin du manuel.)

EXPLORATIONS À L'ORDINATEUR

91. Certaines fonctions intégrables ne possèdent pas de primitive exprimable en termes de fonctions élémentaires. C'est le cas d'une importante fonction en probabilité :

$$f(x) = e^{-x^2}.$$

Cependant, à cause de la première partie du théorème fondamental, nous savons que l'intégrale de cette fonction existe.

Utilisez un logiciel de calcul symbolique pour tracer la fonction intégrale

$$F(x) = \int_0^x e^{-t^2} dt.$$

a) Que remarquez-vous au sujet de $F(x)$?

b) Où est-elle croissante ? décroissante ?

c) Possède-t-elle des extremums ? Si oui, où sont-ils ?

d) Que pouvez-vous dire à propos de la concavité de $F(x)$?

1.6 Formules d'intégration de base

1.6.1 Manipulations algébriques

TABLE 1.6.1

Formules d'intégration de base

1. $\int du = u + C$	**11.** $\int \csc u \cot u \, du = -\csc u + C$
2. $\int k du = ku + C$, où k est une constante quelconque.	**12.** $\int \tan u \, du = -\ln\lvert\cos u\rvert + C = \ln\lvert\sec u\rvert + C$
3. $\int (du + dv) = \int du + \int dv$	**13.** $\int \cot u \, du = \ln\lvert\sin u\rvert + C = -\ln\lvert\csc u\rvert + C$
4. $\int u^n du = \frac{u^{n+1}}{n+1} + C \quad (n \neq -1)$	**14.** $\int e^u du = e^u + C$
5. $\int \frac{du}{u} = \ln\lvert u\rvert + C$	**15.** $\int a^u du = \frac{a^u}{\ln a} + C \quad (a > 0, a \neq 1)$
6. $\int \sin u \, du = -\cos u + C$	**16.** $\int \frac{du}{\sqrt{a^2 - u^2}} = \text{arc sin}\left(\frac{u}{a}\right) + C$
7. $\int \cos u \, du = \sin u + C$	**17.** $\int \frac{du}{a^2 + u^2} = \frac{1}{a} \text{arc tan}\left(\frac{u}{a}\right) + C$
8. $\int \sec^2 u \, du = \tan u + C$	**18.** $\int \frac{du}{u\sqrt{u^2 - a^2}} = \frac{1}{a} \text{arc sec}\left\lvert\frac{u}{a}\right\rvert + C$
9. $\int \csc^2 u \, du = -\cot u + C$	
10. $\int \sec u \tan u \, du = \sec u + C$	

Comme nous l'avons expliqué à la section 1.4, calculer une intégrale indéfinie consiste à trouver une primitive de l'intégrande puis à y ajouter une constante arbitraire. La table 1.6.1 regroupe les principales formules d'intégration déjà vues. Une table plus complète se trouve à la fin du livre ; nous en discutons à la section A.6.

1.6.1 Manipulations algébriques

Il arrive fréquemment que l'on doive reformuler une intégrale afin de la réduire à une forme standard de la table 1.6.1.

EXEMPLE 1 Simplifier par un changement de variable approprié

Calculez

$$\int \frac{2x-9}{\sqrt{x^2-9x+1}}\,dx.$$

Solution

$$\int \frac{2x-9}{\sqrt{x^2-9x+1}}\,dx = \int \frac{du}{\sqrt{u}}$$

$u = x^2 - 9x + 1$, $du = (2x-9)dx$

$$= \int u^{-1/2}du$$

$$= \frac{u^{(-1/2)+1}}{(-1/2)+1} + C$$

Table 1.6.1, formule **4**, avec $n = -1/2$

$$= 2u^{1/2} + C$$

$$= 2\sqrt{x^2-9x+1} + C$$

Voir les exercices **1** à **36**.

EXEMPLE 2 Compléter un carré

Calculez

a) $\displaystyle\int \frac{dx}{\sqrt{8x-x^2}}$;

b) $\displaystyle\int \frac{dx}{4x^2+4x+2}$.

Solution

Dans les deux cas, nous complétons le carré pour écrire le radicande sous une nouvelle forme.

a)
$$8x - x^2 = -(x^2-8x) = -(x^2-8x+16-16)$$
$$= -(x^2-8x+16)+16 = 16-(x-4)^2$$

Donc,

$$\int \frac{dx}{\sqrt{8x-x^2}} = \int \frac{dx}{\sqrt{16-(x-4)^2}}$$

$$= \int \frac{du}{\sqrt{a^2-u^2}}$$

$a = 4$, $u = (x-4)$, $du = dx$

$$= \arcsin\left(\frac{u}{a}\right) + C$$

Table 1.6.1, formule **16**

$$= \arcsin\left(\frac{x-4}{4}\right) + C.$$

b) $4x^2 + 4x + 2 = 4\left(x^2 + x + \frac{1}{2}\right) = 4\left(x^2 + x + \frac{1}{4} - \frac{1}{4} + \frac{1}{2}\right)$

$$= 4\left(x^2 + x + \frac{1}{4}\right) - \frac{4}{4} + \frac{4}{2} = 4\left(x + \frac{1}{2}\right)^2 + 1$$

$$= 2^2\left(x + \frac{1}{2}\right)^2 + 1 = (2x + 1)^2 + 1$$

En posant $u = 2x + 1$, nous obtenons :

$$\int \frac{dx}{4x^2 + 4x + 2} = \int \frac{dx}{(2x + 1)^2 + 1} = \frac{1}{2}\int \frac{du}{u^2 + 1}$$

$$= \frac{1}{2} \text{ arc tan } u + C = \frac{1}{2} \text{ arc tan } (2x + 1) + C.$$

Voir les exercices **37** à **42**.

EXEMPLE 3 Développer une puissance et utiliser une identité trigonométrique

Calculez

$$\int (\sec x + \tan x)^2 \, dx.$$

Solution

Développons l'intégrande

$$(\sec x + \tan x)^2 = \sec^2 x + 2 \sec x \tan x + \tan^2 x.$$

Les deux premiers termes du membre de droite de cette équation nous sont familiers ; nous pouvons donc les intégrer immédiatement. Pour ce qui est de $\tan^2 x$, nous utiliserons l'identité trigonométrique permettant de l'exprimer en fonction de $\sec^2 x$:

$$\tan^2 x + 1 = \sec^2 x, \text{ c'est-à-dire } \tan^2 x = \sec^2 x - 1.$$

En remplaçant $\tan^2 x$ par $\sec^2 x - 1$, l'intégrande devient :

$$\int (\sec x + \tan x)^2 \, dx = \int (\sec^2 x + 2 \sec x \tan x + \sec^2 x - 1) \, dx$$

$$= 2\int \sec^2 x \, dx + 2\int \sec x \tan x \, dx - \int 1 dx$$

$$= 2 \tan x + 2 \sec x - x + C.$$

Voir les exercices **43** à **46**.

EXEMPLE 4 Éliminer une racine carrée

Évaluez

$$\int_0^{\pi/4} \sqrt{1 + \cos 4x} \, dx.$$

Solution

Utilisons l'identité

$$\cos^2\theta = \frac{1+\cos 2\theta}{2}, \text{ c'est-à-dire } 1+\cos 2\theta = 2\cos^2\theta.$$

Avec $\theta = 2x$, l'identité devient

$$1 + \cos 4x = 2\cos^2 2x.$$

Dès lors,

$$\begin{aligned}
\int_0^{\pi/4} \sqrt{1+\cos 4x}\,dx &= \int_0^{\pi/4} \sqrt{2}\,\sqrt{\cos^2 2x}\,dx \\
&= \sqrt{2}\int_0^{\pi/4} |\cos 2x|\,dx && \sqrt{u^2} = |u| \\
&= \sqrt{2}\int_0^{\pi/4} \cos 2x\,dx && \text{Sur } [0, \pi/4], \cos 2x \geq 0, \text{ donc } |\cos 2x| = \cos 2x \\
&= \sqrt{2}\left[\frac{\sin 2x}{2}\right]_0^{\pi/4} \\
&= \sqrt{2}\left[\frac{1}{2} - 0\right] = \frac{\sqrt{2}}{2}.
\end{aligned}$$

Voir les exercices **63** à **70**.

EXEMPLE 5 Réduire une fraction rationnelle impropre

Calculez

$$\int \frac{3x^2-7x}{3x+2}\,dx.$$

Solution

L'intégrande est une fraction rationnelle impropre (degré du numérateur plus grand que le degré du dénominateur ou égal à celui-ci). Pour intégrer, nous divisons d'abord les deux polynômes, ce qui donne un quotient polynomial ainsi qu'un reste qui est une fraction rationnelle propre.

$$\frac{3x^2-7x}{3x+2} = x - 3 + \frac{6}{3x+2}$$

Par conséquent,

$$\int \frac{3x^2-7x}{3x+2}\,dx = \int \left(x - 3 + \frac{6}{3x+2}\right)dx = \frac{x^2}{2} - 3x + 2\ln|3x+2| + C.$$

Division polynomiale

$$\begin{array}{r|l}
3x^2 - 7x & 3x+2 \\
\underline{3x^2+2x} & x-3 \\
-9x & \\
\underline{-9x-6} & \\
+6 &
\end{array}$$

Voir les exercices **47** à **52**.

La réduction d'une fraction rationnelle impropre par division, comme dans l'exemple 5, ne donne pas nécessairement une expression immédiatement intégrable. Cette question sera approfondie à la section 3.3.

EXEMPLE 6 Séparer une fraction

Calculez

$$\int \frac{3x+2}{\sqrt{1-x^2}}\,dx.$$

Solution

Séparons d'abord l'intégrande de la façon suivante :

$$\int \frac{3x+2}{\sqrt{1-x^2}}\,dx = 3\int \frac{x\,dx}{\sqrt{1-x^2}} + 2\int \frac{dx}{\sqrt{1-x^2}}.$$

Dans la première intégrale, nous effectuons le changement de variable suivant :

$$u = 1-x^2,\; du = -2x\,dx \text{ et } x\,dx = -\frac{1}{2}\,du.$$

$$3\int \frac{x\,dx}{\sqrt{1-x^2}} = 3\int \frac{(-1/2)\,du}{\sqrt{u}} = -\frac{3}{2}\int u^{-1/2}\,du$$

$$= -\frac{3}{2}\cdot\frac{u^{1/2}}{1/2} + C_1 = -3\sqrt{1-x^2} + C_1.$$

La deuxième intégrale est dans une forme standard :

$$2\int \frac{dx}{\sqrt{1-x^2}} = 2 \text{ arc sin } x + C_2.$$

Table 1.6.1, formule **16**

En combinant les deux résultats et en récrivant $C_1 + C_2$ comme C, nous obtenons :

$$\int \frac{3x+2}{\sqrt{1-x^2}}\,dx = -3\sqrt{1-x^2} + 2 \text{ arc sin } x + C.$$

Voir les exercices **53** à **56**.

EXEMPLE 7 Multiplier par une expression identiquement égale à 1

Calculez

$$\int \sec x\,dx.$$

Solution

$$\int \sec x\,dx = \int (\sec x)(1)\,dx = \int \sec x \cdot \frac{\sec x + \tan x}{\sec x + \tan x}\,dx$$

$$= \int \frac{\sec^2 x + \sec x \tan x}{\sec x + \tan x}\,dx$$

$$= \int \frac{du}{u}$$

$u = \tan x + \sec x$,
$du = (\sec^2 x + \sec x \tan x)\,dx$

$$= \ln|u| + C = \ln|\sec x + \tan x| + C$$

Voir les exercices **57** à **62**.

En remplaçant les sécantes et les tangentes respectivement par des cosécantes et des cotangentes, la méthode de l'exemple 7 donne une formule semblable pour l'intégrale de la fonction cosécante (voir exercice **81**).

TABLE 1.6.2

Formules d'intégration des fonctions sécantes et cosécantes

1. $\int \sec u \, du = \ln|\sec u + \tan u| + C$

2. $\int \csc u \, du = -\ln|\csc u + \cot u| + C$

Voir les exercices **81**, **82**, **85**, **86**, **87**.

Marche à suivre

Pour réduire des intégrales à des formes familières

Procédés	Exemples
Simplifiez par un changement de variable approprié.	$\frac{2x-9}{\sqrt{x^2-9x+1}}\,dx = \frac{du}{\sqrt{u}}$
Complétez un carré.	$\sqrt{8x-x^2} = \sqrt{16-(x-4)^2}$
Utilisez une identité trigonométrique.	$(\sec x + \tan x)^2 = \sec^2 x + 2\sec x \tan x + \tan^2 x$ $= \sec^2 x + 2\sec x \tan x + (\sec^2 x - 1)$ $= 2\sec^2 x + 2\sec x \tan x - 1$
Éliminez une racine carrée.	$\sqrt{1+\cos 4x} = \sqrt{2\cos^2 2x} = \sqrt{2}\,\lvert\cos 2x\rvert$
Réduisez une fraction rationnelle impropre.	$\frac{3x^2-7x}{3x+2} = x - 3 + \frac{6}{3x+2}$
Séparez une fraction.	$\frac{3x+2}{\sqrt{1-x^2}} = \frac{3x}{\sqrt{1-x^2}} + \frac{2}{\sqrt{1-x^2}}$
Multipliez par une expression identiquement égale à 1.	$\sec x = \sec x \cdot \frac{\sec x + \tan x}{\sec x + \tan x}$ $= \frac{\sec^2 x + \sec x \tan x}{\sec x + \tan x}$

Voir les exercices **71** à **79**, **83**, **84** et **88**.

Exercices 1.6

Changements de variable élémentaire

Calculez les intégrales suivantes en effectuant un changement de variable approprié pour les réduire à des formes familières.

1. $\int \frac{16x\,dx}{\sqrt{8x^2+1}}$

2. $\int \frac{3\cos x\,dx}{\sqrt{1+3\sin x}}$

3. $\int 3\sqrt{\sin v}\cos v\,dv$

4. $\int \cot^3 y\csc^2 y\,dy$

5. $\int_0^1 \frac{16x\,dx}{\sqrt{8x^2+2}}$

6. $\int_{\pi/4}^{\pi/3} \frac{\sec^2 z}{\tan z}\,dz$

7. $\int \frac{dx}{\sqrt{x}\left(\sqrt{x}+1\right)}$

8. $\int \frac{dx}{x-\sqrt{x}}$

9. $\int \cot(3-7x)\,dx$

10. $\int \csc(\pi x-1)\,dx$

11. $\int e^\theta\csc(e^\theta+1)\,d\theta$

12. $\int \frac{\cot(3+\ln x)}{x}\,dx$

13. $\int \sec\frac{t}{3}\,dt$

14. $\int x\sec(x^2-5)\,dx$

15. $\int \csc(s-\pi)\,ds$

16. $\int \frac{1}{\theta^2}\csc\frac{1}{\theta}\,d\theta$

17. $\int_0^{\sqrt{\ln 2}} 2xe^{x^2}dx$

18. $\int_{\pi/2}^{\pi} (\sin y)\,e^{\cos y}\,dy$

19. $\int e^{\tan v}\sec^2 v\,dv$

20. $\int \frac{e^{\sqrt{t}}dt}{\sqrt{t}}$

21. $\int 3^{x+1}dx$

22. $\int \frac{2^{\ln x}}{x}\,dx$

23. $\int \frac{2^{\sqrt{w}}dw}{2\sqrt{w}}$

24. $\int 10^{2\theta}d\theta$

25. $\int \frac{9\,du}{1+9u^2}$

26. $\int \frac{4\,dx}{1+(2x+1)^2}$

27. $\int_0^{1/6} \frac{dx}{\sqrt{1-9x^2}}$

28. $\int_0^1 \frac{dt}{\sqrt{4-t^2}}$

29. $\int \frac{2s\,ds}{\sqrt{1-s^4}}$

30. $\int \frac{2\,dx}{x\sqrt{1-4\ln^2 x}}$

31. $\int \frac{6\,dx}{x\sqrt{25x^2-1}}$

32. $\int \frac{dr}{r\sqrt{r^2-9}}$

33. $\int \frac{dx}{e^x+e^{-x}}$

34. $\int \frac{dy}{\sqrt{e^{2y}-1}}$

35. $\int_1^{e^{\pi/3}} \frac{dx}{x\cos(\ln x)}$

36. $\int \frac{\ln x\,dx}{x+4x\ln^2 x}$

Compléter un carré

Calculez les intégrales suivantes en complétant un carré, puis en effectuant un changement de variable approprié pour réduire l'intégrale à une forme familière.

37. $\int_1^2 \frac{8\,dx}{x^2-2x+2}$

38. $\int_2^4 \frac{2\,dx}{x^2-6x+10}$

39. $\int \frac{dt}{\sqrt{-t^2+4t-3}}$

40. $\int \frac{d\theta}{\sqrt{2\theta-\theta^2}}$

41. $\int \frac{dx}{(x+1)\sqrt{x^2+2x}}$

42. $\int \frac{dx}{(x-2)\sqrt{x^2-4x+3}}$

Identités trigonométriques

Calculez les intégrales suivantes en utilisant une identité trigonométrique, puis en effectuant un changement de variable approprié pour réduire l'intégrale à une forme familière.

43. $\int (\sec x+\cot x)^2\,dx$

44. $\int (\csc x-\tan x)^2\,dx$

45. $\int \csc x\sin 3x\,dx$

46. $\int (\sin 3x\cos 2x-\cos 3x\sin 2x)\,dx$

Fractions rationnelles impropres

Calculez les intégrales suivantes en réduisant la fraction impropre, puis en effectuant un changement de variable approprié, si nécessaire, pour réduire l'intégrale à une forme familière.

47. $\int \frac{x}{x+1}\,dx$

48. $\int \frac{x^2}{x^2+1}\,dx$

49. $\int_{\sqrt{2}}^3 \frac{2x^3}{x^2-1}\,dx$

50. $\int_{-1}^3 \frac{4x^2-7}{2x+3}\,dx$

51. $\int \frac{4t^3-t^2+16t}{t^2+4}\,dt$

52. $\int \frac{2\theta^3-7\theta^2+7\theta}{2\theta-5}\,d\theta$

Séparer des fractions

Calculez les intégrales suivantes en séparant la fraction, puis en effectuant un changement de variable approprié, si nécessaire, pour réduire l'intégrale à une forme familière.

53. $\int \frac{1-x}{\sqrt{1-x^2}}\,dx$

54. $\int \frac{x+2\sqrt{x-1}}{2x\sqrt{x-1}}\,dx$

55. $\int_0^{\pi/4} \frac{1+\sin x}{\cos^2 x}\,dx$

56. $\int_0^{1/2} \frac{2-8x}{1+4x^2}\,dx$

Multiplier par une expression identiquement égale à 1

Calculez les intégrales suivantes en multipliant par une expression identiquement égale à 1, puis en effectuant un changement de variable approprié, si nécessaire, pour réduire l'intégrale à une forme familière.

57. $\displaystyle\int \frac{1}{1+\sin x}\, dx$

58. $\displaystyle\int \frac{1}{1+\cos x}\, dx$

59. $\displaystyle\int \frac{1}{\sec\,\theta+\tan\,\theta}\, d\theta$

60. $\displaystyle\int \frac{1}{\csc\,\theta+\cot\,\theta}\, d\theta$

61. $\displaystyle\int \frac{1}{1-\sec x}\, dx$

62. $\displaystyle\int \frac{1}{1-\csc x}\, dx$

Éliminer une racine carrée

Évaluez les intégrales suivantes en éliminant la racine carrée par un changement de variable.

63. $\displaystyle\int_0^{2\pi} \sqrt{\frac{1-\cos x}{2}}\, dx$

64. $\displaystyle\int_0^{\pi} \sqrt{1-\cos 2x}\, dx$

65. $\displaystyle\int_{\pi/2}^{\pi} \sqrt{1+\cos 2t}\, dt$

66. $\displaystyle\int_{-\pi}^{0} \sqrt{1+\cos t}\, dt$

67. $\displaystyle\int_{-\pi}^{0} \sqrt{1-\cos^2\theta}\, d\theta$

68. $\displaystyle\int_{\pi/2}^{\pi} \sqrt{1-\sin^2\theta}\, d\theta$

69. $\displaystyle\int_{-\pi/4}^{\pi/4} \sqrt{1+\tan^2 y}\, dy$

70. $\displaystyle\int_{-\pi/4}^{0} \sqrt{\sec^2 y-1}\, dy$

Méthodes diverses

Calculez les intégrales suivantes en utilisant la méthode la plus appropriée.

71. $\displaystyle\int_{\pi/4}^{3\pi/4} (\csc x-\cot x)^2\, dx$

72. $\displaystyle\int_0^{\pi/4} (\sec x+4\cos x)^2\, dx$

73. $\displaystyle\int \cos\theta \csc(\sin\theta)\, d\theta$

74. $\displaystyle\int \left(1+\frac{1}{x}\right)\cot(x+\ln x)\, dx$

75. $\displaystyle\int (\csc x-\sec x)(\sin x+\cos x)\, dx$

76. $\displaystyle\int \frac{dx}{x\sqrt{4x^2-1}}$

77. $\displaystyle\int \frac{6\,dy}{\sqrt{y}\,(1+y)}$

78. $\displaystyle\int \frac{dx}{(2x+1)\sqrt{4x^2+4x}}$

79. $\displaystyle\int \frac{7\,dx}{(x-1)\sqrt{x^2-2x-48}}$

80. $\displaystyle\int \sec^2 t \tan(\tan t)\, dt$

Théorie et exemples

81. Intégrale de $\csc x$. Reprenez la démonstration de l'exemple 7 (voir page 72) avec, cette fois, les cofonctions pour montrer que

$$\int \csc x\, dx = -\ln|\csc x+\cot x| + C.$$

82. Utiliser différents changements de variable. Montrez que l'intégrale

$$\int ((x^2-1)(x+1))^{-2/3} dx$$

peut être calculée à l'aide de n'importe quel des changements de variable suivants.

a) $u = 1/(x+1)$

b) $u = ((x-1)/(x+1))^k$ pour $k = 1$, $1/2$, $1/3$, $-1/3$, $-2/3$ et -1.

c) $u = \arctan x$

d) $u = \arctan \sqrt{x}$

e) $u = \arctan((x-1)/2)$

f) $u = \arccos x$

1.7 Intégration numérique

Comme nous l'avons déjà vu, la meilleure façon d'évaluer une intégrale définie $\int_a^b f(x)dx$ consiste à trouver une formule $F(x)$ pour l'une des primitives de $f(x)$, puis à calculer $F(b) - F(a)$. Cependant, plusieurs primitives ne sont pas faciles à trouver ; de plus, les primitives de certaines fonctions comme $\sin(x^2)$, $1/\ln x$, $(\sin x)/x$ et $\sqrt{1 + x^4}$ ne s'expriment pas à l'aide de formules élémentaires : en fait, cela ne signifie pas que l'on n'a pas encore trouvé de formules, mais plutôt qu'on a démontré qu'elles n'existent pas.

À défaut de pouvoir évaluer une intégrale définie à l'aide d'une primitive, nous avons recours à des méthodes numériques telles que la méthode des trapèzes ou la méthode de Simpson.

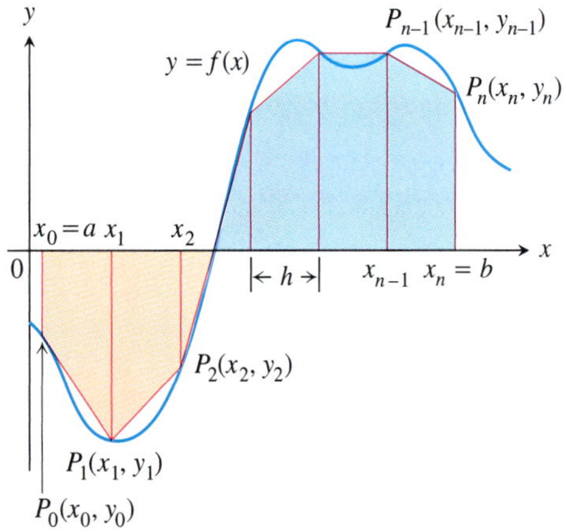

Figure 1.7.1 La méthode des trapèzes permet d'effectuer une approximation à l'aide de segments de droite. Pour obtenir une approximation de f sur l'intervalle $[a, b]$, on additionne les aires des trapèzes en tenant compte du signe (positif pour les trapèzes au-dessus de l'axe des x et négatif pour les trapèzes situés sous l'axe des x).

1.7.1 Méthode des trapèzes

Pour intégrer une fonction f dont il vous est impossible de trouver une primitive exprimée à l'aide de formules, vous pouvez toujours obtenir une valeur approximative de la façon suivante : effectuez une partition de l'intervalle d'intégration, remplacez f par une fonction polynomiale simple sur chaque sous-intervalle, intégrez chacun de ces segments de fonction et, enfin, additionnez les résultats. À la section 1.1, nous avons déjà appliqué cette méthode avec des sommes de Riemann où f était remplacée par une fonction constante sur chaque sous-intervalle, créant ainsi un ensemble de rectangles. Nous raffinons maintenant le procédé en remplaçant f par des segments de droite quelconques sur chaque sous-intervalle, créant ainsi un ensemble de trapèzes.

Tel qu'illustré à la figure 1.7.1, si l'intervalle $[a, b]$ est subdivisé en n sous-intervalles de même longueur $h = (b - a)/n$, les segments de droite donnent une approximation du graphe de f sur chaque sous-intervalle. La longueur $h = (b - a)/n$ est appelée *pas d'intégration numérique*. Par convention, on utilise h au lieu de Δx.

L'ensemble de ces trapèzes forme une approximation de la région comprise entre la courbe et l'axe des x.

L'aire de chaque trapèze est égale au produit de la moyenne de ses deux « bases » verticales par sa « hauteur » horizontale (figure 1.7.2). Pour obtenir une approximation de l'intégrale de f entre a et b, nous additionnons les aires des n trapèzes en tenant compte de leur signe (positif pour les trapèzes au-dessus de l'axe des x et négatif pour les trapèzes au-dessous de l'axe des x).

$$T = \frac{1}{2}(y_0 + y_1)h + \frac{1}{2}(y_1 + y_2)h + \ldots + \frac{1}{2}(y_{n-2} + y_{n-1})h + \frac{1}{2}(y_{n-1} + y_n)h$$

$$= h\left(\frac{1}{2}y_0 + y_1 + y_2 + \ldots + y_{n-1} + \frac{1}{2}y_n\right)$$

$$= \frac{h}{2}(y_0 + 2y_1 + 2y_2 + \ldots + 2y_{n-1} + y_n),$$

où

$$y_0 = f(a), \quad y_1 = f(x_1), \quad \ldots, \quad y_{n-1} = f(x_{n-1}), \quad y_n = f(b).$$

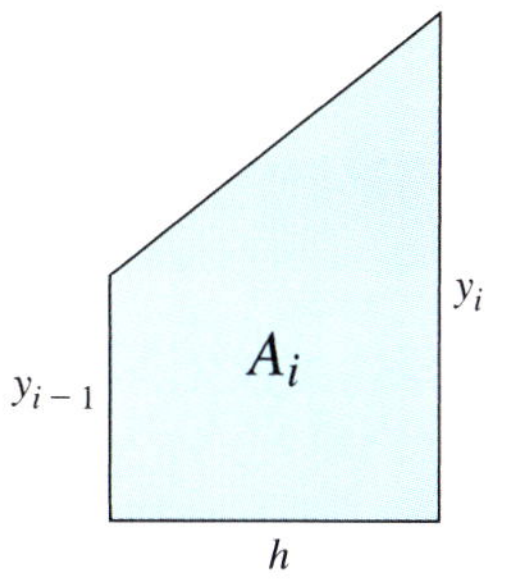

Figure 1.7.2 L'aire A_i du i^e trapèze est égale au produit de sa base moyenne $1/2(y_{i-1} + y_i)$ par sa hauteur h:

$$A_i = \frac{1}{2}(y_{i-1} + y_i)h.$$

DÉFINITION 1.7.1 Méthode des trapèzes

Pour évaluer approximativement $\int_a^b f(x)dx$, utilisez l'approximation définie par

$$T = \frac{h}{2}(y_0 + 2y_1 + 2y_2 + \ldots + 2y_{n-1} + y_n).$$

Les y_i sont les valeurs de f à chacune des bornes de la partition

$$x_0 = a, \quad x_1 = a + h, \quad x_2 = a + 2h, \quad \ldots, \quad x_{n-1} = a + (n-1)h, \quad x_n = b,$$

où $h = (b - a)/n$.

EXEMPLE 1 Appliquer la méthode des trapèzes

Utilisez la méthode des trapèzes avec $n = 4$ pour estimer l'intégrale $\int_1^2 x^2 dx$. Comparez le résultat avec la valeur exacte de l'intégrale.

Solution

Subdivisons l'intervalle [1, 2] en quatre sous-intervalles de même longueur (figure 1.7.3). Évaluons $y = x^2$ aux extrémités des sous-intervalles (table 1.7.1).

En utilisant ces valeurs de y, $n = 4$ et $h = (2 - 1)/4$ dans la formule de la méthode des trapèzes, nous obtenons:

$$T = \frac{h}{2}(y_0 + 2y_1 + 2y_2 + 2y_3 + y_4)$$

$$= \frac{1}{8}\left(1 + 2\left(\frac{25}{16}\right) + 2\left(\frac{36}{16}\right) + 2\left(\frac{49}{16}\right) + 4\right)$$

$$= \frac{75}{32} = 2{,}34375.$$

Or, la valeur exacte de l'intégrale est

$$\int_1^2 x^2 dx = \frac{x^3}{3}\bigg]_1^2 = \frac{8}{3} - \frac{1}{3} = \frac{7}{3} = 2{,}\overline{3}.$$

La méthode des trapèzes surestime la valeur exacte 7/3 avec une erreur inférieure à un demi pour cent. En effet, l'erreur relative est $(2{,}34375 - 2{,}\overline{3})/2{,}\overline{3} \approx 0{,}00446$ ou 0,446 % exprimée en pourcentage.

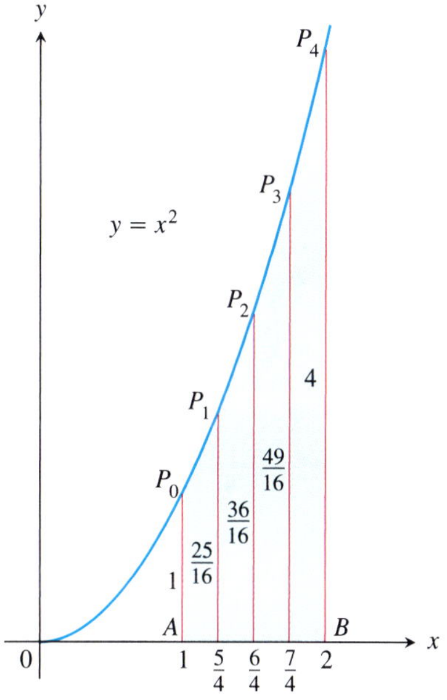

Figure 1.7.3 Dans le cas de la fonction $y = x^2$ intégrée de $x = 1$ à $x = 2$, la méthode des trapèzes donne une légère surestimation du résultat.

TABLE 1.7.1

x	$y = x^2$
1	1
$\frac{5}{4}$	$\frac{25}{16}$
$\frac{6}{4}$	$\frac{36}{16}$
$\frac{7}{4}$	$\frac{49}{16}$
2	4

Le fait qu'il s'agisse d'une approximation par excès était prévisible à l'examen de la figure 1.7.3. Puisque la parabole est concave vers le haut, chacun des segments de droite est situé au-dessus de la courbe et, donc, l'aire de chacun des trapèzes est supérieure à l'aire sous la courbe sur chaque sous-intervalle correspondant.

Dans la figure 1.7.1 (voir page 76), dans les deux portions où la courbe est concave vers le bas, la méthode des trapèzes sous-estime la valeur exacte de l'intégrale.

Pour les aires affectées d'un signe négatif (voir figure 1.7.1, page 76), un peu de réflexion nous convainc que les conclusions précédentes s'appliquent encore. En résumé, la méthode des trapèzes donne toujours une approximation par excès du résultat lorsque la concavité est vers le haut et une approximation par défaut lorsque la concavité est vers le bas.

1.7.2 Erreur liée à la méthode des trapèzes

Des considérations graphiques montrent que la grandeur de l'erreur

$$|E_T| = \left| \int_a^b f(x)dx - T \right|$$

diminue avec la grandeur h du pas d'intégration ; en d'autres mots, plus les trapèzes sont étroits, plus ils sont nombreux et meilleure est l'approximation. Un théorème d'analyse numérique que nous accepterons ici sans démonstration nous en assure, à condition que f possède une dérivée seconde continue.

THÉORÈME 1.7.1 Estimation de l'erreur liée à la méthode des trapèzes

Si f'' est continue et M est plus grand ou égal à toutes les valeurs de $|f''|$ sur l'intervalle $[a, b]$, alors

$$|E_T| \leq \frac{b-a}{12} h^2 M$$

où $h = (b-a)/n$.

En théorie, il existe toujours une valeur minimale parmi les valeurs possibles de M, mais elle est souvent très difficile à déterminer. En pratique, il s'agit de trouver une valeur M supérieure à $|f''|$ et de l'utiliser pour estimer $|E_T|$. Cela semble peu précis, mais ça fonctionne. Pour une valeur donnée M, $|E_T|$ sera petite dans la mesure où h le sera.

EXEMPLE 2 Trouver un majorant de l'erreur liée à la méthode des trapèzes

Trouvez un majorant de l'erreur dans l'estimation de

$$\int_0^\pi x \sin x \, dx$$

à l'aide de la méthode des trapèzes avec $n = 10$ (figure 1.7.4).

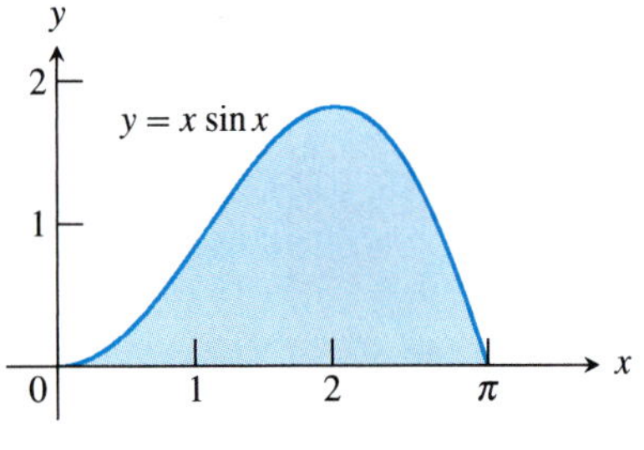

Figure 1.7.4 Le graphe de l'intégrande de l'exemple 2.

Solution

Avec $a = 0$, $b = \pi$ et $h = (b-a)/n = \pi/10$, l'inéquation du théorème 1.7.1 devient

$$|E_T| \leq \frac{b-a}{12} h^2 M = \frac{\pi}{12}\left(\frac{\pi}{10}\right)^2 M = \frac{\pi^3}{1200} M.$$

Le nombre M peut être n'importe quelle valeur supérieure à la valeur absolue de la dérivée seconde de $f(x) = x \sin x$ sur $[0, \pi]$. Or, un simple calcul donne

$$f''(x) = 2 \cos x - x \sin x,$$

donc,

$$\begin{aligned}|f''(x)| &= |2\cos x - x\sin x| \\ &\leq 2|\cos x| + |x||\sin x| \\ &\leq 2 \cdot 1 + \pi \cdot 1 = 2 + \pi.\end{aligned}$$

Inégalité du triangle $|a \pm b| \leq |a| + |b|$

$|\cos x| \leq 1$, $|\sin x| \leq 1$ et $0 \leq x \leq \pi$

Nous pouvons donc prendre $M = 2 + \pi$ en toute sécurité. En conséquence,

$$|E_T| \leq \frac{\pi^3}{1200} M = \frac{\pi^3(2+\pi)}{1200} < 0{,}133.$$

Arrondir pour plus de sécurité

La valeur absolue de l'erreur est inférieure à 0,133.

Pour une précision accrue, plutôt que de vouloir améliorer la valeur de M, nous prendrons un plus grand nombre de sous-intervalles plus petits. Par exemple, avec $n = 100$, nous avons $h = \pi/100$ et alors,

$$|E_T| \leq \frac{\pi}{12}\left(\frac{\pi}{100}\right)^2 M = \frac{\pi^3(2+\pi)}{120\,000} < 0{,}00133 = 1{,}33 \times 10^{-3}.$$

1.7.3 Méthode de Simpson

Les sommes de Riemann et la méthode des trapèzes donnent des approximations raisonnables dans le cas de fonctions continues sur un intervalle fermé. La méthode des trapèzes est plus efficace, car elle donne de meilleures approximations pour des valeurs relativement petites de n, ce qui en fait un algorithme plus rapide dans le calcul numérique des intégrales.

Le seul défaut de la méthode des trapèzes réside dans le fait qu'elle estime des arcs de courbe par des segments de droite. On aurait raison de croire qu'un algorithme utilisant des approximations curvilignes pour des arcs de courbe serait plus efficace et, par conséquent, plus rapide avec des machines. Nous avons vu que les sommes de Riemann utilisent des segments de droite constants ; il s'agit donc de polynômes de degré 0 nécessitant un seul point de la courbe pour fixer la hauteur de chaque segment. La méthode des trapèzes utilise des segments de droite quelconques ; il s'agit donc de polynômes de degré 1 nécessitant deux points de la courbe pour fixer chaque segment de droite. La méthode que nous verrons maintenant emploiera des approximations curvilignes de la façon la plus simple possible. La méthode de Simpson, en effet, utilise des arcs de parabole ; il s'agit donc de polynômes de degré 2 nécessitant trois points de la courbe pour fixer chaque segment de parabole. Cette méthode permettra d'estimer $\int_a^b f(x)dx$ en remplaçant des portions de courbe par des arcs de fonctions quadratiques plutôt que par des segments de droite, comme dans les deux méthodes précédentes (voir figure 1.7.5, page 80).

L'intégrale de la fonction quadratique $y = Ax^2 + Bx + C$ de la figure 1.7.6 (voir page 80) évaluée de $x = -h$ à $x = h$ est

$$\int_{-h}^{h} (Ax^2 + Bx + C)dx = \frac{h}{3}(y_0 + 4y_1 + y_2). \qquad (1)$$

SIMPSON

Au XVIIIe siècle, il existe dans les milieux modestes un « réseau parallèle » d'enseignants non relié aux universités. **Thomas Simpson** (né et mort à Market Bosworth, Angleterre, 1710-1761) en est un illustre élève. À 14 ans, destiné au métier de tisserand comme son père, il rencontre un mendiant qui lui enseigne l'arithmétique et l'astrologie. Grâce à son énorme succès en tant que diseur de bonne aventure, il a bientôt les moyens de se consacrer entièrement aux mathématiques.

Pendant qu'il prépare son *A New Treatise on Fluxions* (1737), il enseigne le calcul différentiel et intégral dans les cafés de Londres, et rédige des articles sur les mathématiques pour le *Ladies' Diary* (*Journal des dames*).

Simpson écrit aussi des manuels de géométrie, d'algèbre et de trigonométrie dont le style a peu vieilli, et qui seront réédités dans plusieurs pays. On lui doit des œuvres sur la probabilité et la théorie des erreurs, ainsi qu'un livre en deux volumes, *La doctrine et l'application des fluxions*, où paraît la règle qui porte son nom. Simpson est élu membre de la Royal Society en 1745, mais n'obtiendra jamais un poste académique prestigieux, probablement à cause de ses relations sociales.

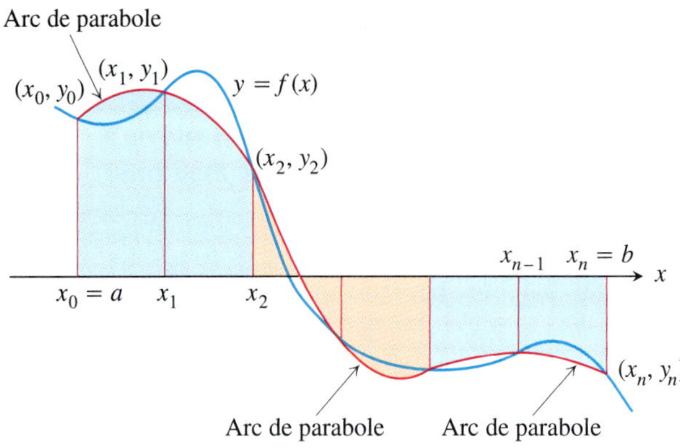

Figure 1.7.5 La méthode de Simpson permet d'estimer l'intégrale d'une fonction en remplaçant localement des arcs de son graphe par des arcs de parabole.

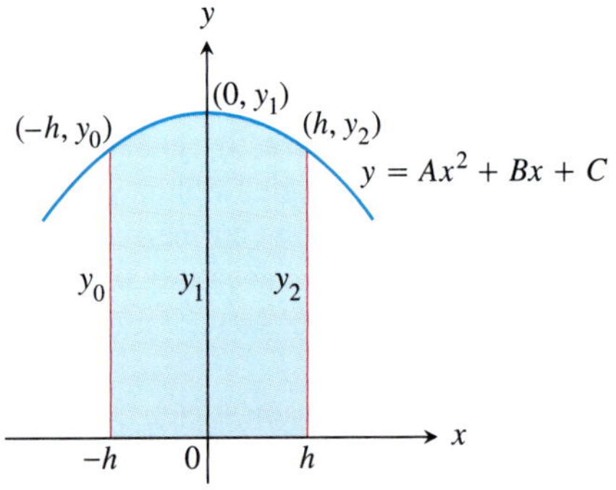

Figure 1.7.6 En intégrant de $-h$ à h, on trouve l'aire de la région colorée en bleu : $\frac{h}{3}(y_0 + 4y_1 + y_2)$.

Preuve Pour simplifier les calculs, nous utiliserons le système de coordonnées de la figure 1.7.6 ; en fonction de y_0, y_1 et y_2, l'aire sous la parabole est toujours exprimée de la même façon quelle que soit la position de l'axe des y.

$$\begin{aligned}\int_{-h}^{h}(Ax^2 + Bx + C)dx &= \left[\frac{Ax^3}{3} + \frac{Bx^2}{2} + Cx\right]_{-h}^{h}\\ &= \left[\frac{Ah^3}{3} + \frac{Bh^2}{2} + Ch\right] - \left[\frac{A(-h)^3}{3} + \frac{B(-h)^2}{2} + C(-h)\right]\\ &= \frac{2Ah^3}{3} + 2Ch\\ &= \frac{h}{3}(2Ah^2 + 6C) \qquad (2)\end{aligned}$$

Comme la parabole d'équation $y = Ax^2 + Bx + C$ passe par les trois points $(-h, y_0)$, $(0, y_1)$ et (h, y_2), nous pouvons écrire :

$$y_0 = Ah^2 - Bh + C, \quad y_1 = C, \quad y_2 = Ah^2 + Bh + C.$$

À partir de ces trois équations, nous obtenons :

$$\begin{aligned} C &= y_1 \qquad (3)\\ Ah^2 - Bh &= y_0 - C = y_0 - y_1\\ Ah^2 + Bh &= y_2 - C = y_2 - y_1\end{aligned}$$

et, en additionnant les deux dernières équations membre à membre,

$$2Ah^2 = y_0 + y_2 - 2y_1. \qquad (4)$$

En substituant (3) et (4) dans (2), nous trouvons finalement

$$\begin{aligned}\int_{a}^{b}(Ax^2 + Bx + C)dx &= \frac{h}{3}(2Ah^2 + 6C)\\ &= \frac{h}{3}[(y_0 + y_2 - 2y_1) + 6y_1]\\ &= \frac{h}{3}(y_0 + 4y_1 + y_2).\end{aligned}$$

■

Pour estimer une intégrale par la méthode de Simpson, il faut d'abord effectuer une partition de l'intervalle $[a, b]$ en un nombre pair de sous-intervalles d'égale longueur h, puis appliquer l'équation (1) pour chacun des intervalles et enfin additionner les résultats.

En additionnant ces résultats, nous obtenons :

$$\frac{h}{3}[(y_0 + 4y_1 + y_2) + (y_2 + 4y_3 + y_4) + (y_4 + 4y_5 + y_6) + \dots$$
$$\dots + (y_{n-4} + 4y_{n-3} + y_{n-2}) + (y_{n-2} + 4y_{n-1} + y_n)]$$
$$= \frac{h}{3}(y_0 + 4y_1 + 2y_2 + 4y_3 + 2y_4 + 4y_5 + \dots + 4y_{n-3} + 2y_{n-2} + 4y_{n-1} + y_n).$$

En résumé :

DÉFINITION 1.7.2 Méthode de Simpson

Pour évaluer approximativement $\int_a^b f(x)dx$, utilisez l'approximation définie par

$$S = \frac{h}{3}(y_0 + 4y_1 + 2y_2 + 4y_3 + 2y_4 + 4y_5 + \dots + 4y_{n-3} + 2y_{n-2} + 4y_{n-1} + y_n).$$

Les y_i sont les valeurs de f à chacune des bornes de la partition

$$x_0 = a,\ x_1 = a + h,\ x_2 = a + 2h,\ \dots,\ x_{n-1} = a + (n-1)h,\ x_n = b,$$

n est un entier pair et $h = (b - a)/n$.

EXEMPLE 3 Appliquer la méthode de Simpson

Utilisez la méthode de Simpson avec $n = 4$ pour estimer $\int_0^2 5x^4 dx$.

Solution

Subdivisons l'intervalle [0, 2] en quatre sous-intervalles d'égale longueur, puis évaluons $y = 5x^4$ aux extrémités des sous-intervalles (table 1.7.2). Appliquons ensuite la formule de la méthode de Simpson avec $n = 4$ et $h = 1/2$ pour obtenir une approximation S de l'intégrale :

$$S = \frac{h}{3}(y_0 + 4y_1 + 2y_2 + 4y_3 + y_4)$$
$$= \frac{1}{6}\left(0 + 4\left(\frac{5}{16}\right) + 2(5) + 4\left(\frac{405}{16}\right) + 80\right)$$
$$= 32\frac{1}{12}.$$

Cette estimation diffère de la valeur exacte (32) par seulement 1/12 ; cela représente un pourcentage d'erreur relative inférieur à 0,3 % obtenu à l'aide de quatre sous-intervalles seulement.

TABLE 1.7.2

x	$y = 5x^4$
0	0
$\frac{1}{2}$	$\frac{5}{16}$
1	5
$\frac{3}{2}$	$\frac{405}{16}$
2	80

1.7.4 Erreur liée à la méthode de Simpson

La grandeur de l'erreur liée à la méthode de Simpson

$$|E_S| = \left| \int_a^b f(x)dx - S \right|$$

décroît avec la grandeur h du pas d'intégration, comme on pouvait s'y attendre à la lumière des résultats obtenus avec la méthode des trapèzes. Cependant, l'inégalité permettant de contrôler l'erreur liée à la méthode de Simpson implique la continuité de la dérivée quatrième de f au lieu de simplement la continuité de sa dérivée seconde comme dans le calcul de l'erreur liée à la méthode des trapèzes. L'inégalité suivante est démontrée en analyse numérique.

THÉORÈME 1.7.2 Estimation de l'erreur liée à la méthode de Simpson

Si $f^{(4)}$ est continue et que M est plus grand ou égal à toutes les valeurs de $|f^{(4)}|$ sur l'intervalle $[a, b]$, alors

$$|E_S| \leq \frac{b-a}{180} h^4 M$$

où $h = (b - \mathrm{a})/n$.

Comme dans le cas de la méthode des trapèzes, il est souvent difficile de déterminer la valeur minimale parmi les valeurs possibles de M. Dans la pratique, nous trouvons une valeur de M supérieure à $|f^{(4)}|$ sur l'intervalle $[a, b]$ et nous l'utilisons pour estimer $|E_S|$.

EXEMPLE 4 Trouver un majorant de l'erreur liée à la méthode de Simpson

Trouvez un majorant de l'erreur liée à la méthode de Simpson telle qu'appliquée dans l'exemple 3.

Solution

Pour estimer l'erreur, trouvons d'abord une valeur de M supérieure à la valeur absolue de la dérivée quatrième de $f(x) = 5x^4$ sur l'intervalle $[0, 2]$. Puisque la dérivée quatrième est de valeur constante $f^{(4)} = 120$, $M = 120$ est un choix tout à fait sécuritaire. Avec $b - a = 2$ et $h = 1/2$, l'inéquation du théorème 1.7.2 devient

$$|E_S| \leq \frac{b-a}{180} h^4 M = \frac{2}{180}\left(\frac{1}{2}\right)^4 (120) = \frac{1}{12}.$$

L'estimation de l'erreur obtenue ici est rigoureusement égale à l'erreur exacte déjà trouvée à la fin de l'exemple 3. Il ne s'agit pas d'une coïncidence : cela est dû au fait que $M = 120$ était le meilleur choix, c'est-à-dire la valeur minimale parmi toutes les valeurs possibles de M.

Voir les exercices **1** à **10**.

1.7.5 Quelle est la meilleure méthode ?

La réponse à cette question se trouve dans les formules permettant d'estimer l'erreur liée à chacune des deux méthodes d'approximation, soit

$$|E_T| \leq \frac{b-a}{12} h^2 M, \quad |E_S| \leq \frac{b-a}{180} h^4 M.$$

Bien sûr, les deux M ont des significations différentes : dans le premier cas, M est une borne supérieure de $|f''|$; dans le second cas, M est une borne supérieure de $|f^{(4)}|$. Mais ce n'est pas tout. Le facteur $(b-a)/180$ avec la méthode de Simpson est 15 fois plus petit que le facteur $(b-a)/12$ avec la méthode des trapèzes. De plus, l'inégalité relative à la méthode de Simpson fait intervenir un facteur h^4, tandis que l'inégalité relative à la méthode des trapèzes fait intervenir seulement un facteur h^2. Si $h = 1/10$, alors $h^2 = 1/100$ et $h^4 = 1/10\ 000$. Par exemple, si les deux M sont égaux à 1 et si la longueur de l'intervalle d'intégration $(b-a)$ est égale à 1, alors, avec $h = 1/10$,

$$|E_T| \leq \frac{1}{12}\left(\frac{1}{10}\right)^2 \cdot 1 = \frac{1}{1200},$$

tandis que

$$|E_S| \leq \frac{1}{180}\left(\frac{1}{10}\right)^4 \cdot 1 = \frac{1}{1\ 800\ 000} = \frac{1}{1500} \cdot \frac{1}{1200}.$$

Pour le même effort de calcul, nous obtenons une bien meilleure approximation avec la méthode de Simpson, du moins dans ce cas.

La clé réside dans la différence entre h^2 et h^4. Si h est plus petit que 1, alors h^4 peut être beaucoup plus petit que h^2. Par ailleurs, si $h = 1$, il n'y a aucune différence entre h^2 et h^4. Lorsque h est plus grand que 1, h^4 peut être beaucoup plus grand que h^2. Dans les deux derniers cas, les inégalités estimant l'erreur ne sont d'aucun secours et nous devons recourir à des considérations géométriques pour déterminer laquelle des méthodes donnera le meilleur résultat.

Trapèzes contre Simpson

Alors que la méthode de Simpson est plus précise, pourquoi prendre la méthode des trapèzes en considération ? Pour deux raisons. Premièrement, la méthode des trapèzes est utile dans certaines applications spécifiques car elle donne des expressions plus simples. Deuxièmement, la méthode des trapèzes est à la base de l'algorithme d'intégration de Rhomberg, l'une des méthodes les plus efficaces en matière d'intégration numérique mécanisée lorsqu'on exige un niveau de précision très élevé.

EXEMPLE 5 Comparer la méthode des trapèzes à celle de Simpson

Comparez la méthode des trapèzes à celle de Simpson dans le cas de $\int_1^2 \frac{1}{x}\,dx$.

Solution

D'après le théorème fondamental, nous savons que

$$\int_1^2 \frac{1}{x}\,dx = \ln|x|\Big]_1^2 = \ln 2 - \ln 1 = \ln 2.$$

La table 1.7.3 (voir page 84) permet de comparer les estimations de cette intégrale obtenues à l'aide des deux méthodes pour différentes valeurs de n. Remarquez à quel point la méthode de Simpson est plus précise que la méthode des trapèzes ; en particulier, lorsque la valeur de n est doublée en divisant la largeur h des sous-intervalles en deux, l'erreur $|E_T|$ est divisée approximativement par 2 au carré alors que $|E_S|$ est divisée approximativement par 2 à la quatrième puissance.

TABLE 1.7.3

Approximations de ln 2 = $\int_1^2 (1/x)dx$ par la méthode des trapèzes (T_n) et par la méthode de Simpson (S_n)

n	T_n	$\lvert E_T \rvert$	Sn	$\lvert E_S \rvert$
10	0,6937714032	0,0006242227	0,6931502307	0,0000030502
20	0,6933033818	0,0001562013	0,6931473747	0,0000001942
30	0,6932166154	0,0000694349	0,6931472190	0,0000000385
40	0,6931862400	0,0000390595	0,6931471927	0,0000000122
50	0,6931721793	0,0000249988	0,6931471856	0,0000000050
100	0,6931534305	0,0000062500	0,6931471809	0,0000000004

Cet écart s'amplifie considérablement à mesure que h diminue. L'approximation par la méthode de Simpson est précise à 8 décimales pour $n = 50$ et devient précise à 9 décimales avec $n = 100$.

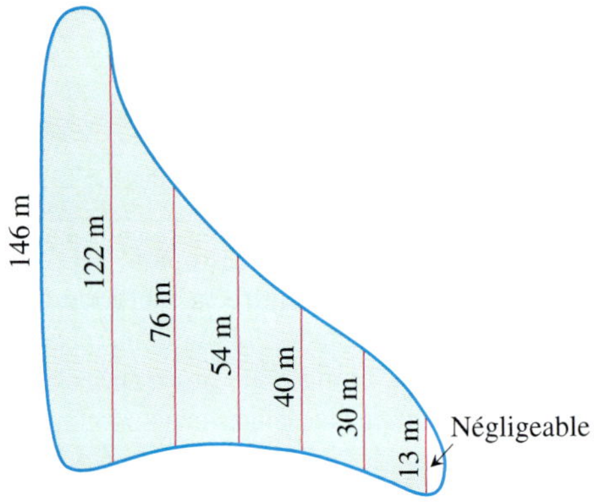

Figure 1.7.7 L'étang de l'exemple 6 (à vol d'oiseau).

EXEMPLE 6 Vider un étang

Une municipalité désire vider un grand étang pollué pour le combler de terre par la suite (figure 1.7.7). La profondeur moyenne de l'étang est de 2 m. Quel est le volume de terre nécessaire pour combler l'étang ?

Solution

Pour calculer le volume de l'étang, il faut en estimer la superficie et la multiplier par 2. Pour estimer la superficie, utilisons la méthode de Simpson avec $h = 20$ m et avec les y_i égales aux distances mesurées en travers de l'étang (figure 1.7.7).

$$S = \frac{h}{3}(y_0 + 4y_1 + 2y_2 + 4y_3 + 2y_4 + 4y_5 + y_6)$$

$$= \frac{20}{3}(146 + 488 + 152 + 216 + 80 + 120 + 13) = 8100$$

Le volume est environ $(8100 \text{ m}^2)(2 \text{ m}) = 16\,200 \text{ m}^3$.

Voir les exercices **11** à **20**.

1.7.6 Erreurs dues aux arrondissements

Bien que, théoriquement, diminuer la valeur de h permette de réduire l'erreur d'estimation liée à chacune des deux méthodes, dans la pratique, cette stratégie ne donne pas toujours les résultats escomptés. Lorsque h est très petit (par exemple, $h = 10^{-5}$), les arrondissements effectués par les calculatrices ou les ordinateurs peuvent s'accumuler à un point tel que les inéquations estimant les erreurs ne soient plus valables. En fait, réduire h sous un certain seuil peut même empirer les choses. Bien que ce ne soit pas le but de ce cours, il vous sera utile de connaître l'analyse numérique pour trouver d'autres méthodes d'approximation en cas de problèmes d'arrondissements.

Voir exercices **21** à **26**.

Estimer des intégrales

Aux exercices **1** à **10**, estimez les intégrales avec la méthode des trapèzes et la méthode de Simpson, en respectant les directives suivantes.

I Méthode des trapèzes

a) Estimez la valeur de l'intégrale avec $n = 4$ et en utilisant l'inéquation du théorème 1.7.1 (voir page 78) pour déterminer un majorant de $|E_T|$.

b) Évaluez l'intégrale directement, puis trouvez $|E_T|$.

c) Utilisez la formule $(|E_T|/\text{valeur exacte}) \times 100$ pour exprimer $|E_T|$ en pourcentage de la valeur exacte de l'intégrale.

II Méthode de Simpson

a) Estimez la valeur de l'intégrale avec $n = 4$ et en utilisant l'inéquation du théorème 1.7.2 (voir page 82) pour déterminer un majorant de $|E_S|$.

b) Évaluez l'intégrale directement, puis trouvez $|E_S|$.

c) Utilisez la formule $(|E_S|/\text{valeur exacte}) \times 100$ pour exprimer $|E_S|$ en pourcentage de la valeur exacte de l'intégrale.

1. $\int_1^2 x\,dx$

2. $\int_1^3 (2x - 1)dx$

3. $\int_{-1}^1 (x^2 + 1)dx$

4. $\int_{-2}^0 (x^2 - 1)dx$

5. $\int_0^2 (t^3 + t)dt$

6. $\int_{-1}^1 (t^3 + 1)dt$

7. $\int_1^2 \frac{1}{s^2}\,ds$

8. $\int_2^4 \frac{1}{(s-1)^2}\,ds$

9. $\int_0^\pi \sin t\,dt$

10. $\int_0^1 \sin \pi t\,dt$

Aux exercices **11** à **14**, utilisez les valeurs données dans les tables suivantes pour estimer l'intégrale avec $n = 8$ par : **a)** la méthode des trapèzes ; **b)** la méthode de Simpson. Arrondissez vos réponses à cinq décimales près. Finalement, en **c)** trouvez la valeur exacte de l'intégrale et les erreurs d'approximation $|E_T|$ et $|E_S|$ selon le cas.

11. $\int_0^1 x\sqrt{1 - x^2}\,dx$

x	$x\sqrt{1 - x^2}$
0	0,0
0,125	0,12402
0,25	0,24206
0,375	0,34763
0,5	0,43301
0,625	0,48789
0,75	0,49608
0,875	0,42361
1,0	0

12. $\int_0^3 \frac{\theta}{\sqrt{16 + \theta^2}}\,d\theta$

θ	$\theta/\sqrt{16 + \theta^2}$
0	0,0
0,375	0,09334
0,75	0,18429
1,125	0,27075
1,5	0,35112
1,875	0,42443
2,25	0,49026
2,625	0,58466
3,0	0,6

13. $\int_{-\pi/2}^{\pi/2} \frac{3\cos t}{(2 + \sin t)^2}\,dt$

t	$(3\cos t)/(2 + \sin t)^2$
−1,57080	0,0
−1,17810	0,99138
−0,78540	1,26906
−0,39270	1,05961
−0	0,75
0,39270	0,48821
0,78540	0,28946
1,17810	0,13429
1,57080	0

14. $\int_{\pi/4}^{\pi/2} (\csc^2 y)\sqrt{\cot y}\;dy$

y	$(\csc^2 y)\sqrt{\cot y}$
0,78540	2,0
0,88357	1,51606
0,98175	1,18237
1,07992	0,93998
1,17810	0,75402
1,27627	0,60145
1,37445	0,46364
1,47262	0,31688
1,57080	0

Applications

15. Volume d'eau d'une piscine. Soit une piscine rectangulaire de 30 m sur 50 m. La profondeur $h(x)$ de l'eau est représentée dans la table suivante à des intervalles de 5 m. Estimez le volume d'eau de la piscine en utilisant la méthode des trapèzes avec $n = 10$ appliquée à l'intégrale

$$V = 30 \cdot \int_0^{50} h(x)dx.$$

(Note : V est ici le volume d'un prisme = aire de la base × hauteur, où l'aire de la base est égale à l'aire latérale de la piscine donnée par l'intégrale et où la hauteur est égale à la largeur de la piscine, 30 m.)

Position (m) x	Profondeur (m) $h(x)$	Position (m) x	Profondeur (m) $h(x)$
0	1,5	30	3,4
5	2,1	35	3,5
10	2,8	40	3,7
15	3,0	45	3,9
20	3,1	50	4,0
25	3,2		

16. Ensemencement d'un lac. Vous avez la tâche d'ensemencer un lac de pêche récréative avant le début de la saison. La profondeur moyenne du lac est de 7 m. Vous avez dessiné un plan à l'échelle en mesurant la largeur du lac à des intervalles de 60 m (voir plan ci-dessous).

a) Utilisez la méthode des trapèzes pour estimer le volume du lac.

b) Vous prévoyez commencer la saison de la pêche avec une densité de 1 poisson par 30 mètres cubes. Vous estimez qu'à la fin de la saison, il ne restera que 25 % de la quantité initiale de poissons. Combien peut-on délivrer de permis de pêche au maximum, si la prise moyenne d'un pêcheur est de 20 poissons pour la saison entière ?

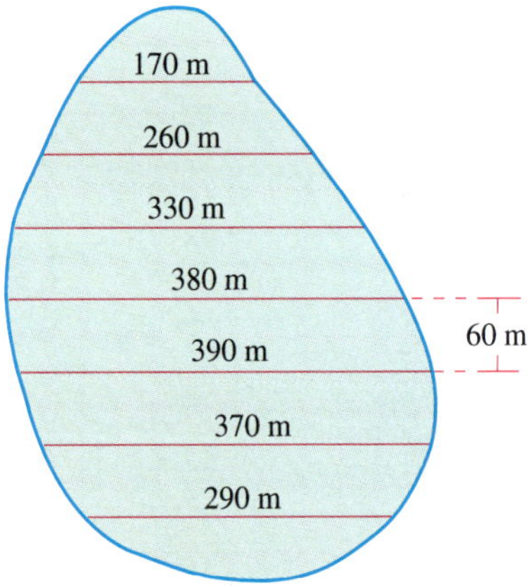

Espacement vertical = 60 m

17. Ford Mustang Cobra. La table suivante présente les vitesses en fonction du temps d'une Ford Mustang Cobra 1994 accélérant de 0 km/h à 210 km/h. Quelle est la distance parcourue par la Mustang lorsqu'elle atteint cette dernière vitesse ? (Utilisez la méthode des trapèzes pour estimer l'aire sous la courbe des vitesses. Attention ! Les intervalles de temps ne sont pas égaux.)

Vitesse (km/h)	Temps (s)
0	0
50	2,2
65	3,2
80	4,5
95	5,9
110	7,8
130	10,2
145	12,7
160	16,0
175	20,6
195	26,2
210	37,1

Source : *Car and Driver*, avril 1994.

18. Résistance aérodynamique. La résistance aérodynamique d'un véhicule dépend en partie de l'aire de sa section transversale. Donc, toutes choses égales d'ailleurs, les ingénieurs s'efforcent de minimiser cette aire. Utilisez la méthode de Simpson pour estimer l'aire de la section transversale de la carlingue du véhicule à propulsion solaire Solectria de James Worden du Massachusetts Institute of Technology (MIT) à partir du schéma ci-dessous. (Les dimensions sont données en pouces.)

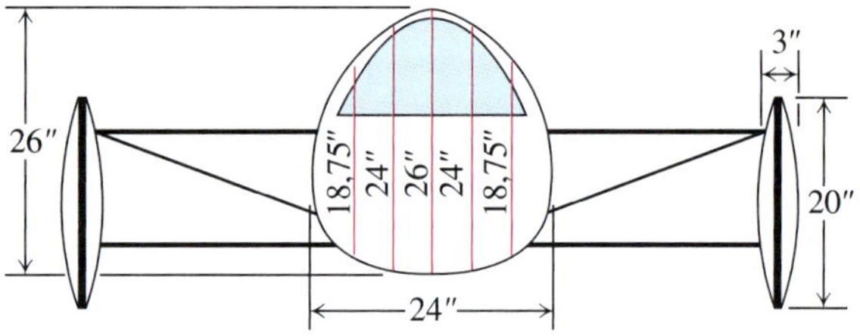

19. Conception des ailes d'un avion. Les réservoirs de carburant situés dans les ailes des nouveaux avions ont des sections transversales d'aire constante. Le schéma ci-dessous illustre une de ces sections transversales. Le réservoir doit contenir 2500 kg de carburant de masse volumique (densité) égale à 671 kg/m^3. Estimez la longueur du réservoir.

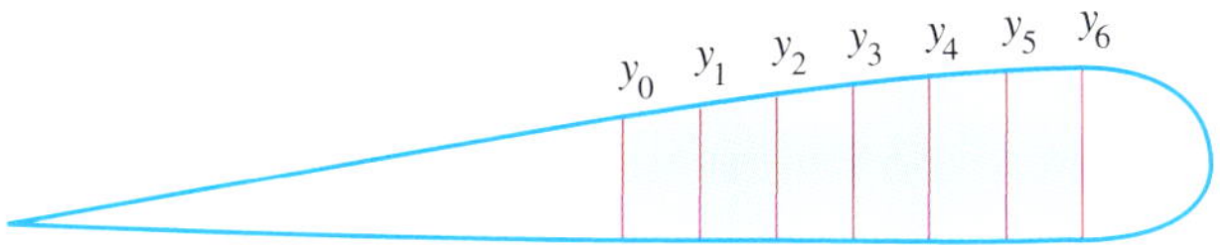

y_0 = 0,45 m, y_1 = 0,48 m, y_2 = 0,55 m, y_3 = 0,58 m,
y_4 = 0,6 m, $y_5 = y_6$ = 0,65 m.
Espacement horizontal = 0,3 m.

20. Consommation de carburant. Une génératrice au diesel fonctionne de façon continue. La consommation de carburant en litres par heure augmente progressivement jusqu'au moment où il faut arrêter la génératrice pour remplacer les filtres. Utilisez la méthode des trapèzes pour estimer la quantité de carburant consommée par la génératrice au cours d'une semaine en vous servant des résultats suivants.

Jours	Consommation (litres/h)
Dimanche	0,019
Lundi	0,020
Mardi	0,021
Mercredi	0,023
Jeudi	0,025
Vendredi	0,028
Samedi	0,031
Dimanche	0,035

Théorie et exemples

21. Fonctions polynomiales de degré peu élevé. L'erreur liée à la méthode des trapèzes dans l'estimation de $\int_a^b f(x)dx$ est donnée par

$$|E_T| = \frac{b-a}{12} h^2 |f''(c)|,$$

où c est un point de $[a, b]$ (habituellement inconnu). Dans le cas où f est une fonction linéaire de x, on a $f''(x) = 0$, et alors $|E_T| = 0$; cela signifie que T donne toujours la valeur exacte de l'intégrale pour toute valeur de h. Ce n'est pas surprenant car si f est linéaire, les segments de droite servant à estimer f correspondent exactement à f elle-même. Mais une surprise nous attend avec la méthode de Simpson. L'erreur liée à cette méthode est donnée par

$$|E_S| = \frac{b-a}{180} h^4 |f^{(4)}(c)|,$$

où, encore une fois, c est un point de $[a, b]$. Si f est une fonction polynomiale de degré inférieur à 4, alors $f^{(4)} = 0$ quel que soit c. Par conséquent, $|E_S| = 0$ et cela signifie que S devrait donner la valeur exacte de l'intégrale même avec aussi peu que deux pas d'intégration. Pour illustrer cette propriété, utilisez la méthode de Simpson avec $n = 2$ pour estimer

$$\int_0^2 x^3 dx.$$

Comparez votre résultat avec la valeur exacte de l'intégrale.

22. Valeurs utiles pour la fonction sinus intégral. La fonction sinus intégral définie et notée

$$\mathrm{Si}(x) = \int_0^x \frac{\sin t}{t}\,dt,$$

qui se lit « sinus intégral de x », est une des nombreuses fonctions utilisées en génie et impossibles à exprimer par des formules élémentaires. Cependant, les valeurs de Si(x) peuvent être estimées facilement par intégration numérique.

Bien que la notation ne le montre pas explicitement, la fonction à intégrer est en réalité

$$f(t) = \begin{cases} \dfrac{\sin t}{t}, & t \neq 0 \\ 1, & t = 0, \end{cases}$$

c'est-à-dire l'extension continue de $(\sin t)/t$ sur l'intervalle $[0,\ x]$. La fonction possède des dérivées de tous les ordres en chaque valeur de son domaine de définition. Son graphe est lisse et la méthode de Simpson devrait donner de bons résultats.

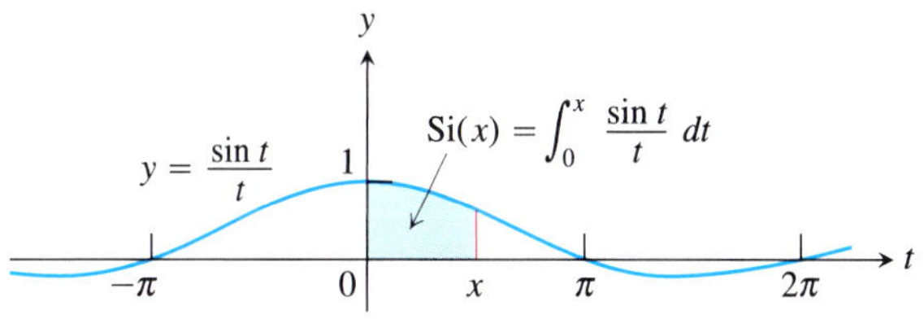

a) Utilisez le fait que $|f^{(4)}| \leq 1$ sur $[0, \pi/2]$ pour trouver un majorant de l'erreur liée à la méthode de Simpson dans l'estimation de

$$\mathrm{Si}(\pi/2) = \int_0^{\pi/2} \frac{\sin t}{t}\,dt$$

avec $n = 4$.

b) Estimez Si($\pi/2$) par la méthode de Simpson avec $n = 4$.

c) Exprimez sous forme de pourcentage le rapport entre le majorant de l'erreur trouvé en **a)** et le résultat obtenu en **b)**.

23. Fonction erreur. La fonction erreur définie et notée

$$\mathrm{fer}(x) = \frac{2}{\sqrt{\pi}} \int_0^x e^{-t^2} dt,$$

est importante en probabilités ainsi que dans les théories de transfert de chaleur et de transmission de signaux. On doit l'évaluer numériquement, car il n'existe pas d'expression élémentaire de la primitive de e^{-t^2}.

Utilisez la méthode de Simpson avec $n = 10$ pour estimer fer(1).

24. Fonction erreur. (suite de l'exercice **23**) Sur l'intervalle $[0, 1]$, on a

$$\left|\frac{d^4}{dt^4}(e^{-t^2})\right| \leq 12.$$

Trouvez un majorant de l'erreur sur l'estimation trouvée à l'exercice **23**.

Il est conseillé de travailler par groupes de deux ou trois étudiants pour résoudre les exercices **25** et **26**.

25. Soit l'intégrale $\int_{-1}^{1} \sin(x^2)\, dx$.

a) Trouvez f'' si $f(x) = \sin(x^2)$.

b) Tracez le graphe de $y = f''(x)$ dans une fenêtre de format $[-1, 1]$ sur $[-3, 3]$.

c) Expliquez pourquoi le graphe obtenu en **b)** suggère que $|f''(x)| \leq 3$ pour $-1 \leq x \leq 1$.

d) Montrez que, dans ce cas, l'estimation de l'erreur liée à la méthode des trapèzes devient

$$|E_T| \leq \frac{h^2}{2}.$$

e) Montrez que la valeur absolue de l'erreur liée à la méthode des trapèzes sera inférieure ou égale à 0,01 si $h \leq 0{,}1$.

f) Quelle valeur le nombre n de sous-intervalles doit-il atteindre pour que $h \leq 0{,}1$?

26. Soit l'intégrale $\int_{-1}^{1} \sin(x^2)\, dx$.

a) Trouvez $f^{(4)}$ si $f(x) = \sin(x^2)$.

b) Tracez le graphe de $y = f^{(4)}(x)$ dans une fenêtre de format $[-1, 1]$ sur $[-30, 10]$.

c) Expliquez pourquoi le graphe obtenu en **b)** suggère que $|f^{(4)}(x)| \leq 30$ pour $-1 \leq x \leq 1$.

d) Montrez que, dans ce cas, l'estimation de l'erreur liée à la méthode de Simpson devient

$$|E_S| \leq \frac{h^4}{3}.$$

e) Montrez que la valeur absolue de l'erreur liée à la méthode de Simpson sera inférieure ou égale à 0,01 si $h \leq 0{,}4$.

f) Quelle valeur le nombre n de sous-intervalles doit-il atteindre pour que $h \leq 0{,}4$?

EXPLORATIONS À L'ORDINATEUR

Tel qu'indiqué en début de section, les intégrales définies de nombreuses fonctions continues ne peuvent être évaluées à l'aide de la deuxième partie du théorème fondamental puisqu'il est impossible d'exprimer leurs primitives par des formules élémentaires. L'intégration numérique offre la possibilité d'estimer les valeurs de ces intégrales non élémentaires. Si votre calculatrice ou votre ordinateur sont munis d'un programme d'intégration numérique, utilisez-le pour évaluer les intégrales suivantes.

27. $\int_{-1}^{1} 2\sqrt{1-x^2}\, dx$ — Valeur exacte $= \pi$

28. $\int_{0}^{1} \sqrt{1+x^4}\, dx$ — Une intégrale apparue dans les travaux de Newton

29. $\int_{0}^{\pi/2} \frac{\sin x}{x}\, dx$

30. $\int_{0}^{\pi/2} \sin(x^2)\, dx$ — Une intégrale importante dans l'étude de la diffraction lumineuse

31. Soit l'intégrale $\int_{0}^{\pi} \sin x\, dx$.

a) Évaluez cette intégrale en utilisant la méthode des trapèzes avec $n = 10$, 100 et 1000.

b) Déterminez les erreurs avec autant de décimales que possible.

c) Quelle tendance pouvez-vous détecter quand n augmente ainsi ?

d) Comment l'inéquation du théorème 1.7.2 (voir page 82) permettant d'estimer l'erreur liée à la méthode des trapèzes peut-elle expliquer la tendance observée en **c)** ?

32. Suite de l'exercice **31**
Reprenez l'exercice **31** en appliquant cette fois la méthode de Simpson.

Questions de révision

1. Comment pouvez-vous estimer, à l'aide de sommes finies, des quantités telles que la distance parcourue, l'aire ou le volume ? Pourquoi est-ce utile ?

2. En quoi consiste la notation sigma ? Quels en sont les avantages ? Donnez des exemples.

3. Qu'est-ce qu'une somme de Riemann ? Quelle est son utilité ?

4. Qu'est-ce que l'intégrale définie d'une fonction f sur un intervalle fermé $[a, b]$? Comment pouvons-nous être certains qu'une telle intégrale existe ?

5. Quel est le lien entre une intégrale définie et l'aire d'une région du plan ? Décrivez d'autres interprétations de l'intégrale définie.

6. Décrivez les propriétés qui permettent d'évaluer les intégrales définies (voir théorème 1.2.4, page 25). Donnez des exemples.

7. En quoi consiste le théorème fondamental du calcul intégral ? Pourquoi est-il important ? Donnez un exemple illustrant chacune des parties du théorème.

8. Une fonction peut-elle avoir plusieurs primitives ? Si oui, comment sont-elles reliées ? Expliquez.

9. Qu'est-ce qu'une intégrale indéfinie ? Comment calculez-vous les intégrales indéfinies ? De quelles formules générales disposez-vous pour les calculer ?

10. Comment pouvez-vous utiliser une identité trigonométrique afin de simplifier une intégrale ?

11. Comment pouvez-vous résoudre des équations du type $dy/dx = f(x)$?

12. Qu'est-ce qu'une équation différentielle avec des conditions initiales ? Comment pouvez-vous résoudre une telle équation ? Donnez un exemple.

13. Comment le théorème fondamental est-il appliqué pour résoudre une équation différentielle $dy/dx = f(x)$, avec la condition initiale $y(x_0) = y_0$, où f est une fonction continue ?

14. Connaissant l'accélération d'un objet se déplaçant sur une droite, quel autre élément devez-vous connaître pour déterminer sa fonction position ? Donnez un exemple.

15. Comment la méthode d'intégration par changement de variable est-elle reliée à la règle de dérivation en chaîne ?

16. Comment pouvez-vous évaluer une intégrale indéfinie par la méthode du changement de variable ? Donnez des exemples.

17. Comment pouvez-vous évaluer une intégrale définie par la méthode du changement de variable ? Donnez des exemples.

18. Vous participez à la rédaction d'un aide-mémoire sur l'intégration numérique et vous devez expliquer ce qu'est la méthode des trapèzes.

    a) Qu'écrirez-vous au sujet de la règle et de la façon de s'en servir ? Quelle stratégie proposerez-vous pour améliorer la précision du résultat ?

    b) Qu'écrirez-vous au sujet de la méthode de Simpson ?

19. Quels sont les avantages et les désavantages de chacune des deux méthodes d'intégration numérique ?

Exercices récapitulatifs

Sommes finies et estimation

1. **Vol d'un modèle réduit de fusée.** Le graphique ci-dessous représente la vitesse (en m/s) d'un modèle réduit de fusée en fonction du temps. La fusée a accéléré pendant les deux premières secondes et elle a poursuivi sur sa lancée jusqu'à sa hauteur maximale après huit secondes.

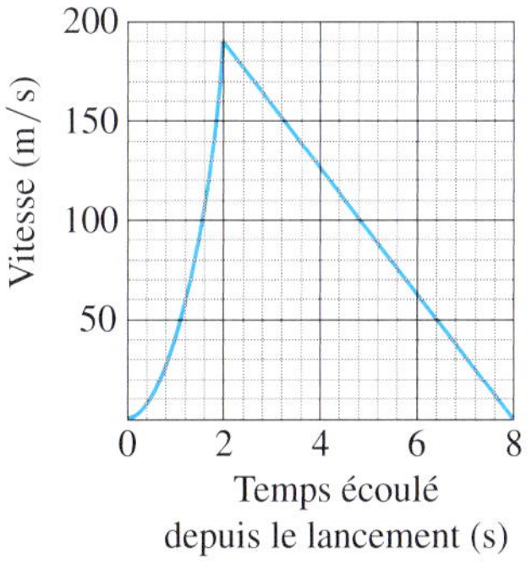

   a) En supposant que la fusée ait été lancée du sol, quelle est la hauteur maximale atteinte ?

   b) Tracez le graphique représentant la hauteur instantanée de la fusée par rapport au sol pour $t = 0$ s à $t = 8$ s.

2. **Analyser un mouvement rectiligne.**

   a) Le graphique suivant représente la vitesse (en m/s) d'un objet qui se déplace sur un axe s en fonction du temps entre $t = 0$ s et $t = 10$ s. Quelle est la distance parcourue par l'objet durant ces 10 secondes ?

   b) Tracez le graphique représentant la position instantanée de l'objet pour $t = 0$ s à $t = 10$ s en supposant que $s(0) = 0$.

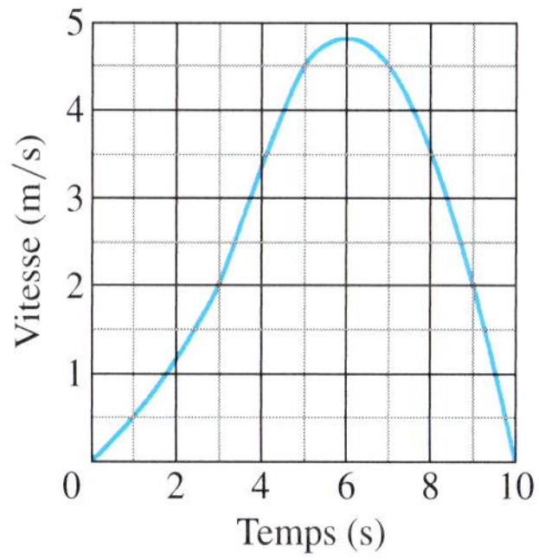

Intégrales définies

Exprimez chacune des limites suivantes sous la forme d'une intégrale définie. Évaluez ensuite l'intégrale pour trouver la valeur de la limite. Dans chaque cas, P est une partition de l'intervalle mentionné et les nombres c_k appartiennent aux sous-intervalles de P.

3. $\lim\limits_{\max \Delta x_k \to 0} \sum\limits_{k=1}^{n} (2c_k - 1)^{-1/2} \Delta x_k$, où P est une partition de $[1, 5]$.

4. $\lim\limits_{\max \Delta x_k \to 0} \sum\limits_{k=1}^{n} c_k(c_k^2 - 1)^{1/3} \Delta x_k$, où P est une partition de $[1, 3]$.

5. $\lim\limits_{\max \Delta x_k \to 0} \sum\limits_{k=1}^{n} \left(\cos\left(\frac{c_k}{2}\right)\right) \Delta x_k$, où P est une partition de $[-\pi, 0]$.

6. $\lim\limits_{\max \Delta x_k \to 0} \sum\limits_{k=1}^{n} (\sin c_k)(\cos c_k) \Delta x_k$, où P est une partition de $[0, \pi/2]$.

Utiliser des propriétés et des valeurs connues pour évaluer d'autres intégrales

7. Si $\int_{-2}^{2} 3f(x)dx = 12$, $\int_{-2}^{5} f(x)dx = 6$ et $\int_{-2}^{5} g(x)dx = 2$, évaluez les intégrales suivantes.

a) $\int_{-2}^{2} f(x)dx$ **b)** $\int_{2}^{5} f(x)dx$

c) $\int_{5}^{-2} g(x)dx$ **d)** $\int_{-2}^{5} (-\pi g(x))dx$

e) $\int_{-2}^{5} \left(\frac{f(x)+g(x)}{5}\right)dx$

8. Si $\int_{0}^{2} f(x)dx = \pi$, $\int_{0}^{2} 7g(x)dx = 7$ et $\int_{0}^{1} g(x)dx = 2$, évaluez les intégrales suivantes.

a) $\int_{0}^{2} g(x)dx$ **b)** $\int_{1}^{2} g(x)dx$

c) $\int_{2}^{0} f(x)dx$ **d)** $\int_{0}^{2} \sqrt{2}\, f(x)dx$

e) $\int_{0}^{2} (g(x) - 3f(x))dx$

Calculer des intégrales indéfinies

Calculez les intégrales suivantes.

9. $\int (x^3 + 5x - 7)dx$ **10.** $\int \left(8t^3 - \frac{t}{2} + t\right)dt$

11. $\int \left(3\sqrt{t} + \frac{4}{t^2}\right)dt$ **12.** $\int \left(\frac{1}{2\sqrt{t}} - \frac{3}{t^4}\right)dt$

13. $\int \frac{rdr}{(r^2+5)^2}$ **14.** $\int \frac{6r^2dr}{\left(r^3-\sqrt{2}\right)^3}$

15. $\int 3\theta\sqrt{2-\theta^2}\, d\theta$ **16.** $\int \frac{\theta^2}{9\sqrt{73+\theta^3}}\, d\theta$

17. $\int e^x \sin (e^x)\, dx$ **18.** $\int e^t \cos (3e^t - 2)\, dt$

19. $\int e^x \sec^2 (e^x - 7)\, dx$ **20.** $\int e^y \csc (e^y + 1) \cot (e^y + 1)\, dy$

21. $\int \frac{\tan (\ln v)}{v}\, dv$ **22.** $\int \sec \frac{\theta}{3} \tan \frac{\theta}{3}\, d\theta$

23. $\int \sin^2 \frac{x}{4}\, dx$ **24.** $\int \frac{(\ln x)^{-3}}{x}\, dx$

25. $\int \frac{1}{r} \csc^2 (1 + \ln r)\, dr$ **26.** $\int \frac{\cos (1 - \ln v)}{v}\, dv$

27. $\int x3^{x^2}dx$ **28.** $\int 2^{\tan x} \sec^2 x\, dx$

Évaluer des intégrales définies

Évaluez les intégrales suivantes.

29. $\int_{-1}^{1} (3x^2 - 4x + 7)dx$ **30.** $\int_{0}^{1} (8s^3 - 12s^2 + 5)ds$

31. $\int_{1}^{4} \left(\frac{x}{8} + \frac{1}{2x}\right)dx$ **32.** $\int_{1}^{8} \left(\frac{2}{3x} - \frac{8}{x^2}\right)dx$

33. $\int_{1}^{4} \frac{dt}{t\sqrt{t}}$ **34.** $\int_{1}^{4} \frac{\left(1+\sqrt{u}\right)^{1/2}}{\sqrt{u}}\, du$

35. $\int_{0}^{1} \frac{36dx}{(2x+1)^3}$ **36.** $\int_{0}^{1} \frac{dr}{\sqrt[3]{(7-5r)^2}}$

37. $\int_{0}^{\ln 5} e^r(3e^r + 1)^{-3/2}dr$ **38.** $\int_{0}^{\ln 9} e^{\theta}(e^{\theta} - 1)^{1/2}d\theta$

39. $\int_{e}^{e^2} \frac{1}{x\sqrt{\ln x}}\, dx$ **40.** $\int_{0}^{\pi/4} \cos^2 \left(4t - \frac{\pi}{4}\right) dt$

41. $\int_{1}^{e} \frac{1}{x} (1 + 7 \ln x)^{-1/3}dx$ **42.** $\int_{\pi/4}^{3\pi/4} \csc^2 x\, dx$

43. $\int_{-2}^{2} \frac{3dt}{4+3t^2}$ **44.** $\int_{1}^{3} \frac{(\ln (v+1))^2}{v+1}\, dv$

45. $\int_{-\pi/3}^{0} \sec x \tan x\, dx$ **46.** $\int_{\pi/4}^{3\pi/4} \csc z \cot z\, dz$

47. $\int_{-\sqrt{2}/3}^{2/3} \frac{dy}{|y|\sqrt{9y^2-1}}$ **48.** $\int_{-1}^{1} 2x \sin (1 - x^2)\, dx$

49. $\int_{0}^{\pi/2} \frac{3 \sin x \cos x}{\sqrt{1+3 \sin^2 x}}\, dx$ **50.** $\int_{-2}^{-1} \frac{2dv}{v^2+4v+5}$

51. $\int_{-1}^{1} \frac{3dv}{4v^2+4v+4}$ **52.** $\int_{\pi^2/36}^{\pi^2/4} \frac{\cos \sqrt{t}}{\sqrt{t} \sin \sqrt{t}}\, dt$

Aire

Aux exercices **53** à **56**, évaluez l'aire totale de la région comprise entre le graphe de la fonction indiquée et l'axe des x.

53. $f(x) = x^2 - 4x + 3,\ 0 \le x \le 3$.

54. $f(x) = 1 - (x^2/4),\ -2 \le x \le 3$.

55. $f(x) = 5 - 5x^{2/3},\ -1 \le x \le 8$.

56. $f(x) = 1 - \sqrt{x},\ 0 \le x \le 4$.

Équations différentielles avec une ou des conditions initiales

Résolvez les équations différentielles suivantes en tenant compte des conditions initiales indiquées.

57. $\frac{dy}{dx} = \frac{x^2+1}{x^2},\ y(1) = -1$.

58. $\frac{dy}{dx} = e^{-x-y-2},\ y(0) = -2$.

59. $\frac{d^2r}{dt^2} = 15\sqrt{t} + \frac{3}{\sqrt{t}}\ ;\ r'(1) = 8,\ r(1) = 0$.

60. $\frac{d^3r}{dt^3} = -\cos t\ ;\ r''(0) = r'(0) = 0,\ r(0) = -1$.

61. Montrez que $y = x^2 + \int_{1}^{x} (1/t)dt$ est une solution de l'équation différentielle suivante avec les conditions initiales indiquées.

$$\frac{d^2y}{dx^2} = 2 - \frac{1}{x^2}\ ;\ y'(1) = 3,\ y(1) = 1.$$

62. Montrez que $y = \int_0^x \left(1 + 2\sqrt{\sec t}\,\right) dt$ est une solution de l'équation différentielle suivante avec les conditions initiales indiquées.

$$\frac{d^2y}{dx^2} = \sqrt{\sec x}\ \tan x\,;\ y'(0) = 3,\ y(0) = 0.$$

Exprimez les solutions des équations différentielles suivantes sous la forme d'une intégrale.

63. $\dfrac{dy}{dx} = \dfrac{\sin x}{x}$, $y(5) = -3$.

64. $\dfrac{dy}{dx} = \sqrt{2 - \sin^2 x}$, $y(-1) = 2$.

Dériver des intégrales

Aux exercices **65** à **68**, trouvez dy/dx.

65. $y = \int_2^x \sqrt{2 + \cos^3 t}\ dt$

66. $y = \int_2^{7x^2} \sqrt{2 + \cos^3 t}\ dt$

67. $y = \int_x^1 \dfrac{6}{3 + t^4}\,dt$

68. $y = \int_{\sec x}^2 \dfrac{1}{t^2 + 1}\,dt$

Intégration numérique

69. En utilisant le résultat de l'exemple 9, à la section 1.4, nous trouvons

$$\int_0^\pi 2\sin^2 x\,dx = \pi.$$

Appliquez la méthode d'approximation des trapèzes et celle de Simpson avec $n = 6$ pour comparer leur efficacité dans ce cas particulier.

70. Consommation de carburant. Une automobile est munie d'un ordinateur qui peut calculer la consommation instantanée de carburant en litres par heure. Au cours d'un voyage, le conducteur a enregistré la consommation toutes les 5 minutes pendant une heure.

t	L/h	t	L/h
0	12,5	35	12,5
5	12,0	40	12,0
10	11,5	45	11,5
15	12,0	50	12,0
20	12,0	55	12,0
25	12,5	60	11,5
30	13,0		

a) Employez la méthode des trapèzes pour estimer la consommation totale au cours de cette heure.

b) Si le véhicule a parcouru 116 kilomètres en 1 heure, quelle a été sa consommation (en litres aux 100 kilomètres) pendant cette heure ?

71. Un nouveau stationnement. Une municipalité utilise l'espace représenté ci-contre pour construire un nouveau stationnement. On demande à l'ingénieur civil s'il est possible de construire ce stationnement à un coût inférieur à 11 000 \$. Le coût de nettoyage de l'emplacement revient à 1,00 \$ le mètre carré et le revêtement revient à 20,00 \$ le mètre carré. Peut-on effectuer les travaux pour moins de 11 000 \$?

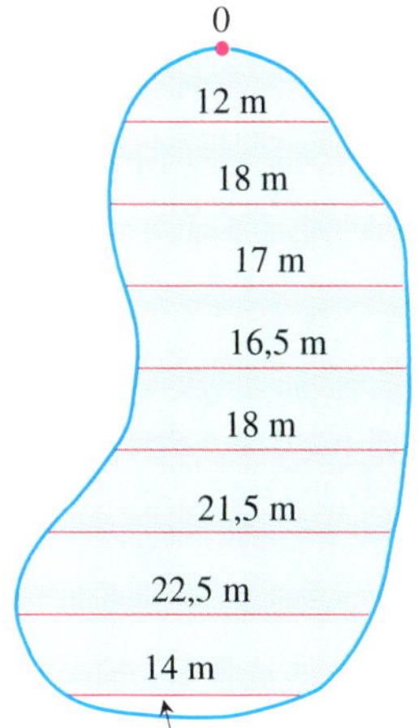

72. Véhicule miniature propulsé par un élastique. Un véhicule miniature est propulsé par un élastique torsadé. Son mouvement sur la piste ralentit progressivement à cause de la friction et de la diminution de la force propulsive. La vitesse est enregistrée toutes les 3 secondes au cours de son trajet de 27 secondes (voir table ci-dessous).

Temps (s)	Vitesse (m/s)
0	1,62
3	1,60
6	1,54
9	1,44
12	1,30
15	1,12
18	0,90
21	0,64
24	0,34
27	0,00

a) Trouvez une approximation par excès et une approximation par défaut de la distance parcourue.

b) Utilisez la méthode des trapèzes pour estimer la distance parcourue par le véhicule.

Théorie et exemples

73. Est-il vrai que toute fonction $y = f(x)$ dérivable sur $[a, b]$ est elle-même la dérivée d'une certaine fonction définie sur $[a, b]$? Justifiez votre réponse.

74. Soit $F(x)$ une primitive de la fonction $f(x) = \sqrt{1 + x^4}$.

Exprimez $\int_0^1 \sqrt{1 + x^4}\,dx$ en fonction de F et justifiez votre réponse.

75. Exprimer une solution sous la forme d'une intégrale définie. Exprimez la fonction $y(x)$ sous la forme d'une intégrale définie si

$$\frac{dy}{dx} = \frac{\sin x}{x} \quad \text{et} \quad y(5) = 3.$$

76. Une équation différentielle. Montrez que la fonction définie par $y = \sin x + \int_x^{\pi} \cos 2t\, dt + 1$ satisfait aux deux conditions suivantes :

i) $y'' = -\sin x + 2 \sin 2x$;

ii) $y = 1$ et $y' = -2$ pour $x = \pi$.

77. Une fonction définie par une intégrale. Le graphe d'une fonction f est constitué d'un demi-cercle et de deux segments de droite tel qu'illustré ci-dessous.

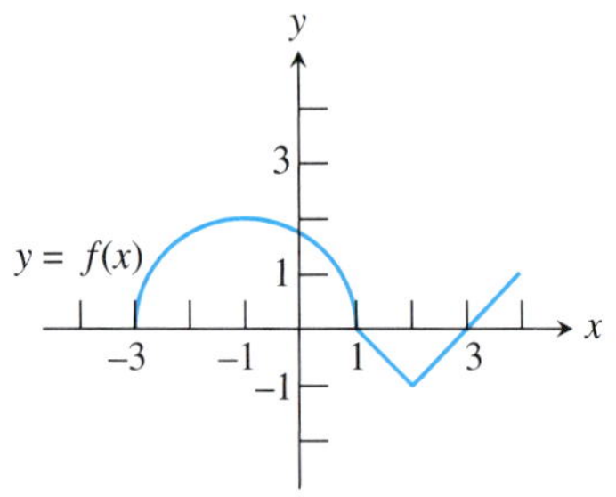

Soit $g(x) = \int_1^x f(t)dt$.

a) Trouvez $g(1)$. **b)** Trouvez $g(3)$. **c)** Trouvez $g(-1)$.

d) Trouvez toutes les valeurs de x de l'intervalle ouvert $]-3, 4[$ pour lesquelles g possède un maximum relatif.

e) Trouvez l'équation de la tangente au graphe de g à $x = -1$.

f) Trouvez l'abscisse de chaque point d'inflexion du graphe de g sur l'intervalle ouvert $]-3, 4[$.

g) Trouvez l'image de g.

78. Saut en parachute. Deux parachutistes A et B sautent d'un hélicoptère d'une altitude de 2130 m. Le parachutiste A saute et descend en chute libre pendant 4 s avant d'ouvrir son parachute. L'hélicoptère grimpe ensuite à une altitude de 2330 m. Puis, 45 s après que A a sauté, B saute à son tour de cette nouvelle altitude et descend en chute libre pendant 13 s avant d'ouvrir son parachute. Une fois leur parachute ouvert, les deux parachutistes descendent à une vitesse de 5 m/s. Nous supposons que, lors de leur chute libre, la seule accélération agissant sur le mouvement des parachutistes est l'accélération due à la pesanteur de $-9{,}8$ m/s^2.

a) À quelle altitude le parachute de A s'ouvre-t-il ?

b) À quelle altitude le parachute de B s'ouvre-t-il ?

c) Qui touche le sol en premier, A ou B ?

Exercices supplémentaires

Théorie et exemples

1. a) Si $\int_0^1 7f(x)dx = 7$, est-ce que $\int_0^1 f(x)dx = 1$?

b) Si $\int_0^1 f(x)dx = 4$ et $f(x) \geq 0$,
est-ce que $\int_0^1 \sqrt{f(x)}\, dx = \sqrt{4} = 2$?

Justifiez vos réponses.

2. Soit $\int_{-2}^{2} f(x)dx = 4$, $\int_2^5 f(x)dx = 3$, $\int_{-2}^{5} g(x)dx = 2$.
Parmi les énoncés suivants, lesquels sont vrais ?

a) $\int_5^2 f(x)dx = -3$ **b)** $\int_{-2}^{5} [f(x) + g(x)]dx = 9$

c) $f(x) \leq g(x)$ sur l'intervalle $[-2, 5]$.

3. Problème avec des conditions initiales. Montrez que

$$y = \frac{1}{a}\int_0^x f(t) \sin a(x - t)\, dt$$

est une solution de l'équation différentielle donnée avec les conditions initiales indiquées :

$$\frac{d^2y}{dx^2} + a^2y = f(x), \ \frac{dy}{dx} = 0 \text{ et } y = 0 \text{ lorsque } x = 0.$$

(Indication : $\sin (ax - at) = \sin ax \cos at - \cos ax \sin at$.)

4. Proportionnalité. Soit x et y reliées par l'équation suivante :

$$x = \int_0^y \frac{1}{\sqrt{1 + 4t^2}}\, dt.$$

Montrez que d^2y/dx^2 est directement proportionnelle à y et trouvez la constante de proportionnalité.

5. Trouvez $f(4)$ si

a) $\int_0^{x^2} f(t)dt = x \cos \pi x$;

b) $\int_0^{f(x)} t^2dt = x \cos \pi x$.

6. Trouvez $f(\pi/2)$ à partir des informations suivantes :

i) f est positive et continue ;

ii) l'aire de la région sous la courbe $y = f(x)$ de $x = 0$ à $x = a$ est

$$\frac{a^2}{2} + \frac{a}{2}\sin a + \frac{\pi}{2}\cos a.$$

7. L'aire de la région comprise entre l'axe des x, la courbe d'équation $y = f(x)$, où $f(x) \geq 0$, et les droites $x = 1$ et $x = b$ est égale à $\sqrt{b^2 + 1} - \sqrt{2}$ pour tout $b > 1$. Trouvez $f(x)$.

8. Prouvez que

$$\int_0^x \left(\int_0^u f(t)dt\right)du = \int_0^x f(u)(x-u)du.$$

(Indication : Exprimez l'intégrale du membre de droite comme la différence entre deux intégrales. Montrez ensuite que chaque membre de l'équation a la même dérivée par rapport à x.)

9. Trouver une courbe. Trouvez l'équation de la courbe passant par le point $(-1, 1)$ si sa pente en tout point d'abscisse x est toujours égale à $3x^2 + 2$.

10. Pelletée de terre. On veut sortir une pelletée de terre du fond d'un trou. Si la terre doit être lancée à 5,2 m de haut pour sortir du trou, est-ce qu'une vitesse initiale de 9,8 m/s sera suffisante pour que la terre ne retombe pas dans le trou ?

Fonctions continues par morceaux

Bien que nous soyons principalement intéressés par des fonctions continues sur un intervalle, il existe de nombreuses applications faisant intervenir des fonctions qui ne sont continues que sur des sous-intervalles et qui présentent des discontinuités aux bornes des sous-intervalles. Une fonction f est dite continue par morceaux sur un intervalle fermé I si f est discontinue en un nombre fini de points de l'intervalle. Les limites

$$\lim_{x \to c^-} f(x) \text{ et } \lim_{x \to c^+} f(x)$$

existent en tout point intérieur de I, et les limites à droite et à gauche existent respectivement aux bornes gauche et droite de I. Toutes les fonctions continues par morceaux sont intégrables. Les points de discontinuité définissent une partition de I en intervalles ouverts ou semi-ouverts sur lesquels la fonction f est continue. Les conditions sur les limites ci-dessus garantissent que la fonction f possède un prolongement continu aux bornes de chaque sous-intervalle. Pour intégrer une fonction continue par morceaux, on intègre chacun des morceaux « prolongés » puis on additionne les résultats. L'intégrale de la fonction

$$f(x) = \begin{cases} 1-x, & \text{si } -1 \le x < 0 \\ x^2, & \text{si } 0 \le x < 2 \\ -1, & \text{si } 2 \le x \le 3 \end{cases}$$

sur $[-1, 3]$ est

$$\begin{aligned}\int_{-1}^3 f(x)dx &= \int_{-1}^0 (1-x)dx + \int_0^2 x^2 dx + \int_2^3 (-1)dx \\ &= \left[x - \frac{x^2}{2}\right]_{-1}^0 + \left[\frac{x^3}{3}\right]_0^2 + \left[-x\right]_2^3 \\ &= \frac{3}{2} + \frac{8}{3} - 1 = \frac{19}{6}.\end{aligned}$$

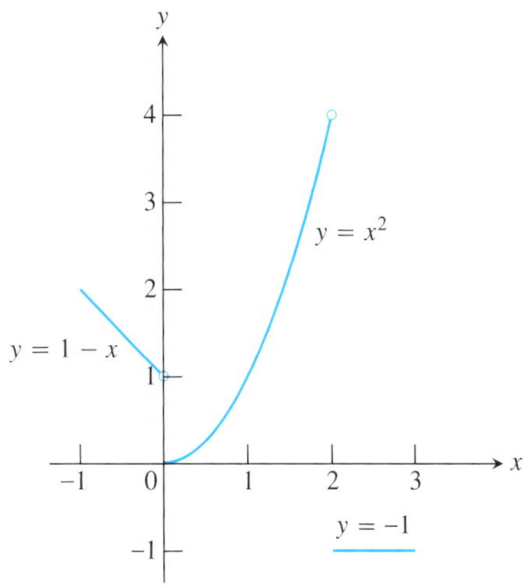

Le théorème fondamental s'applique aux fonctions continues par morceaux en stipulant que l'égalité entre $(d/dx)\int_a^x f(t)dt$ et $f(x)$ n'est requise qu'en tout point où f est continue (il existe une restriction semblable dans le cas de la formule de Leibniz énoncée à la page suivante).

Tracez le graphe des fonctions suivantes et évaluez l'intégrale des fonctions sur leur domaine.

11. $f(x) = \begin{cases} x^{2/3}, & \text{si } -8 \le x < 0 \\ -4, & \text{si } 0 \le x \le 3. \end{cases}$

12. $f(x) = \begin{cases} \sqrt{-x}, & \text{si } -4 \le x < 0 \\ x^2 - 4, & \text{si } 0 \le x \le 3. \end{cases}$

13. $g(t) = \begin{cases} t, & \text{si } 0 \le t < 1 \\ \sin \pi t, & \text{si } 1 \le t \le 2. \end{cases}$

14. $h(z) = \begin{cases} \sqrt{1-z}, & \text{si } 0 \le z < 1 \\ (7z-6)^{-1/3}, & \text{si } 1 \le z \le 2. \end{cases}$

15. $f(x) = \begin{cases} 1, & \text{si } -2 \le x < -1 \\ 1 - x^2, & \text{si } -1 \le x < 1 \\ 2, & \text{si } 1 \le x \le 2. \end{cases}$

16. $h(r) = \begin{cases} r, & \text{si } -1 \le r < 0 \\ 1 - r^2, & \text{si } 0 \le r < 1 \\ 1, & \text{si } 1 \le r \le 2. \end{cases}$

Formule de Leibniz

Dans certaines applications, on rencontre souvent des fonctions telles que :

$$f(x) = \int_{\sin x}^{x^2} (1+t)dt \quad \text{et} \quad g(x) = \int_{\sqrt{x}}^{2\sqrt{x}} \sin t^2 \, dt,$$

pour lesquelles les deux bornes d'intégration sont variables. La première de ces intégrales est évaluée facilement, mais la seconde ne l'est pas. On peut cependant trouver la dérivée de l'une et de l'autre à l'aide d'une formule due à Leibniz.

Formule de Leibniz

Si une fonction f est continue sur un intervalle $[a, b]$ et si $u(x)$ et $v(x)$ sont des fonctions dérivables par rapport à x sur $[a, b]$, alors

$$\frac{d}{dx}\int_{u(x)}^{v(x)} f(t)dt = f(v(x))\frac{dv}{dx} - f(u(x))\frac{du}{dx}.$$

La figure ci-dessous donne une interprétation géométrique de cette formule. Soit un tapis de largeur variable $f(t)$ qui s'enroule à gauche et se déroule à droite en même temps. (Dans cette interprétation, x représente le temps plutôt que t.) Au temps x, le sol est recouvert de $u(x)$ à $v(x)$. Le taux du/dx d'enroulement du tapis n'est pas nécessairement le même que son taux dv/dx de déroulement. À tout moment x, l'aire de la région recouverte par le tapis est:

$$A(x) = \int_{u(x)}^{v(x)} f(t)dt.$$

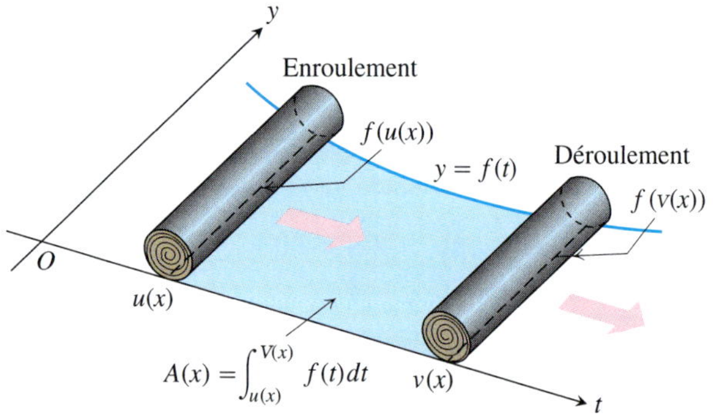

À quel taux l'aire varie-t-elle ? Au temps x, $A(x)$ augmente de la largeur $f(v(x))$ qui se déroule multipliée par le taux dv/dx de déroulement du tapis. Donc, $A(x)$ augmente selon un taux de

$$f(v(x))\frac{dv}{dx}.$$

Simultanément, $A(x)$ diminue à un taux de

$$f(u(x))\frac{du}{dx},$$

représentant la largeur $f(u(x))$ qui s'enroule multipliée par le taux du/dx d'enroulement du tapis.

Le taux de variation de A résultant est donc

$$\frac{dA}{dx} = f(v(x))\frac{dv}{dx} - f(u(x))\frac{du}{dx},$$

ce qui est précisément la formule de Leibniz.

Preuve de la formule de Leibniz Soit F une primitive de f sur $[a, b]$. Par le théorème fondamental, nous avons:

$$\int_{u(x)}^{v(x)} f(t)dt = F(v(x)) - F(u(x)).$$

En dérivant les deux membres de cette équation par rapport à x, on obtient la formule désirée.

$$\frac{d}{dx}\int_{u(x)}^{v(x)} f(t)dt = \frac{d}{dx}[F(v(x)) - F(u(x))]$$

$$= F'(v(x))\frac{dv}{dx} - F'(u(x))\frac{du}{dx}$$

$$= f(v(x))\frac{dv}{dx} - f(u(x))\frac{du}{dx}.$$ ■

Aux exercices **17** à **19**, utilisez la formule de Leibniz pour calculer les dérivées des fonctions données.

17. $f(x) = \int_{1/x}^{x} \frac{1}{t}\,dt$

18. $f(x) = \int_{\cos x}^{\sin x} \frac{1}{1 - t^2}\,dt$

19. $g(y) = \int_{\sqrt{y}}^{2\sqrt{y}} \sin t^2\,dt$

20. Utilisez la formule de Leibniz pour trouver la valeur de x qui maximise la valeur de l'intégrale

$$\int_{x}^{x+3} t(5 - t)dt.$$

Ce type de problème apparaît dans la théorie mathématique qui modélise les élections en politique.

Source : « The Entry Problem in a Political Race », Steven J. Brams, et Philip D. Straffin Jr., dans *Political Equilibrium*, de Peter Ordeshook et Kenneth Shepfle, Boston, Kluwer-Nijhoff, 1982, p. 181-195.

CHAPITRE 2

APPLICATIONS DE L'INTÉGRALE

VUE D'ENSEMBLE Les intégrales permettent de calculer plusieurs grandeurs ou quantités : l'aire d'une région plane, le volume d'un solide, la longueur d'une courbe, le travail nécessaire pour pomper un liquide situé sous la surface du sol, les forces agissant sur une écluse, les coordonnées du point d'équilibre d'un solide de forme quelconque, etc. Toutes ces grandeurs sont définies comme des limites de sommes de Riemann d'une fonction continue sur un intervalle fermé, c'est-à-dire des intégrales.

2.1 Aires planes et théorème de la moyenne

2.1.1 Calcul d'aires planes par intégration

Nous savons déjà comment utiliser l'intégrale définie pour évaluer l'aire d'une région comprise entre l'axe des x et une courbe $y = f(x)$ dans le cas simple où $f(x)$ reste toujours au-dessus de l'axe des x sur l'intervalle d'intégration $[a, b]$. Cependant, nous devons faire preuve de prudence en distinguant aire nette et aire totale. Tel qu'illustré à l'exemple 5 de la section 1.2, le calcul d'une intégrale donne automatiquement une aire nette dite *algébrique*, car l'aire des régions situées sous l'axe des x est comptée négativement, alors que l'aire des régions situées au-dessus de l'axe des x est comptée positivement. Afin de calculer l'aire totale dite *géométrique*, délimitée par une fonction $f(x)$ qui change de signe sur un intervalle $[a, b]$, nous subdivisons cet intervalle en morceaux sur lesquels $f(x)$ garde un signe constant ; cela permet de décomposer l'intégrale en une somme de plusieurs intégrales. L'aire totale de la région comprise entre la courbe et l'axe des x est alors donnée par la somme des valeurs absolues de chacune de ces intégrales.

EXEMPLE 1 Calculer l'aire totale de la région délimitée par un cycle de la fonction sinus

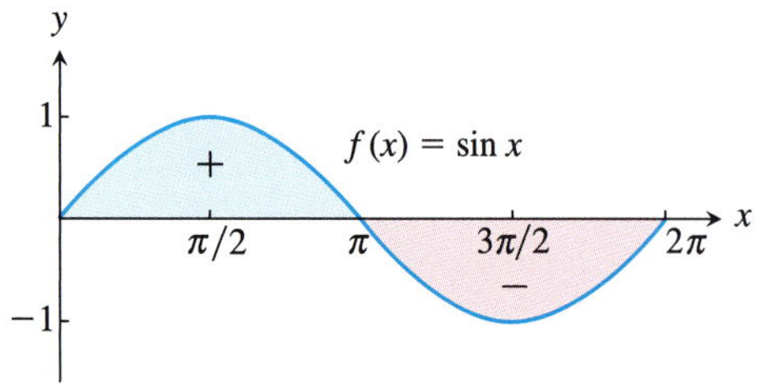

Figure 2.1.1 L'aire de la région délimitée par un cycle sinusoïdal complet et l'axe des x (exemple 1).

Calculez l'aire totale A de la région délimitée par $y = \sin x$ et l'axe des x entre $x = 0$ et $x = 2\pi$ (figure 2.1.1).

Solution

$y = \sin x$ est positive de 0 à π et négative de π à 2π. Nous devons donc séparer l'intervalle $[0, 2\pi]$ en deux intervalles : $[0, \pi]$ et $[\pi, 2\pi]$. L'aire recherchée est :

$$\begin{aligned} A &= \left|\int_0^{\pi} \sin x\, dx\right| + \left|\int_{\pi}^{2\pi} \sin x\, dx\right| \\ &= \left|\Big[-\cos x\Big]_0^{\pi}\right| + \left|\Big[-\cos x\Big]_{\pi}^{2\pi}\right| \\ &= |(-\cos \pi) - (-\cos 0)| + |(-\cos 2\pi) - (-\cos \pi)| \\ &= |1 - (-1)| + |(-1) - 1| \\ &= |2| + |-2| \\ &= 4. \end{aligned}$$

EXEMPLE 2 Calculer l'aire d'une région délimitée par une fonction cubique

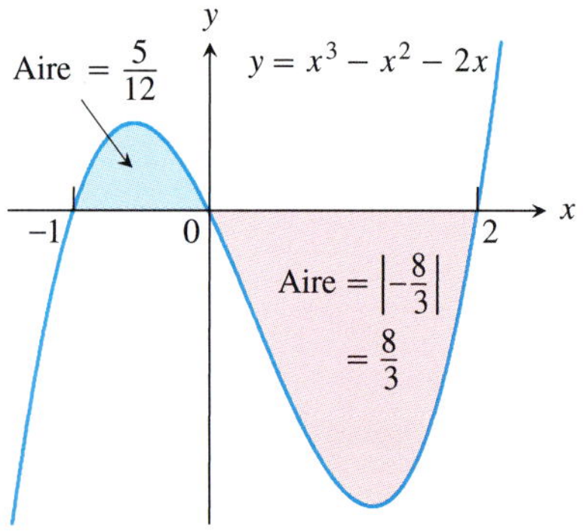

Figure 2.1.2 La région délimitée par la courbe $f(x) = x^3 - x^2 - 2x$ et l'axe des x (exemple 2).

Calculez l'aire totale A de la région comprise entre l'axe des x et la courbe d'équation

$$f(x) = x^3 - x^2 - 2x, \quad -1 \le x \le 2.$$

Solution

Trouvons d'abord les zéros de f. Puisque

$$f(x) = x^3 - x^2 - 2x = x(x^2 - x - 2) = x(x + 1)(x - 2),$$

les zéros sont $x = 0$, $x = -1$ et $x = 2$ (figure 2.1.2). Les zéros séparent l'intervalle $[-1, 2]$ en deux sous-intervalles $[-1, 0]$ et $[0, 2]$, où la fonction est respectivement positive et négative. Intégrons f sur chacun des sous-intervalles et additionnons les résultats en valeur absolue pour obtenir l'aire totale.

Intégrale sur $[-1, 0]$

$$\begin{aligned} \int_{-1}^{0} (x^3 - x^2 - 2x)dx &= \left[\frac{x^4}{4} - \frac{x^3}{3} - x^2\right]_{-1}^{0} \\ &= 0 - \left[\frac{1}{4} - \frac{-1}{3} - 1\right] = \frac{5}{12} \end{aligned}$$

Intégrale sur $[0, 2]$

$$\begin{aligned} \int_{0}^{2} (x^3 - x^2 - 2x)dx &= \left[\frac{x^4}{4} - \frac{x^3}{3} - x^2\right]_{0}^{2} \\ &= \left[4 - \frac{8}{3} - 4\right] - 0 = -\frac{8}{3} \end{aligned}$$

Marche à suivre

Comment trouver l'aire de la région délimitée par une courbe $y = f(x)$ et l'axe des x entre a et b

Étape 1 Faites une partition de $[a, b]$ avec les zéros de f.

Étape 2 Intégrez f sur chaque sous-intervalle.

Étape 3 Faites la somme des valeurs absolues de chacune des intégrales.

Aire totale

$$A = \frac{5}{12} + \left|-\frac{8}{3}\right| = \frac{37}{12}$$

EXEMPLE 3 **Calculer l'aire de la région délimitée par une fonction cubique et deux bornes**

Calculez l'aire totale A de la région délimitée par la courbe $f(x) = 2x^3 - 6x^2 - 8x$, l'axe des x ainsi que les droites $x = -3$ et $x = 5$ (figure 2.1.3).

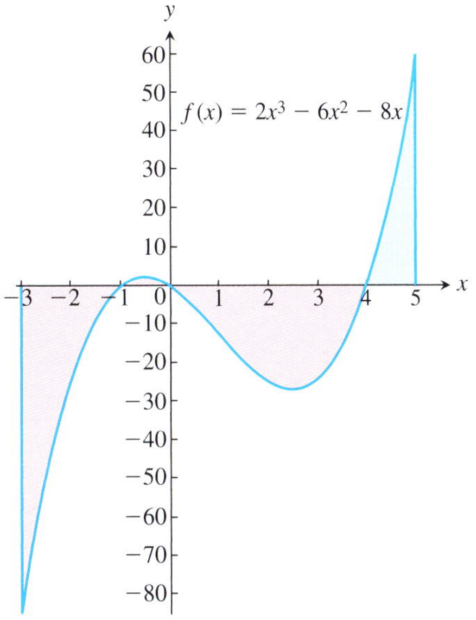

Figure 2.1.3 L'aire de la région délimitée par $f(x) = 2x^3 - 6x^2 - 8x$ et l'axe des x entre $x = -3$ et $x = 5$ (exemple 3).

Solution

Cherchons les zéros de la fonction dans l'intervalle [−3, 5].

$$\begin{aligned} 2x^3 - 6x^2 - 8x &= 2x\,(x^2 - 3x - 4) \\ &= 2x\,(x-4)(x+1) \end{aligned}$$

Donc, $f(x)$ s'annule pour $x_1 = -1$, $x_2 = 0$ et $x_3 = 4$. Les trois racines sont toutes comprises dans l'intervalle [−3, 5].

L'aire recherchée est la somme des valeurs absolues des intégrales sur les sous-intervalles compris entre les zéros successifs. Puisque

$$\int (2x^3 - 6x^2 - 8x)dx = \frac{x^4}{2} - 2x^3 - 4x^2 + C,$$

nous obtenons l'évaluation suivante de l'aire.

$$\begin{aligned} A &= \left|\int_{-3}^{-1} f(x)dx\right| + \left|\int_{-1}^{0} f(x)dx\right| + \left|\int_{0}^{4} f(x)dx\right| + \left|\int_{4}^{5} f(x)dx\right| \\ &= \left|\left[\frac{x^4}{2} - 2x^3 - 4x^2\right]_{-3}^{-1}\right| + \left|\left[\frac{x^4}{2} - 2x^3 - 4x^2\right]_{-1}^{0}\right| + \left|\left[\frac{x^4}{2} - 2x^3 - 4x^2\right]_{0}^{4}\right| \\ &\quad + \left|\left[\frac{x^4}{2} - 2x^3 - 4x^2\right]_{4}^{5}\right| \\ &= |-1{,}5 - 58{,}5| + |0 - (-1{,}5)| + |-64 - 0| + |-37{,}5 - (-64)| \\ &= 60 + 1{,}5 + 64 + 26{,}5 \\ &= 152 \end{aligned}$$

Voir les exercices **1** à **4**.

2.1.2 Aire d'une région comprise entre deux courbes

L'aire d'une région du plan xy s'évalue en intégrant les fonctions qui délimitent cette région. Supposons que l'on cherche l'aire de la région bornée, en haut, par la courbe $y = f(x)$, en bas, par la courbe $y = g(x)$, à gauche, par $x = a$ et à droite, par $x = b$ (figure 2.1.4). Dans certains cas, la région peut avoir une forme géométrique simple dont l'aire s'évalue à l'aide de résultats élémentaires de géométrie. En général cependant, f et g sont quelconques et l'aire doit être déterminée par intégration.

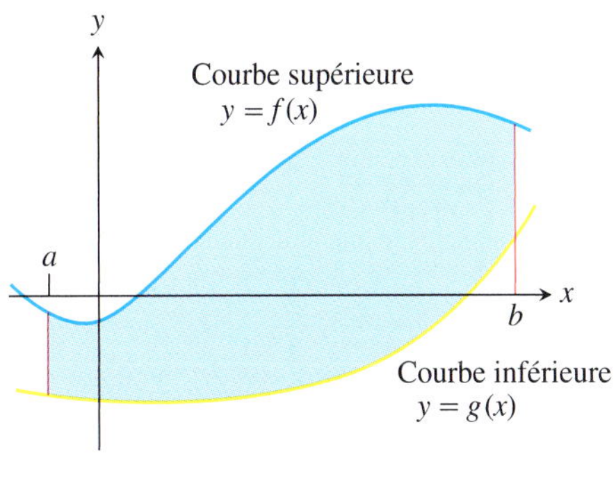

Figure 2.1.4 La région comprise entre les courbes $y = f(x)$ et $y = g(x)$ ainsi que les droites $x = a$ et $x = b$.

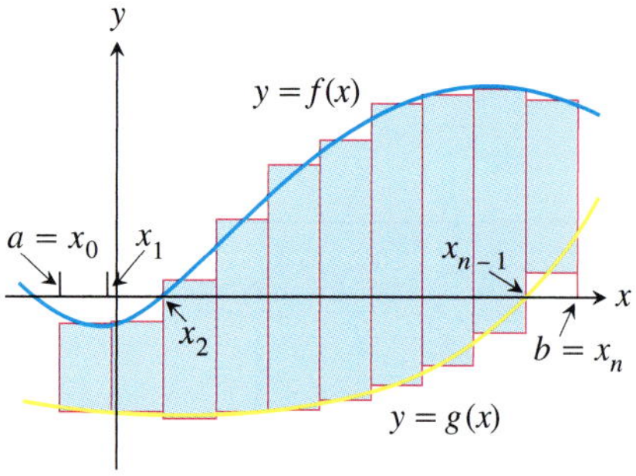

Figure 2.1.5 L'aire est évaluée en subdivisant la région en rectangles perpendiculaires à l'axe des x.

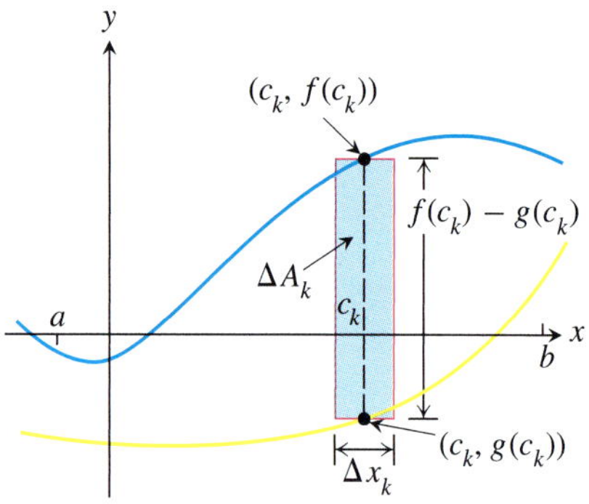

Figure 2.1.6 L'aire du k^e rectangle $= \Delta A_k =$ hauteur $\times$ largeur $= [f(ck) - g(ck)]\Delta A_k$.

Pour décrire cette intégrale, découpons la région en n rectangles verticaux dont les bases sont déterminées par la partition $P = \{x_0, x_1, x_2, \ldots, x_n\}$ de l'intervalle $[a, b]$ (figure 2.1.5). L'aire du k^e rectangle (figure 2.1.6) est

$$\Delta A_k = \text{hauteur} \times \text{largeur} = [f(c_k) - g(c_k)]\Delta x_k$$

où c_k est un nombre compris dans le k^e sous-intervalle.

Nous obtenons l'aire approximative en additionnant les aires de tous les rectangles:

$$A \approx \sum_{k=1}^{n} \Delta A_k = \sum_{k=1}^{n} [f(c_k) - g(c_k)]\Delta x_k.$$

Somme de Riemann

Lorsque max $\Delta x_k \to 0$, les sommes de droite tendent vers $\int_a^b [f(x) - g(x)]dx$ car f et g sont des fonctions continues. L'aire de la région est égale à la valeur de cette intégrale, c'est-à-dire

$$A = \lim_{\max \Delta x_k \to 0} \sum_{k=1}^{n} [f(c_k) - g(c_k)]\Delta x_k = \int_a^b [f(x) - g(x)]dx.$$

DÉFINITION 2.1.1 Aire d'une région comprise entre deux courbes

Si f et g sont continues et si $f(x) \geq g(x)$ sur un intervalle $[a, b]$, alors l'aire A de la région délimitée par les courbes $y = f(x)$ et $y = g(x)$ entre a et b est égale à l'intégrale de $f - g$ sur $[a, b]$:

$$A = \int_a^b [f(x) - g(x)]dx.$$

Marche à suivre

Comment trouver l'aire d'une région comprise entre deux courbes

Étape 1 *Esquissez les courbes et dessinez un rectangle représentatif de hauteur h.* Cela permet de voir quelle est la courbe supérieure f et quelle est la courbe inférieure g. Cela aide aussi à voir les bornes d'intégration.

Étape 2 *Trouvez les bornes d'intégration* (si elles ne sont pas données).

Étape 3 *Écrivez une formule pour la hauteur $h(x) = f(x) - g(x)$ et simplifiez cette expression* (si possible).

Étape 4 *Intégrez $[f(x) - g(x)]$ entre* a et b. Le résultat est égal à l'aire de la région.

Pour appliquer la définition 2.1.1, respectez les étapes ci-contre.

Dans ce type de problème, il arrive souvent qu'aucune borne ne soit donnée, car la région est délimitée par deux courbes qui se coupent; les bornes d'intégration sont alors les abscisses x_1 et x_2 de deux points d'intersection consécutifs des deux courbes.

EXEMPLE 4 Aire d'une région comprise entre deux courbes qui se coupent

Évaluez l'aire A de la région délimitée par la droite $y = -x$ et la parabole $y = 2 - x^2$.

Solution

Étape 1 *Esquissez les courbes et dessinez un rectangle représentatif de hauteur h* (figure 2.1.7). La courbe supérieure f est la parabole et la courbe inférieure g est la droite. Les abscisses des points d'intersection des deux courbes sont les bornes d'intégration.

Étape 2 *Trouvez les bornes d'intégration.* Trouvons les points d'intersection de f et g pour obtenir les bornes en résolvant le système de deux équations $g(x) = -x$ et $f(x) = 2 - x^2$:

$$-x = 2 - x^2 \quad \text{Poser } f = g$$

$$x^2 - x - 2 = 0$$

$$(x + 1)(x - 2) = 0. \quad \text{Factorisation}$$

Il n'y a que deux points d'intersection dont les abscisses sont -1 et 2. La région est donc bornée par $x = -1$ et $x = 2$, et les bornes d'intégration sont $a = -1$ et $b = 2$.

Étape 3 *Écrivez une formule pour la hauteur $h(x) = f(x) - g(x)$ et simplifiez cette expression.*

$$\begin{aligned} f(x) - g(x) &= (2 - x^2) - (-x) \\ &= 2 - x^2 + x \\ &= 2 + x - x^2 \end{aligned}$$

Étape 4 *Intégrez $[f(x) - g(x)]$ entre a et b.*

$$\begin{aligned} A &= \int_a^b [f(x) - g(x)]dx \qquad \text{Définition 2.1.1} \\ &= \int_{-1}^{2} (2 + x - x^2)dx \\ &= \left[2x + \frac{x^2}{2} - \frac{x^3}{3}\right]_{-1}^{2} \\ &= \left(4 + \frac{4}{2} - \frac{8}{3}\right) - \left(-2 + \frac{1}{2} + \frac{1}{3}\right) \\ &= 6 + \frac{3}{2} - \frac{9}{3} \\ &= \frac{9}{2} \end{aligned}$$

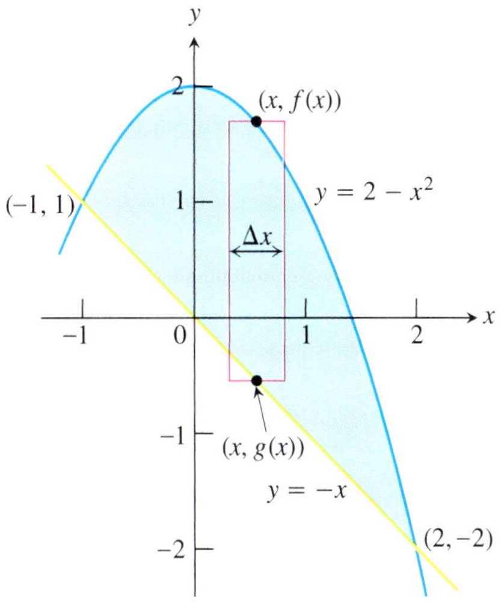

Figure 2.1.7 La région délimitée par $g(x) = -x$ et $f(x) = 2 - x^2$ avec un rectangle représentatif.

Voir les exercices **5**, **7** à **21**, **23** à **26**, **28** et **29**.

2.1.3 Frontières définies par plus d'une formule

Il se peut que la frontière d'une région soit définie par plus d'une formule. Dans ce cas, il faut subdiviser la région en plusieurs sous-régions, appliquer la définition 2.1.1 à chacune d'elles, puis additionner les résultats.

EXEMPLE 5 Modifier l'intégrale en accord avec un changement de frontière

Évaluez l'aire de la région du premier quadrant comprise entre la courbe $y = \sqrt{x}$, l'axe des x et la droite $y = x - 2$.

Solution

Étape 1 La région est bornée en haut par la courbe $y = \sqrt{x}$ (voir figure 2.1.8, page 100). La région est bornée en bas de deux façons différentes : par l'axe des x sur l'intervalle $[0, 2]$ et par la droite $y = x - 2$ sur l'intervalle $[2, b]$, où b désigne l'abscisse du point d'intersection entre les deux courbes. Par conséquent, subdivisons la région en deux parties : une partie A, de $x = 0$ à $x = 2$, et une partie B, de $x = 2$ à $x = b$. De plus, dessinons un rectangle représentatif pour chacune des deux régions.

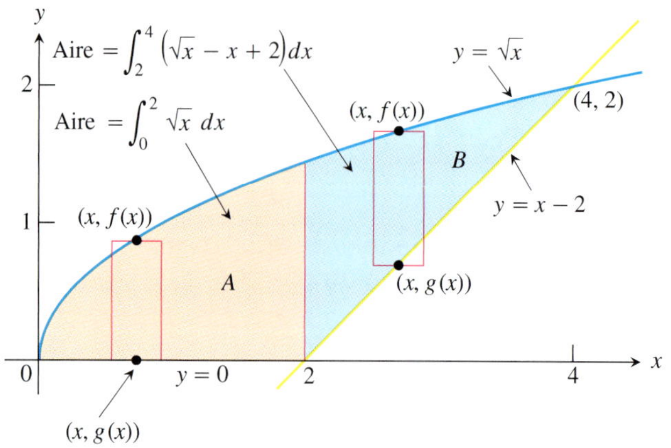

Figure 2.1.8 Si la formule décrivant une frontière change, l'intégrale doit être adaptée en conséquence.

Étape 2 Pour la région A, les bornes d'intégration sont $a = 0$ et $b = 2$. Pour la région B, la borne inférieure est $a = 2$; pour trouver la borne supérieure b, résolvons le système d'équations $y = \sqrt{x}$ et $y = x - 2$:

$$\sqrt{x} = x - 2$$

$$x = (x-2)^2 = x^2 - 4x + 4 \qquad \text{Élever au carré}$$

$$x^2 - 5x + 4 = 0$$

$$(x-1)(x-4) = 0 \qquad \text{Factoriser}$$

$$x = 1, \quad x = 4. \qquad \text{Résoudre}$$

Seule la valeur $x = 4$ est une solution du système. La valeur $x = 1$ est une racine étrangère au système qui est apparue à l'opération « Élever au carré ». Pour la région B, la borne supérieure d'intégration est donc $b = 4$.

Étape 3 Pour $0 \leq x \leq 2$: $f(x) - g(x) = \sqrt{x} - 0 = \sqrt{x}$.

Pour $2 \leq x \leq 4$: $f(x) - g(x) = \sqrt{x} - (x-2) = \sqrt{x} - x + 2$.

Étape 4 Intégrons puis additionnons les aires des deux sous-régions A et B pour calculer l'aire totale.

$$\text{Aire totale} = \underbrace{\int_0^2 \sqrt{x}\, dx}_{\text{Aire de } A} + \underbrace{\int_2^4 \left(\sqrt{x} - x + 2\right) dx}_{\text{Aire de } B}$$

$$= \left[\frac{2}{3}x^{3/2}\right]_0^2 + \left[\frac{2}{3}x^{3/2} - \frac{x^2}{2} + 2x\right]_2^4$$

$$= \frac{2}{3}(2)^{3/2} - 0 + \left(\frac{2}{3}(4)^{3/2} - 8 + 8\right) - \left(\frac{2}{3}(2)^{3/2} - 2 + 4\right)$$

$$= \frac{2}{3}(8) - 2 = \frac{10}{3}$$

Voir les exercices **6**, **22**, **27** et **30**.

L'une des difficultés majeures dans le calcul des intégrales définies consiste à déterminer les bornes d'intégration. Cette opération demande souvent de trouver les points d'intersection entre deux courbes $y_1 = f(x)$ et $y_2 = g(x)$ ou, de façon équivalente, les zéros d'une fonction. Vous trouverez ci-contre deux méthodes pour résoudre ce problème avec la calculatrice graphique.

EXEMPLE 6 Trouver l'intersection de deux graphes avec la calculatrice graphique

Essayez les deux méthodes ci-contre avec les fonctions

$$f(x) = \ln x \quad \text{et} \quad g(x) = 3 - x.$$

Lorsque les points d'intersection ne sont pas clairement visibles ou qu'un certain doute subsiste, vous pouvez utiliser la fonction ZOOM ou mettre à profit vos connaissances en calcul différentiel, si nécessaire.

Solution

Méthode A Intersection des deux courbes $y_1 = \ln x$ et $y_2 = 3 - x$.

Méthode B Racine de $h(x) = \ln x - 3 + x$; puis $g(2{,}2079400316) = 3 - 2{,}2079400316 = 0{,}7920599684$.

(figure 2.1.9)

Marche à suivre

Comment trouver l'intersection de deux graphes avec la calculatrice graphique

Méthode A

Étape 1 Entrez les fonctions $y_1 = f(x)$ et $y_2 = g(x)$.

Étape 2 Utilisez la méthode graphique qui permet de trouver les points d'intersection.

Méthode B

Étape 1 Entrez la fonction $h(x) = f(x) - g(x)$.

Étape 2 Utilisez la méthode graphique qui permet de résoudre l'équation $h(x) = 0$ en trouvant les racines (les zéros de h).

Étape 3 Trouvez les valeurs de $f(x) = g(x)$ pour chacune des valeurs de x trouvées à l'étape 2.

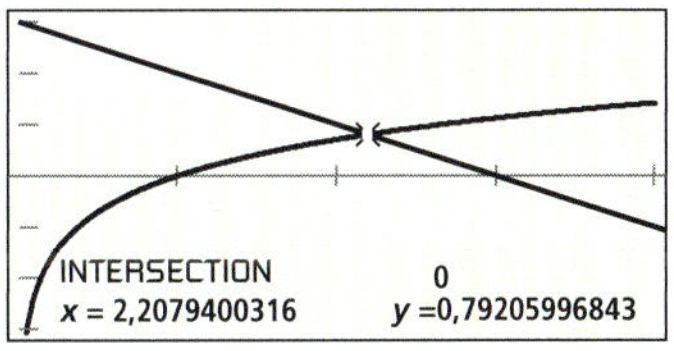

a) Méthode A

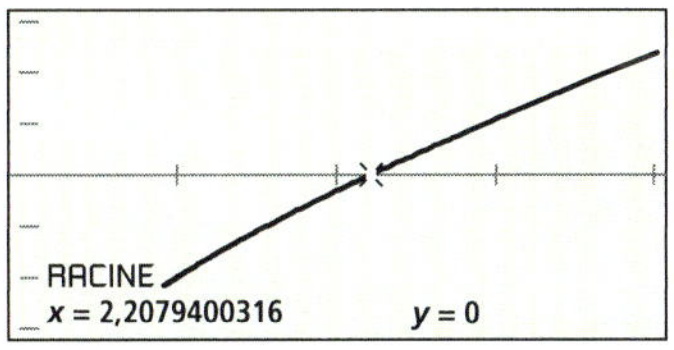

b) Méthode B

Figure 2.1.9 Les deux méthodes pour trouver l'intersection de deux courbes avec la calculatrice graphique.

2.1.4 Valeur moyenne d'une fonction

Pour trouver la valeur moyenne d'un ensemble fini de n valeurs, on les additionne et on divise la somme par n. Qu'en est-il pour un nombre infini de valeurs ? Par exemple, quelle est la valeur moyenne de la fonction $f(x) = x^2$ sur l'intervalle $[-1, 1]$?

Pour comprendre ce que signifie ce genre de moyenne « continue », imaginons un échantillon aléatoire de valeurs de x prises au hasard dans $[-1, 1]$: élevons-les au carré et calculons-en la moyenne. On peut penser que si l'échantillon devient de plus en plus grand, la valeur moyenne se rapprochera d'un nombre représentant la valeur moyenne de la fonction $f(x) = x^2$ sur l'intervalle $[-1, 1]$.

Il est cependant plus simple d'estimer la valeur moyenne en choisissant un nombre fini de valeurs de manière systématique. Soit une fonction continue f non négative définie sur un intervalle fermé $[a, b]$. Subdivisons l'intervalle $[a, b]$ en n sous-intervalles d'égale longueur $\Delta x = (b - a)/n$, puis évaluons f à tous les points milieux $c_1, c_2, \ldots, c_n$ des n sous-intervalles. La moyenne de toutes les valeurs ainsi choisies $\dfrac{f(c_1) + f(c_2) + \ldots + f(c_n)}{n}$ constitue une bonne estimation de la valeur moyenne de f sur l'intervalle $[a, b]$.

On peut raffiner ce point de vue en démontrant que l'estimation de la valeur moyenne de f sur $[a, b]$ est toujours égale à l'estimation de l'aire de la région sous le graphe de f entre a et b divisée par la longueur $b - a$ de l'intervalle. En effet,

$$\frac{f(c_1) + f(c_2) + \ldots + f(c_n)}{n} = \frac{1}{n} \cdot \sum_{k=1}^{n} f(c_k) \qquad \text{Somme en notation } \Sigma$$

$$= \frac{\Delta x}{b - a} \cdot \sum_{k=1}^{n} f(c_k) \qquad \text{Car } \Delta x = \frac{b - a}{n}$$

$$= \frac{1}{b-a} \cdot \underbrace{\sum_{k=1}^{n} f(c_k)\Delta x}_{\text{Somme de Riemann pour } f \text{ sur } [a,\, b]}$$

Donc, la moyenne des valeurs choisies est toujours $1/(b - a)$ fois une somme de Riemann pour f sur $[a, b]$. Si nous faisons tendre n vers l'infini et que Δx tend vers zéro, cette moyenne de valeurs choisies devra tendre vers la valeur moyenne de f, soit $\frac{1}{b-a}\int_a^b f(x)dx$. De ce fait découle la définition suivante.

DÉFINITION 2.1.2 Valeur moyenne d'une fonction sur un intervalle

Si f est intégrable sur un intervalle $[a, b]$, alors sa **valeur moyenne** sur $[a, b]$ est

$$\text{moy}(f) = \frac{1}{b-a}\int_a^b f(x)dx.$$

EXEMPLE 7 Trouver la valeur moyenne d'une fonction

Trouvez la valeur moyenne de $f(x) = \sqrt{4 - x^2}$ sur l'intervalle $[-2, 2]$.

Solution

Le graphe de cette fonction est un demi-cercle de rayon 2 centré à l'origine.

L'aire de la surface comprise entre la courbe et l'axe horizontal peut être calculée sans intégrale, directement avec la formule de géométrie suivante :

$$\text{Aire} = \frac{\pi r^2}{2} = \frac{\pi(2)^2}{2} = 2\pi.$$

Puisque l'aire est également la valeur de l'intégrale de f de -2 à 2,

$$\int_{-2}^{2} \sqrt{4 - x^2}\, dx = 2\pi.$$

Par conséquent, la valeur moyenne de f sur l'intervalle $[-2, 2]$ est

$$\text{moy}(f) = \frac{1}{2-(-2)}\int_{-2}^{2} \sqrt{4 - x^2}\, dx = \frac{1}{4}(2\pi) = \frac{\pi}{2}.$$

Voir les exercices **31** à **36**.

EXEMPLE 8 Températures moyennes

On a mesuré la température extérieure à toutes les heures entre midi et minuit. Les résultats sont consignés dans la table 2.1.1.

TABLE 2.1.1

Heure	0	1	2	3	4	5	6	7	8	9	10	11	12
Température (°C)	18	19	20	21	23	22	21	21	19	19	18	16	14

Quelle était la température moyenne pendant cette période de 12 heures ?

Solution

Nous cherchons la valeur moyenne d'une fonction continue (température) pour laquelle les valeurs à des points particuliers distants d'une unité sont connues (figure 2.1.10). Nous devons donc trouver

$$\text{moy}(f) = \frac{1}{b-a}\int_a^b f(x)dx$$

sans avoir de formule explicite décrivant la fonction $f(x)$. Nous pouvons cependant trouver une valeur approximative de l'intégrale en utilisant la méthode des trapèzes : les températures sont les valeurs de la fonction f à chacune des bornes d'une partition de la période de 12 heures subdivisée en 12 sous-intervalles où $h = (b-a)/n = (12-0)/12 = 1$.

$$T = \frac{h}{2}(y_0 + 2y_1 + 2y_2 + 2y_3 + \ldots + 2y_{11} + y_{12})$$ Formule de la méthode des trapèzes

$$= \frac{1}{2}(18 + 2 \cdot 19 + 2 \cdot 20 + 2 \cdot 21 + \ldots + 2 \cdot 16 + 14)$$

$$= 235$$

En utilisant T comme une valeur approximative de $\int_0^{12} f(x)dx$, nous obtenons :

$$\text{moy}(f) = \frac{1}{b-a} \cdot T = \frac{1}{12} \cdot 235 \approx 19{,}58.$$

Nous devons arrondir au même niveau de précision que les données expérimentales. Notre estimation de la température moyenne est donc 20 °C.

Si nous avions fait un simple calcul de moyenne arithmétique des 13 données de température, nous aurions obtenu un résultat différent ! En effet,

$$\bar{x} = \frac{1}{13} \cdot (18 + 19 + 20 + 21 + \ldots + 16 + 14)$$

$$= 19{,}31.$$

En arrondissant, nous trouvons 19 °C. (Observons que cette valeur est moins représentative que la précédente de ce qui s'est réellement passé entre midi et minuit.)

Voir l'exercice **38**.

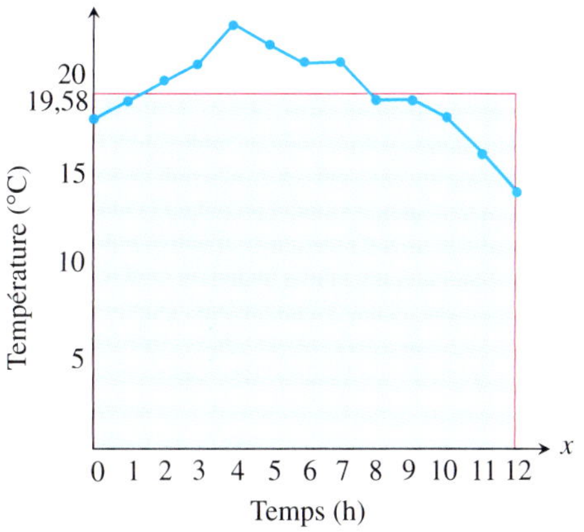

Figure 2.1.10 La température moyenne pendant une période de 12 heures est estimée à 19,58 °C, en mesurant une valeur approximative de l'intégrale avec la méthode des trapèzes. Le rectangle illustré de hauteur 19,58 est de même aire que le polygone délimité par $f(x)$, l'axe des x et les deux droites verticales $x = 0$ et $x = 12$ (exemple 8).

2.1.5 Théorème de la moyenne pour l'intégrale définie

Nous venons de définir la valeur moyenne d'une fonction continue f sur un intervalle $[a, b]$ comme l'intégrale définie $\int_a^b f(x)dx$ divisée par la longueur $(b-a)$ de l'intervalle. Le théorème de la moyenne pour l'intégrale définie permet d'affirmer que cette valeur moyenne est toujours effectivement atteinte par la fonction au moins une fois sur l'intervalle.

Ce théorème peut être interprété géométriquement dans la figure 2.1.11 en imaginant une famille de rectangles de base fixe $(b-a)$ et dont les hauteurs varient entre la valeur minimale et la valeur maximale de f sur l'intervalle $[a, b]$. Dans le premier cas, l'aire du rectangle est trop petite pour donner l'intégrale ; dans l'autre cas, elle est trop grande. Donc, quelque part entre ces deux rectangles, il doit nécessairement exister un rectangle « juste », dont l'aire

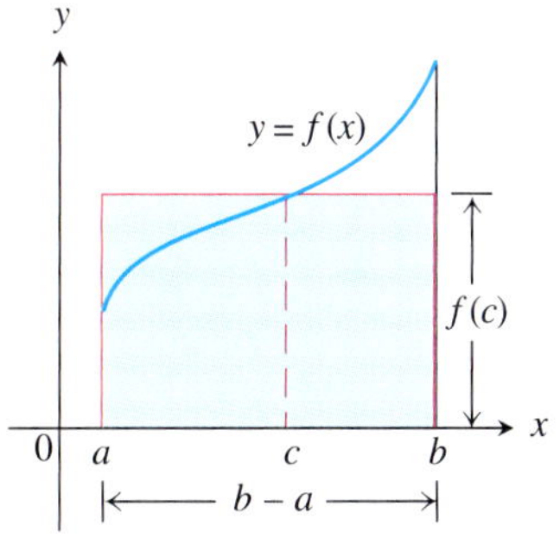

Figure 2.1.11 Le théorème de la moyenne. La valeur $f(c)$ est la hauteur moyenne de f sur l'intervalle $[a, b]$. Lorsque $f \geq 0$, l'aire du rectangle coloré est égale à l'aire de la région sous le graphe de f et au-dessus de l'axe des x entre a et b,

$$f(c) \cdot (b-a) = \int_a^b f(x)dx.$$

est exactement équivalente à l'aire délimitée par la courbe ; de plus, le côté supérieur de ce rectangle doit nécessairement couper le graphe de f à une hauteur que nous avons appelée *valeur moyenne* de f.

THÉORÈME 2.1.1 Théorème de la moyenne pour l'intégrale définie

Si f est une fonction continue sur un intervalle $[a, b]$, alors il existe un point c de $[a, b]$ tel que

$$f(c) = \frac{1}{b-a}\int_a^b f(x)dx.$$

EXEMPLE 9 Appliquer le théorème de la moyenne

Trouvez la valeur moyenne de $f(x) = 4 - x$ sur l'intervalle $[0, 3]$ et déterminez pour quel $x = c$ cette valeur moyenne est atteinte.

Solution

$$\begin{aligned}\text{moy}(f) &= \frac{1}{b-a}\int_a^b f(x)dx \\ &= \frac{1}{3-0}\int_0^3 (4-x)dx \\ &= \frac{1}{3}\left[4x - \frac{x^2}{2}\right]_0^3 \\ &= \frac{1}{3}\left(4(3) - \frac{3^2}{2} - 0\right) \\ &= \frac{1}{3}\left(\frac{15}{2}\right) = \frac{5}{2}\end{aligned}$$

La valeur moyenne de $f(x) = 4 - x$ sur l'intervalle $[0, 3]$ est $5/2$. La fonction atteint cette valeur moyenne lorsque $f(x) = 4 - x = 5/2$, c'est-à-dire à $x = 4 - 5/2 = 3/2$ (figure 2.1.12).

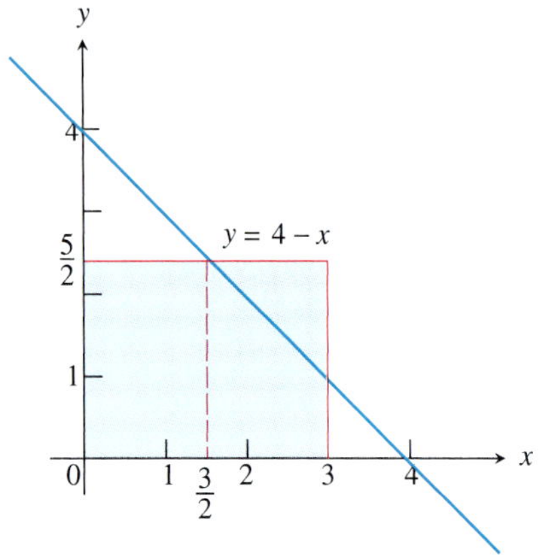

Figure 2.1.12 La valeur moyenne de $f(x) = 4 - x$ sur $[0, 3]$. L'aire du rectangle dont la base est l'intervalle $[0, 3]$ et dont la hauteur est $5/2$ (valeur moyenne de f) est égale à l'aire de la région comprise entre la droite $y = 4 - x$, l'axe des x et les droites $x = 0$ et $x = 3$ (exemple 9).

À l'exemple 9, nous avons trouvé une abscisse où f atteignait sa valeur moyenne en posant $f(x)$ égale à sa valeur moyenne et en résolvant cette équation pour x ; mais cela ne prouve pas qu'une telle valeur de x existe dans tous les cas. Pour démontrer le théorème 2.1.1, il faut recourir à un argument plus général.

Théorème de la valeur intermédiaire

Une fonction $y = f(x)$ continue sur un intervalle fermé $[a, b]$ passe par toutes les valeurs comprises entre $f(a)$ et $f(b)$. En d'autres mots, si y_0 est une valeur quelconque comprise entre $f(a)$ et $f(b)$, alors $y_0 = f(c)$ pour une valeur c dans $[a, b]$.

Preuve du théorème de la moyenne (théorème 2.1.1) En divisant par $(b - a)$ les inégalités de la propriété **6** du théorème 1.2.4 (voir page 25), nous obtenons :

$$\min f \leq \frac{1}{b-a}\int_a^b f(x)dx \leq \max f.$$

Comme f est une fonction continue, le théorème de la valeur intermédiaire pour les fonctions continues s'applique, ce qui signifie que f atteint toutes les valeurs comprises entre $\min f$ et $\max f$. La fonction f doit donc atteindre la valeur $\frac{1}{b-a}\int_a^b$ en un point c de l'intervalle $[a, b]$. ■

Il est à noter que la continuité de f est une condition essentielle au théorème de la moyenne. Par exemple, une fonction discontinue comme celle qui est illustrée à la figure 2.1.13 peut « sauter par-dessus » sa valeur moyenne sans jamais l'atteindre.

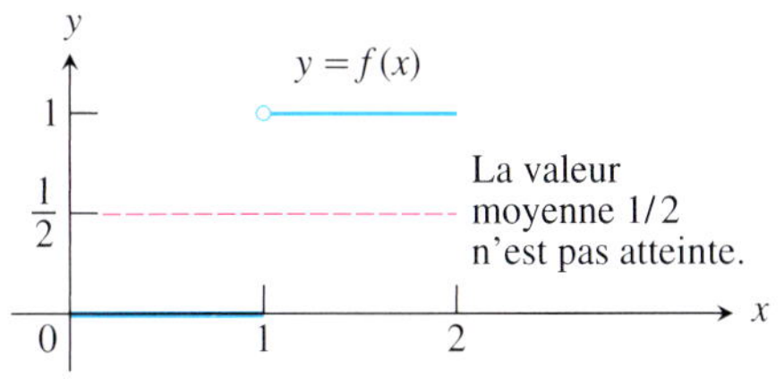

Figure 2.1.13 Une fonction discontinue n'atteint pas toujours sa valeur moyenne. Elle peut « sauter par-dessus ».

EXEMPLE 10 Valeur moyenne nulle

Montrez que si f est continue sur un intervalle $[a, b]$ et si

$$\int_a^b f(x)dx = 0, \quad \text{où } a \neq b$$

alors $f(x) = 0$ au moins une fois sur $[a, b]$.

Solution

La valeur moyenne de f sur l'intervalle $[a, b]$ est

$$\text{moy}(f) = \frac{1}{b-a}\int_a^b f(x)dx = \frac{1}{b-a} \cdot 0 = 0.$$

D'après le théorème de la moyenne, f atteint la valeur 0 en un point d'abscisse c de $[a, b]$.

EXEMPLE 11 Un problème d'électricité domestique

Dans nos résidences, la tension du courant électrique est modélisée par la fonction périodique

$$V = V_{\text{max}} \sin 120\,\pi t,$$

où V est la tension en volts et t, le temps en secondes. Cette fonction est périodique de fréquence 60 cycles par seconde, c'est-à-dire 60 hertz (Hz). La constante positive V_{max} est appelée *tension de crête* ou **tension de pointe** (figure 2.1.14).

La valeur moyenne de V sur un demi-cycle (de 0 à 1/120 s) est donnée par

$$\begin{aligned} V_{\text{moy}} &= \frac{1}{(1/120)-0}\int_0^{1/120} V_{\text{max}} \sin 120\pi t\, dt \\ &= 120\, V_{\text{max}}\left[-\frac{1}{120\pi}\cos 120\pi t\right]_0^{1/120} \\ &= \frac{V_{\text{max}}}{\pi}[-\cos \pi + \cos 0] \\ &= \frac{2V_{\text{max}}}{\pi}. \end{aligned}$$

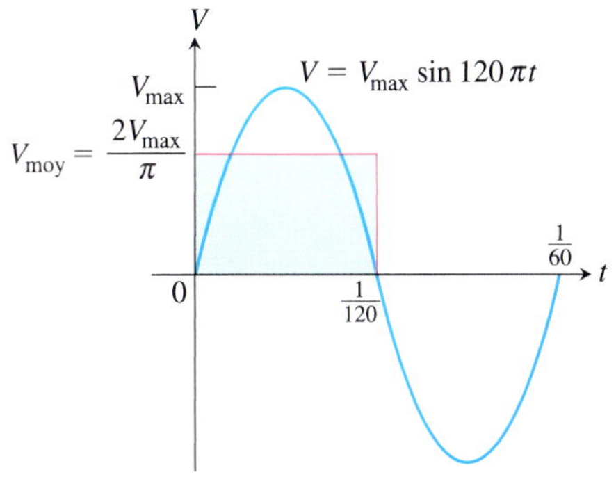

Figure 2.1.14 Le graphe de la tension $V = V_{\text{max}} \sin 120\pi t$ sur un cycle complet. La valeur moyenne sur un demi-cycle est $2V_{\text{max}}/\pi$. La valeur moyenne sur un cycle complet est zéro (exemple 11).

La valeur moyenne de la tension sur un cycle complet est zéro (voir figure 2.1.14 et exercice **37**). Si l'on mesurait la tension à l'aide d'un galvanomètre, on y lirait effectivement zéro.

Pour mesurer la tension effective, on utilise un instrument qui enregistre la racine carrée de la valeur moyenne du carré de la tension :

$$V_{\text{rcm}} = \sqrt{(V^2)_{\text{moy}}}\,.$$

L'indice « rcm » signifie « racine carrée de la moyenne des carrés ».

Puisque, d'après l'exercice **37 c**, la valeur moyenne de $V^2 = (V_{\text{max}})^2 \sin^2 120\,\pi t$ sur un cycle complet est

$$(V^2)_{\text{moy}} = \frac{1}{(1/60)-0}\int_0^{1/60} (V_{\text{max}})^2 \sin^2 120\,\pi t\, dt = \frac{(V_{\text{max}})^2}{2},$$

la tension rcm est

$$V_{\text{rcm}} = \sqrt{(V^2)_{\text{moy}}} = \sqrt{\frac{(V_{\max})^2}{2}} = \frac{V_{\max}}{\sqrt{2}}. \qquad (1)$$

Les valeurs données pour les intensités et les tensions résidentielles sont toujours en rcm. Ainsi, une tension de 115 volts c.a. signifie que la tension rcm est de 115. D'après l'équation (1), la tension de pointe est alors de

$$V_{\max} = \sqrt{2}\, V_{\text{rcm}} = \sqrt{2} \cdot 115 \approx 163V,$$

ce qui est sensiblement plus élevé.

Voir l'exercice **37**.

Exercices 2.1

Aire d'une région délimitée par une courbe

Aux exercices **1** à **4**, calculez l'aire totale de la surface comprise entre les courbes suivantes, l'axe des x et les bornes indiquées.

1. $y = -x^2 - 2x$, $-3 \le x \le 2$

2. $y = x^3 - 3x^2 + 2x$, $0 \le x \le 2$

3. $y = x^3 - 4x$, $-2 \le x \le 2$

4. $y = x^{1/3} - x$, $-1 \le x \le 8$

Aire d'une région comprise entre deux courbes

Aux exercices **5** et **6**, déterminez l'aire des régions colorées.

5.

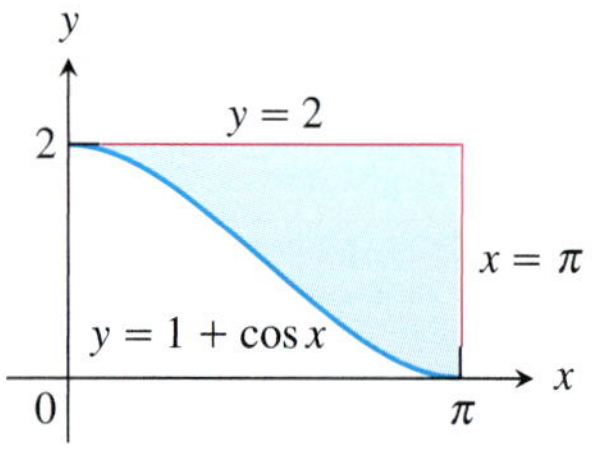

6.

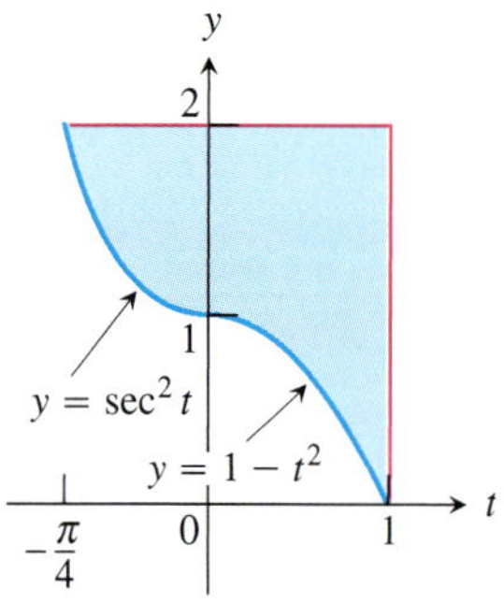

Aux exercices **7** à **12**, déterminez l'aire des régions colorées.

7.

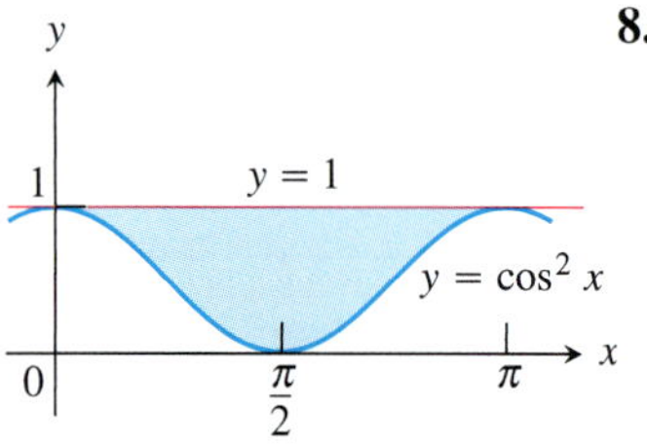

8.

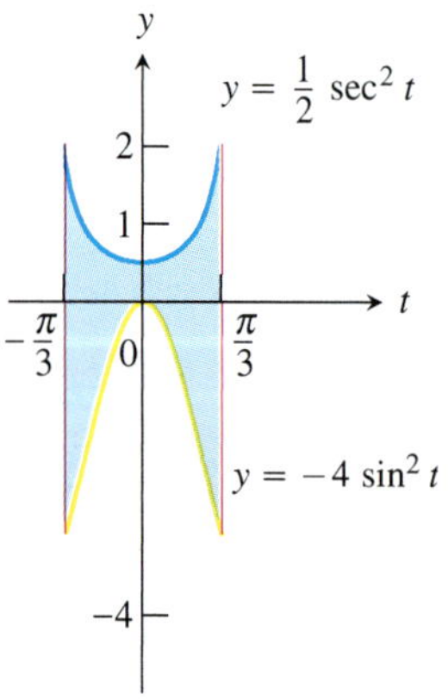

9.

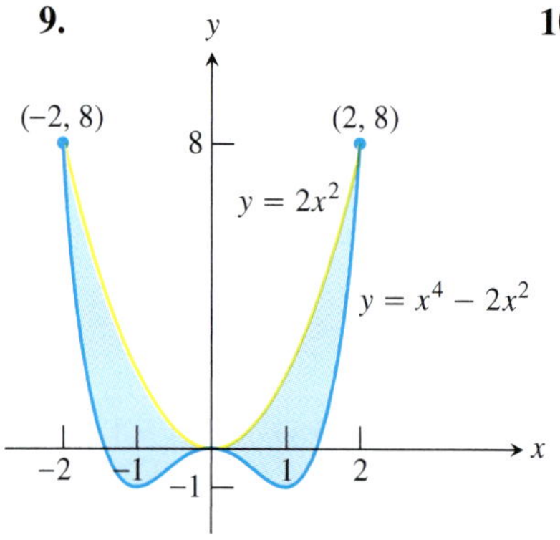

10.

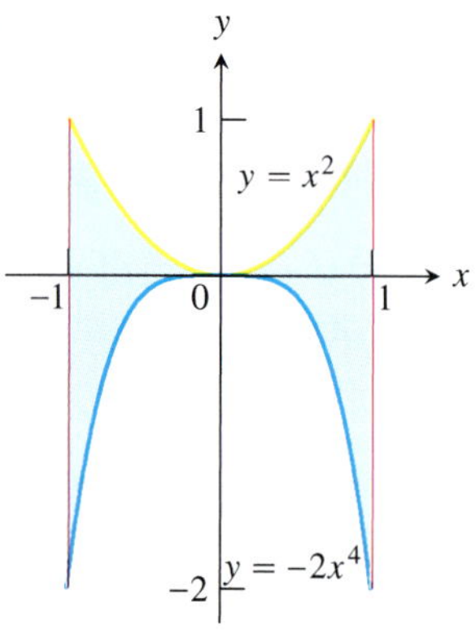

11.

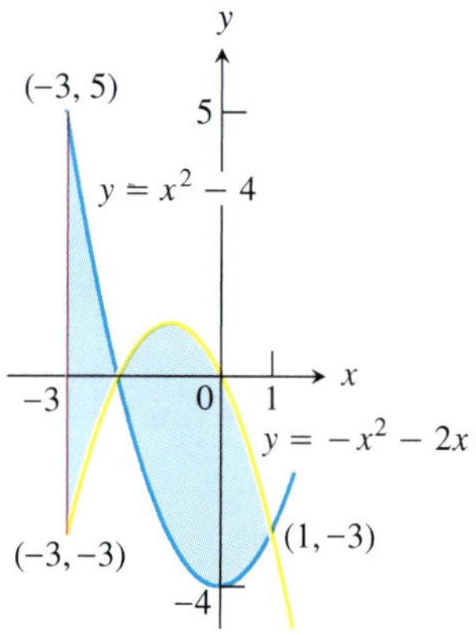

12.

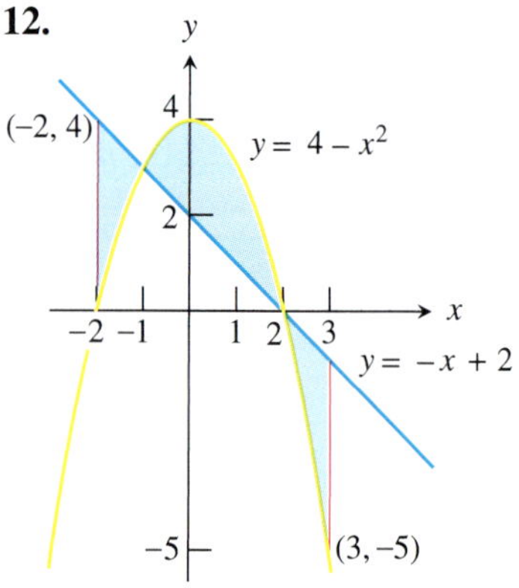

Aux exercices **13** à **16**, tracez le graphe des fonctions données sur chaque intervalle indiqué, puis :

a) intégrez la fonction sur l'intervalle ;

b) évaluez l'aire totale (ou géométrique) de la région comprise entre le graphe et l'axe des x.

13. $y = x^2 - 6x + 8$, $[0, 3]$

14. $y = -x^2 + 5x - 4$, $[0, 2]$

15. $y = 2x - x^2$, $[0, 3]$

16. $y = x^2 - 4x$, $[0, 5]$

Aux exercices **17** à **26**, évaluez l'aire totale des régions comprises entre les courbes ou les droites données.

17. $y = x^2 - 2$ et $y = 2$.

18. $y = -x^2 - 2x$ et $y = x$.

19. $y = x^2$ et $y = -x^2 + 4x$.

20. $y = 7 - 2x^2$ et $y = x^2 + 4$.

21. $y = x^4 - 4x^2 + 4$ et $y = x^2$.

22. $y = |x^2 - 4|$ et $y = (x^2/2) + 4$.

23. $y = 2 \sin x$ et $y = \sin 2x$, $0 \leq x \leq \pi$.

24. $y = 8 \cos x$ et $y = \sec^2 x$, $-\pi/3 \leq x \leq \pi/3$.

25. $y = \sin(\pi x/2)$ et $y = x$.

26. $y = \sec^2 x$, $y = \tan^2 x$, $x = -\pi/4$ et $x = \pi/4$.

27. Évaluez l'aire de la région du premier quadrant comprise entre la droite $y = x$, la droite $x = 2$, la courbe $y = 1/x^2$ et l'axe des x.

28. Évaluez l'aire de la région « curvitriangulaire » du premier quadrant bornée à gauche par l'axe des y et à droite par les courbes $y = \sin x$ et $y = \cos x$ jusqu'au premier point d'intersection de ces deux courbes.

29. Évaluez l'aire de la région comprise entre la courbe $y = 3 - x^2$ et la droite $y = -1$.

30. Évaluez l'aire de la région du premier quadrant bornée à gauche par l'axe des y, en bas par la droite $y = x/4$, en haut à gauche par la courbe $y = 1 + \sqrt{x}$ et en haut à droite par la courbe $y = 2/\sqrt{x}$.

Valeur moyenne d'une fonction

Trouvez la valeur moyenne des fonctions suivantes sur l'intervalle indiqué en utilisant la méthode géométrique introduite à l'exemple 7 (voir page 102).

31. $f(x) = 1 - x$ sur $[0, 1]$.

32. $f(x) = |x|$ sur $[-1, 1]$.

33. $f(x) = \sqrt{1 - x^2}$ sur $[0, 1]$.

34. $f(x) = \sqrt{1 - (x - 2)^2}$ sur $[1, 2]$.

35. **Vitesse moyenne.** Au cours d'un voyage en voiture sur une distance aller-retour de 150 km, la vitesse moyenne à l'aller est de 30 km/h et celle au retour est de 50 km/h. Quelle est la vitesse moyenne pour le trajet aller-retour complet ? Expliquez votre raisonnement.

Adapté de : David H. Pleacher, *The Mathematics Teacher*, vol. 85, n° 6, septembre 1992, p. 445-446.

36. **Débit moyen de l'eau.** 1000 m^3 d'eau s'écoulent d'un barrage à un taux de 10 m^3/min. Une quantité égale s'écoule ensuite à un taux de 20 m^3/min. Quel est le débit moyen ? Expliquez votre raisonnement.

37. **Électricité domestique.** (suite de l'exemple 11, voir page 105)

a) Montrez que la valeur moyenne de la tension $V = V_{max} \sin 120\, \pi t$ est 0 sur un cycle complet en évaluant l'intégrale

$$\frac{1}{(1/60) - 0} \int_0^{1/60} V_{max} \sin 120\, \pi t \, dt.$$

b) La tension du circuit alimentant votre four électrique est de 240 volts rcm. Quelle est la valeur maximale de la tension de crête permise ?

c) Montrez que

$$\int_0^{1/60} (V_{max})^2 \sin^2 120\, \pi t \, dt = \frac{(V_{max})^2}{120}.$$

38. À l'exemple 8 (voir pages 102 et 103), avant d'arrondir, nous avons trouvé que la valeur moyenne de la température est de 19,58 °C en utilisant l'approximation de l'intégrale, bien que la moyenne arithmétique des 13 températures soit de 19,31 °C. En examinant la forme de la courbe des températures, expliquez pourquoi il était prévisible que la moyenne arithmétique des températures soit inférieure à la valeur moyenne de la fonction température sur l'intervalle complet.

EXPLORATIONS À L'ORDINATEUR

Aire d'une région comprise entre deux courbes

Aux exercices **39** à **42**, vous devez évaluer l'aire de la région comprise entre deux courbes lorsqu'il n'est pas possible de déterminer les points d'intersection des courbes par des méthodes algébriques élémentaires. Utilisez un logiciel de calcul symbolique pour exécuter les tâches suivantes.

a) Tracez les courbes dans la même fenêtre pour juger de leur forme et pour trouver le nombre de points d'intersection.

b) Utilisez l'évaluateur numérique de système d'équations pour trouver les coordonnées de tous les points d'intersection.

c) Intégrez $|f(x) - g(x)|$ sur les intervalles bornés par chaque paire de points d'intersection consécutifs.

d) Additionnez toutes les intégrales trouvées en **c)**.

39. $f(x) = \frac{x^3}{3} - \frac{x^2}{2} - 2x + \frac{1}{3}$, $g(x) = x - 1$

40. $f(x) = \frac{x^4}{2} - 3x^3 + 10$, $g(x) = 8 - 12x$

41. $f(x) = x + \sin(2x)$, $g(x) = x^3$

42. $f(x) = x^2 \cos x$, $g(x) = x^3 - x$

Estimer une valeur moyenne

Aux exercices **43** et **44**, utilisez un logiciel de calcul symbolique pour exécuter les tâches suivantes.

a) Tracez le graphe de la fonction sur l'intervalle donné.

b) Subdivisez l'intervalle en $n = 100$ sous-intervalles de même longueur, puis évaluez la fonction au centre de chaque sous-intervalle.

c) Calculez la valeur moyenne de la valeur trouvée en **b)**.

d) Reprenez les parties **b)** et **c)** avec $n = 200$, puis $n = 1000$.

e) Trouvez la solution x de l'équation $f(x) =$ (valeur moyenne) en vous servant de la valeur moyenne calculée en **c)** pour $n = 1000$ sous-intervalles.

43. $f(x) = x \sin(1/x)$ sur $[\pi/4, \pi]$.

44. $f(x) = x \sin^2(1/x)$ sur $[\pi/4, \pi]$.

2.2 Calcul de volumes par découpage en tranches et par la méthode des disques

2.2.1	Calcul de volumes par découpage en tranches
2.2.2	Solides de révolution : méthode des disques
2.2.3	Solides de révolution : méthode des disques troués

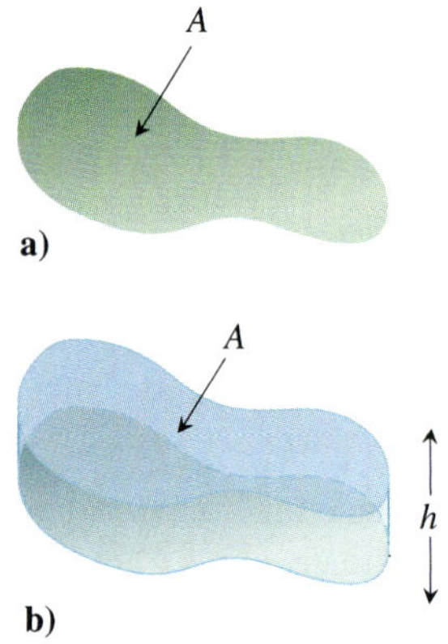

Figure 2.2.1 Le volume d'un cylindre est égal à l'aire de sa base multipliée par sa hauteur, quelle que soit la forme de sa base. **a)** Région plane d'aire A connue. **b)** Cylindre de hauteur h élevé sur la région d'aire A : volume du cylindre $= A \times h$.

Puisque nous avons défini et que nous savons calculer les aires d'une grande variété de régions délimitées par des courbes, nous pouvons maintenant définir et calculer les volumes des cylindres élevés sur ces régions (figure 2.2.1). De plus, cela nous permettra de définir, et même souvent de calculer, les volumes de solides quelconques.

À l'exemple 4 de la section 1.1, nous avons estimé le volume d'une sphère en découpant cette dernière en minces tranches presque cylindriques, puis en faisant une somme des volumes des cylindres correspondant à chacune de ces tranches. Par la suite, nous avons appris qu'il s'agissait d'une somme de Riemann. Si nous l'avions su dès le départ, nous aurions exprimé le volume de la sphère comme une intégrale définie au moyen d'un passage à la limite.

En suivant cette démarche, il devient possible de calculer le volume de plusieurs autres solides par intégration.

2.2.1 Calcul de volumes par découpage en tranches

Supposons qu'il faille déterminer le volume d'un solide comme celui de la figure 2.2.2 sachant que la section transversale du solide en toute valeur x de l'intervalle $[a, b]$ est une région $R(x)$ d'aire $A(x)$. Si A est une fonction continue de x, nous l'utiliserons pour définir et calculer le volume du solide par une intégrale de la façon suivante.

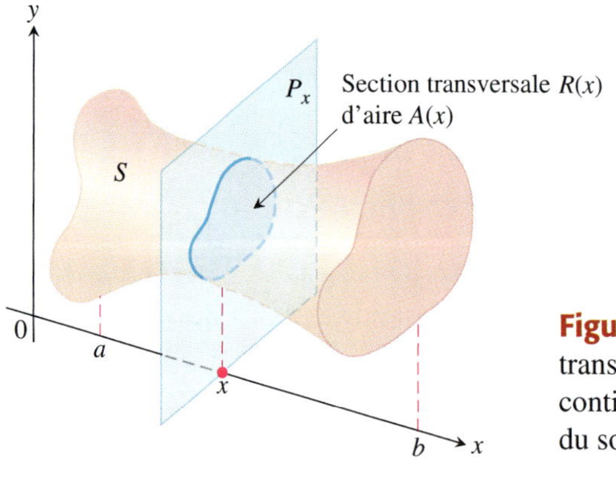

Figure 2.2.2 Si l'aire $A(x)$ de la section transversale $R(x)$ est une fonction continue de x, on peut calculer le volume du solide en intégrant $A(x)$ de a à b.

Faisons d'abord une partition de l'intervalle $[a, b]$ en sous-intervalles de longueur Δx_k et découpons le solide en tranches parallèles (comme un pain tranché) à l'aide de plans perpendiculaires à l'axe des x passant par les points de la partition. La k^e tranche (c'est-à-dire celle qui est comprise entre les plans qui passent par x_{k-1} et x_k) occupe un volume approximativement égal à celui du cylindre de base $R(x_k)$ compris entre les deux plans (figure 2.2.3).

Le volume de ce k^e cylindre est :

$$\begin{aligned} V_k &= \text{aire de la base} \times \text{hauteur} \\ &= A(x_k) \times (\text{distance entre les plans passant par } x_{k-1} \text{ et } x_k) \\ &= A(x_k)\Delta x_k. \end{aligned}$$

La somme des volumes cylindriques

$$\sum_{k=1}^{n} V_k = \sum_{k=1}^{n} A(x_k)\Delta x_k$$

donne une approximation du volume du solide.

Il s'agit d'une somme de Riemann appliquée à la fonction $A(x)$ sur l'intervalle $[a, b]$. Les approximations s'améliorent à mesure que $\max\Delta x_k$ se rapproche de zéro, de sorte que nous pouvons définir l'intégrale obtenue à la limite comme le volume du solide.

Voir les exercices **1** et **2**.

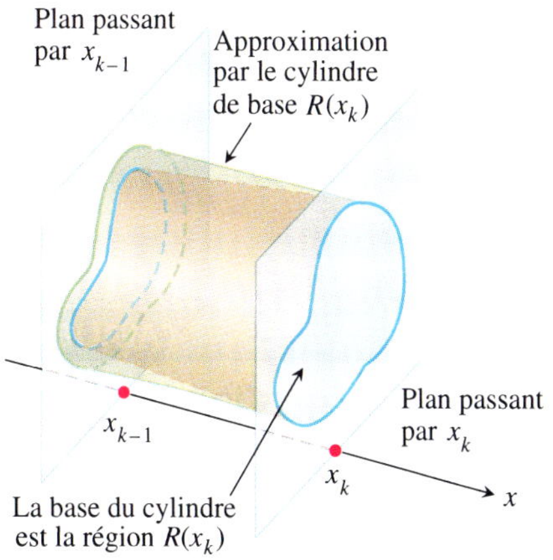

Figure 2.2.3 Une vue agrandie de la tranche du solide comprise entre les plans passant par x_{k-1} et x_k ainsi que son approximation par un cylindre.

DÉFINITION 2.2.1 Volume d'un solide

Soit un solide possédant des sections transversales dont l'aire $A(x)$ est une fonction intégrable définie entre $x = a$ et $x = b$. Le **volume** V du solide est l'intégrale de $A(x)$ entre a et b :

$$V = \int_a^b A(x)dx.$$

Pour appliquer cette formule, procédez de la façon suivante.

Marche à suivre

Comment calculer un volume par la méthode du découpage en tranches

Étape 1 *Esquissez le solide et une section transversale représentative.*

Étape 2 *Trouvez une formule donnant A(x).*

Étape 3 *Trouvez les bornes d'intégration.*

Étape 4 *Intégrez A(x)* pour déterminer le volume.

EXEMPLE 1 Volume d'une pyramide

Une pyramide mesure 3 mètres de haut et les côtés de sa base carrée mesurent également 3 mètres. Sachant qu'à une distance de x mètres du sommet, la section transversale perpendiculaire à la hauteur est un carré de x mètres de côté, déterminez le volume de la pyramide.

Solution

Étape 1 *Esquissez le solide et une section transversale représentative.* Dessinons la pyramide de façon que la hauteur soit l'intervalle $[0, 3]$ pris sur l'axe des x et que le sommet soit à l'origine. Traçons une section transversale représentative perpendiculaire à l'axe des x (figure 2.2.4).

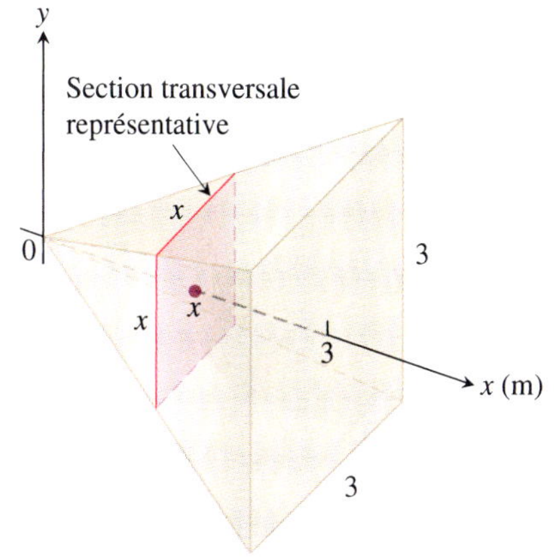

Figure 2.2.4 Les sections transversales de l'exemple 1 sont des carrés.

Remarquez que la fonction intégrée dans la définition 2.2.4 (voir page 115) est $\pi(R^2 - r^2)$, non $\pi(R - r)^2$.

Aire d'un disque troué

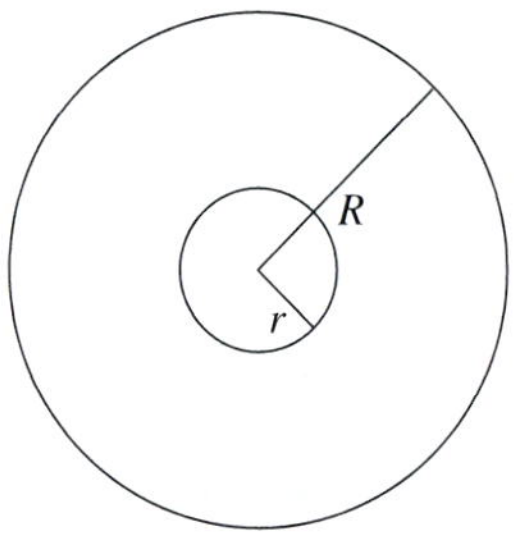

L'aire d'un disque troué est donnée par $\pi R^2 - \pi r^2$.

Les courbes $y = R(x)$ et $y = r(x)$ déterminent les rayons extérieurs et intérieurs des sections transversales en forme de disques troués. La formule d'un volume de révolution troué 2.2.4 (voir page 115) se réduit à la formule d'un volume de révolution 2.2.2 (voir page 111) dans le cas où le rayon intérieur $r(x)$ est nul entre a et b ; en d'autres mots, la méthode des disques est un cas particulier de la méthode des disques troués.

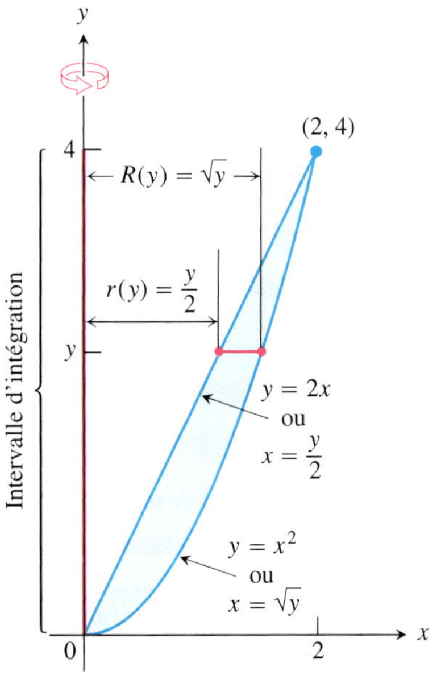

Figure 2.2.14 La région, les bornes d'intégration et les rayons de l'exemple 9.

Marche à suivre

Comment calculer le volume par la méthode des disques troués

Étape 1 *Esquissez la région et tracez le segment de droite qui coupe cette région perpendiculairement à l'axe de rotation.* Lorsqu'on effectue une rotation de la région, le segment engendre une section transversale du solide de révolution ayant la forme d'un disque troué.

Étape 2 *Trouvez les bornes d'intégration.*

Étape 3 *Trouvez les rayons extérieur et intérieur* du disque troué engendré par la rotation du segment de droite et de la région autour de l'axe des x pour obtenir l'intégrande selon la formule des disques troués.

Étape 4 *Intégrez* pour déterminer le volume V du solide.

Pour déterminer le volume d'un solide engendré par la rotation d'une région autour de l'axe des y, nous suivrons les étapes ci-dessus mais en intégrant une fonction de y par rapport à y plutôt qu'une fonction de x par rapport à x.

EXEMPLE 9 Une section transversale en forme de disque troué (rotation autour de l'axe des *y*)

Calculez le volume du solide engendré par la rotation, autour de l'axe des y, de la région bornée par la parabole $y = x^2$ et la droite $y = 2x$ dans le premier quadrant.

Solution

Étape 1 *Esquissez la région et tracez le segment de droite qui coupe cette région perpendiculairement à l'axe de rotation,* soit, dans cet exemple, l'axe des y (figure 2.2.14).

Étape 2 *Trouvez les bornes d'intégration.* La droite et la parabole se coupent en $y = 0$ et en $y = 4$; les bornes d'intégration sont donc $c = 0$ et $d = 4$.

Étape 3 *Trouvez les rayons extérieur et intérieur.* Les rayons du disque troué engendré par la rotation du segment de droite sont $R(y) = x = \sqrt{y}$ puisque $y = x^2$, et $r(y) = x = y/2$ puisque $y = 2x$ (figures 2.2.14 et 2.2.15).

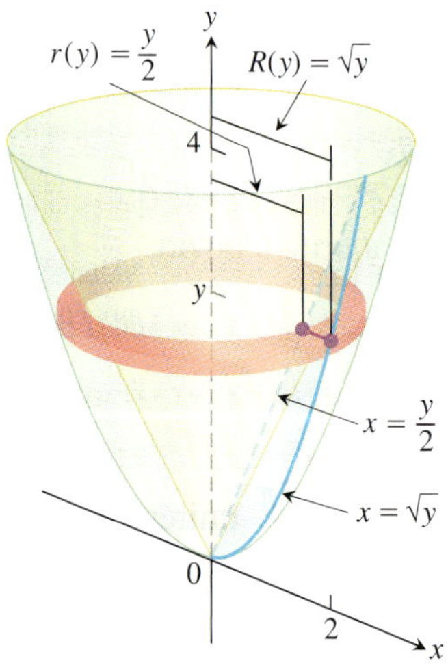

Figure 2.2.15 Le disque troué engendré par le segment de droite de la figure 2.2.14.

Étape 4 *Intégrez* pour déterminer le volume V du solide.

$$V = \int_c^d \pi([R(y)]^2 - [r(y)]^2)dy$$

$$= \int_0^4 \pi\left(\left[\sqrt{y}\right]^2 - \left[\frac{y}{2}\right]^2\right)dy \qquad \text{Valeurs obtenues aux étapes 2 et 3}$$

$$= \pi\int_0^4 \left(y - \frac{y^2}{4}\right)dy = \pi\left[\frac{y^2}{2} - \frac{y^3}{12}\right]_0^4 = \frac{8}{3}\pi \text{ unités de volume}$$

Voir les exercices **31** à **44** et **49** à **60**.

Exercices 2.2

Aires de sections transversales

Aux exercices **1** et **2**, déterminez la formule de l'aire $A(x)$ de la section transversale du solide perpendiculaire à l'axe des x.

1. Le solide est compris entre les plans perpendiculaires à l'axe des x en $x = -1$ et en $x = 1$. Dans chaque cas, les sections transversales perpendiculaires à l'axe des x entre ces plans sont comprises entre le demi-cercle $y = -\sqrt{1 - x^2}$ et le demi-cercle $y = \sqrt{1 - x^2}$.

a) Les sections sont des disques dont les diamètres se situent dans le plan xy.

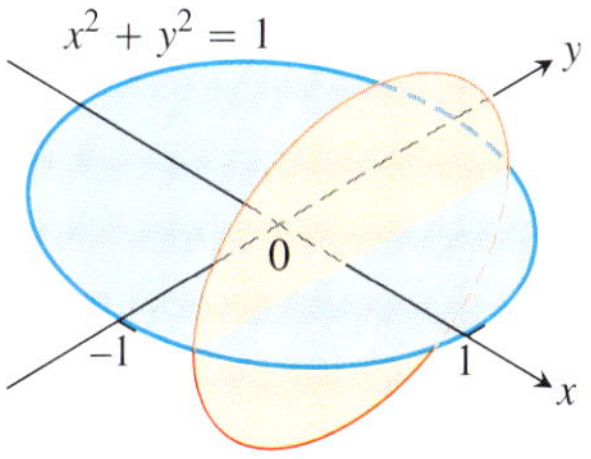

b) Les sections sont des carrés dont les bases se situent dans le plan xy.

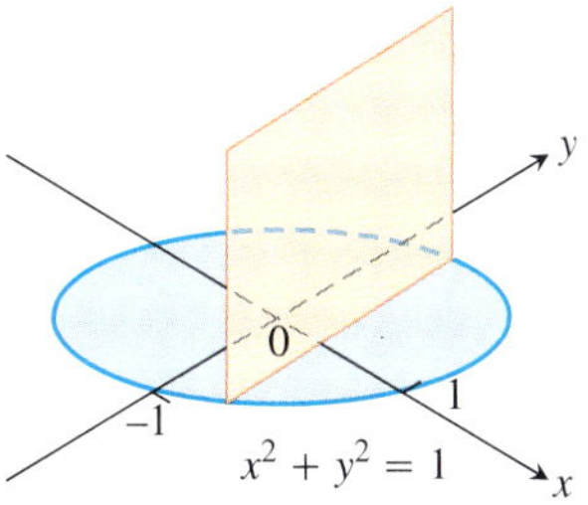

c) Les sections sont des carrés dont l'une des deux diagonales se situe toujours dans le plan xy. (Indication : La longueur des diagonales d'un carré est égale à $\sqrt{2}$ fois la longueur du côté.)

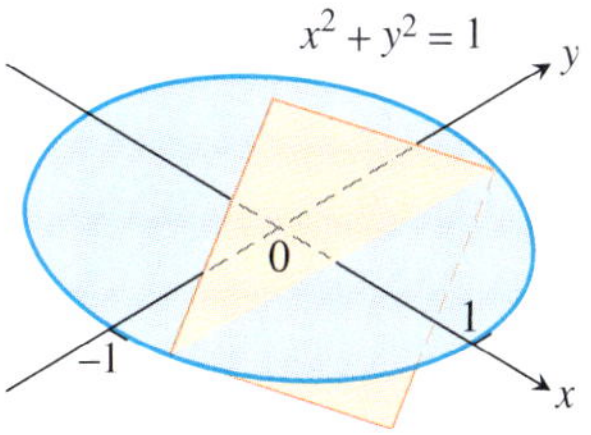

d) Les sections sont des triangles équilatéraux dont les bases se situent dans le plan xy.

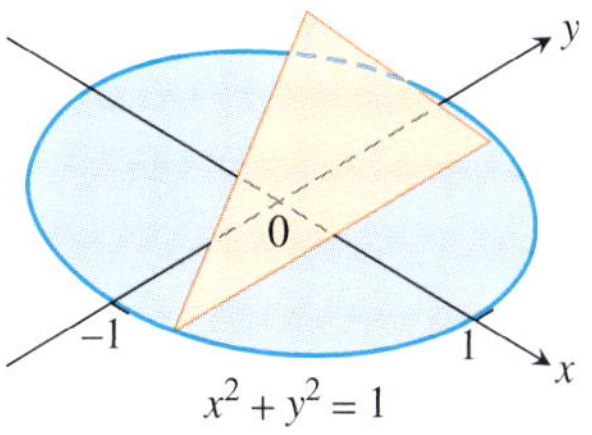

2. Le solide est compris entre les plans perpendiculaires à l'axe des x en $x = 0$ et en $x = 4$. Les sections perpendiculaires à l'axe des x entre ces plans sont comprises entre la parabole $y = -\sqrt{x}$ et la parabole $y = \sqrt{x}$.

a) Les sections sont des disques dont les diamètres se situent dans le plan xy.

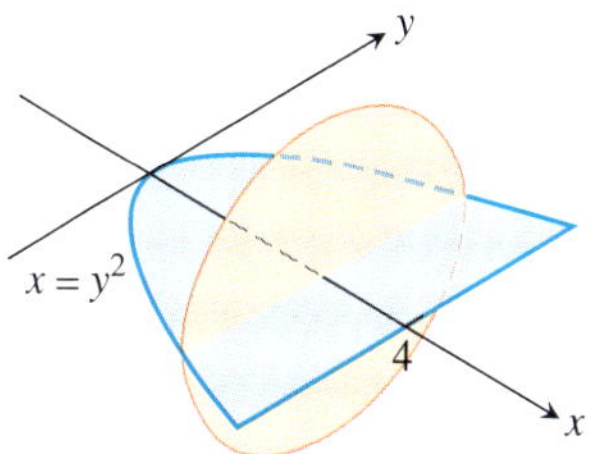

b) Les sections sont des carrés dont les bases se situent dans le plan xy.

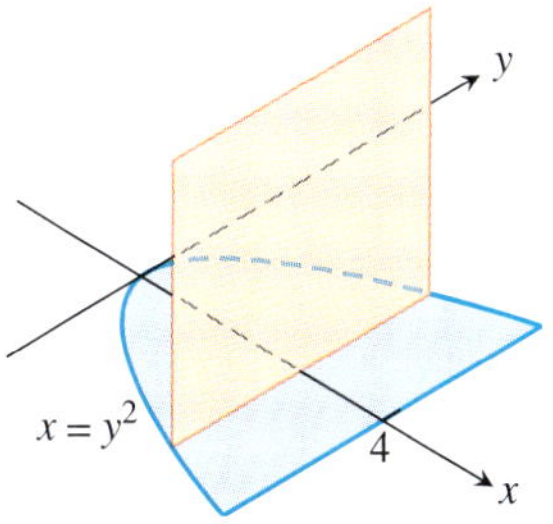

c) Les sections sont des carrés dont l'une des deux diagonales se situe toujours dans le plan xy.

d) Les sections sont des triangles équilatéraux dont les bases se situent dans le plan xy.

Calcul de volumes par la méthode de découpage en tranches

Aux exercices **3** à **10**, calculez le volume des solides décrits.

3. Le solide est compris entre les plans perpendiculaires à l'axe des x en $x = 0$ et en $x = 4$. Les sections transversales perpendiculaires à l'axe des x sur l'intervalle $[0, 4]$ sont des carrés dont une diagonale joint la parabole $y = -\sqrt{x}$ à la parabole $y = \sqrt{x}$.

4. Le solide est compris entre les plans perpendiculaires à l'axe des x en $x = -1$ et en $x = 1$. Les sections transversales perpendiculaires à l'axe des x sont des disques dont le diamètre joint la parabole $y = x^2$ à la parabole $y = 2 - x^2$.

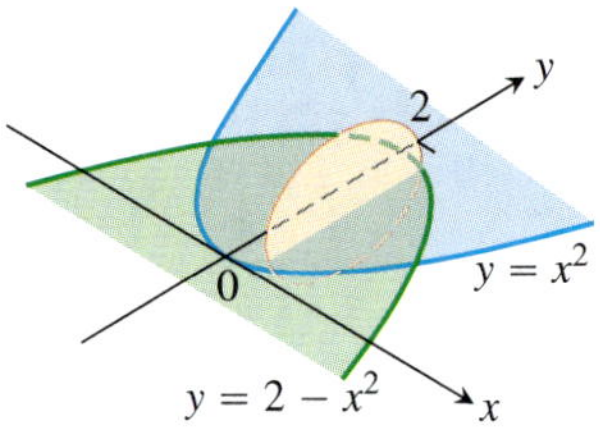

5. Le solide est compris entre les plans perpendiculaires à l'axe des x en $x = -1$ et en $x = 1$. Les sections transversales perpendiculaires à l'axe des x sont :

a) des disques dont le diamètre joint la courbe $y = -1/\sqrt{1 + x^2}$ à la courbe $y = 1/\sqrt{1 + x^2}$;

b) des carrés verticaux dont un côté joint la courbe $y = -1/\sqrt{1 + x^2}$ à la courbe $y = 1/\sqrt{1 + x^2}$.

6. Le solide est compris entre les plans perpendiculaires à l'axe des x en $x = -\sqrt{2}/2$ et en $x = \sqrt{2}/2$. Les sections transversales sont :

a) des disques dont le diamètre joint l'axe des x à la courbe $y = 2/\sqrt[4]{1 - x^2}$;

b) des carrés dont une diagonale joint l'axe des x à la courbe $y = 2/\sqrt[4]{1 - x^2}$.

7. La base d'un solide est la région comprise entre la courbe $y = 2\sqrt{\sin x}$ et l'axe des x sur l'intervalle $[0, \pi]$. Les sections perpendiculaires à l'axe des x sont :

a) des triangles équilatéraux dont les bases joignent l'axe des x à la courbe comme le montre la figure ci-dessous ;

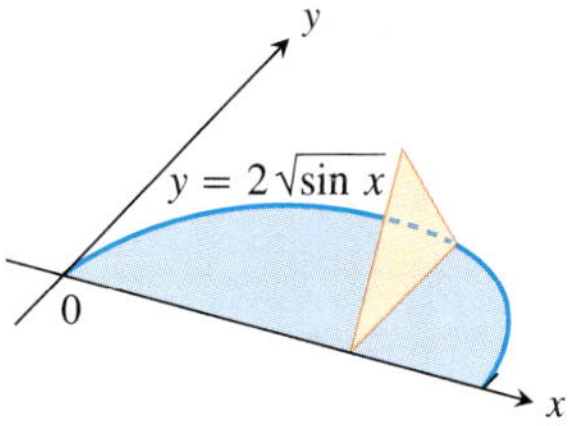

b) des carrés dont les bases joignent l'axe des x à la courbe.

8. Le solide est compris entre deux plans perpendiculaires à l'axe des x en $x = -\pi/3$ et en $x = \pi/3$. Les sections transversales perpendiculaires à l'axe des x sont

a) des disques dont le diamètre joint la courbe $y = \tan x$ à la courbe $y = \sec x$;

b) des carrés dont les bases joignent la courbe $y = \tan x$ à la courbe $y = \sec x$.

9. Le solide est compris entre deux plans perpendiculaires à l'axe des y en $y = 0$ et en $y = 2$. Les sections transversales perpendiculaires à l'axe des y sont des disques dont le diamètre joint l'axe des y à la parabole $x = \sqrt{5}y^2$.

10. La base du solide est le disque $x^2 + y^2 \leq 1$. Les sections transversales obtenues par des plans perpendiculaires à l'axe des y entre $y = -1$ et $y = 1$ sont des triangles rectangles isocèles dont un côté adjacent à l'angle droit est situé sur le disque.

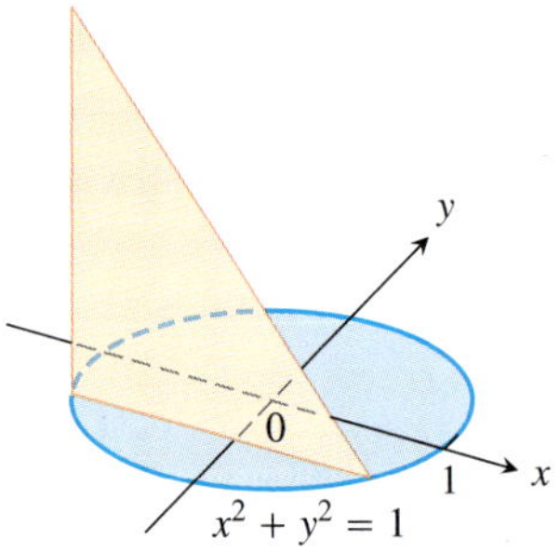

11. **Un solide torsadé.** Un carré de côté de longueur s est situé dans un plan perpendiculaire à une droite L. Un sommet du carré repose sur L. À mesure que ce sommet se déplace sur une distance h le long de L, le carré effectue une rotation de 360° autour de L en pivotant sur son sommet pour engendrer une colonne torsadée de sections carrées.

a) Calculez le volume de la colonne.

b) Que devient le volume lorsque le carré effectue deux rotations complètes au lieu d'une seule ? Justifiez votre réponse.

12. Un solide est compris entre deux plans perpendiculaires à l'axe des x en $x = 0$ et en $x = 12$. Les sections transversales obtenues par des plans perpendiculaires à l'axe des x sont des disques dont le diamètre joint la droite $y = x/2$ à la droite $y = x$ (voir figure ci-dessous). Expliquez pourquoi le volume de ce solide est le même que celui d'un cône circulaire droit de rayon 3 et de hauteur 12.

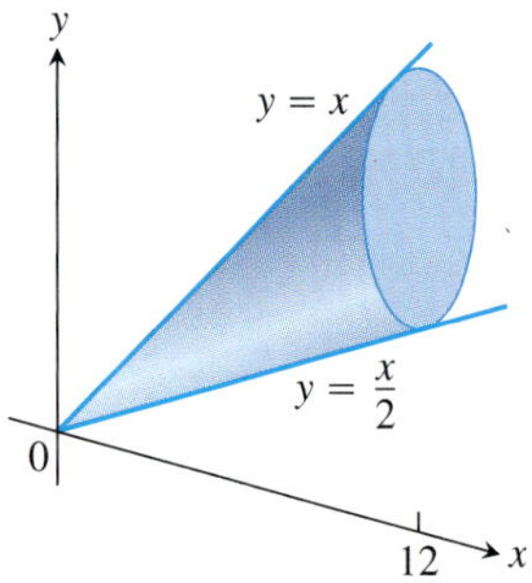

Solides de révolution : méthode des disques

Aux exercices **13** à **16**, déterminez le volume du solide de révolution engendré par la rotation de la région colorée en bleu autour de l'axe donné.

13. Autour de l'axe des x.

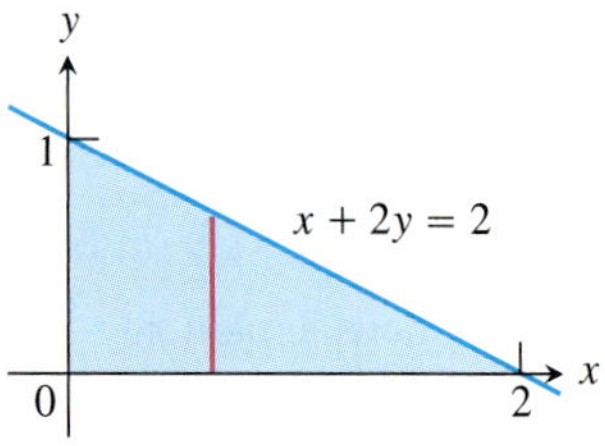

14. Autour de l'axe des y.

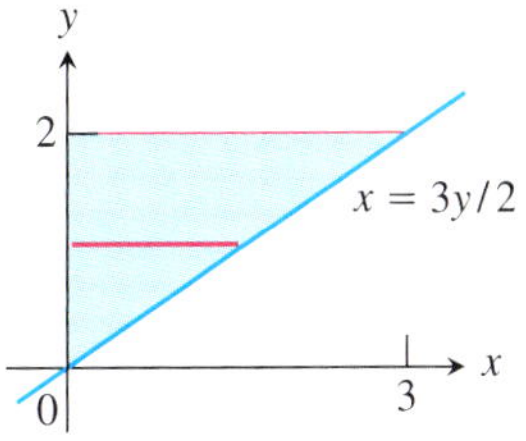

15. Autour de l'axe des y.

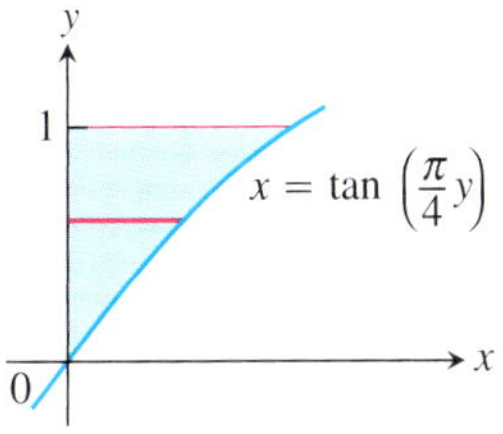

16. Autour de l'axe des x.

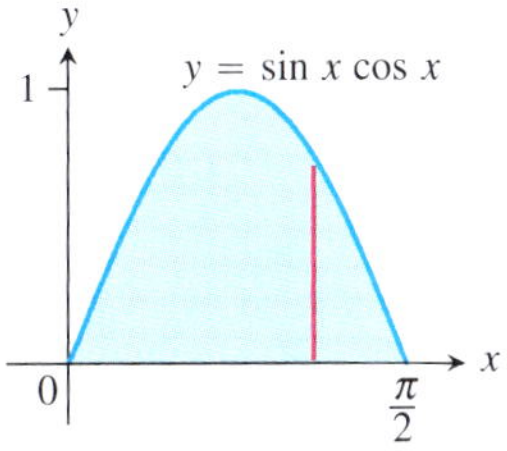

Aux exercices **17** à **22**, calculez le volume des solides engendrés par la rotation des régions bornées par les droites et les courbes suivantes autour de l'axe des x.

17. $y = x^2,\ y = 0,\ x = 2$ **18.** $y = x^3,\ y = 0,\ x = 2$

19. $y = \sqrt{9 - x^2},\ y = 0$ **20.** $y = e^{-x},\ y = 0,\ x = 0,\ x = 1$

21. $y = \sqrt{\cos x},\ 0 \le x \le \pi/2,\ y = 0,\ x = 0$

22. $y = \sqrt{\cot x},\ y = 0,\ x = \pi/6,\ x = \pi/2$

Aux exercices **23** et **24**, déterminez le volume du solide engendré par la rotation de la région autour de la droite indiquée.

23. La région du premier quadrant bornée en haut par la droite $y = \sqrt{2}$, en bas par la courbe $y = \sec x \tan x$ et à gauche, par l'axe des y ; l'axe de rotation de la région est la droite $y = \sqrt{2}$.

24. La région du premier quadrant bornée en haut par la droite $y = 2$, en bas par la courbe $y = 2 \sin x$, où $0 \le x \le \pi/2$, et à gauche par l'axe des y ; l'axe de rotation de la région est la droite $y = 2$.

Dans les exercices **25** à **30**, la région indiquée effectue une rotation autour de l'axe des y. Calculez le volume des solides engendrés par la rotation de ces régions.

25. La région bornée par $x = \sqrt{5}y^2$, $x = 0$, $y = -1$, $y = 1$.

26. La région bornée par $x = y^{3/2}$, $x = 0$, $y = 2$.

27. La région bornée par $x = \sqrt{2 \sin 2y}$, $0 \le y \le \pi/2$, $x = 0$.

28. La région bornée par $x = 2/\sqrt{y+1}$, $y = 3$, $x = 0$, $y = 0$.

29. La région bornée par $x = 2/(y + 1)$, $x = 0$, $y = 0$, $y = 3$.

30. La région bornée par $x = \sqrt{2y}/(y^2 + 1)$, $x = 0$, $y = 2$.

Solides de révolution : méthode des disques troués

Aux exercices **31** et **32**, calculez le volume des solides engendrés par la rotation des régions colorées en bleu autour de l'axe indiqué.

31. L'axe des x. **32.** L'axe des y.

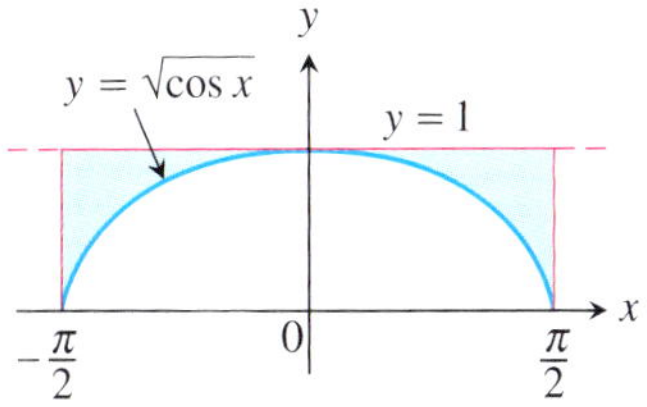

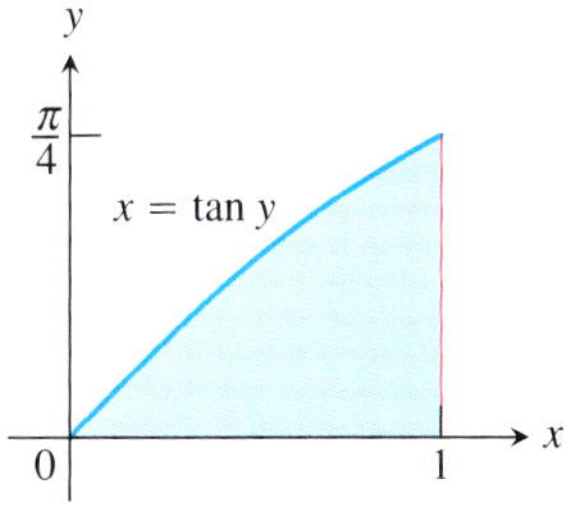

Aux exercices **33** à **38**, calculez le volume des solides engendrés par la rotation des régions bornées par les droites et les courbes indiquées autour de l'axe des x.

33. $y = x,\ y = 1,\ x = 0$

34. $y = 2\sqrt{x}\ ,\ y = 2,\ x = 0$

35. $y = x^2 + 1,\ y = x + 3$

36. $y = 4 - x^2,\ y = 2 - x$

37. $y = \sec x,\ y = \sqrt{2},\ -\pi/4 \le x \le \pi/4$

38. $y = \sec x,\ y = \tan x,\ x = 0, x = 1$

Aux exercices **39** à **42**, calculez le volume du solide engendré par la rotation de la région indiquée autour de l'axe des y.

39. La région intérieure au triangle de sommets (1, 0), (2, 1) et (1, 1).

40. La région intérieure au triangle de sommets (0, 1), (1, 0) et (1, 1).

41. La région du premier quadrant bornée en haut par la parabole $y = x^2$, en bas par l'axe des x et à droite par la droite $x = 2$.

42. La région du premier quadrant bornée par le cercle $x^2 + y^2 = 3$, par la droite $x = \sqrt{3}$ ainsi que par la droite $y = \sqrt{3}$.

Aux exercices **43** et **44**, calculez le volume du solide engendré par la rotation de la région indiquée autour de l'axe donné.

43. La région du premier quadrant bornée par la courbe $y = x^2$, par l'axe des x et par la droite $x = 1$. L'axe de rotation est la droite $x = -1$.

44. La région du deuxième quadrant bornée par la courbe $y = -x^3$, par l'axe des x et par la droite $x = -1$. L'axe de rotation est la droite $x = -2$.

Volume de solides de révolution

45. Calculez le volume du solide engendré par la rotation de la région bornée par $y = \sqrt{x}$ ainsi que par les droites $y = 2$ et $x = 0$ autour de

a) l'axe des x ; **b)** l'axe des y ;

c) la droite $y = 2$; **d)** la droite $x = 4$.

46. Calculez le volume du solide engendré par la rotation de la région triangulaire bornée par les droites $y = 2x$, $y = 0$ et $x = 1$ autour de

a) la droite $x = 1$;

b) la droite $x = 2$.

47. Calculez le volume du solide engendré par la rotation de la région bornée par la parabole $y = x^2$ et par la droite $y = 1$ autour de

a) la droite $y = 1$;

b) la droite $y = 2$;

c) la droite $y = -1$.

48. Par les méthodes du calcul intégral, calculez le volume du solide engendré par la rotation du triangle de sommets $(0, 0)$, $(b, 0)$ et $(0, h)$, où $b > 0$ et $h > 0$, autour de

a) l'axe des x ;

b) l'axe des y.

Théorie et applications

49. Volume d'un tore. La rotation du disque $x^2 + y^2 \leq a^2$ autour de la droite $x = b$, où $b > a$ engendre un solide en forme de beigne appelé **tore**. Calculez le volume de ce tore. (Indication : $\int_{-a}^{a} \sqrt{a^2 - y^2}\, dy = \pi a^2/2$, puisque c'est l'air d'un demi-cercle de rayon a.)

50. Volume d'un bol. La surface d'un bol est engendrée par la rotation de $y = x^2/2$ autour de l'axe des y entre $y = 0$ et $y = 5$.

a) Calculez le volume du bol.

b) **Taux liés.** Si on remplit le bol avec de l'eau à un taux constant de trois unités de volume par seconde, à quelle vitesse le niveau de l'eau s'élève-t-il lorsque la profondeur de l'eau arrive à quatre unités ?

51. Volume d'un bol.

a) Un bol hémisphérique de rayon a contient de l'eau à une profondeur h. Calculez le volume d'eau dans le bol.

b) **Taux liés.** De l'eau s'écoule dans un réservoir hémisphérique souterrain à un taux de $0{,}2\ m^3/s$. Le rayon du réservoir mesure 5 m. À quelle vitesse le niveau de l'eau monte-t-il lorsque la profondeur de l'eau atteint 4 m ?

52. Expliquez comment vous pouvez estimer le volume d'un solide de révolution en mesurant l'ombre produite par la lumière du soleil sur un écran parallèle à l'axe de rotation, si l'écran et l'axe de rotation sont disposés à angle droit des rayons lumineux.

53. Volume d'un hémisphère. Déduisez la formule $V = (2/3)\,\pi R^3$ donnant le volume d'un hémisphère de rayon R en comparant ses sections transversales avec les sections transversales d'un cylindre circulaire droit de rayon R et de hauteur R duquel a été enlevé un cône circulaire droit de rayon R et de hauteur R tel qu'illustré ci-dessous.

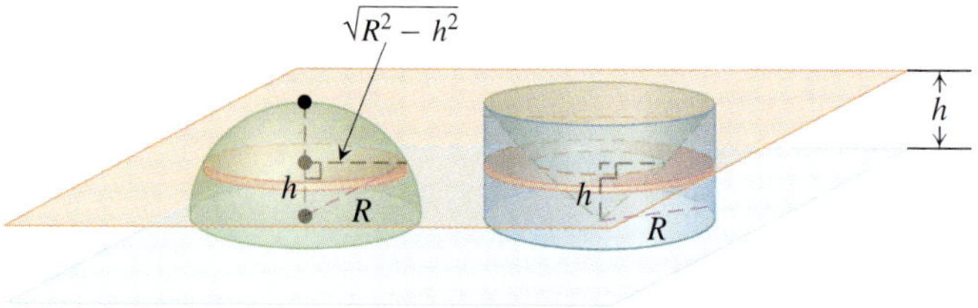

54. Équivalence des définitions du volume. Les formules de volume obtenues par calcul intégral sont compatibles avec les formules de volume en géométrie.

a) En particulier, montrez que si l'on effectue une rotation autour de l'axe des x de la région bornée par le demi-cercle $y = \sqrt{a^2 - x^2}$ et l'axe des x pour engendrer une sphère, la formule trouvée par calcul intégral donne $(4/3)\pi a^3$ comme il se doit.

b) Utilisez les méthodes du calcul intégral pour déterminer le volume d'un cône circulaire droit dont le rayon de la base est r et dont la hauteur est h.

55. Conception d'un wok. Vous devez concevoir les plans d'un wok ayant la forme d'un bol hémisphérique muni de deux poignées. Après expérimentation, vous êtes convaincu de pouvoir en construire un ayant un volume de 3 L, une profondeur de 9 cm et un rayon de 16 cm. Dans le but de vérifier votre théorie, vous considérez que le wok a la forme d'un solide de révolution tel qu'illustré ci-dessous et vous en calculez le volume par une intégrale. À un centimètre cube près, quel volume obtenez-vous ? ($1\ L = 1000\ cm^3$)

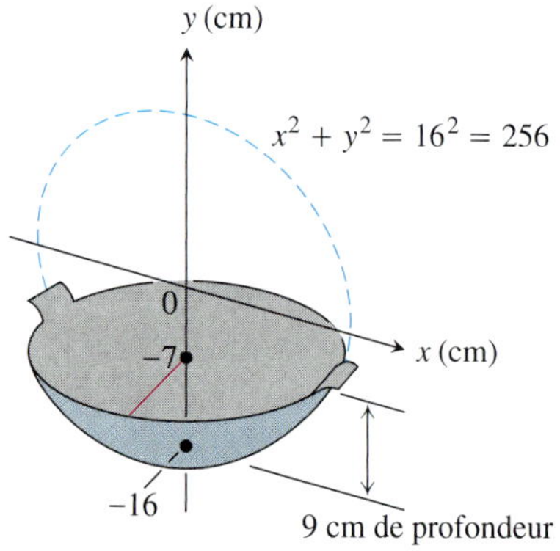

56. Plans d'un plomb d'arpentage. On vous a demandé de faire les plans d'un plomb d'arpentage en cuivre pesant environ 190 g. Vous avez décidé de lui donner la forme du solide de révolution illustré ci-dessous. Calculez le volume de ce solide. Si la masse volumique du cuivre est de $8{,}5\ g/cm^3$, quelle sera la masse du plomb d'arpentage au gramme près ?

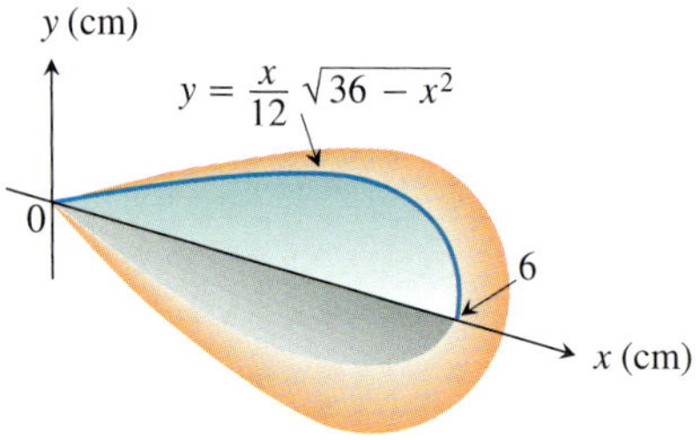

57. Maximum et minimum. L'arche d'équation $y = \sin x$, où $0 \leq x \leq \pi$, effectue une rotation autour de la droite $y = c$, où $0 \leq c \leq 1$, pour engendrer le solide représenté ci-dessous.

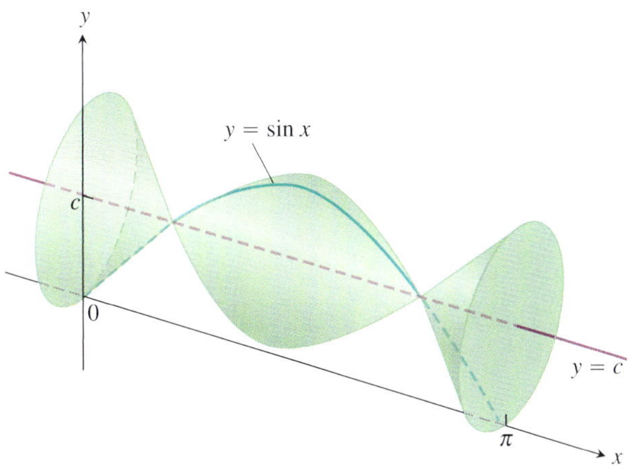

a) Trouvez la valeur de c qui minimise le volume du solide. Quel est le volume minimal ?

b) Trouvez la valeur de c dans l'intervalle [0, 1] qui maximise le volume du solide.

c) Représentez graphiquement le volume du solide en fonction de c, d'abord pour $0 \leq c \leq 1$ et ensuite sur un domaine plus grand. Qu'advient-il du volume lorsque c s'éloigne de [0, 1] ? Votre réponse analytique obtenue à partir d'une formule est-elle logique d'un point de vue intuitif ? Justifiez votre réponse.

58. Réservoir à essence supplémentaire. On vous a demandé de concevoir un réservoir auxiliaire pour un hélicoptère afin d'allonger son rayon d'action. Après quelques essais sur la planche à dessin, vous avez décidé de créer un réservoir ayant la forme d'une surface engendrée par la rotation autour de l'axe des x de la courbe d'équation $y = 1/3 - (3x^2/16)$, où $-4/3 \leq x \leq 4/3$ (les dimensions sont en mètres).

a) Combien de litres de carburant le réservoir auxiliaire peut-il contenir, au litre près ?
(1 L = 1000 cm^3 = 0,001 m^3)

b) Si l'hélicoptère consomme 159 litres aux 100 kilomètres, combien de kilomètres additionnels pourra-t-il parcourir avec un réservoir plein, au kilomètre près ?

59. Un vase. Nous voulons estimer le volume d'un vase uniquement à l'aide d'une calculatrice, d'une ficelle et d'une règle. La hauteur du vase est de 12 centimètres. Nous utilisons la ficelle et la règle pour mesurer les circonférences du vase (cm) à des intervalles d'un centimètre mesurés à partir du sommet. Les circonférences sont présentées ci-contre.

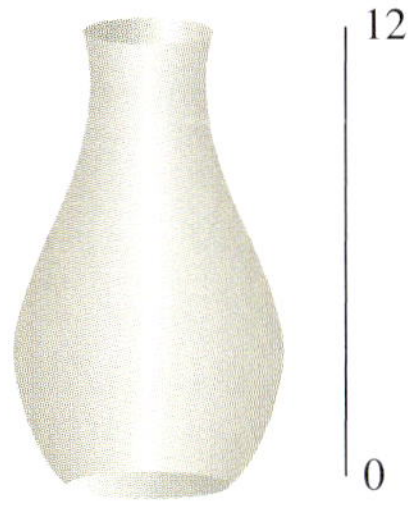

Circonférences	
10,8	21,6
9,0	23,2
8,8	23,2
10,2	21,6
12,6	18,0
15,6	12,6
18,8	

a) Calculez les aires des sections horizontales correspondant aux circonférences données.

b) Exprimez le volume du vase au moyen d'une intégrale par rapport à y sur l'intervalle [0, 12].

c) Estimez cette intégrale par la méthode des trapèzes avec $n = 12$.

d) Estimez l'intégrale par la méthode de Simpson avec $n = 12$. Quel est le résultat le plus précis ? Justifiez votre réponse.

60. Le déplacement d'eau d'un voilier. Pour trouver le volume d'eau déplacé par un voilier, la méthode courante consiste à faire une partition de la ligne de flottaison en 10 sous-intervalles d'égale longueur et à mesurer l'aire $A(x)$ de la section transversale immergée de la coque pour chaque point de la partition ; on utilise ensuite la méthode de Simpson pour intégrer $A(x)$ d'une extrémité à l'autre de la ligne de flottaison. La table ci-dessous présente les aires $A(x)$ des sections immergées du sloop Pipedream mesurées à chaque point de subdivision de 0 à 10. La longueur de chaque sous-intervalle est de $h = 2{,}54$ pi.

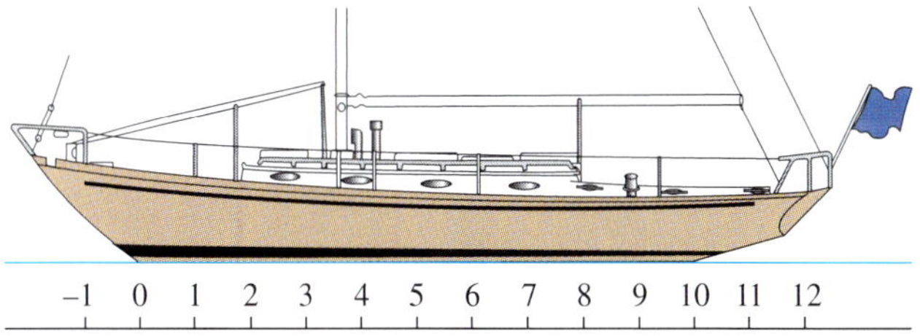

a) Estimez le déplacement d'eau du Pipedream en pieds cubes au pied cube près.

Points de subdivision	Aire immergée (pi^2)
0	0
1	1,07
2	3,84
3	7,82
4	12,20
5	15,18
6	16,14
7	14,00
8	9,21
9	3,24
10	0

b) Les données du tableau précédent ont été mesurées dans l'eau de mer, dont la masse volumique est de 64 livres par pied cube. Quelle est la quantité d'eau (livres) déplacée par le Pipedream ? (Un déplacement est donné en livres pour les petits bateaux et en tonnes longues pour les navires plus grands [1 tonne longue = 2240 livres].)

Données tirées de *Skene's Elements of Yacht Design*, de Francis S. Kinney, Dodd, Mead, 1962.

c) **Coefficients prismatiques.** Le coefficient prismatique d'un navire est le rapport entre le volume du déplacement d'eau et le volume d'un prisme dont la longueur est égale à la longueur de la ligne de flottaison et dont l'aire de la base est égale à l'aire de la plus grande section transversale immergée. Les meilleurs voiliers ont un coefficient prismatique compris entre 0,51 et 0,54. Trouvez le coefficient prismatique du Pipedream, sachant que la longueur de la ligne de flottaison est de 25,4 pieds et que l'aire de la plus grande section immergée est de 16,14 pieds carrés (au point de subdivision n° 6).

2.3 Calcul de volumes par la méthode des tubes

Une autre méthode permet de calculer le volume d'un solide de révolution. Elle est très utile lorsque l'axe de révolution est perpendiculaire à l'axe contenant l'intervalle d'intégration le plus « naturel ». Plutôt que d'additionner les volumes de fines tranches en forme de disques ou de disques troués, on additionne les volumes de tubes concentriques à parois très minces qui s'emboîtent les uns dans les autres en s'éloignant de l'axe de révolution de la même façon que les anneaux de croissance d'un arbre.

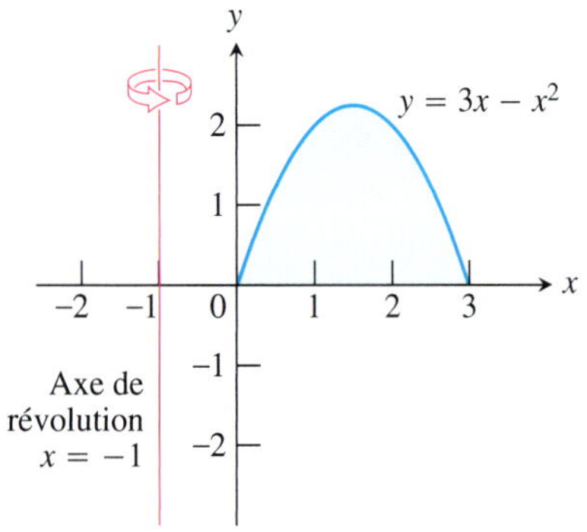

Figure 2.3.1 La région de l'exemple 1 avant qu'elle ne tourne pour engendrer le solide de révolution.

2.3.1 Calcul de volumes par la méthode des tubes

Le calcul d'un volume par la méthode des tubes est présenté de façon intuitive dans l'exemple 1.

EXEMPLE 1 Trouver un volume par la méthode des tubes

La région bornée par l'axe des x et la parabole $y = f(x) = 3x - x^2$ engendre un solide de révolution en tournant autour de la droite $x = -1$ (figures 2.3.1 et 2.3.2). Quel est le volume du solide ?

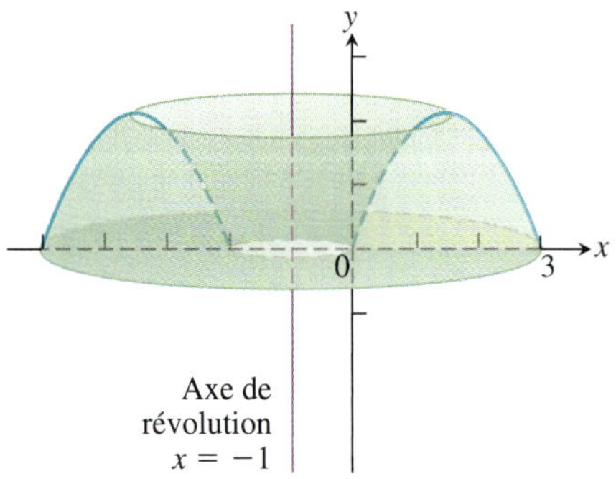

Figure 2.3.2 La région de la figure 2.3.1 engendre un solide en forme de gâteau quand elle effectue une rotation autour de $x = -1$. L'intervalle d'intégration le plus « naturel » se trouve sur l'axe des x perpendiculaire à l'axe de révolution.

Solution

Si nous découpons le solide perpendiculairement à l'axe des y, nous obtenons des sections transversales en forme de disques troués. Or, trouver ici le volume par la méthode des disques troués serait laborieux. En effet, pour le calcul des rayons intérieur et extérieur, il faudrait expliciter x dans l'équation $y = 3x - x^2$; de plus, en intégrant par rapport à y, il faudrait trouver le maximum relatif de $f(x)$ pour obtenir la borne supérieure d'intégration. Heureusement, dans un tel cas, la méthode des tubes est beaucoup plus facile d'application.

Soit un cercle horizontal centré sur l'axe de révolution et légèrement plus grand que le trou central. Déplaçons ce cercle de haut en bas pour découper une fine tranche cylindrique dans le solide autour du trou central. Puis, agrandissons légèrement le rayon du cercle initial et découpons une autre tranche cylindrique de la même façon. En continuant ainsi, nous formons une série de tubes concentriques. Les hauteurs des cylindres consécutifs qui délimitent ces tubes suivent le contour de la parabole, de plus en plus grandes jusqu'au maximum de la fonction et ensuite, de plus en plus petites (figure 2.3.3). Chaque tranche d'épaisseur constante Δx repose sur un sous-intervalle de l'axe des x. Le rayon d'un tube quelconque est approximativement $1 + x_k$ et sa hauteur est approximativement $3x_k - x_k^2$.

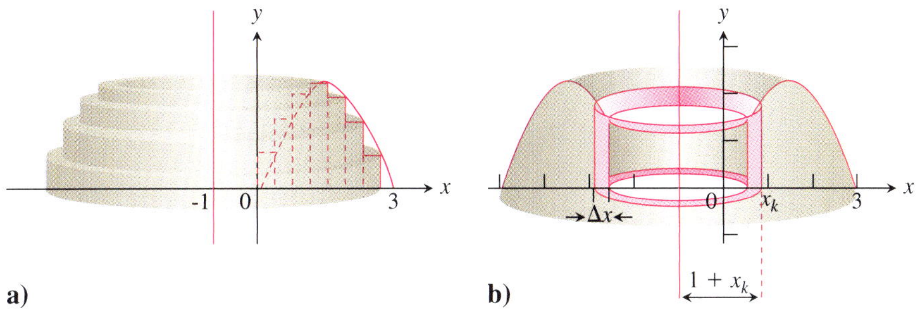

Figure 2.3.3 **a)** Le découpage du solide en fines tranches cylindriques en allant de l'intérieur vers l'extérieur. **b)** À chaque tranche, nous pouvons faire correspondre un x_k entre $x = 0$ et $x = 3$, et l'épaisseur constante des tranches est Δx.

En déroulant une tranche cylindrique, nous formons une plaque rectangulaire d'épaisseur Δx ayant presque la forme d'un parallélépipède (figure 2.3.4). La longueur d'une grande face de la plaque rectangulaire est égale à la circonférence intérieure du tube : $2\pi \cdot \text{rayon} = 2\pi(1 + x_{k-1})$. La longueur de l'autre grande face est égale à la circonférence extérieure du tube : $2\pi \cdot \text{rayon} = 2\pi(1 + x_k)$.

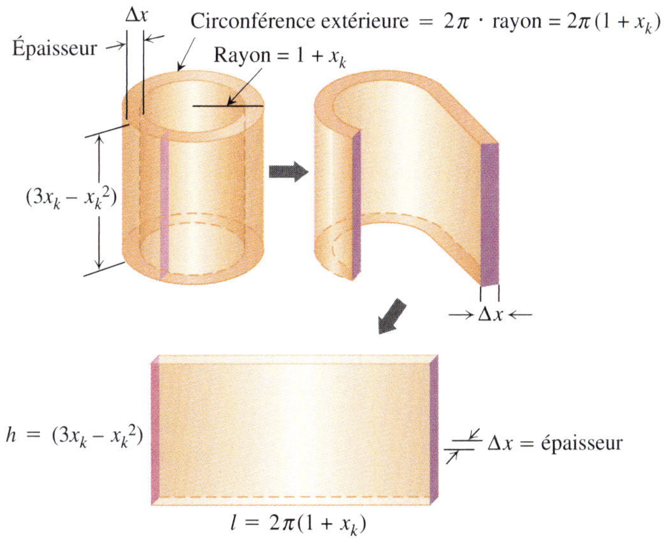

Figure 2.3.4 Le découpage d'un tube et son déroulement pour obtenir une plaque rectangulaire.

Par conséquent, le volume de la plaque rectangulaire est presque égal au volume d'un parallélépipède. Le volume V_k de la plaque se calcule approximativement par :

$$\begin{aligned} V_k &\approx \text{longueur} \times \text{hauteur} \times \text{épaisseur} \\ &\approx 2\pi(1 + x_k) \times (3x_k - x_k^2) \times \Delta x \end{aligned}$$

où $1 + x_k$ correspond au rayon extérieur du k^e tube.

Si nous additionnons les volumes de tous les tubes sur l'intervalle [0, 3], nous obtenons la somme de Riemann $\sum_{k=1}^{n} 2\pi(1+x_k)(3x_k - x_k^2)\Delta x$. La limite de cette somme, lorsque $n \to \infty$ et l'épaisseur $\Delta x \to 0$, donne l'intégrale qui détermine le volume V du solide.

$$\begin{aligned} V &= \int_0^3 2\pi(1+x)(3x-x^2)dx \\ &= \int_0^3 2\pi(3x+3x^2-x^2-x^3)dx \\ &= 2\pi\int_0^3 (3x+2x^2-x^3)dx \\ &= 2\pi\left[\frac{3}{2}x^2+\frac{2}{3}x^3-\frac{1}{4}x^4\right]_0^3 \\ &= \frac{45\pi}{2} \text{ unités de volume} \end{aligned}$$

Après cette présentation intuitive de la méthode des tubes, nous voilà en mesure d'étudier la formule des tubes de façon plus rigoureuse.

2.3.2 Formule des tubes

Faisons tourner la région colorée en bleu pâle de la figure 2.3.5 autour d'une droite verticale en vue d'obtenir un solide de révolution. Pour calculer le volume de ce solide par la méthode des tubes, nous effectuerons une approximation de la région colorée en bleu pâle à l'aide de rectangles construits sur la partition P de l'intervalle $[a, b]$.

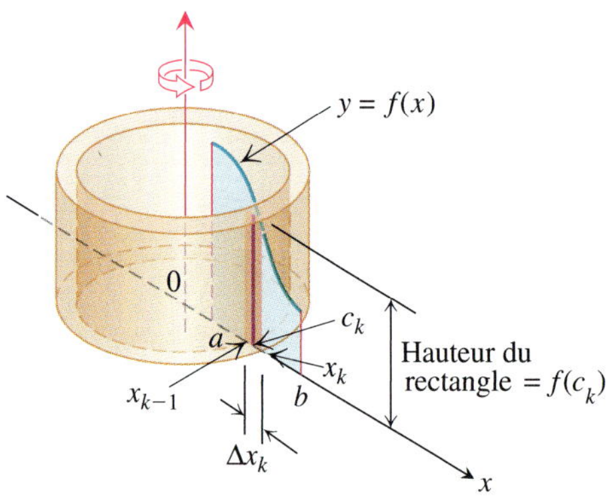

Figure 2.3.5 Le tube engendré par la rotation du k^e rectangle.

La figure 2.3.5 montre un rectangle représentatif coloré en beige. Sa base $[x_{k-1}, x_k]$ est de longueur Δx_k, tandis que sa hauteur h_k égale $f(c_k)$ où c_k est le point milieu de l'intervalle $[x_{k-1}, x_k]$.

Comme nous l'avons vu plus haut, le volume du tube engendré par la rotation du k^e rectangle est

$$\Delta V_k = 2\pi \times \text{rayon moyen du } k^e \text{ tube} \times \text{hauteur du tube} \times \text{épaisseur du tube}$$

ou encore,

$$\Delta V_k = [\textit{circonférence moyenne du } \text{k}^e \textit{ tube}] \times [\textit{hauteur du tube}] \times [\Delta x_k].$$

Nous estimons le volume V du solide en faisant la somme des volumes de tous les tubes engendrés par la rotation des rectangles correspondant à la partition P :

$$V \approx \sum_{k=1}^{n} \Delta V_k.$$

La limite de cette somme de Riemann lorsque max $\Delta x_k \to 0$ donne le volume du solide.

$$\begin{aligned} V &= \lim_{\max \Delta x_k \to 0} \sum_{k=1}^{n} \Delta V_k \\ &= \int_a^b [\textit{circonférence du tube}][\textit{hauteur du tube}]dx \end{aligned}$$

DÉFINITION 2.3.1 Formule des tubes : volume d'un solide de révolution autour d'un axe vertical

Le volume V du solide engendré par la rotation autour d'un axe vertical de la région comprise entre l'axe des x et le graphe d'une fonction continue $y = f(x) \geq 0$, où $0 \leq a \leq x \leq b$, est donné par

$$V = \int_a^b [\textit{circonférence du tube}][\textit{hauteur du tube}]dx.$$

Dans le cas où l'axe de révolution est l'axe des y, la formule devient

$$V = \int_a^b [2\pi x][f(x)]dx.$$

EXEMPLE 2 Tubes autour de l'axe des *y*

La région bornée par la courbe $y = \sqrt{x}$, l'axe des x et la droite $x = 4$ engendre un solide de révolution par rotation autour de l'axe des y. Trouvez le volume de ce solide.

Solution

Étape 1 *Esquissez la région et tracez un segment parallèle à l'axe de révolution* (figure 2.3.6). Indiquez la longueur du segment (hauteur du tube) et sa distance par rapport à l'axe de révolution (rayon du tube). L'épaisseur du segment correspond à l'épaisseur du tube dx. (Le tube est représenté à la figure 2.3.7, mais cette illustration n'est pas indispensable au calcul.)

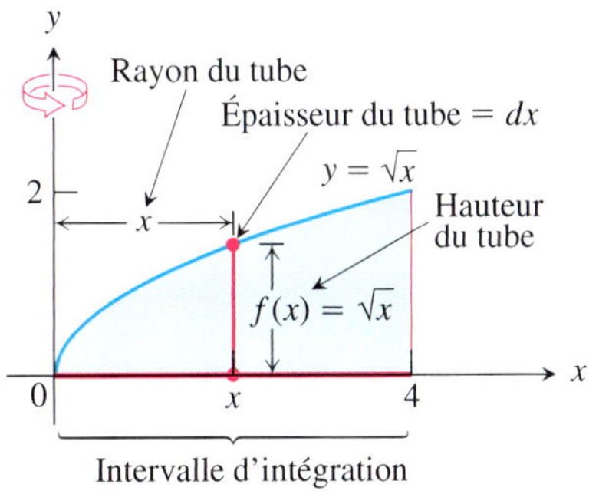

Figure 2.3.6 La région, les dimensions du tube et les bornes d'intégration.

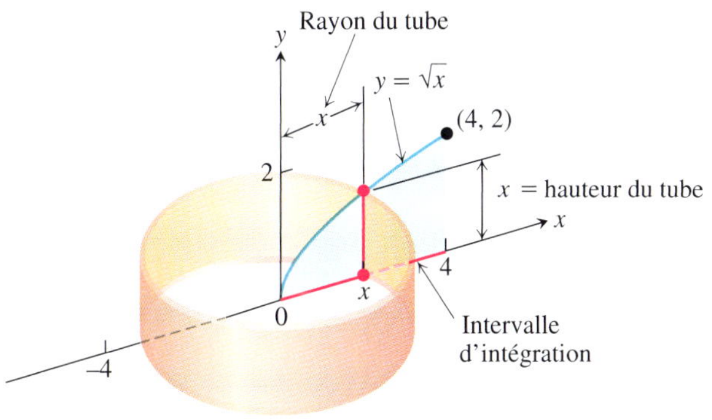

Figure 2.3.7 Le tube engendré par la rotation du segment de la figure 2.3.6.

Étape 2 *Trouvez les bornes d'intégration* pour la variable qui sert à représenter l'épaisseur : ici, x varie de $a = 0$ à $b = 4$.

Étape 3 *Établissez l'intégrande* en utilisant la formule des tubes.

$$V = \int_a^b [\textit{circonférence du tube}][\textit{hauteur du tube}]dx$$

$$= \int_a^b [2\pi x][f(x)]dx$$

L'axe de révolution est l'axe des y

$$= \int_a^b 2\pi x(\sqrt{x})dx$$

Étape 4 *Intégrez* pour déterminer le volume V du solide.

$$V = \int_0^4 2\pi(x)(\sqrt{x})dx$$

$$= 2\pi\int_0^4 x^{3/2}dx = 2\pi\left[\frac{2}{5}x^{5/2}\right]_0^4 = \frac{128\pi}{5} \text{ unités de volume}$$

Voir les exercices **1**, **2**, **5** et **6**.

Jusqu'à présent, nous avons seulement considéré des axes de révolution verticaux. Lorsque l'axe de révolution est horizontal, nous remplaçons x par y dans la formule des tubes 2.3.1 (voir page 125).

Voir les exercices **3** et **4**.

Par ailleurs, dans les cas abordés, la région engendrant un solide de révolution était toujours comprise entre l'axe des x et une courbe. Cependant, de façon plus générale, la région de départ peut être comprise entre deux courbes. Résumons l'ensemble des situations possibles par les deux formules suivantes.

DÉFINITION 2.3.2 Formules des tubes : volume d'un solide de révolution

Le volume V du solide engendré par la rotation autour d'un axe vertical d'une région fermée définie pour $a \leq x \leq b$ est donné par :

$$V = \int_a^b [\textit{circonférence du tube}][\textit{hauteur du tube}]dx$$

$$= \int_a^b [2\pi r(x)][h(x)]dx \qquad (1)$$

où $r(x)$ et $h(x)$ représentent respectivement le rayon et la hauteur d'un tube vertical quelconque.

Le volume V du solide engendré par la rotation autour d'un axe horizontal d'une région fermée définie pour $c \leq y \leq d$ est donné par :

$$V = \int_c^d [\textit{circonférence du tube}][\textit{hauteur du tube}]dy$$

$$= \int_c^d [2\pi r(y)][h(y)]dy \qquad (2)$$

où $r(y)$ et $h(y)$ représentent respectivement le rayon et la hauteur d'un tube horizontal quelconque.

Quel que soit l'axe de révolution choisi pour engendrer le solide, les étapes que l'on doit suivre pour utiliser la formule des tubes sont les suivantes.

Pour « couvrir » la base du volume qui s'étend de $x = -4$ à $x = 4$, il faut bien intégrer de 0 à 4 et non de -4 à 4.

KEPLER

Entre 1615 et 1621, **Johannes Kepler** (WeilderStadt, Wurtemberg 27 décembre 1571 – Ratisbonne, 1630) défend sa mère, accusée de sorcellerie. Il est en train d'élaborer la description exacte des orbites planétaires, préalable nécessaire aux exploits de Newton et d'Einstein. Nous sommes à la frontière entre deux mondes.

À l'université de Tübingen, Michel Maestlin est son professeur d'astronomie – entendons astronomie conventionnelle, où les astres se déplacent autour de la Terre en suivant des courbes arbitraires et où les étoiles fixes sont des points de lumière sur la « sphère première » qui renferme le tout. Maestlin donne aussi des cours spéciaux sur la nouvelle astronomie héliocentrique de Copernic.

Devenu copernicien, Kepler crée une cosmologie originale où tout se tient : harmonies musicales, proportions des polyèdres, orbites héliocentriques. Le système de l'univers, pour lui, en est un d'analogies précises reliant toutes ces choses. Il publie ses idées dans *Mysterium cosmographicum* (1596) – livre qui impressionnera Galilée – et *Harmonices mundi* (1619).

À partir de 1600, Kepler collabore avec Tycho Brahe, dont les instruments astronomiques sont les plus précis au monde. Convaincu que sa cosmologie doit correspondre de près aux observations, il entreprend une étude exhaustive des données obtenues par Tycho et, après de longs labeurs, trouve les relations qu'on appellera les trois lois de Kepler : les planètes décrivent des ellipses dont le Soleil occupe l'un des foyers ; le rayon vecteur joignant le centre du Soleil au centre d'une planète balaie des aires égales en temps égaux ; les carrés des périodes de révolution sont proportionnels aux cubes des grands axes des orbites. Newton expliquera ces lois en tant que conséquences de la gravité et de l'inertie des corps en mouvement.

Certaines méthodes utilisées par Kepler dans ses recherches (par exemple, pour calculer l'aire balayée par le rayon Soleil-planète) sont essentiellement celles du calcul intégral. Il a laissé des œuvres sur l'optique, les logarithmes et le volume des solides de révolution, ainsi que le premier traité rigoureux sur les polyèdres depuis l'Antiquité.

Marche à suivre

Comment calculer un volume de révolution par la méthode des tubes

Étape 1 *Esquissez la région et tracez un segment parallèle à l'axe de révolution.* Indiquez la longueur du segment (hauteur h du tube) et sa distance par rapport à l'axe de révolution (rayon r du tube). L'épaisseur du segment correspond à l'épaisseur dx ou dy du tube.

Étape 2 *Trouvez les bornes d'intégration* pour la variable qui représente l'épaisseur (x ou y).

Étape 3 *Établissez l'intégrande* selon la formule des tubes de la définition 2.3.2.

Étape 4 *Intégrez* pour déterminer le volume V du solide.

EXEMPLE 3 Tubes autour de l'axe des x

La région bornée par la courbe $y = \sqrt{x}$, l'axe des x et la droite $x = 4$ engendre un solide de révolution par rotation autour de l'axe des x. Trouvez le volume de ce solide.

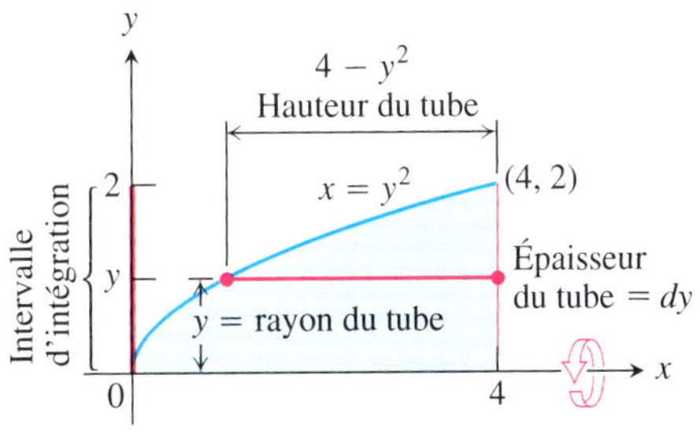

Figure 2.3.8 La région, les dimensions du tube et les bornes d'intégration de l'exemple 3.

Solution

Nous avons déjà résolu ce problème par la méthode des disques à l'exemple 4 de la section 2.2.

Étape 1 *Esquissez la région et tracez un segment parallèle à l'axe de révolution* (figure 2.3.8). Indiquez la longueur du segment (hauteur du tube) et sa distance par rapport à l'axe de révolution (rayon du tube).

L'épaisseur du segment correspond à l'épaisseur dy du tube. (Le tube est représenté à la figure 2.3.9, mais cette illustration n'est pas indispensable au calcul.)

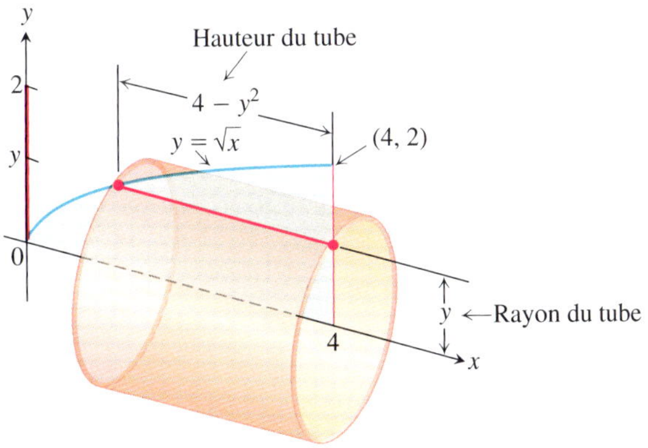

Figure 2.3.9 Le tube engendré par la rotation du segment de la figure 2.3.8.

Étape 2 *Trouvez les bornes d'intégration* pour la variable qui sert à représenter l'épaisseur : ici y varie de $c = 0$ à $d = 2$.

Étape 3 *Établissez l'intégrande* en utilisant la formule des tubes.

$$V = \int_c^d [\textit{circonférence du tube}][\textit{hauteur du tube}]dy$$

$$= \int_c^d [2\pi r(y)][h(y)]dy$$

$$= \int_0^2 2\pi y(4 - y^2)dy \qquad r(y) = y \text{ et } h(y) = 4 - y^2$$

Dans ce dernier exemple, la méthode des disques était plus facile à utiliser (voir section 2.2, exemple 4).

Étape 4 *Intégrez* pour déterminer le volume V du solide.

$$V = \int_0^2 2\pi(y)(4 - y^2)dy$$

$$= 2\pi\left[2y^2 - \frac{y^4}{4}\right]_0^2 = 8\pi \text{ unités de volume}$$

Voir les exercices **7** à **36**.

Exercices 2.3

Utilisez la méthode des tubes pour déterminer le volume des solides engendrés par la rotation des régions colorées en bleu autour de l'axe indiqué.

1.

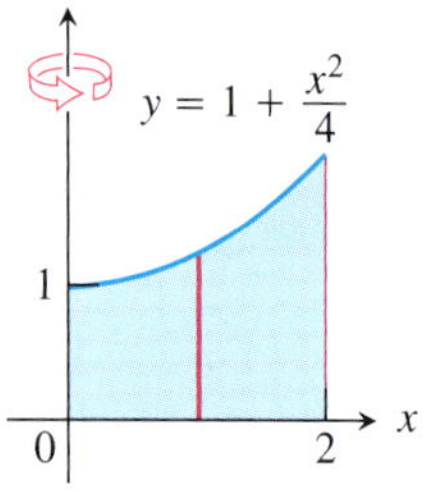

2.

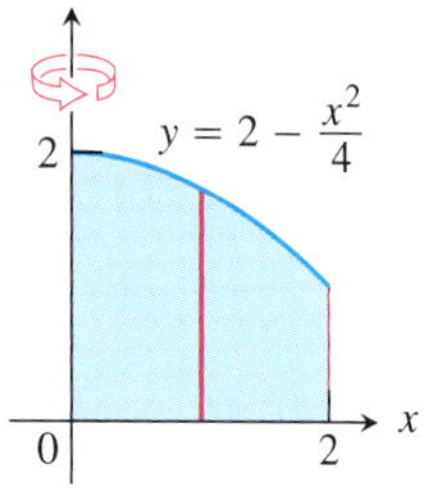

3.

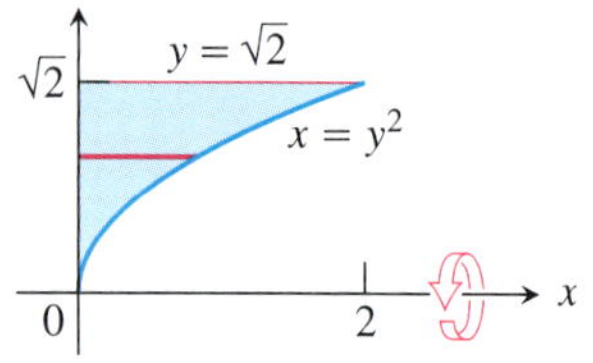

4.

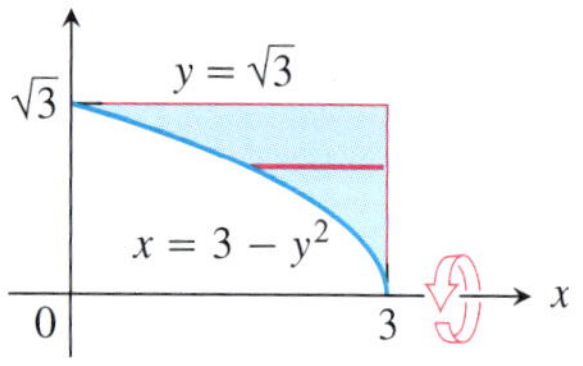

5. Axe des y.

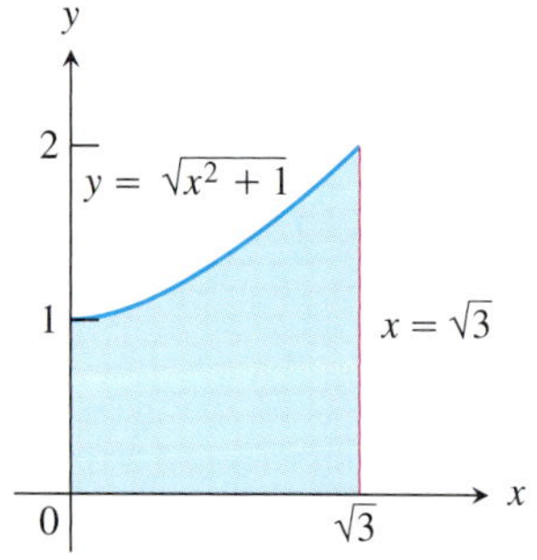

6. Axe des y.

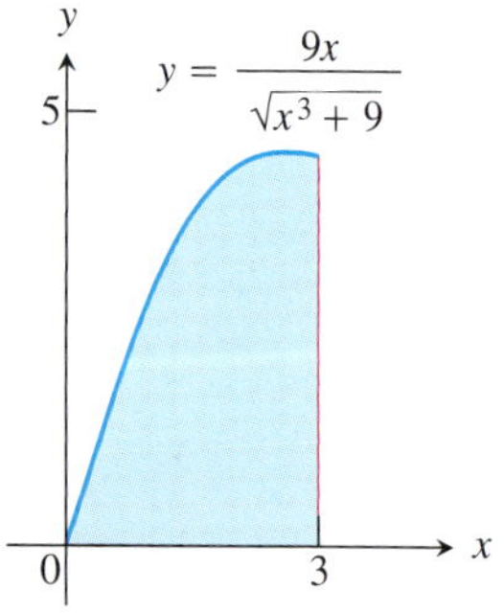

Rotation autour de l'axe des *y*

Aux exercices **7** à **12**, utilisez la méthode des tubes pour déterminer le volume des solides engendrés par la rotation autour de l'axe des y des régions bornées par les courbes et les droites indiquées.

7. $y = x,\ y = -x/2,\ x = 2$

8. $y = 2x,\ y = x/2,\ x = 1$

9. $y = x^2,\ y = 2 - x,\ x = 0$, pour $x \geq 0$.

10. $y = 2 - x^2,\ y = x^2,\ x = 0$

11. $y = e^{-x^2},\ y = 0,\ x = 0,\ x = 1$

12. $y = 3/(2\sqrt{x}),\ y = 0,\ x = 1,\ x = 4$

13. Soit $f(x) = \begin{cases} (\sin x)/x, & 0 < x \leq \pi \\ 1, & x = 0. \end{cases}$

a) Montrez que $xf(x) = \sin x$, où $0 \leq x \leq \pi$.

b) Déterminez par la méthode des tubes le volume du solide engendré par la rotation de la région colorée en bleu autour de l'axe des y.

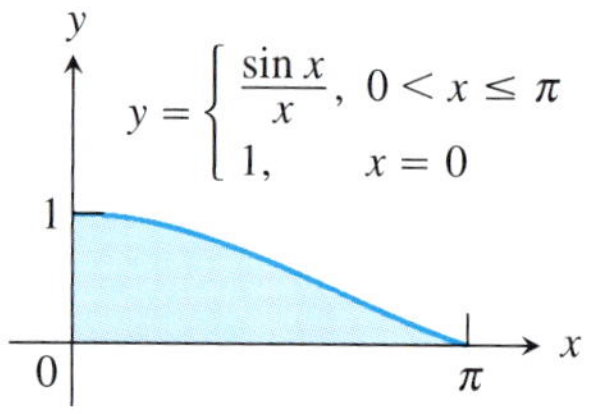

14. Soit $g(x) = \begin{cases} (\tan x)^2/x, & 0 < x \leq \pi/4 \\ 0, & x = 0. \end{cases}$

a) Montrez que $xg(x) = (\tan x)^2$, $0 \leq x \leq \pi/4$.

b) Déterminez par la méthode des tubes le volume du solide engendré par la rotation de la région colorée en bleu autour de l'axe des y.

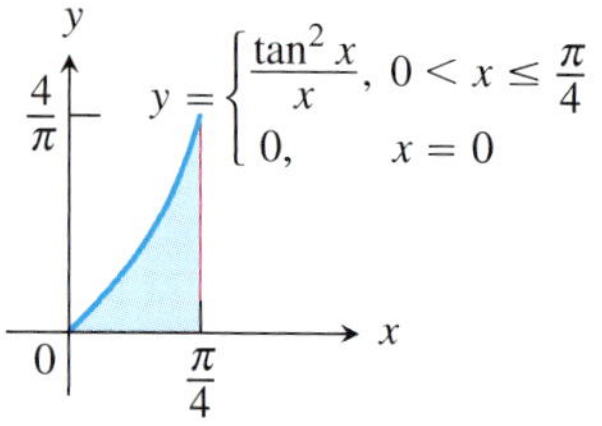

Rotation autour de l'axe des *x*

Aux exercices **15** à **22**, utilisez la méthode des tubes pour déterminer le volume des solides engendrés par la rotation des régions bornées par les courbes et les droites indiquées autour de l'axe des x.

15. $x = \sqrt{y},\ x = -y,\ y = 2$

16. $x = y^2,\ x = -y,\ y = 2,\ y \geq 0$

17. $x = 2y - y^2, \quad x = 0$

18. $x = 2y - y^2, \quad x = y$

19. $y = |x|, \quad y = 1$

20. $x = e^{y^2}, \quad y = 0, \quad x = 0, \quad y = 1$

21. $y = \sqrt{x}, \quad y = 0, \quad y = x - 2$

22. $y = \sqrt{x}, \quad y = 0, \quad y = 2 - x$

Rotation autour d'une droite horizontale

Aux exercices **23** et **24**, utilisez la méthode des tubes pour déterminer le volume des solides engendrés par la rotation des régions colorées en bleu autour de l'axe indiqué.

23. **a)** L'axe des x.

b) La droite $y = 1$.

c) La droite $y = 8/5$.

d) La droite $y = -2/5$.

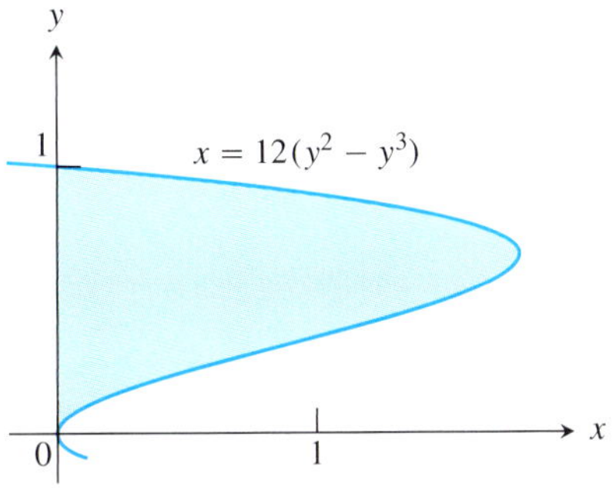

24. **a)** L'axe des x.

b) La droite $y = 2$.

c) La droite $y = 5$.

d) La droite $y = -5/8$.

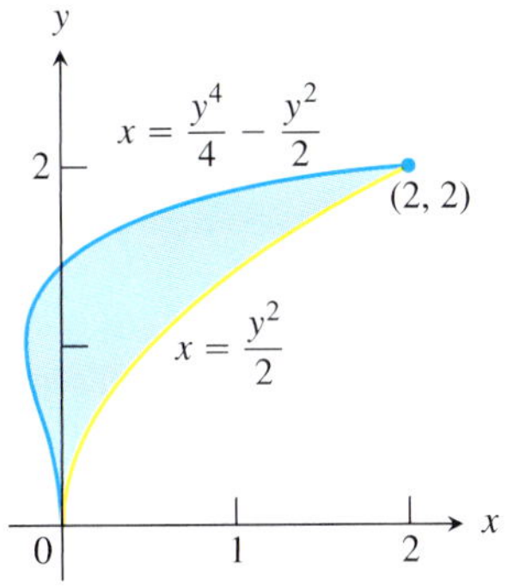

Comparer la méthode des disques avec la méthode des tubes

Pour certaines régions, les deux méthodes sont aussi efficaces l'une que l'autre pour déterminer le volume engendré par la rotation d'une région autour de l'axe des x ou de l'axe des y. Mais ce n'est pas toujours le cas. Par exemple, si nous voulons utiliser la méthode des disques troués pour déterminer le volume d'un solide de révolution autour de l'axe des y, nous devons intégrer par rapport à y; il peut toutefois se révéler impossible d'expliciter x en fonction de y afin d'exprimer l'intégrande par rapport à y. Dans un tel cas, la méthode des tubes se révèle plus adéquate car elle permet justement d'effectuer l'intégration par rapport à x. Les exercices **25** et **26** permettent de mieux voir cette différence entre les deux méthodes.

25. Déterminez les volumes des solides de révolution engendrés par la rotation de la région bornée par $y = x$ et $y = x^2$ autour de l'axe des x ainsi qu'autour de l'axe des y à l'aide de

a) la méthode des tubes;

b) la méthode des disques troués.

26. Déterminez les volumes des solides de révolution engendrés par la région triangulaire bornée par les droites $2y = x + 4$, $y = x$ et $x = 0$ en rotation autour de

a) l'axe des x, à l'aide de la méthode des disques troués;

b) l'axe des y, à l'aide de la méthode des tubes;

c) la droite $x = 4$, à l'aide de la méthode des tubes;

d) la droite $y = 8$, à l'aide de la méthode des disques troués.

Choisir entre les deux méthodes

Aux exercices **27** à **34**, déterminez le volume des solides engendrés par la révolution de la région indiquée autour des axes donnés. Choisissez la méthode qui semble la plus appropriée.

27. Le triangle de sommets (1, 1), (1, 2) et (2, 2) autour de

a) l'axe des x;

b) l'axe des y;

c) la droite $x = 10/3$;

d) la droite $y = 1$.

28. La région bornée par $y = \sqrt{x}$, $y = 2$ et $x = 0$ autour de

a) l'axe des x;

b) l'axe des y;

c) la droite $x = 4$;

d) la droite $y = 2$.

29. La région du premier quadrant bornée par la courbe $x = y - y^3$ et l'axe des y autour de

a) l'axe des x;

b) la droite $y = 1$.

30. La région du premier quadrant bornée par $x = y - y^3$, $x = 1$ et $y = 1$ autour de

a) l'axe des x;

b) l'axe des y;

c) la droite $x = 1$;

d) la droite $y = 1$.

31. La région bornée par $y = \sqrt{x}$ et $y = x^2/8$ autour de

a) l'axe des x;

b) l'axe des y.

32. La région bornée par $y = 2x - x^2$ et $y = x$ autour de

a) l'axe des y;

b) la droite $x = 1$.

33. La région du premier quadrant bornée, en haut, par la courbe $y = 1/x^{1/4}$, à gauche, par la droite $x = 1/16$ et, en bas, par la droite $y = 1$ engendre un solide de révolution en tournant autour de l'axe des x. Trouvez le volume du solide par

a) la méthode des disques troués;

b) la méthode des tubes.

34. La région du premier quadrant bornée, en haut, par la courbe $y = 1/\sqrt{x}$, à gauche, par la droite $x = 1/4$ et, en bas, par la droite $y = 1$ engendre un solide de révolution en tournant autour de l'axe des y. Trouvez le volume du solide par

a) la méthode des disques troués;

b) la méthode des tubes.

Choisir entre disques et tubes

35. La région ci-contre engendre un solide de révolution en tournant autour de l'axe des x. Quelle méthode (disques, disques troués, tubes) est-il préférable d'employer pour trouver le volume du solide ? Combien d'intégrales sont requises pour chaque méthode ? Expliquez.

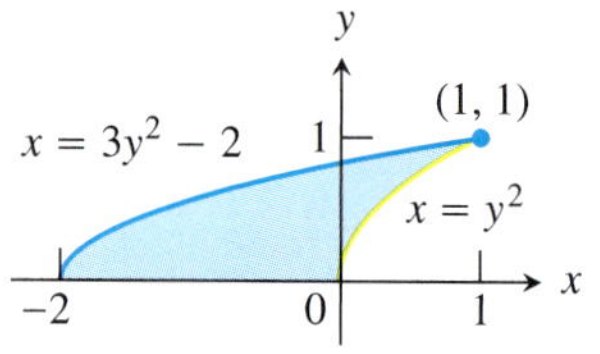

36. La région ci-dessous engendre un solide de révolution en faisant une rotation autour de l'axe des y. Quelle méthode (disques, disques troués, tubes) est-il préférable d'employer pour trouver le volume du solide ? Combien d'intégrales sont requises pour chaque méthode ? Expliquez.

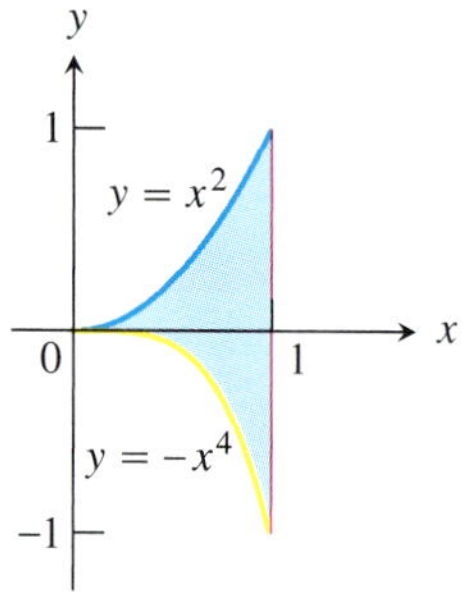

2.4 Longueur des courbes planes et aire des surfaces de révolution

2.4.1	Onde sinusoïdale
2.4.2	Longueur d'une courbe plane lisse
2.4.3	Discontinuités de dy/dx
2.4.4	Aire d'une surface de révolution

Pour estimer la longueur d'un sentier de randonnée sur une carte topographique, il est indispensable de savoir calculer la longueur d'une courbe. Voici une façon de procéder : subdiviser la courbe en plusieurs petits arcs de courbe, mesurer avec une règle les longueurs des segments de droite entre les bornes consécutives de la subdivision, puis additionner les résultats. La précision obtenue dépend en partie de la précision des mesures, mais surtout du nombre de segments utilisés dans l'approximation.

Grâce au calcul intégral, la perfection est envisageable puisque nous pouvons imaginer des segments aussi petits que nous le souhaitons : à mesure que les segments rapetissent et que leur nombre augmente, le chemin polygonal qu'ils déterminent se confond de plus en plus avec la courbe. De cette façon, les longueurs des chemins polygonaux tendent vers une limite qui se calcule comme une intégrale à condition que la courbe soit lisse.

2.4.1 Onde sinusoïdale

Quelle est la longueur d'une onde sinusoïdale (figure 2.4.1) ? Au sens habituel, la longueur d'onde d'une courbe sinusoïdale correspond à la longueur de sa période : par exemple, la longueur d'onde de la fonction $y = \sin x$ est 2π. Mais ce ne serait pas la longueur de la courbe si nous la mesurions en l'étalant le long de l'axe des x.

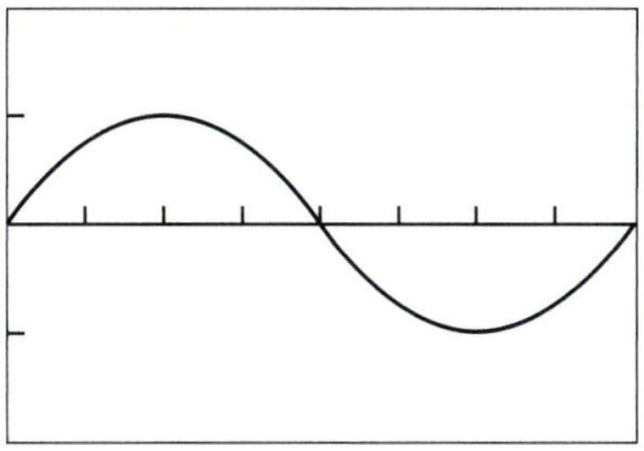

Figure 2.4.1 Une onde complète de la courbe sinus est certainement plus longue que 2π.

EXEMPLE 1 Longueur d'une onde sinusoïdale

Quelle est la longueur de la courbe $y = \sin x$ de $x = 0$ à $x = 2\pi$?

Solution

Découpons d'abord la totalité de la courbe en n petites portions mesurables. Pour ce faire, effectuons une partition de l'intervalle $[0, 2\pi]$ de façon que les arcs de courbe définis sur les sous-intervalles soient assez petits pour être considérés comme des segments de droite. Ainsi, les segments de droite, ou cordes, sont approximativement égaux aux arcs qu'ils sous-tendent. Nous considérons la longueur de chacune des cordes comme une approximation de la longueur de chacun des arcs.

La figure 2.4.2 illustre l'approximation d'un arc de courbe typique par le segment de droite PQ défini sur l'intervalle $[x_{k-1}, x_k]$. La longueur du segment est $\sqrt{\Delta x_k^2 + \Delta y_k^2}$. La somme des longueurs de tous les segments définis sur la partition est donc :

$$\sum_{k=1}^{n} \sqrt{\Delta x_k^2 + \Delta y_k^2}.$$

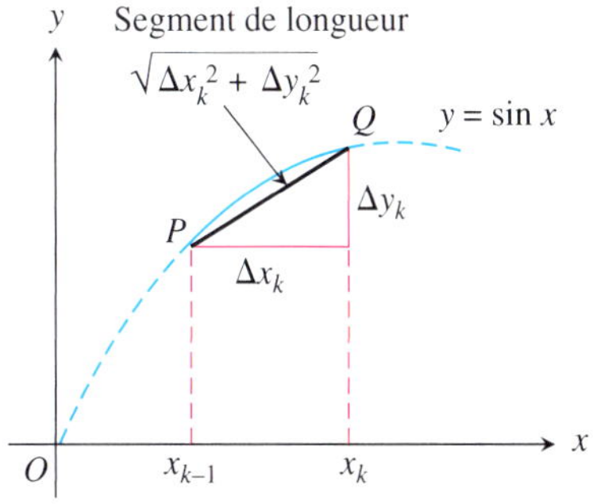

Figure 2.4.2 Le segment de droite PQ défini sur l'intervalle $[x_{k-1}, x_k]$ est une approximation de l'arc PQ de la courbe $y = \sin x$.

Cette somme est une approximation de la longueur de la courbe de $x = 0$ à $x = 2\pi$. Pour connaître la longueur exacte de la courbe, il faudrait prendre la limite de cette somme lorsque n tend vers l'infini et que max Δx_k tend vers zéro. Mais il y a un problème : la somme telle que nous l'avons développée n'est pas une somme de Riemann, car elle n'est pas du type $\sum_{k=1}^{n} f(c_k)\Delta x_k$.

Comment contourner ce problème ? En multipliant et en divisant par Δx_k.

$$\sum_{k=1}^{n} \sqrt{\Delta x_k^2 + \Delta y_k^2} = \sum_{k=1}^{n} \frac{\sqrt{(\Delta x_k)^2 + (\Delta y_k)^2}}{\Delta x_k} \Delta x_k$$

$$= \sum_{k=1}^{n} \sqrt{1 + \left(\frac{\Delta y_k}{\Delta x_k}\right)^2} \Delta x_k$$

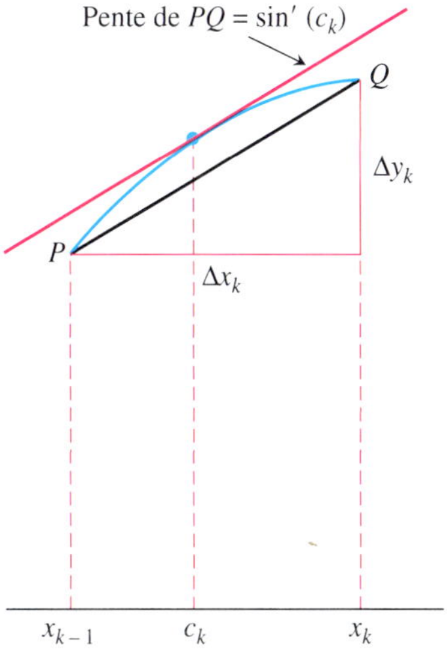

Figure 2.4.3 La portion de la courbe $y = \sin x$ sur l'intervalle $[x_{k-1}, x_k]$. Il existe un nombre c_k dans l'intervalle pour lequel $\sin' c_k = \Delta y_k / \Delta x_k$ = pente du segment PQ.

Nous nous rapprochons de la forme désirée, mais il reste à exprimer la racine carrée sous la forme d'une fonction évaluée en un point c_k du k^e sous-intervalle. Nous ferons appel au théorème de la moyenne relatif aux fonctions dérivables : appliqué à la fonction sinus, ce théorème permet d'affirmer que, puisque $y = \sin x$ est continue sur $[x_{k-1}, x_k]$ et dérivable sur $]x_{k-1}, x_k[$, il existe un nombre c_k dans $]x_{k-1}, x_k[$ pour lequel $\sin' c_k = \Delta y_k / \Delta x_k$ (figure 2.4.3). Nous pouvons donc écrire

$$\sum_{k=1}^{n} \sqrt{1 + \left(\frac{\Delta y_k}{\Delta x_k}\right)^2} \Delta x_k = \sum_{k=1}^{n} \sqrt{1 + (\sin' c_k)^2}\, \Delta x_k,$$

ce qui, cette fois, est une somme de Riemann.

En prenant la limite de cette somme lorsque max Δx_k tend vers zéro, nous obtenons enfin l'expression qui donne la longueur de la courbe $y = \sin x$ sur une période :

$$\lim_{\max \Delta x_k \to 0} \sum_{k=1}^{n} \sqrt{1 + (\sin' c_k)^2}\, \Delta x_k = \int_0^{2\pi} \sqrt{1 + (\sin' x)^2}\, dx$$
$$= \int_0^{2\pi} \sqrt{1 + \cos^2 x}\, dx \approx 7{,}64.$$

Cette intégrale ne s'exprime pas à l'aide de formules élémentaires, mais nous en obtiendrons une valeur approximative par intégration numérique. La méthode des trapèzes avec $n = 6$ donne environ 7,645138 ; la méthode de Simpson avec $n = 10$ donne environ 7,640457. En vérifiant ces résultats à l'aide d'un logiciel de calcul symbolique (dont la précision est plus grande), nous constatons que l'approximation trouvée à la calculatrice avec la méthode de Simpson est exacte jusqu'à la quatrième décimale.

2.4.2 Longueur d'une courbe plane lisse

Nous voici presque en mesure de définir la longueur d'une courbe comme une intégrale définie en nous basant sur le procédé de l'exemple 1 (voir page 131). Mais, auparavant, examinons deux propriétés de la fonction sinus dont nous avons tenu compte dans cet exemple.

Évidemment, nous avons utilisé sa dérivabilité en appliquant le théorème de la moyenne afin de remplacer $\Delta y_k/\Delta x_k$ par $\sin' c_k$ pour une certaine valeur c_k prise dans l'intervalle $[x_{k-1}, x_k]$. De façon moins évidente, nous avons utilisé la continuité de la dérivée de la fonction sinus lorsque nous avons transformé $\sum_{k=1}^{n} \sqrt{1 + (\sin' c_k)^2}\, \Delta x_k$ en intégrale. Pour pouvoir définir la longueur d'une courbe en nous basant sur le procédé de l'exemple 1, il faut donc que la fonction définissant la courbe possède une dérivée continue. Une fonction possédant cette propriété est dite **lisse** et son graphe est une **courbe lisse**.

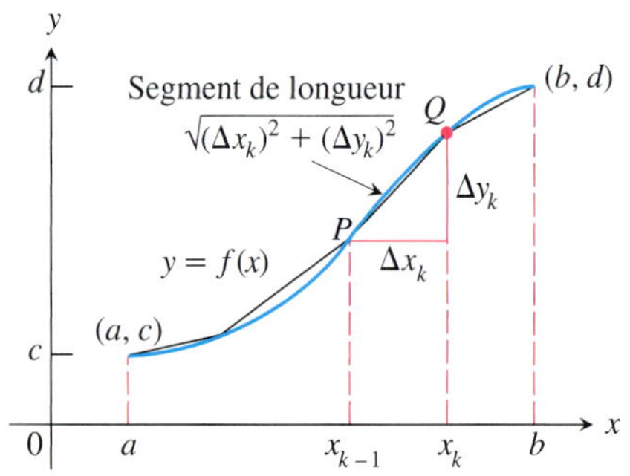

Figure 2.4.4 Le graphe de f et son approximation polygonale.

Révisons le procédé dans le but de le généraliser à toute fonction lisse $f(x)$. Soit (a, c) et (b, d) les extrémités d'une courbe lisse (figure 2.4.4). Effectuons une partition de l'intervalle $[a, b]$ en sous-intervalles assez petits pour que les arcs de courbe qui leur correspondent soient pratiquement confondus avec les cordes qui les sous-tendent. La longueur de la corde qui correspond au sous-intervalle $[x_{k-1}, x_k]$ est $\sqrt{\Delta x_k^2 + \Delta y_k^2}$. La somme $\sum_{k=1}^{n} \sqrt{\Delta x_k^2 + \Delta y_k^2}$ est une approximation de la longueur de la courbe. Le théorème de la moyenne permet de récrire cette somme sous la forme d'une somme de Riemann,

$$\sum_{k=1}^{n} \sqrt{\Delta x_k^2 + \Delta y_k^2} = \sum_{k=1}^{n} \sqrt{1 + \left(\frac{\Delta y_k}{\Delta x_k}\right)^2}\, \Delta x_k$$
$$= \sum_{k=1}^{n} \sqrt{1 + (f'(c_k))^2}\, \Delta x_k.$$

Pour un certain c_k de $]x_{k-1}, x_k[$

En prenant la limite de cette somme lorsque max Δx_k tend vers zéro, nous obtenons la longueur L de la courbe pour $a \leq x \leq b$.

$$L = \lim_{\max \Delta x_k \to 0} \sum_{k=1}^{n} \sqrt{1 + (f'(c_k))^2}\, \Delta x_k = \int_a^b \sqrt{1 + (f'(x))^2}\, dx$$
$$= \int_a^b \sqrt{1 + \left(\frac{dy}{dx}\right)^2}\, dx$$

Nous aurions pu aussi bien transformer $\sqrt{\Delta x_k^2 + \Delta y_k^2}$ en somme de Riemann en divisant et en multipliant par Δy_k au lieu de Δx_k. La formule ainsi obtenue présente $x = g(y)$ comme fonction de y sur l'intervalle $[c, d]$:

$$L \approx \sum \frac{\sqrt{(\Delta x_k)^2 + (\Delta y_k)^2}}{\Delta y_k} \Delta y_k = \sum \sqrt{1 + \left(\frac{\Delta x_k}{\Delta y_k}\right)^2} \Delta y_k$$

$$= \sum \sqrt{1 + (g'(c_k))^2}\, \Delta y_k.$$

Pour un certain c_k de $[y_{k-1}, y_k]$

La limite de cette somme, lorsque max Δy_k tend vers zéro, permet d'évaluer autrement la longueur L de la courbe pour $c \leq y \leq d$.

$$L = \lim_{\max \Delta y_k \to 0} \sum_{k=1}^{n} \sqrt{1 + (g'(c_k))^2}\, \Delta y_k = \int_c^d \sqrt{1 + (g'(y))^2}\, dy$$

$$= \int_c^d \sqrt{1 + \left(\frac{dx}{dy}\right)^2}\, dy$$

En regroupant les deux formules, nous définissons la longueur d'une courbe lisse de la façon suivante.

DÉFINITION 2.4.1 Longueur d'une courbe lisse

Si f est une fonction lisse sur un intervalle $[a, b]$, la **longueur L de la courbe** $y = f(x)$ entre $x = a$ et $x = b$ est le nombre

$$L = \int_a^b \sqrt{1 + \left(\frac{dy}{dx}\right)^2}\, dx. \qquad (1)$$

Si g est une fonction lisse sur un intervalle $[c, d]$, la longueur L de la courbe $x = g(y)$ entre $y = c$ et $y = d$ est le nombre

$$L = \int_c^d \sqrt{1 + \left(\frac{dx}{dy}\right)^2}\, dy. \qquad (2)$$

EXEMPLE 2 Appliquer les formules donnant la longueur d'un arc de courbe

Trouvez la longueur exacte de l'arc de courbe défini par

$$y = \frac{x^2}{2} - \frac{\ln x}{4}, \quad \text{où } 2 \leq x \leq 4.$$

Solution

$$\frac{dy}{dx} = x - \frac{1}{4x}$$

est continue sur $[2, 4]$. La courbe est donc lisse sur $[2, 4]$ et nous avons :

$$L = \int_2^4 \sqrt{1 + \left(\frac{dy}{dx}\right)^2}\, dx$$

Définition 2.4.1, formule (1)

$$= \int_2^4 \sqrt{1 + \left(x^2 - \frac{1}{2} + \frac{1}{16x^2}\right)}\, dx$$

Élever au carré $x - \dfrac{1}{4x} = dy/dx$

$$= \int_2^4 \sqrt{x^2 + \frac{1}{2} + \frac{1}{16x^2}}\, dx \qquad \text{Regrouper}$$

$$= \int_2^4 \sqrt{\left(x + \frac{1}{4x}\right)^2}\, dx \qquad \text{Factoriser}$$

$$= \int_2^4 \left(x + \frac{1}{4x}\right) dx \qquad x + (1/4x) \geq 0 \text{ sur } [2, 4]$$

$$= \left(\frac{x^2}{2} + \frac{\ln x}{4}\right)\Bigg]_2^4 \qquad \text{Intégrer}$$

$$= 6 + \frac{\ln 4}{4} - \frac{\ln 2}{4}$$

$$= 6 + \frac{\ln 2}{4} \approx 6{,}173.$$

Voir les exercices **1** à **10**.

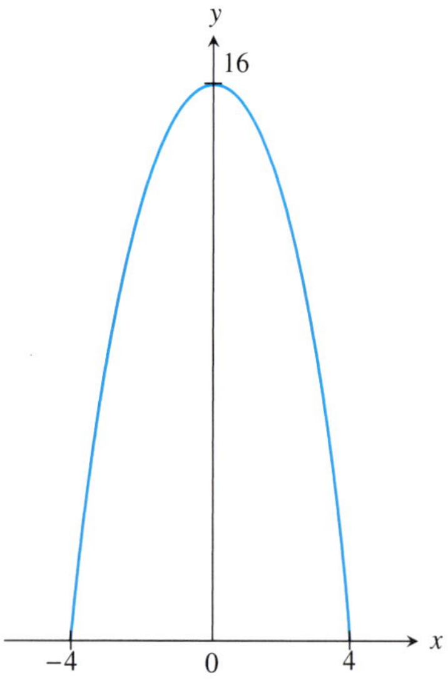

Figure 2.4.5 La trajectoire parabolique du projectile de l'exemple 3 représentée dans un système d'axes cartésien.

EXEMPLE 3 Trouver la longueur d'une trajectoire

Un projectile lancé du sol s'élève à une hauteur maximale de 16 m et retombe à 8 m de son point de départ. Trouvez la longueur exacte de sa trajectoire, sachant qu'il s'agit d'un arc de parabole.

Solution

Déterminons d'abord l'équation de la parabole à partir des données du problème. Puisque la longueur d'arc recherchée ne dépend pas de la position des axes par rapport à la courbe, nous plaçons l'origine symétriquement afin d'obtenir l'équation la plus simple possible (figure 2.4.5). L'équation générale de la parabole est $y = Ax^2 + Bx + C$. Trouvons les valeurs de A, B et C d'après le diagramme de la figure 2.4.5.

Hauteur à l'origine $= 16 = A(0)^2 + B(0) + C$, donc $C = 16$.

Abscisse du sommet $= 0 = \dfrac{-B}{2A}$, donc $B = 0$.

Ordonnée du point d'arrivée $= 0 = A(4)^2 + B(4) + C = 16A + 16$, donc $A = -1$.

D'après ce qui précède, l'équation de la parabole est donc $y = -x^2 + 16$. Sa dérivée par rapport à x,

$$\frac{dy}{dx} = -2x,$$

est continue sur [−4, 4] ; donc, la courbe est lisse sur [−4, 4] et nous avons :

$$L = \int_{-4}^{4} \sqrt{1 + (-2x)^2}\, dx \qquad \text{Définition 2.4.1, formule (1)}$$

$$= \int_{-4}^{4} \sqrt{1 + (2x)^2}\, dx$$

$$= 2\int_0^4 \sqrt{1 + (2x)^2}\, dx. \qquad \text{Symétrie de la courbe par rapport à l'axe des } y$$

À la section 3.4, nous utiliserons la technique de substitution trigonométrique pour évaluer ce type d'intégrale. En attendant, nous pouvons la résoudre avec la formule **20** de la table d'intégrales présentée à la fin de l'ouvrage :

$$\textbf{20.} \int \sqrt{a^2+x^2}\,dx = \frac{x}{2}\sqrt{a^2+x^2} + \frac{a^2}{2}\ln\left(x+\sqrt{a^2+x^2}\right) + C.$$

Pour ne pas confondre les x de la formule, qui jouent ici le rôle de $2x$, récrivons la formule **20** en changeant le nom de la variable :

$$\textbf{20.} \int \sqrt{a^2+u^2}\,du = \frac{u}{2}\sqrt{a^2+u^2} + \frac{a^2}{2}\ln\left(u+\sqrt{a^2+u^2}\right) + C.$$

Posons $2x = u$, $2dx = du$ et $a = 1$ dans la formule. Elle devient alors :

$$\int \sqrt{1+(2x)^2}\,2dx = \frac{2x}{2}\sqrt{1+(2x)^2} + \frac{1}{2}\ln\left(2x+\sqrt{1+(2x)^2}\right) + C,$$

d'où

$$2\int \sqrt{1+(2x)^2}\,dx = x\sqrt{1+(2x)^2} + \frac{1}{2}\ln\left(2x+\sqrt{1+(2x)^2}\right) + C$$

et, par conséquent,

$$\int \sqrt{1+(2x)^2}\,dx = \frac{x}{2}\sqrt{1+(2x)^2} + \frac{1}{4}\ln\left(2x+\sqrt{1+(2x)^2}\right) + C.$$

En évaluant le double de cette intégrale aux bornes 0 et 4, nous trouvons la longueur L :

$$\begin{aligned}
L &= 2\int_0^4 \sqrt{1+(2x)^2}\,dx = 2\left[\frac{x}{2}\sqrt{1+(2x)^2} + \frac{1}{4}\ln\left(2x+\sqrt{1+(2x)^2}\right)\right]_0^4 \\
&= 2\left[\left(\frac{4}{2}\sqrt{1+64} + \frac{1}{4}\ln\left(8+\sqrt{1+64}\right)\right) - \left(\frac{0}{2}\sqrt{1} + \frac{1}{4}\ln\left(0+\sqrt{1}\right)\right)\right] \\
&= 2\left[\left(2\sqrt{65} + \frac{1}{4}\ln\left(8+\sqrt{65}\right)\right) - (0)\right] \\
&= 4\sqrt{65} + \frac{\ln\left(8+\sqrt{65}\right)}{2} \\
&\approx 33{,}637267 \text{ m.}
\end{aligned}$$

2.4.3 Discontinuités de dy/dx

Si dy/dx n'est pas définie en un point d'une courbe $y = f(x)$, il devient impossible d'évaluer la longueur de cette courbe à l'aide de la formule (1) de la définition 2.4.1 (voir page 133). Il se peut néanmoins que dx/dy soit définie. Dans ce cas, nous évaluerons la longueur de l'arc de courbe à l'aide de la formule (2) en exprimant x comme fonction de y.

EXEMPLE 4 **Éviter une discontinuité**

Trouvez la longueur de l'arc de courbe défini par la fonction $y = (x/2)^{2/3}$ entre $x = 0$ et $x = 2$.

Solution

La dérivée

$$\frac{dy}{dx} = \frac{2}{3}\left(\frac{x}{2}\right)^{-1/3}\left(\frac{1}{2}\right) = \frac{1}{3}\left(\frac{2}{x}\right)^{1/3}$$

n'est pas définie à $x = 0$; il est donc impossible d'évaluer la longueur de l'arc à l'aide de la formule (1).

Par contre, nous pouvons récrire l'équation qui définit la fonction en explicitant x par rapport à y.

$$y = \left(\frac{x}{2}\right)^{2/3}$$

$$y^{3/2} = \frac{x}{2} \qquad \text{Élever les deux membres à la puissance } 3/2$$

$$x = 2y^{3/2} \qquad \text{Expliciter } x$$

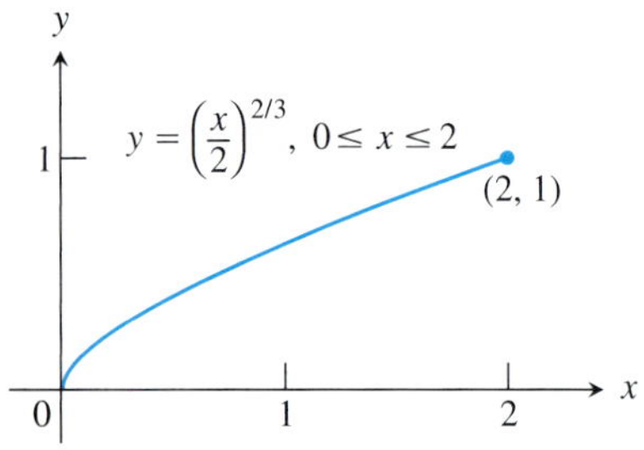

Figure 2.4.6 Le graphe de $y = (x/2)^{2/3}$ de $x = 0$ à $x = 2$ est aussi le graphe de $x = 2y^{3/2}$ de $y = 0$ à $y = 1$.

À la lumière de ce résultat, il est clair que la courbe dont nous souhaitons évaluer la longueur est aussi le graphe de $x = 2y^{3/2}$ entre $y = 0$ et $y = 1$ (figure 2.4.6).

La dérivée

$$\frac{dx}{dy} = 2\left(\frac{3}{2}\right)y^{1/2} = 3y^{1/2}$$

est continue sur [0, 1] ; donc, nous utiliserons la formule (2) de la définition 2.4.1 (voir page 133) pour trouver la longueur de l'arc de courbe.

$$L = \int_c^d \sqrt{1 + \left(\frac{dx}{dy}\right)^2}\,dy = \int_0^1 \sqrt{1 + 9y}\,dy \qquad \text{Formule (2) avec } c = 0 \text{ et } d = 1$$

$$= \frac{1}{9} \cdot \frac{2}{3}(1 + 9y)^{3/2}\Big]_0^1 \qquad \text{Soit } u = 1 + 9y\,;\ du/9 = dy$$

$$= \frac{2}{27}\left(10\sqrt{10} - 1\right) \approx 2{,}27$$

2.4.4 Aire d'une surface de révolution

Quand on saute à la corde, celle-ci balaie l'espace en décrivant une surface de révolution. L'aire de cette surface varie selon la longueur de la corde et selon la distance de chacune de ses parties par rapport à l'axe de rotation. Nous allons maintenant explorer la relation entre l'aire d'une surface de révolution et la longueur de la courbe qui l'engendre.

Nous voulons trouver l'aire de la surface engendrée par la rotation, autour de l'axe des x, du graphe d'une fonction non négative $y = f(x)$ entre $x = a$ et $x = b$. Dans ce but, nous effectuons une partition de l'intervalle $[a, b]$ de la manière habituelle, de sorte que les arcs de courbe définis sur les sous-intervalles soient très petits. La figure 2.4.7 montre un arc de courbe représentatif PQ ainsi que la bande circulaire engendrée par la rotation de cet arc autour de l'axe des x.

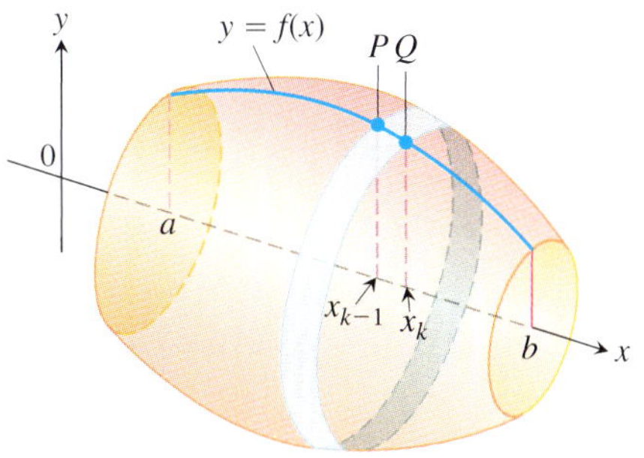

Figure 2.4.7 La surface de révolution engendrée par la rotation, autour de l'axe des x, du graphe d'une fonction non négative $y = f(x)$, où $a \leq x \leq b$. Cette surface est égale à l'union de plusieurs bandes similaires à celle qui est engendrée par l'arc PQ.

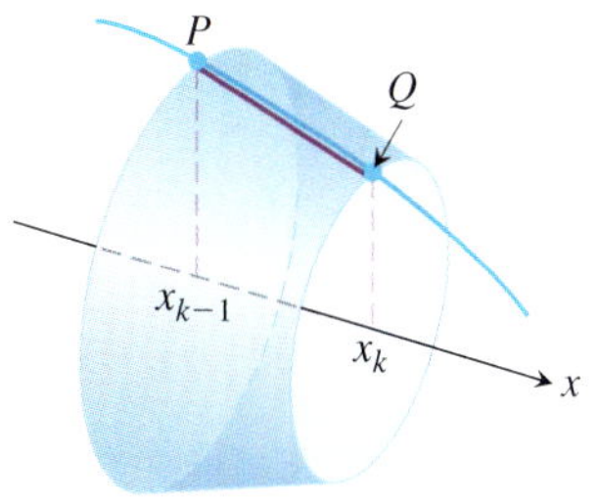

Figure 2.4.8 La rotation du segment de droite PQ autour de l'axe des x engendre un tronc de cône.

Lorsque l'arc PQ tourne autour de l'axe des x, le segment de droite PQ engendre un tronc de cône dont l'axe se confond avec l'axe des x (figure 2.4.8). La surface de ce cône tronqué constitue une bonne approximation de la surface de la bande engendrée par l'arc PQ. Rappelons une formule de géométrie : l'aire de la surface d'un tronc de cône est égale à 2π fois son rayon moyen multiplié par son apothème (hauteur oblique) (figure 2.4.9).

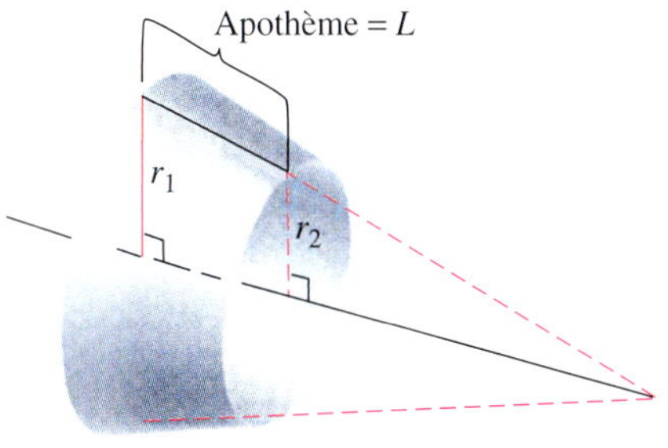

Figure 2.4.9 Les principales dimensions du tronc de cône de la figure 2.4.8.

$$\text{Aire de la surface d'un tronc de cône} = 2\pi \cdot \frac{r_1 + r_2}{2} \cdot L = \pi(r_1 + r_2)\, L.$$

Dans le cas du tronc de cône engendré par le segment de droite PQ, cette formule devient :

$$\text{Aire de la surface d'un tronc de cône} = \pi[f(x_{k-1}) + f(x_k)]\sqrt{(\Delta x_k)^2 + (\Delta y_k)^2}.$$

Puisque l'aire de la surface recherchée est la somme des aires de bandes engendrées par des arcs de courbe tels que PQ, nous pouvons l'estimer avec la somme des aires de troncs de cône suivante.

$$\sum_{k=1}^{n} \pi[f(x_{k-1}) + f(x_k)]\sqrt{(\Delta x_k)^2 + (\Delta y_k)^2} \tag{3}$$

Il semble que cette approximation s'améliore à mesure que la partition devient de plus en plus fine ; nous aimerions démontrer que cette somme tend vers une limite évaluable lorsque max $\Delta x_k \to 0$ (figure 2.4.10).

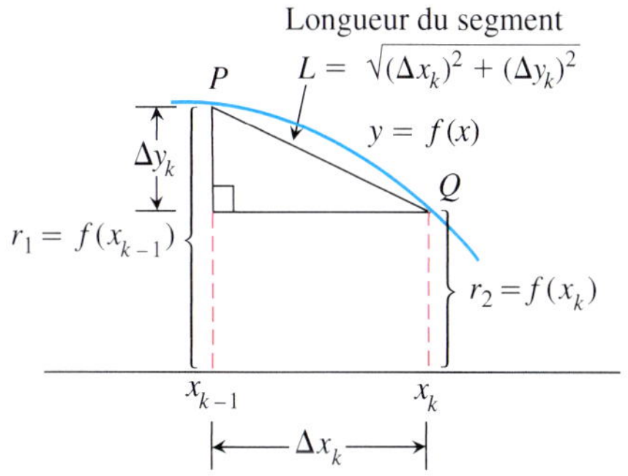

Figure 2.4.10 Les principales dimensions associées à l'arc PQ ainsi qu'à la corde PQ.

Dans ce but, essayons de récrire cette expression sous la forme de la somme de Riemann d'une certaine fonction continue sur l'intervalle $[a, b]$. Comme dans l'analyse de la longueur d'arc, nous recourons au théorème de la moyenne relatif aux fonctions dérivables. Ici encore, nous devons supposer que f possède une dérivée continue partout sur $[a, b]$, ce qui en fait une fonction lisse sur cet intervalle. En vertu du théorème de la moyenne, il existe un point $(c_k, f(c_k))$ sur la courbe entre P et Q où la tangente est parallèle à la corde PQ (voir figure 2.4.11, page 138).

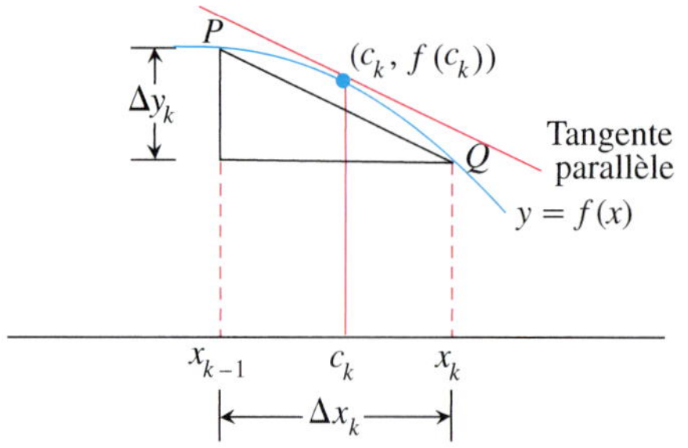

Figure 2.4.11 Si f' est continue, le théorème de la moyenne garantit l'existence d'un point de l'arc PQ où la tangente est parallèle à la corde PQ.

Nous pouvons donc écrire :

$$f'(c_k) = \frac{\Delta y_k}{\Delta x_k},$$

$$\Delta y_k = f'(c_k)\Delta x_k.$$

Substituons à Δy_k le membre de droite de la dernière équation dans l'expression (3) qui donne la somme des aires de troncs de cône ; nous obtenons alors

$$\begin{aligned}\sum_{k=1}^{n} \pi[f(x_{k-1})+f(x_k)]\sqrt{(\Delta x_k)^2+(\Delta y_k)^2} \\ &= \sum_{k=1}^{n} \pi[f(x_{k-1})+f(x_k)]\sqrt{(\Delta x_k)^2+(f'(c_k)\Delta x_k)^2} \\ &= \sum_{k=1}^{n} \pi[f(x_{k-1})+f(x_k)]\frac{\sqrt{(\Delta x_k)^2+(f'(c_k)\Delta x_k)^2}}{\Delta x_k}\Delta x_k \\ &= \sum_{k=1}^{n} \pi[f(x_{k-1})+f(x_k)]\sqrt{1+(f'(c_k))^2}\,\Delta x_k. \qquad (4)\end{aligned}$$

À ce stade, un obstacle inattendu semble nous empêcher d'atteindre le but. En effet, la somme (4) n'est pas une somme de Riemann puisque les nombres x_{k-1} et x_k ainsi que c_k sont différents, et que rien ne permet de les rendre égaux. Cependant, le théorème de Bliss (calcul avancé) nous assure que si max $\Delta x_k \to 0$, alors la somme (4) converge vers une intégrale :

$$\lim_{\max \Delta x_k \to 0} \sum_{k=1}^{n} \pi[f(x_{k-1})+f(x_k)]\sqrt{1+(f'(c_k))^2}\,\Delta x_k$$

$$= \int_a^b 2\pi f(x)\sqrt{1+(f'(x))^2}\,dx.$$

Par conséquent, nous considérons cette intégrale comme la définition de l'aire d'une surface de révolution engendrée par la rotation autour de l'axe des x du graphe d'une fonction lisse f sur un intervalle $[a, b]$.

DÉFINITION 2.4.2 Aire d'une surface de révolution

Si f est une fonction non négative lisse sur $a \le x \le b$, alors l'**aire A de la surface** de révolution engendrée par la rotation de la courbe $y = f(x)$ autour de l'axe des x, entre $x = a$ et $x = b$, est égale au nombre

$$A = \int_a^b 2\pi y \sqrt{1 + \left(\frac{dy}{dx}\right)^2}\, dx. \qquad (5)$$

Si g est une fonction non négative lisse sur $c \le y \le d$, alors l'aire de la surface de révolution engendrée par la rotation de la courbe $x = g(y)$ autour de l'axe des y, entre $y = c$ et $y = d$, est égale au nombre

$$A = \int_c^d 2\pi x \sqrt{1 + \left(\frac{dx}{dy}\right)^2}\, dy. \qquad (6)$$

Ces deux formules se mémorisent plus facilement si vous interprétez les facteurs $2\pi y$ et $2\pi x$ comme la circonférence d'un cercle tracé par un point (x, y) de la courbe en rotation respectivement autour de l'axe des x et autour de l'axe des y. Notez également que les racines carrées apparaissant dans les deux formules sont les mêmes que celles des formules (1) et (2) de la longueur d'une courbe lisse (voir définition 2.4.1, page 133).

EXEMPLE 5 Trouver l'aire d'une surface de révolution

Calculez l'aire de la surface engendrée par la rotation, autour de l'axe des x, de la courbe $y = 2\sqrt{x}$, où $1 \le x \le 2$ (figure 2.4.12).

Solution

$y = f(x) = 2\sqrt{x}$ est une fonction non négative et lisse sur $[1, 2]$, car $f'(x) = 1/\sqrt{x}$ est continue sur cet intervalle.

Puisque nous avons une rotation autour de l'axe des x, évaluons l'intégrale dc la formule (5)

$$A = \int_a^b 2\pi y \sqrt{1 + \left(\frac{dy}{dx}\right)^2}\, dx$$

avec

$$a = 1, \quad b = 2, \quad y = 2\sqrt{x}, \quad \frac{dy}{dx} = \frac{1}{\sqrt{x}},$$

$$\sqrt{1 + \left(\frac{dy}{dx}\right)^2} = \sqrt{1 + \left(\frac{1}{\sqrt{x}}\right)^2} = \sqrt{1 + \frac{1}{x}} = \sqrt{\frac{x+1}{x}} = \frac{\sqrt{x+1}}{\sqrt{x}}.$$

En substituant dans la formule de l'aire, nous obtenons :

$$A = \int_1^2 2\pi \cdot 2\sqrt{x}\, \frac{\sqrt{x+1}}{\sqrt{x}}\, dx = 4\pi \int_1^2 \sqrt{x+1}\, dx$$

$$= 4\pi \cdot \frac{2}{3}(x+1)^{3/2}\Big]_1^2 = \frac{8\pi}{3}\left(3\sqrt{3} - 2\sqrt{2}\right) \approx 19{,}84.$$

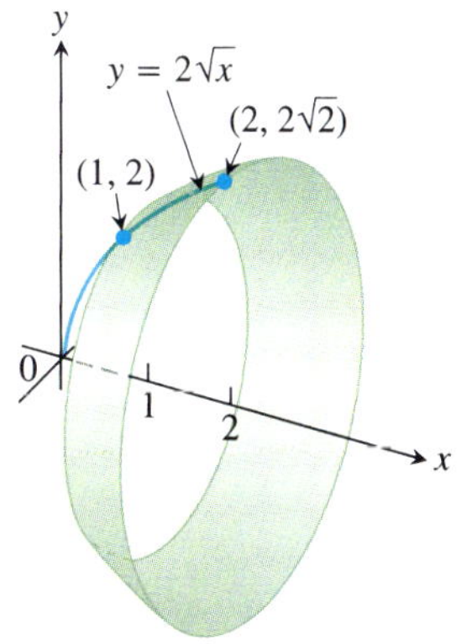

Figure 2.4.12 La surface de révolution de l'exemple 5.

EXEMPLE 6 Retrouver l' aire de la surface d'un cône

Le segment de droite $x = 1 - y$, où $0 \le y \le 1$ engendre le cône de la figure 2.4.13 (voir page 140) en tournant autour de l'axe des y. Calculez l'aire de la surface latérale de ce cône.

Solution

Dans ce cas, nous pourrons vérifier la validité de la formule (6) en trouvant d'abord le résultat à l'aide d'une formule de géométrie élémentaire :

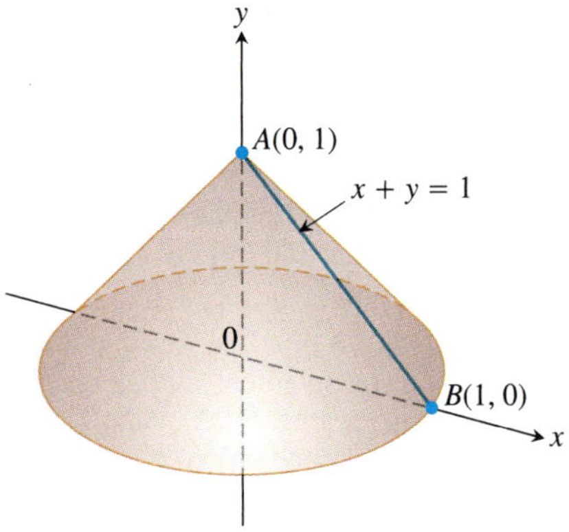

Figure 2.4.13 La rotation du segment *AB* autour de l'axe des *y* engendre un cône dont l'aire de la surface latérale se calcule de deux façons.

$$\text{Aire de la surface d'un cône} = \frac{\text{circonférence de la base}}{2} \times \text{apothème}$$

$$= \frac{2\pi}{2} \times \sqrt{2} = \pi\sqrt{2}.$$

La fonction $x = g(y) = 1 - y$ est non négative et lisse sur $[0, 1]$.

Puisque nous avons une rotation autour de l'axe des y, nous appliquerons la formule (6). Posons d'abord

$$c = 0, \quad d = 1, \quad x = 1 - y, \quad \frac{dx}{dy} = -1,$$

$$\sqrt{1 + \left(\frac{dx}{dy}\right)^2} = \sqrt{1 + (-1)^?} = \sqrt{2}.$$

En substituant ces valeurs dans la formule (6) de l'aire, nous trouvons :

$$A = \int_c^d 2\pi x \sqrt{1 + \left(\frac{dx}{dy}\right)^2}\, dy = \int_0^1 2\pi(1 - y)\sqrt{2}\, dy$$

$$= 2\pi\sqrt{2}\left[y - \frac{y^2}{2}\right]_0^1 = 2\pi\sqrt{2}\left(1 - \frac{1}{2}\right) = \pi\sqrt{2} \approx 4{,}44.$$

Voir les exercices **11** à **22**.

EXEMPLE 7 Trouver l'aire d'une surface engendrée par une fonction cubique

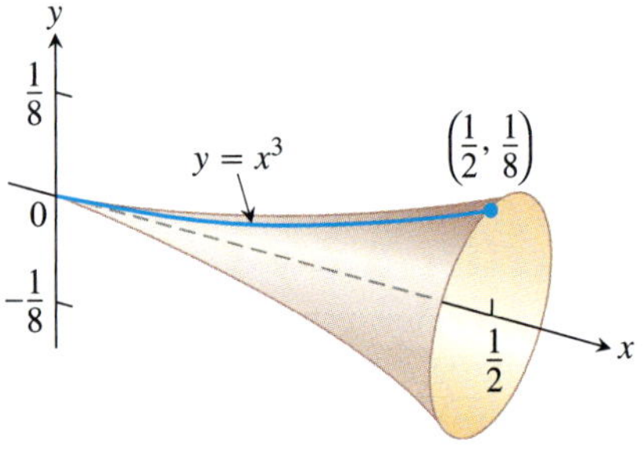

Figure 2.4.14 La surface engendrée par la rotation de la courbe $y = x^3$ autour de l'axe des x entre $x = 0$ et $x = 1/2$. Cette surface ressemble à une coupe de champagne.

Calculez l'aire de la surface engendrée par la rotation de la courbe $y = x^3$ autour de l'axe des x entre $x = 0$ et $x = 1/2$ (figure 2.4.14).

Solution

La fonction $y = f(x) = x^3$ est non négative et lisse sur $[0, 1/2]$. Puisque nous avons une rotation autour de l'axe des x, nous appliquerons la formule (5). Posons d'abord

$$a = 0, \quad b = 1/2, \quad y = x^3, \quad \frac{dy}{dx} = 3x^2,$$

$$\sqrt{1 + \left(\frac{dy}{dx}\right)^2} = \sqrt{1 + (3x^2)^2} = \sqrt{1 + 9x^4}.$$

En substituant ces valeurs dans la formule (5), nous obtenons :

$$A = \int_a^b 2\pi y \sqrt{1 + \left(\frac{dy}{dx}\right)^2}\, dx = \int_0^{1/2} 2\pi x^3 \sqrt{1 + 9x^4}\, dx$$

$$= \int_1^{25/16} 2\pi\sqrt{u}\, \frac{du}{36}$$ Soit $u = 1 + 9x^4$; $du/36 = x^3 dx$

$$= \frac{\pi}{18}\left[\frac{2}{3}u^{3/2}\right]_1^{25/16}$$

$$= \frac{\pi}{27}\left[u^{3/2}\right]_1^{25/16} = \frac{\pi}{27}\left[\left(\frac{25}{16}\right)^{3/2} - 1^{3/2}\right]$$

$$= \frac{61\pi}{1728} \approx 0{,}1109.$$

Voir les exercices **23** à **46**.

Trouver la longueur des arcs de courbes

Déterminez la longueur des arcs de courbes suivants. Si vous disposez d'une calculatrice graphique, tracez la courbe pour en connaître l'allure.

1. $y = (1/3)(x^2 + 2)^{3/2}$ de $x = 0$ à $x = 3$.

2. $y = x^{3/2}$ de $x = 0$ à $x = 4$.

3. $x = (y^3/3) + 1/(4y)$ de $y = 1$ à $y = 3$.
(Indication : $1 + (dx/dy)^2$ est un carré parfait.)

4. $x = (y^{3/2}/3) - y^{1/2}$ de $y = 1$ à $y = 9$.
(Indication : $1 + (dx/dy)^2$ est un carré parfait.)

5. $x = (y^4/4) + 1/(8y^2)$ de $y = 1$ à $y = 2$.
(Indication : $1 + (dx/dy)^2$ est un carré parfait.)

6. $x = (y^3/6) + 1/(2y)$ de $y = 2$ à $y = 3$.
(Indication : $1 + (dx/dy)^2$ est un carré parfait.)

7. $y = (3/4)x^{4/3} - (3/8)x^{2/3} + 5,\ 1 \le x \le 8$
(Indication : $1 + (dx/dy)^2$ est un carré parfait.)

8. $y = (x^3/3) + x^2 + x + 1/(4x + 4),\ 0 \le x \le 2$

9. $x = \int_0^y \sqrt{\sec^4 t - 1}\, dt,\ -\pi/4 \le y \le \pi/4$

10. $y = \int_{-2}^x \sqrt{3t^4 - 1}\, dt,\ -2 \le x \le -1$

Trouver l'aire des surfaces de révolution

Aux exercices **11** à **22**, déterminez l'aire des surfaces engendrées par la rotation des courbes données autour des axes de révolution indiqués.

11. $y = x/2,\ 0 \le x \le 4$; axe des x.

Vérifiez votre résultat en le comparant avec la réponse trouvée à l'aide d'une formule de géométrie, comme dans l'exemple 6 (voir pages 139 et 140).

12. $y = x/2,\ 0 \le x \le 4$; axe des y.

Vérifiez votre résultat en le comparant avec la réponse trouvée à l'aide d'une formule de géométrie, comme dans l'exemple 6.

13. $y = (x/2) + (1/2),\ 1 \le x \le 3$; axe des x.

Vérifiez votre résultat en le comparant avec la réponse trouvée à l'aide d'une formule de géométrie, comme dans l'exemple 6.

14. $y = (x/2) + (1/2),\ 1 \le x \le 3$; axe des y.

Vérifiez votre résultat en le comparant avec la réponse trouvée à l'aide d'une formule de géométrie, comme dans l'exemple 6.

15. $y = x^3/9,\ 0 \le x \le 2$; axe des x.

16. $y = \sqrt{x},\ 3/4 \le x \le 15/4$; axe des x.

17. $y = \sqrt{2x - x^2},\ 1 \le x \le 2$; axe des x.

18. $y = \sqrt{x + 1},\ 1 \le x \le 5$; axe des x.

19. $x = y^3/3,\ 0 \le y \le 1$; axe des y.

20. $x = (1/3)y^{3/2} - y^{1/2},\ 1 \le y \le 3$; axe des y.

21. $x = 2\sqrt{4 - y},\ 0 \le y \le 15/4$; axe des y (voir figure ci-dessous).

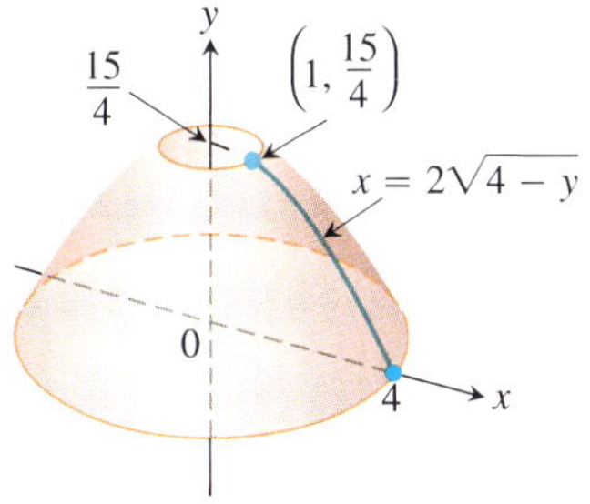

22. $x = \sqrt{2y - 1},\ 9/16 \le y \le 1$; axe des y (voir figure ci-dessous).

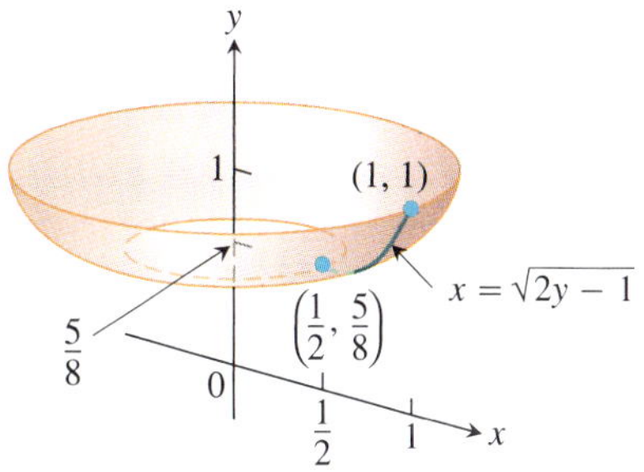

Théorie et exemples

Longueur de courbes

23. Existe-t-il une courbe lisse $y = f(x)$ dont la longueur sur l'intervalle $[0, a]$ soit toujours $\sqrt{2}a$? Justifiez votre réponse.

24. Utiliser des segments de tangente pour calculer la longueur d'une courbe. Soit f une fonction lisse sur $[a, b]$ et P, une partition du même intervalle au sens habituel. Sur chacun des intervalles $[x_{k-1}, x_k]$, construisez les segments de tangente à la courbe au point $(x_{k-1}, f(x_{k-1}))$ tel qu'illustré à la figure suivante.

a) Montrez que la longueur du k^e segment de tangente correspondant à l'intervalle $[x_{k-1}, x_k]$ est égale à $\sqrt{(\Delta x_k)^2 + (f'(x_{k-1}))^2(\Delta x_k)^2}$.

b) Montrez que

$$\lim_{n \to \infty} \sum_{k=1}^{n} (\text{longueur du } k^e \text{ segment de tangente}) = \int_a^b \sqrt{1 + (f'(x))^2}\, dx$$ qui représente bien la longueur L de la courbe $y = f(x)$ de $x = a$ à $x = b$.

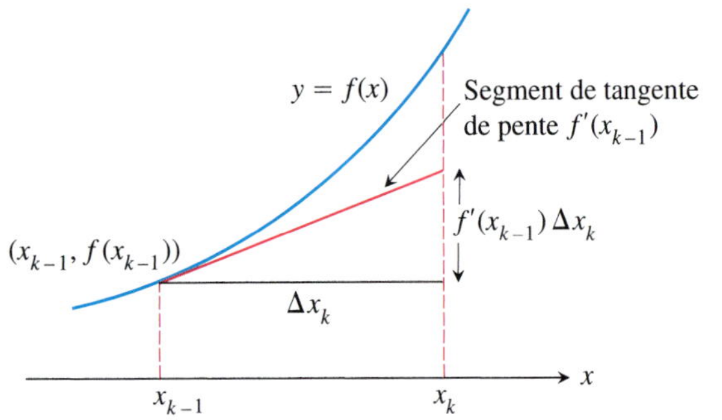

25. a) Trouvez une courbe qui passe par le point (1, 1) et dont la longueur donnée par l'intégrale est

$$L = \int_1^4 \sqrt{1 + \frac{1}{4x}}\, dx.$$

b) Combien existe-t-il de courbes qui possèdent ces propriétés ? Justifiez votre réponse.

26. a) Trouvez une courbe qui passe par le point (0, 1) et dont la longueur L donnée par l'intégrale est

$$L = \int_1^2 \sqrt{1 + \frac{1}{y^4}}\, dy.$$

b) Combien existe-t-il de courbes qui possèdent ces propriétés ? Justifiez votre réponse.

Aire de surfaces

27. Tester la définition 2.4.2. Montrez que l'aire de la surface d'une sphère de rayon a est toujours $4\pi a^2$ lorsque vous utilisez la formule (5) de la définition 2.4.2 (voir page 139), dans le cas où la surface est une sphère engendrée par la rotation, autour de l'axe des x, de la courbe $y = \sqrt{a^2 - x^2}$, où $-a \leq x \leq a$.

28. Tester la définition 2.4.2. L'aire de la surface latérale d'un cône de hauteur h et de rayon r à la base est donnée par $\pi r\sqrt{r^2 + h^2}$, c'est-à-dire le demi-périmètre de la base multiplié par l'apothème (hauteur oblique). Retrouvez cette formule en calculant l'aire de la surface d'un cône engendré par la rotation, autour de l'axe des x, du segment de droite $y = (r/h)x$, où $0 \leq x \leq h$ (voir figure ci-dessous).

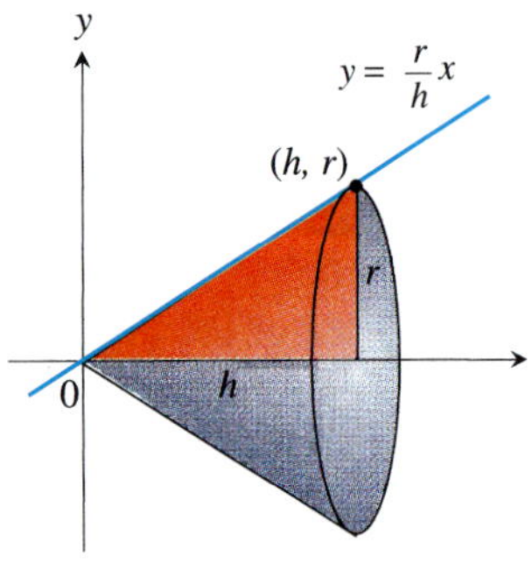

Trouver des intégrales pour déterminer la longueur des arcs de courbes

Faites les exercices **29** à **36** en respectant les étapes suivantes.

a) Trouvez l'intégrale permettant de déterminer la longueur de l'arc de courbe.

b) Tracez le graphe de la courbe pour en observer l'allure.

c) Utilisez un logiciel de calcul symbolique ou un évaluateur d'intégrale sur calculatrice pour déterminer numériquement la longueur de l'arc de courbe.

29. $y = 1/x,\ 1 \leq x \leq 2$

30. $y = \tan x,\ -\pi/3 \leq x \leq 0$

31. $x = \sin y,\ 0 \leq y \leq \pi$

32. $x = \sqrt{1 - y^2},\ -1/2 \leq y \leq 1/2$

33. $y^2 + 2y = 2x + 1$ de $(-1, -1)$ à $(7, 3)$.

34. $y = \sin x - x\cos x,\ 0 \leq x \leq \pi$

35. $y = \int_0^x \tan t\, dt,\ 0 \leq x \leq \pi/6$

36. $x = \int_0^y \sqrt{\sec^2 t - 1}\, dt,\ -\pi/3 \leq y \leq \pi/4$

Trouver des intégrales pour déterminer l'aire des surfaces de révolution

Faites les exercices **37** à **42** en respectant les étapes suivantes.

a) Trouvez l'intégrale permettant de déterminer l'aire de la surface de révolution.

b) Tracez le graphe de la courbe pour en observer l'allure.

c) Utilisez un logiciel de calcul symbolique ou un évaluateur d'intégrale sur calculatrice pour déterminer numériquement l'aire de la surface de révolution.

37. $y = \tan x,\ -\pi/4 \leq x \leq \pi/4$; axe des x.

38. $y = x^2,\ 0 \leq x \leq 2$; axe des x.

39. $xy = 1,\ 1 \leq y \leq 2$; axe des y.

40. $x = \sin y,\ 0 \leq y \leq \pi$; axe des y.

41. $x^{1/2} + y^{1/2} = 3$ de $(4, 1)$ à $(1, 4)$; axe des x.

42. $y + 2\sqrt{y} = x,\ 1 \leq y \leq 2$; axe des y.

43. Fabrication de feuilles de tôle ondulée. Une entreprise soumet un devis relatif à la fabrication de feuilles de tôle ondulée pour toitures (voir figure ci-dessous). Les coupes transversales doivent être conformes à la courbe

$$y = \sin\left(\frac{3\pi}{20}x\right),\ \text{où } 0 \leq x \leq 20 \text{ po.}$$

Quelle sera la largeur des feuilles de métal plates servant à fabriquer les feuilles de tôle ondulée ? Donnez votre réponse à deux décimales près.

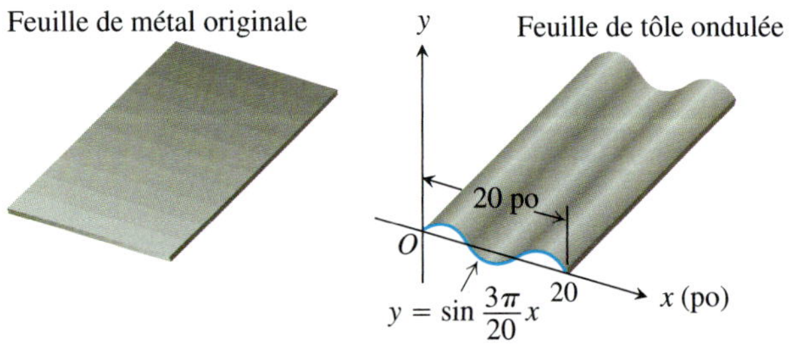

44. Construction d'un tunnel. Une entreprise présente une soumission pour la construction d'un tunnel (voir figure ci-dessous) dont la longueur est de 300 m et la largeur à la base, de 50 m. La coupe transversale a la forme d'un arc de la courbe $y = 25 \cos(\pi x/50)$. La construction terminée, il faudra traiter la surface interne du tunnel (à l'exception de la route) avec un produit hydrofuge dont le coût d'application est de 17,50 $ le mètre carré. Quel sera le coût total d'application du produit ?

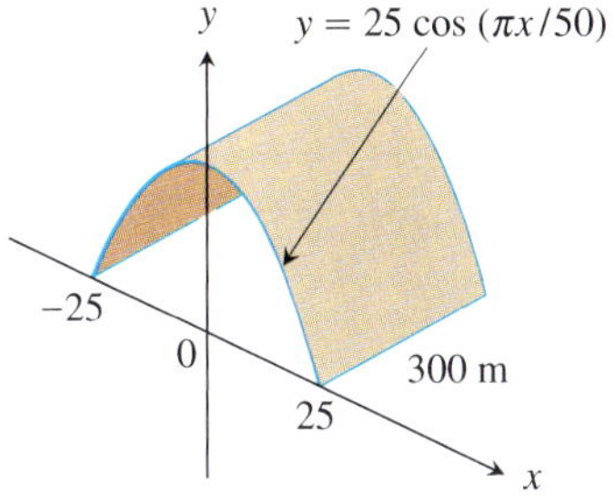

La figure n'est pas à l'échelle.

45. Une entreprise décide de produire une version « de luxe » du wok que vous avez conçu à l'exercice **55** de la section 2.2 (voir figure ci-dessous). On veut couvrir la surface intérieure avec une couche à base de téflon et la surface extérieure avec une couche d'émail bleuté. Chaque couche aura 0,5 mm d'épaisseur. Déterminez la quantité totale L de chaque produit nécessaire pour produire 5000 woks.

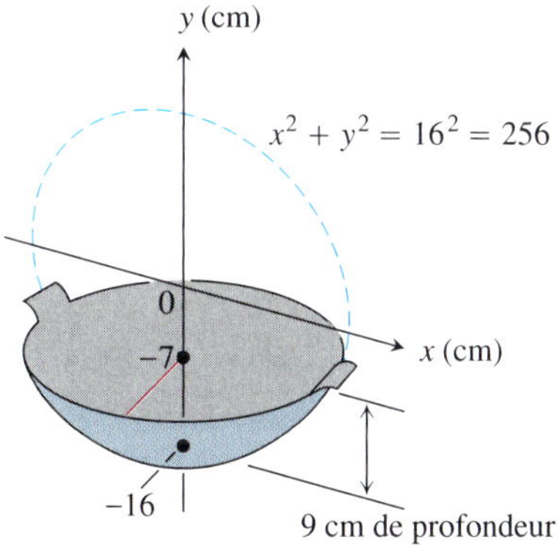

46. Saviez-vous que si vous découpez une miche de pain sphérique en tranches de même épaisseur, chacune aura la même quantité de croûte ? Pour vous en convaincre, supposez que la courbe $y = \sqrt{r^2 - x^2}$ engendre une sphère en tournant autour de l'axe des x (voir figure ci-dessous). Soit AB un arc du demi-cercle défini au-dessus d'un intervalle de largeur h sur l'axe des x. Montrez que l'aire de la bande engendrée par la rotation de AB dépend de la largeur h, non de son emplacement sur l'intervalle $[-r, r]$.

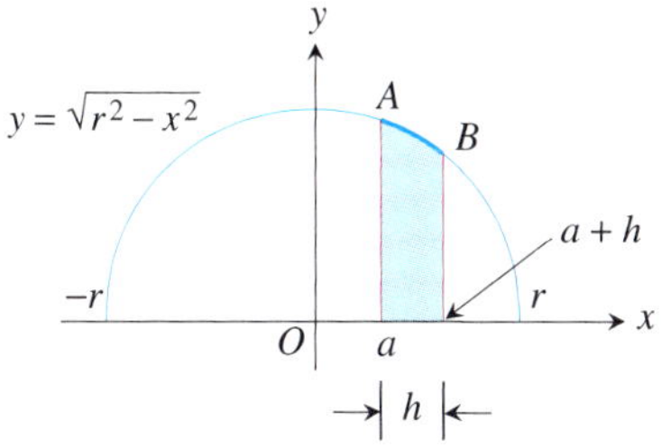

EXPLORATIONS À L'ORDINATEUR

Approximations par des polygones

Aux exercices **47** à **52**, utilisez un logiciel de calcul symbolique pour effectuer les tâches suivantes.

a) Dans la même fenêtre, tracez la courbe et le trajet polygonal pour des partitions à $n = 2$, 4 et 8 sous-intervalles (voir figure 2.4.4, page 132).

b) Trouvez l'approximation de la longueur de la courbe en additionnant les longueurs des segments de droite pour chacune des trois partitions.

c) Évaluez la longueur de la courbe à l'aide d'une intégrale. Comparez vos approximations (où $n = 2$, 4 et 8) avec la longueur exacte de la courbe obtenue par intégration. Comment se comparent les approximations avec la longueur exacte lorsque n augmente ? Expliquez votre réponse.

47. $f(x) = \sqrt{1 - x^2}$, $-1 \le x \le 1$

48. $f(x) = x^{1/3} + x^{2/3}$, $0 \le x \le 2$

49. $f(x) = \ln(1 - x^2)$, $0 \le x \le 1/2$

50. $f(x) = x^2 \cos x$, $0 \le x \le \pi$

51. $f(x) = \dfrac{x-1}{4x^2+1}$, $-\dfrac{1}{2} \le x \le 1$

52. $f(x) = \ln\left(\dfrac{e^x+1}{e^x-1}\right)$, $1 \le x \le 2$

Approximations par des troncs de cône

Aux exercices **53** à **56**, utilisez un logiciel de calcul symbolique pour effectuer les tâches suivantes.

a) Dans la même fenêtre, tracez la courbe et l'approximation polygonale pour des partitions à $n = 2$, 4 et 8 sous-intervalles (voir figure 2.4.4, page 132).

b) Trouvez l'approximation de l'aire de la surface engendrée par la rotation de la courbe autour de l'axe des x en additionnant les aires de troncs de cône pour chacune des trois partitions.

c) Évaluez l'aire de la surface à l'aide d'une intégrale. Comparez vos approximations (où $n = 2$, 4 et 8) avec l'aire exacte de la surface obtenue par intégration. Comment se comparent les approximations avec l'aire exacte lorsque n augmente ? Expliquez votre réponse.

53. $y = \sin x$, $0 \le x \le \pi$

54. $y = x^2/4$, $0 \le x \le 2$

55. $y = x + \sin 2x$, $-2\pi/3 \le x \le 2\pi/3$

56. $y = \dfrac{x}{12}\sqrt{36 - x^2}$, $0 \le x \le 6$

2.5 Équations différentielles du premier ordre à variables séparables et applications

KOVALEVSKAÏA

Pour **Sofia** (ou **Sonia**) **Kovalevskaïa** (Moscou, 15 janvier 1850 – Stockholm, 1891), la fascination des mathématiques remonte à son enfance : ses parents, faute de papier peint, tapissent les murs de sa chambre avec les notes d'un cours de calcul différentiel qu'avait suivi son père ! Parmi ces mystérieux symboles, elle croit apercevoir « un nouveau monde de merveilles, inaccessible aux simples mortels ».

L'émerveillement cédera à la curiosité intellectuelle. On remarque son talent précoce, mais le père de Sofia refuse de la laisser quitter la Russie, où les femmes sont exclues de l'université. Les choses s'arrangent grâce à un mariage de raison avec un jeune paléontologiste, Vladimir Kovalevski, qui lui permet d'étudier en Allemagne. (Cette union deviendra graduellement un mariage d'amour, dont naîtra une fille.)

Sofia fait de brillantes études à Heidelberg puis à Berlin – où, n'ayant toujours pas accès aux cours réguliers, elle bénéficie des cours particuliers de Weierstrass. Ses travaux portent sur les équations différentielles partielles, sur les intégrales et sur la physique des anneaux de Saturne.

Bien que l'université de Göttingen lui décerne enfin un doctorat, elle ne trouve aucun emploi intéressant, et retourne avec son époux sur le domaine paternel en Russie. En 1880, elle reprendra sa carrière à Berlin.

Après le suicide de son mari, elle se concentre davantage sur son travail (et sur le mouvement pour l'égalité des femmes), puis devient professeure à l'université de Stockholm où elle produira un ouvrage classique de mécanique : une analyse de la physique des corps en rotation.

Dans les dernières années de sa vie, Sofia Kovalevskaïa entretient une liaison amoureuse avec Maxim Kovalevsky, ami de Karl Marx, éminent sociologue et relation lointaine de son époux.

Quand nous avons calculé les dérivées de fonctions implicites, dy/dx se présentait parfois sous la forme d'expressions contenant les deux variables x et y à la fois. Nous allons maintenant aborder l'étude d'équations différentielles avec une ou des conditions initiales dans lesquelles la dérivée se présente sous la forme $dy/dx = f(x, y)$.

2.5.1 Équations différentielles générales du premier ordre

Une **équation différentielle du premier ordre** est une équation du type

$$\frac{dy}{dx} = f(x, y) \qquad (1)$$

dans laquelle $f(x, y)$ est une fonction à deux variables définie sur une région du plan xy. Une **solution de l'équation différentielle** (1) est une fonction dérivable $y = y(x)$ définie sur un intervalle fini ou infini de l'axe des x telle que l'équation

$$\frac{d}{dx}y(x) = f(x, y(x))$$

est vérifiée sur cet intervalle. En imposant une condition initiale $y(x_0) = y_0$, on oblige la courbe solution à passer par le point (x_0, y_0).

EXEMPLE 1 Vérifier qu'une fonction est une solution

Montrez que la fonction

$$y = \frac{1}{x} + \frac{x}{2}$$

est la solution de l'équation différentielle suivante assujettie à la condition initiale indiquée.

$$\frac{dy}{dx} = 1 - \frac{y}{x}, \quad y(2) = \frac{3}{2}$$

Solution

L'équation

$$\frac{dy}{dx} = 1 - \frac{y}{x}$$

est une équation différentielle du premier ordre où $dy/dx = f(x, y) = 1 - (y/x)$. La fonction $y = (1/x) + (x/2)$ est une solution de l'équation différentielle, car celle-ci est vérifiée lorsque nous remplaçons y par $(1/x) + (x/2)$ dans les deux membres de l'équation.

$$\text{Membre de gauche : } \frac{dy}{dx} = \frac{d}{dx}\left(\frac{1}{x} + \frac{x}{2}\right) = -\frac{1}{x^2} + \frac{1}{2}$$

$$\text{Membre de droite : } 1 - \frac{y}{x} = 1 - \frac{1}{x}\left(\frac{1}{x} + \frac{x}{2}\right)$$

$$= 1 - \frac{1}{x^2} - \frac{1}{2} = -\frac{1}{x^2} + \frac{1}{2}$$

De plus, la fonction vérifie la condition initiale car :

$$y(2) = \left(\frac{1}{x} + \frac{x}{2}\right)_{x=2} = \frac{1}{2} + \frac{2}{2} = \frac{3}{2}.$$

Voir les exercices **1** à **4**.

2.5.2 Équations séparables

L'équation différentielle $y' = f(x, y)$ est dite **séparable** si $f(x, y)$ peut s'exprimer sous la forme du produit d'une fonction de x et d'une fonction de y, soit

$$\frac{dy}{dx} = g(x)\, h(y).$$

Si $h(y) \neq 0$, nous séparons les variables dans l'équation en divisant chaque membre par $h(y)$. Nous obtenons ainsi :

$$\frac{1}{h(y)}\frac{dy}{dx} = g(x)$$

$$\int \frac{1}{h(y)}\frac{dy}{dx}\,dx = \int g(x)dx \qquad \text{Intégrer par rapport à } x$$

$$\int \frac{1}{h(y)}\,dy = \int g(x)dx.$$

Dès lors, les deux variables x et y étant séparées, nous intégrons simplement chaque membre de l'équation par rapport à sa variable afin d'obtenir la solution y comme fonction explicite ou implicite de x. Cette dernière opération introduit, comme toujours, une constante d'intégration arbitraire.

Notation y'

On peut écrire également $y' = f(x, y)$ pour $dy/dx = f(x, y)$.

Nous arrivons au même résultat plus simplement en traitant dy/dx comme un quotient de différentielles dès le départ, ce qui permet de multiplier chaque membre par dx :

$$\frac{1}{h(y)}\frac{dy}{dx} = g(x)$$

$$\frac{1}{h(y)}\,dy = g(x)dx$$

$$\int \frac{1}{h(y)}\,dy = \int g(x)dx.$$

EXEMPLE 2 Résoudre une équation séparable

Résolvez l'équation différentielle suivante.

$$\frac{dy}{dx} = (1 + y^2)e^x$$

Solution

Puisque $1 + y^2$ n'est jamais nul, nous pouvons résoudre l'équation différentielle en séparant les variables.

$$\frac{dy}{dx} = (1 + y^2)e^x$$

$$dy = (1 + y^2)e^x dx$$

Traiter dy/dx comme un quotient et multiplier de part et d'autre par dx

$$\frac{dy}{1 + y^2} = e^x dx$$

Diviser par $(1 + y^2)$

$$\int \frac{dy}{1 + y^2} = \int e^x dx$$

Intégrer chaque membre

$$\text{arc tan } y + C_1 = \int e^x dx + C_2$$

$$\text{arc tan } y = e^x + C$$

C représente les deux constantes d'intégration combinées

La relation $\text{arc tan } y = e^x + C$ définit une fonction implicite y de x. Si la condition $-\pi/2 < e^x + C < \pi/2$ est vérifiée, nous pouvons isoler y afin d'obtenir une fonction explicite de y par rapport à x; il suffit de prendre la tangente des deux côtés de l'équation:

$$\tan(\text{arc tan } y) = \tan(e^x + C)$$

$$y = \tan(e^x + C).$$

Voir les exercices **5** à **14**.

2.5.3 Champs de directions et courbes solutions

Dès qu'une condition initiale $y(x_0) = y_0$ est imposée à une équation différentielle $y' = f(x, y)$, la **courbe solution**, c'est-à-dire le graphe de la solution, doit obligatoirement passer par le point (x_0, y_0) et la pente de la tangente à cette courbe en ce point est $f(x_0, y_0)$. Nous pouvons représenter graphiquement les pentes des courbes solutions en chaque point de la région du plan xy où la fonction f est définie: il s'agit de dessiner, en plusieurs points choisis (x, y), des petits segments de droite de pente $f(x, y)$. Tous les petits segments sont de longueur égale et, puisque chacun d'eux a la même pente que la courbe solution au point (x, y), ils sont toujours tangents à la courbe solution à laquelle ils appartiennent. La figure 2.5.1 nous montre comment les courbes solutions peuvent être tracées en suivant ces tangentes.

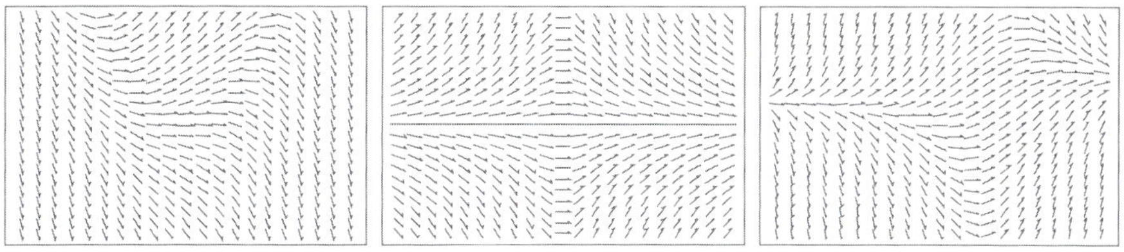

a) $y' = y - x^2$ **b)** $y' = -\dfrac{2xy}{1+x^2}$ **c)** $y' = (1-x)y + \dfrac{x}{2}$

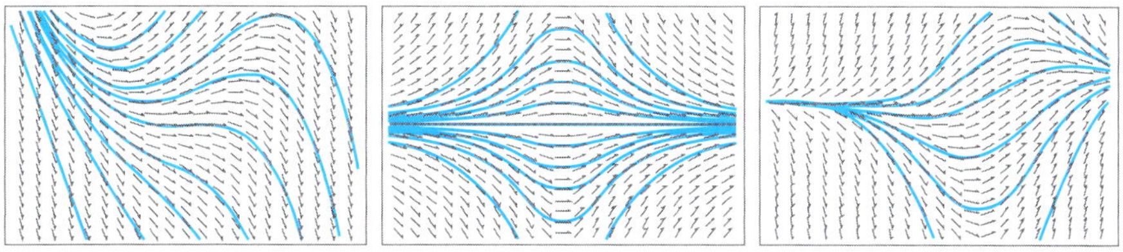

Figure 2.5.1 Champs de directions (rangée du haut) et courbes solutions choisies (rangée du bas). Les logiciels graphiques représentent parfois les pentes par des flèches plutôt que par des segments. Il ne faut pas en conclure que les pentes sont des grandeurs vectorielles : les pentes sont des grandeurs, scalaires, exprimées ici par l'inclinaison des segments. Puisqu'il est fastidieux de tracer à la main un champ de directions, les exemples présentés dans cet ouvrage ont été produits à l'ordinateur.

2.5.4 Solution de $dy/dt = ky$ avec la condition initiale $y(0) = y_0$

Toutes les fonctions de la forme $y = Ae^{kt}$, où A et k sont des constantes, vérifient l'équation différentielle $dy/dt = ky$. Ce résultat se vérifie en dérivant la fonction :

$$\frac{d}{dt}(Ae^{kt}) = A\frac{d}{dt}(e^{kt}) = A(ke^{kt}) = ky.$$

En utilisant la formule d'intégration $\int (1/y)dy = \ln|y| + C$, nous allons montrer que les fonctions de cette forme sont les seules qui vérifient l'équation différentielle.

D'abord, il est clair que la fonction constante $y = 0$ est une solution de $dy/dt = ky$, car $y = 0$ est bien de la forme $y = Ae^{kt}$ où $A = 0$.

Pour trouver les solutions y non nulles, résolvons l'équation différentielle par intégration après avoir séparé les variables :

$$\begin{aligned}
\frac{dy}{dt} &= ky \\
\frac{1}{y}\,dy &= kdt && y \neq 0 \\
\int \frac{1}{y}\,dy &= \int kdt \\
\ln|y| &= kt + C && \text{Constantes d'intégration combinées} \\
|y| &= e^{kt+C} && \text{Inverse de ln} \\
|y| &= e^{C} \cdot e^{kt} && \text{Propriétés des exposants} \\
y &= \pm\, e^{C} e^{kt} && \text{Si } |y| = r, \text{ alors } y = \pm r \\
y &= Ae^{kt}. && \text{Poser } A = \pm e^{C}
\end{aligned}$$

Ce raisonnement démontre que toutes les solutions de l'équation $dy/dx = ky$ sont de la forme $y = Ae^{kt}$. Si, par surcroît, la condition initiale $y = y_0$ à $t = 0$ est vérifiée, alors

$$y_0 = Ae^{k(0)} = A$$

et la solution particulière du problème avec cette condition initiale est donnée par $y = y_0e^{kt}$. Résumons notre démarche.

DÉFINITION 2.5.1 Solution de $dy/dt = ky$ avec la condition initiale $y(0) = y_0$

La solution unique de l'équation différentielle dy/dt avec $y(0) = y_0$ est

$$y = y_0e^{kt}.$$

Cette relation s'appelle la **loi de la variation exponentielle**. On parle de **croissance exponentielle** si $k > 0$ et de **décroissance exponentielle** si $k < 0$. Le nombre k représente le taux constant de croissance ou de décroissance.

2.5.5 Transfert de chaleur : loi du refroidissement de Newton

L'équation différentielle qui modélise le processus de refroidissement est basée sur le principe suivant : à tout moment, le taux de variation de la température d'un objet est approximativement proportionnel à la différence entre la température de l'objet et celle du milieu ambiant. Ce principe s'applique aussi au réchauffement.

Donc, si $T(t)$ est la température d'un objet à l'instant t et si T_s est la température ambiante supposée constante, l'équation différentielle s'écrit :

$$\frac{dT}{dt} = -k(T - T_s), \text{ où } k > 0. \tag{2}$$

Le signe « – » devant k indique qu'il s'agit d'un refroidissement (pour $T > T_s$), donc d'une décroissance de T. En remplaçant $(T - T_s)$ par y, nous démontrons que l'équation différentielle (2) est identique à l'équation différentielle associée à la définition 2.5.1 de la variation exponentielle. En effet, avec la substitution mentionnée, l'équation (2) devient :

$$\frac{d}{dt}(y + T_s) = -ky \qquad y = T - T_s \text{ et } T = y + T_s$$

$$\frac{dy}{dt} + \frac{dT_s}{dt} = -ky$$

$$\frac{dy}{dt} + 0 = -ky \qquad T_s \text{ est une constante}$$

$$\frac{dy}{dt} = -ky.$$

Or, nous savons déjà que la solution de $dy/dt = -ky$ est $y = y_0e^{-kt}$, où $y(0) = y_0$.

En remplaçant y par $(T - T_s)$, cette solution devient

$$T - T_s = (T_0 - T_s)\, e^{-kt},$$

ou encore

$$T(t) = T_s + (T_0 - T_s)\, e^{-kt}, \tag{3}$$

où T_0 est la température initiale. L'équation (3) est la **loi du refroidissement de Newton**.

EXEMPLE 3 Refroidir un œuf à la coque

Un œuf à la coque dont la température est de 98 °C est placé dans de l'eau à 18 °C. En 5 minutes, la température de l'œuf baisse à 38 °C. En supposant que la quantité d'eau soit suffisante pour que sa température reste constante malgré la présence de l'œuf, combien de temps supplémentaire faudra-t-il pour que la température de l'œuf tombe à 20 °C ?

Solution

Il s'agit de trouver en combien de temps l'œuf refroidira de 98 °C à 20 °C, puis de soustraire les 5 minutes déjà écoulées.

Étape 1 *Résolvez l'équation différentielle.* En appliquant l'équation (3) avec $T_s = 18$ et $T_0 = 98$, la température de l'œuf t minutes après avoir été placé dans l'eau est donnée par

$$T = 18 + (98 - 18)\, e^{-kt} = 18 + 80e^{-kt}.$$

Étape 2 *Évaluez la constante k.* Pour trouver k, utilisons le fait que $T = 38$ au temps $t = 5$.

$$38 = 18 + 80e^{-5k}$$

$$e^{-5k} = \frac{1}{4}$$

$$\ln\left(e^{-5k}\right) = \ln\left(\frac{1}{4}\right)$$

Prendre le ln de chaque côté de l'équation

$$-5k = \ln\frac{1}{4} = -\ln 4$$

$$k = \frac{1}{5}\ln 4 = 0{,}2 \ln 4$$

La température de l'œuf au temps t est $T(t) = 18 + 80e^{-(0{,}2 \ln 4)t}$.

Étape 3 *Trouvez le moment t où T = 20.*

$$20 = 18 + 80e^{-(0{,}2 \ln 4)t}$$

$$80e^{-(0{,}2 \ln 4)t} = 2$$

$$e^{-(0{,}2 \ln 4)t} = \frac{1}{40}$$

$$-(0{,}2 \ln 4)t = \ln\frac{1}{40} = -\ln 40$$

Prendre le ln de chaque côté de l'équation

$$t = \frac{\ln 40}{0{,}2 \ln 4} \approx 13 \text{ min}$$

Étape 4 *Interprétez le temps nécessaire pour que T = 20.* L'œuf atteindra une température de 20 °C environ 13 minutes après avoir été placé dans l'eau. Comme il a fallu 5 minutes pour atteindre la température de 38 °C, le temps supplémentaire requis pour atteindre 20 °C est de 8 minutes environ.

Voir les exercices **22** à **24**.

2.5.6 Force de friction proportionnelle à la grandeur de la vitesse

Dans certaines situations, il est raisonnable de poser l'hypothèse qu'en l'absence de toute autre force, la force de résistance rencontrée par un objet en mouvement est proportionnelle à la grandeur de la vitesse de l'objet. Autrement dit, plus l'objet se déplace rapidement, plus il est freiné par la friction ou la résistance de l'air. Pour faire une description mathématique de ce phénomène, représentons l'objet comme une masse m en mouvement sur un axe et appelons $s(t)$ et $v(t)$ respectivement sa position et sa vitesse au temps t. La force de friction qui s'oppose au mouvement est alors

$$\text{Force} = \text{masse} \times \text{accélération} = m\frac{dv}{dt}.$$

Traduisons en langage mathématique l'hypothèse que la force de friction est directement proportionnelle à la grandeur de la vitesse :

$$m\frac{dv}{dt} = -kv \quad \text{ou} \quad \frac{dv}{dt} = \frac{-k}{m}v \quad (k > 0).$$

Ici encore, il s'agit d'une équation différentielle associée à la loi de la variation exponentielle. Nous savons que la solution de cette équation avec la condition initiale $v = v_0$ à l'instant $t = 0$ est

$$v = v_0 e^{-(k/m)t}. \qquad \text{Définition 2.5.1} \quad (4)$$

2.5.7 Freinage d'un corps sur son « erre d'aller »

Que pouvons-nous déduire de l'équation (4) ? D'une part, il est clair que plus la masse m d'un objet est grande, (comme celle, par exemple, d'un cargo minéralier de 20 000 tonnes sur la voie maritime du Saint-Laurent), plus le temps d'arrêt est long. D'autre part, nous pouvons intégrer cette équation pour déterminer la position s en fonction de t.

Soit un corps en mouvement sur son « erre d'aller » (aucune force motrice) ; la seule force agissant sur le corps est la friction proportionnelle à sa vitesse. Sur quelle distance freinera-t-il avant de s'arrêter complètement ? Pour répondre à cette question, nous devons résoudre l'équation différentielle suivante déduite de l'équation (4) :

$$v = \frac{ds}{dt} = v_0 e^{-(k/m)t}, \; s(0) = 0.$$

En intégrant par rapport à t, nous trouvons :

$$s = \frac{-v_0 m}{k} e^{-(k/m)t} + C.$$

En imposant la condition $s = 0$ quand $t = 0$, nous obtenons :

$$0 = \frac{-v_0 m}{k} + C, \text{ d'où } C = \frac{v_0 m}{k}.$$

La position au temps t du corps est donc donnée par

$$s(t) = -\frac{v_0 m}{k} e^{-(k/m)t} + \frac{v_0 m}{k} = \frac{v_0 m}{k}(1 - e^{-(k/m)t}). \quad (5)$$

Pour trouver la distance parcourue par le corps avant son arrêt complet, nous devons trouver la limite de $s(t)$ lorsque $t \to \infty$. Puisque $-k/m < 0$, nous savons que $e^{-(k/m)t} \to 0$ lorsque $t \to \infty$, donc :

$$\begin{aligned}\lim_{t\to\infty} s(t) &= \lim_{t\to\infty} \frac{v_0 m}{k}(1 - e^{-(k/m)t}) \\ &= \frac{v_0 m}{k}(1-0) = \frac{v_0 m}{k}.\end{aligned}$$

En conclusion,

$$\text{distance parcourue sur l'erre} = \frac{v_0 m}{k}. \qquad (6)$$

Bien sûr, il s'agit d'une solution théorique idéalisée. Il n'y a qu'en mathématique où l'on puisse étirer le temps à l'infini ! La valeur $v_0 m/k$ n'est qu'une borne supérieure, mais qui se révèle malgré tout bien utile dans la pratique ; elle montre que plus la masse d'un corps est importante, plus sa distance de freinage est grande et plus, par conséquent, il faut d'énergie pour arrêter complètement son mouvement. Il est bien connu que les gros navires ont besoin de remorqueurs pour s'amarrer au quai ; en effet, sans remorqueur, à cause de la vitesse minimale nécessaire à la manœuvre dans un port, les navires entreraient en collision avec le quai avant de pouvoir s'arrêter.

EXEMPLE 4 L'erre d'aller d'un patineur sur glace

Pour un patineur dont le poids est de 87 kg, la constante k de l'équation (4) est environ 4,8 kg/s. En combien de temps la vitesse de ce patineur passera-t-elle de 3,5 m/s (12,6 km/h) à 0,3 m/s s'il continue sur son « erre d'aller » ? Quelle distance aura-t-il parcourue avant d'arrêter complètement ?

Solution

Pour répondre à la première question, résolvons l'équation (4).

$$3{,}5e^{-(4{,}8/87)t} = 0{,}3$$

Équation (4) avec $k = 4{,}8$, $m = 87$, $v_0 = 3{,}5$ et $v = 0{,}3$

$$\begin{aligned}e^{-(4{,}8/87)t} &= \frac{0{,}3}{3{,}5} \\ -(4{,}8/87)t &= \ln(0{,}3/3{,}5) \\ t &\approx 44{,}53 \text{ s}\end{aligned}$$

Nous répondons à la seconde question en appliquant l'équation (6).

$$\begin{aligned}\text{Distance parcourue sur l'erre d'aller} &= \frac{v_0 m}{k} = \frac{(3{,}5)(87)}{(4{,}8)} \\ &= 63{,}4375 \text{ m.}\end{aligned}$$

Voir les exercices **33** et **34**.

2.5.8 Loi de Torricelli

La vitesse d'écoulement, c'est-à-dire le débit d'un liquide s'écoulant d'un réservoir par une valve, est décrite par la loi de Torricelli, selon laquelle la vitesse d'écoulement du liquide est directement proportionnelle à la racine carrée de la hauteur du liquide au-dessus de la valve. La constante de proportionnalité dépend essentiellement des dimensions de la valve. Dans l'exemple 5 nous supposerons que la valeur de cette constante est $1/2$.

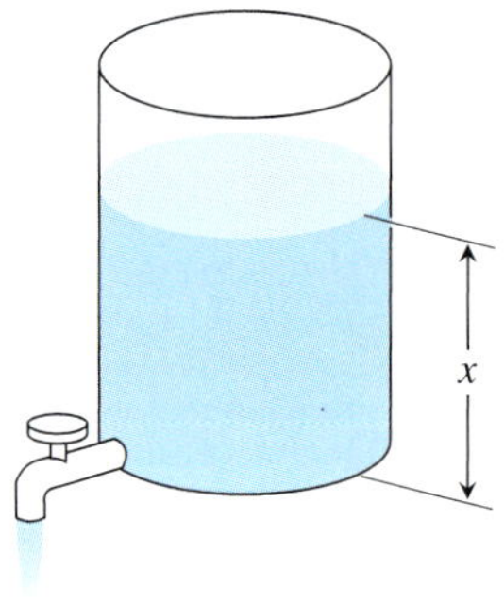

Figure 2.5.2 La vitesse d'écoulement est de $0{,}5\sqrt{x}$ $\mathrm{m}^3/\mathrm{min}$ (exemple 5).

EXEMPLE 5 Vidange d'un réservoir

Soit un réservoir de forme cylindrique d'un rayon de 5 m et d'une hauteur de 16 m. Il est rempli d'eau et on le vide par une valve située à sa base, à la vitesse d'écoulement de $0{,}5\sqrt{x}$ $\mathrm{m}^3/\mathrm{min}$.

En combien de temps le réservoir sera-t-il vide (figure 2.5.2) ?

Solution

Le réservoir est un cylindre circulaire droit. Le volume V d'un cylindre circulaire droit de rayon r et de hauteur h est $V = \pi r^2 h$.

Le volume de l'eau dans le réservoir en fonction de la hauteur $h = x$ de son niveau est donné par

$$V = \pi r^2 h = \pi(5)^2 x = 25\pi x.$$

Équation différentielle

$$\frac{dV}{dt} = 25\pi \frac{dx}{dt}$$

$$-0{,}5\sqrt{x} = 25\pi \frac{dx}{dt}$$

Loi de Torricelli : $dV/dt = -0{,}5\sqrt{x}$ (signe négatif, car V décroît et $dx/dt < 0$)

$$\frac{dx}{dt} = \frac{-\sqrt{x}}{50\pi}$$

Condition initiale

$$x(0) = 16$$

Le niveau est à 16 m à $t = 0$

Résolvons d'abord l'équation différentielle en séparant les variables.

$$x^{-1/2}dx = \frac{-1}{50\pi}dt$$

Séparer les variables

$$\int x^{-1/2}dx = -\int \frac{1}{50\pi}dt$$

Intégrer chaque membre

$$2x^{1/2} = -\frac{1}{50\pi}t + C$$

Combiner les constantes

La condition initiale $x(0) = 16$ détermine la constante C.

$$2(16)^{1/2} = -\frac{1}{50\pi}(0) + C$$

$$C = 8$$

Avec $C = 8$, nous obtenons :

$$2x^{1/2} = -\frac{1}{50\pi}t + 8$$

$$x^{1/2} = 4 - \frac{t}{100\pi}.$$

TORRICELLI

S'inspirant des travaux de Galilée, **Evangelista Torricelli** (Faenza, Italie, 15 octobre 1608 – Florence, 1647) développe une thèse sur la trajectoire des projectiles. Impressionné, Galilée l'engage comme secrétaire, mais le jeune homme rentre en poste seulement trois mois avant la mort du grand savant. Il succède alors à son patron au palais du grand-duc de Florence et il fait plusieurs découvertes importantes en mathématiques et en physique.

Il calcule la longueur de la cycloïde, définit le point le plus proche des trois sommets d'un triangle et utilise le concept de l'infiniment petit dans ses raisonnements, devenant ainsi l'un des précurseurs du calcul différentiel.

Toutefois, ses principales découvertes concernent le vide et la pression atmosphérique. Il constate qu'un espace vide se crée dans la partie supérieure (et fermée) d'un tube contenant une colonne de mercure et dont le bas s'ouvre dans un bol également rempli de mercure. Il observe que l'espace renfermant le vide croît ou décroît et il en déduit que cette variation correspond à celle de la pression atmosphérique. Il conçoit ainsi un instrument toujours utile : le baromètre.

Torricelli nous réserve-t-il encore des surprises ? Ses papiers, conservés à Florence, n'ont jamais été publiés.

Les formules nécessaires pour répondre à la question sont donc :

$$x = \left(4 - \frac{t}{100\pi}\right)^2 \quad \text{et} \quad V = 25\pi x = 25\pi\left(4 - \frac{t}{100\pi}\right)^2.$$

Conclusion

À tout moment t, la hauteur de l'eau dans le réservoir est de $(4 - t/(100\pi))^2$ m et le volume d'eau est de $25\pi(4 - t/(100\pi))^2$ m³. À $t = 0$, nous avons $x = 16$ m et $V = 400\pi$ m³ tel que stipulé. Le réservoir sera vide quand $x = 0 = (4 - t/(100\pi))^2$, c'est-à-dire en $t = 400\pi$ minutes, soit environ 21 heures.

Voir les exercices **15** à **21** et **25** à **32**.

Exercices 2.5

Vérifier les solutions

Aux exercices **1** et **2**, montrez que chaque fonction $y = f(x)$ est une solution de l'équation différentielle indiquée.

1. $2y' + 3y = e^{-x}$

a) $y = e^{-x}$

b) $y = e^{-x} + e^{-(3/2)x}$

c) $y = e^{-x} + Ce^{-(3/2)x}$

2. $y' = y^2$

a) $y = -\dfrac{1}{x}$ **b)** $y = -\dfrac{1}{x+3}$ **c)** $y = -\dfrac{1}{x+C}$

Aux exercices **3** et **4**, montrez que chaque fonction est l'unique solution de l'équation différentielle avec la condition initiale indiquée.

3. Équation différentielle : $y' = e^{-x^2} - 2xy$.
Condition initiale : $y(2) = 0$.
Solution : $y = (x - 2)\, e^{-x^2}$.

4. Équation différentielle : $xy' + y = -\sin x$, $x > 0$.

Condition initiale : $y\left(\dfrac{\pi}{2}\right) = 0$.

Solution : $y = \dfrac{\cos x}{x}$.

Équations séparables

Résolvez les équations différentielles suivantes.

5. $2\sqrt{xy}\,\dfrac{dy}{dx} = 1$, $x > 0$ et $y > 0$.

6. $\dfrac{dy}{dx} = x\sqrt{y}$, $y > 0$

7. $\dfrac{dy}{dx} = e^{x-y}$

8. $\dfrac{dy}{dx} = 3x^2e^{-y}$

9. $\dfrac{dy}{dx} = \sqrt{y}\cos^2\sqrt{y}$, $y > 0$

10. $\sqrt{2xy}\,\dfrac{dy}{dx} = 1$, $x > 0$ et $y > 0$.

11. $\sqrt{x}\,\dfrac{dy}{dx} = e^{y+\sqrt{x}}$, $x > 0$

12. $(\sec x)\,\dfrac{dy}{dx} = e^{y+\sin x}$

13. $\dfrac{dy}{dx} = 2x\sqrt{1 - y^2}$, $-1 < y < 1$

14. $\dfrac{dy}{dx} = \dfrac{e^{2x-y}}{e^{x+y}}$

Applications

15. Pression atmosphérique. La pression atmosphérique à la surface de la Terre est souvent modélisée en posant l'hypothèse que son taux de variation dp/dh est directement proportionnel à la pression p considérée comme une fonction de l'altitude h. Soit $p(0) = 101{,}3$ kilopascals, la pression au niveau de la mer, et soit $p(20) = 9$ kilopascals à une altitude de 20 km.

a) Résolvez le problème avec la condition initiale suivante.
Équation différentielle : $dp/dh = kp$ (k = constante).
Condition initiale : $p = p_0$ pour $h = 0$.
Cela permet d'exprimer p en fonction de h. Déterminez les valeurs de p_0 et k à partir des données $p(0)$ et $p(20)$.

b) Quelle est la pression atmosphérique à $h = 50$ km ?

c) À quelle altitude la pression atmosphérique est-elle égale à 90 kilopascals ?

16. Vitesse de réactions chimiques du premier ordre. Dans certaines réactions chimiques, la vitesse à laquelle la quantité d'une substance change est proportionnelle à la quantité de substance elle-même. Par exemple, au cours de la transformation du δ-lactone gluconique en acide gluconique, la quantité $y(t)$ au temps t du réactif obéit à l'équation différentielle

$$\frac{dy}{dt} = -0{,}6y,$$

où t est exprimé en heures. Si, à l'instant $t = 0$, il y a 100 g de δ-lactone gluconique, combien de grammes en restera-t-il après une heure ?

17. Inversion du sucre. Dans le procédé de raffinage du sucre brut, une des étapes, appelée *inversion*, est une transformation de la structure moléculaire du sucre. Au début du procédé, la vitesse de transformation est directement proportionnelle à la quantité de sucre brut traité. Si 1000 kg de sucre brut donnent 800 kg après 10 heures, combien de sucre brut restera-t-il après 24 heures ?

18. Travailler sous l'eau. L'intensité $L(x)$ de la lumière sous l'eau à une profondeur de x m vérifie l'équation suivante :

$$\frac{dL}{dx} = -kL.$$

Un plongeur sait par expérience qu'à une profondeur de 6 m dans la mer des Caraïbes, l'intensité lumineuse est réduite de moitié. Or, il est impossible de travailler sans un éclairage artificiel lorsque l'intensité est réduite de 90 %. Dans ces conditions, à quelle profondeur le plongeur doit-il utiliser un éclairage artificiel ?

19. Tension dans un condensateur. Lorsqu'on utilise l'électricité d'une capacité, le taux de diminution de la tension V est directement proportionnel à la tension elle-même aux bornes du condensateur :

$$\frac{dV}{dt} = -\frac{1}{40}V,$$

où t est exprimé en secondes.

Résolvez cette équation en utilisant V_0 pour la tension à l'instant $t = 0$. En combien de temps la tension sera-t-elle réduite de 90 % ?

20. Extraction du pétrole. La quantité de pétrole pompée d'un puits diminue à un taux constant de 10 % par année. En combien d'années la quantité pompée du puits sera-t-elle égale au cinquième de sa quantité actuelle ?

21. Glucose intraveineux. On injecte du glucose par voie intraveineuse à un taux de r unités par minute. L'organisme utilise le glucose du sang à un taux directement proportionnel à la quantité $Q(t)$ de glucose présent dans le sang à l'instant t.

a) Trouvez une équation différentielle modélisant la variation de la quantité de glucose dans le sang.

b) Résolvez l'équation différentielle trouvée en **a)** lorsque la valeur initiale est $Q(0) = Q_0$.

c) Trouvez la limite de $Q(t)$ lorsque t tend vers l'infini.

22. Refroidissement d'un bol de soupe. Dans une pièce dont la température est maintenue à 20 °C, la température d'un bol de soupe passe de 90 °C à 60 °C en 10 minutes. Utilisez la loi du refroidissement de Newton pour répondre aux questions suivantes.

a) En combien de temps la température de la soupe passera-t-elle à 35 °C ?

b) Si, au lieu d'être placé dans une pièce à 20 °C, le bol est placé dans un congélateur à −15 °C, en combien de temps la température de la soupe passera-t-elle à 35 °C ?

23. Une poutre à une température inconnue. Une poutre en aluminium est transportée du froid extérieur dans un atelier où la température est maintenue à 20 °C. En 10 minutes, la température de la poutre atteint 2 °C et après 10 autres minutes, sa température atteint 10 °C. Utilisez la loi du refroidissement de Newton pour estimer la température qui règne à l'extérieur.

24. Température inconnue du milieu ambiant. Un chaudron d'eau tiède à 46 °C est placé au réfrigérateur. Après 10 minutes, la température de l'eau est à 39 °C et après 10 autres minutes, elle est tombée à 33 °C. Utilisez la loi du refroidissement de Newton pour estimer la température maintenue à l'intérieur du réfrigérateur.

25. Remise continue. Pour encourager les acheteurs à commander 100 unités d'un produit à la fois, le service des ventes d'une entreprise accorde une remise continue selon laquelle le prix unitaire des articles est une fonction $p(x)$ du nombre x d'unités commandées. La remise diminue le prix à un taux de 0,01 par unité commandée. Le prix unitaire pour une commande de 100 articles est de $p(100) = 20{,}09$ $.

a) Trouvez $p(x)$ en résolvant l'équation différentielle avec la condition initiale suivante.

Équation différentielle : $\frac{dp}{dx} = -\frac{1}{100}p.$

Condition initiale : $p(100) = 20{,}09$.

b) Trouvez le prix unitaire $p(10)$ pour une commande de 10 unités et le prix unitaire $p(90)$ pour une commande de 90 unités.

c) Le chef du service des ventes soulève la question suivante : y a-t-il un risque qu'une telle façon d'accorder une remise fasse en sorte que le revenu total $r(x) = x\,p(x)$ soit plus bas pour une commande de 100 unités que pour une commande de 90 unités, par exemple ? Pouvez-vous le rassurer en prouvant que r est maximal pour $x = 100$?

26. Population mondiale. Le tableau ci-dessous représente l'évolution de la population mondiale, en millions, au cours des deux derniers siècles.

Année	1750	1800	1850	1900	1950
Population	728	906	1171	1608	2517

a) Utilisez le modèle exponentiel $dP/dt = kP$ où $k > 0$ ainsi que les populations données en 1750 et en 1800 pour estimer la population mondiale en 1900 et en 1950.

Comparez vos résultats avec les populations réelles du tableau.

b) Utilisez le modèle exponentiel et les populations données en 1850 et en 1900 pour estimer la population mondiale en 1950. Comparez votre estimation avec le résultat réel du tableau.

c) Utilisez le modèle exponentiel et les populations données en 1900 et en 1950 pour estimer la population en 1999. Comparez votre résultat avec la population réelle estimée à plus de 6 milliards, et essayez de justifier la différence entre votre résultat et la réalité.

27. Désintégration radioactive. Par expérience, on sait que le taux de désintégration radioactive, c'est-à-dire le nombre de noyaux radioactifs désintégrés par unité de temps, est à peu près proportionnel au nombre $y(t)$ de noyaux radioactifs à l'instant t. La constante de proportionnalité est appelée **constante de désintégration**. Trouvez et résolvez l'équation différentielle modélisant la désintégration radioactive en posant y_0 pour la valeur initiale $y(0)$.

28. Demi-vie. (suite de l'exercice **27**) La demi-vie d'un élément radioactif est le temps nécessaire pour que la moitié des noyaux radioactifs présents dans un échantillon soient désintégrés.

a) Montrez que la demi-vie d'un élément radioactif dont la constante de désintégration est k est donnée par

$$\text{demi-vie} = \frac{\ln 2}{k}.$$

b) **Polonium-210.** La demi-vie du polonium-210 est si courte qu'on la mesure en jours plutôt qu'en années. Trouvez la demi-vie du polonium-210 sachant que sa constante de désintégration est $k = 5 \times 10^{-3}$.

29. Datation au carbone-14. Les scientifiques qui font des datations au carbone-14 utilisent une valeur de demi-vie de 5700 années (voir exercices **27** et **28**). Trouvez l'âge d'un fossile pour lequel 10 % du carbone-14 originalement présent a été désintégré.

30. L'âge du lac Crater. Le charbon de bois d'un arbre fossilisé lors de l'éruption volcanique qui a formé le lac Crater contient 44,5 % du carbone-14 qui se trouvait dans sa matière vivante. Quel est approximativement l'âge du lac Crater ?

31. La sensibilité des mesures dans la datation au carbone-14. Résolvez le problème suivant pour évaluer l'effet d'une erreur relativement petite dans la datation au carbone-14.

a) Un os fossilisé en l'an 2000 av. J.-C. environ a été retrouvé en Illinois. Il contient 17 % du carbone-14 originel. Estimez l'année de la mort de l'animal.

b) Répétez **a)** en prenant 18 % plutôt que 17 %.

c) Répétez **a)** en prenant 16 % plutôt que 17 %.

32. Faux tableau. Un tableau datant de l'époque de Vermeer (1632-1675) ne peut contenir plus de 96,2 % de son carbone-14 originel. Or, une peinture attribuée à Vermeer en contient 99,5 %. Quel est l'âge de ce faux tableau ?

Force de friction proportionnelle à la grandeur de la vitesse

33. Roue libre. La masse d'un cycliste est de 73 kg et celle de son vélo est de 7 kg. Sur terrain plat, la constante k de l'équation (4) (voir page 150) vaut environ 3 kg/s. Le cycliste commence à « faire roue libre » lorsque sa vitesse est de 7 m/s (environ 25 km/h).

a) Quelle distance le cycliste parcourra-t-il avant un arrêt complet ?

b) À une seconde près, en combien de temps sa vitesse tombera-t-elle à 1 m/s ?

34. Erre d'un navire de guerre. La masse m des croiseurs de la classe Iowa est de 25 462 500 kg et la constante k de l'équation (4) (voir page 150) est approximativement de 43 650 kg/s. Le croiseur stoppe ses moteurs au moment où sa vitesse est de 6,7 m/s (environ 13 nœuds) et il continue sur son « erre d'aller ».

a) Quelle distance parcourra-t-il avant de s'arrêter complètement ?

b) En combien de temps sa vitesse tombera-t-elle à 1 m/s ?

EXPLORATIONS À L'ORDINATEUR

Champs de directions et courbes solutions

À l'aide d'un logiciel de calcul symbolique, produisez un champ scalaire de pentes et tracez une courbe solution pour chacune des situations proposées aux exercices **35** à **40**.

35. $y' = y$ avec

a) $(0, 1)$;

b) $(0, 2)$;

c) $(0, -1)$.

36. $y' = 2(y - 4)$ avec

a) $(0, 1)$;

b) $(0, 4)$;

c) $(0, 5)$.

37. $y' = y(2 - y)$ avec

a) $(0, 1/2)$;

b) $(0, 3/2)$;

c) $(0, 2)$;

d) $(0, 3)$.

38. $y' = y^2$ avec

a) $(0, 1)$;

b) $(0, 2)$;

c) $(0, -1)$;

d) $(0, 0)$.

39. $y' = \dfrac{3y}{x}$ avec

a) $(-3, 2)$;

b) $(1, 1)$;

c) $(2, 4)$.

40. $y' = \dfrac{xy}{x^2 + 4}$ avec

a) $(0, 2)$;

b) $(0, -6)$;

c) $(-2\sqrt{3}, -4)$.

2.6 Travail et pression

Parmi les nombreuses applications du calcul intégral à la physique, nous retiendrons d'abord le travail, puis la pression et la force exercées par un fluide sur une surface. Nous utiliserons la même stratégie de calcul que dans les applications précédentes : subdiviser la grandeur à mesurer en un grand nombre de petites portions, calculer approximativement celles-ci, les additionner, prendre la limite de la somme résultante, transformer cette limite en intégrale et, enfin, évaluer cette dernière.

2.6.1 Travail par application d'une force constante

Dans le langage courant, le mot *travail* désigne une activité qui nécessite un effort manuel ou intellectuel. En sciences, la notion de travail se rattache à celle de force agissant sur un corps et au mouvement qui en résulte.

Lorsqu'un corps se déplace le long d'une droite sur une distance d sous l'action d'une force d'intensité constante F, le *travail* accompli par la force est défini par

$$W = Fd \text{ (formule du travail d'une force constante).} \qquad (1)$$

D'emblée, nous constatons une différence importante entre le sens courant du mot *travail* et l'interprétation en physique d'un travail selon la formule (1). Si vous poussez une auto dans la rue et qu'elle se déplace, vous effectuez un travail sur l'auto. Par contre, si vous poussez une auto et qu'elle ne bouge pas, aucun travail n'est fourni même si vous poussez pendant une heure, car $d = 0$ dans la formule (1).

La force d'attraction (terrestre ou autre) subie par une masse est son poids. La relation entre masse et poids est donnée par la deuxième loi de Newton :

$$\text{poids} = (\text{masse}) \times (\text{accélération gravitationnelle}).$$

Pour convertir une masse en poids, il suffit de multiplier la masse par l'accélération gravitationnelle. Pour convertir un poids en masse, on divise le poids par l'accélération gravitationnelle.

Dans le SI (système international d'unités), la masse est mesurée en kilogrammes (kg), le poids est une force mesurée en newtons (N) et l'accélération gravitationnelle vaut environ 9,8 m/s^2 à la surface de la Terre. Donc,

$$\text{newtons (N)} = \text{kilogrammes (kg)} \times 9{,}8$$

Le poids d'une masse de 1 kg est donc de 9,8 N

JOULE

Le nom *joule* a été donné en l'honneur du physicien James Prescott Joule (1818-1889). Le joule est défini par l'équation d'unités suivante :

$$1 \text{ joule} = (1 \text{ newton})(1 \text{ mètre}).$$

Symboliquement, $1 \text{ J} = 1 \text{ N} \cdot \text{m}$.

Puisqu'une pomme pèse à peu près 0,1 kg, la soulever d'une table nécessite une force d'environ 0,98 N et la soulever de 1 m requiert un travail d'environ 0,98 J.

et

$$\text{newtons}/9{,}8 = \text{kilogrammes}.$$

Selon l'équation (1) $W = Fd$, les unités de travail sont des unités de force multipliées par des unités de longueur. Dans le SI, l'unité de force est le newton et l'unité de longueur est le mètre. Dès lors, l'unité de travail est le newton-mètre (N · m), également appelé *joule* (J).

EXEMPLE 1 Soulever une auto à l'aide d'un cric

Pour changer le pneu d'une auto de 1000 kg, vous devez la soulever à une hauteur de 0,4 m. Ici, 1000 kg représentent la masse du véhicule et (1000 kg) (9,8 m/s^2) = 9800 N représentent son poids. D'après les lois de la statique, pour soulever l'extrémité de l'auto sur une courte distance à l'aide d'un cric, vous devez employer une force constante verticale d'environ la moitié de son poids, soit 4900 N. Cette force, appliquée sur une distance de 0,4 m, produit un travail de $4900 \times 0{,}4 = 1960$ J.

2.6.2 Travail par application d'une force variable

Considérons le cas plus général d'une force dont la grandeur n'est pas constante comme, par exemple, soulever un seau percé ou étirer un ressort. Dans ce cas, la formule $W = Fd$ doit être remplacée par une intégrale afin de tenir compte du caractère variable de la force.

Soit une force agissant le long de l'axe des x et ayant la même ligne d'action que le mouvement qu'elle engendre. Supposons que la grandeur de cette force soit modélisée par une fonction continue F de la position x. Nous voulons calculer le travail produit par cette force sur l'intervalle compris entre $x = a$ et $x = b$. Effectuons une partition de l'intervalle $[a, b]$ selon le procédé habituel et choisissons un point arbitraire c_k dans chaque sous-intervalle $[x_{k-1}, x_k]$. Si le sous-intervalle quelconque $[x_{k-1}, x_k]$ est suffisamment petit, compte tenu que F est une fonction continue, nous considérerons que la force demeure constante entre x_{k-1} et x_k. D'après la définition (1), le travail engendré par la force sur ce sous-intervalle sera donc le produit de $F(c_k)$ et Δx_k. Le travail total effectué par la force sur $[a, b]$ sera calculé approximativement au moyen de la somme de Riemann:

$$\sum_{k=1}^{n} F(c_k)\,\Delta x_k.$$

L'approximation sera d'autant plus précise que la grandeur de tous les Δx_k sera plus proche de zéro. Nous pouvons donc définir le travail effectué par F sur $[a, b]$ comme l'intégrale de F de a à b.

DÉFINITION 2.6.1 Travail

Le **travail** effectué par une force de grandeur variable $F(x)$ agissant sur l'axe des x de $x = a$ à $x = b$ est:

$$W = \int_a^b F(x)dx.$$

Les unités sont des joules (J) si F est exprimée en newtons (N) et x, en mètres (m).

EXEMPLE 2 Appliquer la définition du travail

Calculez le travail produit par la force $F(x) = 1/x^2$ N le long de l'axe des x entre $x = 1$ m et $x = 10$ m.

Solution

$$W = \int_1^{10} \frac{1}{x^2}\,dx = \frac{-1}{x}\bigg]_1^{10} = \frac{-1}{10} + 1 = 0{,}9 \text{ J}$$

EXEMPLE 3 Soulever un seau d'eau percé

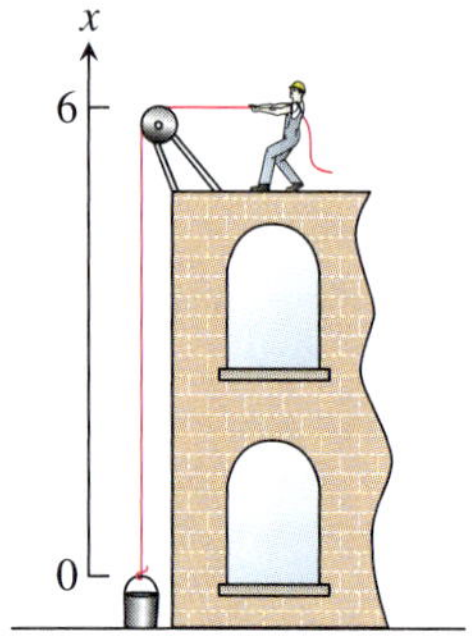

Figure 2.6.1 Seau percé de l'exemple 3.

On veut soulever un seau rempli d'eau à 6 m du sol en le tirant à vitesse constante avec une corde (figure 2.6.1). Le seau pèse 2 kg et la corde a une masse de 0,12 kg/m. Le seau contient 7 kg d'eau au début et celle-ci s'écoule par un trou à vitesse constante. Le seau finit de se vider exactement quand il arrive au sommet. Quel est le travail nécessaire pour

a) soulever l'eau seule ?

b) soulever l'eau et le seau ?

c) soulever l'eau, le seau et la corde ?

Solution

a) *Eau seule.* La force nécessaire pour soulever l'eau seule est égale au poids de cette dernière, lequel varie uniformément de 7 kg à 0 kg sur la distance de 6 m. Lorsque le seau est à une hauteur de x m du sol, le poids de l'eau est :

$$F(x) = (\text{masse de l'eau}) \times (\text{accélération gravitationnelle})$$

$$= \underbrace{7}_{\text{Masse initiale de l'eau}} \cdot \underbrace{((6-x)/6)}_{\text{Proportion de l'eau restant à la hauteur } x} \cdot 9{,}8.$$

Donc,

$$F(x) = 68{,}6 - \frac{68{,}6}{6}x \text{ N.}$$

Le travail est :

$$\begin{aligned} W &= \int_a^b F(x)dx \\ &= \int_0^6 \left(68{,}6 - \frac{68{,}6}{6}x\right)dx \\ &= \left[68{,}6x - \frac{68{,}6}{12}x^2\right]_0^6 \\ &= 411{,}6 - 205{,}8 \\ &= 205{,}8 \text{ J.} \end{aligned}$$

Définition 2.6.1 (voir page 157)

b) *Eau et seau.* Selon l'équation (1), pour soulever une masse de 2 kg sur une distance de 6 m, il faut fournir un travail de $2 \times 9{,}8 \times 6 = 117{,}6$ J. Puisque le travail total est égal à la somme des travaux, soulever l'eau et le seau requiert un travail de $205{,}8 + 117{,}6 = 323{,}4$ J.

c) *Eau, seau et corde*. La force nécessaire pour soulever la corde est égale au poids de sa partie mobile, lequel varie uniformément de $(0{,}12 \times 6)$ kg à 0 kg sur la distance de 6 m. Lorsque la corde est à une hauteur de x m du sol, le poids recherché est

$$\underbrace{(0{,}12)}_{\text{Masse initiale de la corde}}\ \underbrace{(6-x)}_{\text{Longueur de corde restant à la hauteur } x}\ (9{,}8)\text{ N.}$$

Le travail nécessaire pour soulever la corde jusqu'en haut est donc :

$$\begin{aligned} W &= \int_0^6 (0{,}12)(6-x)(9{,}8)dx \\ &= \int_0^6 (7{,}056 - 1{,}176x)dx \\ &= \Big[7{,}056x - 0{,}588x^2\Big]_0^6 \\ &= 42{,}336 - 21{,}168 \\ &= 21{,}168 \text{ N.} \end{aligned}$$

Le travail total pour soulever l'eau, le seau et la corde est donc :

$$205{,}8 + 117{,}6 + 21{,}168 = 344{,}6 \text{ J.}$$

Voir les exercices **1** à **8**.

2.6.3 Loi de Hooke pour les ressorts : *F* = *kx*

Selon la loi de Hooke, la force nécessaire pour étirer ou comprimer un ressort de x unités de longueur par rapport à sa position d'équilibre est directement proportionnelle à x (la position d'équilibre correspond à la longueur naturelle alors que le ressort n'est ni étiré ni comprimé). Symboliquement,

$$F = kx. \qquad (2)$$

La constante k ne dépend que de la nature du ressort et s'appelle la **constante de rappel**. Elle est mesurée en unités de force divisées par des unités de longueur. La loi de Hooke (équation 2) est un modèle linéaire qui donne des résultats satisfaisants à condition que l'étirement ou la compression du ressort ne soient pas trop grands (au point de déformer le métal, par exemple).

EXEMPLE 4 Étirer un ressort

À sa position d'équilibre, la longueur d'un ressort est de 1 m. Sous l'action d'une force de 24 N, celui-ci s'étire jusqu'à une nouvelle longueur de 1,8 m (voir figure 2.6.2, page 160).

a) Quelle est la constante de rappel k ?

b) Quel est le travail requis pour allonger le ressort de 2 m ?

c) Quelle est la longueur du ressort sous l'action d'une force de 45 N ?

HOOKE

L'esprit fureteur de **Robert Hooke** (Freshwater, île de Wight, 18 juillet 1635 – Londres, 1703) l'incitera presque à énoncer la loi de la pesanteur avant Newton. Étudiant à Oxford, Hooke est assistant du grand chimiste Robert Boyle et fervent lecteur des écrits de Descartes. En 1662, la Royal Society le nomme curateur des expériences, poste qui l'oblige à créer les instruments et les méthodes nécessaires aux projets de ses membres. Dans un livre superbement illustré, il révèle les phénomènes observés grâce au microscope qu'il a construit. Avec un télescope réflecteur, également de son crû, il découvre la révolution de Jupiter sur son axe. On lui reconnaît la loi des ressorts qui porte son nom.

En étudiant les orbites, il a une idée merveilleuse et demande à Newton (en 1679) quel serait l'effet « de composer le mouvement des astres en tangente directe avec leur mouvement dû à l'attraction vers le corps central... je présume que cette attraction est en proportion de l'inverse multiplicatif du carré de la distance... » Malheureusement, la démonstration rigoureuse de l'idée lui échappe, et Newton ne reconnaîtra jamais publiquement l'intuition de son collègue.

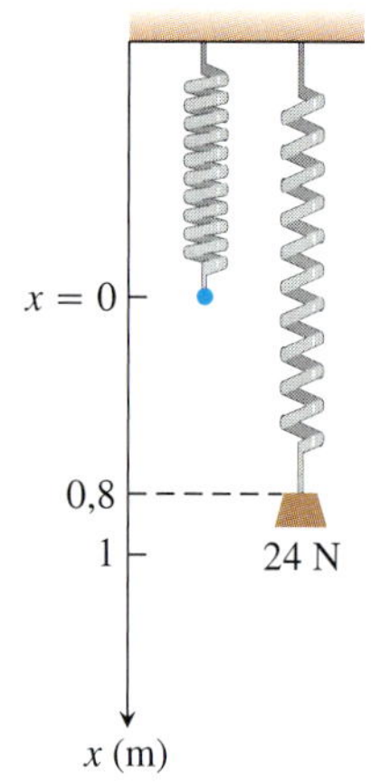

Figure 2.6.2 Une force de 24 N allonge le ressort de 0,8 m (exemple 4).

Solution

a) *Constante de rappel k.* Nous obtenons la valeur de la constante de rappel en remplaçant les valeurs connues dans l'équation (2) ; ici, une force de 24 N étire le ressort de 0,8 m, donc :

$$24 = k(0{,}8)$$

Équation (2) où $F = 24$ et $x = 0{,}8$

$$k = 24/0{,}8 = 30 \text{ N/m}.$$

b) *Travail requis pour allonger le ressort de 2 m.* Imaginons le ressort tel que représenté à la figure 2.6.2 avec l'extrémité libre au point $x = 0$. La force nécessaire pour allonger le ressort de x m est obtenue en remplaçant k par 30 dans la loi de Hooke :

$$F(x) = 30x.$$

Le travail effectué par F entre $x = 0$ m et $x = 2$ m est donc :

$$W = \int_0^2 30x\,dx = 15x^2\Big]_0^2 = 60 \text{ J}.$$

c) *Longueur du ressort sous l'action d'une force de 45 N.* En remplaçant F par 45 dans l'équation $F = 30x$, nous obtenons :

$$45 = 30x, \text{ soit } x = 1{,}5 \text{ m}.$$

Donc, une force de 45 N allonge le ressort de 1,5 m et celui-ci mesure maintenant 2,5 m.

Voir les exercices **9** à **14**.

2.6.4 Pompage d'un liquide

Quel est le travail nécessaire pour pomper le liquide hors d'un réservoir ? Pour répondre à cette question, imaginons que le liquide est séparé en fines tranches horizontales et que nous vidons celles-ci une par une. Nous estimons le travail requis pour évacuer chaque tranche en appliquant l'équation (1) $W = Fd$ à chacune d'elles. Nous calculons ensuite le travail total en évaluant l'intégrale obtenue de la façon habituelle, c'est-à-dire en faisant tendre l'épaisseur de la tranche vers zéro. L'intégrale dépend toujours, bien sûr, de la densité du liquide ainsi que de la forme et des dimensions du réservoir. L'exemple 5 montre comment procéder.

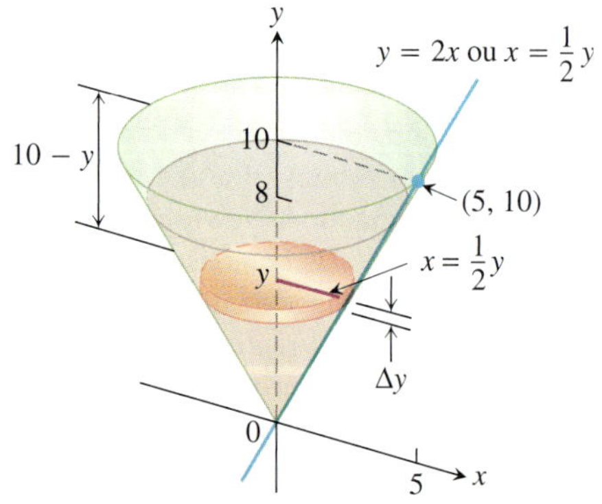

Figure 2.6.3 Vider l'huile d'olive d'un réservoir conique (exemple 5).

EXEMPLE 5 **Pomper l'huile d'un réservoir conique**

Un réservoir conique (figure 2.6.3) est rempli d'huile d'olive jusqu'à une hauteur de 8 m. Sachant que la masse volumique (densité) de l'huile d'olive est de 913 kg/m^3, quel est le travail requis pour vider le réservoir en pompant l'huile jusqu'à son rebord ?

Solution

Séparons le volume d'huile en n fines tranches horizontales avec des plans perpendiculaires à l'axe des y et passant par n points de subdivision équidistants et déterminés par une partition de l'intervalle [0, 8]. Soit Δy, la distance commune entre chacun des plans voisins, c'est-à-dire l'épaisseur commune des tranches. Choisissons arbitrairement un point $y = c_i$ dans le

i^e sous-intervalle. La i^e tranche a presque la forme d'un cylindre de hauteur Δy et de rayon $(1/2)c_i$. Le rayon est donné par l'équation de l'apothème du cône, $x = \frac{1}{2}y$ (figure 2.6.3).

Le volume V_i de la i^e tranche définie par les plans horizontaux passant par y_{i-1} et $y_{i-1} + \Delta y$ est approximativement donné par la formule du cylindre :

$$V_i \approx \pi(\text{rayon})^2(\text{épaisseur}) = \pi\left(\frac{1}{2}c_i\right)^2\Delta y$$

et sa masse est égale à

$$\begin{aligned} m_i &= (\text{masse volumique}) \times (\text{volume}) \\ &\approx 913\pi\left(\frac{1}{2}c_i\right)^2\Delta y. \end{aligned}$$

La force F_i requise pour soulever cette tranche est égale à son poids.

$$\begin{aligned} F_i &= 913\pi\left(\frac{1}{2}c_i\right)^2\Delta y(9{,}8) \\ &= \left(\frac{8947{,}4\pi}{4}c_i^2\Delta y\right)\text{ N} \end{aligned}$$

Poids = (masse) × (accélération gravitationnelle)

La force F_i doit s'exercer sur une distance de $(10 - c_i)$ m pour élever la i^e tranche jusqu'au sommet du réservoir. Donc le travail requis pour déplacer cette tranche est à peu près égal au produit de la force F_i par la distance $(10 - c_i)$:

$$W_i \approx \frac{8947{,}4\pi}{4}c_i^2(10 - c_i)\Delta y \text{ J.}$$

Si l'on veut calculer le travail total requis pour vider le réservoir, il faut additionner les contributions de chacune des n tranches,

$$W \approx \sum_{i=1}^{n}\frac{8947{,}4\pi}{4}c_i^2(10 - c_i)\Delta y.$$

Cette expression est une somme de Riemann pour la fonction $\frac{8947{,}4\pi}{4}y^2(10 - y)$ sur l'intervalle compris entre $y = 0$ et $y = 8$. Le travail requis pour pomper la totalité de l'huile est obtenu en passant à la limite lorsque $n \to \infty$.

$$\begin{aligned} W &= \lim_{n\to\infty}\sum_{i=1}^{n}\frac{8947{,}4\pi}{4}c_i^2(10 - c_i)\Delta y \\ &= \int_0^8 \frac{8947{,}4\pi}{4}y^2(10 - y)dy \\ &= \frac{8947{,}4\pi}{4}\int_0^8 (10y^2 - y^3)dy \\ &= \frac{8947{,}4\pi}{4}\left[\frac{10y^3}{3} - \frac{y^4}{4}\right]_0^8 \\ &\approx 4\,797\,284{,}0\text{ J} \end{aligned}$$

Indication : Un moteur de 1 hp (puissance de 746 J/s) pourra vider le réservoir en un peu moins de 1 h 48 min.

Voir les exercices **15** à **22**.

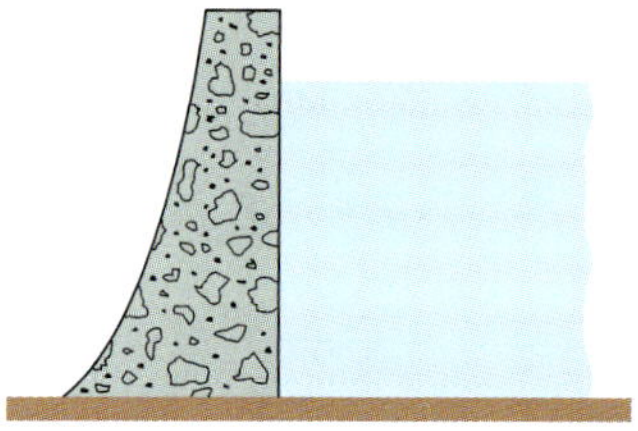

Figure 2.6.4 Afin de supporter la pression, qui augmente en raison de la profondeur, les barrages doivent être plus épais à la base qu'au sommet.

Masse et poids volumiques

La **masse volumique** d'un fluide est égale à la masse du fluide par unité de volume. Voici la masse volumique (en kilogrammes par mètre cube) de quelques substances.

Essence	673
Mercure	13 601
Lait	1 033
Mélasse	1 602
Huile d'olive	913
Eau de mer	1 025
Eau	1 000

Le **poids volumique** de chacune de ces substances s'obtient en multipliant sa masse volumique par la constante d'accélération gravitationnelle g ($9{,}826\ \mathrm{m/s^2}$).

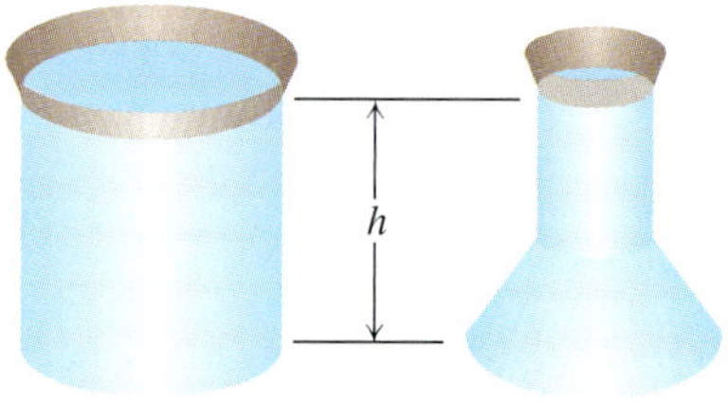

Figure 2.6.5 Les deux contenants sont remplis d'eau au même niveau, leurs bases ont des aires égales et, aussi surprenant que cela puisse paraître, la force totale exercée sur les deux bases est exactement la même. Le fait que la forme des contenants n'entre pas en ligne de compte est un exemple du fameux « paradoxe hydrostatique » de Stevin (voir biographie) : un fluide peut exercer sur le fond de son contenant une force plusieurs fois supérieure à son poids.

2.6.5 Force et pression exercées par un fluide à profondeur constante

Les murs des barrages hydroélectriques sont toujours plus épais à la base qu'au sommet (figure 2.6.4), car la pression de l'eau augmente avec la profondeur. La pression subie en un point d'un barrage ne dépend ni de l'angle d'inclinaison ni de la quantité d'eau ; elle ne dépend que de la distance verticale entre le point et la surface de l'eau. La pression est définie comme la force exercée par unité d'aire ; l'unité SI de pression est le newton par mètre carré, ($\mathrm{N/m^2}$), appelé aussi *pascal* (Pa) (voir biographie, page 165).

La pression p exercée en un point situé h mètres sous la surface de l'eau est toujours $p = 9800h$ Pa. La valeur 9800 est le poids volumique de l'eau en newtons par mètre cube ; ce nombre provient de la masse volumique de l'eau ($1000\ \mathrm{kg/m^3}$) multipliée par la constante gravitationnelle g ($9{,}8\ \mathrm{m/s^2}$).

La formule $p = 9800h$ apparaît plausible si l'on considère les unités en cause :

$$\frac{\mathrm{N}}{\mathrm{m}^2} = \frac{\mathrm{N}}{\mathrm{m}^3} \times \mathrm{m}.$$

Pour tout fluide, la formule précédente se généralise de la façon suivante.

DÉFINITION 2.6.2 Formule pression-profondeur

Dans tout fluide au repos de masse volumique ρ, la pression p à une profondeur h est égale au poids volumique $\rho\,\mathrm{g}$ du fluide multiplié par h :

$$p = \rho\,\mathrm{g}\,h.$$

Utilisons maintenant $p = \rho\,\mathrm{g}\,h$ pour déduire une formule qui donnera la force totale exercée par un fluide sur la base plane et horizontale d'un contenant. Il suffit de multiplier la pression qui s'exerce au niveau de la base par l'aire de celle-ci. En effet, la force totale est égale à la force par unité d'aire (pression) multipliée par le nombre d'unités d'aire (figure 2.6.5). Si F, p et A sont respectivement la force totale, la pression et l'aire de la surface, alors

$$\begin{aligned} F &= \text{force totale} = \text{force par unité d'aire} \times \text{aire} \\ &= \text{pression} \times \text{aire} = pA \\ &= \rho\,\mathrm{g}\,h\,A. \qquad && p = \rho\,\mathrm{g}\,h \text{ (définition 2.6.2)} \end{aligned}$$

THÉORÈME 2.6.1 Force et pression exercées par un fluide à profondeur constante

$$F = pA = \rho\,\mathrm{g}\,h\,A$$

EXEMPLE 6 Sinistre à la mélasse en 1919

À Boston, le 15 janvier 1919, la température s'éleva bien au-dessus de la normale. Dans le nord de la ville, à l'angle des rues Foster et Commercial, la distillerie Puritan gardait sa mélasse dans un réservoir cylindrique en métal mesurant 27,4 m de diamètre sur 27,4 m de hauteur. À 13 h, une rupture explosive du réservoir provoqua un raz-de-marée de mélasse atteignant 9 m de hauteur. La vague inonda les rues et, entraînant chevaux et piétons, elle écrasa de nombreux bâtiments sur son chemin. La mélasse s'infiltra dans les maisons et même dans les rues de banlieue, car elle était transportée par les chaussures des gens et par les roues des tramways. Il fallut plusieurs semaines pour nettoyer la ville. Sachant que le réservoir était rempli de mélasse de masse volumique 1602 kg/m^3, quelle était la force totale exercée par la mélasse sur le fond du réservoir au moment de la rupture (figure 2.6.6) ?

Solution

Au fond du réservoir, la mélasse exerçait une pression constante de

$$p = \rho\, g\, h = (1602 \text{ kg/m}^3)(9{,}8 \text{ m/s}^2)(27{,}4 \text{ m}) \approx 430\ 169 \text{ Pa}.$$

La superficie A de la base étant de $\pi(27{,}4/2)^2$, la force totale exercée sur le fond du réservoir était de

$$F = pA = (430\ 169 \text{ Pa})(187{,}69\pi \text{ m}^2) \approx 253\ 647\ 226 \text{ N}.$$

Dans le cas d'une plaque immergée en position horizontale, comme le fond du réservoir de mélasse de l'exemple 6, la force qui agit vers le bas sur la face supérieure de la plaque se calcule au moyen du théorème 2.6.1. Cependant, si la plaque est immergée en position verticale, la pression varie avec la profondeur et le théorème 2.6.1 ne peut pas être utilisé tel quel (puisque h n'est pas constante). En imaginant que la plaque est composée de nombreuses couches horizontales, on peut établir une somme de Riemann dont la limite est la force de pression agissant sur la face de la plaque verticale. Voici comment procéder.

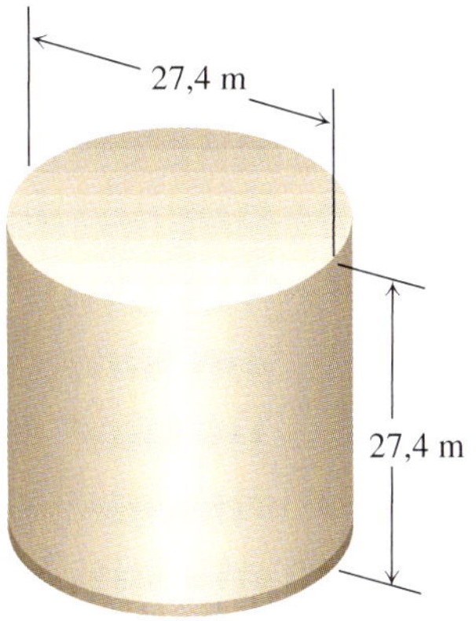

Figure 2.6.6 Le croquis schématique du réservoir de mélasse de l'exemple 6.

STEVIN

Simon Stevin (Bruges, 1548 – La Haye, 1620) est d'abord comptable à Anvers puis fonctionnaire à Bruges. Retournant aux études sur le tard, il s'inscrit à l'université de Leyde à l'âge de 35 ans et devient un des plus brillants ingénieurs de son époque. L'armée hollandaise bénéficie de ses conseils quant aux moyens d'inonder le pays en cas d'invasion. Il conçoit aussi divers projets d'envergure – moulins à vent, fortifications, installations portuaires.

Bien avant Pascal, il prend conscience du prétendu paradoxe hydrostatique : la pression exercée par l'eau sur une surface donnée ne dépend pas de la quantité de liquide, mais uniquement du niveau de l'eau.

Dans son livre *De Beghinselen der Weeghconst* (1586), il représente la composition des forces par ce qu'on appellerait aujourd'hui la *somme vectorielle*.

Grâce à ces deux exploits, Stevin fonde la science de l'hydrostatique et pose le théorème fondamental de la mécanique. Il laissera 11 livres traitant de sujets tels que la trigonométrie, la géographie et la navigation. Il appuiera le système héliocentrique de Copernic et apportera des améliorations à la notation algébrique et au système décimal. Trois années avant Galilée, il soutiendra qu'un objet léger tombe aussi rapidement qu'un objet pesant.

2.6.6 Force et pression exercées par un fluide à profondeur variable

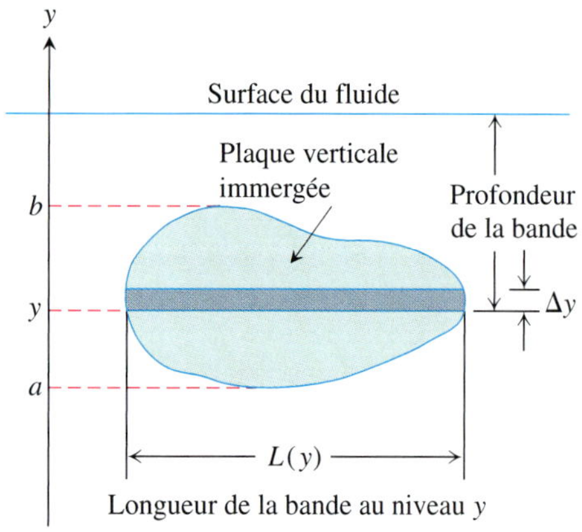

Figure 2.6.7 La force approximative exercée par un fluide sur la face d'une mince bande horizontale est donnée par $F_i \approx p_i A_i \approx \rho\, g\, h_i L(c_i)\Delta y$.

Nous voulons connaître la force de pression exercée par un fluide sur la face d'une plaque verticale immergée dans un liquide de poids volumique ρ g. Nous modélisons d'abord la plaque comme une région s'étendant de $y = a$ à $y = b$ dans le plan xy (figure 2.6.7). Nous établissons ensuite une partition de l'intervalle $[a, b]$ et imaginons qu'à l'intérieur de la région, il y a de très minces bandes horizontales équidistantes séparées par des plans perpendiculaires à l'axe des y et passant par les bornes $y_0, y_1, \ldots y_i, \ldots y_n$ de la partition. Soit c_i un point arbitraire du i^e sous-intervalle $[y_{i-1}, y_i]$. Une bande typique s'étendant de y_{i-1} à $y_{i-1} + \Delta y$ mesure approximativement Δy de hauteur sur $L(c_i)$ de longueur; son aire A_i vaut approximativement $L(c_i)\Delta y$. Nous supposons que $L(y)$ est une fonction continue de y.

Sur la bande, la pression varie en fonction de la hauteur. Toutefois, si la bande est assez mince, la pression demeure toujours proche de ce qu'elle est au niveau c_i, c'est-à-dire ρ g multipliée par la profondeur h_i du point c_i (distance entre c_i et la surface du fluide). La force exercée par le fluide contre une des faces de la i^e bande est donc approximativement le produit de la pression p_i en c_i par l'aire A_i de la bande:

$$\begin{aligned} F_i &\approx p_i A_i \\ &\approx \rho\, g\, h_i A_i \\ &\approx \rho\, g\, h_i L(c_i)\Delta y. \end{aligned}$$

La force exercée contre toute la plaque correspondra à peu près à la somme suivante:

$$\sum_{i=1}^{n} F_i = \sum_{i=1}^{n} \rho\, g\, h_i L(c_i)\Delta y.$$

Cette expression est une somme de Riemann pour une fonction continue sur l'intervalle $[a, b]$ et nous pouvons supposer que l'approximation devient meilleure lorsque Δy tend vers zéro. La force exercée contre la plaque est donc l'intégrale correspondant à la limite de cette somme lorsque n tend vers l'infini.

THÉORÈME 2.6.2 Pression et force exercées par un fluide à profondeur variable

Supposons qu'une plaque est immergée en position verticale dans un fluide de poids volumique ρ g et qu'elle s'étend de $y = a$ à $y = b$ sur l'axe des y. Soit $L(y)$, la longueur de la bande horizontale mesurée de gauche à droite le long de la surface de la plaque au niveau y et soit $h(y)$ la profondeur de y. Le fluide exerce sur un des côtés de la plaque une force de:

$$F = \int_a^b \rho\, g\, h(y)L(y)dy.$$

EXEMPLE 7 Calculer la force d'un fluide au moyen de l'intégrale

Une plaque ayant la forme d'un triangle isocèle et mesurant 6 m à la base et 3 m en hauteur est immergée verticalement, sommet vers le bas, dans un bassin, de façon que sa base soit à 2 m de la surface et son sommet à 5 m de la surface. Calculez la force exercée par l'eau sur l'une des faces de la plaque.

Solution

Nous établissons un système de coordonnées en plaçant l'origine à la pointe inférieure de la plaque et en plaçant l'axe des y le long de l'axe de symétrie de la plaque (figure 2.6.8). La surface du bassin correspond à la droite d'équation $y = 5$, et le bord supérieur de la plaque correspond à la droite d'équation $y = 3$. Le bord situé du côté droit de la plaque suit la diagonale d'équation $y = x$, et sa pointe supérieure du côté droit occupe le point $(3, 3)$. La longueur $L(y)$ d'une mince bande horizontale située au niveau y est :

$$L(y) = 2x = 2y.$$

La profondeur de y (distance entre y et la surface de l'eau) est égale à $(5 - y)$. La force exercée par l'eau contre une des faces de la plaque est donc :

$$\begin{aligned} F &= \int_a^b \rho\, g\, h(y)L(y)dy \qquad \text{Théorème 2.6.2} \\ &= \int_0^3 (1000)(9{,}8)(5 - y)(2y)dy \\ &= 19\,600 \int_0^3 (5y - y^2)dy \\ &= 19\,600 \left[\frac{5}{2}y^2 - \frac{y^3}{3} \right]_0^3 \\ &= 19\,600\,(22{,}5 - 9) \\ &= 264\,600 \text{ N.} \end{aligned}$$

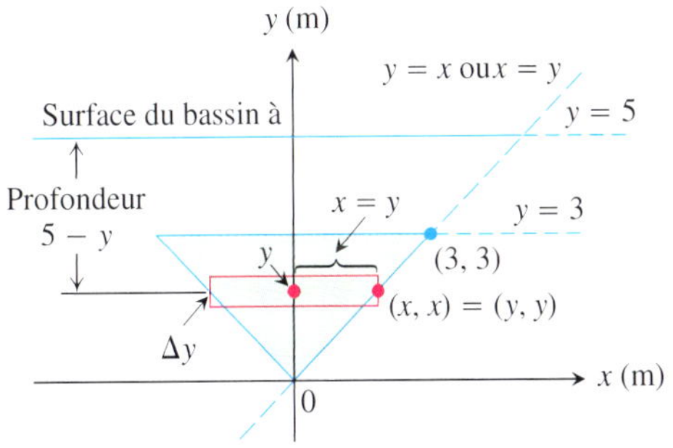

Figure 2.6.8 Pour trouver la force sur un côté de la plaque submergée de l'exemple 7, nous pouvons utiliser un système de coordonnées comme celui-ci.

Marche à suivre

Comment trouver la force exercée par un fluide

Quel que soit le système de coordonnées employé, vous trouverez la force exercée par un fluide sur une plaque ou une paroi verticale en suivant ces deux étapes.

Étape 1 *Trouvez les expressions* donnant la longueur L et la distance h sous la surface (la profondeur) d'une bande horizontale représentative.

Étape 2 *Multipliez le produit de ces expressions par le poids volumique* ρ g, *puis intégrez* sur l'intervalle des profondeurs occupées par la plaque ou la paroi.

Voir les exercices **35** à **52**.

PASCAL

Le père de **Blaise Pascal** (Clermont-Ferrand en Auvergne, 19 juin 1623 – Paris, 1662) a des principes : Blaise ne doit pas étudier les mathématiques avant l'âge de 15 ans et il ne doit même pas en entendre parler. Consigne inutile : lorsqu'il est seul, à 9 ou 10 ans, l'enfant dessine des figures géométriques avec un morceau de charbon et reconstruit la géométrie à sa façon. Le père cédera enfin et permettra à son fils de lire les *Éléments* d'Euclide.

À 14 ans, Pascal est présenté aux mathématiciens qui se rassemblent chez Mersenne. Il leur soumet plusieurs théorèmes de géométrie projective – ses premiers résultats vraiment originaux.

Peu après, pour aider son père qui est percepteur, Pascal invente une machine arithmétique – la roue pascal – dont le principe sera essentiellement celui de toutes les calculatrices non électroniques.

Vers la même époque, la famille Pascal décide d'adopter un mode de vie plus conforme aux doctrines chrétiennes ; c'est le début d'une préoccupation qui deviendra majeure pour Blaise. Néanmoins, il poursuit ses travaux mathématiques (*Essai sur les coniques*, 1640) et effectue des recherches sur le vide et la pression des fluides.

En 1647, il publie *Préface pour un traité du vide*. Ses recherches sur la pression confirment les découvertes de Stevin et de Torricelli, et présagent les sciences de l'hydrostatique et de la météorologie. Il est convaincu de la présence d'un vide au-dessus de l'atmosphère – idée vivement critiquée par Descartes.

Nous lui devons des œuvres importantes sur la théorie des nombres, les coefficients binomiaux, la probabilité et l'analyse de la cycloïde.

Cependant, on connaît Pascal surtout pour son engagement spirituel et ses *Pensées*. Serviteur fidèle autant de la doctrine chrétienne que de la science, il demeurera toujours conscient de la cloison infranchissable qui les sépare.

Exercices 2.6

Travail par application d'une force variable

1. **Seau percé.** Les ouvriers de l'exemple 3 (voir pages 158 et 159) ont changé de seau. Ils utilisent maintenant un seau plus grand contenant 20 kg d'eau ; mais le seau est encore percé et il est également vide au moment où il atteint le toit de l'édifice. En supposant que l'eau s'écoule à vitesse constante, quel est le travail effectué pour monter le seau sur le toit ? (Négligez le poids de la corde et du seau.)

2. **Seau percé.** Le seau de l'exemple 3 est maintenant monté jusqu'au toit à une vitesse deux fois plus grande de sorte qu'il reste 3,5 kg d'eau dans le seau lorsqu'il atteint le toit. Quel est le travail nécessaire pour soulever l'eau jusqu'au toit ? (Négligez le poids de la corde et du seau.)

3. **Tirer une corde.** Un alpiniste doit tirer une corde longue de 50 m. Quel est le travail nécessaire, sachant que un mètre de corde pèse 0,624 N ?

4. **Sac de sable percé.** On soulève un sac de sable à vitesse constante. Au début, le sac contient 65 kg. Il est percé et le sable s'écoule à vitesse constante. À une hauteur de 5 m, le sac est à moitié vide. Quel a été le travail accompli pour que le sac atteigne cette hauteur ? (Négligez le poids du sac et de l'équipement.)

5. **Lever un câble d'ascenseur.** On utilise un moteur électrique pour faire monter un ascenseur du premier au dernier étage d'un édifice. La masse linéique du câble est de 6,7 kg/m. Au premier étage, 55 m de câble sont déroulés ; au dernier étage, tout le câble est enroulé. Quel travail doit fournir le moteur pour hisser le câble du premier au dernier étage ?

6. **Force d'attraction.** Une particule de masse m située sur l'axe des x est attirée vers un point situé à l'origine. Lorsque la particule est à une distance x de l'origine, la force d'attraction est égale à k/x^2, où $k = 0$. Si la particule part du point $x = b$ et qu'aucune autre force n'agit sur elle, quel sera le travail exercé par la force pour que la particule atteigne le point $x = a$ sachant que $0 < a < b$?

7. **Gaz comprimé.** Un gaz est comprimé à l'aide d'un piston dans un cylindre dont l'aire de la section transversale est égale à A. Soit p la pression en pascals (N/m^2) et V le volume du gaz en mètres cubes. Montrez que le travail nécessaire pour comprimer le gaz de l'état (p_1, V_1) à l'état (p_2, V_2) est égal à :

$$W = \int_{(p_1, V_1)}^{(p_2, V_2)} p dV.$$

(Indication : Dans le système de coordonnées de la figure, $dV = Adx$. La force agissant contre le piston est pA.)

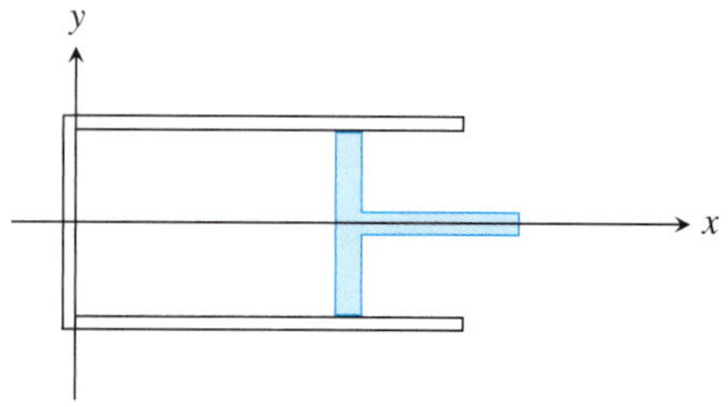

8. Suite de l'exercice **7**
Utilisez l'intégrale de l'exercice **7** afin de trouver le travail nécessaire pour comprimer le gaz de $V_1 = 0{,}004$ m^3 à $V_2 = 0{,}0005$ m^3 si $p_1 = 1\,386\,903$ Pa et si p et V obéissent à la loi des gaz $pV^{1,4}$ = constante (dans un processus adiabatique, c'est-à-dire sans échange de chaleur).

Ressorts

9. **Constante de rappel.** La longueur naturelle d'un ressort est de 2 m. Si vous devez fournir 1800 J de travail pour l'étirer jusqu'à 5 m, quelle est la constante de rappel du ressort ?

10. **Étirer un ressort.** La longueur naturelle d'un ressort est de 25 cm (0,25 m). En appliquant une force de 3500 N, on étire le ressort à 35 cm.
    - **a)** Quelle est la constante de rappel ?
    - **b)** Quel est le travail nécessaire pour allonger le ressort de 25 cm à 30 cm ?
    - **c)** Quelle sera la longueur du ressort si l'on applique une force de 7000 N ?

11. **Étirer un élastique.** Une force de 2 N vous permet d'étirer de 2 cm (0,02 m) un élastique. En admettant que la loi de Hooke s'applique à cette situation, de combien de centimètres l'élastique s'étirera-t-il si vous appliquez une force de 4 N ? Quel sera le travail nécessaire ?

12. **Étirer un ressort.** Si une force de 90 N est nécessaire pour étirer un ressort de 1 m par rapport à sa position d'équilibre, quel est le travail nécessaire pour l'étirer de 5 m ?

13. **Suspension des wagons de métro.** Une force de 98 200 N est nécessaire pour comprimer à 16 cm un ressort de suspension d'un wagon de métro sachant que la longueur naturelle du ressort est de 26 cm.
    - **a)** Quelle est la constante de rappel de ce type de ressort ?
    - **b)** Quel est le travail nécessaire pour comprimer le premier centimètre ? le deuxième ? Donnez vos réponses au dixième de newton près.

14. **Pèse-personne.** Le plateau d'un pèse-personne s'abaisse de 1,6 mm (0,0016 m) lorsqu'une personne de 70 kg se pèse. En admettant que le comportement de l'appareil puisse être modélisé par la loi de Hooke, quel serait le poids (masse en kilogrammes) d'une personne pour laquelle

le plateau s'abaisserait de 3,2 mm ? Quel serait alors le travail accompli ?

Pomper un liquide d'un récipient

Poids de l'eau

À cause de la rotation de la Terre et des variations du champ gravitationnel à sa surface, la valeur de g n'est pas vraiment constante et le poids d'un mètre cube d'eau varie donc d'un endroit à un autre. Par exemple, au niveau de la mer et à l'équateur, le poids volumique de l'eau est de 9804 N/m^3, alors qu'il est de 9856 N/m^3 aux pôles (une variation de 0,5 %). Un mètre cube d'eau pèse 9826 N à New York ou à Melbourne alors qu'il pèse 9842 N à Juneau et à Stockholm. Le nombre 9826 est la valeur typique utilisée dans la majorité des manuels, mais il existe des variations importantes dans la pratique.

15. Pomper de l'eau. Le réservoir rectangulaire illustré ci-dessous est enfoui sous terre, son couvercle affleurant au niveau du sol. Il sert à recueillir l'eau de pluie. On suppose que le poids spécifique de l'eau est de 9826 N/m^3 à l'endroit où se situe le réservoir.

a) Quel est le travail nécessaire pour vider le réservoir plein en pompant l'eau au niveau du sol ?

b) Si l'eau est retirée à l'aide d'une pompe actionnée par un moteur de 5/11 hp (puissance de 339 J/s), quel est le temps nécessaire (à une minute près) pour vider le réservoir ?

c) En combien de temps la pompe utilisée en **b)** permettra-t-elle d'abaisser le niveau d'eau de moitié (3 m) ?

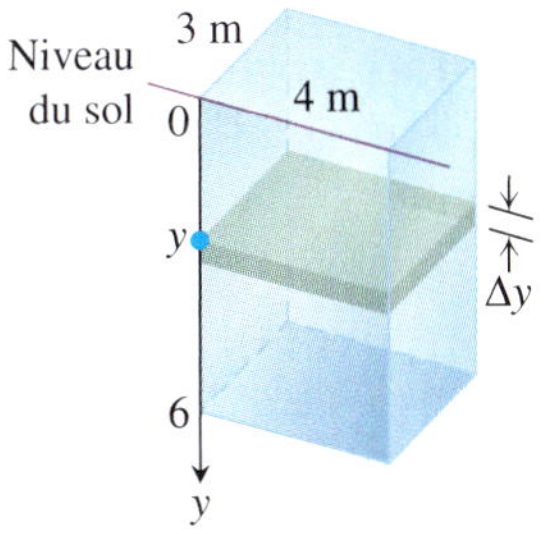

d) Poids de l'eau. Refaites les parties **a)** et **b)**, en supposant cette fois que le poids volumique de l'eau est de 9804 N/m^3 ; de 9856 N/m^3.

16. Vider une citerne. Le dessus de la citerne rectangulaire illustrée ci-contre est à 3 m sous le niveau du sol. La citerne, actuellement pleine, doit être vidée pour inspection en pompant son contenu au niveau du sol. On suppose que le poids spécifique de l'eau est de 9826 N/m^3.

a) Quel est le travail nécessaire pour vider la citerne ?

b) En combien de temps peut-on vider la citerne à l'aide d'une pompe munie d'un moteur de 1/2 hp (puissance de 373 J/s) ?

c) En combien de temps peut-on vider la moitié de la citerne ? (Ce temps sera moindre que la moitié du temps requis pour vider la citerne au complet.)

d) Refaites les parties **a)** à **c)** pour un endroit où le poids volumique de l'eau serait de 9804 N/m^3 ; de 9856 N/m^3.

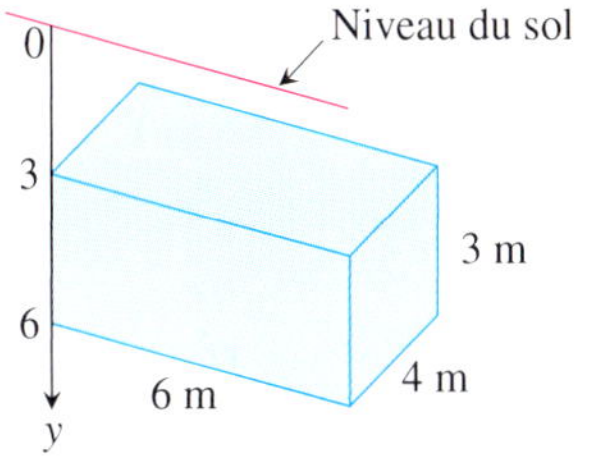

17. Vider une citerne. La hauteur d'une citerne cylindrique est de 9 m et son diamètre est de 6 m. La citerne est placée verticalement et elle est remplie de kérosène de poids volumique 8062 N/m^3. Quel est le travail nécessaire pour pomper le kérosène jusqu'en haut de la citerne ?

18. Le réservoir cylindrique illustré ci-dessous peut être rempli en pompant l'eau d'un lac situé 5 m plus bas que la base du réservoir. Il y a deux façons de remplir le réservoir : l'une consiste à pomper l'eau dans un tuyau jusqu'à une valve située à la base du réservoir ; l'autre, à pomper l'eau dans un tuyau attaché en haut du réservoir et à laisser l'eau s'écouler. Quelle est la façon la plus rapide ? Justifiez votre réponse.

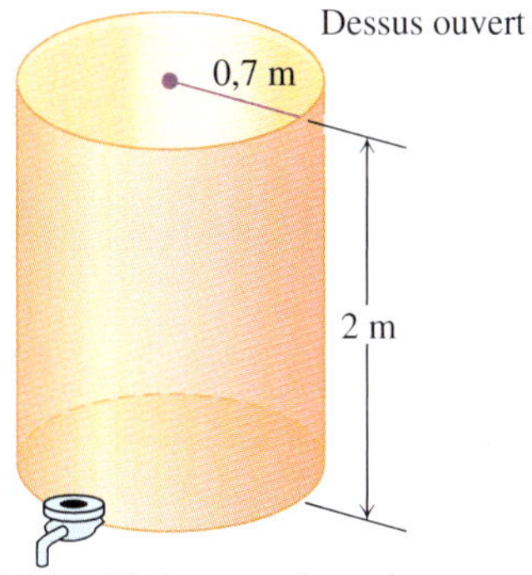

19. a) Pomper du lait. Supposez que le réservoir conique de l'exemple 5 (voir pages 160 et 161) contient du lait (poids volumique : 10 150 N/m^3) plutôt que de l'huile d'olive. Quel est le travail nécessaire pour pomper le lait hors du réservoir ?

b) Pomper de l'huile. Quel est le travail nécessaire pour pomper l'huile d'olive de l'exemple 5 à un niveau situé à 1 m au-dessus du réservoir ?

20. Pomper de l'eau de mer. La surface intérieure d'un réservoir en acier inoxydable destiné à recevoir de l'eau de mer est décrite par une rotation autour de l'axe des y de la courbe d'équation $y = x^2$, où $0 \le x \le 4$ (les dimensions sont en mètres). Sachant que le réservoir est rempli d'eau de mer (poids volumique = 10 000 N/m^3), quel est le travail nécessaire pour en pomper le contenu jusqu'à son sommet ?

21. Vider un réservoir sphérique rempli d'eau. On modélise le pompage d'un liquide hors d'un réservoir de forme sphérique de la même façon qu'on le fait pour des récipients de forme différente, c'est-à-dire en intégrant le long de l'axe vertical de la sphère. Utilisez la figure ci-dessous pour trouver le travail nécessaire afin de vider complètement un réservoir d'eau hémisphérique dont le rayon est de 5 m, et ce, en pompant l'eau jusqu'à un niveau situé 4 m plus haut que le dessus du réservoir (poids volumique de l'eau = 9800 N/m³).

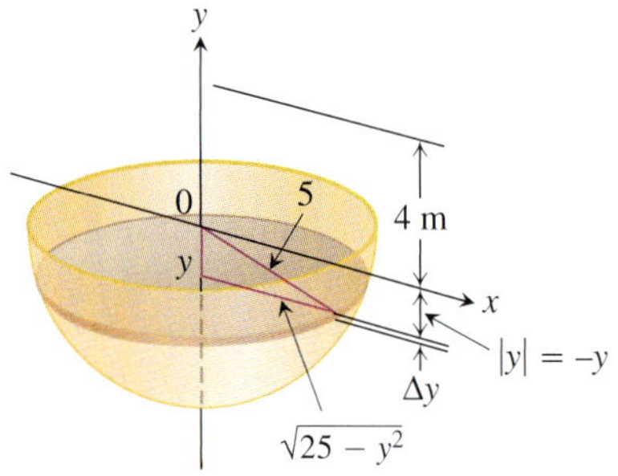

22. Vous devez vider et réparer le réservoir illustré ci-dessous. Il s'agit d'un hémisphère de rayon 10 m rempli de benzène (poids spécifique = 8818 N/m³). Une entreprise vous propose de le faire pour 1/2 cent le joule. Trouvez le travail nécessaire ainsi que le coût total au tarif proposé pour vider le réservoir en pompant le contenu dans un tuyau d'évacuation situé 1 m plus haut que le dessus du réservoir.

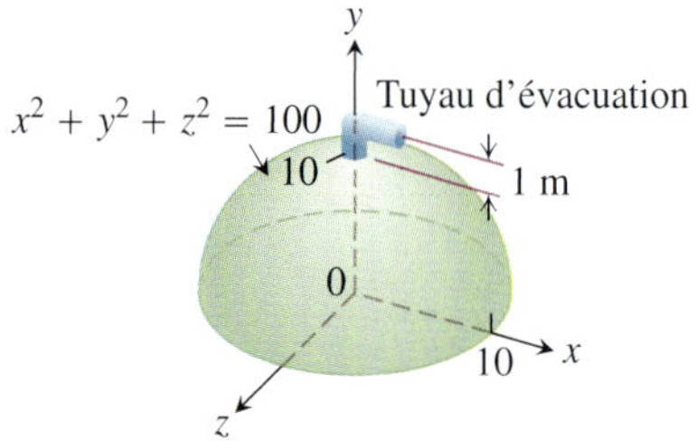

Travail et énergie cinétique

23. Énergie cinétique. Soit un objet de masse m se déplaçant le long de l'axe des x du point x_1 au point x_2 sous l'effet d'une force $F(x)$ de grandeur variable. La vitesse est dx/dt (où t représente le temps). Utilisez la deuxième loi de Newton, $F = m(dv/dt)$, ainsi que la dérivation en chaîne,

$$\frac{dv}{dt} = \frac{dv}{dx}\frac{dx}{dt} = v\frac{dv}{dx},$$

pour montrer que le travail net W effectué par la force entre x_1 et x_2 est :

$$W = \int_{x_1}^{x_2} F(x)dx = \frac{1}{2}mv_2^2 - \frac{1}{2}mv_1^2,$$

où v_1 et v_2 sont les vitesses aux points x_1 et x_2. En physique, l'expression $(1/2)mv^2$ est appelée l'*énergie cinétique* d'un objet de masse m se déplaçant à une vitesse v. Par conséquent, le travail effectué par la force entre les deux points est égal à la variation de l'énergie cinétique de l'objet entre ces deux points. Ce travail est donc obtenu par soustraction des valeurs de l'énergie cinétique en ces deux points.

Utilisez le résultat de l'exercice **23** pour faire les exercices **24** à **30**.

24. Tennis. Un joueur frappe au service une balle de tennis de 57 g à une vitesse de 50 m/s (180 km/h). Calculez le travail fourni en joules. (Exprimez la masse de la balle en kilogrammes.)

25. Baseball. Combien de joules sont nécessaires pour lancer une balle de baseball à une vitesse de 150 km/h ? (Masse d'une balle de baseball = 142 g ou 0,142 kg.)

26. Golf. Une balle de golf de 45,5 g est propulsée du tee à une vitesse de 85 m/s (306 km/h). L'opération nécessite un travail de combien de joules ?

27. Tennis. Au cours du match à la fin duquel il remporta le US Open de 1990, Pete Sampras a effectué un service atteignant la vitesse phénoménale de 200 km/h. Quelle quantité de travail a-t-il dû accomplir pour permettre à la balle de 57 g d'atteindre cette vitesse ?

28. Football. Quelle quantité de travail doit effectuer un quart-arrière pour lancer un ballon de football de 412 g à une vitesse de 27 m/s (environ 97 km/h) ?

29. Balle molle. Quel est le travail nécessaire pour lancer une balle molle de 185 g à une vitesse initiale de 40 m/s (144 km/h) ?

30. Bille d'acier. On place une bille d'acier de 57 g sur un ressort vertical dont la constante de rappel est $k = 263$ N/m. Si l'on comprime le ressort de 5 cm et qu'on le relâche, quelle sera la hauteur maximale atteinte par la bille ?

31. Pomper l'eau d'un tuyau de décharge. La plupart des barrages sont munis d'un tuyau de décharge qui permet d'évacuer le surplus d'eau pouvant s'accumuler en amont du barrage. Malheureusement, le tuyau peut s'obstruer avec des débris et on ne peut le nettoyer jusqu'au fond qu'en l'asséchant complètement. Pour choisir les pompes permettant cette opération de nettoyage, il faut calculer le travail nécessaire pour évacuer l'eau.

Le tuyau de décharge d'un barrage donné est un drain vertical cylindrique se terminant en forme d'entonnoir. Tel qu'illustré à la figure 2.6.9 **a**, la partie supérieure du tuyau est située à 114 m au-dessus du fond, c'est-à-dire 4 m plus bas que le dessus du barrage, lui-même haut de 118 m. La figure 2.6.9 **a** montre également la section transversale du tuyau : le diamètre du goulot est de 6 m et le diamètre de la tête est de 37 m. Tel qu'illustré à la figure 2.6.9 **b**, la paroi extérieure de la tête a la forme décrite par la rotation, autour de l'axe de symétrie vertical, d'un quart de cercle de 15 m de rayon. Par conséquent, toutes les sections transversales horizontales sont des disques circulaires.

Trouvez le travail requis pour vidanger le goulot cylindrique.

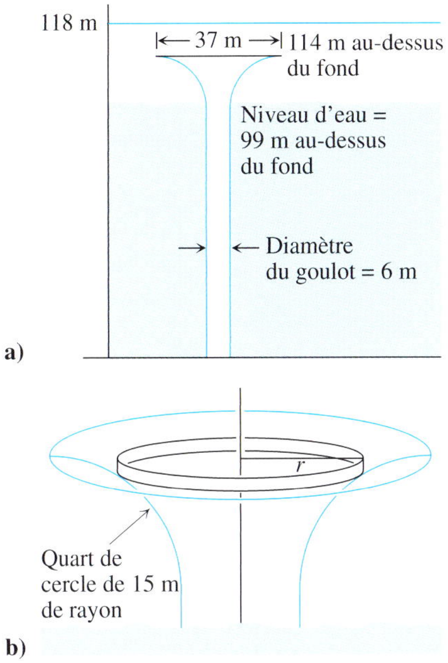

Figure 2.6.9 **a)** La section transversale du tuyau de décharge d'un barrage ; **b)** la partie supérieure du tuyau en forme d'entonnoir.

32. Pomper l'eau d'un tuyau de décharge. (suite de l'exercice **31**)

a) Exprimez le rayon de la section transversale de la portion supérieure en forme d'entonnoir en fonction de la hauteur y par rapport au fond du barrage (de $y = 99$ à $y = 114$).

b) Trouvez V_i, le volume approximatif de la i^{e} tranche de l'entonnoir, en suivant l'approche de l'exemple 5 (voir pages 160 et 161) (de $y = 99$ à $y = 114$).

c) Calculez le travail W requis pour vidanger l'entonnoir en trouvant l'intégrale appropriée et en l'évaluant.

d) Calculez le travail total requis pour faire la vidange complète du tuyau en additionnant le travail correspondant au goulot (voir exercice **31**) et le travail correspondant à l'entonnoir.

e) La réponse obtenue en **d)** est en joules. Il est courant d'exprimer aussi ce type de résultat en hp-h puisque la puissance de la plupart des moteurs est exprimée en hp. Sachant que 1 hp équivaut à 746 J/s, en combien de temps un moteur de 1000 hp videra-t-il complètement le tuyau, si l'on suppose que l'efficacité du moteur est de 100 % ?

33. Placer un satellite sur orbite. Le champ gravitationnel de la Terre varie en fonction de la distance r au centre de la Terre. La grandeur de la force d'attraction subie par un satellite de masse m pendant et après son lancement est donnée par

$$F(r) = \frac{mMG}{r^2},$$

où la masse de la Terre vaut $M = 5{,}975 \times 10^{24}$ kg et la constante de gravitation universelle $G = 6{,}6720 \times 10^{-11}\ \text{N} \cdot \text{m}^2/\text{kg}^2$. La distance r est mesurée en mètres. Le travail nécessaire pour placer un satellite de 1000 kg sur une orbite située à 35 780 km du centre de la Terre est donné par l'intégrale

$$W = \int_{6\,370\,000}^{35\,780\,000} \frac{1000MG}{r^2}\, dr \text{ joules.}$$

Évaluez cette intégrale. La borne inférieure d'intégration est le rayon de la Terre (en m) au site de lancement. (Ce calcul ne tient pas compte de l'énergie nécessaire pour soulever la fusée ou pour faire atteindre sa vitesse orbitale au satellite.)

34. Vaincre la force de répulsion entre deux électrons. Deux électrons séparés par une distance de r mètres se repoussent avec une force de :

$$F = \frac{23 \times 10^{-29}}{r^2} \text{ newtons.}$$

a) Supposons qu'un électron soit fixe au point (1, 0) sur l'axe des x (unités en mètres). Quel est le travail requis pour amener l'autre électron du point (−1, 0) jusqu'à l'origine ?

b) Supposons que deux électrons soient fixes aux points (1, 0) et (−1, 0). Quel est le travail requis pour amener un troisième électron du point (5, 0) au point (3, 0) sur l'axe des x ?

Force et pression exercées par un fluide

Vous trouverez la masse volumique de divers fluides à la page 162.

35. Plaque triangulaire. Calculez la force exercée sur une face de la plaque de l'exemple 7 (voir pages 164 et 165) en utilisant le système de coordonnées illustré ci-dessous.

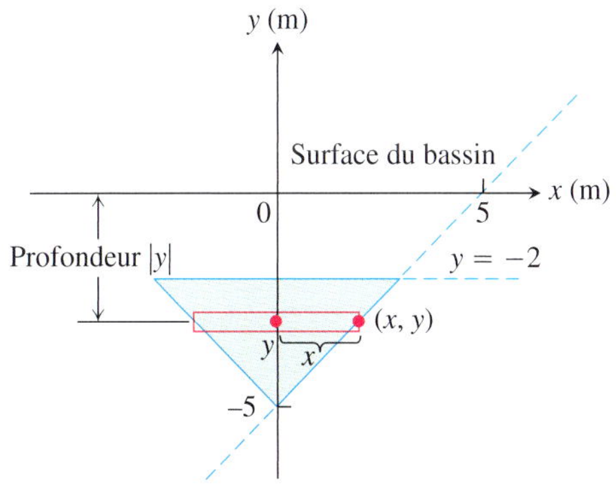

36. Plaque triangulaire. Calculez la force exercée sur une face de la plaque de l'exemple 7 en utilisant le système de coordonnées illustré ci-dessous.

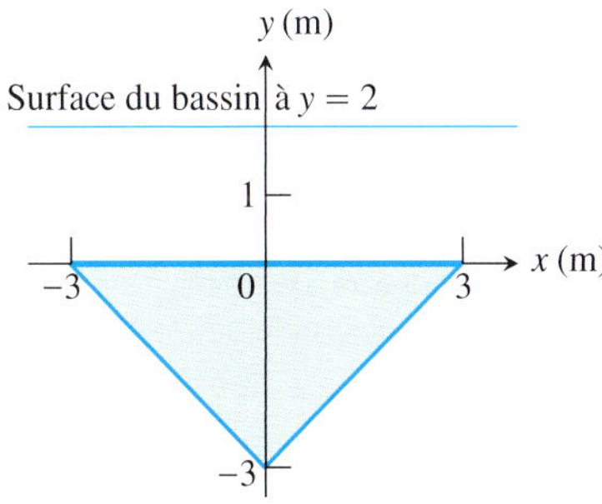

37. Plaque triangulaire à 2 mètres plus profond. La plaque de l'exemple 7 (voir pages 164 et 165) est abaissée de 2 m. Quelle sera la force exercée par l'eau sur l'une des faces ?

38. Plaque triangulaire remontée à la surface. La plaque de l'exemple 7 est remontée de manière que son bord supérieur (sa « base ») soit à la surface de la piscine. Quelle sera la force exercée par l'eau sur l'une des faces de la plaque ?

39. Plaque triangulaire. La plaque en forme de triangle isocèle illustrée ci-dessous est immergée en position verticale à 1 m de profondeur dans un lac d'eau douce.

a) Calculez la force exercée par l'eau sur l'une des faces de la plaque.

b) Quelle serait la force exercée par l'eau de mer sur l'une des faces de la plaque ?

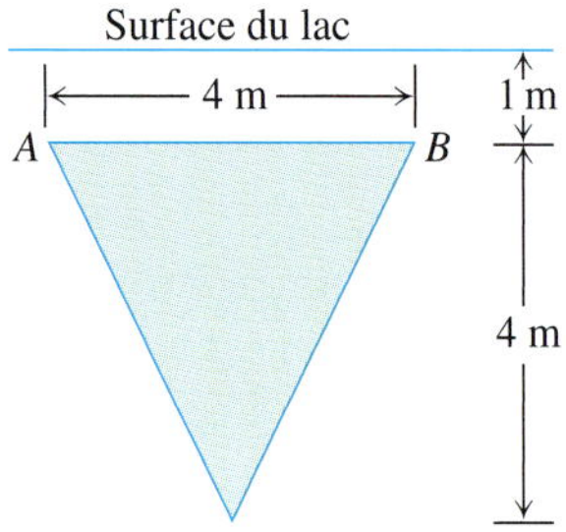

40. Plaque triangulaire redressée. La plaque de l'exercice **39** subit une rotation de 180° autour de la droite AB, de sorte qu'elle émerge en partie du lac (voir diagramme ci-dessous). Quelle est la force exercée par l'eau sur l'une des faces qui demeurent immergées ?

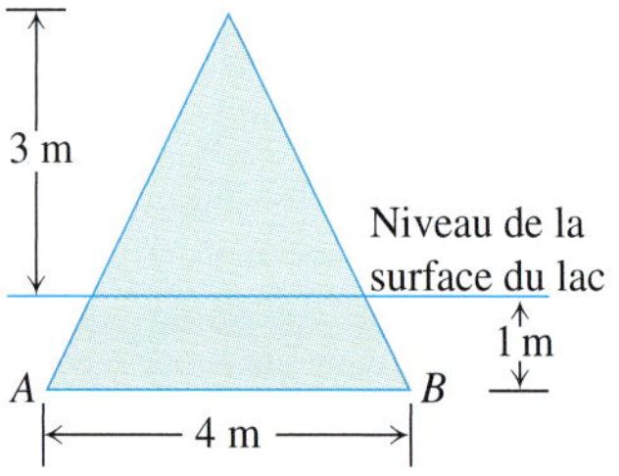

41. Aquarium. La partie vitrée des parois d'un vivier d'aquarium typique a la forme d'un rectangle de 160 cm de largeur et s'étend en hauteur de 1,25 cm sous la surface de l'eau jusqu'à 85 cm sous la surface. Trouvez la force exercée par l'eau sur cette vitre. Le poids volumique de l'eau de mer est de 10 078 N/m^3.

42. Aquarium. Un aquarium rectangulaire contenant de l'eau douce et ayant comme dimensions intérieures une base de 61 cm sur 122 cm et une hauteur de 61 cm est rempli jusqu'à 5 cm de son bord supérieur.

a) Trouvez la force exercée par l'eau sur chacune des quatre faces de l'aquarium.

b) Si, une fois scellé hermétiquement, l'aquarium est tourné de 90° de façon à le faire reposer sur l'une de ses faces carrées, quel sera l'effet sur les forces qui agissent sur ses faces rectangulaires ?

43. Plaque en demi-cercle. Une plaque en forme de demi-cercle d'un diamètre de 0,6 m est immergée dans de l'eau douce en position verticale, son diamètre affleurant à la surface de l'eau. Quelle est la force exercée par l'eau sur un côté de la plaque ?

44. Citerne à lait. Un camion transporte du lait dans une citerne dont l'intérieur a la forme d'un cylindre droit ayant 2 m de diamètre. Quelle force s'exerce sur chacune des extrémités de la citerne lorsqu'elle est à moitié pleine ?

45. Réservoir à lame de fermeture parabolique. Le réservoir en métal illustré ci-dessous est muni d'une lame de fermeture parabolique tenue en place par des boulons ; le devis précise que la fermeture doit pouvoir supporter une force de 25 000 N. Le liquide qu'on y entrepose a un poids volumique de 7874 N/m^3.

a) Quelle est la force exercée par le liquide sur la lame de fermeture lorsque le liquide atteint une hauteur de 2 m ?

b) Jusqu'à quel niveau le réservoir peut-il être rempli sans que sa limite de charge ne soit dépassée ?

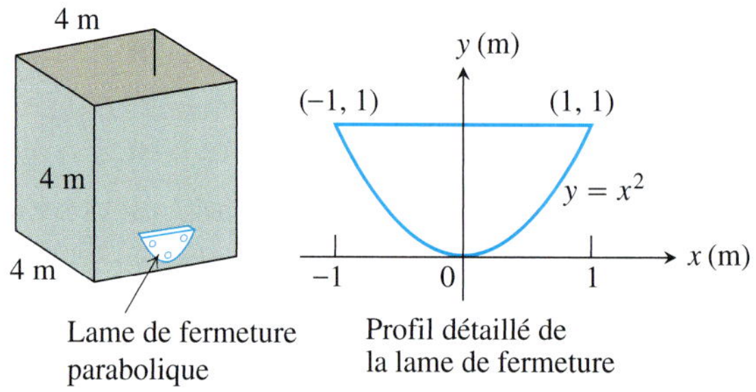

46. Réservoir avec fenêtre. Le réservoir rectangulaire illustré ci-dessous est muni d'une fenêtre mesurant 30 cm sur 30 cm et située à 30 cm de la base. La fenêtre peut supporter une force de 1390 N sans se fissurer.

a) Quelle force la fenêtre devra-t-elle pouvoir supporter si le réservoir est rempli d'eau douce à une hauteur de 1 m ?

b) Jusqu'à quel niveau le réservoir peut-il être rempli d'eau sans que sa limite de charge ne soit dépassée ?

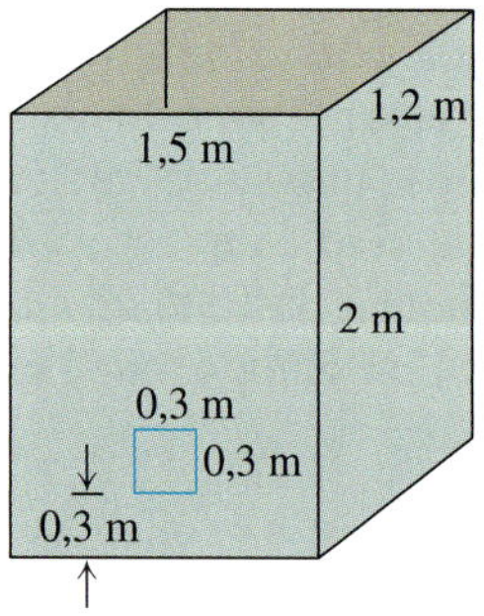

47. a) Pression moyenne. Une plaque rectangulaire en position verticale, mesurant a unités en longueur sur b unités en largeur, est immergée dans un fluide de poids volumique ρ g ; les bords les plus longs sont parallèles à la surface du fluide. Trouvez la valeur moyenne de la pression exercée par le fluide sur toute bande verticale de la plaque.

b) Démontrez que la force exercée par le fluide sur un côté de la plaque équivaut à la valeur moyenne de la pression multipliée par l'aire de la plaque.

48. Réservoir muni d'une extrémité extensible. L'eau se déverse dans le réservoir illustré ci-dessous à un débit de 0,113 m^3/min. La coupe transversale du réservoir montre un demi-cercle ayant 122 cm de diamètre. Une des extrémités du réservoir est extensible, étant maintenue en place par un ressort dont la constante de rappel est $k = 1460$ N/m. Si cette extrémité se déplace de 1,5 m contre l'action du ressort, l'eau se videra à un débit de 0,142 m^3/min par un drain de sécurité percé au fond du réservoir. L'extrémité extensible atteindra-t-elle l'ouverture de sécurité avant que le réservoir ne déborde ?

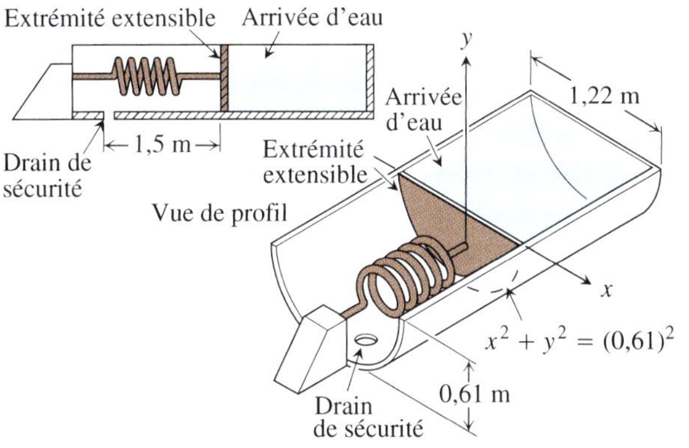

49. Citerne. Les deux extrémités verticales d'une citerne sont des triangles isocèles dont les dimensions en mètres sont indiquées dans le diagramme suivant.

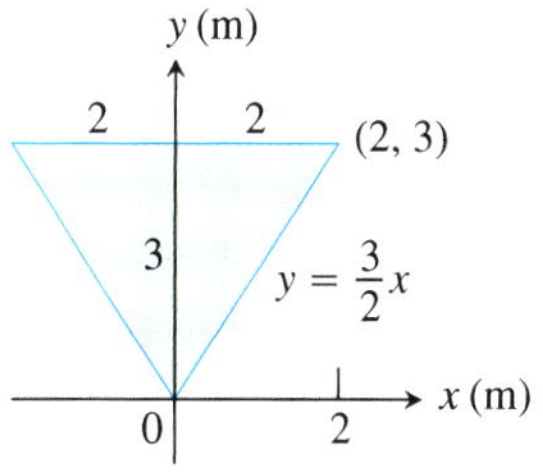

a) Trouvez la force exercée par l'eau sur les extrémités lorsque la citerne est pleine. (Poids volumique de l'eau = 9826 N/m^3)

b) De combien de centimètres faut-il abaisser le niveau de l'eau dans la citerne pour que la force sur les extrémités soit réduite de moitié ?

c) Pour répondre à la question **b)**, faut-il connaître la longueur de la citerne ? Justifiez votre réponse.

50. Abreuvoir. Les deux extrémités verticales d'un abreuvoir sont des carrés mesurant 1 m sur 1 m.

a) Trouvez la force exercée par l'eau sur les extrémités lorsque l'abreuvoir est plein. (Poids volumique de l'eau = 9826 N/m^3)

b) De combien de centimètres faut-il abaisser le niveau de l'eau dans l'abreuvoir pour que la force sur les extrémités soit réduite de 25 % ?

51. Carton à lait. Un carton à lait rectangulaire mesure 9,5 cm sur 9,5 cm à la base et 20 cm en hauteur. Trouvez la force exercée par le lait sur un des côtés lorsque le carton est plein.

52. Bidon d'huile d'olive. Un bidon standard d'huile d'olive mesure 14,6 cm sur 8,9 cm à la base et 25 cm en hauteur. Trouvez la force exercée par l'huile sur la base et sur chaque côté lorsque le bidon est plein.

2.7 Moments et centres de masse

De nombreux systèmes mécaniques et structures se comportent comme si leur masse était concentrée en un seul point appelé *centre de masse* ou *centre de gravité* (voir figure 2.7.1, page 172). Il est donc important de savoir déterminer l'emplacement d'un tel point, opération qui est, par essence, purement mathématique.

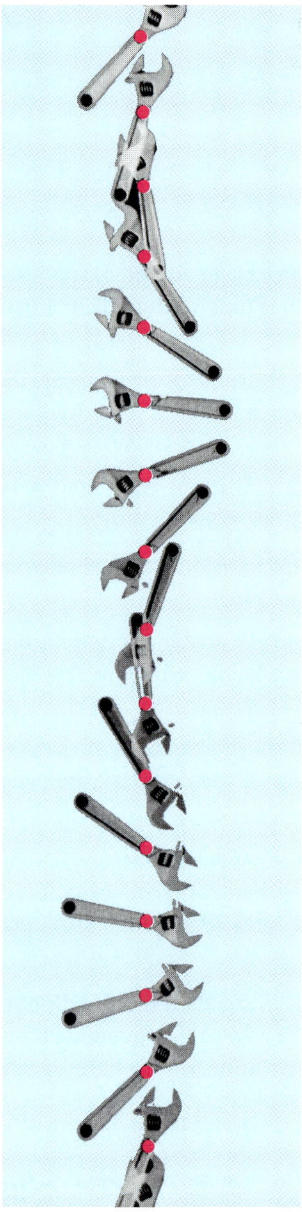

a)

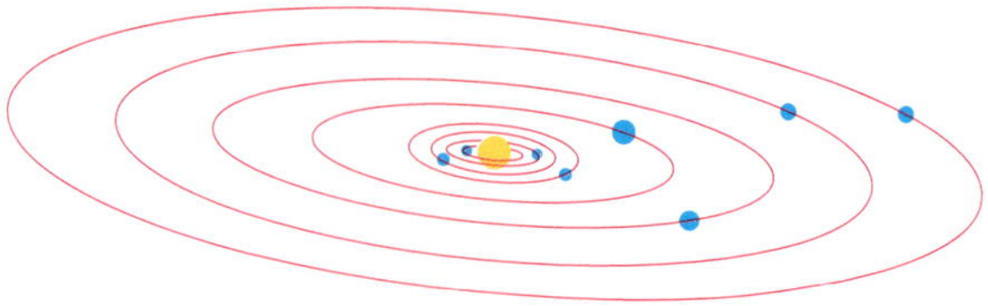

b)

Figure 2.7.1 **a)** Lorsqu'elle dérape sur la glace, la clef à molette semble n'obéir à aucune loi ; en fait, elle tourne autour de son centre de masse qui, lui, se déplace en ligne droite. **b)** Tous les astéroïdes, planètes et comètes du système solaire tournent autour d'un unique point fixe qui est leur centre de masse.

Nous ne traiterons ici que des objets à une ou deux dimensions. Les objets à trois dimensions sont abordés dans un cours plus avancé.

2.7.1 Répartition de la masse sur une droite

Nous développerons progressivement un modèle mathématique du centre de masse. Dans une première étape, nous envisageons trois masses m_1, m_2 et m_3 distribuées le long de l'axe des x sur une tige rigide supportée par un point d'appui situé à l'origine.

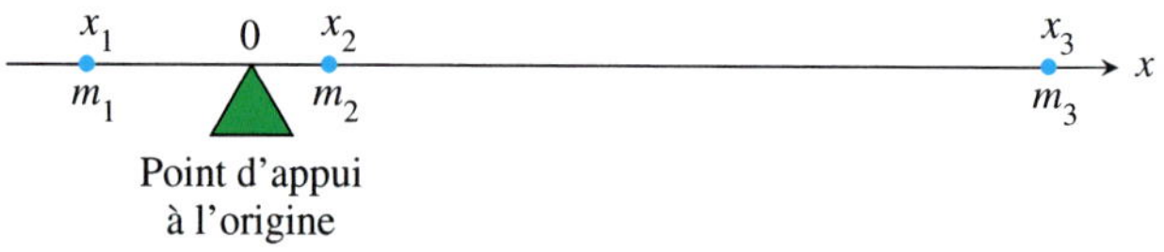

Le système sera ou non en équilibre, selon les masses et leur emplacement sur la tige.

Le nombre $(m_1x_1 + m_2x_2 + m_3x_3)$ est appelé **moment du système par rapport à l'origine**. Il est égal à la somme des **moments** m_1x_1, m_2x_2, m_3x_3 des masses individuelles.

Cette définition se généralise à un nombre n quelconque de masses.

DÉFINITION 2.7.1 Moment d'un système par rapport à l'origine

Soit n masses $m_1, m_2, \ldots, m_n$ distribuées sur l'axe des x. Le moment M_0 du système par rapport à l'origine est défini par l'équation suivante :

$$M_0 = \sum_{k=1}^{n} m_k x_k.$$

M_0 est égal à la somme des **moments** $m_1x_1, m_2x_2, \ldots, m_nx_n$ des masses individuelles.

Il est utile de savoir où placer le point d'appui afin que le système soit en équilibre. En physique, on démontre que ce point d'appui est donné par le nombre $\bar{x}$ pour lequel le **moment du système par rapport à $\bar{x}$** est nul.

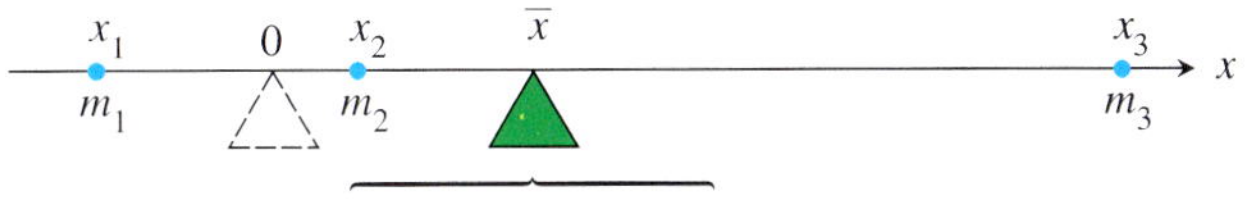

Le moment du système par rapport à $\overline{x}$ est égal à la somme des produits des masses m_k par les distances algébriques entre m_k et $\overline{x}$, c'est-à-dire ici $m_1(x_1 - \overline{x}) + m_2(x_2 - \overline{x}) + m_3(x_3 - \overline{x})$.

En exprimant que le moment du système doit être nul, nous obtenons une équation qui permet de déterminer $\overline{x}$ en l'explicitant.

$$\sum m_k(x_k - \overline{x}) = 0 \qquad \text{Moment du système} = 0$$

$$\sum (m_k x_k - \overline{x} m_k) = 0 \qquad \text{Distribuer } m_k$$

$$\sum m_k x_k - \sum \overline{x} m_k = 0 \qquad \text{Regrouper (théorème 1.1.2 } \mathbf{b}\text{)}$$

$$\sum m_k x_k = \overline{x} \sum m_k \qquad \text{Mettre } \overline{x} \text{ en évidence (théorème 1.1.2 } \mathbf{c}\text{)}$$

$$\overline{x} = \frac{\sum m_k x_k}{\sum m_k} \qquad \text{Expliciter } \overline{x}$$

La dernière équation indique que la valeur $\overline{x}$ s'obtient en trouvant le quotient entre le moment du système par rapport à l'origine et la masse totale du système :

$$\overline{x} = \frac{\sum m_k x_k}{\sum m_k} = \frac{\text{moment du système par rapport à l'origine}}{\text{masse du système}}.$$

Le point $\overline{x}$ est appelé **centre de masse** (c.m.).

2.7.2 Fils et tiges minces

Dans de nombreuses applications, on doit calculer le centre de masse d'un fil ou d'une mince tige rigide en métal dont la densité linéaire n'est pas nécessairement constante. Lorsqu'il est possible de modéliser la distribution de la masse par une fonction continue, les sommes de la formule précédente deviennent des intégrales par une transformation qui nous est de plus en plus familière.

Soit une mince tige rigide, située sur l'axe des x allant de $x = a$ à $x = b$. Découpons la tige en n petits morceaux de masses $m_1, m_2, \ldots, m_n$ en faisant une partition de l'intervalle $[a, b]$ de la façon habituelle de sorte que chaque masse m_k soit approximativement constante sur chaque sous-intervalle.

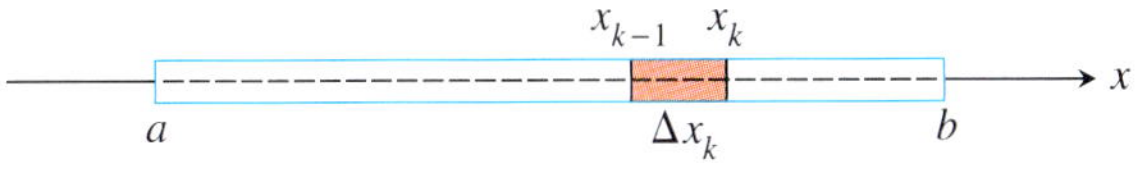

Le k^e sous-intervalle est de longueur $\Delta x_k = x_k - x_{k-1}$ et se situe à environ x_k unités de l'origine. Deux observations s'imposent.

Premièrement, le centre de masse de la tige est approximativement à la même position que le centre de masse d'un système de masses ponctuelles obtenues en attachant chaque masse m_k au point x_k.

Densité et masse volumique

Tel que définie à la section 2.6, la **masse volumique** d'un matériau est la masse par unité de volume du matériau. La **densité** est le rapport de la masse volumique du matériau et de la masse volumique de l'eau à 4 °C et sous 1 atmosphère, celle-ci étant égale à 1 dans le SI. D'où une certaine confusion. La densité est un nombre sans dimension alors que la masse volumique se mesure en unités de masse par unité de volume. Pour des raisons de commodité, quand il s'agit de fils ou de tiges minces, on définit également une **masse linéique**, laquelle est la masse par unité de longueur. Dans le cas de feuilles ou de plaques d'épaisseur négligeable, on définit de façon analogue la **masse surfacique**, qui est la masse par unité d'aire.

$$\overline{x} \approx \frac{\text{moment du système}}{\text{masse totale du système}} = \frac{\sum_{k=1}^{n} x_k m_k}{\sum_{k=1}^{n} m_k}$$

Deuxièmement, si la masse linéique de la tige à x_k est $\delta(x_k)$ exprimée en masse par unité de longueur et si δ est une fonction continue, alors m_k est approximativement égale à $\delta(x_k)\Delta x_k$ (masse par unité de longueur × longueur = masse) :

$$m_k \approx \delta(x_k)\Delta x_k.$$

En combinant ces deux observations, nous obtenons :

$$\overline{x} \approx \frac{\text{moment du système}}{\text{masse totale du système}} = \frac{\sum_{k=1}^{n} x_k m_k}{\sum_{k=1}^{n} m_k} \approx \frac{\sum_{k=1}^{n} x_k \delta(x_k)\Delta x_k}{\sum_{k=1}^{n} \delta(x_k)\Delta x_k}.$$

Dans le dernier membre de l'équation, le numérateur est une somme de Riemann pour la fonction continue $x\delta(x)$ sur l'intervalle $[a, b]$ et le dénominateur est également une somme de Riemann pour la fonction continue $\delta(x)$ sur le même intervalle. L'approximation donnée par l'équation sera, comme d'habitude, de plus en plus précise pour des partitions de plus en plus fines de l'intervalle et, à la limite, lorsque max $\Delta x_k \to 0$, nous obtiendrons :

$$\overline{x} = \frac{\int_a^b x\delta(x)dx}{\int_a^b \delta(x)dx}.$$

Nous avons donc développé une formule qui permet de déterminer la position du centre de masse $\overline{x}$ d'une tige mince.

DÉFINITION 2.7.2 Moment, masse et centre de masse d'une tige mince située sur l'axe des x et de fonction de densité $\delta(x)$

Moment par rapport à l'origine : $M_0 = \int_a^b x\delta(x)dx.$ (a)

Masse totale : $M = \int_a^b \delta(x)dx.$ (b)

Position du centre de masse : $\overline{x} = \dfrac{M_0}{M}.$ (c)

Position du centre de masse

Pour trouver l'emplacement du centre de masse, il suffit de faire la division entre le moment par rapport à l'origine et la masse totale.

EXEMPLE 1 Tige de masse linéique constante

Montrez que le centre de masse d'une mince tige de masse linéique constante se situe en son milieu.

Solution

Représentons la tige par un intervalle $[a, b]$ sur l'axe des x (figure 2.7.2). Nous devons montrer que $\overline{x} = (a + b)/2$.

Puisque la masse linéique est constante, nous remplaçons la fonction $\delta(x)$ par une valeur constante δ dans les équations de la définition 2.7.2.

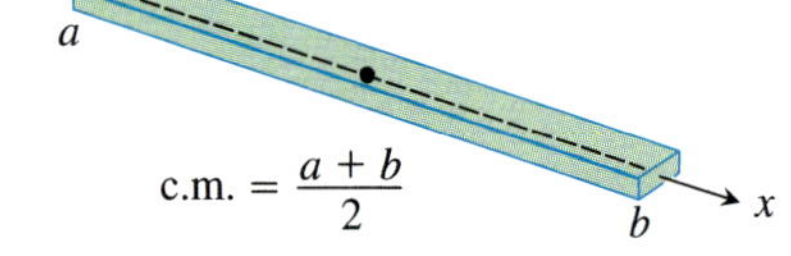

Figure 2.7.2 Le centre de masse d'une tige de masse linéique constante est situé au milieu de la tige.

$$M_0 = \int_a^b x\delta dx = \delta\int_a^b xdx = \delta\left[\frac{1}{2}x^2\right]_a^b = \frac{\delta}{2}(b^2 - a^2)$$ Définition 2.7.2 (a)

$$M = \int_a^b \delta dx = \delta\int_a^b dx = \delta\Big[x\Big]_a^b = \delta(b - a)$$ Définition 2.7.2 (b)

$$\bar{x} = \frac{M_0}{M} = \frac{\frac{\delta}{2}(b^2 - a^2)}{\delta(b - a)}$$ Définition 2.7.2 (c)

$$= \frac{(b^2 - a^2)}{2(b - a)}$$

$$= \frac{b + a}{2}$$ $b^2 - a^2 = (b - a)(b + a)$ et $b - a \neq 0$

EXEMPLE 2 Tige de masse linéique variable

Soit une mince tige longue de 10 m et dont le diamètre augmente d'une extrémité à l'autre de sorte que la masse linéique varie de 1 à 2 selon la fonction continue $\delta(x) = 1 + (x/10)$ kg/m (figure 2.7.3). Trouvez le centre de masse de la tige.

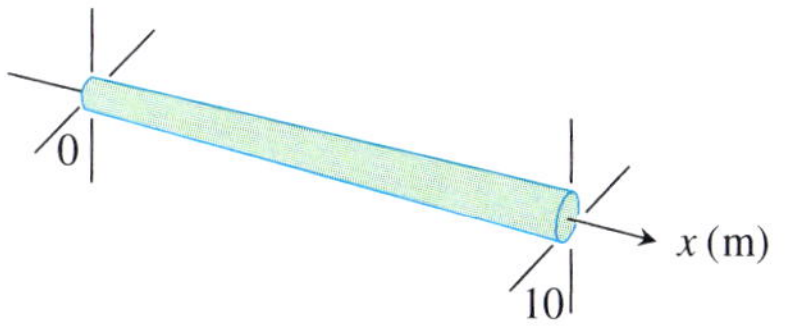

Figure 2.7.3 Nous considérons une tige d'épaisseur variable comme une tige de masse linéique variable (exemple 2).

Solution

Le moment de la tige par rapport à l'origine est :

$$M_0 = \int_0^{10} x\delta(x)dx = \int_0^{10} x\left(1 + \frac{x}{10}\right)dx = \int_0^{10}\left(x + \frac{x^2}{10}\right)dx$$

$$= \left[\frac{x^2}{2} + \frac{x^3}{30}\right]_0^{10} = 50 + \frac{100}{3} = \frac{250}{3} \text{ kg} \cdot \text{m.}$$ Définition 2.7.2 (a)

La masse de la tige est :

$$M = \int_0^{10} \delta(x)dx = \int_0^{10}\left(1 + \frac{x}{10}\right)dx = \left[x + \frac{x^2}{20}\right]_0^{10} = 10 + 5 = 15 \text{ kg.}$$ Définition 2.7.2 (b)

Le centre de masse est situé en

$$\bar{x} = \frac{M_0}{M} = \frac{250}{3} \cdot \frac{1}{15} = \frac{50}{9} \approx 5{,}56 \text{ m.}$$ Définition 2.7.2 (c)

Voir les exercices **1** à **12**.

2.7.3 Répartition de la masse dans une région plane

Considérons un ensemble fini de n masses ponctuelles réparties dans une région plane. Les coordonnées de chaque masse m_k sont (x_k, y_k) (figure 2.7.4). La masse totale du système est :

$$M = \sum_{k=1}^{n} m_k.$$

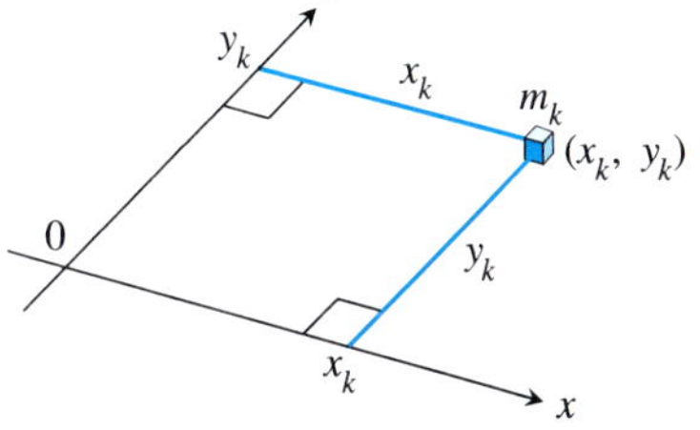

Figure 2.7.4 Chaque masse m_k possède un moment par rapport à chacun des deux axes.

Chaque masse m_k possède un moment autour de chacun des deux axes. Son moment par rapport à l'axe des x est $m_k y_k$ et son moment par rapport à l'axe des y est $m_k x_k$. Par rapport aux axes des x et des y, les deux moments du système complet formé par les n bandes sont respectivement :

$$\text{moment par rapport à l'axe des } x : M_x = \sum_{k=1}^{n} m_k y_k \,;$$

$$\text{moment par rapport à l'axe des } y : M_y = \sum_{k=1}^{n} m_k x_k .$$

À l'aide de ces deux formules, nous pouvons maintenant déterminer les coordonnées du centre de masse d'un système constitué d'un ensemble de masses ponctuelles réparties dans une région plane.

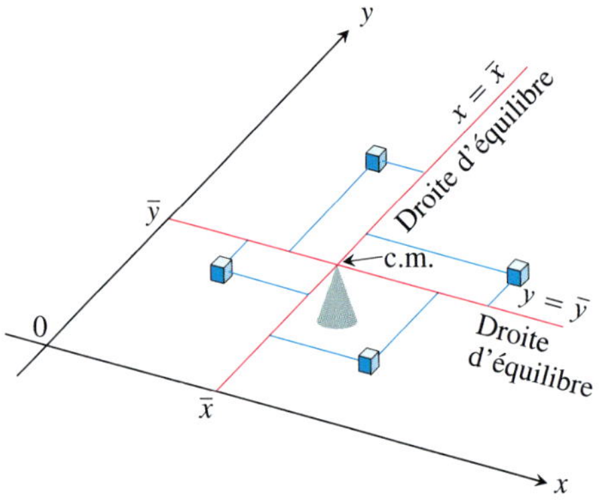

Figure 2.7.5 Un système constitué d'un ensemble de masses ponctuelles réparties dans une région plane est en équilibre sur son centre de masse (c.m.).

DÉFINITION 2.7.3 Coordonnées du centre de masse d'un ensemble fini de *n* masses ponctuelles réparties dans une région plane

L'abscisse du centre de masse du système est définie par

$$\bar{x} = \frac{M_y}{M} = \frac{\sum_{k=1}^{n} m_k x_k}{\sum_{k=1}^{n} m_k}. \qquad \text{(a)}$$

Le système sera donc en équilibre par rapport à la droite d'équation $x = \bar{x}$ (figure 2.7.5). Les couples exercés par rapport à la droite d'équation $x = \bar{x}$ s'annulent.

De la même façon, l'ordonnée du centre de masse du système est définie par :

$$\bar{y} = \frac{M_x}{M} = \frac{\sum_{k=1}^{n} m_k y_k}{\sum_{k=1}^{n} m_k}. \qquad \text{(b)}$$

Le système sera donc en équilibre par rapport à la droite d'équation $y = \bar{y}$ (figure 2.7.5). Les couples exercés par rapport à la droite d'équation $y = \bar{y}$ s'annulent.

Dès lors, le système sera en équilibre au point $(\bar{x}, \bar{y})$ et il se comportera, dans ce contexte, comme si toute sa masse était concentrée en ce point unique appelé **centre de masse du système (c.m.)**.

2.7.4 Plaques minces

Dans de nombreuses applications, nous devons déterminer le centre de masse d'une plaque mince et plane : un disque d'aluminium, une feuille d'acier de forme triangulaire, etc. Nous supposons alors que la distribution de la masse est continue ; par conséquent, les formules qui permettent de déterminer l'emplacement du centre de masse $(\tilde{x}_k, \tilde{y}_k)$ sont des intégrales plutôt que des sommes finies. Ces intégrales apparaissent de la façon habituelle comme des limites de sommes de Riemann.

Soit une plaque mince modélisée par une région du plan xy. Découpons-la en fines bandes parallèles à l'un des axes, ici l'axe des y (figure 2.7.6). Soit $(\tilde{x}_k, \tilde{y}_k)$ le centre de masse de la k^e bande. Imaginons que la masse m_k de la bande est toute concentrée à son centre de masse $(\tilde{x}_k, \tilde{y}_k)$. Le moment de la k^e bande par rapport à l'axe des y est donc $m_k\tilde{x}_k$ et son moment par rapport à l'axe des x est $m_k\tilde{y}_k$. Les définitions 2.7.3 (a) et (b) deviennent :

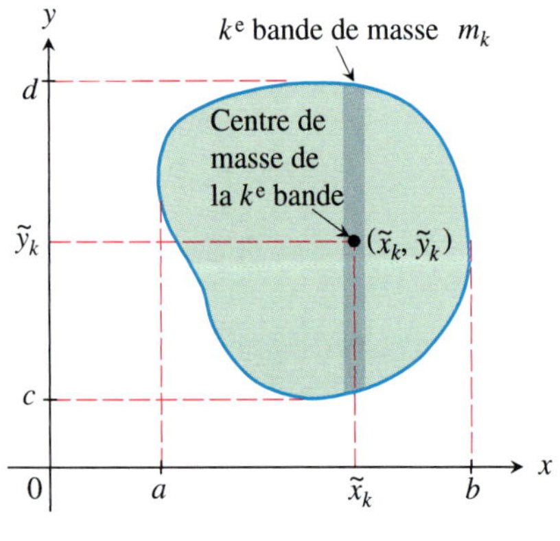

Figure 2.7.6 Plaque subdivisée en fines bandes parallèles à l'axe des y. Le moment de la k^e bande par rapport à chacun des axes est égal au moment obtenu si la masse m_k de la bande était concentrée en son centre de masse.

$$\overline{x} = \frac{M_y}{M} = \frac{\sum_{k=1}^{n} m_k \tilde{x}_k}{\sum_{k=1}^{n} m_k}, \quad \overline{y} = \frac{M_x}{M} = \frac{\sum_{k=1}^{n} m_k \tilde{y}_k}{\sum_{k=1}^{n} m_k}.$$

À la condition de connaître la masse surfacique δ en tout point (x, y) de la plaque, il est toujours possible d'exprimer approximativement chaque masse m_k en fonction de la largeur de la k^e bande, soit Δx_k si les bandes sont verticales ou Δy_k si elles sont horizontales. En effet, $m_k = \delta \times$ (aire de la k^e bande) et celle-ci dépend de la largeur Δx_k ou Δy_k.

Pour cette raison, comme dans le cas de la tige, les sommations des formules précédentes sont des sommes de Riemann qui tendent vers des intégrales lorsque les largeurs de toutes les bandes tendent vers 0 (max $\Delta x_k \to 0$ ou max $\Delta y_k \to 0$). Afin d'englober les différentes situations à l'étude, nous écrirons ces intégrales sous une forme symbolique inhabituelle :

$$\overline{x} = \frac{\int \tilde{x}\,dm}{\int dm} \text{ et } \overline{y} = \frac{\int \tilde{y}\,dm}{\int dm}.$$

Les bornes des intégrales dépendront de la méthode de découpage choisie pour calculer l'intégrale.

Les coordonnées du c.m. de la k^e bande sont notées $(\tilde{x}_k, \tilde{y}_k)$ et non $(\overline{x}_k, \overline{y}_k)$, car le symbole «–» est réservé pour le c.m. de la plaque entière.

DÉFINITION 2.7.4 Moments, masse et centre de masse d'une plaque mince modélisée par une région du plan *xy*

Moment par rapport à l'axe des x : $M_x = \int_a^b \tilde{y}\,dm$ ou $\int_c^d \tilde{y}\,dm.$

Moment par rapport à l'axe des y : $M_y = \int_a^b \tilde{x}\,dm$ ou $\int_c^d \tilde{x}\,dm$

où $\tilde{x}$ et $\tilde{y}$ sont les coordonnées du centre de masse de la bande typique choisie sur la plaque.

Masse totale de la plaque : $M = \int_a^b dm$ ou $\int_c^d dm.$

Coordonnées du centre de masse : $\overline{x} = \dfrac{M_y}{M}, \ \overline{y} = \dfrac{M_x}{M}.$

Dans les trois prochains exemples, pour évaluer ces intégrales, nous représenterons la plaque sous la forme d'une région du plan xy et nous tracerons une bande typique quelconque parallèle à l'un des axes. Puis, nous exprimerons la masse dm de la bande ainsi que les coordonnées $(\tilde{x}, \tilde{y})$ de son centre de masse en fonction de x ou de y. Enfin, nous intégrerons $\tilde{y}\,dm$, $\tilde{x}\,dm$ et dm sur les intervalles définis par les bornes d'intégration déterminées par la forme et par l'emplacement de la plaque dans le plan.

EXEMPLE 3 Plaque de masse surfacique constante

La plaque de forme triangulaire représentée à la figure 2.7.7 est de masse surfacique constante $\rho = 3$ g/cm^2. Trouvez :

a) le moment M_y de la plaque par rapport à l'axe des y ;

b) la masse totale M de la plaque ;

c) l'abscisse $\overline{x}$ du centre de masse (c.m.) de la plaque.

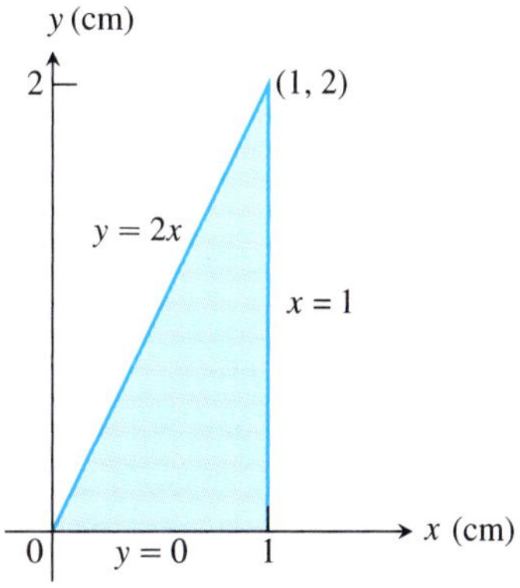

Figure 2.7.7 Plaque de l'exemple 3.

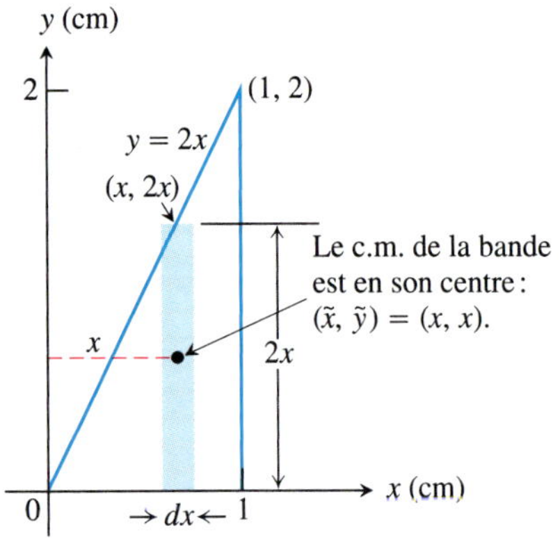

Figure 2.7.8 Découpage de la plaque de l'exemple 3 en bandes verticales de largeur dx et de longueur $2x$.

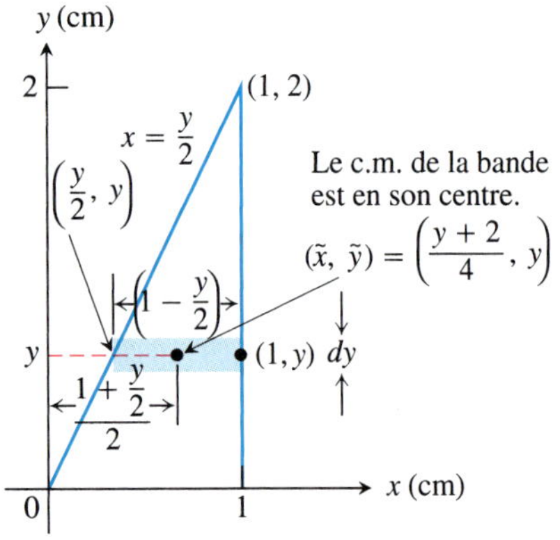

Figure 2.7.9 Découpage de la plaque de l'exemple 3 en bandes horizontales de largeur dy et de longueur $(2 - y)/2$.

Solution

Méthode 1 *Découpage en bandes verticales* (figure 2.7.8)

a) Moment M_y de la plaque.

Une bande verticale typique possède les caractéristiques suivantes.

Centre de masse (c.m.) : $(\tilde{x}, \tilde{y}) = (x, x)$.

Longueur : $2x$.

Largeur : dx.

Aire : $dA = 2x\,dx$.

Masse : $dm = \delta dA = 3 \cdot 2x\,dx = 6x\,dx$.

Distance du c.m. à l'axe des y : $\tilde{x} = x$.

Le moment de la bande par rapport à l'axe des y est

$$\tilde{x}dm = x \cdot 6x\,dx = 6x^2\,dx.$$

Le moment de la plaque par rapport à l'axe des y est donc

$$M_y = \int_a^b \tilde{x}\,dm = \int_0^1 6x^2 dx = 2x^3\Big]_0^1 = 2 \text{ g} \cdot \text{cm}.$$

b) Masse totale M de la plaque :

$$M = \int_a^b dm = \int_0^1 6x dx = 3x^2\Big]_0^1 = 3 \text{ g}.$$

c) Abscisse $\bar{x}$ du centre de masse (c.m.) de la plaque :

$$\bar{x} = \frac{M_y}{M} = \frac{2 \text{ g} \cdot \text{cm}}{3 \text{ g}} = \frac{2}{3} \text{ cm}.$$

Par un calcul similaire, nous pouvons trouver $\bar{y} = M_x/M = (2/3)$ cm.

Méthode 2 *Découpage en bandes horizontales* (figure 2.7.9)

a) Moment M_y de la plaque.

Une bande horizontale typique possède les caractéristiques suivantes.

Ordonnée du c.m. : $\tilde{y} = y$.

L'abscisse du c.m. est égale à l'abscisse du milieu de la bande traversant le triangle. Donc, c'est la moyenne de l'abscisse $y/2$ de l'extrémité gauche de la bande et de l'abscisse 1 de l'extrémité droite de la bande.

$$\tilde{x} = \frac{(y/2) + 1}{2} = \frac{y}{4} + \frac{1}{2} = \frac{y+2}{4}.$$

Ainsi,

Centre de masse (c.m.) : $(\tilde{x}, \tilde{y}) = \left(\frac{y+2}{4}, y\right)$.

Longueur : $1 - \frac{y}{2} = \frac{2-y}{2}$.

Largeur : dy.

Aire : $dA = \frac{2-y}{2} dy$.

Masse : $dm = \delta dA = 3 \cdot \frac{2-y}{2} dy$.

Distance du c.m. à l'axe des y : $\tilde{x} = \frac{y+2}{4}$.

Le moment de la bande par rapport à l'axe des y est

$$\tilde{x}\,dm = \frac{y+2}{4} \cdot 3 \cdot \frac{2-y}{2}\,dy = \frac{3}{8}(4-y^2)dy.$$

Le moment de la plaque par rapport à l'axe des y est donc

$$M_y = \int_c^d \tilde{x}\,dm = \int_0^2 \frac{3}{8}(4-y^2)dy = \frac{3}{8}\left[4y - \frac{y^3}{3}\right]_0^2 = \frac{3}{8}\left(\frac{16}{3}\right) = 2\text{ g} \cdot \text{cm}.$$

b) Masse totale M de la plaque :

$$M = \int_c^d dm = \int_0^2 \frac{3}{2}(2-y)dy = \frac{3}{2}\left[2y - \frac{y^2}{2}\right]_0^2 = \frac{3}{2}(4-2) = 3\text{ g}.$$

c) Abscisse $\bar{x}$ du centre de masse (c.m.) de la plaque :

$$\bar{x} = \frac{M_y}{M} = \frac{2\text{ g} \cdot \text{cm}}{3\text{ g}} = \frac{2}{3}\text{ cm}.$$

Par un calcul similaire, nous pouvons trouver $\bar{y} = M_x/M = (2/3)$ cm.

Si une plaque mince de masse surfacique constante possède un seul axe de symétrie, son centre de masse est toujours situé sur cet axe. Si elle en possède deux, le centre de masse est situé à l'intersection des deux axes. Cette propriété est souvent très utile pour simplifier les calculs.

EXEMPLE 4 Plaque de masse surfacique constante

Soit une plaque mince définie par la région du plan xy bornée en haut par la parabole d'équation $y = 4 - x^2$ et en bas par l'axe des x. Sachant que la plaque est de masse surfacique constante δ, trouvez son centre de masse $(\bar{x}, \bar{y})$ (voir figure 2.7.10, page 180).

Solution

Puisque la plaque est symétrique par rapport à l'axe des y et que sa masse surfacique est constante, la distribution de la masse est symétrique par rapport à l'axe des y et le centre de masse est situé sur l'axe des y. Donc, $\bar{x} = 0$. Il reste à déterminer $\bar{y} = M_x/M$.

En utilisant la méthode des bandes horizontales (voir figure 2.7.10 **a**, page 180), nous obtenons l'intégrale

$$M_x = \int_0^4 2\delta y\sqrt{4-y}\,dy.$$

Nous préférerons ici la méthode des bandes verticales (voir figure 2.7.10 **b**, page 180), car elle mène à une intégrale un peu plus facile à calculer. Une bande verticale typique possède les caractéristiques suivantes.

Centre de masse (c.m.) :	$(\tilde{x}, \tilde{y}) = \left(x, \frac{4-x^2}{2}\right)$.
Longueur :	$4 - x^2$.
Largeur :	dx.
Aire :	$dA = (4-x^2)dx$.
Masse :	$dm = \delta dA = \delta(4-x^2)dx$.
Distance du c.m. à l'axe des x :	$\tilde{y} = \frac{4-x^2}{2}$.

Marche à suivre

Comment déterminer le centre de masse d'une plaque mince

Étape 1 Représentez la plaque par une région du plan xy.

Étape 2 Tracez une bande typique parallèle à l'un des axes et trouvez ses dimensions.

Étape 3 Trouvez la masse dm de la bande et les coordonnées $(\tilde{x}, \tilde{y})$ de son c.m.

Étape 4 Intégrez $\tilde{y}\,dm$, $\tilde{x}dm$ et dm pour trouver M_x, M_y et M.

Étape 5 Divisez les moments M_y et M_x par la masse totale M pour calculer respectivement $\bar{x}$ et $\bar{y}$.

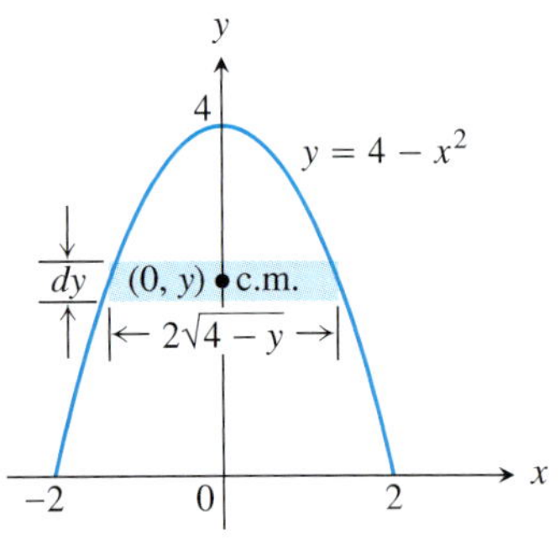

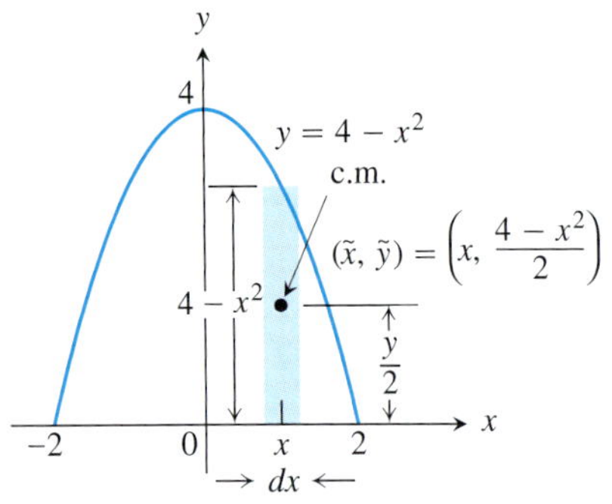

Figure 2.7.10 **a)** Le découpage de la plaque de l'exemple 4 en bandes horizontales mène à une intégrale moins facile à évaluer que **b)** le découpage en bandes verticales.

Le moment de la bande par rapport à l'axe des x est :

$$\tilde{y}\,dm = \frac{4-x^2}{2}\cdot\delta(4-x^2)dx = \frac{\delta}{2}(4-x^2)^2dx.$$

Le moment de la plaque par rapport à l'axe des x est donc

$$M_x = \int_a^b \tilde{y}\,dm = \int_{-2}^{2}\frac{\delta}{2}(4-x^2)^2dx$$

$$= \frac{\delta}{2}\int_{-2}^{2}(16-8x^2+x^4)dx = \frac{256}{15}\delta. \qquad (1)$$

Masse de la plaque :

$$M = \int_a^b dm = \int_{-2}^{2}\delta(4-x^2)dx = \frac{32}{3}\delta. \qquad (2)$$

Donc,

$$\overline{y} = \frac{M_x}{M} = \frac{(256/15)\delta}{(32/3)\delta} = \frac{8}{5}.$$

Le centre de masse de la plaque est situé au point suivant :

$$(\overline{x},\ \overline{y}) = \left(0,\ \frac{8}{5}\right).$$

Voir les exercices **13** à **24**.

EXEMPLE 5 Plaque de masse surfacique variable

Trouvez l'emplacement du centre de masse de la plaque de l'exemple 4 si sa masse surfacique est donnée par la fonction $\delta(x) = 2x^2$, c'est-à-dire deux fois le carré de la distance du point à l'axe des y.

Solution

Ici encore, la masse est distribuée symétriquement par rapport à l'axe des y car la fonction δ est paire, donc symétrique par rapport à l'axe des y. Ainsi, le centre de masse est situé sur l'axe des y et $\overline{x} = 0$. En remplaçant δ par $2x^2$ dans les équations (1) et (2), celles-ci deviennent :

$$M_x = \int_a^b \tilde{y}\,dm = \int_{-2}^{2}\frac{\delta}{2}(4-x^2)^2dx = \int_{-2}^{2}x^2(4-x^2)^2dx$$

$$= \int_{-2}^{2}(16x^2-8x^4+x^6)dx = \frac{2048}{105} \qquad (1')$$

$$M = \int_a^b dm = \int_{-2}^{2}\delta(4-x^2)dx = \int_{-2}^{2}2x^2(4-x^2)dx$$

$$= \int_{-2}^{2}(8x^2-2x^4)dx = \frac{256}{15}. \qquad (2')$$

Donc,

$$\overline{y} = \frac{M_x}{M} = \frac{2048}{105}\cdot\frac{15}{256} = \frac{8}{7}.$$

Le nouveau centre de masse de la plaque est :

$$(\overline{x},\ \overline{y}) = \left(0,\ \frac{8}{7}\right).$$

Voir les exercices **25** à **28**.

2.7.5 Centroïde

Lorsque la masse surfacique est constante (dans un matériau homogène d'épaisseur uniforme, par exemple), δ se simplifie dans les formules donnant $\overline{x}$ et $\overline{y}$. Dans un tel cas, nous pouvons toujours poser $\delta = 1$ sans perte de généralité, dans les formules des coordonnées du centre de masse. La position du centre de masse devient ici une caractéristique purement géométrique de l'objet et ne dépend plus du matériau dont il est constitué. On appelle alors **centroïde** le centre de masse de la forme géométrique. Par exemple, on dira « trouver le centroïde d'un triangle ou d'un cône solide ». Pour ce faire, on posera $\delta = 1$ afin de trouver $\overline{x}$ et $\overline{y}$ en divisant les moments par les masses, comme à l'habitude.

Voir les exercices **29** à **33**.

Exercices 2.7

Tiges minces

1. Deux enfants jouent sur une balançoire. L'un pèse 45 kg et l'autre, 36 kg. Le plus léger est assis à 1,5 m du point d'appui. Où doit s'asseoir l'autre enfant pour que la balançoire soit en équilibre ?

2. Les extrémités d'un billot de bois reposent sur deux pèse-personnes. On lit 100 kg sur l'un et 200 kg sur l'autre. Où se situe le centre de masse du billot ?

3. Deux tiges d'acier de même longueur sont soudées à angle droit. Où se trouve le centre de masse du système ? (Indication : Trouvez d'abord le centre de masse de chaque tige.)

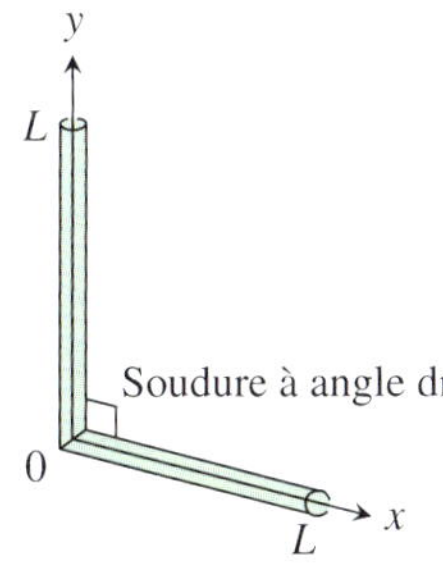

4. Deux tiges d'acier de même longueur sont soudées à angle droit. L'une est deux fois plus longue que l'autre. Où se trouve le centre de masse du système ? (Indication : Trouvez d'abord le centre de masse de chaque tige.)

Aux exercices **5** à **12**, on donne les fonctions de masse linéique de tiges minces modélisées par des segments de droite. Utilisez les formules de la définition 2.7.2 (voir page 174) pour trouver le moment par rapport à l'origine, la masse et la position du centre de masse des tiges.

5. $\delta(x) = 4,\ 0 \le x \le 2$

6. $\delta(x) = 4,\ 1 \le x \le 3$

7. $\delta(x) = 1 + (x/3),\ 0 \le x \le 3$

8. $\delta(x) = 2 - (x/4),\ 0 \le x \le 4$

9. $\delta(x) = 1 + \left(1/\sqrt{x}\right),\ 1 \le x \le 4$

10. $\delta(x) = 3(x^{-3/2} + x^{-5/2}),\ 0{,}25 \le x \le 1$

11. $\delta(x) = \begin{cases} 2 - x, & 0 \le x < 1 \\ x, & 1 \le x \le 2 \end{cases}$

12. $\delta(x) = \begin{cases} x + 1, & 0 \le x < 1 \\ 2, & 1 \le x \le 2 \end{cases}$

Plaques minces de masse surfacique constante

Aux exercices **13** à **24**, trouvez le centre de masse des plaques minces de masse surfacique δ constante et modélisées par les régions données.

13. La région est bornée par la parabole $y = x^2$ et la droite $y = 4$.

14. La région est bornée par la parabole $y = 25 - x^2$ et l'axe des x.

15. La région est bornée par la parabole $y = x - x^2$ et la droite $y = -x$.

16. La région est bornée par les paraboles $y = x^2 - 3$ et $y = -2x^2$.

17. La région est bornée par l'axe des y et la courbe $x = y - y^3$, où $0 \le y \le 1$.

18. La région est bornée par la parabole $x = y^2 - y$ et la droite $y = x$.

19. La région est bornée par l'axe des x et la courbe $y = \cos x$, où $-\pi/2 \le x \le \pi/2$.

20. La région est bornée par l'axe des x et la courbe $y = \sec^2 x$, où $-\pi/4 \le x \le \pi/4$.

21. La région est bornée par les paraboles $y = 2x^2 - 4x$ et $y = 2x - x^2$.

22. **a)** La région est bornée par le quart de cercle $x^2 + y^2 = 9$ dans le premier quadrant.

b) La région est bornée par l'axe des x et le demi-cercle $y = \sqrt{9 - x^2}$.

Comparez les réponses obtenues en **a)** et en **b)**.

23. La région est délimitée par le quart de cercle $x^2 + y^2 = 9$ ainsi que par les droites $x = 3$ et $y = 3$ dans le premier quadrant. (Indication : Utilisez la géométrie pour trouver l'aire.)

24. La région est bornée en haut par la courbe $y = 1/x^3$, en bas par la courbe $y = -1/x^3$, à gauche par la droite $x = 1$ et à droite par la droite $x = a$, où $a > 1$. De plus, trouvez $\lim_{x \to \infty} \bar{x}$.

Plaques minces de masse surfacique variable

25. Trouvez le centre de masse de la plaque mince modélisée par la région délimitée par l'axe des x et la courbe $y = 2/x^2$, où $1 \le x \le 2$, sachant que la fonction de masse surfacique est $\delta(x) = x^2$.

26. Trouvez le centre de masse de la plaque mince modélisée par la région délimitée en bas par la parabole $y = x^2$ et en haut par la droite $y = x$, sachant que la fonction de masse surfacique est $\delta(x) = 12x$ en tout point (x, y).

27. La région bornée par les deux courbes $y = \pm 4/\sqrt{x}$ et par les droites $x = 1$ et $x = 4$ effectue une rotation autour de l'axe des y pour engendrer un solide.

a) Trouvez le volume du solide.

b) Trouvez le centre de masse de la plaque mince couvrant la région, sachant que la fonction de masse surfacique est $\delta(x) = 1/x$.

c) Esquissez la forme de la plaque et indiquez le centre de masse.

28. La région bornée par la courbe $y = 2/x$ et par l'axe des x de $x = 1$ à $x = 4$ effectue une rotation autour de l'axe des x pour engendrer un solide.

a) Trouvez le volume du solide.

b) Trouvez le centre de masse de la plaque mince couvrant la région, sachant que la fonction de masse surfacique est $\delta(x) = \sqrt{x}$ pour tout point (x, y).

c) Esquissez la forme de la plaque et indiquez le centre de masse.

Centroïdes de triangles

29. Le centroïde d'un triangle est le point d'intersection des trois médianes. (figure 2.7.11 **a**) Vous souvenez-vous du théorème de géométrie suivant : « Les trois médianes de tout triangle se coupent en un point unique situé au tiers de la distance entre chaque côté et son sommet opposé » ? Démontrez que le centroïde d'un triangle se situe à l'intersection des trois médianes en montrant qu'il est situé au tiers de la distance entre chaque côté et son sommet opposé. Pour ce faire, respectez les étapes suivantes.

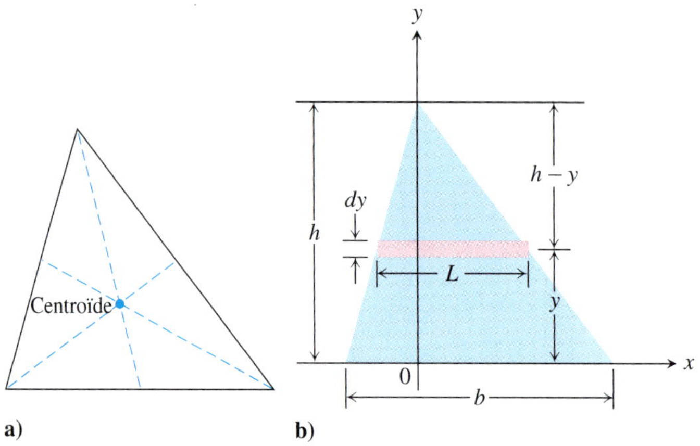

Figure 2.7.11 Triangle de l'exercice **29**. **a)** Centroïde. **b)** Dimensions et variables nécessaires pour localiser le centroïde.

i) Placez un côté du triangle sur l'axe des x (figure 2.7.11 **b**) et exprimez dm en fonction de L et de dy.

ii) Utilisez les propriétés des triangles semblables pour montrer que $L = (b/h)(h - y)$. Substituez cette expression à L dans la formule donnant dm.

iii) Montrez que $\bar{y} = h/3$.

iv) Le même raisonnement s'applique aux deux autres côtés.

Aux exercices **30** à **34**, utilisez le résultat de l'exercice **29** pour trouver le centroïde des triangles définis par les sommets donnés, en supposant que $a > 0$ et $b > 0$.

30. $(-1, 0), (1, 0), (0, 3)$

31. $(0, 0), (1, 0), (0, 1)$

32. $(0, 0), (a, 0), (0, a)$

33. $(0, 0), (a, 0), (0, b)$

34. $(0, 0), (a, 0), (a/2, b)$

Fils minces

35. Masse linéique constante. Trouvez le moment par rapport à l'axe des x d'un fil de masse linéique constante modélisé par la courbe $y = \sqrt{x}$ entre $x = 0$ et $x = 2$.

36. Masse linéique constante. Trouvez le moment par rapport à l'axe des x d'un fil de masse linéique constante modélisé par la courbe $y = x^3$ entre $x = 0$ et $x = 1$.

Questions de révision

1. Comment pouvez-vous définir la région comprise entre les graphes de deux fonctions continues et calculer son aire ? Donnez des exemples.
2. Qu'est-ce que la valeur moyenne d'une fonction intégrable sur un intervalle fermé ? La fonction doit-elle nécessairement atteindre sa valeur moyenne ? Expliquez.
3. En quoi la valeur moyenne d'une fonction est-elle reliée à un échantillon aléatoire des valeurs de la fonction ?
4. Comment pouvez-vous définir et calculer le volume de solides par la méthode des tranches ? Donnez un exemple.
5. De quelle façon la méthode des disques et celle des disques troués découlent-elles de la méthode des tranches pour le calcul de volumes ? Donnez des exemples de calcul de volumes par ces méthodes.
6. Décrivez la méthode des tubes. Donnez un exemple.
7. Comment pouvez-vous définir et calculer la longueur de la courbe d'une fonction lisse d'équation $y = f(x)$ sur un intervalle fermé ? Donnez un exemple.
8. Comment pouvez-vous définir et calculer l'aire de la surface de révolution engendrée par la rotation autour d'un axe de la courbe de la fonction non négative lisse $y = f(x)$ sur un intervalle fermé ? Donnez un exemple.
9. Qu'est-ce qu'une équation différentielle du premier ordre ? Quand pouvez-vous dire qu'une fonction est la solution d'une telle équation ?
10. Comment pouvez-vous résoudre des équations différentielles du premier ordre à variables séparables ?
11. Qu'est-ce que le champ de direction d'une équation différentielle $y' = f(x, y)$? Que nous apprennent de tels champs ?
12. Qu'est-ce que la condition initiale d'une équation différentielle ? Comment pouvez-vous résoudre une équation différentielle du premier ordre avec une condition initiale ? Donnez un exemple.
13. Qu'est-ce que la loi de la variation exponentielle ? Comment cette loi est-elle reliée à la solution d'une équation différentielle du premier ordre avec une condition initiale ? Donnez un certain nombre d'applications de cette loi.
14. Comment pouvez-vous définir et calculer le travail effectué par une force de grandeur variable le long d'une droite ? Comment pouvez-vous calculer le travail nécessaire pour pomper un liquide hors d'un réservoir ? Donnez des exemples.
15. Énoncez la loi de Hooke pour les ressorts. Dans quelles circonstances l'application de cette loi donne-t-elle de mauvais résultats ? Donnez des exemples.
16. Comment pouvez-vous calculer la force exercée par un liquide sur une plaque verticale ? Donnez un exemple.
17. Qu'est-ce qu'un centre de masse ?
18. Comment pouvez-vous déterminer l'emplacement du centre de masse d'une tige mince et droite ? Donnez un exemple. Si la masse linéique du matériau est constante, pouvez-vous déterminer directement la position du centre de masse ?
19. Comment pouvez-vous déterminer l'emplacement du centre de masse d'une plaque mince ? Donnez un exemple.
20. Comment pouvez-vous déterminer la position du centroïde d'une forme géométrique ? Donnez un exemple.

Exercices récapitulatifs

Aires planes

Aux exercices **1** à **8**, évaluez l'aire totale de la région comprise entre les courbes et les droites mentionnées.

1. $y = x$, $y = 1/x^2$, $x = 2$
2. $y = x$, $y = 1/\sqrt{x}$, $x = 2$
3. $\sqrt{x} + \sqrt{y} = 1$, $x = 0$, $y = 0$

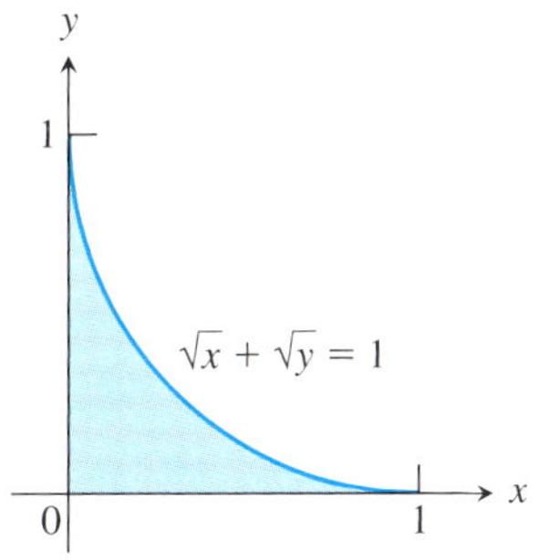

4. $x^3 + \sqrt{y} = 1$, $x = 0$, $y = 0$, pour $0 \le x \le 1$.

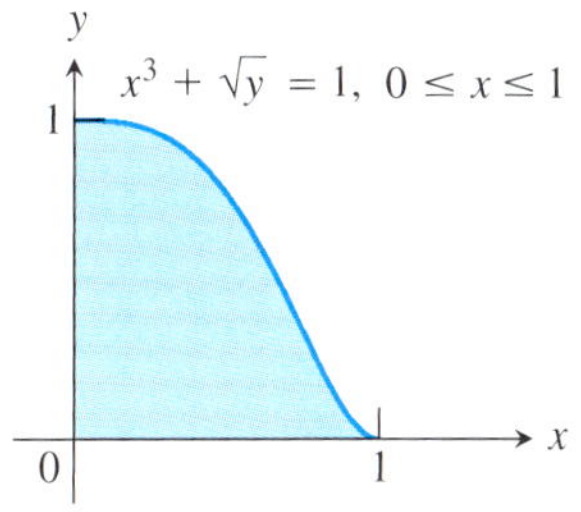

5. $y = \sin x$, $y = x$, $0 \le x \le \pi/4$
6. $y = |\sin x|$, $y = 1$, $-\pi/2 \le x \le \pi/2$
7. $y = 2 \sin x$, $y = \sin 2x$, $0 \le x \le \pi$
8. $y = 8 \cos x$, $y = \sec^2 x$, $-\pi/3 \le x \le \pi/3$
9. Trouvez les extremums de $f(x) = x^3 - 3x^2$, puis évaluez l'aire de la région comprise entre le graphe de f et l'axe des x.

10. Calculez l'aire de la région délimitée par la courbe définie par la relation $x^{1/3} + y^{1/3} = 1$ dans le premier quadrant.

11. Calculez l'aire de la région délimitée en haut par la courbe d'équation $y = 2 \cos x$ et en bas par la courbe d'équation $y = \sec x$, où $-\pi/4 \leq x \leq \pi/4$.

12. Calculez l'aire de la région « triangulaire » délimitée en haut et en bas par les courbes d'équations $y = \csc x$ ainsi que $y = \sin x$, où $\pi/6 \leq x \leq \pi/2$ et à gauche, par la droite d'équation $x = \pi/6$.

Valeurs moyennes

13. Trouvez la valeur moyenne de $f(x) = mx + b$:

a) sur $[-1, 1]$;

b) sur $[-k, k]$.

14. Trouvez la valeur moyenne de :

a) $y = \sqrt{3x}$ sur $[0, 3]$;

b) $y = \sqrt{ax}$ sur $[0, a]$.

15. **Taux de variation moyen et instantané.** Soit f une fonction dérivable sur un intervalle $[a, b]$. Dans le cours de calcul différentiel, le taux de variation moyen de f sur $[a, b]$ a été défini comme

$$\frac{f(b) - f(a)}{b - a}$$

et le taux de variation instantané de f en x comme $f'(x)$. À la section 2.1, nous avons défini la valeur moyenne d'une fonction. Pour que cette dernière définition soit compatible avec la définition de taux de variation moyen, il faut que

$$\frac{f(b) - f(a)}{b - a} = \text{valeur moyenne de } f' \text{ sur } [a, b].$$

Est-ce vrai ? Justifiez votre réponse.

16. **Valeur moyenne.** Est-il vrai que la valeur moyenne d'une fonction intégrable sur un intervalle de longueur 2 est égale à la moitié de l'intégrale de la fonction sur cet intervalle ? Justifiez votre réponse.

17. **Température moyenne.** Trouvez la valeur moyenne de la fonction température

$$f(x) = 18 \sin \left[\frac{2\pi}{365} (x - 98) \right] - 5$$

sur une période de 365 jours. Cette méthode constitue une façon d'estimer la température moyenne annuelle à Schefferville, Québec.

18. **Capacité calorifique d'un gaz.** La capacité calorifique C_v est la quantité de chaleur nécessaire, à volume constant, pour augmenter la température d'une masse donnée d'un gaz de 1 °C. On la mesure en cal/deg-mol (calories par degré – masse moléculaire en grammes). La capacité calorifique de l'oxygène dépend de sa température T et satisfait à la formule

$$C_v = 8{,}27 + 10^{-5}(26T - 1{,}87T^2).$$

Trouvez la valeur moyenne de C_v pour $20\ °C \leq T \leq 675\ °C$ ainsi que la température à laquelle cette valeur est atteinte.

Stock quotidien moyen

La notion de valeur moyenne est utilisée en sciences économiques pour déterminer les stocks quotidiens moyens. Si $S(t)$ est le nombre d'articles en stock au jour t (S s'appelle **fonction stock**), la valeur moyenne de S sur une période de temps $[0, T]$ s'appelle le **stock quotidien moyen** pour la période en question.

$$\textbf{Stock quotidien moyen} = \text{moy}(S) = \frac{1}{T} \int_0^T S(t)dt$$

Si h est le coût de stockage quotidien (en dollars) d'un article, le produit $\text{moy}(S) \cdot h$ est le **coût de stockage quotidien moyen** pour la période $[0, T]$.

19. Le grossiste TBD reçoit 1200 caisses de tablettes de chocolat tous les 30 jours. TBD vend de façon régulière ce chocolat à des détaillants, de sorte que t jours après la réception des caisses, la quantité en stock est donnée par $S(t) = 1200 - 40t$, où $0 \leq t \leq 30$. Quel est le stock quotidien moyen pour la période de 30 jours ? Quel est le coût moyen de stockage quotidien moyen si le coût de stockage d'une caisse est de 0,03 $ par jour ?

20. RWF est un fabricant de biscuits. Il stocke ses caisses de biscuits dans un entrepôt réfrigéré avant de les expédier à intervalles réguliers de 14 jours. RWF entretient aussi une réserve de 600 caisses pour répondre à une demande accrue occasionnelle. Sur une période de 14 jours, la fonction stock typique est $S(t) = 600 + 600t$, où $0 \leq t \leq 14$. Le coût de stockage est de 0,04 $ par caisse par jour. Trouvez le stock quotidien moyen ainsi que le coût de stockage quotidien moyen.

21. Une compagnie reçoit 450 tonneaux de pastilles de plastique tous les 30 jours. La fonction stock (tonneaux en entrepôt en fonction du temps t exprimé en jours) est $S(t) = 450 - t^2/2$. Trouvez le stock quotidien moyen. Si le coût de stockage quotidien par tonneau est de 0,02 $, trouvez le coût de stockage quotidien moyen.

22. Un détaillant d'articles de sport reçoit 600 boîtes de chaussettes tous les 60 jours. Le nombre de boîtes entreposées t jours après la réception est donné par $S(t) = 600 - 20\sqrt{15t}$. Trouvez le stock quotidien moyen. Si le coût de stockage quotidien par boîte est de 0,005 $, trouvez le coût de stockage quotidien moyen.

Volumes

23. Calculez le volume du solide engendré par la rotation autour de l'axe des x de la région définie à l'exercice **11**.

24. Calculez le volume du solide engendré par la rotation autour de l'axe des x de la région définie à l'exercice **12**.

Calculez le volume des solides décrits aux exercices **25** à **40**.

25. Le solide est délimité par les plans perpendiculaires à l'axe des x passant par les points d'abscisses $x = 0$ et $x = 1$. Les sections transversales (perpendiculaires à l'axe des x) entre

ces plans sont des disques circulaires dont les diamètres s'étendent de la parabole d'équation $y = x^2$ à la parabole d'équation $y = \sqrt{x}$.

26. La base du solide est la région du premier quadrant comprise entre la droite d'équation $y = x$ et la parabole d'équation $y = 2\sqrt{x}$. Les sections transversales perpendiculaires à l'axe des x sont des triangles équilatéraux dont les bases s'étendent de la droite à la courbe données.

27. Le solide est délimité par les plans perpendiculaires à l'axe des x passant par les points d'abscisses $x = \pi/4$ et $x = 5\pi/4$. Les sections transversales comprises entre ces plans sont des disques circulaires dont les diamètres s'étendent de la courbe d'équation $y = 2 \cos x$ à la courbe d'équation $y = 2 \sin x$.

28. Le solide est délimité par les plans perpendiculaires à l'axe des x passant par les points d'abscisses $x = 0$ et $x = 6$. Les sections transversales comprises entre ces plans sont des carrés dont les bases s'étendent de l'axe des x à la courbe d'équation $x^{1/2} + y^{1/2} = \sqrt{6}$.

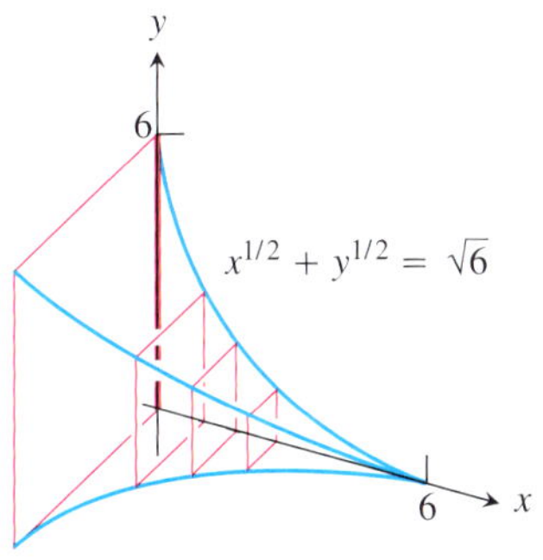

29. Le solide est délimité par les plans perpendiculaires à l'axe des x passant par les points d'abscisses $x = 0$ et $x = 4$. Les sections transversales comprises entre ces plans sont des disques circulaires dont le diamètre va de la courbe d'équation $x^2 = 4y$ à la courbe d'équation $y^2 = 4x$.

30. La base du solide est la région du plan xy délimitée par la parabole d'équation $y^2 = 4x$ et la droite d'équation $x = 1$. Chaque section transversale perpendiculaire à l'axe des x est un triangle équilatéral dont un côté est situé dans le plan. (Tous les triangles sont situés du même côté du plan.)

31. Calculez le volume du solide engendré par une révolution de la région délimitée par l'axe des x, la courbe d'équation $y = 3x^4$ ainsi que les droites d'équations $x = 1$ et $x = -1$ lorsque l'axe de rotation est

a) l'axe des x,

b) l'axe des y,

c) la droite d'équation $x = 1$,

d) la droite d'équation $y = 3$.

32. Calculez le volume du solide engendré par une révolution de la région « triangulaire » délimitée par la courbe d'équation $y = 4/x^3$ ainsi que les droites d'équations $x = 1$ et $y = 1/2$ lorsque l'axe de rotation est

a) l'axe des x,

b) l'axe des y,

c) la droite d'équation $x = 2$,

d) la droite d'équation $y = 4$.

33. Calculez le volume du solide engendré par une révolution de la région délimitée à gauche par la parabole d'équation $x = y^2 + 1$ et à droite par la droite d'équation $x = 5$ lorsque l'axe de rotation est

a) l'axe des x,

b) l'axe des y,

c) la droite d'équation $x = 5$.

34. Calculez le volume du solide engendré par une révolution de la région délimitée par la parabole d'équation $y^2 = 4x$ et la droite d'équation $y = x$ lorsque l'axe de rotation est

a) l'axe des x,

b) l'axe des y,

c) la droite d'équation $x = 4$,

d) la droite d'équation $y = 4$.

35. Calculez le volume du solide engendré par la rotation autour de l'axe des x de la région délimitée par la courbe d'équation $y = e^{x/2}$ ainsi que par les droites d'équations $y = 1$ et $x = \ln 3$.

36. Calculez le volume du solide engendré par la rotation autour de la droite d'équation $y = 2$ de la région délimitée par la courbe d'équation $y = \sin x$ ainsi que par les droites d'équations $x = 0$, $x = \pi$ et $y = 2$.

37. Calculez le volume du solide engendré par une révolution de la région délimitée par l'axe des x et la courbe d'équation $x^2 - 2x$ lorsque l'axe de rotation est

a) l'axe des x,

b) la droite d'équation $y = -1$,

c) la droite d'équation $x = 2$,

d) la droite d'équation $y = 2$.

38. Calculez le volume du solide engendré par la rotation autour de l'axe des x de la région délimitée par les courbes d'équations $y = 2 \tan x$, $y = 0$, $x = -\pi/4$ et $x = \pi/4$. (La région, qui est située dans les premier et troisième quadrants, ressemble à un nœud papillon tordu.)

39. **Volume d'une sphère percée.** Un trou circulaire de rayon $\sqrt{3}$ m est percé symétriquement à travers le centre d'une sphère de 2 m de rayon. Calculez le volume de matériau qui a été enlevé.

40. **Volume d'un ballon de football.** De profil, un ballon de football ressemble à une ellipse (voir figure ci-dessous). Calculez le volume du ballon, à 1 cm^3 près.

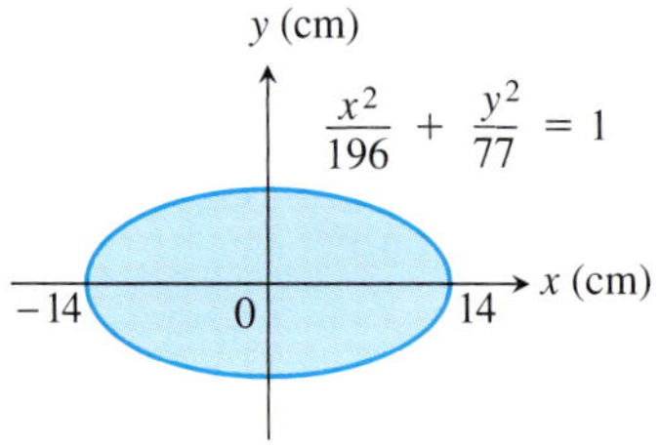

Longueur de courbes

Trouvez la longueur des courbes décrites aux exercices **41** à **46**.

41. $y = x^{1/2} - (1/3)x^{3/2}$, $1 \leq x \leq 4$

42. $x = y^{2/3}$, $1 \leq y \leq 8$

43. $y = (5/12)x^{6/5} - (5/8)x^{4/5}$, $1 \leq x \leq 32$

44. $x = (y^3/12) + (1/y)$, $1 \leq y \leq 2$

45. Calculez la longueur de l'arc de courbe $y = \ln(\cos x)$, où $0 \leq x \leq \pi/3$.

46. Calculez la longueur de l'arc de courbe $y = \ln(\sec x)$, où $0 \leq x \leq \pi/4$.

Aires des surfaces de révolution

Aux exercices **47** à **50**, calculez les aires des surfaces engendrées par la rotation des courbes autour des axes donnés.

47. $y = \sqrt{2x+1}$, $0 \leq x \leq 12$, axe des x.

48. $y = x^3/9$, $-1 \leq x \leq 1$, axe des x.

49. $x = (1/3)y^{3/2} - y^{1/2}$, $4 \leq y \leq 9$, axe des y.

50. $y = x^2$, $2 \leq y \leq 6$, axe des y.

Équations différentielles du premier ordre à variables séparables

Résolvez les équations différentielles suivantes.

51. $\frac{dy}{dx} = x^2\sqrt{y}$, $y > 0$

52. $\frac{dy}{dx} = e^{2x+3y}$

53. $x\frac{dy}{dx} = y \ln x$

54. $\csc x\frac{dy}{dx} = e^{\cos x - y}$

55. $\left(\sec^2 \sqrt{x}\right)\frac{dx}{dt} = \sqrt{x}$, $x \geq 0$

56. $\sin t - (x \cos^2 t)\frac{dx}{dt} = 0$, $-\pi/2 < t < \pi/2$

Travail

57. **Soulever l'équipement d'un alpiniste.** Un alpiniste doit soulever son équipement pesant 100 N (environ 10,2 kg). La charge est suspendue au bout d'une corde de 40 m dont le poids linéique est de 0,8 N par mètre. Quelle est la quantité de travail à fournir pour faire cette opération ? (Indication : Trouvez indépendamment le travail relatif à la corde et le travail relatif à l'équipement, puis additionnez-les.)

58. **Camion-citerne percé.** Vous venez de conduire un camion-citerne contenant 2909 L d'eau jusqu'au sommet du mont Washington. Au pied de la montagne, la citerne était remplie à pleine capacité ; rendu au sommet, vous constatez que la citerne est à moitié vide. Vous avez effectué l'ascension de 1448 m, à vitesse constante, en 50 minutes. En supposant que l'eau se soit écoulée à vitesse constante, quel a été le travail nécessaire pour amener ce qu'il en reste jusqu'au sommet ? Ne calculez pas le travail nécessaire pour monter le camion et vous-même. (Un litre représente le volume d'un kilogramme d'eau pure à la pression atmosphérique normale.)

59. **Étirer un ressort.** Si une force de 89 N est nécessaire pour étirer un ressort de 0,3 m au-delà de sa longueur naturelle, quel est le travail requis pour effectuer cette action ? Quel est le travail requis pour étirer le ressort de 0,3 m additionnel ?

60. **Ressort d'une porte de garage.** Une force de 200 N est nécessaire pour étirer un ressort de porte de garage de 0,8 m au-delà de sa longueur naturelle. Quelle sera l'élongation de ce ressort sous l'action d'une force de 300 N ? Quel sera le travail requis pour effectuer cette opération ?

61. **Vidanger un réservoir.** Un réservoir en forme de cône circulaire droit pointé vers le bas est rempli d'eau. Son diamètre au sommet est de 6 m et sa hauteur est de 2,5 m. Quel est le travail requis pour pomper toute l'eau à un niveau situé à 2 m au-dessus du réservoir ?

62. **Vidanger un réservoir.** (suite de l'exercice **61**) Quel sera le travail requis si la hauteur de l'eau dans le réservoir n'atteint que 1,5 m et que l'eau doit être pompée au même niveau que précédemment ?

63. **Pomper un liquide d'un réservoir conique.** Un réservoir en forme de cône circulaire droit pointé vers le bas, d'un rayon au sommet de 1,5 m et d'une hauteur de 3 m, est rempli d'un liquide dont la masse volumique est de 960 kg/m^3. Quel est le travail requis pour pomper le liquide à un niveau situé 0,6 m plus haut que le dessus du réservoir ? Si la pompe est actionnée par un moteur de 1/2 hp (373 J/s), quel sera le temps nécessaire pour faire ce travail ?

64. **Pomper l'huile d'olive d'un réservoir cylindrique.** Un réservoir en forme de cylindre circulaire droit mesure 6 m de longueur sur 2,5 m de diamètre. Le réservoir, en position horizontale, est à demi rempli d'huile d'olive de masse volumique 913 kg/m^3. Trouvez le travail requis pour vider le réservoir par un tuyau raccordant la base du réservoir à un robinet situé 2 m plus haut que le dessus du réservoir.

Force exercée par un fluide

65. Abreuvoir. La région triangulaire illustrée ci-dessous représente une des deux parois verticales situées aux extrémités d'un abreuvoir. Quelle est la force exercée par l'eau sur cette paroi ? (Poids volumique de l'eau = 9800 N/m^3)

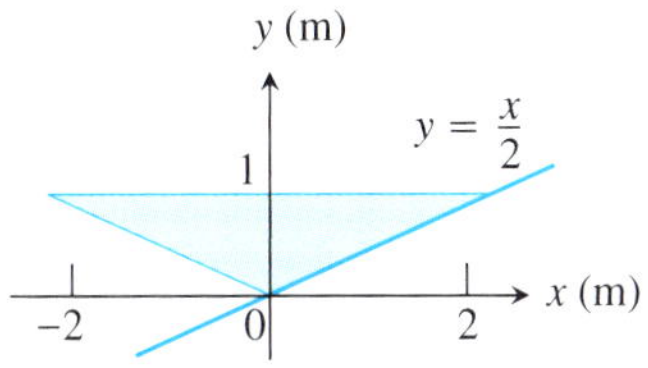

66. Réservoir de sirop d'érable. La région en forme de trapèze illustrée ci-dessous représente une des deux parois verticales situées aux extrémités d'un réservoir contenant du sirop d'érable. Le poids volumique du sirop d'érable est de 11 810 N/m^3. Si le niveau du sirop atteint 0,25 m, quelle est la force exercée par le liquide sur la paroi ?

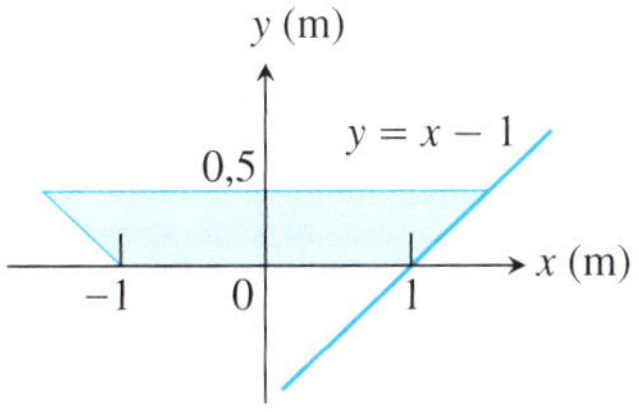

67. Force exercée sur la vanne d'un barrage. La vanne d'un barrage a la forme de la région parabolique délimitée par la courbe d'équation $y = 4x^2$ et la droite d'équation $y = 4$. Le sommet rectiligne de la vanne est situé à 1,5 m sous la surface de l'eau. Calculez la force exercée par l'eau sur la vanne. (Poids volumique de l'eau = 9800 N/m^3)

68. Force exercée sur une plaque trapézoïdale. La plaque en forme de trapèze isocèle illustrée ci-contre est immergée verticalement dans l'eau de sorte que son arête supérieure est à 1 m de profondeur. Calculez la force exercée par l'eau sur une face de la plaque. (Poids volumique de l'eau = 9800 N/m^3)

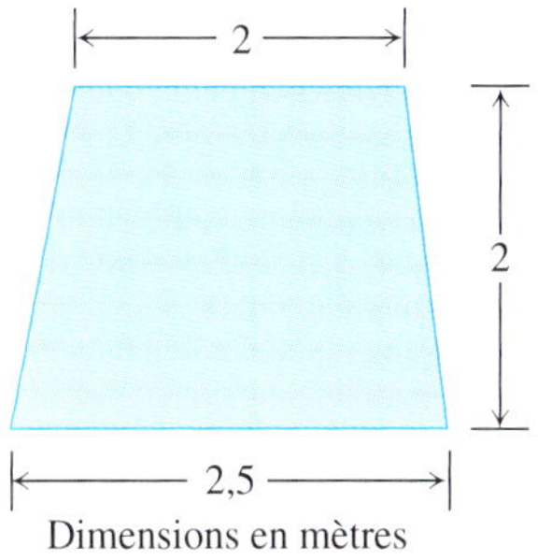

Centroïdes et centres de masse

69. Trouvez le centroïde d'une plaque mince représentée par la région du plan délimitée par les paraboles d'équations $y = 2x^2$ et $y = 3 - x^2$.

70. Trouvez le centroïde d'une plaque représentée par la région du plan délimitée par l'axe des x, les droites d'équations $x = 2$ et $x = -2$ ainsi que la parabole d'équation $y = x^2$.

71. Trouvez le centroïde d'une plaque représentée par la région « triangulaire » du premier quadrant délimitée par l'axe des y, la parabole d'équation $y = x^2/4$ et la droite d'équation $y = 4$.

72. Trouvez le centroïde d'une plaque représentée par la région du plan délimitée par la parabole d'équation $y^2 = x$ et la droite d'équation $x = 2y$.

73. Masse surfacique variable. Trouvez le centre de masse d'une plaque représentée par la région du plan délimitée par la parabole d'équation $y^2 = x$ et la droite d'équation $x = 2y$ si la masse surfacique est modélisée par la fonction $\delta(y) = 1 + y$. (Utilisez des bandes horizontales.)

74. a) Masse surfacique constante. Trouvez le centre de masse d'une plaque représentée par la région du plan délimitée par la courbe d'équation $y = 3/x^{3/2}$ et l'axe des x, entre les points d'abscisses $x = 1$ et $x = 9$.

b) Masse surfacique variable. Trouvez le centre de masse de la plaque précédente si la masse surfacique est donnée par $\delta(x) = x$. (Utilisez des bandes verticales.)

Exercices supplémentaires

Valeurs moyennes

1. Trouvez la valeur moyenne de la fonction représentée dans la figure ci-dessous.

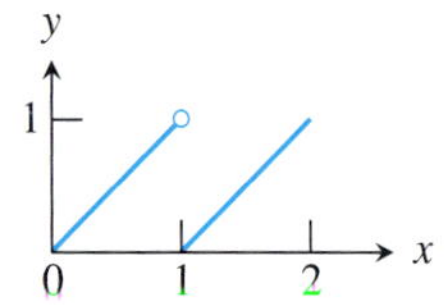

2. Trouvez la valeur moyenne de la fonction représentée dans la figure ci-dessous.

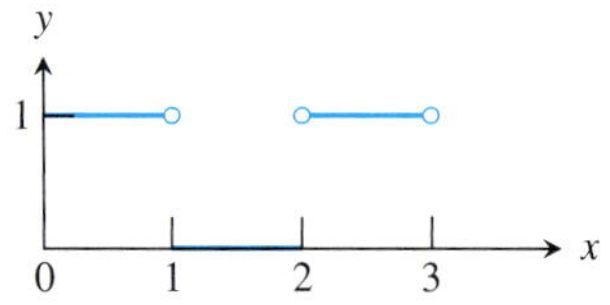

Volume et longueurs

3. Un solide est engendré par la rotation autour de l'axe des x de la région délimitée par le graphe de la fonction continue $y = f(x)$, l'axe des x ainsi que les droites d'équations $x = 0$ et $x = a$. Pour tout $a > 0$, le volume du solide vaut $a^2 + a$. Trouvez $f(x)$.

4. Soit $f(x)$, une fonction non négative et continue pour $x > 0$. Supposez que, pour tout nombre $b > 0$, la rotation autour de l'axe des y de la région délimitée par le graphe de $f(x)$, les axes des x et des y ainsi que la droite d'équation $x = b$ engendre un solide dont le volume est $2\pi b^3$. Trouvez $f(x)$.

5. Trouvez une fonction f ayant une dérivée continue sur l'intervalle $]0, \infty[$ et jouissant des deux propriétés suivantes.

i) Le graphe de f passe par le point $(1, 1)$.

ii) La longueur L de la courbe comprise entre $(1, 1)$ et tout point $(x, f(x))$ est donnée par la formule

$$L = \ln x + f(x) - 1.$$

6. Soit $f(x)$, une fonction lisse croissante pour $x \geq 0$ telle que $f(0) = a$. Soit $s(x)$, la longueur de la courbe représentant f de $(0, a)$ à $(x, f(x))$, où $x > 0$. Trouvez $f(x)$ si $s(x) = Cx$, pour une constante donnée C. Quelles sont les valeurs possibles de C ?

7. Montrez que, pour $0 < \alpha \leq \pi/2$,

$$\int_0^{\alpha} \sqrt{1 + \cos^2 \theta}\, d\theta > \sqrt{\alpha^2 + \sin^2 \alpha}.$$

8. Généralisez le résultat obtenu à l'exercice **7**.

Équations différentielles du premier ordre

9. Radioactivité. Une petite quantité A_0 d'une substance radioactive est placée dans un contenant de plomb. Après une période de 24 heures, on observe que les $6/7$ de la quantité initiale sont toujours présents. Si le taux de désintégration est proportionnel à la quantité de substance radioactive présente à tout instant t, quel est le temps de demi-vie de cette substance ? En combien de temps la quantité de substance radioactive sera-t-elle réduite au $1/5$ de sa quantité initiale ?

10. Population de phalènes. Le taux de croissance des chenilles de phalènes est directement proportionnel au nombre instantané P de chenilles (c'est-à-dire au nombre de chenilles présentes à l'instant t). Lors d'un recensement, on a évalué que la population de chenilles est passée de 2 millions à 3 millions entre 1979 et 1981. À partir de ces données, estimez quelle était la population de chenilles en 1985.

11. Refroidir un bouillon. À la température ambiante d'une pièce maintenue à 21 °C, la température d'un bol de bouillon passe de 93 °C à 88 °C entre midi et 13 h. Estimez la température du bouillon à 15 h 30.

12. Victime d'un meurtre. Le corps de la victime d'un meurtre est découvert à 23 h. Le médecin-légiste arrive à 23 h 30 et prend la température du cadavre qui s'élève à 34,8 °C. Le médecin reprend la température à 1 h : elle est descendue à 34,4 °C. En sachant que la température sur les lieux du crime est de 21 °C et en supposant que la température de la victime était de 37 °C avant le décès, estimez l'heure du meurtre à l'aide de la loi du refroidissement de Newton (voir équation (3), section 2.5, page 148).

Travail et force exercée par un fluide

13. Travail et énergie cinétique. Une balle de golf de 45,5 g est placée sur un ressort vertical dont la constante de rappel est $k = 0{,}226$ N/m. Le ressort est compressé de 0,15 m puis relâché. À quelle hauteur la balle sera-t-elle propulsée ? (Mesurez la hauteur à partir de la position d'équilibre du ressort.)

14. Force exercée par un fluide. Une plaque triangulaire ABC est immergée verticalement dans l'eau. Le côté AB, qui mesure 1,2 m, se situe à 1,8 m sous la surface alors que le sommet C se situe à 0,6 m sous la surface. Calculez la force exercée par l'eau sur une face de la plaque.

15. Pression moyenne. Une plaque rectangulaire est immergée verticalement dans un fluide de sorte que son arête supérieure soit parallèle à la surface. Démontrez que la force exercée par le fluide sur une face de la plaque est égale à la pression moyenne sur la plaque multipliée par l'aire de la plaque.

16. Plaque carrée verticale. Le réservoir vu en coupe à la page suivante contient deux liquides non miscibles de poids volumiques w_1 et w_2. Calculez la force exercée sur une face de la plaque carrée $ABCD$ plongée dans le réservoir. Les points B et D coïncident avec la ligne de séparation entre les deux liquides et le carré mesure $3\sqrt{2}$ m de côté. (Indication : Si la profondeur y est mesurée vers le bas à partir de la surface, alors la pression est donnée par $p = w_1 y$ pour $0 \leq y \leq 4$ et $p = 4w_1 + (y - 4)w_2$ pour $y > 4$.)

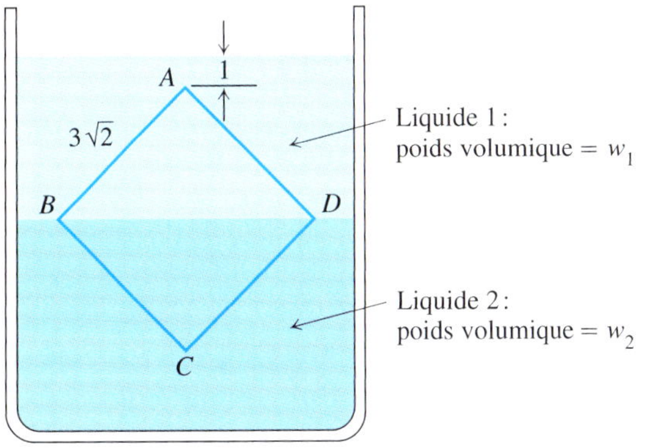

Moments et centres de masse

17. Position limite d'un centroïde. Trouvez le centroïde de la région délimitée en bas par l'axe des x et en haut par la courbe d'équation $y = 1 - x^n$ où n est un entier positif. Quelle est la position limite du centroïde lorsque $n \to \infty$?

18. Poteau de téléphone. Lorsqu'on transporte un poteau de téléphone à l'aide d'un camion et d'une remorque à deux roues, on exige que l'essieu des roues de la remorque soit à environ 1 m derrière le centre de masse du poteau pour éviter tout balancement intempestif de son extrémité. Les poteaux NYNEX de catégorie 1 ont 12 m de long et présentent des circonférences aux extrémités de 0,685 m et de 1,105 m. Quelle est la distance entre le centre de masse et l'extrémité de petite circonférence d'un poteau ?

19. Masse spécifique constante. Soit une plaque métallique mince d'aire A et de masse surfacique constante δ. La plaque est représentée par une région R du plan xy. Soit le moment M_y de la plaque par rapport à l'axe des y. Montrez que le moment par rapport à la droite d'équation $x = b$ est :

a) $M_y - b\delta A$, si la plaque se situe du côté droit de la droite ;

b) $b\delta A - M_y$, si la plaque se situe du côté gauche de la droite.

20. Masse surfacique variable. Trouvez l'emplacement du centre de masse d'une plaque mince représentée par la région délimitée par la courbe d'équation $y^2 = 4ax$ et la droite d'équation $x = a$ où a est une constante positive, si la masse surfacique au point (x, y) est directement proportionnelle à

a) x, **b)** $|y|$.

21. a) **Cercles concentriques.** Trouvez l'emplacement du centroïde de la région du premier quadrant délimitée par deux cercles concentriques et par les deux axes des x et des y lorsque les rayons des cercles sont a et b, où $0 < a < b$, et lorsque leurs centres sont situés à l'origine.

b) Trouvez les limites des coordonnées du centroïde trouvé en **a)** lorsque a tend vers b et discutez de la signification de ce résultat.

22. Découper un coin d'un carré. On découpe un coin triangulaire d'un carré de 1 m de côté. L'aire du triangle ainsi découpé est de 50 cm^2. Si le centroïde de la région restante se situe à 58 cm de la droite prolongeant l'un des deux côtés découpés, à quelle distance de la droite prolongeant l'autre côté découpé le centroïde se situe-t-il ?

CHAPITRE 3

TECHNIQUES D'INTÉGRATION, RÈGLE DE L'HOSPITAL ET INTÉGRALES IMPROPRES

VUE D'ENSEMBLE Nous connaissons maintenant l'utilité des intégrales pour modéliser des situations réelles et mesurer des grandeurs. Nous savons aussi, en théorie du moins, comment évaluer des intégrales à l'aide de primitives. Quand les modèles deviennent compliqués, les intégrales le deviennent aussi, et nous devons alors les transformer en intégrales aisément calculables. Un des buts du présent chapitre est d'apprendre à transformer des intégrales inhabituelles en intégrales familières ou repérables dans une table.

Nous avons déjà abordé deux techniques : la manipulation algébrique de l'intégrande et le changement de variable. Nous approfondirons maintenant ces techniques en introduisant un puissant outil d'intégration : l'intégration par parties. Nous montrerons ensuite comment toutes les fonctions rationnelles peuvent être intégrées. Le chapitre se terminera avec l'étude des intégrales dites *impropres*, dont une des bornes d'intégration ou les deux sont infinies, ou dont l'intégrande présente un ou plusieurs points de discontinuité sur l'intervalle d'intégration. Auparavant, nous aurons brièvement délaissé les intégrales pour introduire la règle de L'Hospital ; celle-ci permet d'évaluer la limite des fractions dont le numérateur et le dénominateur tendent vers zéro.

3.1 Intégration par parties

- **3.1.1** Forme intégrale de la dérivée d'un produit
- **3.1.2** Application répétée de l'intégration par parties
- **3.1.3** Intégration tabulaire
- **3.1.4** Résolution d'une équation d'intégrales

Commençons par comparer l'intégrale d'un produit au produit des intégrales :

Puisque

$$\int x\,dx = \frac{1}{2}x^2 + C$$

et

$$\int x \cdot x\,dx = \int x^2 dx = \frac{1}{3}x^3 + C,$$

il est clair que

$$\int x \cdot x\,dx \neq \int x\,dx \cdot \int x\,dx.$$

En d'autres mots, l'intégrale d'un produit n'est généralement pas égale au produit des intégrales de chacun des facteurs :

$$\int f(x)g(x)\,dx \neq \int f(x)\,dx \cdot \int g(x)\,dx.$$

La méthode d'intégration par parties permet de simplifier les intégrales de la forme

$$\int f(x)g(x)\,dx$$

dans lesquelles f se dérive et g s'intègre sans difficulté, ou vice versa. Par exemple, l'intégrale

$$\int xe^x\,dx$$

est de ce type, car $f(x) = x$ peut être dérivée deux fois pour obtenir zéro et $g(x) = e^x$ peut être intégrée indéfiniment sans difficulté. L'intégration par parties s'applique également à des cas tels que

$$\int e^x \sin x\,dx$$

dans lesquels chaque partie de l'intégrande réapparaît après un certain nombre de dérivations et d'intégrations successives.

Dans la présente section, nous décrirons la méthode d'intégration par parties et montrerons comment l'appliquer.

3.1.1 Forme intégrale de la dérivée d'un produit

Lorsque u et v sont des fonctions dérivables de x, la règle de la dérivée d'un produit s'écrit :

$$\frac{d}{dx}(uv) = u\frac{dv}{dx} + v\frac{du}{dx}.$$

En intégrant membre à membre par rapport à x et en réarrangeant le résultat, nous obtenons les équations d'intégrales suivantes :

$$\begin{aligned}\int \left(\frac{d}{dx}(uv)\right)dx &= \int \left(u\frac{dv}{dx}\right)dx + \int \left(v\frac{du}{dx}\right)dx\\ uv &= \int \left(u\frac{dv}{dx}\right)dx + \int \left(v\frac{du}{dx}\right)dx\\ \int \left(u\frac{dv}{dx}\right)dx &= uv - \int \left(v\frac{du}{dx}\right)dx.\end{aligned}$$

Cette dernière équation est plus facile à retenir lorsqu'elle est écrite sous la forme différentielle ; nous avons $dv = \left(\frac{dv}{dx}\right)dx$ et $du = \left(\frac{du}{dx}\right)dx$, et l'équation donne la formule suivante.

THÉORÈME 3.1.1 Formule d'intégration par parties

$$\int u\,dv = uv - \int v\,du$$

Cette formule permet d'exprimer une intégrale, $\int u\,dv$, en fonction d'une autre intégrale, $\int v\,du$. Avec un choix judicieux de u et v, la seconde intégrale se calcule souvent plus facilement que la première. C'est pourquoi cette formule est importante : si une intégrale est difficile à calculer, nous pouvons essayer de la réduire par ce moyen.

La formule équivalente pour les intégrales définies est la suivante.

THÉORÈME 3.1.2 Formule d'intégration par parties pour intégrales définies

$$\int_{v_1}^{v_2} u\,dv = (u_2v_2 - u_1v_1) - \int_{u_1}^{u_2} v\,du$$

EXEMPLE 1 Appliquer la technique d'intégration par parties

Calculez

$$\int x\cos x\,dx.$$

Solution

Utilisons la formule

$$\int u\,dv = uv - \int v\,du$$

avec

$$u = x \text{ et } dv = \cos x\,dx.$$

Pour compléter la formule, prenons la différentielle de u et trouvons la primitive la plus simple de $\cos x$:

$$du = dx \text{ et } v = \sin x.$$

Alors,

$$\int x\cos x\,dx = x\sin x - \int \sin x\,dx = x\sin x + \cos x + C.$$

Examinons maintenant tous les choix possibles pour u et v dans le contexte de l'exemple 1.

EXEMPLE 2 Examiner l'intégration par parties

Quels sont les choix possibles pour u et v quand nous appliquons l'intégration par parties à

$$\int x\cos x\,dx = \int u\,dv\,?$$

Existe-t-il d'autres choix aussi pertinents que celui de l'exemple 1 ?

Solution

Il existe quatre choix.

1. $u = 1$ et $dv = x\cos x\,dx$.
2. $u = x$ et $dv = \cos x\,dx$.
3. $u = x\cos x$ et $dv = dx$.
4. $u = \cos x$ et $dv = x\,dx$.

Le choix **1** n'est pas judicieux, car la recherche de v nous ramène à la situation de départ.

Le choix **2** est un bon choix, comme nous l'avons vu à l'exemple 1.

Le choix **3** mène à :

$$u = x\cos x, \qquad dv = dx,$$
$$du = (\cos x - x\sin x)\,dx, \quad v = x$$

Quand et comment utiliser l'intégration par parties

Quand. Si la méthode de changement de variable ne donne pas de résultats, essayez l'intégration par parties. Cette technique est souvent appropriée lorsque l'intégrande est un produit de deux fonctions de types différents tels qu'un polynôme et une fonction trigonométrique ou un polynôme et une fonction exponentielle (ou logarithmique), ou enfin une fonction trigonométrique et une fonction exponentielle (ou logarithmique).

Comment. Débutez avec une intégrale de la forme

$$\int f(x)g(x)\,dx.$$

Associez cette dernière à une intégrale de la forme

$$\int u\,dv$$

en choisissant dv de façon appropriée dans l'intégrande, c'est-à-dire de manière que dv inclue dx et possiblement $f(x)$ ou $g(x)$.

Indications pour le choix de u et de dv. La formule

$$\int u\,dv = uv - \int v\,du$$

donne une nouvelle intégrale dans le membre de droite. Vous devez être capable d'intégrer dv facilement pour obtenir le membre de droite. Si la nouvelle intégrale se révèle plus compliquée que l'intégrale initiale, essayez avec un choix différent pour u et dv.

et la nouvelle intégrale,

$$\int v\,du = \int (x\cos x - x^2\sin x)\,dx,$$

est alors plus compliquée que l'intégrale initiale.

Le choix **4** mène à :

$$u = \cos x, \qquad dv = x\,dx,$$

$$du = -\sin x\,dx, \qquad v = \frac{x^2}{2}$$

et la nouvelle intégrale,

$$\int v\,du = -\int \frac{x^2}{2}\sin x\,dx,$$

est plus compliquée, elle aussi, que l'intégrale initiale.

Le but de l'intégration par parties est de transformer une intégrale $\int u\,dv$ peu familière en une intégrale $\int v\,du$ connue.

Voir les exercices **1**, **2**, **19** et **20**.

3.1.2 Application répétée de l'intégration par parties

Nous devons parfois utiliser l'intégration par parties plus d'une fois pour calculer une intégrale.

EXEMPLE 3 Appliquer l'intégration par parties de façon répétée

Calculez

$$\int x^2e^x dx.$$

Solution

Avec $u = x^2$, $dv = e^x\,dx$, $du = 2x\,dx$ et $v = e^x$, nous obtenons :

$$\int x^2e^x dx = x^2e^x - 2\int xe^x dx.$$

La nouvelle intégrale est moins compliquée que l'intégrale initiale car l'exposant de x est réduit de un. Pour calculer cette nouvelle intégrale, nous intégrons par parties encore une fois avec

$$u = x \text{ et } dv = e^x\,dx.$$

Donc,

$$du = dx,\ v = e^x$$

et

$$\int xe^x dx = xe^x - \int e^x dx = xe^x - e^x + C.$$

Dès lors,

$$\begin{aligned}\int x^2e^x dx &= x^2e^x - 2\int xe^x dx \\ &= x^2e^x - 2xe^x + 2e^x + C.\end{aligned}$$

Voir les exercices **3** et **4**.

La méthode de l'exemple 3 fonctionne pour toute intégrale de la forme $\int x^n e^x dx$ où n est un entier positif, parce que les dérivations successives de x^n conduisent inévitablement à zéro et que, par ailleurs, l'intégration de e^x est triviale.

3.1.3 Intégration tabulaire

À l'exemple précédent, nous avons vu une intégrale de la forme $\int f(x)g(x)\ dx$, où f peut être dérivée successivement plus d'une fois jusqu'à zéro et où g peut être intégrée plus d'une fois sans difficulté ; les intégrales de ce type sont des candidates naturelles à l'intégration par parties. Si plusieurs étapes s'avèrent nécessaires, les calculs peuvent devenir laborieux. Il est alors utile de les organiser sous la forme d'une table. Voyons d'abord un exemple qui illustre l'utilisation de cette table avant d'en établir le bien-fondé.

EXEMPLE 4 Utiliser l'intégration tabulaire

Calculez

$$\int x^3 \sin x\ dx.$$

Solution

Avec $f(x) = x^3$ et $g(x) = \sin x$, nous élaborons la table 3.1.1.

Additionnons ensemble les produits des fonctions reliées par des flèches affectées des signes « + » ou « − » qui apparaissent en alternance sur celles-ci.

Nous obtenons ainsi :

$$\int x^3 \sin x\ dx = +(x^3)(-\cos x) - (3x^2)(-\sin x) + (6x)(\cos x) - (6)(\sin x) + C.$$

Voir les exercices **11** à **18**.

TABLE 3.1.1

x^3 et ses dérivées		sin x et ses intégrales
x^3	$+$ (vers la ligne suivante)	$\sin x$
$3x^2$	$-$ (vers la ligne suivante)	$-\cos x$
$6x$	$+$ (vers la ligne suivante)	$-\sin x$
6	$-$ (vers la ligne suivante)	$\cos x$
0		$\sin x$

De façon plus générale, l'intégration tabulaire se construit à l'aide d'une table où nous écrivons les dérivées successives de $f(x)$ dans la colonne de gauche et les intégrales successives de $g(x)$, dans la colonne de droite.

À l'exemple 4, nous venons d'observer qu'il faut additionner les produits formés par chaque fonction de la colonne de gauche des dérivées avec la fonction de la colonne de droite des intégrales de la ligne suivante ; chaque produit est affecté du « + » ou « − » obtenu par une suite alternée commençant par « + ». Cette sommation représente les éléments « uv » de la formule « $uv - \int v du$ » appliquée plusieurs fois. Le dernier terme de la sommation est obtenu différemment : tout en respectant la règle d'alternance des signes, il se forme en intégrant le produit des fonctions apparaissant sur la dernière ligne de la table. Cette intégrale représente la partie « $\int v du$ » de la formule « $uv - \int v du$ » (dans l'exemple 4, ce terme valait 0).

Dans l'exemple précédent, nous avons omis de mentionner cette dernière opération correspondant à la partie $\int v du$ qui n'était pas nécessaire puisque le produit en question valait 0.

La notation tabulaire est strictement équivalente à la notation « $uv - \int v du$ ». En effet, en évaluant « $I = \int u(x)v(x)dx$ », observons l'écriture correspondant aux deux méthodes dans le cas de trois applications répétées de l'intégration par parties :

a) Intégration tabulaire

TABLE 3.1.2

$u(x)$ et ses dérivées		$v(x)$ et ses intégrales
$u = u_1$	$+$	$v(x) = v_1$
u_2	$-$	v_2
u_3	$+$	v_3
u_4	$-$	v_4

$$I = u_1v_2 - u_2v_3 + u_3v_4 - \int v_4u_4dx$$

b) Notation « $uv - \int v\,du$ »

$$\text{Posons}\begin{cases} u = u_1 \Rightarrow du = u_1'dx = u_2dx \\ dv = v_1dx \Rightarrow v = \int v_1dx = v_2 \end{cases}$$

$$I = u_1v_2 - \int v_2u_2dx$$

$$\text{Posons}\begin{cases} u = u_2 \Rightarrow du = u_2'dx = u_3dx. \\ dv = v_2dx \Rightarrow v = \int v_2dx = v_3 \end{cases}$$

$$I = u_1v_2 - \left(u_2v_3 - \int v_3u_3dx\right)$$

$$\text{Posons}\begin{cases} u = u_3 \Rightarrow du = u_3'dx = u_4dx. \\ dv = v_3dx \Rightarrow v = \int v_3dx = v_4 \end{cases}$$

$$I = u_1v_2 - u_2v_3 + \left(u_3v_4 - \int v_4u_4dx\right).$$

■

EXEMPLE 5 **Comparer la notation tabulaire avec la notation « $uv - \int v\,du$ »**

Calculez

$$\int x^2e^xdx.$$

Solution

Avec $f(x) = x^2$ et $g(x) = e^x$, nous élaborons la table 3.1.3.

TABLE 3.1.3

x^2 et ses dérivées		e^x et ses intégrales
x^2	$+$	e^x
$2x$	$-$	e^x
2	$+$	e^x
0		e^x

En combinant les produits des fonctions reliées par des flèches selon les signes « + » ou « − » qui apparaissent sur chaque flèche, nous obtenons :

$$\int x^2e^xdx = x^2e^x - 2xe^x + 2e^x + C.$$

Observez la simplicité formelle de cette solution tabulaire en comparaison avec la solution du même problème présentée à l'exemple 3 (voir page 194).

EXEMPLE 6 **Trouver une aire**

Calculez l'aire de la région délimitée par la courbe d'équation $y = x^7 \cos x$ et l'axe des x, de $x = 0$ à $x = \pi/2$.

Solution

La région décrite est ombrée dans la figure 3.1.1. Son aire est

$$\int_0^{\pi/2} x^7 \cos x\, dx.$$

Avec $f(x) = x^7$ et $g(x) = \cos x$, nous élaborons la table 3.1.4 qui s'interprète comme suit :

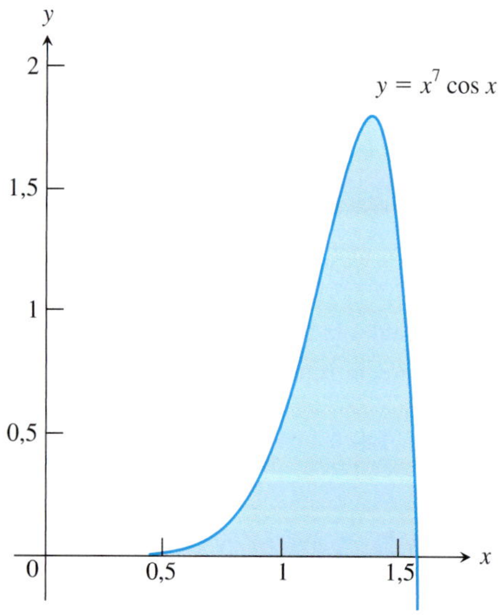

Figure 3.1.1 La région de l'exemple 6.

$$\int x^7 \cos x\, dx = +(x^7)(\sin x) - (7x^6)(-\cos x) + (42x^5)(-\sin x) - (210x^4)(\cos x) + (840x^3)(\sin x) - (2520x^2)(-\cos x) + (5040x)(-\sin x) - (5040)(\cos x) + \int (0)(\cos x)\, dx$$

$$= x^7 \sin x + 7x^6 \cos x - 42x^5 \sin x - 210x^4 \cos x + 840x^3 \sin x + 2520x^2 \cos x - 5040x \sin x - 5040 \cos x + C$$

Ainsi,

$$\int_0^{\pi/2} x^7 \cos x\, dx = \Big[x^7 \sin x + 7x^6 \cos x - 42x^5 \sin x - 210x^4 \cos x + 840x^3 \sin x + 2520x^2 \cos x - 5040x \sin x - 5040 \cos x\Big]_0^{\pi/2}$$

$$= \left[\left(\frac{\pi}{2}\right)^7 \sin\frac{\pi}{2} + 7\left(\frac{\pi}{2}\right)^6 \cos\frac{\pi}{2} - 42\left(\frac{\pi}{2}\right)^5 \sin\frac{\pi}{2} - 210\left(\frac{\pi}{2}\right)^4 \cos\frac{\pi}{2} + 840\left(\frac{\pi}{2}\right)^3 \sin\frac{\pi}{2} + 2520\left(\frac{\pi}{2}\right)^2 \cos\frac{\pi}{2} - 5040\,\frac{\pi}{2} \sin\frac{\pi}{2} - 5040 \cos\frac{\pi}{2}\right] - [-5040] \approx 0{,}79077\ u^2.$$

TABLE 3.1.4

x^7 et ses dérivées		cos x et ses intégrales
x^7		$\cos x$
$7x^6$	$+$	$\sin x$
$42x^5$	$-$	$-\cos x$
$210x^4$	$+$	$-\sin x$
$840x^3$	$-$	$\cos x$
$2520x^2$	$+$	$\sin x$
$5040x$	$-$	$-\cos x$
5040	$+$	$-\sin x$
0	$-$ / $+$	$\cos x$

Il est judicieux d'arrêter la dérivation et l'intégration aussitôt que atteignons une ligne facilement intégrable. En particulier, comme nous l'avons déjà observé dans les exemples 4, 5 et 6, lorsque la colonne «dérivée» atteint zéro, la procédure est évidemment terminée.

L'exemple 7 présente une situation où l'on atteint une ligne facilement intégrable sans pour autant être dans le cas trivial 0.

EXEMPLE 7 Utiliser l'intégration tabulaire

Calculez

$$\int \ln x\, dx.$$

Solution

Avec $f(x) = \ln x$ et $g(x) = 1$, nous élaborons la table 3.1.5 qui s'interprète comme suit:

$$\int \ln x\, dx = x \ln x - \int \frac{1}{x} x\, dx = x \ln x - \int dx = x \ln x - x + C.$$

TABLE 3.1.5

ln x et ses dérivées		1 et ses intégrales
$\ln x$		1
$\frac{1}{x}$	$+$ / $-$	x

Voir les exercices **5** à **10**.

3.1.4 Résolution d'une équation d'intégrales

Les intégrables semblables à celle de l'exemple 8 sont fréquentes en génie électrique. Leur calcul nécessite deux intégrations par parties puis la résolution d'une équation contenant l'intégrale initiale comme inconnue.

EXEMPLE 8 Utiliser l'intégration tabulaire

Calculez

$$\int e^{2x} \cos x \, dx.$$

TABLE 3.1.6

e^{2x} et ses dérivées	Signe	$\cos x$ et ses intégrales
e^{2x}	$(+)$	$\cos x$
$2e^{2x}$	$(-)$	$\sin x$
$4e^{2x}$	$(+)$	$-\cos x$

Solution

Avec $f(x) = e^{2x}$ et $g(x) = \cos x$, nous élaborons la table 3.1.6 qui s'interprète comme suit :

$$\int e^{2x} \cos x \, dx = +(e^{2x} \sin x) - (2e^{2x})(-\cos x) + \int (4e^{2x})(-\cos x) \, dx$$

$$= e^{2x} \sin x + 2e^{2x} \cos x - 4 \int e^{2x} \cos x \, dx.$$

En regroupant les intégrales, nous obtenons :

$$5 \int e^{2x} \cos x \, dx = e^{2x} \sin x + 2e^{2x} \cos x$$

et

$$\int e^{2x} \cos x \, dx = \frac{e^{2x} \sin x + 2e^{2x} \cos x}{5} + C.$$

Division par 5 et ajout de la constante d'intégration

Voir les exercices **21** à **24**.

Dans le contexte de l'intégration tabulaire, nous avions vu à l'exemple 7 (voir page 197) qu'il était judicieux d'arrêter la dérivation et l'intégration aussitôt qu'on atteignait une ligne facilement intégrable. L'exemple 8 vient d'illustrer une autre situation où il est judicieux d'arrêter le développement de la table : il s'agit du cas où nous atteignons une ligne dont les fonctions forment un produit égal à un multiple du produit formé par les fonctions de la première ligne.

Voici une description détaillée de la procédure à suivre pour faire une intégration par parties à l'aide de la méthode tabulaire.

Marche à suivre

Évaluer l'intégrale de la forme $\int f(x)g(x)dx$ en utilisant l'intégration tabulaire

Étape 1 Dans la colonne de gauche d'une table, écrivez $f(x)$ et ses dérivées successives.

Étape 2 Dans la colonne de droite d'une table, écrivez $g(x)$ et ses intégrales successives.

Étape 3 Arrêtez le développement précédent à n'importe quelle ligne où le produit des fonctions est facilement intégrable (un produit égal à 0 étant un cas particulier) ou encore à une ligne où le produit des fonctions est un multiple du produit des fonctions de la première ligne.

Étape 4 À l'aide de flèches diagonales, reliez chaque fonction de la colonne des dérivées à la fonction de la colonne des intégrales apparaissant sur la ligne suivante.

Étape 5 À l'aide d'une flèche horizontale, reliez les fonctions de la dernière ligne.

Étape 6 Sur toutes les flèches, écrivez en alternance les signes «+» ou «−» en commençant par le signe «+».

Étape 7 Faites la somme de tous les produits des fonctions reliées par chacune des flèches diagonales avec l'intégrale du produit des fonctions de la dernière ligne. Chaque produit doit être affecté du signe de sa flèche.

Étape 8 Évaluez ou isolez l'intégrale obtenue à la dernière ligne.

Exercices 3.1

Intégration par parties

Calculez les intégrales suivantes.

1. $\int x \sin \frac{x}{2}\, dx$

2. $\int \theta \cos \pi\theta\, d\theta$

3. $\int t^2 \cos t\, dt$

4. $\int x^2 \sin x\, dx$

5. $\int_1^2 x \ln x\, dx$

6. $\int_1^e x^3 \ln x\, dx$

7. $\int \text{arc tan } y\, dy$

8. $\int \text{arc sin } y\, dy$

9. $\int x \sec^2 x\, dx$

10. $\int 4x \sec^2 2x\, dx$

11. $\int x^3 e^x dx$

12. $\int p^4 e^{-p} dp$

13. $\int (x^2 - 5x)e^x dx$

14. $\int (r^2 + r + 1)e^r dr$

15. $\int x^5 e^x dx$

16. $\int t^2 e^{4t} dt$

17. $\int_0^{\pi/2} \theta^2 \sin 2\theta\, d\theta$

18. $\int_0^{\pi/2} x^3 \cos 2x\, dx$

19. $\int_{2/\sqrt{3}}^{2} t \text{ arc sec } t\, dt$

20. $\int_0^{1/\sqrt{2}} 2x \text{ arc sin } (x^2)\, dx$

21. $\int e^\theta \sin \theta\, d\theta$

22. $\int e^{-y} \cos y\, dy$

23. $\int e^{2x} \cos 3x\, dx$

24. $\int e^{-2x} \sin 2x\, dx$

Intégration par changement de variable et par parties

Calculez les intégrales suivantes en effectuant d'abord un changement de variable, puis en utilisant l'intégration par parties, si nécessaire.

25. $\int e^{\sqrt{3s+9}}\, ds$

26. $\int_0^1 x\sqrt{1-x}\, dx$

27. $\int_0^{\pi/3} x \tan^2 x\, dx$

28. $\int \ln (x + x^2)\, dx$

29. $\int \sin (\ln x)\, dx$

30. $\int z (\ln z)^2\, dz$

Équations différentielles

Résolvez les équations différentielles suivantes.

31. $\frac{dy}{dx} = x^2 e^{4x}$

32. $\frac{dy}{dx} = x^2 \ln x$

33. $\frac{dy}{d\theta} = \sin \sqrt{\theta}$

34. $\frac{dy}{d\theta} = \theta \sec \theta \tan \theta$

Théorie et exemples

35. Trouver une aire. Calculez l'aire de la région délimitée par la courbe d'équation $y = x \sin x$ et l'axe des x (voir figure suivante) lorsque

a) $0 \leq x \leq \pi$; **b)** $\pi \leq x \leq 2\pi$; **c)** $2\pi \leq x \leq 3\pi$.

d) À partir des réponses aux questions **a)**, **b)** et **c)**, quelle tendance observez-vous ? Quelle est l'aire de la région comprise entre la courbe et l'axe des x lorsque $n\pi \leq x \leq (n+1)\pi$, où n est un entier non négatif ? Justifiez votre réponse.

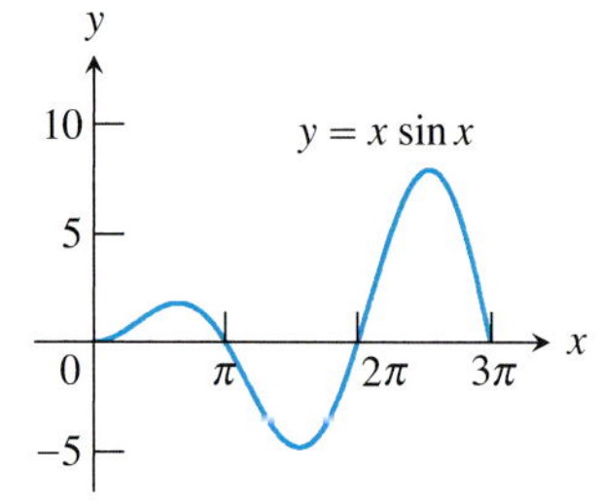

36. Trouver une aire. Calculez l'aire de la région délimitée par la courbe d'équation $y = x \cos x$ et l'axe des x (voir figure ci-dessous) lorsque

a) $\pi/2 \leq x \leq 3\pi/2$;

b) $3\pi/2 \leq x \leq 5\pi/2$;

c) $5\pi/2 \leq x \leq 7\pi/2$.

d) À partir des réponses aux questions **a)**, **b)** et **c)**, quelle tendance pouvez-vous observer ? Quelle est l'aire de la région comprise entre la courbe et l'axe des x lorsque

$$\left(\frac{2n-1}{2}\right)\pi \leq x \leq \left(\frac{2n+1}{2}\right)\pi,$$

où n est un entier non négatif ? Justifiez votre réponse.

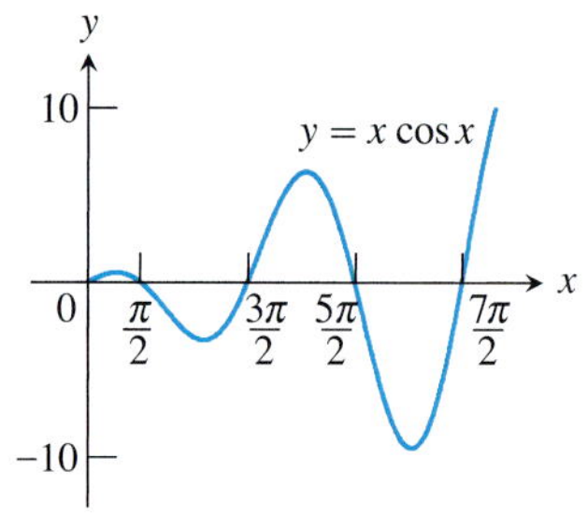

37. Trouver un volume. Calculez le volume du solide de révolution engendré par la rotation autour de la droite d'équation $x = \ln 2$ de la région du premier quadrant délimitée par les axes de coordonnées, la courbe d'équation $y = e^x$ et la droite d'équation $x = \ln 2$.

38. Trouver un volume. Calculez le volume du solide de révolution engendré par la rotation de la région du premier quadrant délimitée par les axes, la courbe d'équation $y = e^{-x}$ et la droite d'équation $x = 1$ lorsque l'axe de rotation est :

a) l'axe des y;

b) la droite d'équation $x = 1$.

39. Trouver un volume. Calculez le volume du solide de révolution engendré par la rotation de la région du premier quadrant délimitée par les axes de coordonnées et la courbe d'équation $y = \cos x$, où $0 \leq x \leq \pi/2$, lorsque l'axe de rotation est :

a) l'axe des y;

b) la droite d'équation $x = \pi/2$.

40. Trouver un volume. Calculez le volume du solide de révolution engendré par la rotation de la région délimitée par l'axe des x et la courbe d'équation $y = x \sin x$, où $0 \leq x \leq \pi$, lorsque l'axe de rotation est :

a) l'axe des y;

b) la droite d'équation $x = \pi$.

(Voir graphe de l'exercice **35**)

41. Valeur moyenne. Une force de retardement, symbolisée ci-dessous par un cylindre modérateur, ralentit le mouvement oscillatoire d'un ressort muni d'une masse. La position de la masse est modélisée par

$$y = 2e^{-t} \cos t,\ t \geq 0.$$

Trouvez la valeur moyenne de y sur l'intervalle $0 \leq t \leq 2\pi$.

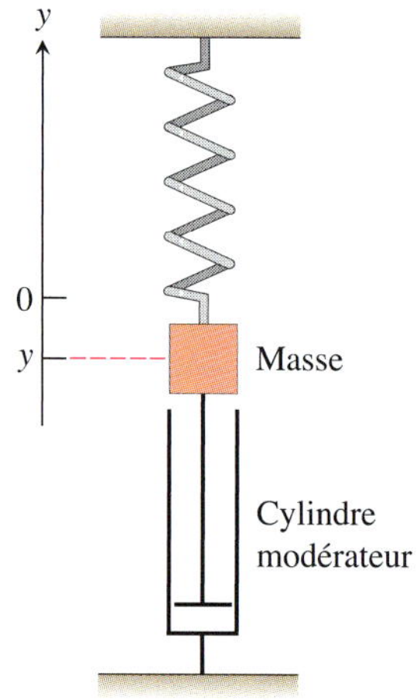

42. Valeur moyenne. Dans la situation précédente, la position de la masse est modélisée cette fois par

$$y = 4e^{-t}(\sin t - \cos t),\ t \geq 0.$$

Trouvez la valeur moyenne de y sur l'intervalle $0 \leq t \leq 2\pi$.

Formules de réduction

Utilisez l'intégration par parties pour démontrer les formules de réduction suivantes.

43. $\int x^n \cos x\, dx = x^n \sin x - n\int x^{n-1} \sin x\, dx$

44. $\int x^n \sin x\, dx = -x^n \cos x + n\int x^{n-1} \cos x\, dx$

45. $\int x^n e^{ax} dx = \dfrac{x^n e^{ax}}{a} - \dfrac{n}{a}\int x^{n-1} e^{ax} dx$, où $a \neq 0$.

46. $\int (\ln x)^n\, dx = x(\ln x)^n - n\int (\ln x)^{n-1}\, dx$

47. $\int \sin^n x\, dx = -\dfrac{1}{n} \cos x \sin^{n-1} x + \dfrac{n-1}{n}\int \sin^{n-2} x\, dx$

48. $\int \tan^n x\, dx = \dfrac{1}{n-1} \tan^{n-1} x - \int \tan^{n-2} x\, dx$

49. Utilisez la formule de l'exercice **47** pour calculer

a) $\int \sin^2 x\, dx$; **b)** $\int \sin^4 x\, dx$.

50. Utilisez la formule de l'exercice **48** pour calculer

a) $\int \tan^4 x\, dx$;   **b)** $\int \tan^5 x\, dx$.

Intégration des fonctions inverses

51. Intégrer des fonctions inverses. Supposons qu'une fonction f possède une fonction inverse f^{-1}.

a) Montrez que :

$$\int f^{-1}(x)dx = \int yf'(y)dy.$$

(Indication : Posez $y = f^{-1}(x)$.)

b) Intégrez par parties la deuxième intégrale de la partie **a)** pour montrer que :

$$\int f^{-1}(x)dx = \int yf'(y)dy = xf^{-1}(x) - \int f(y)dy.$$

52. Intégrer des fonctions inverses. Supposons qu'une fonction f possède une fonction inverse f^{-1}. Intégrez directement par parties pour montrer que :

$$\int f^{-1}(x)dx = xf^{-1}(x) - \int x\left(\frac{d}{dx}f^{-1}(x)\right)dx.$$

Aux exercices **53** à **56**, évaluez les intégrales suivantes en appliquant

a) la méthode de l'exercice **51**,

b) la méthode de l'exercice **52**.

c) Montrez qu'avec $C = 0$, les expressions obtenues en **a)** et **b)** sont identiques.

53. $\int \operatorname{arc\,sin} x\, dx$ **54.** $\int \operatorname{arc\,tan} x\, dx$

55. $\int \operatorname{arc\,cos} x\, dx$ **56.** $\int \log_2 x\, dx$

3.2 Intégrales trigonométriques et substitutions trigonométriques

- **3.2.1** Produits de sinus et de cosinus
- **3.2.2** Intégrales des puissances de tan *x* et de sec *x*
- **3.2.3** Autres produits de sinus et de cosinus
- **3.2.4** Trois substitutions trigonométriques de base

Quand il est question d'intégrales trigonométriques, nous devons manipuler des combinaisons algébriques de fonctions trigonométriques. En principe, nous pouvons toujours exprimer l'intégrande de ces intégrales en termes de sinus et de cosinus, mais il est souvent plus facile d'utiliser d'autres fonctions, comme l'illustre l'exemple suivant :

$$\int \sec^2 x\, dx = \tan x + C.$$

Pour la résolution de telles intégrales, la stratégie de base est de les simplifier au moyen d'identités trigonométriques.

3.2.1 Produits de sinus et de cosinus

Considérons d'abord les intégrales de la forme

$$\int \sin^m x \cos^n x\, dx,$$

où m et n sont des entiers non négatifs (positifs ou nuls). Il faut tenir compte des trois possibilités suivantes.

1er cas : m est impair.

2e cas : m est pair et n est impair.

3e cas : m et n sont tous les deux pairs.

Dans chaque cas, l'emploi d'une identité trigonométrique rend l'intégrale plus facile à manipuler.

1er cas : *m* est impair dans $\int \sin^m x \cos^n x\, dx$.

Remplacez m par $2k+1$ et utilisez l'identité $\sin^2 x = 1 - \cos^2 x$, ce qui permet d'obtenir :

$$\sin^m x = \sin^{2k+1} x = (\sin^2 x)^k \sin x$$
$$= (1 - \cos^2 x)^k \sin x.$$

Combinez ensuite le $\sin x$ de la dernière expression avec dx dans l'intégrale, ce qui rend possible la substitution $u = \cos x$, $du = -\sin x\, dx$.

EXEMPLE 1 Intégrer un produit de sinus et de cosinus (1er cas)

Calculez

$$\int \sin^3 x \cos^2 x\, dx.$$

Solution

$$\int \sin^3 x \cos^2 x\, dx = \int \sin^2 x \cos^2 x \sin x\, dx$$
$$= \int (1 - \cos^2 x) \cos^2 x \sin x\, dx$$
$$= \int (1 - u^2)(u^2)(-du) \qquad \text{Soit } u = \cos x;\ -du = \sin x\, dx$$
$$= \int (u^2 - u^4)(-du)$$
$$= \int (u^4 - u^2)du$$
$$= \frac{u^5}{5} - \frac{u^3}{3} + C$$
$$= \frac{\cos^5 x}{5} - \frac{\cos^3 x}{3} + C$$

2e cas : *m* est pair et *n* impair dans $\int \sin^m x \cos^n x\, dx$.

Remplacez n par $2k+1$ et utilisez l'identité $\cos^2 x = 1 - \sin^2 x$ afin d'écrire :

$$\cos^n x = \cos^{2k+1} x = (\cos^2 x)^k \cos x$$
$$= (1 - \sin^2 x)^k \cos x.$$

Combinez ensuite le $\cos x$ de l'expression finale avec dx dans l'intégrale, ce qui rend possible la substitution $u = \sin x$, $du = \cos x\, dx$.

EXEMPLE 2 Intégrer un produit de sinus et de cosinus (2e cas)

Calculez

$$\int \cos^5 x\, dx.$$

Solution

$$\int \cos^5 x\, dx = \int \cos^4 x \cos x\, dx$$
$$= \int (1 - \sin^2 x)^2 \cos x\, dx$$
$$= \int (1 - u^2)^2 du \qquad \text{Soit } u = \sin x;\ du = \cos x\, dx$$
$$= \int (1 - 2u^2 + u^4)du$$
$$= u - \frac{2}{3}u^3 + \frac{1}{5}u^5 + C = \sin x - \frac{2}{3}\sin^3 x + \frac{1}{5}\sin^5 x + C$$

EXEMPLE 3 **Intégrer un produit de sinus et de cosinus (3e cas)**

Calculez

$$\int \sin^2 x \cos^4 x \, dx.$$

Solution

$$\int \sin^2 x \cos^4 x \, dx = \int \left(\frac{1 - \cos 2x}{2}\right)\left(\frac{1 + \cos 2x}{2}\right)^2 dx$$

$$= \frac{1}{8}\int (1 - \cos 2x)(1 + 2\cos 2x + \cos^2 2x)\, dx$$

$$= \frac{1}{8}\int (1 + \cos 2x - \cos^2 2x - \cos^3 2x)\, dx$$

Les deux premiers termes de l'intégrande s'intègrent sans difficulté. Pour le terme comportant $\cos^2 2x$, utilisons encore la substitution $\cos^2 \theta = \dfrac{1 + \cos 2\theta}{2}$.

$$\int \cos^2 2x \, dx = \frac{1}{2}\int (1 + \cos 4x)\, dx$$

$$= \frac{1}{2}\left(x + \frac{1}{4}\sin 4x\right)$$

Omettre provisoirement la constante d'intégration

Pour le terme en $\cos^3 2x$, reportons-nous au 2e cas.

$$\int \cos^3 2x \, dx = \int (1 - \sin^2 2x)\cos 2x \, dx$$

$$= \frac{1}{2}\int (1 - u^2)du = \frac{1}{2}\left(u - \frac{u^3}{3}\right)$$

Soit $u = \sin 2x$, $du = 2\cos 2x \, dx$

$$= \frac{1}{2}\left(\sin 2x - \frac{1}{3}\sin^3 2x\right)$$

Omettre encore C

En combinant le tout et en simplifiant, nous obtenons :

$$\int \sin^2 x \cos^4 x \, dx = \frac{1}{16}\left(x - \frac{1}{4}\sin 4x + \frac{1}{3}\sin^3 2x\right) + C.$$

3e cas : *m* et *n* sont tous les deux pairs dans $\int \sin^m x \cos^n x \, dx$.

Effectuez les substitutions suivantes :

$$\sin^2 x = \frac{1 - \cos 2x}{2},$$

$$\cos^2 x = \frac{1 + \cos 2x}{2},$$

afin de réduire l'intégrande à une forme où les puissances de $\cos 2x$ sont moins élevées que les puissances de $\sin x$ et de $\cos x$.

Voir les exercices **1** à **20**, **39** et **40**.

3.2.2 Intégrales des puissances de tan *x* et de sec *x*

Nous savons déjà comment intégrer les fonctions tangente et sécante ainsi que leurs carrés. Dans le but d'intégrer des puissances plus élevées de ces deux fonctions, nous utiliserons les identités $\tan^2 x = \sec^2 x - 1$ et $\sec^2 x = \tan^2 x + 1$, en effectuant une intégration par parties, au besoin, pour diminuer la valeur des exposants.

EXEMPLE 4 Intégrer une puissance de tangente

Calculez

$$\int \tan^4 x \, dx.$$

Solution

$$\begin{aligned}
\int \tan^4 x \, dx &= \int \tan^2 x \tan^2 x \, dx \\
&= \int \tan^2 x \, (\sec^2 x - 1) \, dx \\
&= \int \tan^2 x \sec^2 x \, dx - \int \tan^2 x \, dx \\
&= \int \tan^2 x \sec^2 x \, dx - \int (\sec^2 x - 1) \, dx \\
&= \int \tan^2 x \sec^2 x \, dx - \int \sec^2 x \, dx + \int dx
\end{aligned}$$

Pour la première intégrale, posons :

$$u = \tan x, \; du = \sec^2 x \, dx$$

afin d'obtenir

$$\int u^2 du = \frac{1}{3} u^3 + C.$$

Les deux autres intégrales sont de forme familière ; ainsi,

$$\int \tan^4 x \, dx = \frac{1}{3} \tan^3 x - \tan x + x + C.$$

EXEMPLE 5 Intégrer une puissance de sécante

Calculez

$$\int \sec^3 x \, dx.$$

Solution

Effectuons une intégration par parties d'abord en scindant $\sec^3 x$ en $\sec^2 x$ $\sec x$, puis en posant :

$$u = \sec x, \; dv = \sec^2 x \, dx, \; v = \tan x, \; du = \sec x \tan x \, dx.$$

Ainsi,

$$\begin{aligned}
\int \sec^3 x \, dx &= \sec x \tan x - \int (\tan x)(\sec x \tan x \, dx) \\
&= \sec x \tan x - \int \tan^2 x \sec x \, dx \\
&= \sec x \tan x - \int (\sec^2 x - 1) \sec x \, dx \qquad \tan^2 x = \sec^2 x - 1 \\
&= \sec x \tan x + \int \sec x \, dx - \int \sec^3 x \, dx,
\end{aligned}$$

d'où

$$\int \sec^3 x\,dx = \sec x \tan x + \ln|\sec x + \tan x| - \int \sec^3 x\,dx.$$

En regroupant les deux intégrales qui comportent la sécante au cube, nous obtenons :

$$2\int \sec^3 x\,dx = \sec x \tan x + \ln|\sec x + \tan x|$$

et

$$\int \sec^3 x\,dx = \frac{1}{2}\sec x \tan x + \frac{1}{2}\ln|\sec x + \tan x| + C.$$

Si nous prenons respectivement des cosécantes et des cotangentes au lieu de sécantes et de tangentes, la méthode de l'exemple 5 conduit à une formule analogue :

$$\int \csc^3 x\,dx = -\frac{1}{2}\csc x \cot x - \frac{1}{2}\ln|\csc x + \cot x| + C.$$

Cette formule est démontrée à l'exercice **49**.

Voir les exercices **21** à **38**, **41**, **42** et **49**.

3.2.3 Autres produits de sinus et de cosinus

Les intégrales

$$\int \sin mx \sin nx\,dx, \int \sin mx \cos nx\,dx \text{ et } \int \cos mx \cos nx\,dx,$$

où $m \neq n$, apparaissent dans de nombreuses applications mathématiques ou scientifiques qui requièrent l'emploi de fonctions trigonométriques (m et n peuvent être des entiers, mais pas nécessairement). Il est possible de calculer ces intégrales au moyen de l'intégration par parties mais, dans chacun des cas, deux applications répétées de cette technique sont requises. La méthode la plus simple consiste à utiliser les identités suivantes :

$$\sin mx \sin nx = \frac{1}{2}[\cos(m-n)x - \cos(m+n)x], \quad (1)$$

$$\sin mx \cos nx = \frac{1}{2}[\sin(m-n)x + \sin(m+n)x], \quad (2)$$

$$\cos mx \cos nx = \frac{1}{2}[\cos(m-n)x + \cos(m+n)x]. \quad (3)$$

Addition et soustraction d'angles

Ces identités trigonométriques sont obtenues en combinant les formules d'addition et de soustraction suivantes.

$$\cos(A+B) = \cos A \cos B - \sin A \sin B \quad (4)$$
$$\cos(A-B) = \cos A \cos B + \sin A \sin B \quad (5)$$
$$\sin(A+B) = \sin A \cos B + \cos A \sin B \quad (6)$$
$$\sin(A-B) = \sin A \cos B - \cos A \sin B \quad (7)$$

Preuve des identités (1), (2) et (3) Posons $A = mx$ et $B = nx$ dans les équations (4), (5), (6) et (7). En additionnant les équations (4) et (5) puis en divisant par 2, nous obtenons l'équation (3). En soustrayant l'équation (4) de l'équation (5) et en divisant par 2, nous obtenons l'équation (1). Pour obtenir l'équation (2), nous additionnons les équations (6) et (7), puis divisons par 2. ■

EXEMPLE 6 Intégrer un produit de sinus et de cosinus

Calculez

$$\int \sin 3x \cos 5x \, dx.$$

Solution

À partir de l'équation (2) avec $m = 3$ et $n = 5$, nous pouvons écrire :

$$\begin{aligned}\int \sin 3x \cos 5x \, dx &= \frac{1}{2}\int [\sin(-2x) + \sin 8x] \, dx \\ &= \frac{1}{2}\int (\sin 8x - \sin 2x) \, dx \qquad \text{Car } \sin(-A) = -\sin A \\ &= -\frac{\cos 8x}{16} + \frac{\cos 2x}{4} + C.\end{aligned}$$

Voir les exercices **43** à **48** et **50**.

Abordons maintenant le deuxième des trois volets d'une stratégie qui permet (du moins en théorie) d'intégrer toute fonction rationnelle de x. Au premier volet, abordé à la section 1.6, nous avons appris comment simplifier les intégrales comportant des expressions de la forme $ax^2 + bx + c$ par complétion de carré afin d'obtenir des sommes ou des différences de carrés. Nous terminerons la présente section par l'étude des substitutions qui servent à transformer des binômes tels que $a^2 + x^2$, $a^2 - x^2$ et $x^2 - a^2$ en expressions ne comportant qu'un seul terme au carré. Au troisième et dernier volet, à la section 3.3, nous verrons comment exprimer des fonctions rationnelles de x en tant que sommes de polynômes (que nous savons déjà intégrer), ou encore en tant que fractions avec des dénominateurs à facteurs linéaires (qui deviennent des logarithmes ou des fractions lorsqu'on les intègre), ou enfin, en tant que fractions ayant des dénominateurs quadratiques (intégrables grâce aux méthodes présentées plus loin).

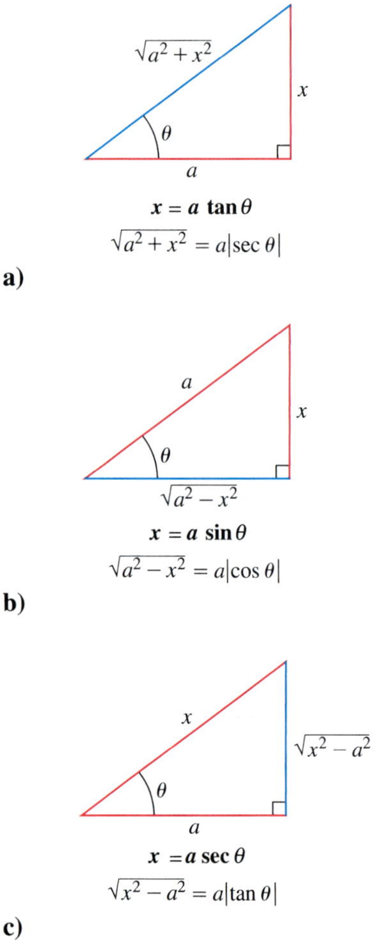

Figure 3.2.1 Les triangles rectangles de référence illustrent les trois substitutions trigonométriques utilisées pour transformer les binômes en monômes trigonométriques de degré 2.

3.2.4 Trois substitutions trigonométriques de base

Les substitutions trigonométriques permettent de remplacer les binômes $a^2 + x^2$, $a^2 - x^2$ et $x^2 - a^2$ par des monômes trigonométriques de degré 2 ; ainsi, nous pouvons transformer de nombreuses intégrales comportant des racines carrées en intégrales facilement calculables.

Les trois substitutions trigonométriques les plus courantes sont $x = a \tan\theta$, $x = a \sin\theta$ et $x = a \sec\theta$; elles sont issues des relations entre les côtés des triangles rectangles de référence présentés à la figure 3.2.1.

a) Avec $x = a \tan\theta$, on obtient :
$$a^2 + x^2 = a^2 + a^2\tan^2\theta = a^2(1 + \tan^2\theta) = a^2\sec^2\theta.$$

b) Avec $x = a \sin\theta$, on obtient :
$$a^2 - x^2 = a^2 - a^2\sin^2\theta = a^2(1 - \sin^2\theta) = a^2\cos^2\theta.$$

c) Avec $x = a \sec\theta$, on obtient :
$$x^2 - a^2 = a^2\sec^2\theta - a^2 = a^2(\sec^2\theta - 1) = a^2\tan^2\theta.$$

DÉFINITION 3.2.1 Substitutions trigonométriques de base

1. Posez $x = a \tan \theta$ et remplacez $a^2 + x^2$ par $a^2 \sec^2 \theta$.
2. Posez $x = a \sin \theta$ et remplacez $a^2 - x^2$ par $a^2 \cos^2 \theta$.
3. Posez $x = a \sec \theta$ et remplacez $x^2 - a^2$ par $a^2 \tan^2 \theta$.

EXEMPLE 7 Utiliser la substitution $x = a \tan \theta$

Calculez

$$\int \frac{dx}{\sqrt{4 + x^2}}.$$

Solution

Plaçons (figure 3.2.2) les éléments x, $2 = \sqrt{4}$ et $\sqrt{4 + x^2}$ comme mesures des côtés du triangle rectangle de référence de sorte que le théorème de Pythagore soit respecté et posons :

$$x = 2 \tan \theta, \quad dx = 2 \sec^2 \theta \, d\theta, \quad -\frac{\pi}{2} < \theta < \frac{\pi}{2},$$

$$4 + x^2 = 4 + 4 \tan^2 \theta = 4(1 + \tan^2 \theta) = 4 \sec^2 \theta.$$

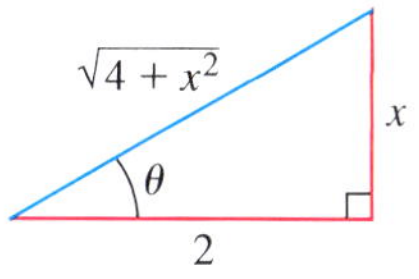

Figure 3.2.2 Triangle rectangle de référence pour $x = 2 \tan \theta$ (exemple 7) :

$$\tan \theta = \frac{x}{2}$$

et

$$\sec \theta = \frac{\sqrt{4 + x^2}}{2}.$$

Alors,

$$\int \frac{dx}{\sqrt{4 + x^2}} = \int \frac{2 \sec^2 \theta \, d\theta}{\sqrt{4 \sec^2 \theta}} = \int \frac{\sec^2 \theta \, d\theta}{|\sec \theta|} \qquad \sqrt{\sec^2 \theta} = |\sec \theta|$$

$$= \int \sec \theta \, d\theta \qquad \sec \theta > 0 \text{ pour } -\frac{\pi}{2} < \theta < \frac{\pi}{2}$$

$$= \ln |\sec \theta + \tan \theta| + C$$

$$= \ln \left| \frac{\sqrt{4 + x^2}}{2} + \frac{x}{2} \right| + C \qquad \text{Figure 3.2.3}$$

$$= \ln \left| \sqrt{4 + x^2} + x \right| - \ln 2 + C \qquad \text{Loi des logarithmes}$$

$$= \ln \left| \sqrt{4 + x^2} + x \right| + C'. \qquad \text{Poser } C' = C - \ln 2$$

Remarquez bien comment nous avons exprimé $\ln |\sec \theta + \tan \theta|$ en fonction de x : nous avons tracé un triangle rectangle de référence représentant la substitution $x = 2 \tan \theta$ (figure 3.2.3) et nous avons déterminé les rapports trigonométriques pertinents d'après ce triangle.

Dans le contexte d'une intégration, il est nécessaire que les substitutions soient réversibles puisqu'il faut exprimer le résultat final en fonction de la variable initiale ; donc, les substitutions doivent être définies par des fonctions inversibles. Par exemple, si $x = a \tan \theta$, nous poserons $\theta = \text{arc tan}\,(x/a)$ dès que nous aurons effectué l'intégration. Si $x = a \sin \theta$, nous poserons $\theta = \text{arc sin}\,(x/a)$ et si $x = a \sec \theta$, nous poserons $\theta = \text{arc sec}\,(x/a)$.

Tel que présenté à la section A.5, les fonctions utilisées pour ces trois substitutions n'ont d'inverses que pour certaines valeurs de θ (figure 3.2.3).

Pour que la transformation soit réversible, il faut donc poser les restrictions suivantes sur θ.

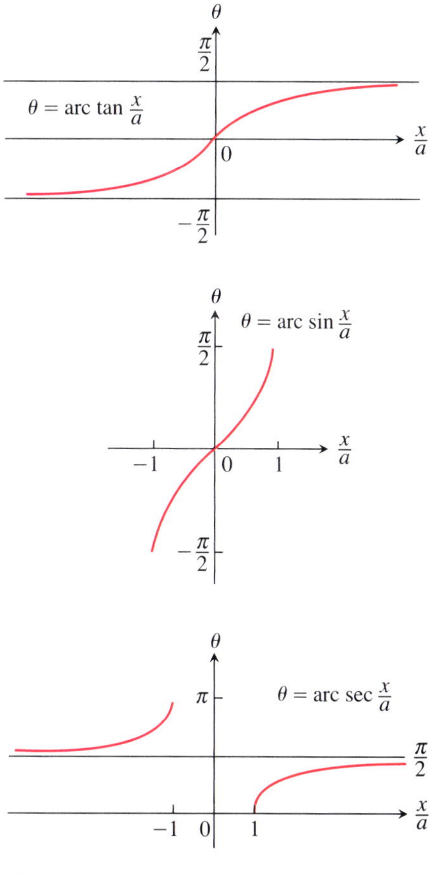

Figure 3.2.3 Arc tangente, arc sinus et arc sécante de x/a tracés en fonction de x/a.

$$\text{Si } x = a \tan \theta, \text{ alors } \theta = \text{arc tan}\left(\frac{x}{a}\right) \text{ avec } -\frac{\pi}{2} < \theta < \frac{\pi}{2}.$$

$$\text{Si } x = a \sin \theta, \text{ alors } \theta = \text{arc sin}\left(\frac{x}{a}\right) \text{ avec } -\frac{\pi}{2} \le \theta \le \frac{\pi}{2}.$$

$$\text{Si } x = a \sec \theta, \text{ alors } \theta = \text{arc sec}\left(\frac{x}{a}\right) \text{ avec } \begin{cases} 0 \le \theta < \frac{\pi}{2}, & \frac{x}{a} \ge 1 \\ \frac{\pi}{2} < \theta \le \pi, & \frac{x}{a} \le -1. \end{cases}$$

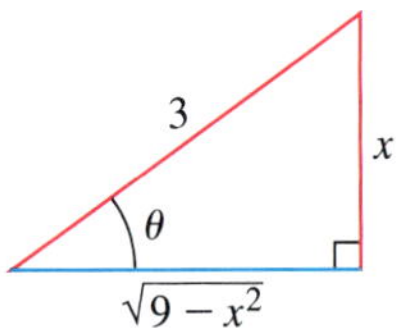

Figure 3.2.4 Triangle rectangle de référence pour $x = 3 \sin \theta$:

$$\sin \theta = \frac{x}{3}$$

et

$$\cos \theta = \frac{\sqrt{9 - x^2}}{3}.$$

EXEMPLE 8 **Utiliser la substitution $x = a \sin \theta$**

Calculez

$$\int \frac{x^3 dx}{\sqrt{9 - x^2}}, \text{ où } -3 < x < 3.$$

Solution

Afin de remplacer l'expression $9 - x^2$ par un monôme de degré 2, plaçons (figure 3.2.4) les éléments $\sqrt{9} = 3$, x et $\sqrt{9 - x^2}$ comme mesures des côtés du triangle rectangle de référence de sorte que le théorème de Pythagore soit respecté et posons :

$$x = 3 \sin \theta, \quad dx = 3 \cos \theta \, d\theta, \quad -\frac{\pi}{2} < \theta < \frac{\pi}{2},$$

$$9 - x^2 = 9 - 9 \sin^2 \theta = 9(1 - \sin^2 \theta) = 9 \cos^2 \theta.$$

Alors,

$$\int \frac{x^3 dx}{\sqrt{9 - x^2}} = \int \frac{27 \sin^3 \theta \cdot 3 \cos \theta \, d\theta}{|3 \cos \theta|}$$

$$= 27 \int \sin^3 \theta \, d\theta \qquad \cos \theta > 0 \text{ pour } -\frac{\pi}{2} < \theta < \frac{\pi}{2}$$

$$= 27 \int (1 - \cos^2 \theta) \sin \theta \, d\theta \qquad \sin^2 \theta = 1 - \cos^2 \theta$$

$$= -27 \int 1 - u^2 \, du \qquad \text{Soit } u = \cos \theta,\ du = -\sin \theta \, d\theta$$

$$= -27\left(u - \frac{u^3}{3}\right) + C$$

$$= -27 \cos \theta + 9 \cos^3 \theta + C$$

$$= -27 \cdot \frac{\sqrt{9 - x^2}}{3} + 9\left(\frac{\sqrt{9 - x^2}}{3}\right)^3 + C \qquad \text{Figure 3.2.4, } a = 3$$

$$= -9\sqrt{9 - x^2} + \frac{(9 - x^2)^{3/2}}{3} + C.$$

EXEMPLE 9 Utiliser la substitution $x = a \sec \theta$

Calculez

$$\int \frac{dx}{\sqrt{25x^2 - 4}}, \text{ où } x > \frac{2}{5}.$$

Solution

Transformons d'abord le radical pour que l'expression sous le signe radical soit de la forme $x^2 - a^2$.

$$\sqrt{25x^2 - 4} = \sqrt{25\left(x^2 - \frac{4}{25}\right)}$$

$$= 5\sqrt{x^2 - \left(\frac{2}{5}\right)^2}$$

Afin de remplacer l'expression $x^2 - (2/5)^2$ par un monôme de degré 2, plaçons (figure 3.2.5) les éléments $2/5$, x et $\sqrt{x^2 - (2/5)^2}$ comme mesures des côtés du triangle rectangle de référence de sorte que le théorème de Pythagore soit respecté et posons :

$$x = \frac{2}{5} \sec \theta, \quad dx = \frac{2}{5} \sec \theta \tan \theta \, d\theta, \quad 0 < \theta < \frac{\pi}{2}$$

$$x^2 - \left(\frac{2}{5}\right)^2 = \frac{4}{25} \sec^2 \theta - \frac{4}{25}$$

$$= \frac{4}{25} (\sec^2 \theta - 1) = \frac{4}{25} \tan^2 \theta$$

$$\sqrt{x^2 - \left(\frac{2}{5}\right)^2} = \frac{2}{5} |\tan \theta| = \frac{2}{5} \tan \theta.$$

$\tan \theta > 0$ pour $0 < \theta < \pi/2$

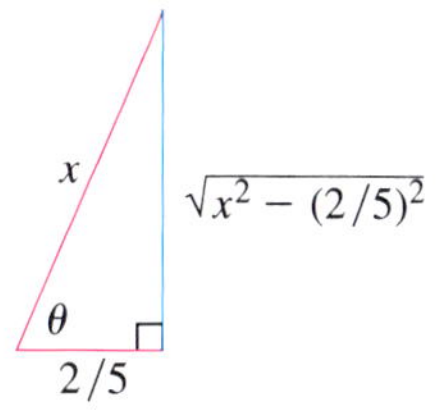

Figure 3.2.5 Si $x = (2/5) \sec \theta$, où $0 \leq \theta < \pi/2$, alors $\theta = \text{arc sec}(5x/2)$ et nous pouvons déduire la valeur des autres rapports trigonométriques à partir du triangle rectangle de référence.

Avec ces substitutions, nous obtenons :

$$\int \frac{dx}{\sqrt{25x^2 - 4}} = \int \frac{dx}{5\sqrt{x^2 - (4/25)}} = \int \frac{(2/5) \sec \theta \tan \theta \, d\theta}{5 \cdot (2/5) \tan \theta}$$

$$= \frac{1}{5} \int \sec \theta \, d\theta = \frac{1}{5} \ln |\sec \theta + \tan \theta| + C$$

$$= \frac{1}{5} \ln \left| \frac{5x}{2} + \frac{\sqrt{25x^2 - 4}}{2} \right| + C.$$

Figure 3.2.5

Voir les exercices **51** à **68**.

Une substitution trigonométrique sert parfois à évaluer une intégrale contenant une puissance entière d'un binôme quadratique, tel qu'illustré dans l'exemple 10 (voir page 210).

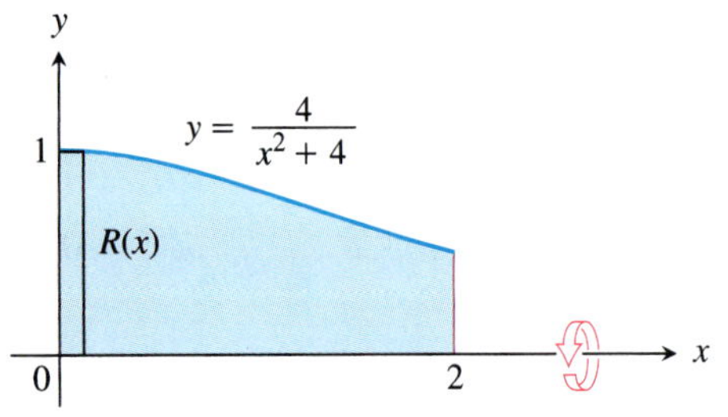

a)

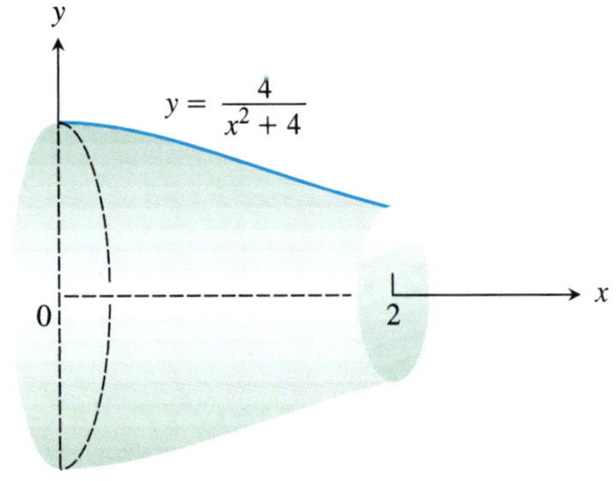

b)

Figure 3.2.6 **a)** Région, **b)** et solide de l'exemple 10.

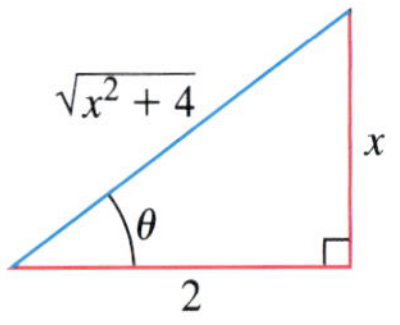

Figure 3.2.7 Triangle rectangle de référence pour $x = 2 \tan \theta$.

EXEMPLE 10 Trouver le volume d'un solide de révolution

Calculez le volume V du solide engendré par la rotation autour de l'axe des x de la région délimitée par la courbe d'équation $y = 4/(x^2 + 4)$, l'axe des x ainsi que les droites d'équations $x = 0$ et $x = 2$.

Solution

Esquissons la région génératrice du volume (figure 3.2.6) et utilisons la méthode des disques expliquée à la section 2.2 :

$$V = \int_0^2 \pi[R(x)]^2 dx = 16\pi \int_0^2 \frac{dx}{(x^2+4)^2}. \qquad R(x) = \frac{4}{x^2+4}$$

Pour évaluer l'intégrale, plaçons (figure 3.2.7) les éléments $\sqrt{4} = 2$, x et $\sqrt{x^2+4}$ comme mesures des côtés du triangle rectangle de référence de sorte que le théorème de Pythagore soit respecté et posons :

$$x = 2 \tan \theta, \quad dx = 2 \sec^2 \theta \, d\theta, \quad \theta = \arctan \frac{x}{2},$$

$$x^2 + 4 = 4 \tan^2 \theta + 4 = 4(\tan^2 \theta + 1) = 4 \sec^2 \theta.$$

Au moyen de ces substitutions, nous obtenons :

$$V = 16\pi \int_0^2 \frac{dx}{(x^2+4)^2}$$

$$= 16\pi \int_0^{\pi/4} \frac{2 \sec^2 \theta \, d\theta}{(4 \sec^2 \theta)^2} \qquad \begin{aligned}&\theta = 0 \text{ lorsque } x = 0\\ &\theta = \pi/4 \text{ lorsque } x = 2\end{aligned}$$

$$= 16\pi \int_0^{\pi/4} \frac{2 \sec^2 \theta \, d\theta}{16 \sec^4 \theta} = \pi \int_0^{\pi/4} 2 \cos^2 \theta \, d\theta$$

$$= \pi \int_0^{\pi/4} (1 + \cos 2\theta) \, d\theta = \pi \left[\theta + \frac{\sin 2\theta}{2} \right]_0^{\pi/4} \qquad 2\cos^2\theta = 1 + \cos 2\theta$$

$$= \pi \left[\frac{\pi}{4} + \frac{1}{2} \right] \approx 4{,}04.$$

Voir les exercices **69** à **113**.

Exercices 3.2

Produits ou quotients de sinus et de cosinus

Calculez les intégrales suivantes.

1. $\int_0^{\pi/2} \sin^5 x \, dx$

2. $\int_0^{\pi} \sin^5 \frac{x}{2} \, dx$

3. $\int_{-\pi/2}^{\pi/2} \cos^3 x \, dx$

4. $\int_0^{\pi/6} 3 \cos^5 3x \, dx$

5. $\int \sin^7 y \, dy$

6. $\int 7 \cos^7 t \, dt$

7. $\int 8 \sin^4 x \, dx$

8. $\int 8 \cos^4 2\pi x \, dx$

9. $\int_{-\pi/4}^{\pi/4} \frac{4 \sin^4 x}{\cos^2 x} \, dx$

10. $\int \frac{\cos^6 \theta}{\sin^2 \theta} \, d\theta$

11. $\int_{\pi/6}^{\pi/2} \frac{3 \cos^3 t}{\sqrt{\sin^3 t}} \, dt$

12. $\int_{-\pi/3}^{\pi/3} \frac{\sin^3 x}{\sqrt{\cos x}} \, dx$

13. $\int_0^{2\pi} \sin^2 2\theta \cos^3 2\theta \, d\theta$

14. $\int_0^{\pi/2} \sin^{5/2} x \cos^3 x \, dx$

15. $\int_{-\pi/2}^{\pi/4} 16 \sin^2 x \cos^2 x \, dx$

16. $\int 8 \sin^4 y \cos^2 y \, dy$

17. $\int 35 \sin^4 \theta \cos^3 \theta \, d\theta$

18. $\int 4 \sin^4 t \cos^4 t \, dt$

19. $\int \dfrac{4 \sin^2 (\ln x) \cos^2 (\ln x)}{x} \, dx$

20. $\int \dfrac{12 \sin^3 (\arctan y)}{1 + y^2} \, dy$

Puissances de tan *x*, cot *x*, sec *x* et csc *x*

Calculez les intégrales suivantes.

21. $\int_{-\pi/3}^{0} 2 \sec^3 x \, dx$

22. $\int e^x \sec^3 (e^x - 1) \, dx$

23. $\int_{\pi/2}^{\pi} \csc^3 \dfrac{x}{2} \, dx$

24. $\int \dfrac{\csc^3 \sqrt{\theta}}{\sqrt{\theta}} \, d\theta$

25. $\int_0^{\pi/4} \tan^2 x \sec x \, dx$

26. $\int_{\pi/6}^{\pi/2} \cot^2 x \csc x \, dx$

27. $\int_0^{\pi/4} \sec^4 \theta \, d\theta$

28. $\int_0^{\pi/12} 3 \sec^4 3x \, dx$

29. $\int \csc^4 \theta \, d\theta$

30. $\int_{\pi/2}^{\pi} 3 \csc^4 \dfrac{\theta}{2} \, d\theta$

31. $\int_0^{\pi/4} 4 \tan^3 x \, dx$

32. $\int_{\pi/6}^{\pi/3} \cot^3 x \, dx$

33. $\int_{\pi/4}^{\pi/2} 8 \cot^4 t \, dt$

34. $\int 6 \tan^4 x \, dx$

35. $\int \sec^2 t \ln (\cos t) \, dt$

36. $\int_{-\pi/3}^{\pi/3} \dfrac{\sin^2 \theta}{\cos^4 \theta} \, d\theta$

37. $\int \tan^3 x (\sec x)^{3/2} \, dx$

38. $\int \cot^3 x (\csc x)^{-1/2} \, dx$

Puissances trigonométriques

39. Sans effectuer les développements, expliquez comment vous pourriez calculer $\int \cos^9 \theta \, d\theta$.

40. Sans effectuer les développements, expliquez comment vous pourriez calculer $\int \sin^{13} \theta \, d\theta$.

41. **a)** Exprimez $\int \tan^5 \theta \, d\theta$ en fonction de $\int \tan^3 \theta \, d\theta$.

b) Exprimez $\int \tan^7 \theta \, d\theta$ en fonction de $\int \tan^5 \theta \, d\theta$.

c) Exprimez $\int \tan^{2k+1} \theta \, d\theta$ en fonction de $\int \tan^{2k-1} \theta \, d\theta$, où k est un entier positif.

42. **a)** Exprimez $\int \cot^5 \theta \, d\theta$ en fonction de $\int \cot^3 \theta \, d\theta$.

b) Exprimez $\int \cot^7 \theta \, d\theta$ en fonction de $\int \cot^5 \theta \, d\theta$.

c) Exprimez $\int \cot^{2k+1} \theta \, d\theta$ en fonction de $\int \cot^{2k-1} \theta \, d\theta$, où k est un entier positif.

Autres produits de sinus et de cosinus

Évaluez les intégrales suivantes.

43. $\int_{-\pi}^{0} \sin 3x \cos 2x \, dx$

44. $\int_0^{\pi/2} \sin 2x \cos 3x \, dx$

45. $\int_{\pi/12}^{\pi/6} 8 \sin 4x \sin 2x \, dx$

46. $\int_{2\pi}^{3\pi} \sin \dfrac{x}{3} \cos \dfrac{x}{6} \, dx$

47. $\int_{2\pi}^{4\pi} \cos \dfrac{x}{3} \cos \dfrac{x}{4} \, dx$

48. $\int_0^{\pi/2} \cos \dfrac{x}{2} \cos 7x \, dx$

49. **L'intégrale de $\csc^3 x$.** En substituant respectivement la cosécante et la cotangente à la sécante et à la tangente, utilisez la méthode de l'exemple 5 (voir page 204) pour démontrer que :

$$\int \csc^3 x \, dx = -\frac{1}{2} \csc x \cot x - \frac{1}{2} \ln |\csc x + \cot x| + C.$$

50. **Fonctions orthogonales.** Les fonctions intégrables f et g sont dites **orthogonales** sur l'intervalle $[a, b]$ si

$$\int_a^b f(x)g(x)dx = 0.$$

a) Démontrez que, si m et n sont entiers et $m \neq \pm n$, alors les fonctions $\sin mx$ et $\sin nx$ sont orthogonales sur tout intervalle de longueur 2π.

b) Démontrez que la même relation que celle énoncée en **a)** existe entre $\cos mx$ et $\cos nx$.

c) Démontrez que la même relation que celle énoncée en **a)** existe entre $\sin mx$ et $\cos nx$, et ce, même quand $m = \pm n$.

Les fonctions mentionnées en **a)**, **b)** et **c)**, ainsi que d'autres paires de fonctions orthogonales, sont très utilisées dans l'étude des oscillations, de la distribution de la chaleur et du potentiel électrique.

Substitutions trigonométriques de base

Calculez les intégrales suivantes.

51. $\int \dfrac{dy}{\sqrt{9 + y^2}}$

52. $\int \dfrac{3dy}{\sqrt{1 + 9y^2}}$

53. $\int \sqrt{25 - t^2} \, dt$

54. $\int \sqrt{1 - 9t^2} \, dt$

55. $\int \dfrac{dx}{\sqrt{4x^2 - 49}}, x > \dfrac{7}{2}$

56. $\int \dfrac{5dx}{\sqrt{25x^2 - 9}}, x > \dfrac{3}{5}$

57. $\int \dfrac{dx}{x^2 \sqrt{x^2 - 1}}, x > 1$

58. $\int \dfrac{2dx}{x^3 \sqrt{x^2 - 1}}, x > 1$

59. $\int \frac{x^3dx}{\sqrt{x^2+4}}$

60. $\int \frac{dx}{x^2\sqrt{x^2+1}}$

61. $\int \frac{8dw}{w^2\sqrt{4-w^2}}$

62. $\int \frac{\sqrt{9-w^2}}{w^2}\,dw$

63. $\int \frac{dx}{(x^2-1)^{3/2}},\ x>1$

64. $\int \frac{x^2dx}{(x^2-1)^{5/2}},\ x>1$

65. $\int \frac{(1-x^2)^{3/2}}{x^6}\,dx$

66. $\int \frac{(1-x^2)^{1/2}}{x^4}\,dx$

67. $\int \frac{8dx}{(4x^2+1)^2}$

68. $\int \frac{6dt}{(9t^2+1)^2}$

Combinaisons de plusieurs substitutions

Utilisez un changement de variable suivi d'une substitution trigonométrique pour calculer les intégrales suivantes.

69. $\int_0^{\ln 4} \frac{e^tdt}{\sqrt{e^{2t}+9}}$

70. $\int_{\ln(3/4)}^{\ln(4/3)} \frac{e^tdt}{(1+e^{2t})^{3/2}}$

71. $\int_{1/12}^{1/4} \frac{2dt}{\sqrt{t}+4t\sqrt{t}}$

72. $\int_1^e \frac{dy}{y\sqrt{1+(\ln y)^2}}$

73. $\int \frac{dx}{x\sqrt{x^2-1}}$

74. $\int \frac{dx}{1+x^2}$

75. $\int \frac{xdx}{\sqrt{x^2-1}}$

76. $\int \frac{dx}{\sqrt{1-x^2}}$

Complétion de carré et substitutions trigonométriques

Effectuez une complétion de carré puis une substitution trigonométrique pour calculer les intégrales suivantes.

77. $\int_1^3 \frac{dy}{y^2-2y+5}$

78. $\int_1^4 \frac{dy}{y^2-2y+10}$

79. $\int_1^{3/2} \frac{(x-1)dx}{\sqrt{2x-x^2}}$

80. $\int \frac{(x-2)dx}{\sqrt{5+4x-x^2}}$

81. $\int \frac{dx}{\sqrt{x^2-2x}}$

82. $\int \frac{\cos t\ dt}{\sqrt{\sin^2 t+2\sin t}}$

83. $\int_{-2}^{2} \frac{(x+2)dx}{\sqrt{x^2+4x+13}}$

84. $\int_0^1 \frac{(1-x)dx}{\sqrt{8+2x-x^2}}$

85. $\int \frac{ds}{\sqrt{s^2-2s+5}}$

86. $\int_1^3 \frac{2zdz}{z^2-2z+5}$

87. $\int \frac{3dx}{9x^2-6x+5}$

88. $\int_{-1}^{0} \frac{6dt}{\sqrt{3-2t-t^2}}$

89. $\int \frac{dr}{\sqrt{r^2-2r-3}}$

90. $\int_{\sqrt{2}-1}^{1} \frac{dx}{(x+1)\sqrt{x^2+2x}}$

91. $\int_{-2}^{3} \frac{2d\theta}{\theta^2+4\theta+5}$

92. $\int_1^{5/2} \frac{vdv}{\sqrt{v^2-2v+5}}$

93. $\int \frac{dx}{\sqrt{9x^2-6x+5}}$

94. $\int \frac{3ydy}{9y^2-6y+5}$

95. $\int_{-2}^{1} \frac{dx}{\sqrt{x^2+4x+13}}$

96. $\int \frac{(z-1)dz}{\sqrt{z^2-4z+3}}$

97. $\int_5^6 \frac{dt}{\sqrt{t^2-2t-8}}$

98. $\int \frac{xdx}{\sqrt{9x^2-6x+5}}$

99. $\int \frac{rdr}{\sqrt{r^2+4r+5}}$

100. $\int \frac{(2x+3)dx}{4x^2+4x+5}$

Équations différentielles avec une condition initiale

Trouvez la solution particulière des équations différentielles suivantes.

101. $x\frac{dy}{dx} = \sqrt{x^2-4},\ x \geq 2,\ y(2)=0$

102. $\sqrt{x^2-9}\,\frac{dy}{dx} = 1,\ x>3,\ y(5)=\ln 3$

103. $(x^2+4)\,\frac{dy}{dx} = 3,\ y(2)=0$

104. $(x^2+1)^2\,\frac{dy}{dx} = \sqrt{x^2+1},\ y(0)=1$

Applications

105. Trouver une aire. Calculez l'aire de la région du premier quadrant délimitée par les axes des x et des y ainsi que par la courbe elliptique d'équation $y = \sqrt{9-x^2}/3$.

106. Trouver un volume. Calculez le volume du solide engendré par la rotation autour de l'axe des x de la région du premier quadrant délimitée par les axes des x et des y, la courbe d'équation $2/(1+x^2)$ ainsi que la droite d'équation $x=1$.

107. Trouver une valeur moyenne. Trouvez la valeur moyenne de la fonction $f(x) = 4/(x^2-4x+8)$ sur l'intervalle $[2, 4]$.

108. Trouver une aire. À trois décimales près, calculez l'aire de la région colorée (voir figure ci-dessous).

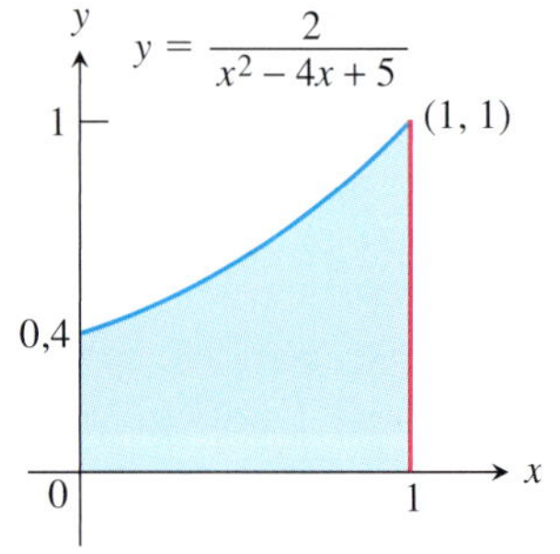

109. Trouver une longueur d'arc. À trois décimales près, trouvez la longueur de la courbe d'équation $y = x^2$, où $0 \leq x \leq \sqrt{3}/2$.

110. Trouver un volume. À trois décimales près, calculez le volume du solide de révolution illustré à la figure à la page suivante.

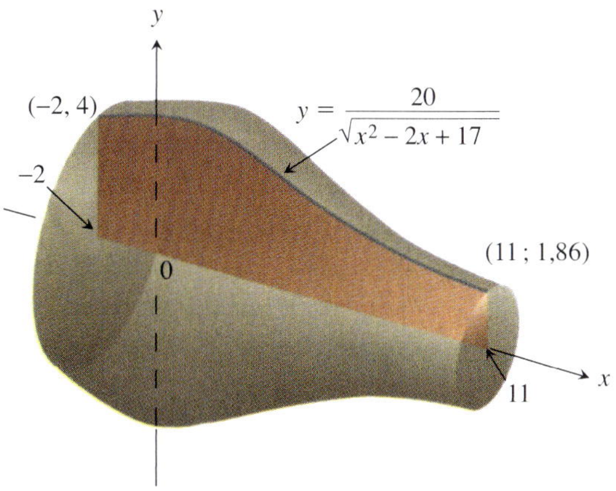

111. Trouver une aire. Calculez l'aire de la surface de révolution engendrée par la rotation, autour de l'axe des x, de l'arc de courbe illustré à la figure ci-dessous.

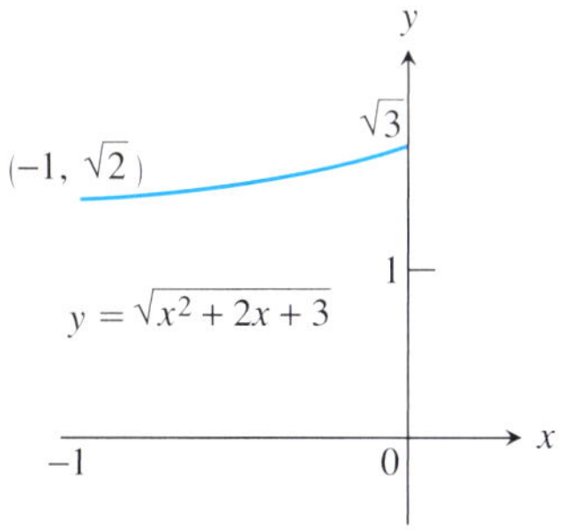

112. Localiser un centroïde. À deux décimales près, trouvez les coordonnées du centroïde de la région colorée (voir figure ci-dessous).

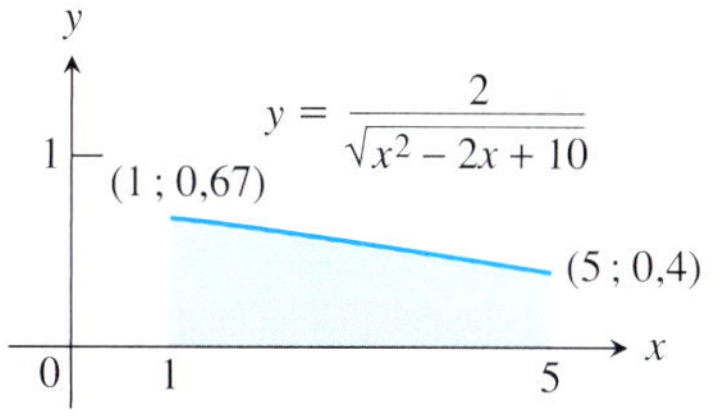

113. Deux formules utiles.

a) Démontrez la formule $\displaystyle\int \frac{du}{u^2 + a^2} = \frac{1}{a} \text{ arc tan } \frac{u}{a} + C.$

b) Démontrez la formule $\displaystyle\int \frac{du}{\sqrt{a^2 - u^2}} = \text{arc sin } \frac{u}{a} + C.$

3.3 Fonctions rationnelles et méthode des fractions partielles

- **3.3.1** Fractions partielles
- **3.3.2** Description générale de la méthode
- **3.3.3** Autres façons de déterminer les coefficients

Dans la présente section, nous décrirons la méthode des fractions partielles : il s'agit d'un outil puissant permettant d'intégrer les fonctions rationnelles de la forme $f(x)/g(x)$, où $f(x)$ et $g(x)$ sont des polynômes tels que f est de degré inférieur à g. Un théorème d'algèbre supérieure, sur lequel nous reviendrons, permet d'affirmer que toute fraction rationnelle, aussi compliquée soit-elle, est exprimable sous la forme d'une somme de fractions simples appelées *fractions partielles*. Nous savons comment calculer facilement l'intégrale de certaines fractions partielles telles que $1/(x + 2)$ ou $2x/(x^2 + 4)$, et même dans le cas d'une fraction partielle plus compliquée, nous disposons déjà de toutes les techniques pour l'intégrer. La première étape pour intégrer une fraction rationnelle consiste donc à la transformer en une somme de fractions partielles ; nous pouvons alors intégrer cette somme de fractions partielles pour trouver l'intégrale de la fonction rationnelle équivalente.

3.3.1 Fractions partielles

Lorsqu'on additionne des fractions algébriques, on trouve un dénominateur commun puis on additionne les fractions et, enfin, on simplifie le résultat si c'est possible. Par exemple,

$$\begin{aligned}\frac{2}{x+1}+\frac{3}{x-3} &= \frac{2(x-3)}{(x+1)(x-3)}+\frac{3(x+1)}{(x-3)(x+1)} \\ &= \frac{2x-6+3x+3}{x^2-2x-3} \\ &= \frac{5x-3}{x^2-2x-3}.\end{aligned}$$

À la condition de savoir inverser ce procédé, il est donc aisé de calculer l'intégrale suivante.

$$\begin{aligned}\int \frac{5x-3}{x^2-2x-3}\,dx &= \int \frac{2}{x+1}\,dx + \int \frac{3}{x-3}\,dx \\ &= 2\ln|x+1| + 3\ln|x-3| + C\end{aligned}$$

La façon d'inverser le procédé consiste à décomposer la fraction donnée en une somme de fractions dites *partielles* et c'est pourquoi nous disons qu'il s'agit de la méthode des fractions partielles. L'exemple 1 illustre comment la méthode s'applique au cas précédent.

EXEMPLE 1 Appliquer la méthode des fractions partielles

Utilisez la méthode des fractions partielles pour calculer:

$$\int \frac{5x-3}{x^2-2x-3}\,dx.$$

Solution

D'abord, décomposons le dénominateur en facteurs:

$$x^2-2x-3=(x+1)(x-3).$$

Ensuite, nous voulons déterminer les valeurs des constantes A et B telles que

$$\frac{5x-3}{x^2-2x-3}=\frac{A}{x+1}+\frac{B}{x-3}.$$

(Pour l'instant, nous devrions ignorer que $A = 2$ et $B = 3$ fonctionnent.) Les fractions $A/(x+1)$ et $B/(x-3)$ sont appelées **fractions partielles** parce que chacun de leurs dénominateurs ne représente qu'une partie du dénominateur initial x^2-2x-3. A et B sont appelés **coefficients indéterminés** tant que leur valeur n'est pas déterminée.

Pour trouver A et B, éliminons les dénominateurs en multipliant les deux membres de l'équation par $(x+1)(x-3)$. Nous obtenons:

$$5x-3 = A(x-3)+B(x+1)$$ Multiplier les deux membres par $(x+1)(x-3)$

$$= (A+B)x-3A+B.$$ Regrouper selon les puissances de x

La dernière égalité sera vraie pour tout x à condition que les coefficients des puissances égales de x soient égaux. Cela donne le système d'équations linéaires suivant.

$$A + B = 5$$
$$-3A + B = -3$$

En résolvant ce système, nous obtenons $A = 2$ et $B = 3$. Par conséquent,

$$\int \frac{5x-3}{x^2-2x-3}\,dx = \int \frac{2}{x+1}\,dx + \int \frac{3}{x-3}\,dx$$
$$= 2\ln|x+1| + 3\ln|x-3| + C.$$

Voir les exercices **1**, **2**, **6** et **9** à **16**.

3.3.2 Description générale de la méthode

Pour qu'une fonction rationnelle $f(x)/g(x)$ s'écrive comme une somme de fractions partielles, deux conditions doivent d'abord être respectées.

- *Le degré de $f(x)$ doit être plus petit que le degré de $g(x)$.* Autrement dit, la fraction doit être une fraction propre. Sinon, il faut diviser $f(x)$ par $g(x)$ et travailler avec le reste (voir exemple 4, page 216).
- *$g(x)$ doit être décomposé en facteurs.* En théorie, tout polynôme à coefficients réels peut être décomposé en un produit de facteurs du premier degré ou de facteurs irréductibles du second degré. Dans la pratique, il est possible que cette opération se révèle très compliquée.

Lorsque ces deux conditions sont respectées, la méthode fonctionne de la façon suivante.

Marche à suivre

Méthode des fractions partielles (où $f(x)/g(x)$ est une fraction propre)

Étape 1 Soit $x - r$ un facteur linéaire de $g(x)$ et soit $(x - r)^m$ la plus haute puissance de $x - r$ qui divise $g(x)$. Alors, associez à ce facteur la somme des m fractions partielles suivantes.

$$\frac{A_1}{x-r} + \frac{A_2}{(x-r)^2} + \dots + \frac{A_m}{(x-r)^m}$$

Répétez l'opération pour chacun des facteurs linéaires distincts de $g(x)$.

Étape 2 Soit $x^2 + px + q$, un facteur quadratique irréductible de $g(x)$ et soit $(x^2 + px + q)^n$ la plus haute puissance de $x^2 + px + q$ qui divise $g(x)$. Alors, associez à ce facteur la somme des n fractions partielles suivantes.

$$\frac{B_1x + C_1}{x^2+px+q} + \frac{B_2x + C_2}{(x^2+px+q)^2} + \dots + \frac{B_nx + C_n}{(x^2+px+q)^n}$$

Répétez l'opération pour chacun des facteurs quadratiques irréductibles distincts de $g(x)$.

Étape 3 Formez l'égalité entre la fraction initiale $f(x)/g(x)$ et la somme de toutes les fractions partielles. Éliminez le dénominateur commun en multipliant les deux membres de l'égalité par $g(x)$, puis regroupez les termes selon les puissances décroissantes de x.

Étape 4 Posez l'égalité entre les coefficients des puissances correspondantes de x et résolvez le système d'équations résultant afin de trouver la valeur de chaque coefficient indéterminé.

Facteur quadratique irréductible

Un facteur quadratique $x^2 + px + q$ est irréductible lorsqu'il n'est pas décomposable en un produit de deux facteurs linéaires, c'est-à-dire lorsque son discriminant $p^2 - 4q < 0$.

EXEMPLE 2 Utiliser un facteur linéaire plusieurs fois

Exprimez la fonction rationnelle suivante sous la forme d'une somme de fractions partielles.

$$\frac{6x+7}{(x+2)^2}$$

Solution

Il faut exprimer la fraction sous la forme d'une somme de fractions partielles avec des coefficients indéterminés en suivant la méthode décrite précédemment.

$$\frac{6x+7}{(x+2)^2} = \frac{A}{x+2} + \frac{B}{(x+2)^2}$$

$$6x+7 = A(x+2) + B$$ Multiplier membre à membre par $(x+2)^2$

$$= Ax + (2A + B)$$ Regrouper selon les puissances décroissantes de x

En posant l'égalité entre les coefficients des puissances correspondantes de x, nous obtenons :

$$A = 6 \text{ et } 2A + B = 12 + B = 7 \text{ ou}$$
$$A = 6 \text{ et } B = -5.$$

Par conséquent,

$$\frac{6x+7}{(x+2)^2} = \frac{6}{x+2} - \frac{5}{(x+2)^2}.$$

Voir les exercices **3**, **4** et **5**.

EXEMPLE 3 Appliquer la méthode des fractions partielles

Calculez

$$\int \frac{6x+7}{(x+2)^2}\,dx.$$

Solution

Selon la solution de l'exemple 2, nous pouvons écrire :

$$\int \frac{6x+7}{(x+2)^2}\,dx = \int \left(\frac{6}{x+2} - \frac{5}{(x+2)^2}\right)dx$$ Exemple 2

$$= 6\int \frac{dx}{x+2} - 5\int (x+2)^{-2}dx$$

$$= 6 \ln|x+2| + 5(x+2)^{-1} + C.$$

EXEMPLE 4 Intégrer une fraction impropre

Calculez

$$\int \frac{2x^3 - 4x^2 - x - 3}{x^2 - 2x - 3}\,dx.$$

Solution

Divisons d'abord le numérateur par le dénominateur pour obtenir un polynôme plus une fraction propre.

$$\begin{array}{rrrr|l} 2x^3 & -\ 4x^2 & -\ x & -\ 3 & x^2 - 2x - 3 \\ \cline{5-5} 2x^3 & -\ 4x^2 & -\ 6x & & 2x \\ \cline{1-3} & & 5x & -\ 3 & \end{array}$$

Écrivons la fraction impropre initiale sous la forme de la somme du polynôme et de la fraction propre obtenus par la division polynomiale.

$$\frac{2x^3 - 4x^2 - x - 3}{x^2 - 2x - 3} = 2x + \frac{5x - 3}{x^2 - 2x - 3}$$

Finalement, en utilisant $\int 2x dx = x^2$ et le résultat de l'exemple 1 (voir page 214), nous obtenons :

$$\begin{aligned} \int \frac{2x^3 - 4x^2 - x - 3}{x^2 - 2x - 3}\, dx &= \int 2x dx + \int \frac{5x - 3}{x^2 - 2x - 3}\, dx \\ &= x^2 + 2 \ln |x + 1| + 3 \ln |x - 3| + C. \end{aligned}$$

Voir les exercices **7** et **17** à **20**.

EXEMPLE 5 Intégrer une fraction avec un facteur quadratique irréductible au dénominateur

Calculez

$$\int \frac{-2x + 4}{(x^2 + 1)(x - 1)^2}\, dx$$

par la méthode des fractions partielles.

Solution

Le dénominateur contient un facteur quadratique irréductible ainsi qu'un facteur linéaire répété deux fois ; nous pouvons donc écrire :

$$\frac{-2x + 4}{(x^2 + 1)(x - 1)^2} = \frac{Ax + B}{x^2 + 1} + \frac{C}{x - 1} + \frac{D}{(x - 1)^2}. \qquad (1)$$

Remarquez le numérateur au-dessus de $x^2 + 1$: pour des facteurs quadratiques irréductibles, nous utilisons des numérateurs du premier degré, non pas des numérateurs constants.

En multipliant les deux membres de l'égalité par $(x^2 + 1)(x - 1)^2$ pour supprimer les dénominateurs, nous obtenons :

$$\begin{aligned} -2x + 4 &= (Ax + B)(x - 1)^2 + C(x - 1)(x^2 + 1) + D(x^2 + 1) \\ &= (A + C)x^3 + (-2A + B - C + D)x^2 \\ &\quad + (A - 2B + C)x + (B - C + D). \end{aligned}$$

En posant l'égalité entre les coefficients des puissances correspondantes de x, nous obtenons :

$$\begin{aligned} &\text{coefficients de } x^3 : & 0 &= A + C ; \\ &\text{coefficients de } x^2 : & 0 &= -2A + B - C + D ; \\ &\text{coefficients de } x^1 : & -2 &= A - 2B + C ; \\ &\text{coefficients de } x^0 : & 4 &= B - C + D. \end{aligned}$$

Résolvons ce système de quatre équations linéaires à quatre inconnues A, B, C et D.

Dans certains problèmes, en assignant à x des valeurs égales aux racines des facteurs linéaires de $g(x)$, nous déterminons rapidement le plus de constantes possible.

EXEMPLE 8 Assigner des valeurs à *x*

Trouvez A, B, C et D dans

$$\frac{11 + 8x}{(x-2)(x+1)^3} = \frac{A}{(x-2)} + \frac{B}{(x+1)} + \frac{C}{(x+1)^2} + \frac{D}{(x+1)^3}.$$

Solution

En multipliant les deux membres de l'égalité par $(x - 2)(x + 1)^3$ pour éliminer les dénominateurs, nous obtenons :

$$11 + 8x = A(x+1)^3 + B(x-2)(x+1)^2 + C(x-2)(x+1) + D(x-2).$$

Assignons à x successivement les valeurs 2 et -1 qui annulent les facteurs du premier degré du dénominateur de la fraction rationnelle.

$$\begin{aligned} x = 2: \quad 11 + 8(2) &= A(2+1)^3 + B(2-2)(2+1)^2 \\ &\quad + C(2-2)(2+1) + D(2-2) \\ 27 &= 27A \\ A &= 1 \end{aligned}$$

$$\begin{aligned} x = -1: \quad 11 + 8(-1) &= A(-1+1)^3 + B(-1-2)(-1+1)^2 \\ &\quad + C(-1-2)(-1+1) + D(-1-2) \\ 3 &= -3D \\ D &= -1 \end{aligned}$$

Pour déterminer B et C à partir de l'égalité des numérateurs obtenue au début de la solution, nous établissons deux équations qui contiennent ces constantes en posant l'égalité entre les coefficients des puissances correspondantes de x. Il est souvent préférable de considérer d'abord la plus haute, puis la plus basse puissance de x. La plus haute puissance de x est 3, ce qui donne l'équation :

$$0 = A + B,$$

d'où

$$B = -A = -1.$$

La plus basse puissance est 0, ce qui revient à poser l'égalité entre les termes constants.

$$\begin{aligned} 11 &= A - 2B - 2C - 2D \\ 2C &= A - 2B - 2D - 11 \\ &= 1 - 2(-1) - 2(-1) - 11 \\ &= -6 \\ C &= -3 \end{aligned}$$

Par conséquent, nous avons :

$$\frac{11 + 8x}{(x-2)(x+1)^3} = \frac{1}{(x-2)} + \frac{-1}{(x+1)} + \frac{-3}{(x+1)^2} + \frac{-1}{(x+1)^3}.$$

Voir les exercices **29** à **40** et **49** à **52**.

Décomposer des fonctions rationnelles en fractions partielles

Décomposez les fonctions rationnelles suivantes en fractions partielles.

1. $\dfrac{5x-13}{(x-3)(x-2)}$

2. $\dfrac{5x-7}{x^2-3x+2}$

3. $\dfrac{x+4}{(x+1)^2}$

4. $\dfrac{2x+2}{x^2-2x+1}$

5. $\dfrac{z+1}{z^2(z-1)}$

6. $\dfrac{z}{z^3-z^2-6z}$

7. $\dfrac{t^2+8}{t^2-5t+6}$

8. $\dfrac{t^4+9}{t^4+9t^2}$

Facteurs linéaires non répétés

Décomposez les intégrandes en fractions partielles, puis calculez les intégrales suivantes.

9. $\displaystyle\int \frac{dx}{1-x^2}$

10. $\displaystyle\int \frac{dx}{x^2+2x}$

11. $\displaystyle\int \frac{x+4}{x^2+5x-6}\,dx$

12. $\displaystyle\int \frac{2x+1}{x^2-7x+12}\,dx$

13. $\displaystyle\int_4^8 \frac{y\,dy}{y^2-2y-3}$

14. $\displaystyle\int_{1/2}^1 \frac{y+4}{y^2+y}\,dy$

15. $\displaystyle\int \frac{dt}{t^3+t^2-2t}$

16. $\displaystyle\int \frac{x+3}{2x^3-8x}\,dx$

Facteurs linéaires répétés

Décomposez les intégrandes en fractions partielles, puis calculez les intégrales suivantes.

(Indication : Si la fraction rationnelle est impropre, n'oubliez pas de faire d'abord la division polynomiale.)

17. $\displaystyle\int_0^1 \frac{x^3\,dx}{x^2+2x+1}$

18. $\displaystyle\int_{-1}^0 \frac{x^3\,dx}{x^2-2x+1}$

19. $\displaystyle\int \frac{dx}{(x^2-1)^2}$

20. $\displaystyle\int \frac{x^2\,dx}{(x-1)(x^2+2x+1)}$

Facteurs quadratiques irréductibles

Décomposez les intégrandes en fractions partielles, puis calculez les intégrales suivantes.

21. $\displaystyle\int_0^1 \frac{dx}{(x+1)(x^2+1)}$

22. $\displaystyle\int_1^{\sqrt{3}} \frac{3t^2+t+4}{t^3+t}\,dt$

23. $\displaystyle\int \frac{y^2+2y+1}{(y^2+1)^2}\,dy$

24. $\displaystyle\int \frac{8x^2+8x+2}{(4x^2+1)^2}\,dx$

25. $\displaystyle\int \frac{2s+2}{(s^2+1)(s-1)^3}\,ds$

26. $\displaystyle\int \frac{s^4+81}{s(s^2+9)^2}\,ds$

27. $\displaystyle\int \frac{2\theta^3+5\theta^2+8\theta+4}{(\theta^2+2\theta+2)^2}\,d\theta$

28. $\displaystyle\int \frac{\theta^4-4\theta^3+2\theta^2-3\theta+1}{(\theta^2+1)^3}\,d\theta$

Fractions impropres

Effectuez la division polynomiale sur l'intégrande pour obtenir une fraction propre, puis décomposez le résultat obtenu en fractions partielles afin de calculer les intégrales suivantes.

29. $\displaystyle\int \frac{2x^3-2x^2+1}{x^2-x}\,dx$

30. $\displaystyle\int \frac{x^4}{x^2-1}\,dx$

31. $\displaystyle\int \frac{9x^3-3x+1}{x^3-x^2}\,dx$

32. $\displaystyle\int \frac{16x^3}{4x^2-4x+1}\,dx$

33. $\displaystyle\int \frac{y^4+y^2-1}{y^3+y}\,dy$

34. $\displaystyle\int \frac{2y^4}{y^3-y^2+y-1}\,dy$

Calculer des intégrales

Calculez les intégrales suivantes.

35. $\displaystyle\int \frac{e^t\,dt}{e^{2t}+3e^t+2}$

36. $\displaystyle\int \frac{e^{4t}+2e^{2t}-e^t}{e^{2t}+1}\,dt$

37. $\displaystyle\int \frac{\cos y\,dy}{\sin^2 y+\sin y-6}$

38. $\displaystyle\int \frac{\sin\theta\,d\theta}{\cos^2\theta+\cos\theta-2}$

39. $\displaystyle\int \frac{(x-2)^2\arctan(2x)-12x^3-3x}{(4x^2+1)(x-2)^2}\,dx$

40. $\displaystyle\int \frac{(x+1)^2\arctan(3x)+9x^3+x}{(9x^2+1)(x+1)^2}\,dx$

Équations différentielles avec une condition initiale

Trouvez la solution particulière des équations différentielles suivantes.

41. $(t^2-3t+2)\dfrac{dx}{dt}=1,\ x(3)=0$

42. $(3t^4+4t^2+1)\dfrac{dx}{dt}=2\sqrt{3},\ x(1)=-\pi\sqrt{3}/4$

43. $(t^2+2t)\dfrac{dx}{dt}=2x+2\ (t,x>0),\ x(1)=1$

44. $(t+1)\dfrac{dx}{dt}=x^2+1\ (t>-1),\ x(0)=\pi/4$

45. $\dfrac{dy}{dx}=e^x(y^2-y),\ y(0)=2$

46. $\dfrac{dy}{d\theta}=(y+1)^2\sin\theta,\ y(\pi/2)=0$

47. $\dfrac{dy}{dx}=\dfrac{1}{x^2-3x+2},\ y(3)=0$

48. $\dfrac{ds}{dt}=\dfrac{2s+2}{t^2+2t},\ s(1)=1$

Applications et exemples

Aux exercices **49** et **50**, calculez le volume du solide engendré par la rotation de la région colorée autour de l'axe de rotation indiqué.

49. Axe des x.

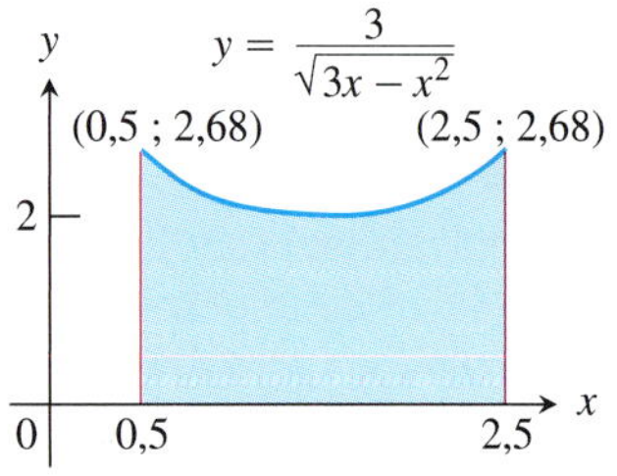

50. Axe des y.

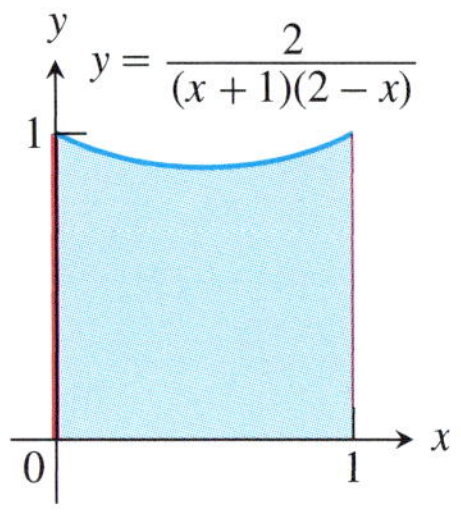

51. Diffusion sociale. En sociologie, l'expression *diffusion sociale* décrit la façon dont l'information se répand dans une population. L'information peut se véhiculer sous la forme d'une rumeur, d'une mode ou d'une innovation technologique quelconque. Si la taille N d'une population est assez grande, le nombre d'individus x détenant une information peut être modélisé par une fonction dérivable du temps t telle que la vitesse de diffusion dx/dt est proportionnelle au produit du nombre d'individus qui ont l'information par le nombre d'individus qui ne l'ont pas. Cette condition se traduit par l'équation différentielle suivante.

$$\frac{dx}{dt} = kx(N - x)$$

Toute équation de cette forme est une équation différentielle logistique dont la solution générale est appelée *fonction logistique* (voir texte « Logistique », page 360).

Supposons que t soit exprimé en jours, que $k = 1/250$ et que deux personnes soient à l'origine d'une rumeur au temps $t = 0$ dans une population de $N = 1000$ individus.

a) Trouvez x en fonction de t.

b) En combien de temps la moitié de la population sera-t-elle au courant de la rumeur? (C'est à ce moment que la rumeur se propage le plus rapidement.)

52. Vitesse d'une réaction chimique du second ordre. Dans de nombreuses réactions chimiques, deux réactifs interagissent pour former un nouveau produit. La vitesse de réaction dépend de la concentration des deux réactifs. Si a est la quantité du réactif A et b, celle du réactif B au temps $t = 0$, et si x est la quantité du nouveau produit au temps t, alors la vitesse de formation de x est modélisée par l'équation différentielle suivante :

$$\frac{dx}{dt} = k(a - x)(b - x)$$

ou

$$\frac{1}{(a - x)(b - x)} \frac{dx}{dt} = k,$$

où k est une constante typique de la réaction.

Intégrez les deux membres de l'équation pour obtenir la quantité x du produit de réaction en fonction du temps t :

a) si $a = b$;

b) si $a \neq b$.

Dans les deux cas, supposez que $x = 0$ au temps $t = 0$.

3.4 Règle de L'Hospital

Vers la fin du XVIIe siècle, Jean Bernoulli découvrit une règle permettant de calculer la limite des fractions dont le numérateur et le dénominateur tendaient simultanément vers zéro. Or, de nos jours, cette règle est connue sous le nom de **règle de L'Hospital**. On l'appelle ainsi en l'honneur de Guillaume François Antoine de L'Hospital, un noble français qui écrivit un traité de calcul différentiel dans lequel apparaissait pour la première fois cette règle empruntée à Bernoulli.

3.4.1 Formes indéterminées 0/0

Lorsque les fonctions continues $f(x)$ et $g(x)$ prennent toutes deux la valeur zéro lorsque $x = a$, alors

$$\lim_{x \to a} \frac{f(x)}{g(x)}$$

ne peut être calculée en remplaçant x par a ; en effet, avec cette substitution, le quotient deviendrait 0/0, une expression dénuée de sens et connue sous le nom de **forme indéterminée**. Les limites qui entraînent des formes indéterminées peuvent être faciles ou difficiles à établir algébriquement selon le cas. Rappelons-nous tout le travail d'analyse demandé pour calculer $\lim\limits_{x \to 0} (\sin x)/x$ dans le cours de calcul différentiel ! Nous avions, par contre, plus de facilité avec les limites du type

$$f'(a) = \lim_{h \to 0} \frac{f(a+h) - f(a)}{h},$$

à l'aide desquelles nous avons calculé nos premières dérivées. Ces limites engendrent pourtant des formes indéterminées du type 0/0 lorsque h est remplacée par 0. La règle de L'Hospital nous permet d'évaluer avec la même facilité plusieurs sortes de limites qui entraînent des formes indéterminées.

THÉORÈME 3.4.1 Règle de L'Hospital

Supposons que $f(a) = g(a) = 0$; de plus, supposons que $f'(a)$ et $g'(a)$ existent, et que $g'(a) \neq 0$.

Alors,

$$\lim_{x \to a} \frac{f(x)}{g(x)} = \frac{f'(a)}{g'(a)}.$$

JEAN BERNOULLI

Quand il devient évident que **Jean Bernoulli** (né et mort à Bâle, 1667-1748) ne sera pas commerçant, son père accepte qu'il étudie la médecine à l'université de Bâle. Jean apprend très vite les mathématiques grâce à son frère aîné Jacques, qui l'initie aux découvertes de Leibniz. Pour ne pas froisser son père, Jean donne à sa thèse médicale un titre anodin pour cacher le fait qu'il s'agit de mathématiques appliquées à l'anatomie des muscles !

À Paris, Jean Bernoulli rencontre le marquis de L'Hospital, à qui il enseigne les méthodes du calcul infinitésimal. Après la mort de L'Hospital, il affirmera – à tort – que le célèbre manuel du marquis est entièrement de son cru à lui, Jean Bernoulli. Le geste illustre son caractère jaloux : par exemple, il a voulu dérober à son propre fils, Daniel, l'honneur d'avoir posé les bases de l'hydrodynamique en produisant son *Hydraulica* en même temps que l'*Hydrodynamica* de Daniel... mais avec une fausse date de publication.

Il ne faut pas pour autant minimiser l'apport de cet innovateur (qui est d'ailleurs le véritable auteur de la règle de L'Hospital). Voyant l'intégration comme inverse de la dérivation, Jean Bernoulli découvrira le théorème fondamental indépendamment de Newton et de Leibniz. Il enseignera à l'université de Groningue, puis succédera à son frère à Bâle.

Lorsqu'on applique la règle de L'Hospital, on divise la dérivée de f par la dérivée de g. L'erreur la plus courante consiste à calculer la dérivée du quotient f/g. Le quotient à utiliser est f'/g', non $(f/g)'$.

Symbole d'évaluation

Rappelons que le symbole $\Big|_{x=a}$ appelé **symbole d'évaluation** signifie qu'il faut évaluer l'expression à sa gauche lorsque $x = a$.

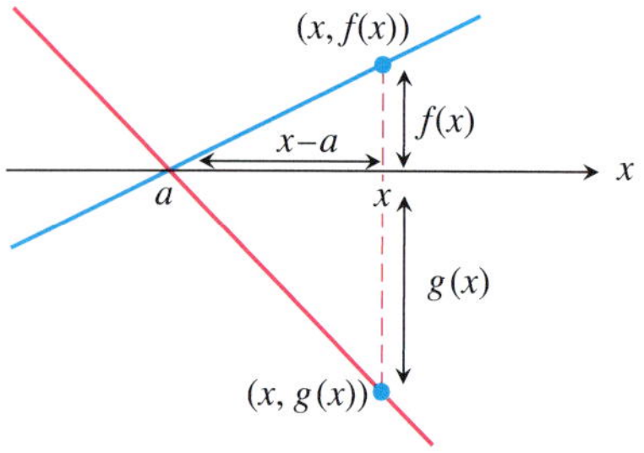

Figure 3.4.1 Agrandissement des graphes des fonctions dérivables f et g au voisinage de $x = a$ (voir théorème 3.4.1, page 223).

La règle de L'Hospital ne s'applique seulement que si le numérateur et le dénominateur tendent tous deux vers 0 lorsque $x \to a$. Il serait donc incorrect d'appliquer cette règle au calcul, par exemple, de $\lim\limits_{x\to 1} \dfrac{x^2-1}{x}$. En effet, nous savons que $\lim\limits_{x\to 1} \dfrac{x^2-1}{x} = \dfrac{1-1}{1} = 0$, tandis que la règle de L'Hospital donnerait $\dfrac{2x}{1}\Big|_{x=1} = 2$, ce qui est faux.

EXEMPLE 1 Appliquer la règle de L'Hospital

À l'aide de la règle de L'Hospital, trouvez

a) $\lim\limits_{x\to 0} \dfrac{3x - \sin x}{x}$;

b) $\lim\limits_{x\to 0} \dfrac{\sqrt{1+x} - 1}{x}$.

Solution

a) Puisque $(3x - \sin x)\Big|_{x=0} = 0$ et $x\Big|_{x=0} = 0$, nous avons une indétermination du type $0/0$ et nous pouvons appliquer la règle de L'Hospital :

$$\lim_{x\to 0} \frac{3x - \sin x}{x} = \frac{3 - \cos x}{1}\Big|_{x=0} = 2.$$

b) Puisque $\left(\sqrt{1+x} - 1\right)\Big|_{x=0}$ et $x\Big|_{x=0} = 0$, nous avons une indétermination du type $0/0$ et nous pouvons appliquer la règle de L'Hospital :

$$\lim_{x\to 0} \frac{\sqrt{1+x} - 1}{x} = \frac{\frac{1}{2\sqrt{1+x}}}{1}\Bigg|_{x=0} = \frac{1}{2}.$$

Voir les exercices **1** et **2**.

Preuve du théorème 3.4.1

Argument graphique. Grâce à un agrandissement dans le voisinage du point $(a, f(a)) = (a, g(a)) = (a, 0)$, les graphes de f et g (figure 3.4.1) apparaissent pratiquement comme des droites, car des fonctions dérivables sont localement linéaires. Soit m_1 et m_2, les pentes des droites correspondant respectivement à f et g. Pour x dans le voisinage de a, nous pouvons écrire :

$$\frac{f(x)}{g(x)} = \frac{\frac{f(x)}{x-a}}{\frac{g(x)}{x-a}} \approx \frac{m_1}{m_2}.$$

Lorsque $x \to a$, alors m_1 et m_2 tendent respectivement vers $f'(a)$ et $g'(a)$.

Par conséquent,

$$\lim_{x\to a} \frac{f(x)}{g(x)} = \lim_{x\to a} \frac{m_1}{m_2} = \frac{f'(a)}{g'(a)}.$$

Confirmation analytique. En travaillant à rebours à partir de $f'(a)$ et de $g'(a)$, qui sont elles-mêmes des limites, nous trouvons successivement :

$$\frac{f'(a)}{g'(a)} = \underbrace{\frac{\lim\limits_{x\to a} \frac{f(x)-f(a)}{x-a}}{\lim\limits_{x\to a} \frac{g(x)-g(a)}{x-a}}}_{\text{Définition de la dérivée}} = \underbrace{\lim_{x\to a} \frac{\frac{f(x)-f(a)}{x-a}}{\frac{g(x)-g(a)}{x-a}}}_{\text{Limite d'un quotient}}$$

$$= \lim_{x\to a} \frac{f(x)-f(a)}{g(x)-g(a)} = \underbrace{\lim_{x\to a} \frac{f(x)-0}{g(x)-0}}_{f(a)=g(a)=0} = \lim_{x\to a} \frac{f(x)}{g(x)}.$$

■

EXEMPLE 2 Appliquer la règle de L'Hospital sans succès immédiat

À l'aide de la règle de L'Hospital, trouvez:

$$\lim_{x\to 0} \frac{x - \sin x}{x^3}.$$

Solution

Puisque nous avons une indétermination du type $0/0$, nous pouvons appliquer la règle de L'Hospital.

$$\lim_{x\to 0} \frac{x - \sin x}{x^3} = \left.\frac{1 - \cos x}{3x^2}\right|_{x=0} = ?$$

Que faire avec cette limite? La première forme de la règle de L'Hospital n'en permet pas le calcul car la dérivée de $g(x) = x^3$ est nulle en $x = 0$. Cependant, une forme plus forte de la règle de L'Hospital permet d'affirmer que, dans le cas où la règle donne $0/0$, il est permis de l'appliquer de façon répétée jusqu'à l'obtention d'un résultat différent.

Il est ainsi possible de terminer le travail commencé ci-dessus.

$$\lim_{x\to 0} \frac{x - \sin x}{x^3} = \lim_{x\to 0} \frac{1 - \cos x}{3x^2}$$ Encore $\frac{0}{0}$: appliquer la règle de nouveau

$$= \lim_{x\to 0} \frac{\sin x}{6x}$$ Encore $\frac{0}{0}$: appliquer la règle une fois de plus

$$= \lim_{x\to 0} \frac{\cos x}{6} = \frac{1}{6}$$ $\neq \frac{0}{0}$: la limite est trouvée

En définitive, lorsqu'on cherche la limite d'un quotient à l'aide de la règle de L'Hospital, si, après dérivation, le nouveau numérateur et le nouveau dénominateur sont encore nuls en $x = a$, on applique une forme plus forte de la règle de L'Hospital qui permet de répéter le processus.

THÉORÈME 3.4.2 Règle forte de L'Hospital

Supposons que $f(a) = g(a) = 0$; de plus, supposons que f et g sont dérivables sur un intervalle ouvert I contenant a, et que $g'(x) \neq 0$ sur I si $x \neq a$. Alors,

$$\lim_{x\to a} \frac{f(x)}{g(x)} = \lim_{x\to a} \frac{f'(x)}{g'(x)}$$

à condition que la limite du membre de droite existe.

La preuve de ce théorème est présentée à la section A.7.

EXEMPLE 3 Appliquer la règle forte de L'Hospital

Trouvez

$$\lim_{x\to 0} \frac{\sqrt{1 + x} - 1 - x/2}{x^2}.$$

L'HOSPITAL

À 15 ans, il résout des problèmes qu'avait exposés Blaise Pascal ; mais l'aristocrate **Guillaume de L'Hospital** (né et mort à Paris, 1661-1704) partage le destin militaire de ses aïeux. Malgré son talent extraordinaire, il doit devenir officier de cavalerie. Cependant, sa mauvaise vue l'oblige bientôt à quitter l'armée. Il se consacre désormais aux mathématiques.

Lors du séjour de Jean Bernoulli à Paris, L'Hospital lui demande des cours sur la nouvelle science du calcul infinitésimal. Ces leçons privées se poursuivent par courrier, au prix d'environ la moitié d'un salaire de professeur universitaire. Malheureusement, un malentendu brouillera cette relation qui se révélera pourtant si utile pour les mathématiques.

En 1696, L'Hospital publie le premier manuel de calcul différentiel et intégral, *Analyse des infiniment petits pour l'intelligence des lignes courbes*. Dans ce livre figure la fameuse règle, encore attribuée à L'Hospital, permettant de trouver le quotient de deux fonctions quand leurs valeurs tendent vers zéro. Tout en corrigeant certaines de leurs erreurs, l'auteur y reconnaît les contributions de Leibniz, de Jacques Bernoulli et de Jean Bernoulli. Ce dernier, offusqué, affirmera que la règle vient de lui (ce qui est vrai), et par surcroît que le livre est une copie conforme de ses cours (ce qui est faux).

L'Hospital a été le premier à utiliser le mot *intégrale* dans son sens mathématique en français. Ajoutons que son épouse aurait, semble-t-il, participé à ses recherches.

Solution

$$\lim_{x\to0}\frac{\sqrt{1+x}-1-x/2}{x^2} \qquad \frac{0}{0}$$

$$= \lim_{x\to0}\frac{(1/2)(1+x)^{-1/2}-1/2}{2x} \qquad \text{Encore } \frac{0}{0}\text{ : dériver une deuxième fois}$$

$$= \lim_{x\to0}\frac{-(1/4)(1+x)^{-3/2}}{2} = -\frac{1}{8} \qquad \neq \frac{0}{0}\text{ : la limite est trouvée}$$

Voir les exercices **4**, **5** et **7** à **10**.

Quand on applique la règle de L'Hospital de façon répétée, il faut surveiller le premier changement de $0/0$ en « quelque chose d'autre » ; c'est à ce moment qu'apparaît la limite recherchée et qu'il faut arrêter le processus.

EXEMPLE 4 Mal appliquer la règle forte de L'Hospital

Trouvez

$$\lim_{x\to0}\frac{1-\cos x}{x+x^2}.$$

Solution

$$\lim_{x\to0}\frac{1-\cos x}{x+x^2} \qquad \frac{0}{0}$$

$$= \lim_{x\to0}\frac{\sin x}{1+2x} = \frac{0}{1} = 0 \qquad \neq \frac{0}{0}\text{ : la limite est trouvée}$$

Si, par mégarde, nous dérivons de nouveau en appliquant la règle encore une fois, nous obtenons :

$$\lim_{x\to0}\frac{1-\cos x}{x+x^2} = \lim_{x\to0}\frac{\sin x}{1+2x} = \lim_{x\to0}\frac{\cos x}{2} = \frac{1}{2},$$

ce qui est incorrect.

La règle de L'Hospital s'applique également aux limites à droite et à gauche.

EXEMPLE 5 Appliquer la règle de L'Hospital aux limites unilatérales

Trouvez

a) $\lim_{x\to0^+}\frac{\sin x}{x^2}$; **b)** $\lim_{x\to0^-}\frac{\sin x}{x^2}$.

Solution

a) $\lim_{x\to0^+}\frac{\sin x}{x^2}$ $\qquad \frac{0}{0}$

$$= \lim_{x\to0^+}\frac{\cos x}{2x} = \infty \qquad \frac{1}{+0}$$

b) $\lim_{x\to0^-}\frac{\sin x}{x^2}$ $\qquad \frac{0}{0}$

$$= \lim_{x\to0^-}\frac{\cos x}{2x} = -\infty \qquad \frac{1}{-0}$$

Si, comme dans l'exemple 5, le processus d'applications répétées de la règle engendre une situation où l'une des dérivées tend vers 0 tandis que l'autre ne tend pas vers 0, alors la limite recherchée est soit 0 si le numérateur seul tend vers 0, soit l'infini ($\pm\infty$) si le dénominateur seul tend vers 0.

3.4.2 Formes indéterminées ∞/∞, $\infty \cdot 0$, $\infty - \infty$

Une variante de la règle de L'Hospital s'applique à des quotients conduisant à la forme indéterminée ∞/∞. Si $f(x)$ et $g(x)$ tendent vers l'infini lorsque x tend vers a, alors

$$\lim_{x\to a} \frac{f(x)}{g(x)} = \lim_{x\to a} \frac{f'(x)}{g'(x)},$$

à condition que cette dernière limite existe. Ici la lettre a représente soit un nombre, soit l'infini ; dans le premier cas, il peut s'agir de l'une des bornes de l'intervalle I du théorème 3.4.2 (voir page 225).

EXEMPLE 6 **Appliquer la règle à la forme ∞/∞**

Trouvez

a) $\displaystyle\lim_{x\to\pi/2} \frac{\sec x}{1+\tan x}$;

b) $\displaystyle\lim_{x\to\infty} \frac{\ln x}{2\sqrt{x}}$.

Solution

a) Le numérateur et le dénominateur sont discontinus en $x = \pi/2$; il faut donc considérer les limites à gauche et à droite. Pour appliquer la règle de L'Hospital, nous pouvons choisir un intervalle ouvert I avec $x = \pi/2$ à l'une de ses extrémités.

$$\lim_{x\to(\pi/2)^-} \frac{\sec x}{1+\tan x}$$

Limite à gauche $= \infty/\infty$

$$= \lim_{x\to(\pi/2)^-} \frac{\sec x \tan x}{\sec^2 x} = \lim_{x\to(\pi/2)^-} \sin x = 1$$

Par un raisonnement similaire, nous trouvons que la valeur de la limite à droite est également 1 en passant par une forme indéterminée du type $-\infty/-\infty$.

Par conséquent, la limite recherchée est 1.

b) $$\lim_{x\to\infty} \frac{\ln x}{2\sqrt{x}} = \lim_{x\to\infty} \frac{1/x}{1/\sqrt{x}} = \lim_{x\to\infty} \frac{\sqrt{x}}{x} = \lim_{x\to\infty} \frac{1}{\sqrt{x}} = 0$$

Voir les exercices **3**, **6**, **11**, **12** et **13**.

Nous appliquons parfois la règle de L'Hospital à des formes indéterminées $\infty \cdot 0$ et $\infty - \infty$ en usant de manipulations algébriques pour les amener sous la forme $0/0$ ou sous la forme ∞/∞. Ici encore, il faut comprendre que ni $\infty \cdot 0$ ni $\infty - \infty$ ne sont des nombres, pas plus que $0/0$ ou ∞/∞. Ces formes ne font que décrire le comportement d'une fonction en un point particulier.

EXEMPLE 7 Appliquer la règle à la forme $\infty \cdot 0$

Trouvez

a) $\lim_{x\to\infty}\left(x \sin \frac{1}{x}\right)$;

b) $\lim_{x\to-\infty}\left(x \sin \frac{1}{x}\right)$.

Solution

a) Il faut ramener l'expression à la forme $0/0$ en divisant par l'inverse multiplicatif du facteur produisant l'infini.

$$\lim_{x\to\infty}\left(x \sin \frac{1}{x}\right) = \lim_{x\to\infty} \frac{\sin 1/x}{1/x} \qquad \infty \cdot 0$$

$$= \lim_{h\to 0^+}\left(\frac{1}{h}\sin h\right) \qquad \text{Poser } h = 1/x$$

$$= \lim_{h\to 0^+}\frac{\sin h}{h} \qquad \frac{0}{0}$$

$$= \lim_{h\to 0^+}\frac{\cos h}{1}$$

$$= 1$$

b) De même,

$$\lim_{x\to-\infty}\left(x \sin \frac{1}{x}\right) = 1.$$

Voir les exercices **14** à **16**.

EXEMPLE 8 Appliquer la règle à la forme $\infty - \infty$

Trouvez

$$\lim_{x\to 0}\left(\frac{1}{\sin x} - \frac{1}{x}\right).$$

Solution

Si $x \to 0^+$, alors $\sin x \to 0^+$ et

$$\lim_{x\to 0^+}\left(\frac{1}{\sin x} - \frac{1}{x}\right)$$

donne une indétermination du type $\infty - \infty$.

De même, si $x \to 0^-$, alors $\sin x \to 0^-$ et

$$\lim_{x\to 0^-}\left(\frac{1}{\sin x} - \frac{1}{x}\right)$$

donne une indétermination du type $-\infty + \infty$.

Aucune de ces deux formes indéterminées n'indique ce qui se passe réellement à la limite. Pour le trouver, il faut d'abord combiner les deux fractions :

$$\frac{1}{\sin x} - \frac{1}{x} = \frac{x - \sin x}{x \sin x}. \qquad \text{Dénominateur commun} = x \sin x$$

Nous pouvons appliquer la règle de L'Hospital à ce résultat puisqu'il conduit à la forme indéterminée 0/0:

$$\lim_{x\to 0}\left(\frac{1}{\sin x}-\frac{1}{x}\right)=\lim_{x\to 0}\frac{x-\sin x}{x\sin x}\qquad \frac{0}{0}$$

$$=\lim_{x\to 0}\frac{1-\cos x}{\sin x + x\cos x}\qquad \text{Encore } \frac{0}{0}$$

$$=\lim_{x\to 0}\frac{\sin x}{2\cos x - x\sin x}=\frac{0}{2}=0.$$

Voir les exercices **17** à **20**.

3.4.3 Formes indéterminées 1^∞, 0^0, ∞^0

Une limite menant à une expression du type 1^∞, 0^0 ou ∞^0 peut être manipulée en prenant d'abord le logarithme de l'expression de sorte qu'apparaisse la forme 0/0 ou ∞/∞. On utilise ensuite la règle de L'Hospital pour trouver la limite du logarithme. Puis, en prenant l'exponentielle de cette dernière, on obtient la limite recherchée.

Marche à suivre

Méthode pour trouver la limite d'une forme indéterminée 1^∞, 0^0 ou ∞^0

Étape 1 Prenez le logarithme naturel de la forme indéterminée $f(x)$.

Étape 2 Appliquez la règle de L'Hospital pour trouver la limite de $\ln f(x)$.

Étape 3 Prenez l'exponentielle du résultat pour obtenir la limite de $f(x)$.

Si $\lim\limits_{x\to a}\ln f(x)=L$, alors $\lim\limits_{x\to a} f(x)=\lim\limits_{x\to a} e^{\ln f(x)}=e^{\lim_{x\to a}\ln f(x)}=e^L$,

où a peut représenter un nombre réel ou l'infini.

$f(x) = e^{\ln f(x)}$

Puisque $b = e^{\ln b}$ pour tout nombre positif b, on peut toujours exprimer $f(x)$ sous la forme

$$f(x)=e^{\ln f(x)}$$

pour toute fonction positive $f(x)$.

En étudiant les fonctions exponentielles, nous utilisons souvent des graphes ou des tables pour observer les valeurs de $f(x) = (1 + 1/x)^x$ lorsque $x \to \infty$. Dans le cours de calcul différentiel, nous avons déjà énoncé sans démonstration que $(1 + 1/x)^x$ se rapproche du nombre e lorsque x est arbitrairement grand. À présent, nous pouvons prouver que cette limite à l'infini est bien égale à e, et ce, en appliquant la règle de L'Hospital.

EXEMPLE 9 **Appliquer la règle à une forme 1^∞**

Évaluez

$$\lim_{x\to\infty}\left(1+\frac{1}{x}\right)^x.$$

Solution

Soit $f(x) = (1 + 1/x)^x$. En prenant le logarithme de chaque membre de cette égalité, nous transformons la forme indéterminée 1^∞ en une forme $\infty \cdot 0$, puis en une forme 0/0 à laquelle nous appliquons la règle de L'Hospital.

$$\lim_{x\to\infty}\ln f(x)=\lim_{x\to\infty}\ln\left(1+\frac{1}{x}\right)^x=\lim_{x\to\infty}x\ln\left(1+\frac{1}{x}\right)\qquad \infty\cdot 0$$

$$=\lim_{x\to\infty}\frac{\ln\left(1+\frac{1}{x}\right)}{\frac{1}{x}}\qquad \frac{0}{0}$$

Appliquons la règle de L'Hospital à la dernière expression.

$$\lim_{x\to\infty} \ln f(x) = \lim_{x\to\infty} \frac{\dfrac{1}{1+\dfrac{1}{x}}\left(-\dfrac{1}{x^2}\right)}{-\dfrac{1}{x^2}}$$ Dériver numérateur et dénominateur

$$= \lim_{x\to\infty} \frac{1}{1+\dfrac{1}{x}} = 1$$ Simplifier $\frac{-1}{x^2}$

Par conséquent,

$$\lim_{x\to\infty}\left(1+\frac{1}{x}\right)^x = \lim_{x\to\infty} f(x) = \lim_{x\to\infty} e^{\ln f(x)} = e^{\lim_{x\to\infty} \ln f(x)} = e^1 = e.$$

Voir les exercices **21**, **29** et **30**.

EXEMPLE 10 Appliquer la règle à une forme 0^0

Déterminez si $\lim_{x\to 0^+} x^x$ existe et si oui, trouvez sa valeur.

Solution

Cette limite entraîne une forme 0^0. En prenant le logarithme de $f(x) = x^x$, nous transformons le problème en une forme $0 \cdot \infty$, puis ∞/∞.

$$\ln f(x) = \ln x^x = x \ln x = \frac{\ln x}{1/x}$$

En appliquant la règle de L'Hospital à $(\ln x)/(1/x)$, nous obtenons :

$$\lim_{x\to 0^+} \ln f(x) = \lim_{x\to 0^+} \frac{\ln x}{1/x}$$ $\frac{-\infty}{\infty}$

$$= \lim_{x\to 0^+} \frac{1/x}{-1/x^2}$$ Dériver numérateur et dénominateur

$$= \lim_{x\to 0^+} (-x) = 0.$$

Par conséquent,

$$\lim_{x\to 0^+} x^x = \lim_{x\to 0^+} f(x) = \lim_{x\to 0^+} e^{\ln f(x)} = e^{\lim_{x\to 0^+} \ln f(x)} = e^0 = 1.$$

Voir les exercices **27**, **28**, **31** et **32**.

EXEMPLE 11 Appliquer la règle à une forme ∞^0

Calculez

$$\lim_{x\to\infty} x^{1/x}.$$

Solution

Soit $f(x) = x^{1/x}$. Alors,

$$\ln f(x) = \left(\frac{1}{x}\right) \ln x = \frac{\ln x}{x}.$$

En appliquant la règle de L'Hospital à $\ln f(x)$, nous obtenons :

$$\lim_{x\to\infty} \ln f(x) = \lim_{x\to\infty} \frac{\ln x}{x} \qquad \frac{\infty}{\infty}$$

$$= \lim_{x\to\infty} \frac{1/x}{1} \qquad \text{Dériver numérateur et dénominateur}$$

$$= \lim_{x\to\infty} \frac{1}{x} = 0.$$

Par conséquent,

$$\lim_{x\to\infty} x^{1/x} = \lim_{x\to\infty} f(x) = \lim_{x\to\infty} e^{\ln f(x)} = e^{\lim_{x\to\infty} \ln f(x)} = e^0 = 1.$$

Voir les exercices **22** et **25**.

Exercices 3.4

Trouver des limites

Utilisez la règle de L'Hospital pour évaluer les limites suivantes. Puis, sans faire usage de cette règle, évaluez les mêmes expressions à l'aide des méthodes apprises lors de l'étude des limites dans le cours de calcul différentiel.

1. $\lim_{x\to 2} \frac{x-2}{x^2-4}$

2. $\lim_{x\to 0} \frac{\sin 5x}{x}$

3. $\lim_{x\to\infty} \frac{5x^2-3x}{7x^2+1}$

4. $\lim_{x\to 1} \frac{x^3-1}{4x^3-x-3}$

5. $\lim_{x\to 0} \frac{1-\cos x}{x^2}$

6. $\lim_{x\to\infty} \frac{2x^2+3x}{x^3+x+1}$

Appliquer la règle de L'Hospital

Utilisez la règle de L'Hospital pour évaluer les limites suivantes.

7. $\lim_{\theta\to 0} \frac{\sin \theta^2}{\theta}$

8. $\lim_{\theta\to \pi/2} \frac{1-\sin\theta}{1+\cos 2\theta}$

9. $\lim_{t\to 0} \frac{\cos t - 1}{e^t - t - 1}$

10. $\lim_{t\to 1} \frac{t-1}{\ln t - \sin \pi t}$

11. $\lim_{x\to\infty} \frac{\ln(x+1)}{\log_2 x}$

12. $\lim_{x\to\infty} \frac{\log_2 x}{\log_3(x+3)}$

13. $\lim_{y\to 0^+} \frac{\ln(y^2+2y)}{\ln y}$

14. $\lim_{y\to \pi/2} \left(\frac{\pi}{2} - y\right) \tan y$

15. $\lim_{x\to 0^+} x \ln x$

16. $\lim_{x\to\infty} x \tan \frac{1}{x}$

17. $\lim_{x\to 0^+} (\csc x - \cot x + \cos x)$

18. $\lim_{x\to\infty} (\ln 2x - \ln(x+1))$

19. $\lim_{x\to 0^+} (\ln x - \ln \sin x)$

20. $\lim_{x\to 0^+} \left(\frac{1}{x} - \frac{1}{\sqrt{x}}\right)$

21. $\lim_{x\to 0} (e^x + x)^{1/x}$

22. $\lim_{x\to 0} \left(\frac{1}{x^2}\right)^x$

23. $\lim_{x\to\pm\infty} \frac{3x-5}{2x^2-x+2}$

24. $\lim_{x\to 0} \frac{\sin 7x}{\tan 11x}$

25. $\lim_{x\to\infty} (\ln x)^{1/x}$

26. $\lim_{x\to\infty} (1+2x)^{1/(2\ln x)}$

27. $\lim_{x\to 1} (x^2-2x+1)^{x-1}$

28. $\lim_{x\to(\pi/2)^-} (\cos x)^{\cos x}$

29. $\lim_{x\to 0^+} (1+x)^{1/x}$

30. $\lim_{x\to 1} x^{1/(x-1)}$

31. $\lim_{x\to 0^+} (\sin x)^x$

32. $\lim_{x\to 0^+} (\sin x)^{\tan x}$

33. $\lim_{x\to 1^+} x^{1/(1-x)}$

34. $\lim_{x\to\infty} x^2 e^{-x}$

35. $\lim_{x\to\infty} \int_x^{2x} \frac{1}{t}\, dt$

36. $\lim_{x\to\infty} \frac{1}{x\ln x} \int_1^x \ln t\, dt$

37. $\lim_{\theta\to 0} \frac{\cos\theta - 1}{e^\theta - \theta - 1}$

38. $\lim_{t\to\infty} \frac{e^t + t^2}{e^t - t}$

Théorie et exemples

La règle de L'Hospital n'est pas d'un grand secours pour évaluer les limites des exercices **39** à **42**. En l'appliquant de façon répétée, vous constaterez que vous « tournez en rond ». Trouvez ces limites à l'aide d'une autre méthode.

39. $\lim_{x\to\infty} \frac{\sqrt{9x+1}}{\sqrt{x+1}}$

40. $\lim_{x\to 0^+} \frac{\sqrt{x}}{\sqrt{\sin x}}$

41. $\lim_{x\to(\pi/2)^-} \frac{\sec x}{\tan x}$

42. $\lim_{x\to 0^+} \frac{\cot x}{\csc x}$

43. Entre **a)** et **b)**, quelle est la solution correcte? Justifiez votre réponse.

a) $\lim_{x\to 3} \frac{x-3}{x^2-3} = \lim_{x\to 3} \frac{1}{2x} = \frac{1}{6}$

b) $\lim_{x\to 3} \frac{x-3}{x^2-3} = \frac{0}{6} = 0$

44. Forme ∞/∞. Dans chacun des cas, donnez un exemple de deux fonctions dérivables f et g telles que $\lim_{x\to\infty} f(x) = \lim_{x\to\infty} g(x) = \infty$, et qui satisfont à la condition donnée.

a) $\lim\limits_{x \to \infty} \dfrac{f(x)}{g(x)} = 3$ **b)** $\lim\limits_{x \to \infty} \dfrac{f(x)}{g(x)} = 0$

c) $\lim\limits_{x \to \infty} \dfrac{f(x)}{g(x)} = \infty$

45. Prolongement continu. Trouvez une valeur de c rendant la fonction

$$f(x) = \begin{cases} \dfrac{9x - 3 \sin 3x}{5x^3}, & x \neq 0 \\ c, & x = 0 \end{cases}$$

continue en $x = 0$. Expliquez pourquoi votre choix de c est approprié.

46. Règle de L'Hospital. Soit

$$f(x) = \begin{cases} x + 2, & x \neq 0 \\ 0, & x = 0 \end{cases} \quad \text{et } g(x) = \begin{cases} x + 1, & x \neq 0 \\ 0, & x = 0. \end{cases}$$

a) Montrez que

$$\lim_{x \to 0} \frac{f'(x)}{g'(x)} = 1, \text{ mais que } \lim_{x \to 0} \frac{f(x)}{g(x)} = 2.$$

b) Expliquez pourquoi l'énoncé en **a)** ne contredit pas la règle de L'Hospital.

47. Intérêt composé continûment.

a) Montrez que

$$\lim_{k \to \infty} A_0\left(1 + \frac{r}{k}\right)^{kt} = A_0 e^{rt}.$$

b) Expliquez pourquoi la limite trouvée en **a)** fait le lien entre l'intérêt composé k fois dans l'année et l'intérêt composé continûment.

48. Forme 0/0. Estimez la valeur de

$$\lim_{x \to 1} \frac{2x^2 - (3x + 1)\sqrt{x} + 2}{x - 1}$$

par une méthode graphique. Vérifiez ensuite votre réponse en appliquant la règle de L'Hospital.

49. Forme 0/0.

a) Estimez la valeur de

$$\lim_{x \to 1} \frac{(x - 1)^2}{x \ln x - x - \cos \pi x}$$

en représentant $f(x) = (x - 1)^2/(x \ln x - x - \cos \pi x)$ graphiquement au voisinage de $x = 1$. Vérifiez ensuite votre réponse en appliquant la règle de L'Hospital.

b) Tracez f sur l'intervalle $0 < x \leq 11$.

50. Pourquoi 0^{∞} et $0^{-\infty}$ ne sont pas des formes indéterminées? Soit $f(x)$ une fonction non négative définie sur un intervalle ouvert contenant c et soit $\lim\limits_{x \to c} f(x) = 0$.

a) Si $\lim\limits_{x \to c} g(x) = \infty$, montrez que $\lim\limits_{x \to c} f(x)^{g(x)} = 0$.

b) Si $\lim\limits_{x \to c} g(x) = -\infty$, montrez que $\lim\limits_{x \to c} f(x)^{g(x)} = \infty$.

(Indication: Appliquez la règle de L'Hospital avec le logarithme.)

51. Précision d'une calculatrice graphique. Soit

$$f(x) = \frac{1 - \cos x^6}{x^{12}}.$$

Expliquez pourquoi certains graphes de f peuvent donner une information fausse au sujet de $\lim\limits_{x \to 0} f(x)$. (Indication: Essayez la fenêtre $[-1, 1]$ sur $[-0{,}5\,;\,1]$.)

52. Forme $\infty - \infty$.

a) Estimez la valeur de

$$\lim_{x \to \infty} \left(x - \sqrt{x^2 + x}\right)$$

en représentant graphiquement $f(x) = x - \sqrt{x^2 + x}$ sur un intervalle de valeurs de x suffisamment grand.

b) Vérifiez votre réponse en trouvant la limite à l'aide de la règle de L'Hospital. Multipliez d'abord $f(x)$ par la fraction $\left(x + \sqrt{x^2 + x}\right)/\left(x + \sqrt{x^2 + x}\right)$, puis simplifiez le nouveau numérateur.

53. Fonctions exponentielles.

a) Trouvez le domaine de

$$f(x) = \left(1 + \frac{1}{x}\right)^x$$

en posant $(1 + 1/x) > 0$.

b) Trouvez $\lim\limits_{x \to -1^-} f(x)$.

c) Trouvez $\lim\limits_{x \to -\infty} f(x)$.

54. Exponentielles élargies. Sachant que $x > 0$, trouvez la valeur maximale, si elle existe, des trois expressions suivantes.

a) $x^{1/x}$ **b)** x^{1/x^2} **c)** x^{1/x^n}, où n est un entier positif.

d) Montrez que $\lim\limits_{x \to \infty} x^{1/x^n} = 1$ pour tout entier positif n.

55. Place de ln x parmi les puissances de x. Le logarithme naturel

$$\ln x = \int_1^x \frac{1}{t}\, dt$$

complète l'ensemble des formules suivantes pour $k = 0$:

$$\int t^{k-1} dt = \frac{t^k}{k} + C, \; k \neq 0.$$

Cependant, les formules à elles seules n'indiquent pas comment la fonction logarithmique s'insère dans l'ensemble. Par contre, nous pouvons voir comment elle s'y insère graphiquement en choisissant les primitives particulières suivantes:

$$\int_1^x t^{k-1} dt = \frac{x^k - 1}{k}, \; x > 0$$

et en comparant leurs graphes avec celui de $f(x) = \ln x$.

a) Tracez le graphe des fonctions $f(x) = (x^k - 1)/k$ dans la même fenêtre que celui de $f(x) = \ln x$ sur l'intervalle $0 \leq x \leq 50$ pour $k = \pm 1\,; \pm 0{,}5\,; \pm 0{,}1\,; \pm 0{,}05$.

b) Montrez que

$$\lim_{k \to 0} \frac{x^k - 1}{k} = \ln x.$$

Source : Henry C. Finlayson, « The Place of ln x Among the Powers of x », *American Mathematical Monthly*, vol. 94, n° 5, mai 1987, p. 450.

56. Prolongement continu de $(\sin x)^x$ sur l'intervalle $[0, \pi]$.

a) Tracez le graphe de $f(x) = (\sin x)^x$ sur l'intervalle $0 \leq x \leq \pi$. Quelle valeur donneriez-vous à f pour qu'elle soit continue à droite en $x = 0$?

b) Vérifiez votre réponse précédente en trouvant $\lim_{x \to 0^+} f(x)$ à l'aide de la règle de L'Hospital.

c) Retournez au graphe et estimez la valeur maximale de f sur l'intervalle $0 \leq x \leq \pi$. Pour quelle valeur de x ce maximum semble-t-il atteint ?

d) Raffinez votre estimation précédente en traçant le graphe de f' dans la même fenêtre que celui de f pour voir où le graphe de la dérivée coupe l'axe des x. Pour simplifier le travail, vous pouvez supprimer le facteur exponentiel de l'expression représentant f' et tracer uniquement le graphe du facteur qui comporte un zéro.

e) Raffinez davantage votre estimation de l'emplacement du maximum de f en résolvant numériquement l'équation $f' = 0$.

f) Estimez le maximum de f en évaluant f aux endroits trouvés en **c)**, **d)** et **e)**. Quelle est la meilleure estimation ?

3.5 Intégrales impropres

- **3.5.1** Bornes d'intégration infinies
- **3.5.2** Intégrale $\int_1^\infty (1/x^p)dx$
- **3.5.3** Intégrandes avec discontinuités
- **3.5.4** Tests de convergence et de divergence

Jusqu'à présent, nous avons imposé aux intégrales définies de posséder deux propriétés : le domaine d'intégration $[a, b]$ devait être un intervalle fini et l'image de l'intégrande devait être finie sur le domaine d'intégration. En pratique, cependant, certaines intégrales ne satisfont pas à l'une ou à l'autre de ces exigences, ou même à ni l'une ni l'autre. À titre d'exemple de domaine infini, on pourrait chercher l'aire de la région sous la courbe d'équation $y = (\ln x)/x^2$ de $x = 1$ à $x = \infty$ (voir figure 3.5.1 **a**, page 234). Et comme exemple d'image infinie, on pourrait chercher l'aire de la région sous la courbe d'équation $y = 1/\sqrt{x}$ entre $x = 0$ et $x = 1$ (voir figure 3.5.1 **b**, page 234).

Nous traiterons ces deux types d'intégrales de la même façon. Nous nous placerons d'abord dans un cas habituel en cherchant quelle valeur finie prend l'intégrale lorsque nous restreignons son domaine. Nous examinerons ensuite ce que devient la réponse lorsque le domaine tend vers sa valeur initiale. En d'autres mots, nous traiterons d'abord le cas fini, puis nous analyserons ce qui se passe quand le domaine ou l'image (selon le cas) tend vers l'infini.

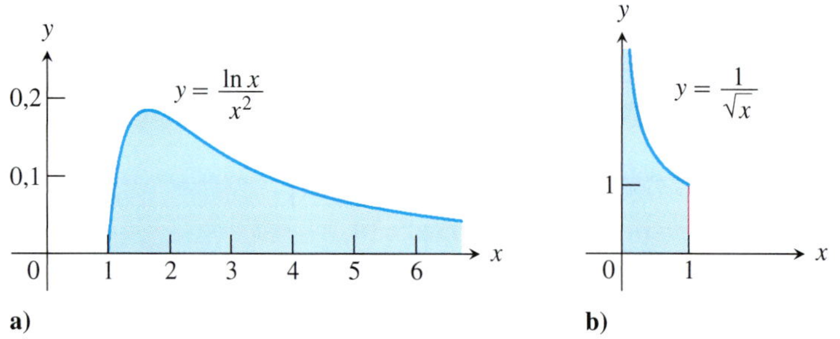

Figure 3.5.1 Les aires des régions infinies sous ces courbes sont-elles finies ?

3.5.1 Bornes d'intégration infinies

Soit la région non bornée du premier quadrant comprise sous la courbe d'équation $y = e^{-x/2}$ (figure 3.5.2 **a**). À première vue, il semble que l'aire de cette région soit infinie, mais nous allons montrer de façon naturelle qu'il n'en est rien : une surface non bornée peut présenter une aire finie ! C'est ce qu'on a appelé le *mystère de la peinture mathématique*. Trouvons d'abord l'aire $A(b)$ de la région bornée à droite par $x = b$ (figure 3.5.2 **b**).

$$A(b) = \int_0^b {}^{-x/2}dx = -2e^{-x/2}\Big]_0^b = -2e^{-b/2} + 2$$

Passons maintenant à la limite lorsque $b \to \infty$.

$$\lim_{b\to\infty} A(b) = \lim_{b\to\infty} (-2e^{-b/2} + 2) = 2$$

La valeur de l'aire de la région sous la courbe de 0 à ∞ est donc

$$\int_0^\infty e^{-x/2}dx = \lim_{b\to\infty} \int_0^b e^{-x/2}dx = 2.$$

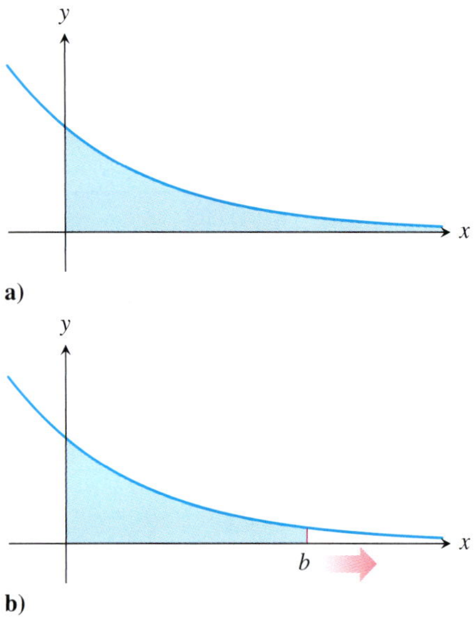

Figure 3.5.2 **a)** L'aire de la région du premier quadrant sous la courbe d'équation $y = e^{-x/2}$ est donnée par **b)** $\lim_{b\to\infty} \int_0^b e^{-x/2}dx$.

DÉFINITION 3.5.1 Intégrales impropres avec bornes d'intégration infinies (1er type)

Les intégrales dont au moins une borne est infinie sont appelées **intégrales impropres** du 1er type.

1. Si $f(x)$ est continue sur l'intervalle $[a, \infty[$, alors
$$\int_a^\infty f(x)dx = \lim_{b\to\infty} \int_a^b f(x)dx.$$
2. Si $f(x)$ est continue sur l'intervalle $]-\infty, b]$, alors
$$\int_{-\infty}^b f(x)dx = \lim_{a\to-\infty} \int_a^b f(x)dx.$$
3. Si $f(x)$ est continue sur l'intervalle $]-\infty, \infty[$, alors
$$\int_{-\infty}^\infty f(x)dx = \int_{-\infty}^c f(x)dx + \int_c^\infty f(x)dx,$$
où c est un nombre réel quelconque.

Pour les 1er et 2e cas, si la limite est finie, on dit que l'intégrale impropre **converge** et que cette limite finie est la **valeur** de l'intégrale impropre. Si la limite n'existe pas, on dit que l'intégrale impropre **diverge**. Pour le 3e cas, l'intégrale du membre de gauche de l'équation **converge** si les deux intégrales du membre de droite convergent ; sinon elle **diverge** et n'a pas de valeur définie.

On peut démontrer que le choix du nombre c n'a pas d'importance aussi bien pour déterminer si $\int_{-\infty}^{\infty} f(x)dx$ converge ou diverge que pour l'évaluer (voir exercice **72**).

EXEMPLE 1 Évaluer une intégrale impropre sur [1, ∞[

L'aire de la région sous la courbe d'équation $y = (\ln x)/x^2$ entre $x = 1$ et $x = \infty$ est-elle finie ? Si oui, quelle est sa valeur ?

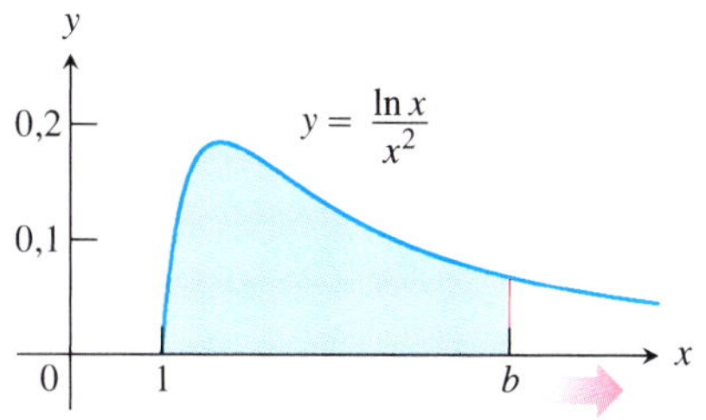

Figure 3.5.3 L'aire de la région sous la courbe est

$$\lim_{b\to\infty} \int_1^b \frac{\ln x}{x^2}\,dx.$$

Solution

Trouvons d'abord l'aire de la région sous la courbe de $x = 1$ à $x = b$ et examinons ensuite la limite de ce résultat lorsque $b \to \infty$. Si cette limite est finie, nous considérons qu'il s'agit de l'aire de la région infinie sous la courbe (figure 3.5.3). L'aire de 1 à b est :

$$\int_1^b \frac{\ln x}{x^2}\,dx = \left[(\ln x)\left(-\frac{1}{x}\right)\right]_1^b - \int_1^b \left(-\frac{1}{x}\right)\left(\frac{1}{x}\right)dx$$

Intégrer par parties avec $u = \ln x$, $dv = dx/x^2$, $du = dx/x$, $v = -1/x$

$$= \left(-\frac{\ln b}{b} + \frac{\ln 1}{1}\right) - \int_1^b -x^{-2}dx$$

$$= -\frac{\ln b}{b} - \left[\frac{1}{x}\right]_1^b$$

$$= -\frac{\ln b}{b} - \frac{1}{b} + 1.$$

Calculons la limite de cette aire lorsque $b \to \infty$.

$$\int_1^\infty \frac{\ln x}{x^2}\,dx = \lim_{b\to\infty} \int_1^b \frac{\ln x}{x^2}\,dx$$

$$= \lim_{b\to\infty}\left[-\frac{\ln b}{b} - \frac{1}{b} + 1\right]$$

$$= -\left[\lim_{b\to\infty} \frac{\ln b}{b}\right] - 0 + 1 \qquad \frac{\infty}{\infty}$$

$$= -\left[\lim_{b\to\infty} \frac{1/b}{1}\right] + 1 = 0 + 1 = 1$$

Règle de L'Hospital

Ainsi, l'intégrale impropre converge et l'aire recherchée est finie et vaut 1.

Voir les exercices **1**, **7**, **12**, **13**, **14**, **17**, **20**, **21**, **22**, **25**, **26**, **29** et **30**.

EXEMPLE 2 Évaluer une intégrale impropre sur]−∞, ∞[

Évaluez

$$\int_{-\infty}^{\infty} \frac{dx}{1+x^2}.$$

Solution

Selon la définition 3.5.1 (3e cas), nous écrivons, en prenant ici arbitrairement $c = 0$,

$$\int_{-\infty}^{\infty} \frac{dx}{1+x^2} = \int_{-\infty}^{0} \frac{dx}{1+x^2} + \int_{0}^{\infty} \frac{dx}{1+x^2}.$$

Évaluons les deux intégrales impropres du membre de droite selon la définition 3.5.1 (2e et 1er cas) (voir page 234).

$$\int_{-\infty}^{0} \frac{dx}{1+x^2} = \lim_{a\to-\infty} \int_{a}^{0} \frac{dx}{1+x^2}$$

$$= \lim_{a\to-\infty} \arctan x \Big]_a^0$$

$$= \lim_{a\to-\infty} (\arctan 0 - \arctan a) = 0 - \left(-\frac{\pi}{2}\right) = \frac{\pi}{2}$$

$$\int_{0}^{\infty} \frac{dx}{1+x^2} = \lim_{b\to\infty} \int_{0}^{b} \frac{dx}{1+x^2}$$

$$= \lim_{b\to\infty} \arctan x \Big]_0^b$$

$$= \lim_{b\to\infty} (\arctan b - \arctan 0) = \frac{\pi}{2} - 0 = \frac{\pi}{2}$$

Par conséquent,

$$\int_{-\infty}^{\infty} \frac{dx}{1+x^2} = \frac{\pi}{2} + \frac{\pi}{2} = \pi.$$

Nous interprétons la valeur de cette intégrale comme l'aire de la région infinie délimitée par la courbe d'équation $y = 1/(1 + x^2)$ et l'axe des x (figure 3.5.4).

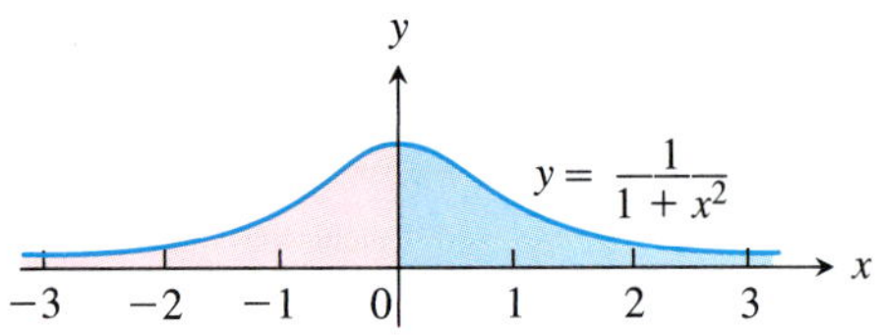

Figure 3.5.4 L'aire de la région sous la courbe est

$$\lim_{a\to-\infty} \int_{a}^{0} \frac{dx}{1+x^2} + \lim_{b\to\infty} \int_{0}^{b} \frac{dx}{1+x^2}.$$

Il est impossible d'évaluer plus simplement l'intégrale de f entre $-\infty$ et ∞ telle que définie à la définition 3.5.1 (voir page 234) à l'aide d'une seule limite ; en effet, $\lim_{b\to\infty} \int_{-b}^{b} f(x)dx$ peut exister sans que $\int_{-\infty}^{\infty} f(x)dx$ ne converge (voir exercice **66**).

Voir les exercices **4**, **31**, **32** et **66**.

EXEMPLE 3 Trouver le volume d'un solide infini

Chaque section transversale du solide en forme de corne (figure 3.5.5) perpendiculaire à l'axe des x est un disque circulaire dont le diamètre est le segment de droite joignant l'axe des x à la courbe d'équation $y = e^x$, où $-\infty < x \leq \ln 2$. Calculez le volume V du solide.

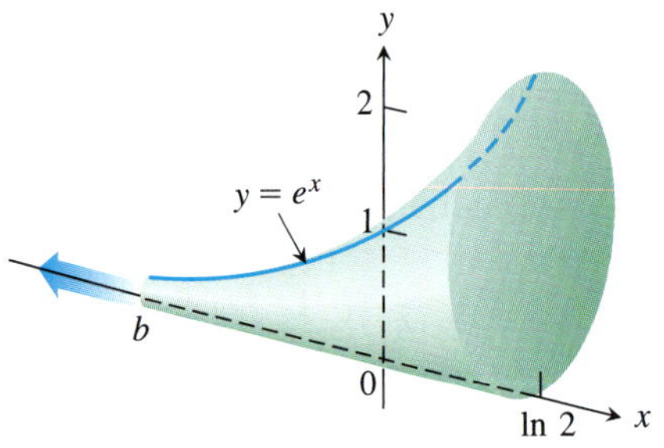

Figure 3.5.5 Les calculs effectués à l'exemple 3 montrent que ce solide non borné possède un volume fini.

Solution

L'aire d'une section transversale représentative est :

$$A(x) = \pi(\text{rayon})^2 = \pi\left(\frac{1}{2}y\right)^2 = \frac{\pi}{4}e^{2x}.$$

Nous définissons le volume de la corne comme la limite du volume de la portion finie comprise entre b et ln 2 lorsque $b \to -\infty$. Selon la méthode des tranches (voir section 2.1), le volume de cette portion finie est :

$$V_b = \int_b^{\ln 2} A(x)dx = \int_b^{\ln 2} \frac{\pi}{4} e^{2x} dx = \frac{\pi}{8} e^{2x} \bigg]_b^{\ln 2};$$

donc le volume de la corne est :

$$\begin{aligned} V &= \lim_{b \to -\infty} \left[\frac{\pi}{8} e^{2x} \right]_b^{\ln 2} \\ &= \lim_{b \to -\infty} \frac{\pi}{8} (e^{\ln 4} - e^{2b}) \\ &= \lim_{b \to -\infty} \frac{\pi}{8} (4 - e^{2b}). \end{aligned}$$

Lorsque $b \to -\infty$, $e^{2b} \to 0$; donc,

$$V = \frac{\pi}{8}(4 - 0) = \frac{\pi}{2}.$$

Voir les exercices **67** à **69**.

3.5.2 Intégrale $\int_1^{\infty} (1/x^p)dx$

La fonction définie par $y = 1/x$ est à la frontière entre les intégrales impropres convergentes et les intégrales impropres divergentes de la forme $\int_1^{\infty} (1/x^p)dx$, où p est un réel quelconque. L'exemple 4 clarifie cette observation.

EXEMPLE 4 Déterminer la convergence d'une intégrale impropre

Pour quelles valeurs de p l'intégrale $\int_1^{\infty} (1/x^p)dx$ converge-t-elle? Dans les cas où l'intégrale converge, quelle est la valeur de cette dernière?

Solution

Si $p \neq 1$,

$$\int_1^b \frac{dx}{x^p} = \frac{x^{-p+1}}{-p+1}\bigg]_1^b = \frac{1}{1-p}(b^{-p+1} - 1) = \frac{1}{1-p}\left(\frac{1}{b^{p-1}} - 1\right).$$

Donc,

$$\int_1^{\infty} \frac{dx}{x^p} = \lim_{b \to \infty} \int_1^b \frac{dx}{x^p}$$

Définition 3.5.1 (1er cas) (voir page 234)

$$= \lim_{b \to \infty} \left[\frac{1}{1-p}\left(\frac{1}{b^{p-1}} - 1\right)\right] = \begin{cases} \dfrac{1}{p-1}, & p > 1 \\ \infty, & p < 1, \end{cases}$$

car

$$\lim_{b \to \infty} \frac{1}{b^{p-1}} = \begin{cases} 0, & p > 1 \\ \infty, & p < 1. \end{cases}$$

Par conséquent, l'intégrale converge vers $1/(p-1)$ si $p > 1$ et elle diverge si $p < 1$.

Par exemple, d'après ce qui précède, $\int_1^{\infty} (1/x^2)dx = \dfrac{1}{2-1} = 1$.

Que se passe-t-il lorsque $p = 1$?

Si $p = 1$,

$$\int_1^{\infty} \frac{dx}{x^p} = \int_1^{\infty} \frac{dx}{x}$$

$$= \lim_{b\to\infty} \int_1^b \frac{dx}{x}$$

Définition 3.5.1 (1er cas) (voir page 234)

$$= \lim_{b\to\infty} \ln x \Big]_1^b$$

$$= \lim_{b\to\infty} (\ln b - \ln 1) = \infty.$$

Par conséquent, l'intégrale diverge.

Voir l'exercice **65**.

3.5.3 Intégrandes avec discontinuités

Le deuxième type d'intégrale impropre apparaît lorsque, par exemple, l'intégrande possède une asymptote verticale, c'est-à-dire une discontinuité infinie à l'une des bornes de l'intervalle d'intégration ou en un point intérieur de l'intervalle.

Supposons que nous cherchions l'aire de la région non bornée du premier quadrant sous la courbe d'équation $y = 1/\sqrt{x}$ entre $x = 0$ et $x = 1$ à l'aide de l'intégrale (voir figure 3.5.1 **b**, page 234). y devient infinie à la borne inférieure $x = 0$. Enlevons le point $x = 0$ et commençons l'intégration à partir d'une borne inférieure positive $a < 1$. Autrement dit, trouvons d'abord l'aire finie de la région sous la courbe entre a et 1 (figure 3.5.6).

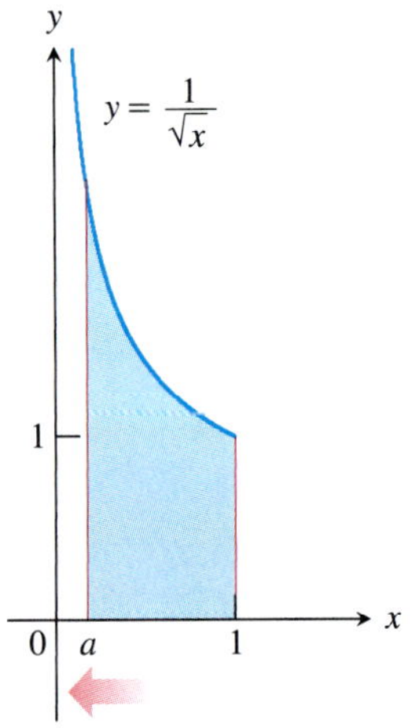

Figure 3.5.6 L'aire sous la courbe est $\lim_{a\to 0^+} \int_a^1 \frac{dx}{\sqrt{x}}$.

$$\int_a^1 \frac{dx}{\sqrt{x}} = 2\sqrt{x}\Big]_a^1 = 2 - 2\sqrt{a}$$

Examinons maintenant le comportement de l'intégrale à mesure que a se rapproche de 0 par valeurs supérieures en prenant la limite lorsque $a \to 0^+$ de l'aire trouvée.

$$\lim_{a\to 0^+} \int_a^1 \frac{dx}{\sqrt{x}} = \lim_{a\to 0^+} \left(2 - 2\sqrt{a}\right) = 2$$

L'aire de la région sous la courbe entre 0 et 1 est donc

$$\int_0^1 \frac{dx}{\sqrt{x}} = \lim_{a\to 0^+} \int_a^1 \frac{dx}{\sqrt{x}} = 2.$$

En fait, pour résoudre le problème précédent, il a fallu évaluer l'intégrale d'une fonction $f(x)$ discontinue en $x = a$ sur l'intervalle d'intégration $[a, b]$. Le raisonnement que nous avons fait se traduit par l'équation

$$\int_a^b f(x)dx = \lim_{c\to a^+} \int_c^b f(x)dx.$$

Nous utilisons cette équation pour définir les intégrales impropres du 2e type même si f n'est pas positive et quel que soit le type de discontinuité de la fonction, que ce soit à l'une des bornes ou en un point intérieur de l'intervalle d'intégration.

DÉFINITION 3.5.2 Intégrales impropres avec discontinuités (2e type)

Les intégrales des fonctions qui présentent des discontinuités en un point de l'intervalle d'intégration sont des **intégrales impropres** du 2e type.

1. Si $f(x)$ est continue sur l'intervalle $]a, b]$ et discontinue en $x = a$, alors
$$\int_a^b f(x)dx = \lim_{c \to a^+} \int_c^b f(x)dx.$$
2. Si $f(x)$ est continue sur l'intervalle $[a, b[$ et discontinue en $x = b$, alors
$$\int_a^b f(x)dx = \lim_{c \to b^-} \int_a^c f(x)dx.$$
3. Si $f(x)$ est continue sur $[a, c[\cup]c, b]$ et discontinue en $x = c$, alors
$$\int_a^b f(x)dx = \int_a^c f(x)dx + \int_c^b f(x)dx,$$
si la première et la deuxième intégrale du membre de droite sont bien définies respectivement par les 2e et 1er cas.

Pour les 1er et 2e cas, si la limite est finie, l'intégrale impropre **converge** vers la **valeur** de la limite ; si la limite n'existe pas, l'intégrale impropre **diverge**. Pour le 3e cas, l'intégrale du membre de gauche **converge** si les deux intégrales du membre de droite convergent ; sinon, elle **diverge**.

EXEMPLE 5 Intégrale impropre divergente

Étudiez la convergence de
$$\int_0^1 \frac{1}{1-x}\,dx.$$

Solution

L'intégrande $f(x) = 1/(1 - x)$ est continue sur $[0, 1[$, mais devient infinie lorsque $x = 1$ (figure 3.5.7). Enlevons le point **1**, intégrons entre 0 et une borne supérieure positive $b < 1$, puis examinons le comportement de l'intégrale à mesure que b se rapproche de 1 par valeurs inférieures. En résumé, évaluons l'intégrale de la façon suivante :
$$\lim_{b \to 1^-} \int_0^b \frac{1}{1-x}\,dx = \lim_{b \to 1^-} \Big[-\ln|1-x|\Big]_0^b$$
$$= \lim_{b \to 1^-} [-\ln(1-b) + 0] = \infty.$$

La limite est infinie, l'intégrale diverge donc.

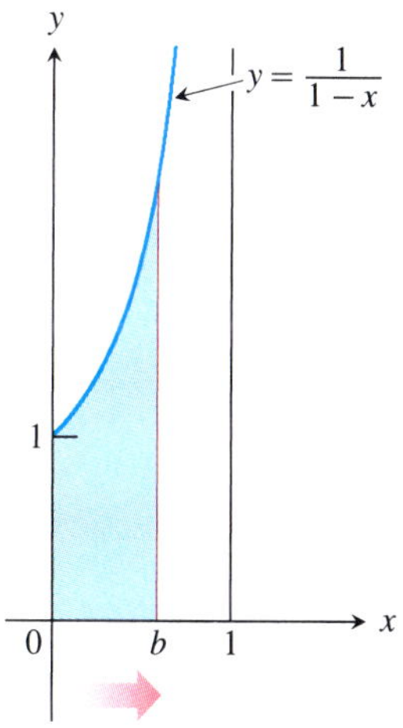

Figure 3.5.7 Si la limite existe, alors
$$\int_0^1 \frac{1}{1-x}\,dx = \lim_{b \to 1^-} \int_0^b \frac{1}{1-x}\,dx$$
(exemple 5).

Voir les exercices **2, 5, 6, 9, 10, 11, 15, 18, 19, 23, 24, 33** et **34**.

EXEMPLE 6 Discontinuité en un point intérieur de l'intervalle d'intégration

Évaluez
$$\int_0^3 \frac{dx}{(x-1)^{2/3}}.$$

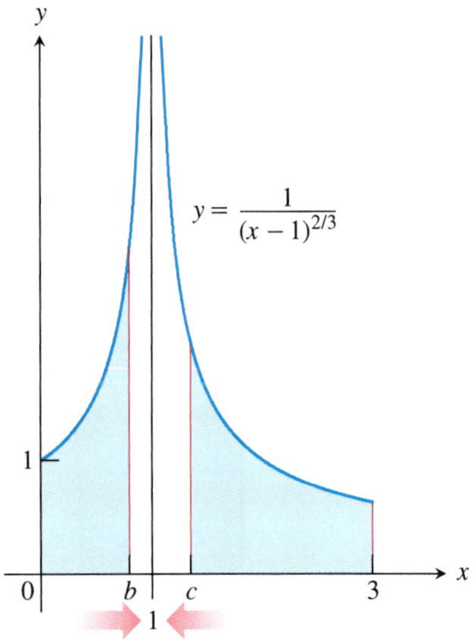

Figure 3.5.8 Dans l'exemple 6, nous étudions la convergence de

$$\int_0^3 \frac{1}{(x-1)^{2/3}}\,dx.$$

Solution

L'intégrande possède une asymptote verticale à $x = 1$ et elle est continue sur [0, 1[et]1, 3] (figure 3.5.8). Donc, selon la définition 3.5.2 (3e cas) (voir page 239),

$$\int_0^3 \frac{dx}{(x-1)^{2/3}} = \int_0^1 \frac{dx}{(x-1)^{2/3}} + \int_1^3 \frac{dx}{(x-1)^{2/3}}.$$

Évaluons chaque intégrale du membre de droite de l'équation.

$$\begin{aligned}\int_0^1 \frac{dx}{(x-1)^{2/3}} &= \lim_{b\to 1^-} \int_0^b \frac{dx}{(x-1)^{2/3}} \\ &= \lim_{b\to 1^-} 3(x-1)^{1/3}\Big]_0^b \\ &= \lim_{b\to 1^-} [3(b-1)^{1/3} + 3] = 3\end{aligned}$$

$$\begin{aligned}\int_1^3 \frac{dx}{(x-1)^{2/3}} &= \lim_{c\to 1^+} \int_c^3 \frac{dx}{(x-1)^{2/3}} \\ &= \lim_{c\to 1^+} 3(x-1)^{1/3}\Big]_c^3 \\ &= \lim_{c\to 1^+} [3(3-1)^{1/3} - 3(c-1)^{1/3}] = 3\sqrt[3]{2}\end{aligned}$$

En conclusion,

$$\int_0^3 \frac{dx}{(x-1)^{2/3}} = 3 + 3\sqrt[3]{2}.$$

Voir les exercices **3**, **8**, **16**, **27** et **28**.

EXEMPLE 7 Trouver la longueur d'une astroïde

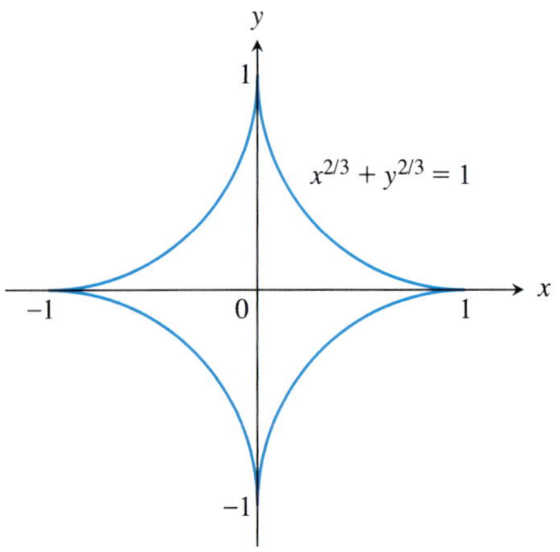

Figure 3.5.9 L'astroïde de l'exemple 7.

Utilisez la définition 2.4.1 (voir page 133) de la longueur d'une courbe pour trouver la longueur L de l'astroïde définie par l'équation $x^{2/3} + y^{2/3} = 1$ (figure 3.5.9).

Solution

Compte tenu de la symétrie de l'astroïde par rapport aux axes de coordonnées, nous voyons que la longueur de cette courbe vaut quatre fois la longueur de sa portion du premier quadrant. Nous obtenons l'équation de ce quart d'astroïde en isolant y dans l'équation initiale :

$$y = (1 - x^{2/3})^{3/2}.$$

Selon la définition 2.4.1 (1) (voir page 133), la longueur $L/4$ de cet arc de courbe est donnée par

$$\frac{L}{4} = \int_0^1 \sqrt{1 + (dy/dx)^2}\,dx, \text{ où } dy/dx = \frac{3}{2}(1 - x^{2/3})^{1/2}\left(-\frac{2}{3}x^{-1/3}\right) = -\frac{(1-x^{2/3})^{1/2}}{x^{1/3}}.$$

L'intégrale est impropre car dy/dx devient infinie à $x = 0$, qui est la borne inférieure d'intégration. Il faut donc l'évaluer selon la définition 3.5.2 (1er cas) (voir page 239).

$$\begin{aligned}\frac{L}{4} &= \lim_{a\to 0^+} \int_a^1 \sqrt{1 + (dy/dx)^2}\,dx \\ &= \lim_{a\to 0^+} \int_a^1 \sqrt{1 + \left(-\frac{(1-x^{2/3})^{1/2}}{x^{1/3}}\right)^2}\,dx\end{aligned}$$

$$= \lim_{a \to 0^+} \int_a^1 \sqrt{\frac{x^{2/3} + (1 - x^{2/3})}{x^{2/3}}}\, dx$$

$$= \lim_{a \to 0^+} \int_a^1 \sqrt{\frac{1}{x^{2/3}}}\, dx$$

$$= \lim_{a \to 0^+} \int_a^1 \frac{1}{x^{1/3}} dx$$

$\sqrt{\frac{1}{x^{2/3}}} = \left|\frac{1}{x^{1/3}}\right| = \frac{1}{x^{1/3}}$, car $x > 0$

$$= \lim_{a \to 0^+} \int_a^1 x^{-1/3} dx$$

$$= \lim_{a \to 0^+} \frac{3x^{2/3}}{2}\Bigg]_a^1$$

$$= \lim_{a \to 0^+} \left(\frac{3}{2}(1 - a^{2/3})\right)$$

$$= \frac{3}{2}$$

La longueur L de l'astroïde est donc $4\,(3/2) = 6$.

3.5.4 Tests de convergence et de divergence

Dans les applications, il est souvent impossible d'évaluer directement une intégrale impropre. Il faut alors déterminer si elle converge ou non. Si l'intégrale diverge, l'histoire s'arrête là ! Si elle converge, diverses méthodes numériques peuvent être utilisées pour en trouver la valeur approximative. Les deux principaux tests de convergence sont le test de comparaison directe entre intégrales et le test de comparaison entre intégrales par une limite.

Fonction monotone bornée

Une fonction monotone $f(x)$ bornée sur un intervalle infini $]a, \infty[$ doit posséder une limite finie lorsque $x \to \infty$. Cette propriété est appliquée à l'exemple 8 dans le cas de la fonction de b monotone

$$f(b) = \int_1^b e^{-x^2} dx$$

lorsque $b \to \infty$.

EXEMPLE 8 Analyser la convergence

L'intégrale $\int_1^\infty e^{-x^2} dx$ converge-t-elle ?

Solution

Par définition,

$$\int_1^\infty e^{-x^2} dx = \lim_{b \to \infty} \int_1^b e^{-x^2} dx.$$

Nous ne pouvons pas évaluer cette intégrale directement, car il n'existe pas de formule simple pour décrire une primitive de e^{-x^2}. Il faut donc déterminer d'une autre façon si l'intégrale converge. Comme $e^{-x^2} > 0$ pour tout x et puisque l'aire sous la courbe croît à mesure que b augmente, $\int_1^b e^{-x^2} dx$ est une fonction croissante de b. Par conséquent, lorsque $b \to \infty$, ou bien l'intégrale tend vers l'infini, ou bien elle possède une borne supérieure et converge alors vers une limite finie.

Les deux courbes d'équations $y = e^{-x^2}$ et $y = e^{-x}$ se coupent au point $(1, e^{-1})$ et nous avons l'inégalité $0 < e^{-x^2} < e^{-x}$ pour $x \geq 1$ (figure 3.5.10). Donc, pour tout $b > 1$,

$$0 < \int_1^b e^{-x^2} dx \leq \int_1^b e^{-x} dx = -e^{-b} + e^{-1} < e^{-1} \approx 0{,}368.$$

Arrondir à une valeur supérieure, par précaution

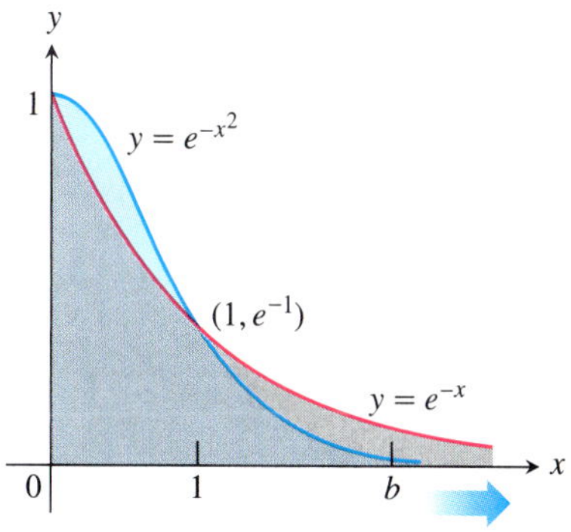

Figure 3.5.10 Le graphe de e^{-x^2} est sous le graphe de e^{-x} pour $x > 1$ (exemple 8).

Puisque l'intégrale $\int_1^b e^{-x^2} dx$ est une fonction croissante de b et qu'elle est bornée supérieurement par 0,368, elle doit converger. Cela ne nous apprend pas grand-chose sur la valeur de l'intégrale impropre, si ce n'est qu'elle est positive et inférieure à 0,368.

Voir l'exercice **73**.

La comparaison entre les fonctions e^{-x^2} et e^{-x} de l'exemple 8 est un cas particulier du test suivant.

THÉORÈME 3.5.1 Test de comparaison directe entre intégrales

Soit f et g, deux fonctions continues sur $[a, \infty[$ telles que $0 \leq f(x) \leq g(x)$ pour tout $x \geq a$.

1. Si $\int_a^\infty g(x)dx$ converge, alors $\int_a^\infty f(x)dx$ converge.

En prenant la contraposée de cet énoncé, nous pouvons dire de façon équivalente :

2. si $\int_a^\infty f(x)dx$ diverge, alors $\int_a^\infty g(x)dx$ diverge.

EXEMPLE 9 Appliquer le test de comparaison directe

Déterminez si chaque intégrale converge ou diverge.

a) $\displaystyle\int_1^\infty \frac{\sin^2 x}{x^2}\, dx$

b) $\displaystyle\int_1^\infty \frac{1}{\sqrt{x^2 - 0{,}1}}\, dx$

Solution

a) $\displaystyle\int_1^\infty \frac{\sin^2 x}{x^2}\, dx$ converge, car

$$0 \leq \frac{\sin^2 x}{x^2} \leq \frac{1}{x^2} \text{ sur } [1, \infty[\text{ et } \int_1^\infty \frac{1}{x^2} dx \text{ converge.}$$

Exemple 4 (voir page 237)

b) $\displaystyle\int_1^\infty \frac{1}{\sqrt{x^2 - 0{,}1}}\, dx$ diverge, car

$$\frac{1}{\sqrt{x^2 - 0{,}1}} \geq \frac{1}{x} \text{ sur } [1, \infty[\text{ et } \int_1^\infty \frac{1}{x} dx \text{ diverge.}$$

Exemple 4 (voir page 237)

THÉORÈME 3.5.2 Test de comparaison entre intégrales par une limite

Soit f et g deux fonctions continues à valeurs positives sur l'intervalle $[a, \infty[$. Si

$$\lim_{x\to\infty} \frac{f(x)}{g(x)} = L,\ 0 < L < \infty,$$

alors

$$\int_a^\infty f(x)dx \text{ et } \int_a^\infty g(x)dx$$

convergent toutes deux ou divergent toutes deux.

La preuve du théorème 3.5.2 est du niveau d'un cours de calcul avancé.

Bien que les intégrales impropres de deux fonctions continues sur $[a, \infty[$ puissent converger en même temps au sens du théorème 3.5.2, cela ne signifie pas que leur valeur soit forcément la même, comme l'illustre l'exemple 10.

EXEMPLE 10 Appliquer le test de comparaison entre intégrales par une limite

Montrez que

$$\int_1^\infty \frac{dx}{1+x^2}$$

converge par comparaison avec $\int_1^\infty (1/x^2)dx$. Comparez les valeurs des deux intégrales.

Solution

Les fonctions $f(x) = 1/x^2$ et $g(x) = 1/(1+x^2)$ sont positives et continues sur $[1, \infty[$. De plus,

$$\lim_{x\to\infty} \frac{f(x)}{g(x)} = \lim_{x\to\infty} \frac{1/x^2}{1/(1+x^2)} = \lim_{x\to\infty} \frac{1+x^2}{x^2}$$
$$= \lim_{x\to\infty} \left(\frac{1}{x^2} + 1\right) = 0 + 1 = 1,$$

qui est donc une limite finie positive (figure 3.5.11). Dès lors, d'après le théorème 3.5.2, $\int_1^\infty \frac{dx}{1+x^2}$ converge, car $\int_1^\infty \frac{dx}{x^2}$ converge.

Cependant, les intégrales convergent vers des valeurs différentes :

$$\int_1^\infty \frac{dx}{x^2} = \frac{1}{2-1} = 1$$

Exemple 4 (voir page 237)

et

$$\int_1^\infty \frac{dx}{1+x^2} = \lim_{b\to\infty} \int_1^b \frac{dx}{1+x^2}$$
$$= \lim_{b\to\infty} [\text{arc tan } b - \text{arc tan } 1] = \frac{\pi}{2} - \frac{\pi}{4} = \frac{\pi}{4}.$$

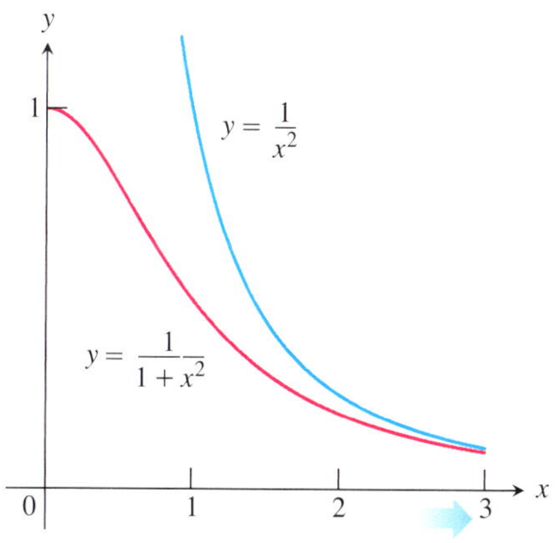

Figure 3.5.11 Fonctions de l'exemple 10.

EXEMPLE 11 Appliquer le test de comparaison entre intégrales par une limite

Montrez que

$$\int_1^\infty \frac{3}{e^x - 5}\, dx$$

converge.

Solution

À l'aide de l'exemple 8 (voir page 241) , nous pouvons d'abord aisément vérifier que l'intégrale $\int_1^\infty e^{-x} dx = \int_1^\infty (1/e^x) dx$ converge (vers e^{-1}).

Or, en prenant la limite du rapport des deux intégrandes, nous trouvons :

$$\lim_{x\to\infty} \frac{1/e^x}{3/(e^x - 5)} = \lim_{x\to\infty} \frac{e^x - 5}{3e^x} = \lim_{x\to\infty} \left(\frac{1}{3} - \frac{5}{3e^x}\right) = \frac{1}{3},$$

de sorte que, d'après le théorème 3.5.2 (voir page 243), l'intégrale

$$\int_1^\infty \frac{3}{e^x - 5}\, dx$$

converge aussi.

Voir les exercices **35** à **64**.

TYPES D'INTÉGRALES IMPROPRES ABORDÉES DANS LA PRÉSENTE SECTION

Bornes d'intégration infinies

1. Borne supérieure infinie.

$$\int_1^{\infty} \frac{\ln x}{x^2}\,dx = \lim_{b\to\infty} \int_1^b \frac{\ln x}{x^2}\,dx$$

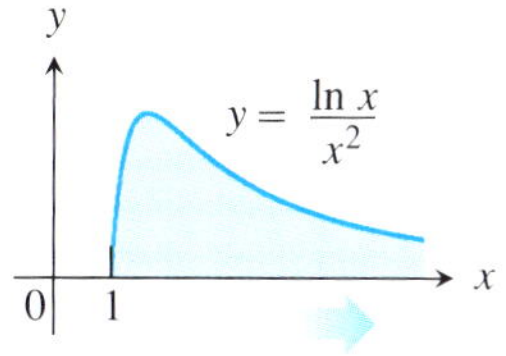

2. Borne inférieure infinie.

$$\int_{-\infty}^{0} \frac{dx}{1+x^2} = \lim_{a\to-\infty} \int_a^0 \frac{dx}{1+x^2}$$

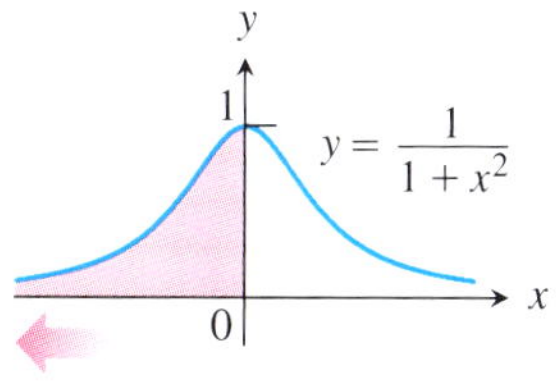

3. Deux bornes infinies.

$$\int_{-\infty}^{\infty} \frac{dx}{1+x^2} = \lim_{b\to-\infty} \int_b^0 \frac{dx}{1+x^2} + \lim_{c\to\infty} \int_0^c \frac{dx}{1+x^2}$$

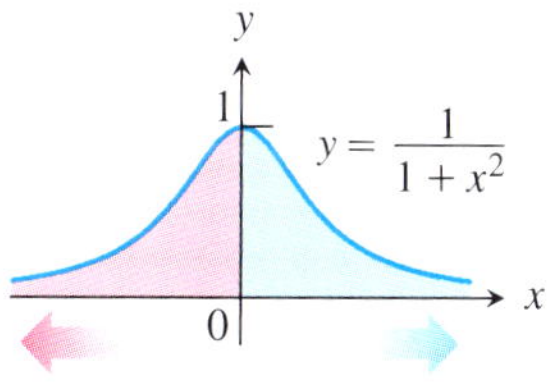

Intégrande discontinue

4. À la borne supérieure.

$$\int_0^1 \frac{dx}{(x-1)^{2/3}} = \lim_{b\to1^-} \int_0^b \frac{dx}{(x-1)^{2/3}}$$

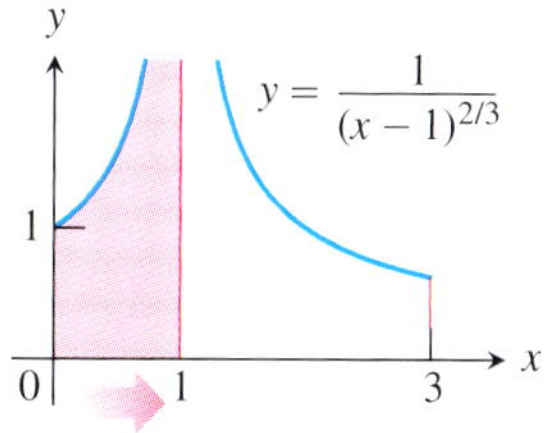

5. À la borne inférieure.

$$\int_1^3 \frac{dx}{(x-1)^{2/3}} = \lim_{d\to1^+} \int_d^3 \frac{dx}{(x-1)^{2/3}}$$

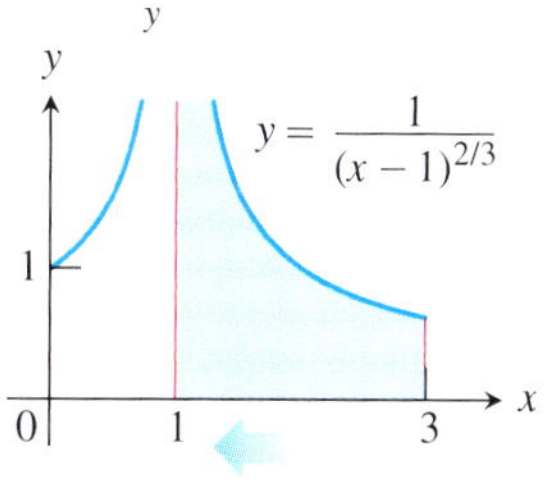

6. En un point intérieur de l'intervalle.

$$\int_0^3 \frac{dx}{(x-1)^{2/3}} = \int_0^1 \frac{dx}{(x-1)^{2/3}} + \int_1^3 \frac{dx}{(x-1)^{2/3}}$$

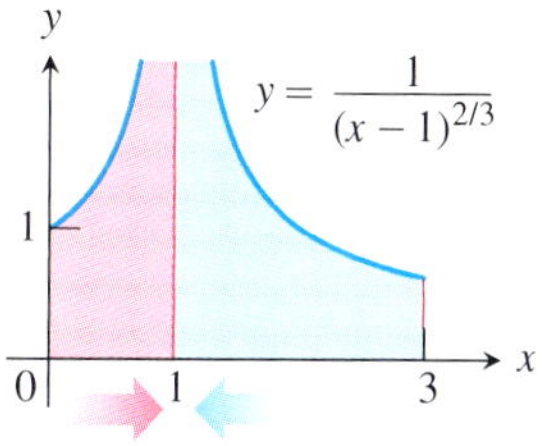

Exercices 3.5

Reconnaître des intégrales impropres

Aux exercices **1** à **6**, respectez les étapes suivantes.

a) Expliquez pourquoi l'intégrale est une intégrale impropre.

b) Déterminez si l'intégrale converge ou diverge.

c) Si elle converge, évaluez l'intégrale.

1. $\int_0^{\infty} \frac{dx}{x^2+1}$ **2.** $\int_0^{1} \frac{dx}{\sqrt{x}}$

3. $\int_{-8}^{1} \frac{dx}{x^{1/3}}$ **4.** $\int_{-\infty}^{\infty} \frac{2x\,dx}{(x^2+1)^2}$

5. $\int_0^{\ln 2} x^{-2}e^{1/x}dx$ **6.** $\int_0^{\pi/2} \cot\theta\, d\theta$

Évaluer des intégrales impropres

Pour chacun des cas suivants, évaluez l'intégrale ou expliquez pourquoi elle diverge.

7. $\int_1^{\infty} \frac{dx}{x^{1{,}001}}$ **8.** $\int_{-1}^{1} \frac{dx}{x^{2/3}}$

9. $\int_0^{4} \frac{dr}{\sqrt{4-r}}$ **10.** $\int_0^{1} \frac{dr}{r^{0{,}999}}$

11. $\int_0^{1} \frac{dx}{\sqrt{1-x^2}}$ **12.** $\int_{-\infty}^{2} \frac{2dx}{x^2+4}$

13. $\int_{-\infty}^{-2} \frac{2dx}{x^2-1}$ **14.** $\int_2^{\infty} \frac{3dt}{t^2-t}$

15. $\int_0^{1} \frac{\theta+1}{\sqrt{\theta^2+2\theta}}\,d\theta$ **16.** $\int_0^{2} \frac{s+1}{\sqrt{4-s^2}}\,ds$

17. $\int_0^{\infty} \frac{dx}{(1+x)\sqrt{x}}$ **18.** $\int_1^{\infty} \frac{dx}{x\sqrt{x^2-1}}$

19. $\int_1^{2} \frac{ds}{s\sqrt{s^2-1}}$ **20.** $\int_{-1}^{\infty} \frac{d\theta}{\theta^2+5\theta+6}$

21. $\int_2^{\infty} \frac{2}{v^2-v}\,dv$ **22.** $\int_2^{\infty} \frac{2dt}{t^2-1}$

23. $\int_0^{2} \frac{ds}{\sqrt{4-s^2}}$ **24.** $\int_0^{1} \frac{4r\,dr}{\sqrt{1-r^4}}$

25. $\int_0^{\infty} \frac{dv}{(1+v^2)(1+\text{ arc tan } v)}$ **26.** $\int_0^{\infty} \frac{16 \text{ arc tan } x}{1+x^2}\,dx$

27. $\int_{-1}^{4} \frac{dx}{\sqrt{|x|}}$ **28.** $\int_0^{2} \frac{dx}{\sqrt{|x-1|}}$

29. $\int_{-\infty}^{0} \theta e^{\theta}d\theta$ **30.** $\int_0^{\infty} 2e^{-\theta}\sin\theta\, d\theta$

31. $\int_{-\infty}^{\infty} e^{-|x|}dx$ **32.** $\int_{-\infty}^{\infty} 2xe^{-x^2}dx$

33. $\int_0^{1} x\ln x\, dx$ **34.** $\int_0^{1} (-\ln x)\, dx$

Tester la convergence

Afin de tester la convergence des intégrales suivantes, utilisez soit l'intégration, soit le test de comparaison directe entre intégrales ou encore, le test de comparaison entre intégrales par une limite. Si plus d'une méthode s'applique, employez celle que vous préférez.

35. $\int_0^{\pi/2} \tan\theta\, d\theta$ **36.** $\int_0^{\pi/2} \cot\theta\, d\theta$

37. $\int_0^{\pi} \frac{\sin\theta\, d\theta}{\sqrt{\pi-\theta}}$ **38.** $\int_{-\pi/2}^{\pi/2} \frac{\cos\theta\, d\theta}{(\pi-2\theta)^{1/3}}$

39. $\int_0^{\ln 2} x^{-2}e^{-1/x}dx$ **40.** $\int_0^{1} \frac{e^{-\sqrt{x}}}{\sqrt{x}}\,dx$

41. $\int_0^{\pi} \frac{dt}{\sqrt{t}+\sin t}$

42. $\int_0^{1} \frac{dt}{t-\sin t}$ (Indication : $t \geq \sin t$ pour $t \geq 0$.)

43. $\int_0^{2} \frac{dx}{1-x^2}$ **44.** $\int_0^{2} \frac{dx}{1-x}$

45. $\int_{-1}^{1} \ln|x|\, dx$ **46.** $\int_{-1}^{1} -x\ln|x|\, dx$

47. $\int_1^{\infty} \frac{dx}{x^3+1}$ **48.** $\int_4^{\infty} \frac{dx}{\sqrt{x}-1}$

49. $\int_2^{\infty} \frac{dv}{\sqrt{v-1}}$ **50.** $\int_4^{\infty} \frac{2dt}{t^{3/2}-1}$

51. $\int_0^{\infty} \frac{dx}{\sqrt{x^6+1}}$ **52.** $\int_2^{\infty} \frac{dx}{\sqrt{x^2-1}}$

53. $\int_1^{\infty} \frac{\sqrt{x+1}}{x^2}\,dx$ **54.** $\int_2^{\infty} \frac{x\,dx}{\sqrt{x^4-1}}$

55. $\int_{\pi}^{\infty} \frac{2+\cos x}{x}\,dx$ **56.** $\int_{\pi}^{\infty} \frac{1+\sin x}{x^2}\,dx$

57. $\int_0^{\infty} \frac{d\theta}{1+e^{\theta}}$ **58.** $\int_2^{\infty} \frac{1}{\ln x}\,dx$

59. $\int_1^{\infty} \frac{e^x}{x}\,dx$ **60.** $\int_{e^e}^{\infty} \ln(\ln x)\, dx$

61. $\int_1^{\infty} \frac{1}{\sqrt{e^x-x}}\,dx$ **62.** $\int_1^{\infty} \frac{1}{\sqrt{e^x-2^x}}\,dx$

63. $\int_{-\infty}^{\infty} \frac{dx}{\sqrt{x^4+1}}$ **64.** $\int_{-\infty}^{\infty} \frac{dx}{e^x+e^{-x}}$

Théorie et exemples

65. Trouvez les valeurs de p pour lesquelles chacune des intégrales suivantes converge.

a) $\int_1^{2} \frac{dx}{x(\ln x)^p}$ b) $\int_2^{\infty} \frac{dx}{x(\ln x)^p}$

66. $\int_{-\infty}^{\infty} f(x)dx$ peut ne pas être égale à $\lim\limits_{b\to\infty} \int_{-b}^{b} f(x)dx$. Montrez que

$$\int_0^{\infty} \frac{2x\,dx}{x^2+1}$$

diverge et que, par conséquent,

$$\int_{-\infty}^{\infty} \frac{2x\,dx}{x^2+1}$$

diverge aussi. Montrez ensuite que

$$\lim_{b\to\infty} \int_{-b}^{b} \frac{2x\,dx}{x^2+1} = 0.$$

Les exercices **67** à **69** portent sur la région non bornée du premier quadrant comprise entre la courbe $y = e^{-x}$ et l'axe des x.

67. Aire. Calculez l'aire de cette région.

68. Volume. Calculez le volume du solide engendré par la rotation de la région autour de l'axe des y.

69. Volume. Calculez le volume du solide engendré par la rotation de la région autour de l'axe des x.

70. Aire. Calculez l'aire de la région délimitée par les courbes d'équations $y = \sec x$ et $y = \tan x$ entre $x = 0$ et $x = \pi/2$.

71. Ce qui suit est une preuve erronée de l'énoncé faux suivant: $\ln 3 = \infty - \infty$. Quelle est l'erreur de raisonnement? Justifiez votre réponse.

$$\begin{aligned}
\ln 3 &= \ln 1 + \ln 3 = \ln 1 - \ln \frac{1}{3} \\
&= \lim_{b\to\infty} \ln\left(\frac{b-2}{b}\right) - \ln\frac{1}{3} \\
&= \lim_{b\to\infty} \left[\ln \frac{x-2}{x}\right]_3^b \\
&= \lim_{b\to\infty} \left[\ln (x-2) - \ln x\right]_3^b \\
&= \lim_{b\to\infty} \int_3^b \left(\frac{1}{x-2} - \frac{1}{x}\right)dx \\
&= \int_3^{\infty} \left(\frac{1}{x-2} - \frac{1}{x}\right)dx \\
&= \int_3^{\infty} \frac{1}{x-2}\,dx - \int_3^{\infty} \frac{1}{x}\,dx \\
&= \lim_{b\to\infty} \left[\ln (x-2)\right]_3^b - \lim_{b\to\infty} \left[\ln x\right]_3^b \\
&= \infty - \infty
\end{aligned}$$

72. Comparer des intégrales. Montrez que si $f(x)$ est intégrable sur tout intervalle de nombres réels et si a et b sont des nombres réels tels que $a < b$, alors

a) $\int_{-\infty}^{a} f(x)dx$ et $\int_{a}^{\infty} f(x)dx$ convergent si et seulement si $\int_{-\infty}^{b} f(x)dx$ et $\int_{b}^{\infty} f(x)dx$ convergent.

b) $\int_{-\infty}^{a} f(x)dx + \int_{a}^{\infty} f(x)dx = \int_{-\infty}^{b} f(x)dx + \int_{b}^{\infty} f(x)dx$ lorsque chacune des intégrales converge.

73. Estimer la valeur d'une intégrale impropre convergente dont le domaine est infini.

a) Montrez que

$$\int_3^{\infty} e^{-3x}dx = \frac{1}{3}e^{-9} < 0{,}000\,042$$

et que, par conséquent, $\int_3^{\infty} e^{-x^2}dx < 0{,}000\,042$. Expliquez pourquoi il en résulte que $\int_0^{\infty} e^{-x^2}dx$ peut être remplacée par $\int_0^{3} e^{-x^2}dx$ sans que l'erreur introduite soit plus grande que 0,000 042.

b) **Solution numérique.** Évaluez $\int_0^{3} e^{-x^2}dx$ par une méthode numérique.

EXPLORATIONS À L'ORDINATEUR

74. Fonction sinus intégral. L'intégrale

$$\mathrm{Si}(x) = \int_0^{x} \frac{\sin t}{t}\,dt$$

est appelée **fonction sinus intégral**. Cette fonction joue un rôle important en optique.

a) Tracez le graphe de l'intégrande $\sin t/t$ pour $t > 0$. La fonction Si est-elle croissante, décroissante ou ni l'un ni l'autre? Pensez-vous que $\mathrm{Si}(x) = 0$ pour $x > 0$? Vérifiez votre réponse en traçant le graphe de la fonction $\mathrm{Si}(x)$ sur l'intervalle $0 \le x \le 25$.

b) Explorez la convergence de

$$\int_0^{\infty} \frac{\sin t}{t}\,dt.$$

Si l'intégrale converge, quelle est sa valeur?

75. Fonction erreur. La fonction

$$\mathrm{erf}(x) = \int_0^{x} \frac{2e^{-t^2}}{\sqrt{\pi}}\,dt$$

est appelée **fonction erreur**. Cette fonction joue un rôle important en théorie des probabilités et en statistique.

a) Tracez le graphe de la fonction $\mathrm{erf}(x)$ sur $0 \le x \le 25$.

b) Explorez la convergence de

$$\int_0^{\infty} \frac{2e^{-t^2}}{\sqrt{\pi}}\,dt.$$

Si l'intégrale converge, quelle est sa valeur?

76. Fonction de distribution normale. La fonction

$$f(x) = \frac{1}{\sigma\sqrt{2\pi}}\,e^{-\frac{1}{2}\left(\frac{x-\mu}{\sigma}\right)^2}$$

est appelée **fonction de densité d'une variable aléatoire normale de moyenne μ et de variance σ^2**. Le nombre μ indique l'endroit où la distribution est centrée et σ^2 mesure la dispersion autour de la moyenne. En théorie des probabilités, il est connu que

$$\int_{-\infty}^{\infty} f(x)dx = 1.$$

Pour ce qui suit, supposons que $\mu = 0$ et $\sigma = 1$.

a) Tracez le graphe de f. Trouvez pour f les intervalles de croissance, les intervalles de décroissance ainsi que la valeur et l'emplacement de tout extremum relatif.

b) Évaluez

$$\int_{-n}^{n} f(x)dx$$

pour $n = 1, 2, 3$.

c) Développez une argumentation convaincante pour établir que

$$\int_{-\infty}^{\infty} f(x)dx = 1.$$

(Indication : Montrez que $0 < f(x) < e^{-x/2}$ pour $x > 1$ et que $\int_{b}^{\infty} e^{-x/2}dx \to 0$ lorsque $b \to \infty$.)

Explorer les intégrales de $x^p \ln x$

Utilisez un logiciel de calcul symbolique afin d'explorer les intégrales suivantes pour différentes valeurs de p (y compris des valeurs non entières). Pour quelles valeurs de p les intégrales convergent-elles? Quelle est la valeur de l'intégrale lorsque celle-ci converge? Tracez le graphe de l'intégrande pour différentes valeurs de p.

77. $\int_{0}^{e} x^p \ln x\, dx$

78. $\int_{e}^{\infty} x^p \ln x\, dx$

79. $\int_{0}^{\infty} x^p \ln x\, dx$

80. $\int_{-\infty}^{\infty} x^p \ln |x|\, dx$

Questions de révision

1. Quelles formules d'intégration de base connaissez-vous?

2. Quelles sont les techniques utilisées pour faire correspondre une intégrale donnée à une formule élémentaire?

3. Au moyen de quelle formule s'énonce la méthode d'intégration par parties? D'où vient cette formule? Quand est-elle utile?

4. Quand vous appliquez la méthode d'intégration par parties, comment choisissez-vous u et dv? Comment appliquez-vous cette méthode à une intégrale de la forme $\int f(x)dx$?

5. Qu'est-ce que l'intégration tabulaire? Donnez un exemple.

6. Quelles restrictions faut-il imposer aux variables en jeu dans les trois substitutions trigonométriques élémentaires pour s'assurer de leur réversibilité?

7. Dans quel but s'utilise la méthode des fractions partielles?

8. Lorsque le degré d'un polynôme $f(x)$ est inférieur à celui d'un polynôme $g(x)$, comment écrivez-vous $f(x)/g(x)$ sous la forme d'une somme de fractions partielles si $g(x)$

a) est le produit de facteurs linéaires distincts?

b) ne comprend qu'un seul facteur linéaire répété?

c) comprend un facteur quadratique irréductible?

Que faut-il faire si le degré de f n'est pas inférieur à celui de g?

9. Quelles substitutions sont utiles pour transformer des binômes quadratiques en monômes au carré? Pourquoi faisons-nous un tel changement?

10. Décrivez la règle de L'Hospital. Comment savez-vous quand l'appliquer et à quelle étape arrêter? Donnez un exemple.

11. Comment s'évaluent les limites qui mènent à des formes indéterminées du type 1^∞, 0^0 et ∞^0? Donnez des exemples.

12. Qu'est-ce qu'une intégrale impropre? Comment les valeurs des différents types d'intégrales impropres s'obtiennent-elles? Donnez des exemples.

13. Lorsqu'une intégrale impropre ne peut être évaluée directement, quels tests permettent de déterminer si elle converge ou diverge? Donnez des exemples.

Exercices récapitulatifs

Intégration par changement de variable

Aux exercices **1** à **46**, calculez les intégrales. Pour transformer une intégrale en une formule d'intégration de base, il est parfois nécessaire d'utiliser une ou plusieurs des techniques suivantes : changement de variable algébrique, complétion de carré, séparation de fraction, division polynomiale ou substitution trigonométrique.

1. $\int x\sqrt{4x^2 - 9}dx$

2. $\int x(2x+1)^{1/2}dx$

3. $\int \dfrac{xdx}{\sqrt{8x^2+1}}$

4. $\int \dfrac{ydy}{25+y^2}$

5. $\int \dfrac{t^3dt}{\sqrt{9-4t^4}}$

6. $\int z^{2/3}(z^{5/3}+1)^{2/3}dz$

7. $\displaystyle\int \frac{\sin 2\theta\, d\theta}{(1-\cos 2\theta)^2}$

8. $\displaystyle\int \frac{\cos 2t}{1+\sin 2t}\, dt$

9. $\displaystyle\int \sin 2x\, e^{\cos 2x}\, dx$

10. $\displaystyle\int e^{\theta} \sec^2 (e^{\theta})\, d\theta$

11. $\displaystyle\int 2^{x-1} dx$

12. $\displaystyle\int \frac{dv}{v \ln v}$

13. $\displaystyle\int \frac{dx}{(x^2+1)(2+\arctan x)}$

14. $\displaystyle\int \frac{2dx}{\sqrt{1-4x^2}}$

15. $\displaystyle\int \frac{dt}{\sqrt{16-9t^2}}$

16. $\displaystyle\int \frac{dt}{9+t^2}$

17. $\displaystyle\int \frac{4dx}{5x\sqrt{25x^2-16}}$

18. $\displaystyle\int \frac{dx}{\sqrt{4x-x^2-3}}$

19. $\displaystyle\int \frac{dy}{y^2-4y+8}$

20. $\displaystyle\int \frac{dv}{(v+1)\sqrt{v^2+2v}}$

21. $\displaystyle\int \cos^2 3x\, dx$

22. $\displaystyle\int \sin^3 \frac{\theta}{2}\, d\theta$

23. $\displaystyle\int \tan^3 2t\, dt$

24. $\displaystyle\int \frac{dx}{2 \sin x \cos x}$

25. $\displaystyle\int \frac{2dx}{\cos^2 x - \sin^2 x}$

26. $\displaystyle\int_{\pi/4}^{\pi/2} \sqrt{\csc^2 y - 1}\, dy$

27. $\displaystyle\int_{\pi/4}^{3\pi/4} \sqrt{\cot^2 t + 1}\, dt$

28. $\displaystyle\int_{0}^{2\pi} \sqrt{1-\sin^2 \frac{x}{2}}\, dx$

29. $\displaystyle\int_{-\pi/2}^{\pi/2} \sqrt{1-\cos 2t}\, dt$

30. $\displaystyle\int_{\pi}^{2\pi} \sqrt{1+\cos 2t}\, dt$

31. $\displaystyle\int \frac{x^2}{x^2+4}\, dx$

32. $\displaystyle\int \frac{x^3}{9+x^2}\, dx$

33. $\displaystyle\int \frac{2y-1}{y^2+4}\, dy$

34. $\displaystyle\int \frac{y+4}{y^2+1}\, dy$

35. $\displaystyle\int \frac{t+2}{\sqrt{4-t^2}}\, dt$

36. $\displaystyle\int \frac{2t^2+\sqrt{1-t^2}}{t\sqrt{1-t^2}}\, dt$

37. $\displaystyle\int \frac{\tan x\, dx}{\tan x + \sec x}$

38. $\displaystyle\int x \csc (x^2+3)\, dx$

39. $\displaystyle\int \cot \left(\frac{x}{4}\right) dx$

40. $\displaystyle\int x\sqrt{1-x}\, dx$

41. $\displaystyle\int (16+z^2)^{-3/2} dz$

42. $\displaystyle\int \frac{dy}{\sqrt{25+y^2}}$

43. $\displaystyle\int \frac{dx}{x^2\sqrt{1-x^2}}$

44. $\displaystyle\int \frac{x^2dx}{\sqrt{1-x^2}}$

45. $\displaystyle\int \frac{dx}{\sqrt{x^2-9}}$

46. $\displaystyle\int \frac{12dx}{(x^2-1)^{3/2}}$

Intégration par parties

Calculez les intégrales suivantes à l'aide de la méthode d'intégration par parties.

47. $\displaystyle\int \ln (x+1)\, dx$

48. $\displaystyle\int x^2 \ln x\, dx$

49. $\displaystyle\int \arctan 3x\, dx$

50. $\displaystyle\int \arccos \left(\frac{x}{2}\right) dx$

51. $\displaystyle\int (x+1)^2 e^x dx$

52. $\displaystyle\int x^2 \sin (1-x)\, dx$

53. $\displaystyle\int e^x \cos 2x\, dx$

54. $\displaystyle\int e^{-2x} \sin 3x\, dx$

Substitutions trigonométriques

Calculez les intégrales suivantes : **a)** sans recourir à une substitution trigonométrique ; **b)** en utilisant une substitution trigonométrique.

55. $\displaystyle\int \frac{ydy}{\sqrt{16-y^2}}$

56. $\displaystyle\int \frac{xdx}{\sqrt{4+x^2}}$

57. $\displaystyle\int \frac{xdx}{4-x^2}$

58. $\displaystyle\int \frac{tdt}{\sqrt{4t^2-1}}$

Termes quadratiques

Calculez les intégrales suivantes.

59. $\displaystyle\int \frac{xdx}{9-x^2}$

60. $\displaystyle\int \frac{dx}{x(9-x^2)}$

61. $\displaystyle\int \frac{dx}{9-x^2}$

62. $\displaystyle\int \frac{dx}{\sqrt{9-x^2}}$

Méthode des fractions partielles

Calculez les intégrales suivantes par la méthode des fractions partielles (dans certains cas, il faut d'abord appliquer un changement de variable).

63. $\displaystyle\int \frac{xdx}{x^2-3x+2}$

64. $\displaystyle\int \frac{dx}{x(x+1)^2}$

65. $\displaystyle\int \frac{\sin \theta\, d\theta}{\cos^2 \theta + \cos \theta - 2}$

66. $\displaystyle\int \frac{3x^2+4x+4}{x^3+x}\, dx$

67. $\displaystyle\int \frac{v+3}{2v^3-8v}\, dv$

68. $\displaystyle\int \frac{dt}{t^4+4t^2+3}$

69. $\displaystyle\int \frac{x^3+x^2}{x^2+x-2}\, dx$

70. $\displaystyle\int \frac{x^3+4x^2}{x^2+4x+3}\, dx$

71. $\displaystyle\int \frac{2x^3+x^2-21x+24}{x^2+2x-8}\, dx$

72. $\displaystyle\int \frac{dx}{x(3\sqrt{x+1})}$

73. $\displaystyle\int \frac{ds}{e^s-1}$

74. $\displaystyle\int \frac{ds}{\sqrt{e^s+1}}$

Méthodes diverses

Calculez les intégrales suivantes.

75. $\displaystyle\int \frac{xdx}{1+\sqrt{x}}$

76. $\displaystyle\int \frac{dx}{x(x^2+1)^2}$

77. $\displaystyle\int \frac{\cos \sqrt{x}}{\sqrt{x}}\, dx$

78. $\displaystyle\int \frac{dx}{\sqrt{-2x-x^2}}$

79. $\int \frac{du}{\sqrt{1+u^2}}$

80. $\int \frac{2-\cos x+\sin x}{\sin^2 x}\,dx$

81. $\int \frac{9dv}{81-v^4}$

82. $\int \theta\cos(2\theta+1)\,d\theta$

83. $\int \frac{x^3dx}{x^2-2x+1}$

84. $\int \frac{d\theta}{\sqrt{1+\sqrt{\theta}}}$

85. $\int \frac{2\sin\sqrt{x}\,dx}{\sqrt{x}\sec\sqrt{x}}$

86. $\int \frac{x^5dx}{x^4-16}$

87. $\int \frac{d\theta}{\theta^2-2\theta+4}$

88. $\int \frac{dr}{(r+1)\sqrt{r^2+2r}}$

89. $\int \frac{\sin 2\theta\,d\theta}{(1+\cos 2\theta)^2}$

90. $\int \frac{dx}{(x^2-1)^2}$

91. $\int \frac{xdx}{\sqrt{2-x}}$

92. $\int \frac{dy}{y^2-2y+2}$

93. $\int \ln\sqrt{x-1}\,dx$

94. $\int \frac{xdx}{\sqrt{8-2x^2-x^4}}$

95. $\int \frac{z+1}{z^2(z^2+4)}\,dz$

96. $\int x^3e^{x^2}dx$

97. $\int \frac{\operatorname{arc\,tan} x}{x^2}\,dx$

98. $\int \frac{e^tdt}{e^{2t}+3e^t+2}$

99. $\int \frac{1-\cos 2x}{1+\cos 2x}\,dx$

100. $\int \frac{\cos(\operatorname{arc\,sin} x)}{\sqrt{1-x^2}}\,dx$

101. $\int \frac{\cos x\,dx}{\sin^3 x-\sin x}$

102. $\int \frac{e^tdt}{1+e^t}$

103. $\int_1^{\infty} \frac{\ln y}{y^3}\,dy$

104. $\int \frac{\cot v\,dv}{\ln(\sin v)}$

105. $\int \frac{dx}{(2x-1)\sqrt{x^2-x}}$

106. $\int e^{\ln\sqrt{x}}dx$

107. $\int e^{\theta}\sqrt{3+4e^{\theta}}\,d\theta$

108. $\int \frac{dv}{\sqrt{e^{2v}-1}}$

109. $\int (27)^{3\theta+1}d\theta$

110. $\int x^5\sin x\,dx$

111. $\int \frac{dr}{1+\sqrt{r}}$

112. $\int \frac{8dy}{y^3(y+2)}$

113. $\int \frac{8dm}{m\sqrt{49m^2-4}}$

114. $\int \frac{dt}{t(1+\ln t)\sqrt{(\ln t)(2+\ln t)}}$

Limites

Calculez les limites suivantes.

115. $\lim_{t\to 0} \frac{t-\ln(1+2t)}{t^2}$

116. $\lim_{t\to 0} \frac{\tan 3t}{\tan 5t}$

117. $\lim_{x\to 0} \frac{x\sin x}{1-\cos x}$

118. $\lim_{x\to 1} x^{1/(1-x)}$

119. $\lim_{x\to\infty} x^{1/x}$

120. $\lim_{x\to\infty} \left(1+\frac{3}{x}\right)^x$

121. $\lim_{r\to\infty} \frac{\cos r}{\ln r}$

122. $\lim_{\theta\to\pi/2} \left(\theta-\frac{\pi}{2}\right)\sec\theta$

123. $\lim_{x\to 1} \left(\frac{1}{x-1}-\frac{1}{\ln x}\right)$

124. $\lim_{x\to 0^+} \left(1+\frac{1}{x}\right)^x$

125. $\lim_{\theta\to 0^+} (\tan\theta)^{\theta}$

126. $\lim_{\theta\to\infty} \theta^2\sin\left(\frac{1}{\theta}\right)$

127. $\lim_{x\to\infty} \frac{x^3-3x^2+1}{2x^2+x-3}$

128. $\lim_{x\to\infty} \frac{3x^2-x+1}{x^4-x^3+2}$

Intégrales impropres

Parmi les intégrales impropres suivantes, calculez celles qui convergent et trouvez celles qui divergent.

129. $\int_0^3 \frac{dx}{\sqrt{9-x^2}}$

130. $\int_0^1 \ln x\,dx$

131. $\int_{-1}^1 \frac{dy}{y^{2/3}}$

132. $\int_{-2}^0 \frac{d\theta}{(\theta+1)^{3/5}}$

133. $\int_3^{\infty} \frac{2du}{u^2-2u}$

134. $\int_1^{\infty} \frac{3v-1}{4v^3-v^2}\,dv$

135. $\int_0^{\infty} x^2e^{-x}dx$

136. $\int_{-\infty}^0 xe^{3x}dx$

137. $\int_{-\infty}^{\infty} \frac{dx}{4x^2+9}$

138. $\int_{-\infty}^{\infty} \frac{4dx}{x^2+16}$

Convergence ou divergence

Parmi les intégrales impropres suivantes, trouvez celles qui convergent et celles qui divergent. Justifiez vos réponses.

139. $\int_6^{\infty} \frac{d\theta}{\sqrt{\theta^2+1}}$

140. $\int_0^{\infty} e^{-u}\cos u\,du$

141. $\int_1^{\infty} \frac{\ln z}{z}\,dz$

142. $\int_1^{\infty} \frac{e^{-t}}{\sqrt{t}}\,dt$

143. $\int_{-\infty}^{\infty} \frac{dx}{e^x+e^{-x}}$

144. $\int_{-\infty}^{\infty} \frac{dx}{x^2(1+e^x)}$

Équations différentielles avec une condition initiale

Aux exercices **145** à **148**, trouvez la solution particulière des équations différentielles avec une condition initiale.

145. $\frac{dy}{dx} = e^x(y^2-y),\ y(0)=2$

146. $\frac{dy}{d\theta} = (y+1)^2\sin\theta,\ y(\pi/2)=0$

147. $\frac{dy}{dx} = \frac{1}{x^2-3x+2},\ y(3)=0$

148. $\frac{ds}{dt} = \frac{2s+2}{t^2+2t},\ s(1)=1$

Intégrales difficiles

Calculez les intégrales suivantes.

1. $\int (\arcsin x)^2\,dx$

2. $\int \dfrac{dx}{x(x+1)(x+2)\cdots(x+m)}$

3. $\int x \arcsin x\,dx$

4. $\int \arcsin \sqrt{y}\,dy$

5. $\int \dfrac{d\theta}{1-\tan^2\theta}$

6. $\int \ln\left(\sqrt{x}+\sqrt{1+x}\right)dx$

7. $\int \dfrac{dt}{t-\sqrt{1-t^2}}$

8. $\int \dfrac{(2e^{2x}-e^x)\,dx}{\sqrt{3e^{2x}-6e^x-1}}$

9. $\int \dfrac{dx}{x^4+4}$

10. $\int \dfrac{dx}{x^6-1}$

Limites

Calculez les limites suivantes.

11. $\lim\limits_{b\to 1^-} \int_0^b \dfrac{dx}{\sqrt{1-x^2}}$

12. $\lim\limits_{x\to\infty} \dfrac{1}{x}\int_0^x \arctan t\,dt$

13. $\lim\limits_{x\to 0^+} \left(\cos\sqrt{x}\right)^{1/x}$

14. $\lim\limits_{x\to\infty} (x+e^x)^{2/x}$

15. $\lim\limits_{x\to\infty} \int_{-x}^{x} \sin t\,dt$

16. $\lim\limits_{x\to 0^+} x\int_x^1 \dfrac{\cos t}{t^2}\,dt$

Théorie et applications

17. Trouver la longueur d'un arc de courbe. Calculez la longueur de l'arc de courbe défini par

$$y=\int_0^x \sqrt{\cos 2t}\,dt,\ 0\le x\le \pi/4.$$

18. Trouver la longueur d'un arc de courbe. Calculez la longueur de l'arc de courbe défini par

$$y=\ln(1-x^2),\text{ où } 0\le x\le 1/2.$$

19. Trouver un volume. Calculez le volume du solide de révolution engendré par la rotation autour de l'axe des y de la région du premier quadrant délimitée par l'axe des x et la courbe définie par $y=3x\sqrt{1-x}$.

20. Trouver un volume. Calculez le volume du solide de révolution engendré par la rotation autour de l'axe des x de la région du premier quadrant délimitée par l'axe des x, la courbe définie par $y=5/\left(x\sqrt{5-x}\right)$ ainsi que les droites d'équations $x=1$ et $x=4$.

21. Trouver un volume. Calculez le volume du solide de révolution engendré par la rotation autour de l'axe des y de la région du premier quadrant délimitée par l'axe des x et l'axe des y, la courbe définie par $y=e^x$ et la droite d'équation $x=1$.

22. Trouver un volume. Calculez le volume du solide de révolution engendré par la rotation autour de la droite d'équation $x=\ln 2$ de la région du premier quadrant délimitée en haut par la courbe définie par $y=e^x-1$, en bas par l'axe des x et à droite par la droite d'équation $x=\ln 2$.

23. Trouver un volume. Soit la région « triangulaire » R du premier quadrant délimitée en haut par la droite d'équation $y=1$, en bas par la courbe d'équation $y=\ln x$ et à gauche par la droite d'équation $x=1$; calculez le volume du solide de révolution engendré par la rotation de cette région autour de

a) l'axe des x ;

b) la droite d'équation $y=1$.

24. Trouver un volume. (suite de l'exercice **23**) Calculez le volume du solide de révolution engendré par la rotation de la région R définie à l'exercice **23** autour de

a) l'axe des y ;

b) la droite d'équation $x=1$.

25. Trouver un volume. Soit la région comprise entre l'axe des x et le graphe de

$$y=f(x)=\begin{cases}0, & x=0\\ x\ln x, & 0<x\le 2.\end{cases}$$

Cette région subit une rotation autour de l'axe des x et engendre le solide de révolution illustré ci-dessous.

a) Montrez que f est continue au point d'abscisse $x=0$.

b) Trouvez le volume du solide de révolution.

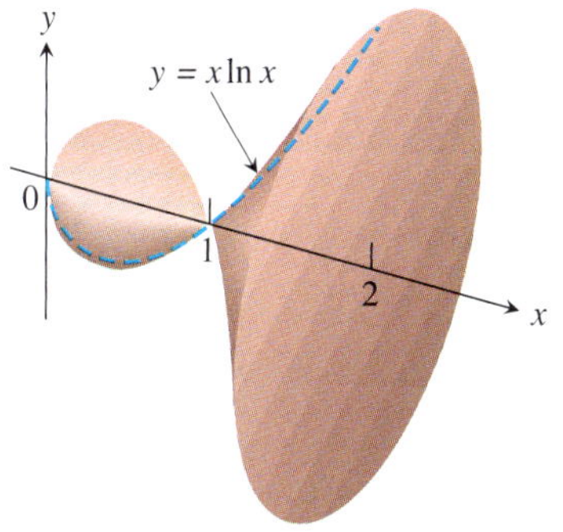

26. Trouver un volume. Calculez le volume du solide de révolution engendré par la rotation autour de l'axe des x de la région infinie du premier quadrant délimitée par les axes des x et des y ainsi que la courbe d'équation $y=-\ln x$.

27. Calculer une limite. Calculez

$$\lim_{n\to\infty}\int_0^1 \frac{ny^{n-1}}{1+y}\,dy.$$

28. Une formule d'intégration. Démontrez la formule

$$\int x\left(\sqrt{x^2-a^2}\right)^n dx=\frac{\left(\sqrt{x^2-a^2}\right)^{n+2}}{n+2}+C,\ n\ne -2.$$

29. Une inéquation. Prouvez que

$$\frac{\pi}{6} < \int_0^1 \frac{dx}{\sqrt{4 - x^2 - x^3}} < \frac{\pi\sqrt{2}}{8}.$$

(Indication : Observez que, pour $0 < x < 1$, on a $4 - x^2 > 4 - x^2 - x^3 > 4 - 2x^2$, avec l'inégalité de gauche devenant une égalité pour $x = 0$ et l'inégalité de droite devenant une égalité pour $x = 1$.)

30. Pour quelles valeurs de a l'intégrale

$$\int_1^{\infty} \left(\frac{ax}{x^2 + 1} - \frac{1}{2x}\right) dx$$

converge-t-elle? Évaluez l'intégrale ou les intégrales pour la ou les valeurs de a qui rendent l'intégrale convergente.

31. Évaluer une intégrale. Soit f une fonction telle que

$$f'(x) = \frac{\cos x}{x},\ f(\pi/2) = a \text{ et } f(3\pi/2) = b.$$

Faites une intégration par parties pour évaluer

$$\int_{\pi/2}^{3\pi/2} f(x)dx.$$

32. Trouver des aires égales. Trouvez un nombre positif a tel que

$$\int_0^a \frac{dx}{1 + x^2} = \int_a^{\infty} \frac{dx}{1 + x^2}.$$

33. Circonférence d'un cercle. Utilisez la définition 2.4.1 (voir page 133) de la longueur d'une courbe ainsi qu'une intégrale impropre pour démontrer que la circonférence du cercle d'équation $x^2 + y^2 = 4$ est 4π.

34. Trouvez une courbe passant par l'origine et dont la longueur est

$$\int_0^4 \sqrt{1 + \frac{1}{4x}}\, dx.$$

35. Une fonction rationnelle. Trouvez le polynôme du second degré $P(x)$, tel que $P(0) = 1$, $P'(0) = 0$ et tel que

$$\int \frac{P(x)}{x^3(x - 1)^2}\, dx$$

soit une fonction rationnelle.

36. Sans évaluer les intégrales, expliquez pourquoi

$$2\int_{-1}^{1} \sqrt{1 - x^2}\, dx = \int_{-1}^{1} \frac{dx}{\sqrt{1 - x^2}}.$$

Source : Peter A. Lindstrom, *Mathematics Magazine*, vol. 45, n° 1, janvier 1972, p. 47.

37. Aire infinie et volume fini. Trouvez pour quelle valeur de p la propriété suivante est vraie : soit la région délimitée par l'axe des x et la courbe d'équation $y = x^{-p}$, où $1 \leq x < \infty$; l'aire de cette région est infinie, mais le volume du solide de révolution engendré par la rotation de la région autour de l'axe des x est fini.

38. Aire infinie et volume fini. Trouvez pour quelle valeur de p la propriété suivante est vraie : soit la région du premier quadrant délimitée par la courbe d'équation $y = x^{-p}$, l'axe des y, la droite d'équation $x = 1$ et l'intervalle $[0, 1]$ de l'axe des x ; l'aire de cette région est infinie, mais le volume du solide de révolution engendré par la rotation de la région autour de l'axe des x est fini.

39. Aire finie

a) Tracez le graphe de la fonction définie par $f(x) = e^{(x - e^x)}$, où $-5 \leq x \leq 3$.

b) Montrez que, pour cette fonction f, l'intégrale

$$\int_{-\infty}^{\infty} f(x)dx$$

converge et trouvez sa valeur.

40. Une intégrale qui fait le lien entre π et son approximation 22/7.

a) Évaluez

$$\int_0^1 \frac{x^4(x - 1)^4}{x^2 + 1}\, dx.$$

b) Que vaut l'approximation $22/7$ de π? Répondez en exprimant $(\pi - 22/7)$ sous la forme d'un pourcentage de π.

c) Tracez le graphe de la fonction définie par

$$y = \frac{x^4(x - 1)^4}{x^2 + 1}$$

sur l'intervalle $[0, 1]$. Commencez en fixant d'abord les bornes y_1 et y_2 de la fenêtre à 0 et 1, puis à 0 et 0,5, et ainsi de suite en faisant décroître la borne supérieure y_2 jusqu'à ce que le graphe devienne visible à l'écran. Que pouvez-vous conclure au sujet de l'aire de la région sous la courbe?

Intégration tabulaire

Utilisez la méthode d'intégration tabulaire pour calculer les intégrales suivantes.

41. $\int e^{2x} \cos 3x\, dx$

42. $\int e^{3x} \sin 4x\, dx$

43. $\int \sin 3x \sin x\, dx$

44. $\int \cos 5x \sin 4x\, dx$

45. $\int e^{ax} \sin bx\, dx$

46. $\int e^{ax} \cos bx\, dx$

47. $\int \ln (ax)\, dx$

48. $\int x^2 \ln (ax)\, dx$

La fonction gamma et la formule de Stirling

Grâce à l'intégrale, la fonction gamma de Euler $\Gamma(x)$ permet d'étendre à tous les nombres réels la fonction factorielle n ! définie uniquement pour n entier positif (« gamma de x » ; Γ est un « g » majuscule grec). $\Gamma(x)$ se définit comme suit :

$$\Gamma(x) = \int_0^{\infty} t^{x-1}e^{-t}dt,\ x > 0.$$

La courbe en bleu de la figure suivante représente le graphe de $\Gamma(x)$, près de l'origine.

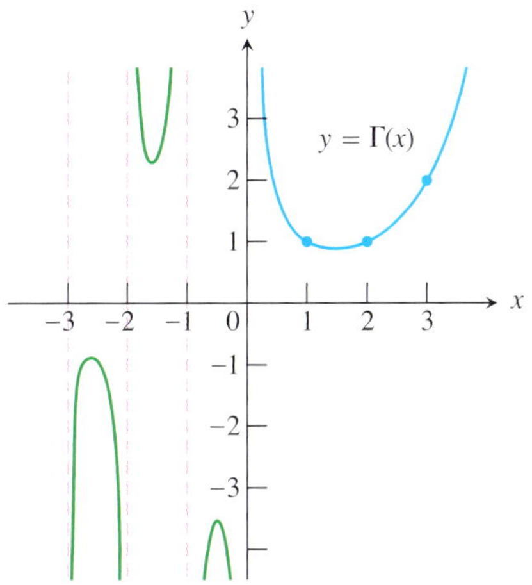

Si $x > 0$, $\Gamma(x)$ est une fonction continue dont la valeur à chaque entier positif $x = n + 1$ est $n!$. L'intégrale définissant Γ est valable seulement pour $x > 0$, mais, comme l'illustrent les courbes en vert, elle peut être généralisée à des valeurs négatives de x à l'aide de la formule $\Gamma(x) = (\Gamma(x+1))/x$ (voir exercice **49**).

49. Si n est un entier non négatif, alors $\Gamma(n+1) = n!$.

a) Montrez que $\Gamma(1) = 1$.

b) En appliquant l'intégration par parties à l'intégrale définissant $\Gamma(x+1)$, montrez que $\Gamma(x+1) = x\Gamma(x)$.

Vous obtiendrez :

$$\begin{aligned}\Gamma(2) &= 1\Gamma(1) = 1\\ \Gamma(3) &= 2\Gamma(2) = 2\\ \Gamma(4) &= 3\Gamma(3) = 6\\ &\vdots\\ \Gamma(n+1) &= n\Gamma(n) = n!. \qquad (1)\end{aligned}$$

c) Faites un raisonnement par récurrence afin de vérifier l'équation (1) pour tout entier n non négatif.

50. Formule de Stirling. Le mathématicien écossais James Stirling (1692-1770) a démontré que

$$\lim_{x\to\infty}\left(\frac{e}{x}\right)^x\sqrt{\frac{x}{2\pi}}\,\Gamma(x) = 1.$$

Ainsi, pour de grandes valeurs de x,

$$\Gamma(x) = \left(\frac{x}{e}\right)^x\sqrt{\frac{2\pi}{x}}\,(1+\varepsilon(x)),$$

$$\text{où } \varepsilon(x) \to 0 \text{ lorsque } x \to \infty. \qquad (2)$$

En négligeant $\varepsilon(x)$, nous obtenons l'approximation

$$\Gamma(x) \approx \left(\frac{x}{e}\right)^x\sqrt{\frac{2\pi}{x}} \text{ (formule de Stirling).} \qquad (3)$$

a) Approximation de $n!$ par la formule de Stirling. Utilisez l'équation (3) et la propriété que $n! = n\Gamma(n)$ pour montrer que

$$n! \approx \left(\frac{n}{e}\right)^n\sqrt{2n\pi} \text{ (approximation de Stirling).} \qquad (4)$$

Comme vous le verrez à l'exercice **90** de la section 4.1, l'équation (4) entraîne l'approximation

$$\sqrt[n]{n!} \approx \frac{n}{e}. \qquad (5)$$

b) Comparez la valeur de $n!$ obtenue avec la calculatrice à la valeur obtenue par l'approximation de Stirling pour $n = 10, 20, 30, \cdots$ jusqu'à la limite de la calculatrice.

c) L'équation (2) peut être raffinée sous la forme

$$\Gamma(x) = \left(\frac{x}{e}\right)^x\sqrt{\frac{2\pi}{x}}\,e^{1/(12x)}(1+\varepsilon(x)),$$

ou

$$\Gamma(x) \approx \left(\frac{x}{e}\right)^x\sqrt{\frac{2\pi}{x}}\,e^{1/(12x)},$$

qui entraîne

$$n! \approx \left(\frac{n}{e}\right)^n\sqrt{2n\pi}\,e^{1/(12n)}. \qquad (6)$$

Comparez les valeurs de $10!$ obtenues avec la calculatrice, l'approximation de Stirling et l'équation (6).

STIRLING

Il y a plusieurs lacunes mystérieuses dans la biographie de **James Stirling** (près de Stirling, Écosse, mai 1692 – Édimbourg, 1770). Nous savons qu'il est boursier à Oxford en 1711, qu'il refuse de prêter serment à la reine Anne d'Angleterre par sympathie pour la cause écossaise, et que ce geste l'empêche d'obtenir son diplôme. Néanmoins, il se fait remarquer aux conférences de la Royal Society et, en 1717, écrit un livre dans lequel il généralise certains résultats de Newton sur l'analyse des courbes.
Cette année-là, le jeune Écossais s'installe en Italie, d'abord à Venise puis à l'université de Padoue. Ce séjour de cinq ans demeure obscur ; d'après certains, il aurait dérobé aux verriers italiens les secrets de leur métier, et on aurait voulu le faire assassiner afin de protéger ce monopole vénitien.
Rentré à Londres, il reçoit l'appui de Newton. Son chef-d'œuvre, *Methodus differentialis* (1730), traite de séries infinies, d'approximation et d'interpolation. On y trouve la célèbre approximation de $n!$ pour n élevé :

$$n! \approx (n/e)^n\sqrt{2n\pi}.$$

Stirling produira aussi un traité remarquable sur la forme de la Terre et les variations de la gravité terrestre. Il finira ses jours en Écosse, préoccupé par des entreprises minières et des projets de canalisation.

CHAPITRE 4

SÉRIES INFINIES

VUE D'ENSEMBLE Un des processus infinis qui intrigua les mathématiciens pendant des siècles fut la sommation des séries infinies. Dans certains cas, il s'agissait d'une infinité de termes dont la somme tendait vers un nombre fini comme dans

$$\frac{1}{2}+\frac{1}{4}+\frac{1}{8}+\frac{1}{16}+\cdots=1.$$

Ce résultat est illustré dans la figure où l'on ajoute la moitié de l'aire du rectangle précédent « jusqu'à l'infini »

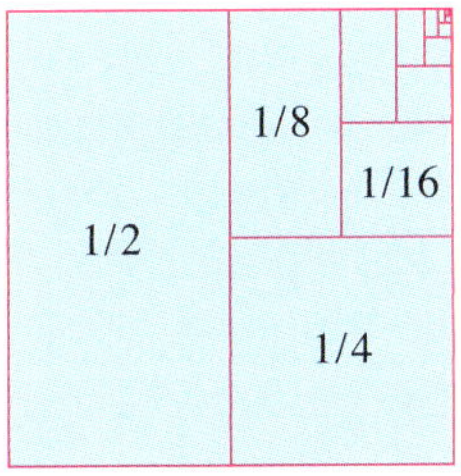

Dans d'autres cas, la somme d'une infinité de termes tendait vers l'infini comme dans

$$\frac{1}{1}+\frac{1}{2}+\frac{1}{3}+\frac{1}{4}+\frac{1}{5}+\cdots=\infty.$$

Ce résultat est loin d'être évident

Parfois enfin, on n'arrivait pas à se fixer sur une réponse définie comme dans

$$1-1+1-1+1-1+\cdots=?$$

La réponse vaut-elle 0 ? 1 ? Ni l'un ni l'autre ?

Il n'empêche que des mathématiciens comme Gauss et Euler se servirent avec succès des séries infinies pour obtenir des résultats inaccessibles jusqu'alors. Laplace utilisa des séries infinies pour démontrer la stabilité du système solaire. Quelques années s'écoulèrent avant que des analystes rigoureux comme Cauchy ne développent les fondements théoriques relatifs au calcul des séries. Plusieurs mathématiciens, y compris Laplace, durent alors retourner à leur table de travail pour vérifier leurs résultats.

Les séries infinies sont à la base d'une formule remarquable qui permet, d'une part, d'exprimer de nombreuses fonctions sous la forme de « polynômes infinis » et, d'autre part, d'estimer l'erreur introduite en limitant ces « polynômes infinis » à des polynômes finis. Non seulement les « polynômes infinis », appelés *séries entières*, fournissent-ils des approximations polynomiales des fonctions dérivables, ils présentent également plusieurs autres applications : ainsi, les séries entières permettent d'évaluer des intégrales non élémentaires et de résoudre des équations différentielles issues de domaines aussi variés que la propagation de la chaleur, les vibrations, la diffusion chimique ou la transmission de signaux.

4.1 Suites et limites de suites

De façon informelle, on entend par *suite* une liste ordonnée d'objets. Dans le présent chapitre, les objets seront généralement des nombres. Déjà, nous avons vu des suites telles que la suite $\underline{S}_1, \underline{S}_2, \underline{S}_3, \ldots, \underline{S}_n, \ldots$ des approximations par défaut de l'aire sous une courbe (voir section 1.2, exemple 1) ou encore, la suite $x_0, x_1, \ldots, x_n, \ldots$ des approximations numériques engendrées par la méthode de Newton. Ces suites possèdent une limite, mais plusieurs autres n'en possèdent pas. Par exemple, la suite 2, 3, 5, 7, 11, 13, 17, … des nombres premiers n'a pas de limite. Après avoir défini la notion de limite, la question clé consistera à nous demander si une suite possède une limite ou non.

4.1.1 Définitions et notation

La liste des multiples de 3 peut s'écrire en assignant une position à chacun.

$$\begin{array}{lcccc} \text{Domaine :} & 1 & 2 & 3\ldots & n\ldots \\ & \downarrow & \downarrow & \downarrow & \downarrow \\ \text{Image :} & 3 & 6 & 9 & 3n \end{array}$$

Le premier terme, a_1, est le nombre 3 ; le deuxième terme, a_2, est le nombre 6 ; le troisième terme, a_3, est le nombre 9, et ainsi de suite. La règle de correspondance est une fonction qui associe le nombre $3n$ à la n^{e} place. L'idée de base pour construire une suite consiste à produire une fonction qui permette de disposer dans l'ordre chaque nombre à une place unique.

DÉFINITION 4.1.1 Suite

Une **suite** infinie de nombres est une fonction dont le domaine est l'ensemble des entiers supérieurs ou égaux à un entier donné.

Habituellement, le domaine d'une suite est l'ensemble des entiers $n \geq 1$. Cependant, il n'est pas interdit de prendre un autre entier que 1 comme première valeur du domaine. Avec la méthode de Newton, nous commençons plutôt avec $n = 0$; par contre, nous commencerions avec $n = 3$ pour décrire une suite de polygones à n côtés.

Les suites sont définies de la même manière que les autres fonctions : les trois cas suivants en sont des illustrations typiques avec $n \geq 1$ (voir exemples 1 **a**, **c** et **d**) :

$$a(n) = \sqrt{n},\ a(n) = (-1)^{n+1}\frac{1}{n},\ a(n) = \frac{n-1}{n}.$$

Pour indiquer que le domaine de définition d'une suite est un ensemble d'entiers, nous représentons la variable par une lettre, telle que n, située dans la partie centrale de l'alphabet, plutôt que par les lettres x, y, z et t utilisées dans d'autres contextes. Cependant, les formules de définition d'une suite peuvent demeurer valables pour des domaines plus grands que l'ensemble des entiers. Cela constitue un atout, comme nous le verrons plus loin.

Le nombre $a(n)$ est le ***n*^e^ terme** d'une suite, c'est-à-dire le **terme d'indice *n***. Par exemple, si $a(n) = (n-1)/n$, nous avons :

1er terme	2e terme	3e terme		n^e terme
$a(1) = 0,$	$a(2) = \frac{1}{2},$	$a(3) = \frac{2}{3},$	$\ldots,$	$a(n) = \frac{n-1}{n}.$

En utilisant plutôt la notation a_n pour représenter $a(n)$, la suite s'écrit :

$$a_1 = 0, \qquad a_2 = \frac{1}{2}, \qquad a_3 = \frac{2}{3}, \qquad \ldots, \qquad a_n = \frac{n-1}{n}.$$

Voir les exercices **1** à **4**.

Pour décrire une suite, nous écrivons souvent les deux ou trois premiers termes explicitement, puis des points de suspension suivis d'une formule décrivant le n^e terme.

EXEMPLE 1 Décrire des suites

Donnez le n^e terme de chacune des suites selon le procédé expliqué ci-dessus.

a) $1, \sqrt{2}, \sqrt{3}, \sqrt{4}, \ldots$

b) $1, \frac{1}{2}, \frac{1}{3}, \ldots$

c) $1, -\frac{1}{2}, \frac{1}{3}, -\frac{1}{4}, \ldots$

d) $0, \frac{1}{2}, \frac{2}{3}, \frac{3}{4}, \ldots$

e) $0, -\frac{1}{2}, \frac{2}{3}, -\frac{3}{4}, \ldots$

f) $3, 3, 3, \ldots$

Solution

a) $a_n = \sqrt{n}$

b) $a_n = \frac{1}{n}$

c) $a_n = (-1)^{n+1}\frac{1}{n}$

d) $a_n = \frac{n-1}{n}$

e) $a_n = (-1)^{n+1}\left(\frac{n-1}{n}\right)$

f) $a_n = 3$

Voir les exercices **5** à **12**.

Notation Souvent, nous écrivons la suite dont le n^e terme est a_n sous la forme abrégée $\{a_n\}$ en l'appelant « suite a indice n ». Ainsi, la deuxième suite de l'exemple 1 peut s'écrire $\{1/n\}$ et s'appelle « suite 1 sur n » ; la dernière suite de l'exemple est la « suite constante 3 » et peut s'écrire $\{3\}$.

4.1.2 Convergence et divergence

Comme l'illustre la figure 4.1.1, les suites de l'exemple 1 ne se comportent pas toutes de la même façon. Les suites $\{1/n\}$, $\{(-1)^{n+1}(1/n)\}$ ainsi que $\{(n-1)/n\}$ semblent chacune approcher une valeur limite à mesure que n augmente (figure 4.1.1 **b**, **c** et **d**), et la suite $\{3\}$ commence déjà à sa valeur limite dès le

a) À partir d'un certain rang, les termes $a_n = \sqrt{n}$ dépassent n'importe quel nombre donné ; on dit que la suite $\{a_n\}$ diverge.

b) Les termes $a_n = 1/n$ décroissent de façon continue et se rapprochent de zéro à mesure que n augmente ; on dit que la suite $\{a_n\}$ converge vers 0.

c) Les termes $a_n = (-1)^{n+1}(1/n)$ sont de signes alternés, mais convergent tout de même vers 0.

d) Les termes $a_n = (n-1)/n$ se rapprochent de 1 de façon continue à mesure que n augmente ; on dit que la suite $\{a_n\}$ converge vers 1.

e) Les termes $a_n = (-1)^{n+1}[(n-1)/n]$ sont de signes alternés. Les termes positifs se rapprochent de 1, mais les termes négatifs se rapprochent de −1 à mesure que n augmente ; on dit que la suite $\{a_n\}$ diverge.

f) Les termes de la suite constante $a_n = 3$ sont identiques indépendamment de la valeur de n ; on dit que la suite $\{a_n\}$ converge vers 3.

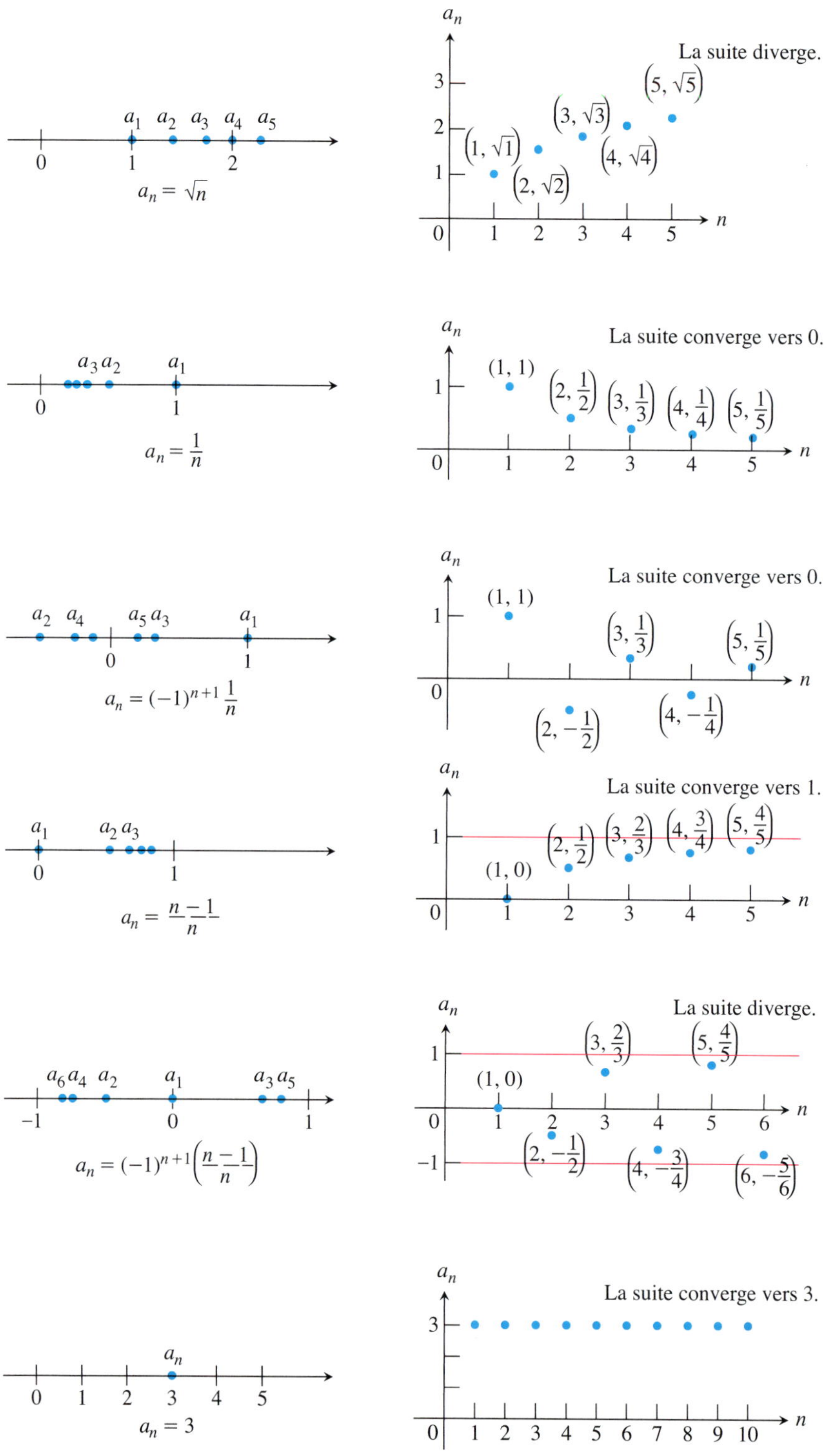

Figure 4.1.1 Les suites de l'exemple 1 sont présentées ici graphiquement de deux façons différentes : en représentant les nombres a_n directement par des points sur l'axe horizontal et en représentant les couples (n, a_n) par des points dans le plan.

premier terme (figure 4.1.1 **f**). Par contre, les termes de la suite $\{(-1)^{n+1}(n-1)/n\}$ semblent se grouper près de deux valeurs distinctes, 1 et -1 (figure 4.1.1 **e**). Quant aux termes de la suite $\{\sqrt{n}\}$, ils deviennent de plus en plus grands à mesure que n augmente et ne peuvent donc se regrouper nulle part (figure 4.1.1 **a**).

Les définitions 4.1.2 établissent la distinction entre les suites qui approchent une valeur limite unique L et celles qui ne le font pas.

DÉFINITIONS 4.1.2 Convergence, divergence, limite

La suite $\{a_n\}$ **converge** vers le nombre L si pour tout nombre ε arbitrairement petit, on peut trouver un entier N tel que pour tout n,

$$n > N \Rightarrow |a_n - L| < \varepsilon.$$

S'il n'existe pas un tel nombre L, on dit que la suite $\{a_n\}$ **diverge**.

Lorsque $\{a_n\}$ converge vers L, on écrit $\lim\limits_{n\to\infty} a_n = L$, ou simplement $a_n \to L$, et on appelle L la **limite** de la suite (figure 4.1.2).

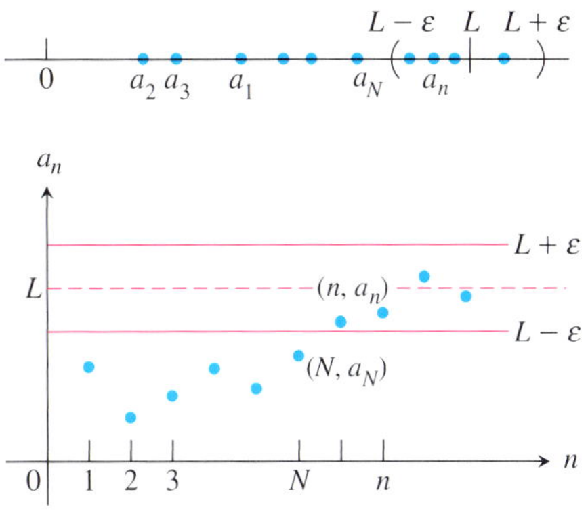

Figure 4.1.2 $a_n \to L$ si $y = L$ est une asymptote horizontale de la suite de points $\{n, a_n\}$. Dans les deux représentations ci-dessus, tous les a_n subséquents à a_N sont à une distance inférieure à ε de la limite L.

EXEMPLE 2 Appliquer la définition

Montrez que :

a) $\lim\limits_{n\to\infty} \dfrac{1}{n} = 0$;

b) $\lim\limits_{n\to\infty} k = k$, où k est une constante quelconque.

Solution

a) Soit $\varepsilon > 0$. D'après la définition 4.1.2, il faut montrer qu'il existe un entier N tel que, pour tout n,

$$n > N \Rightarrow \left|\frac{1}{n} - 0\right| < \varepsilon.$$

L'implication est vérifiée pour $(1/n) < \varepsilon$, c'est-à-dire pour $n > 1/\varepsilon$. Donc, si N est un entier supérieur à $1/\varepsilon$, l'implication sera vérifiée pour tout $n > N$. Cela prouve que $\lim\limits_{n\to\infty}(1/n) = 0$.

b) Soit $\varepsilon > 0$. Il faut montrer qu'il existe un entier N tel que, pour tout n,

$$n > N \Rightarrow |k - k| < \varepsilon.$$

Puisque $k - k = 0$, l'implication sera vérifiée peu importe le choix de l'entier N, prouvant que $\lim\limits_{n\to\infty} k = k$ pour toute constante k.

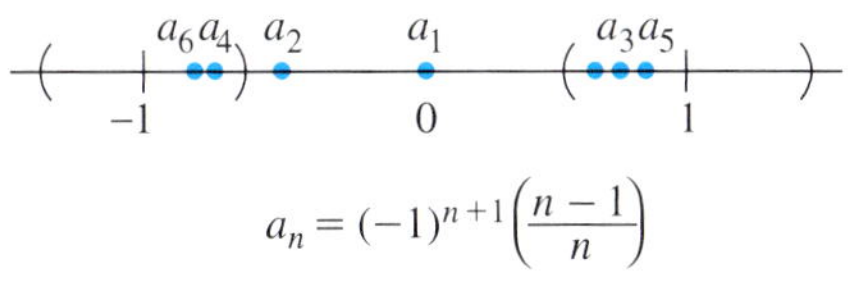

Ni l'intervalle de longueur 2ε centré sur 1 ni l'intervalle de longueur 2ε centré sur -1 ne contiennent tous les a_n satisfaisant à $n \geq N$ pour un entier N donné.

EXEMPLE 3 Suite divergente

Montrez que $\{(-1)^{n+1}[(n-1)/n]\}$ diverge.

Solution

Choisissons un nombre arbitraire $\varepsilon < 1$ de façon que les bandes centrées en $y = 1$ et en $y = -1$, illustrées à la figure 4.1.3, soient disjointes. Le critère de convergence vers 1 impose que tout point du graphe au-delà d'un entier N donné soit situé dans la bande supérieure, mais cela ne se produira jamais. Dès qu'un point (n, a_n) se situe dans la bande supérieure, le point suivant

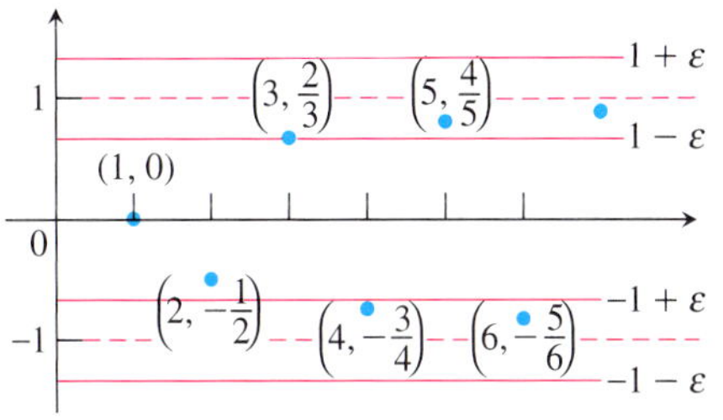

Figure 4.1.3 La suite $\{(-1)^{n+1}[(n-1)/n]\}$ diverge.

$(n + 1, a_{n+1})$ se situe dans la bande inférieure à cause du changement de signe. Donc, la suite ne peut pas converger vers 1. De façon similaire, la suite ne peut pas converger vers -1. Dès lors, puisque les termes tendent alternativement vers 1 et -1 à mesure que n augmente, la série diverge.

Le comportement de la suite $\{(-1)^{n+1}[(n-1)/n]\}$ est qualitativement différent de celui de la suite $\{\sqrt{n}\}$, laquelle diverge à cause de sa croissance illimitée. Pour décrire le comportement de $\{\sqrt{n}\}$, nous écrivons :

$$\lim_{n\to\infty} \left(\sqrt{n}\right) = \infty.$$

Quand il est écrit que la limite d'une suite $\{a_n\}$ est égale à l'infini, cela ne veut pas dire que la distance entre a_n et l'infini devient de plus en plus petite à mesure que n augmente, mais plutôt que a_n devient de plus en plus grand à mesure que n augmente.

4.1.3 Suites définies par récurrence

Les suites étudiées jusqu'ici se définissaient toujours en déterminant directement a_n en fonction de n. Il est possible de procéder différemment en donnant une **définition par récurrence** à une suite ; il s'agit de spécifier :

i) la valeur du terme initial ou les valeurs des termes initiaux

ii) ainsi qu'une règle, appelée **formule récursive**, permettant de calculer un terme quelconque a_n à partir du ou des termes qui le précèdent.

Des formules récursives sont fréquentes dans les programmes informatiques ou dans les routines numériques permettant de résoudre des équations différentielles.

EXEMPLE 4 Trouver une définition par récurrence

Donnez une définition récursive des deux suites :

a) $1, 2, 3, \ldots, n, \ldots$

b) $1, 2, 6, 24, \ldots, n!, \ldots$

Solution

a) Les énoncés $a_1 = 1$ et $a_n = a_{n-1} + 1$ définissent par récurrence la suite $1, 2, 3, \ldots, n, \ldots$ des entiers positifs. À partir de $a_1 = 1$, nous obtenons :

$$a_2 = a_1 + 1 = 2,\ a_3 = a_2 + 1 = 3$$

et ainsi de suite.

b) Les énoncés $a_1 = 1$ et $a_n = n \cdot a_{n-1}$ définissent par récurrence la suite $1, 2, 6, 24, \ldots, n!, \ldots$ des factorielles. À partir de $a_1 = 1$, nous obtenons :

$$a_2 = 2 \cdot a_1 = 2, a_3 = 3 \cdot a_2 = 3 \cdot 2 = 6, a_4 = 4 \cdot a_3 = 4 \cdot 6 = 24$$

et ainsi de suite.

EXEMPLE 5 Suites construites par récurrence

Développez les cinq premiers termes des deux suites définies par récurrence.

a) **i)** $a_1 = 1$ et $a_2 = 1$. **ii)** $a_{n+1} = a_n + a_{n-1}$

b) **i)** $x_0 = 1$ **ii)** $x_{n+1} = x_n - [(\sin x_n - x_n^2)/(\cos x_n - 2x_n)]$

Notation factorielle

La notation $n!$ (n factorielle) représente de façon abrégée le produit $1 \cdot 2 \cdot 3 \cdot \ldots \cdot n$ des entiers de 1 à n. Notez que $(n+1)! = (n+1) \cdot n!$.
Donc, $4! = 1 \cdot 2 \cdot 3 \cdot 4 = 24$ et
$5! = 1 \cdot 2 \cdot 3 \cdot 4 \cdot 5 = 5 \cdot 4! = 120$.
Par définition, $0! = 1$. Les factorielles croissent plus rapidement que les exponentielles, comme l'illustre la table ci-dessous.

n	e^n(arrondi)	$n!$
1	3	1
5	148	120
10	22 026	3 628 800
20	$4{,}9 \times 10^8$	$2{,}4 \times 10^{18}$

DEDEKIND

Richard Dedekind (né et mort à Brunswick, 6 octobre 1831–1916) est l'un des fondateurs des mathématiques modernes. Étudiant puis enseignant à Göttingen – où il sera le dernier élève de Riemann – il nous laissa des travaux majeurs sur la récurrence, les ensembles finis et infinis, et la théorie des nombres.
Il connaît son plus grand triomphe à 27 ans ; alors qu'il cherche comment expliquer la notion de continuité à ses étudiants de Zürich, le concept de coupure lui vient à l'esprit. D'emblée, les mathématiques franchissent le seuil de la modernité. On peut supposer que l'ensemble des nombres rationnels est composé d'un sous-ensemble ouvert dont tous les éléments sont inférieurs à un nombre irrationnel quelconque et d'un autre sous-ensemble dont les éléments sont supérieurs au même nombre irrationnel. Il s'agit d'une coupure : on peut alors définir l'ensemble des irrationnels en tant qu'ensemble de toutes les coupures et démontrer la continuité des nombres réels. Ce concept, où se rejoignent l'analyse et la théorie des ensembles, est un pas essentiel dans le développement des mathématiques. La coupure de Dedekind est en effet une coupure historique. Peu soucieux de sa propre renommée, Dedekind édite les œuvres complètes de Gauss, de Riemann et de Peter Dirichlet.

Solution

a) Les énoncés définissent la suite 1, 1, 2, 3, 5, … des **nombres de Fibonacci**. En effet, à partir de $a_1 = 1$ et $a_2 = 1$, nous obtenons:

$$a_3 = a_2 + a_1 = 1 + 1 = 2, a_4 = a_3 + a_2 = 2 + 1 = 3, a_5 = a_4 + a_3 = 3 + 2 = 5$$

et ainsi de suite.

b) Les énoncés viennent d'une application de la méthode de Newton pour résoudre l'équation $\sin x - x^2 = 0$. Plus précisément, ces énoncés définissent une suite d'approximations qui converge vers une solution de l'équation. À partir de $x_0 = 1$, nous obtenons:

$$x_1 = x_0 - [(\sin x_0 - x_0^2)/(\cos x_0 - 2x_0)] \approx 0{,}891395995\,;$$
$$x_2 = x_1 - [(\sin x_1 - x_1^2)/(\cos x_1 - 2x_1)] \approx 0{,}876984845\,;$$
$$x_3 = x_2 - [(\sin x_2 - x_2^2)/(\cos x_2 - 2x_2)] \approx 0{,}876726298\,;$$
$$x_4 = x_3 - [(\sin x_3 - x_3^2)/(\cos x_3 - 2x_3)] \approx 0{,}876726215.$$

Observons la convergence rapide de la suite $\{x_n\}$: au cinquième terme x_4, elle atteint déjà une précision au dix-millionième près.

Voir les exercices **13** à **22**.

4.1.4 Sous-suites

DÉFINITION 4.1.3 Sous-suite

Si les termes d'une suite apparaissent dans le même ordre, dans une autre suite, la première suite est appelée une **sous-suite** de la seconde.

EXEMPLE 6 Sous-suites de la suite des entiers positifs

Donnez trois exemples de sous-suites de la suite des entiers positifs.

Solution

a) La sous-suite des entiers pairs: 2, 4, 6, …, $2n$, …

b) La sous-suite des entiers impairs: 1, 3, 5, …, $2n - 1$, …

c) La sous-suite des nombres premiers: 2, 3, 5, 7, 11, …

Les sous-suites sont importantes pour deux raisons.

1. Si une suite $\{a_n\}$ converge vers L, alors toutes ses sous-suites convergent vers L. Si nous savons qu'une suite converge, il est souvent plus facile de trouver ou d'estimer sa limite en étudiant une de ses sous-suites.
2. Si une sous-suite d'une suite $\{a_n\}$ diverge ou si deux sous-suites convergent vers deux limites différentes, alors la suite $\{a_n\}$ diverge. Par exemple, la suite $\{(-1)^n\}$ diverge car la sous-suite $-1, -1, -1, \ldots$ des termes de rangs impairs converge vers -1 alors que la sous-suite 1, 1, 1, … des termes de rangs pairs converge vers 1. Les deux limites sont différentes et donc la suite $\{a_n\}$ diverge.

Les sous-suites fournissent également une autre façon de considérer la convergence.

FIBONACCI

Avec l'apport de **Léonard de Pise**, appelé aussi **Fibonacci** (probablement né et mort à Pise vers 1175–1240), la science occidentale fait un immense bond.

La ville de Pise, alors État souverain, entretient des relations commerciales avec tout le littoral méditerranéen. Le père de Fibonacci représente son pays en Algérie et y fait éduquer son fils. Le jeune Italien rencontre des mathématiciens arabes et apprend la notation décimale, alors inconnue en Europe, où elle portera toujours le nom de *chiffres arabes*.

Rentré dans son pays vers 1202, Fibonacci écrit le fameux *Liber abaci*, dans lequel il explique le système décimal et traite de l'intersection de deux équations linéaires, de sommes de séries arithmétiques et géométriques, et d'autres matières de base.

Le livre est surtout apprécié pour ses conseils d'ordre commercial et agricole. Un exemple sur l'élevage des lapins mène à la célèbre série qui l'a immortalisé: la série de Fibonacci – 0, 1, 1, 2, 3, 5, 8, 13... –, dont les propriétés fascinent encore les mathématiciens (une revue entière, le *Fibonacci Quarterly*, lui est consacrée). On estime que, de Diophante (v. 300 ap. J.-C.) à Fermat (1601-1665), seul Fibonacci a contribué de manière significative à la théorie des nombres.

La convergence ou la divergence d'une suite dépend non pas de la façon dont la suite commence, mais de la façon dont ses queues se comportent.

DÉFINITION 4.1.4 Queue d'une suite

La **queue d'une suite** est une sous-suite comprenant tous les termes de la suite à partir d'une certaine valeur entière N. En d'autres mots, une queue est une suite de la forme $\{a_n\}$, où $n \geq N$.

Une autre façon de dire que $a_n \to L$ consiste à dire que tout intervalle de longueur 2ε centré sur L contient une queue de la suite $\{a_n\}$.

Voir les exercices **85** et **86**.

4.1.5 Calcul de la limite d'une suite

L'étude des limites deviendrait très compliquée s'il fallait répondre à toutes les questions à propos de la convergence en appliquant les définitions 4.1.2 (voir page 259). Heureusement, les trois prochains théorèmes permettent de faire autrement. Le premier, le théorème 4.1.1, n'est pas surprenant car il est fondé sur la connaissance des limites, acquise dans le cours de calcul différentiel. Nous en omettrons la preuve ici.

THÉORÈME 4.1.1 Propriétés des limites d'une suite

Soit $\{a_n\}$ et $\{b_n\}$ deux suites de nombres réels et soit A et B deux nombres réels. Les propriétés suivantes sont vérifiées pour $\lim\limits_{n\to\infty} a_n = A$ et $\lim\limits_{n\to\infty} b_n = B$

1. *Limite d'une somme :* $\lim\limits_{n\to\infty} (a_n + b_n) = A + B$.
2. *Limite d'une différence :* $\lim\limits_{n\to\infty} (a_n - b_n) = A - B$.
3. *Limite d'un produit :* $\lim\limits_{n\to\infty} (a_n \cdot b_n) = A \cdot B$.
4. *Limite du multiple d'une suite :* $\lim\limits_{n\to\infty} (k \cdot b_n) = k \cdot B$, où k est un nombre réel quelconque.
5. *Limite d'un quotient :* $\lim\limits_{n\to\infty} \dfrac{a_n}{b_n} = \dfrac{A}{B}$, si $B \neq 0$.

EXEMPLE 7 Appliquer le théorème des propriétés des limites

Trouvez les limites des suites données.

a) $\left\{-\dfrac{1}{n}\right\}$ **b)** $\left\{\dfrac{n-1}{n}\right\}$

c) $\left\{\dfrac{5}{n^2}\right\}$ **d)** $\left\{\dfrac{4-7n^3}{n^3+3}\right\}$

Solution

En combinant les propriétés du théorème 4.1.1 avec les résultats de l'exemple 2 (voir page 259), nous obtenons :

a) $\lim\limits_{n\to\infty} \left(-\dfrac{1}{n}\right) = -1 \cdot \lim\limits_{n\to\infty} \dfrac{1}{n} = -1 \cdot 0 = 0$;

b) $\lim_{n\to\infty}\left(\frac{n-1}{n}\right) = \lim_{n\to\infty}\left(1-\frac{1}{n}\right) = \lim_{n\to\infty} 1 - \lim_{n\to\infty}\frac{1}{n} = 1 - 0 = 1\,;$

c) $\lim_{n\to\infty}\frac{5}{n^2} = 5 \cdot \lim_{n\to\infty}\frac{1}{n} \cdot \lim_{n\to\infty}\frac{1}{n} = 5 \cdot 0 \cdot 0 = 0\,;$

d) $$\lim_{n\to\infty}\frac{4-7n^3}{n^3+3} = \lim_{n\to\infty}\frac{(4/n^3)-7}{1+(3/n^3)} = \frac{4\lim_{n\to\infty}(1/n^3) - \lim_{n\to\infty} 7}{\lim_{n\to\infty} 1 + 3\lim_{n\to\infty}(1/n^3)}$$

$$= \frac{4(\lim_{n\to\infty} 1/n \cdot \lim_{n\to\infty} 1/n \cdot \lim_{n\to\infty} 1/n) - 7}{1 + 3(\lim_{n\to\infty} 1/n \cdot \lim_{n\to\infty} 1/n \cdot \lim_{n\to\infty} 1/n)}$$

$$= \frac{4(0)-7}{1+3(0)} = -7.$$

EXEMPLE 8 Multiples d'une suite divergente

Démontrez que tout multiple non nul d'une suite divergente $\{a_n\}$ forme une suite divergente.

Solution

Soit $\{a_n\}$ une suite divergente. Nous voulons montrer que, pour tout $c \neq 0$, la suite $\{ca_n\}$ diverge. Raisonnons par l'absurde en supposant au contraire que $\{ca_n\}$ converge pour un nombre $c \neq 0$. En posant $k = 1/c$ dans la propriété **4** du théorème 4.1.1, nous constatons que la suite

$$\left\{\frac{1}{c} \cdot ca_n\right\} = \{a_n\}$$

converge. Cela contredit notre hypothèse sur $\{a_n\}$ et démontre donc le résultat. ■

Autrement dit, $\{ca_n\}$ ne peut converger que si $\{a_n\}$ converge. Si $\{a_n\}$ ne converge pas, alors $\{ca_n\}$ ne converge pas.

Le théorème 4.1.2 est démontré à l'exercice **97**.

THÉORÈME 4.1.2 Théorème du sandwich pour les suites

Soit $\{a_n\}$, $\{b_n\}$ et $\{c_n\}$ des suites de nombres réels. Si $a_n \leq b_n \leq c_n$ est vérifiée pour tout n supérieur à un entier N arbitraire et si $\lim_{n\to\infty} a_n = \lim_{n\to\infty} c_n = L$, alors $\lim_{n\to\infty} b_n = L$.

Le théorème 4.1.2 a une conséquence immédiate : si $|b_n| \leq c_n$ et $c_n \to 0$, alors $b_n \to 0$, car $-c_n \leq b_n \leq c_n$. Nous utilisons cette propriété à l'exemple 9 **a** et **c** (voir page 264).

EXEMPLE 9 Appliquer le théorème du sandwich

Démontrez que les trois suites données ci-dessous tendent vers 0 lorsque n tend vers l'infini.

a) $\left\{\dfrac{\cos n}{n}\right\}$ **b)** $\left\{\dfrac{1}{2^n}\right\}$ **c)** $\left\{(-1)^n\dfrac{1}{n}\right\}$

Solution

Puisque $1/n \to 0$, nous savons que :

a) $\dfrac{\cos n}{n} \to 0$, car $\left|\dfrac{\cos n}{n}\right| = \dfrac{|\cos n|}{n} \leq \dfrac{1}{n}$;

b) $\dfrac{1}{2^n} \to 0$, car $0 \leq \dfrac{1}{2^n} \leq \dfrac{1}{n}$;

c) $(-1)^n\dfrac{1}{n} \to 0$, car $\left|(-1)^n\dfrac{1}{n}\right| \leq \dfrac{1}{n}$.

L'application des théorèmes 4.1.1 et 4.1.2 (voir pages 262 et 263) est élargie par le théorème 4.1.3 énonçant que l'application d'une fonction continue à une suite convergente engendre une nouvelle suite convergente.

THÉORÈME 4.1.3 Théorème des fonctions continues d'une suite

Soit $\{a_n\}$ une suite de nombres réels. Si $a_n \to L$, si f est une fonction continue en L et si f est définie pour toutes les valeurs a_n de la suite, alors $f(a_n) \to f(L)$.

Le théorème 4.1.3 est démontré à l'exercice **98**.

EXEMPLE 10 Appliquer le théorème des fonctions continues d'une suite

Montrez que $\sqrt{(n+1)/n} \to 1$.

Solution

Nous savons que $(n+1)/n \to 1$. En prenant $f(x) = \sqrt{x}$ et $L = 1$ dans le contexte du théorème 4.1.3, nous obtenons $\sqrt{(n+1)/n} \to \sqrt{1} = 1$.

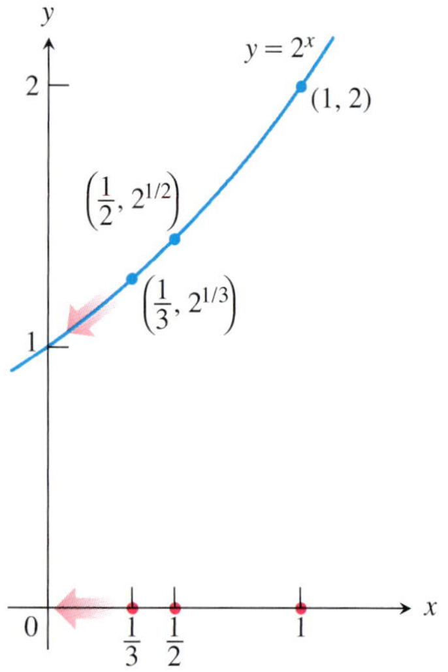

Figure 4.1.4 Pour $n \to \infty$, $1/n \to 0$ et $2^{1/n} \to 2^0$.

EXEMPLE 11 Suite $\{2^{1/n}\}$

Montrez que $2^{1/n} \to 1$.

Solution

La suite $\{1/n\}$ converge vers 0. En prenant $a_n = 1/n$, $f(x) = 2^x$ et $L = 0$ dans le contexte du théorème 4.1.3, nous obtenons $2^{1/n} = f(1/n) \to f(L) = 2^0 = 1$ (figure 4.1.4).

4.1.6 Application de la règle de L'Hospital

Le théorème 4.1.4, intuitivement assez évident, permettra d'utiliser la règle de L'Hospital pour trouver la limite de certaines suites en faisant correspondre les valeurs d'une fonction (habituellement dérivable) aux valeurs d'une suite donnée.

THÉORÈME 4.1.4

Soit $f(x)$ une fonction définie pour tout $x \geq n_0$ et telle que $\{a_n\}$ soit une suite de nombres réels pour lesquels $a_n = f(n)$ lorsque $n \geq n_0$. Alors,

$$\lim_{x \to \infty} f(x) = L \Rightarrow \lim_{n \to \infty} a_n = L.$$

Les trois exemples suivants sont des applications du théorème 4.1.4.

EXEMPLE 12 Appliquer la règle de L'Hospital

Montrez que

$$\lim_{n \to \infty} \frac{\ln n}{n} = 0.$$

Solution

La fonction $(\ln x)/x$ est définie pour tout $x \geq 1$ et coïncide avec la suite donnée en restreignant son domaine aux entiers positifs. Dès lors, selon le théorème 4.1.4, $\lim\limits_{x \to \infty} (\ln n)/n$ est égale à $\lim\limits_{x \to \infty} (\ln x)/x$ si celle-ci existe. En appliquant la règle de L'Hospital (forme ∞/∞), nous obtenons immédiatement

$$\lim_{x \to \infty} \frac{\ln x}{x} = \lim_{x \to \infty} \frac{1/x}{1} = \frac{0}{1} = 0.$$

Nous en déduisons que $\lim\limits_{x \to \infty} (\ln n)/n = 0$.

Quand nous appliquons la règle de L'Hospital pour trouver la limite d'une suite, nous considérons souvent n comme une variable réelle continue et nous dérivons par rapport à n. Cela nous dispense de récrire la formule en remplaçant n par x, comme nous l'avons fait à l'exemple 12.

EXEMPLE 13 Appliquer la règle de L'Hospital

Trouvez

$$\lim_{n \to \infty} \frac{2^n}{5n}.$$

Solution

Appliquons la règle de L'Hospital (forme ∞/∞) en dérivant par rapport à n.

$$\lim_{n \to \infty} \frac{2^n}{5n} = \lim_{n \to \infty} \frac{2^n \cdot \ln 2}{5}$$
$$= \infty$$

EXEMPLE 14 **Appliquer la règle de L'Hospital pour déterminer la convergence d'une suite**

Est-ce que la suite dont le terme général est donné ci-dessous converge ? Si oui, quelle est sa limite ?

$$a_n = \left(\frac{n+1}{n-1}\right)^n$$

Solution

La limite entraîne la forme indéterminée 1^∞. Avant d'appliquer la règle de L'Hospital, il faut modifier l'expression pour obtenir la forme $\infty \cdot 0$ en prenant le logarithme naturel de a_n.

$$\begin{aligned}\ln a_n &= \ln \left(\frac{n+1}{n-1}\right)^n \\ &= n \ln \left(\frac{n+1}{n-1}\right)\end{aligned}$$

Donc,

$$\begin{aligned}\lim_{n\to\infty} \ln a_n &= \lim_{n\to\infty} n \ln \left(\frac{n+1}{n-1}\right) && \infty \cdot 0 \\ &= \lim_{n\to\infty} \frac{\ln \left(\frac{n+1}{n-1}\right)}{1/n} && \frac{0}{0} \\ &= \lim_{n\to\infty} \frac{-2/(n^2-1)}{-1/n^2} && \text{Règle de L'Hospital} \\ &= \lim_{n\to\infty} \frac{2n^2}{n^2-1} = 2.\end{aligned}$$

Puisque $\ln a_n \to 2$ et que $f(x) = e^x$ est continue, le théorème 4.1.3 (voir page 264) permet d'écrire :

$$a_n = e^{\ln a_n} \to e^2.$$

La suite $\{a_n\}$ converge vers e^2.

4.1.7 Quelques limites courantes

Les limites présentées dans la table 4.1.1 ci-contre apparaissent fréquemment dans les calculs. La première limite a été introduite à l'exemple 12 (voir page 265). Les deux limites suivantes se démontrent en prenant le logarithme et en appliquant le théorème 4.1.3 (voir page 264 et exercice **93** **a** et **b**). Les limites **4**, **5** et **6** sont démontrées aux exercices **94**, **95** et **96**.

TABLE 4.1.1

1. $\displaystyle\lim_{n\to\infty} \frac{\ln n}{n} = 0$
2. $\displaystyle\lim_{n\to\infty} \sqrt[n]{n} = 1$
3. $\displaystyle\lim_{n\to\infty} x^{1/n} = 1$, où $x > 0$.
4. $\displaystyle\lim_{n\to\infty} x^n = 0$, où $|x| < 1$.
5. $\displaystyle\lim_{n\to\infty} \left(1 + \frac{x}{n}\right)^n = e^x$ pour tout x.
6. $\displaystyle\lim_{n\to\infty} \frac{x^n}{n!} = 0$ pour tout x.

Dans les formules **3** à **6**, x est un nombre réel fixe lorsque $n \to \infty$.

EXEMPLE 15 **Limites déduites de la table 4.1.1**

Trouvez les limites des suites dont les termes généraux sont donnés ci-dessous.

a) $\dfrac{\ln (n^2)}{n}$ **b)** $\sqrt[n]{n^2}$ **c)** $\sqrt[n]{3n}$

d) $\left(-\dfrac{1}{2}\right)^n$ **e)** $\left(\dfrac{n-2}{n}\right)^n$ **f)** $\dfrac{100^n}{n!}$

Solution

a) $\dfrac{\ln(n^2)}{n} = \dfrac{2\ln n}{n} \to 2 \cdot 0 = 0$ Formule **1**

b) $\sqrt[n]{n^2} = n^{2/n} = (n^{1/n})^2 \to (1)^2 = 1$ Formule **2**

c) $\sqrt[n]{3n} = 3^{1/n}(n^{1/n}) \to 1 \cdot 1 = 1$ Formule **3** avec $x = 3$ et formule **2**

d) $\left(-\dfrac{1}{2}\right)^n \to 0$ Formule **4** avec $x = -\dfrac{1}{2}$

e) $\left(\dfrac{n-2}{n}\right)^n = \left(1 + \dfrac{-2}{n}\right)^n \to e^{-2}$ Formule **5** avec $x = -2$

f) $\dfrac{100^n}{n!} \to 0$ Formule **6** avec $x = 100$

Voir les exercices **23** à **66**.

4.1.8 Suites monotones et suites bornées

DÉFINITIONS 4.1.5 Suite non décroissante, suite non croissante et suite monotone

Une suite $\{a_n\}$ telle que $a_n \leq a_{n+1}$ pour tout n est une **suite non décroissante** ($a_1 \leq a_2 \leq a_3 \leq \ldots$).

Une suite $\{a_n\}$ telle que $a_n \geq a_{n+1}$ pour tout n est une **suite non croissante**.

Une suite est dite **monotone** si elle est non décroissante ou non croissante.

EXEMPLE 16 Suites monotones

a) La suite 1, 2, 3, …, n, … des entiers naturels est non décroissante.

b) La suite $\dfrac{1}{2}, \dfrac{2}{3}, \dfrac{3}{4}, \ldots, \dfrac{n}{n+1}, \ldots$ est non décroissante.

c) La suite 1, 1, 2, 6, …, $(n-1)!$, … est non décroissante.

d) La suite $\dfrac{3}{8}, \dfrac{3}{9}, \dfrac{3}{10}, \ldots, \dfrac{3}{n+7}, \ldots$ est non croissante.

e) La suite constante $\{3\}$ est à la fois non décroissante et non croissante.

EXEMPLE 17 Suite non décroissante

Montrez que la suite

$$a_n = \frac{n-1}{n+1}$$

est non décroissante.

Solution

a) Montrons que, pour tout $n \geq 1$, $a_n \leq a_{n+1}$, c'est-à-dire

$$\frac{n-1}{n+1} \leq \frac{(n+1)-1}{(n+1)+1}.$$

Cette inégalité est équivalente à l'inégalité obtenue en effectuant les parenthèses puis en faisant un produit en croix.

$$\frac{n-1}{n+1} \leq \frac{(n+1)-1}{(n+1)+1} \Leftrightarrow \frac{n-1}{n+1} \leq \frac{n}{n+2}$$

$$\Leftrightarrow (n-1)(n+2) \leq n\,(n+1)$$

$$\Leftrightarrow n^2 + n - 2 \leq n^2 + n$$

$$\Leftrightarrow -2 \leq 0$$

Puisque $-2 \leq 0$ est vrai, $a_n \leq a_{n+1}$ est également vrai pour tout $n \geq 1$ et, par conséquent, la suite $\{a_n\}$ est non décroissante.

b) Une autre façon de montrer que $\{a_n\}$ est non décroissante consiste à définir $f(n) = a_n$, puis à établir que $f'(x) \geq 0$ pour $x \geq 1$. Dans cet exemple, $f(n) = (n-1)/(n+1)$ et

$$f'(x) = \frac{d}{dx}\left(\frac{x-1}{x+1}\right)$$

$$= \frac{(1)(x+1)-(1)(x-1)}{(x+1)^2}$$ Dérivée d'un quotient

$$= \frac{2}{(x+1)^2} > 0 \text{ (pour tout } x \geq 1).$$

Par conséquent, f est une fonction croissante, c'est-à-dire $f(n+1) \geq f(n)$ ou encore, $a_{n+1} \geq a_n$ pour tout $n \geq 1$.

DÉFINITIONS 4.1.6 Suite bornée supérieurement, borne supérieure, suite bornée inférieurement, borne inférieure, suite bornée

Une suite $\{a_n\}$ est **bornée supérieurement** s'il existe un nombre M tel que $a_n \leq M$ pour tout n ; le nombre M est appelé **borne supérieure** de la suite $\{a_n\}$. Une suite est **bornée inférieurement** s'il existe un nombre m tel que $m \leq a_n$ pour tout n ; le nombre m est appelé **borne inférieure** de la suite $\{a_n\}$. Si une suite $\{a_n\}$ est bornée supérieurement et inférieurement, nous disons simplement qu'il s'agit d'une **suite bornée**.

EXEMPLE 18 Appliquer la définition d'une suite bornée

a) La suite 1, 2, 3, ..., n, ... n'a pas de borne supérieure, mais elle est bornée inférieurement entre autres par $m = 1$.

b) La suite $\frac{1}{2}, \frac{2}{3}, \frac{3}{4}, \ldots, \frac{n}{n+1}, \ldots$ est bornée supérieurement entre autres par $M = 1$ et inférieurement entre autres par $m = \frac{1}{2}$.

c) La suite $-1, 2, -3, 4, \ldots, (-1)^n n, \ldots$ n'est bornée ni supérieurement ni inférieurement.

Voir les exercices **71** à **74**.

Nous savons qu'une suite bornée ne converge pas nécessairement : ainsi, la suite $a_n = (-1)^n$ est bornée, puisque $-1 \leq a_n \leq 1$ pour tout n, mais elle est divergente.

Par ailleurs, une suite monotone ne converge pas nécessairement non plus : ainsi, la suite 1, 2, 3, …, n, … des nombres naturels est monotone, mais elle diverge. Néanmoins, si une suite est à la fois bornée et monotone, elle converge nécessairement. En résumé :

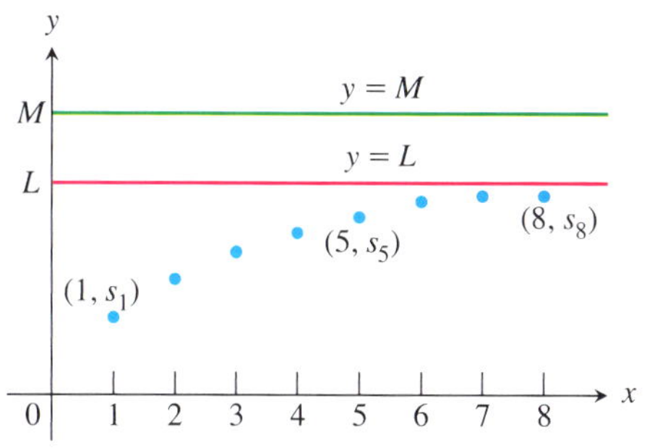

Figure 4.1.5 Si une suite non décroissante possède une borne supérieure M, alors la suite possède une limite L telle que $L \leq M$.

THÉORÈME 4.1.5 Théorème des suites monotones

Toute suite monotone bornée converge.

Nous ne présenterons pas la preuve du théorème 4.1.5. Cependant, la figure 4.1.5 en illustre le principe dans le cas d'une suite non décroissante bornée supérieurement. Puisque la suite est non décroissante et ne peut dépasser M, les termes doivent s'accumuler près d'un nombre L tel que $L \leq M$.

EXEMPLE 19 Appliquer le théorème des suites monotones

a) La suite non décroissante $\left\{\dfrac{n}{n+1}\right\}$ converge car elle est bornée supérieurement entre autres par $M = 1$. En fait,

$$\lim_{n\to\infty} \frac{n}{n+1} = \lim_{n\to\infty} \frac{1}{1+(1/n)} = \frac{1}{1+0} = 1$$

et la suite converge vers $L = 1$.

b) La suite non croissante $\left\{\dfrac{1}{n+1}\right\}$ est bornée inférieurement entre autres par $m = 0$ et, par conséquent, elle est convergente. Elle converge vers $L = 0$.

Voir les exercices **75** à **84**.

Exercices 4.1

Trouver les termes d'une suite

Aux exercices **1** à **4**, on donne la formule du n^e terme a_n d'une suite $\{a_n\}$. Trouvez les valeurs de a_1, a_2, a_3 et a_4.

1. $a_n = \dfrac{1-n}{n^2}$

2. $a_n = \dfrac{1}{n!}$

3. $a_n = \dfrac{(-1)^{n+1}}{2n-1}$

4. $a_n = \dfrac{2^n}{2^{n+1}}$

Trouver la formule du n^e terme d'une suite

Trouvez la formule du n^e terme de chacune des suites données.

5. La suite 1, −1, 1, −1, 1, … Suite de 1 avec signes alternés

6. La suite 1, −4, 9, −16, 25, … Carrés des entiers positifs, avec signes alternés

7. La suite 0, 3, 8, 15, 24, … Carrés des entiers positifs, moins 1

8. La suite −3, −2, −1, 0, 1, … Entiers commençant à −3

9. La suite 1, 5, 9, 13, 17, … Un terme sur deux de la suite des entiers impairs positifs

10. La suite 2, 6, 10, 14, 18, … Un terme sur deux de la suite des entiers pairs positifs

11. La suite 1, 0, 1, 0, 1, … 1 et 0 alternés

12. La suite 0, 1, 1, 2, 2, 3, 3, 4, … Tous les entiers positifs présents deux fois consécutivement

Trouver les termes d'une suite définie par récurrence

Aux exercices **13** à **18**, on donne le ou les deux premiers termes d'une suite ainsi que la formule récursive qui définit les autres termes. Trouvez les 10 premiers termes de chacune des suites données.

13. $a_1 = 1, a_{n+1} = a_n + (1/2^n)$

14. $a_1 = 1, a_{n+1} = a_n/(n+1)$

15. $a_1 = 2, a_{n+1} = (-1)^{n+1}a_n/2$

16. $a_1 = -2, a_{n+1} = na_n/(n+1)$

17. $a_1 = a_2 = 1, a_{n+2} = a_{n+1} + a_n$

18. $a_1 = 2, a_2 = -1, a_{n+2} = a_{n+1}/a_n$

19. Suites engendrées par la méthode de Newton. La méthode de Newton, appliquée à une fonction dérivable $f(x)$, commence avec une valeur initiale x_0 et permet de construire une suite de nombres $\{x_n\}$; dans des conditions favorables, la suite $\{x_n\}$ converge vers un zéro de la fonction f. La formule récursive qui définit cette suite est

$$x_{n+1} = x_n - \frac{f(x_n)}{f'(x_n)}.$$

a) Montrez que la formule récursive pour $f(x) = x^2 - a$, où $a > 0$, peut s'écrire sous la forme $x_{n+1} = (x_n + a/x_n)/2$.

b) Si $a = 3$ et $x_0 = 1$, déterminez les termes successifs de la suite jusqu'à l'étape où le résultat commence à se répéter. Vers quel nombre la suite converge-t-elle ? Justifiez votre réponse.

20. Suite de l'exercice **19**
Reprenez la partie **b)** de l'exercice **19** avec $a = 2$ au lieu de $a = 3$.

21. Méthode de Newton. Les suites données sont issues de la formule récursive de la méthode de Newton (voir exercice **19**).

Est-ce que ces suites convergent ? Si oui, vers quelle valeur ? Dans chaque cas, commencez par reconnaître la fonction f qui engendre la suite.

a) $x_0 = 1, x_{n+1} = x_n - \dfrac{x_n^2 - 2}{2x_n} = \dfrac{x_n}{2} + \dfrac{1}{x_n}$

b) $x_0 = 1, x_{n+1} = x_n - \dfrac{\tan x_n - 1}{\sec^2 x_n}$

c) $x_0 = 1, x_{n+1} = x_n - 1$

22. Une définition par récurrence de $\pi/2$. Si vous posez $x_1 = 1$ et que vous définissez les termes subséquents d'une suite $\{x_n\}$ par la formule $x_n = x_{n-1} + \cos x_{n-1}$, vous engendrerez une suite qui converge rapidement vers $\pi/2$.

a) Faites-en l'essai.

b) Servez-vous de la figure suivante pour expliquer pourquoi la convergence est si rapide.

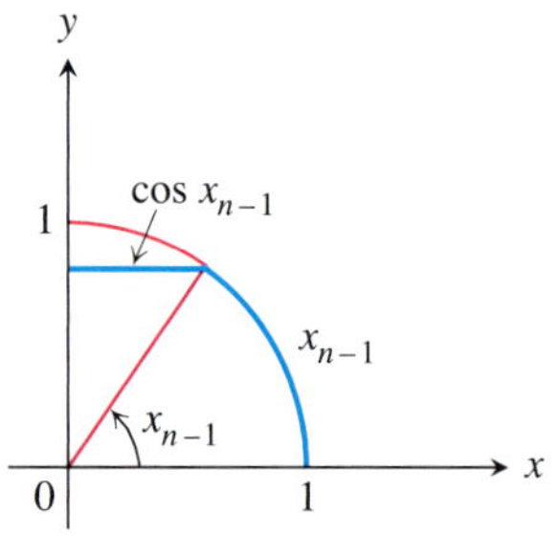

Trouver des limites

Aux exercices **23** à **66**, trouvez les suites $\{a_n\}$ qui convergent et celles qui divergent. Trouvez la limite de chaque suite convergente.

23. $a_n = 2 + (0{,}1)^n$

24. $a_n = \dfrac{n + (-1)^n}{n}$

25. $a_n = \dfrac{1 - 2n}{1 + 2n}$

26. $a_n = \dfrac{1 - 5n^4}{n^4 + 8n^3}$

27. $a_n = \dfrac{n^2 - 2n + 1}{n - 1}$

28. $a_n = \dfrac{n + 3}{n^2 + 5n + 6}$

29. $a_n = 1 + (-1)^n$

30. $a_n = (-1)^n\left(1 - \dfrac{1}{n}\right)$

31. $a_n = \left(\dfrac{n+1}{2n}\right)\left(1 - \dfrac{1}{n}\right)$

32. $a_n = \dfrac{(-1)^{n+1}}{2n - 1}$

33. $a_n = \sqrt{\dfrac{2n}{n+1}}$

34. $a_n = \sin\left(\dfrac{\pi}{2} + \dfrac{1}{n}\right)$

35. $a_n = \dfrac{\sin n}{n}$

36. $a_n = \dfrac{\sin^2 n}{2^n}$

37. $a_n = \dfrac{n}{2^n}$

38. $a_n = \dfrac{\ln(n+1)}{\sqrt{n}}$

39. $a_n = \dfrac{\ln n}{n^{1/n}}$

40. $a_n = \ln n - \ln(n+1)$

41. $a_n = \left(1 + \dfrac{7}{n}\right)^n$

42. $a_n = \left(1 - \dfrac{1}{n}\right)^n$

43. $a_n = \sqrt[n]{10n}$

44. $a_n = \sqrt[n]{n^2}$

45. $a_n = \left(\dfrac{3}{n}\right)^{1/n}$

46. $a_n = (n+4)^{1/(n+4)}$

47. $a_n = \sqrt[n]{4^n n}$

48. $a_n = \sqrt[n]{3^{2n+1}}$

49. $a_n = \dfrac{n!}{n^n}$ (Indication : Comparez avec $1/n$ et appliquez le théorème du sandwich.)

50. $a_n = \dfrac{(-4)^n}{n!}$

51. $a_n = \dfrac{n!}{10^{6n}}$

52. $a_n = \dfrac{n!}{2^n \cdot 3^n}$

53. $a_n = \left(\dfrac{1}{n}\right)^{1/(\ln n)}$

54. $a_n = \ln\left(1 + \dfrac{1}{n}\right)^n$

55. $a_n = \left(\dfrac{3n+1}{3n-1}\right)^n$

56. $a_n = \left(\dfrac{n}{n+1}\right)^n$

57. $a_n = \left(\dfrac{x^n}{2n+1}\right)^{1/n}, x > 0$

58. $a_n = \left(1 - \frac{1}{n^2}\right)^n$

59. $a_n = \frac{3^n \cdot 6^n}{2^{-n} \cdot n!}$

60. $a_n = \frac{n^2}{2n-1} \sin\left(\frac{1}{n}\right)$

61. $a_n = \arctan n$

62. $a_n = \frac{1}{\sqrt{n}} \arctan n$

63. $a_n = \left(\frac{1}{3}\right)^n + \frac{1}{\sqrt{2^n}}$

64. $a_n = \sqrt[n]{n^2 + n}$

65. $a_n = \frac{(\ln n)^5}{\sqrt{n}}$

66. $a_n = n - \sqrt{n^2 - n}$

Explorer des limites avec la calculatrice

Aux exercices **67** à **70**, servez-vous d'une calculatrice pour trouver la valeur d'un entier N tel que chacune des inégalités données soit respectée pour $n > N$. Sachant que chacune de ces inégalités provient de la définition formelle de la limite d'une suite (voir définitions 4.1.2, page 259), trouvez, dans chaque cas, de quelle suite il s'agit et quelle est sa limite.

67. $|\sqrt[n]{0{,}5} - 1| < 10^{-3}$

68. $|\sqrt[n]{n} - 1| < 10^{-3}$

69. $(0{,}9)^n < 10^{-3}$

70. $(2^n/n!) < 10^{-7}$

Théorie et exemples

Aux exercices **71** à **74**, déterminez si la suite donnée est non décroissante et si elle est bornée supérieurement.

71. $a_n = \frac{3n+1}{n+1}$

72. $a_n = \frac{(2n+3)!}{(n+1)!}$

73. $a_n = \frac{2^n 3^n}{n!}$

74. $a_n = 2 - \frac{2}{n} - \frac{1}{2^n}$

Aux exercices **75** à **84**, trouvez les suites qui convergent et celles qui divergent. Justifiez vos réponses.

75. $a_n = 1 - \frac{1}{n}$

76. $a_n = n - \frac{1}{n}$

77. $a_n = \frac{2^n - 1}{2^n}$

78. $a_n = \frac{2^n - 1}{3^n}$

79. $a_n = ((-1)^n + 1)\left(\frac{n+1}{n}\right)$

80. Le premier terme d'une suite est $x_1 = \cos(1)$. Les deux termes suivants sont $x_2 = \max\{x_1, \cos(2)\}$ et $x_3 = \max\{x_2, \cos(3)\}$ (toujours choisir la plus grande des deux valeurs). En général,

$$x_{n+1} = \max\{x_n, \cos(n+1)\}.$$

81. $a_n = \frac{n+1}{n}$

82. $a_n = \frac{1 + \sqrt{2n}}{\sqrt{n}}$

83. $a_n = \frac{1 - 4^n}{2^n}$

84. $a_n = \frac{4^{n+1} + 3^n}{4^n}$

85. Limites et sous-suites. Prouvez que si deux sous-suites d'une suite $\{a_n\}$ ont des limites différentes $L_1 \neq L_2$, alors $\{a_n\}$ diverge.

86. Rangs pairs et impairs. Soit la suite $\{a_n\}$, dont les termes de rangs pairs sont notés a_{2k} et les termes de rangs impairs sont notés a_{2k+1}. Prouvez que si $a_{2k} \to L$ et $a_{2k+1} \to L$, alors $a_n \to L$.

87. Soit la suite de nombres rationnels :

$$\frac{1}{1}, \frac{3}{2}, \frac{7}{5}, \frac{17}{12}, \ldots, \frac{a}{b}, \frac{a+2b}{a+b}, \ldots$$

Les numérateurs forment une suite, les dénominateurs, une autre suite et leurs rapports, une troisième suite. Soit x_n et y_n respectivement le numérateur et le dénominateur de la n^e fraction $r_n = x_n/y_n$.

a) Montrez que $x_1^2 - 2y_1^2 = -1$, $x_2^2 - 2y_2^2 = +1$; puis, de façon plus générale, montrez que si $a^2 - 2b^2 = -1$ ou $+1$, alors

$$(a+2b)^2 - 2(a+b)^2 = +1 \text{ ou } -1$$

respectivement.

b) Les fractions $r_n = x_n/y_n$ tendent vers une limite lorsque n augmente. Quelle est cette limite ? (Indication : Utilisez la partie **a** pour montrer que $r_n^2 - 2 = \pm(1/y_n)^2$ et que y_n n'est jamais inférieur à n.)

88. a) Soit $f(x)$ une fonction dérivable sur $[0, 1]$ et telle que $f(0) = 0$. La suite $\{a_n\}$ est définie par $a_n = nf(1/n)$. Montrez que $\lim_{n\to\infty} a_n = f'(0)$.

Utilisez ce résultat pour trouver la limite des suites $\{a_n\}$ données ci-dessous.

b) $a_n = n \arctan\left(\frac{1}{n}\right)$

c) $a_n = n(e^{1/n} - 1)$

d) $a_n = n \ln\left(1 + \frac{2}{n}\right)$

89. Triplets de Pythagore. Un triplet d'entiers positifs a, b et c est appelé *triplet de Pythagore* si $a^2 + b^2 = c^2$. Soit a un entier positif impair et soit

$$b = \left\lfloor \frac{a^2}{2} \right\rfloor \text{ et } c = \left\lceil \frac{a^2}{2} \right\rceil$$

respectivement la plus grande borne entière inférieure et la plus petite borne entière supérieure de $a^2/2$.

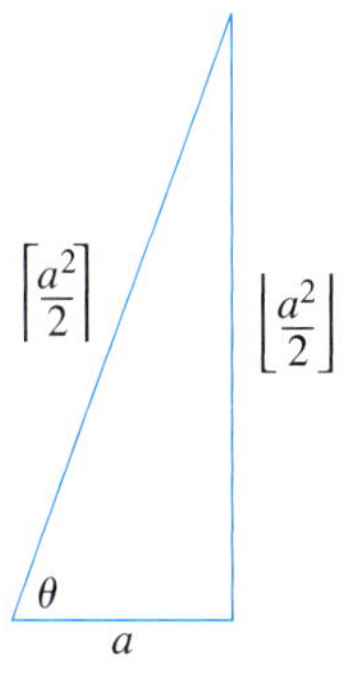

a) Montrez que $a^2 + b^2 = c^2$ (Indication : Soit $a = 2n + 1$; exprimez b et c en fonction de n.)

b) Trouvez

$$\lim_{a \to \infty} \frac{\left\lfloor \dfrac{a^2}{2} \right\rfloor}{\left\lceil \dfrac{a^2}{2} \right\rceil}$$

soit analytiquement, soit en vous servant de la figure précédente.

90. Racine n^e de n!

a) Montrez que $\lim_{n \to \infty} (2n\pi)^{1/(2n)} = 1$. Utilisez ensuite l'approximation de Stirling (voir exercices supplémentaires du chapitre 3, exercice **50 a**) pour montrer que

$$\sqrt[n]{n!} \approx \frac{n}{e}$$

pour n suffisamment grand.

b) Vérifiez avec la calculatrice la validité de l'approximation précédente pour $n = 40, 50, 60$, et ainsi de suite jusqu'à la valeur de n la plus élevée possible.

91. a) En admettant que $\lim_{n \to \infty} (1/n^c) = 0$, où c est une constante positive quelconque, montrez que

$$\lim_{n \to \infty} \frac{\ln n}{n^c} = 0.$$

b) Montrez que $\lim_{n \to \infty} (1/n^c) = 0$ si c est une constante positive quelconque.

(Indication : Si $\varepsilon = 0{,}001$ et $c = 0{,}04$, quelle doit être la valeur de N pour être certain que $|1/n^c - 0| < \varepsilon$ si $n > N$?)

92. Théorème de la fermeture éclair. Démontrez le théorème de la fermeture éclair pour les suites : si $\{a_n\}$ et $\{b_n\}$ convergent toutes deux vers L, alors la suite

$$a_1, b_1, a_2, b_2, a_3, b_3, \ldots, a_n, b_n, \ldots$$

converge également vers L.

93. Démontrez que **a)** $\lim_{n \to \infty} \sqrt[n]{n} = 1$. **b)** $\lim_{n \to \infty} x^{1/n} = 1$, où $x > 0$.

94. Démontrez que $\lim_{n \to \infty} x^n = 0$, où $|x| < 1$.

95. Démontrez que $\lim_{n \to \infty} \left(1 + \dfrac{x}{n}\right)^n = e^x$ pour tout x.

96. Démontrez que $\lim_{n \to \infty} \dfrac{x^n}{n!} = 0$ pour tout x.

97. Démontrez le théorème 4.1.2 (voir page 263).

98. Démontrez le théorème 4.1.3 (voir page 264).

99. Les termes d'une suite convergente se rapprochent indéfiniment. Montrez que si $\{a_n\}$ est une suite convergente, alors à tout nombre positif ε correspond un entier N tel que, pour tout m et pour tout n,

$$m > N \text{ et } n > N \Rightarrow |a_m - a_n| < \varepsilon.$$

100. Unicité de la limite. Démontrez que la limite d'une suite convergente est toujours unique. Autrement dit, démontrez que si L_1 et L_2 sont des nombres tels que $a_n \to L_1$ et $a_n \to L_2$, alors $L_1 = L_2$.

101. Convergence et valeur absolue. Démontrez qu'une suite $\{a_n\}$ converge vers 0 si et seulement si la suite de valeurs absolues $\{|a_n|\}$ converge vers 0.

102. Améliorer la productivité dans l'industrie automobile. En page couverture, le *Wall Street Journal* du 15 décembre 1992 affirmait que la Ford Motor Company produisait les pièces de métal embouti requises pour une automobile moyenne en 7,25 heures. En 1980, cette opération prenait environ 15 heures. (À titre de comparaison, à la même époque, les compagnies japonaises n'avaient besoin que de 3,5 heures pour la même opération.) Cette amélioration représente donc une diminution moyenne de 6 % par année depuis 1980. Si ce taux s'est maintenu, Ford devrait prendre, en moyenne,

$$S_n = 7{,}25(0{,}94)^n$$

heures de travail pour faire l'opération où n représente le nombre d'années écoulées depuis 1992. Si l'industrie japonaise n'avait pas amélioré son rendement, en combien de temps Ford aurait-elle dû la rattraper ? Déterminez votre réponse des deux manières suivantes.

a) Trouvez le premier terme de la suite $\{S_n\}$ inférieur à 3,5.

b) Tracez le graphe de $f(x) = 7{,}25(0{,}94)^x$, puis utilisez la fonction « Trace » pour trouver l'intersection du graphe de $f(x)$ avec la droite d'équation $y = 3{,}5$.

EXPLORATIONS À L'ORDINATEUR

Rechercher des indications de convergence ou de divergence

Utilisez un logiciel de calcul symbolique pour effectuer les étapes suivantes et faire les exercices **103** à **112**.

a) Calculez les 25 premiers termes de la suite et portez-les sur un graphique. Est-ce que la suite semble converger ou diverger ? Si la suite converge, quelle est sa limite L ?

b) Si la suite converge, trouvez un entier N tel que $|a_n - L| \le 0{,}01$ pour $n \ge N$. Pour quelle valeur de n tous les termes sont-ils à moins de 0,0001 de L ?

103. $a_n = \sqrt[n]{n}$

104. $a_n = \left(1 + \dfrac{0{,}5}{n}\right)^n$

105. $a_n = \sin n$

106. $a_n = n \sin\left(\dfrac{1}{n}\right)$

107. $a_n = \dfrac{\sin n}{n}$

108. $a_n = \dfrac{\ln n}{n}$

109. $a_n = (0{,}9999)^n$

110. $a_n = 123\,456^{1/n}$

111. $a_n = \dfrac{8^n}{n!}$

112. $a_n = \dfrac{n^{41}}{19^n}$

Déterminer la convergence de suites définies par récurrence

Utilisez un logiciel de calcul symbolique pour appliquer les étapes **a)** et **b)** aux suites des exercices **113** et **114**.

a) Calculez et représentez graphiquement les 25 premiers termes de la suite. Est-ce que la suite semble être bornée supérieurement ou inférieurement ? Semble-t-elle converger ou diverger ? Si la suite converge, quelle est sa limite L ?

b) Si la suite converge, trouvez un entier N tel que $|a_n - L| \leq 0{,}01$ pour $n \geq N$. Jusqu'à quel terme devez-vous aller dans la suite pour que les termes suivants soient à moins de 0,0001 de L ?

113. $a_1 = 1,\ a_{n+1} = a_n + \dfrac{1}{5^n}$ **114.** $a_1 = 1,\ a_{n+1} = a_n + (-2)^n$

115. Intérêt composé, dépôts et retraits. Si vous investissez un montant d'argent A_0 à un taux fixe d'intérêt r composé m fois par année et si vous déposez un montant fixe b dans le compte à la fin de chaque période (ou si vous retirez un montant fixe lorsque $b < 0$), alors le montant résultant après $n + 1$ périodes sera donné par la formule récursive

$$A_{n+1} = \left(1 + \frac{r}{m}\right)A_n + b. \tag{1}$$

a) Si $A_0 = 1000$, $r = 0{,}02015$, $m = 12$ et $b = 50$, calculez et représentez graphiquement les 100 premiers points (n, A_n). Quel est le montant du compte à la fin d'une période de cinq ans ? Est-ce que $\{A_n\}$ converge ? Est-ce que $\{A_n\}$ est bornée ?

b) Répétez la partie **a)** avec $A_0 = 5000$, $r = 0{,}0589$, $m = 12$ et $b = -50$.

c) Si vous investissez 5000 $ dans un dépôt à terme rapportant 4,5 % d'intérêt par année composé aux 3 mois et si vous n'effectuez aucun dépôt supplémentaire, en combien de temps votre investissement vaudra-t-il 20 000 $? En combien de temps arriverez-vous au même résultat, si le taux d'intérêt est de 6,25 % ?

d) On peut montrer que, pour tout $k \geq 0$, la suite définie par la formule récursive (1) satisfait à la relation

$$A_k = \left(1 + \frac{r}{m}\right)^k \left(A_0 + \frac{mb}{r}\right) - \frac{mb}{r}. \tag{2}$$

Afin de valider cette propriété pour les valeurs des constantes A_0, r, m et b données en **a)**, comparez les valeurs des 50 premiers termes des deux suites. Montrez ensuite par substitution directe que les termes de l'équation (2) vérifient la formule récursive (1).

4.2 Séries infinies

- **4.2.1** Séries et sommes partielles
- **4.2.2** Séries géométriques
- **4.2.3** Séries divergentes
- **4.2.4** Test du n^e terme pour la divergence
- **4.2.5** Ajout ou retrait de termes
- **4.2.6** Changement d'indices
- **4.2.7** Combinaisons de séries

En mathématiques et en sciences, pour représenter des fonctions, nous utilisons fréquemment des polynômes de degré infini tels que

$$\frac{1}{1 - x} = 1 + x + x^2 + x^3 + \cdots + x^n + \cdots, \text{ où } |x| < 1.$$

Nous apprendrons dans les sections 4.5 et 4.6 que ces « polynômes infinis » permettent, en plus de représenter des fonctions, de résoudre des équations différentielles ou de calculer des intégrales non élémentaires. Pour toutes les valeurs acceptables de x, nous évaluons le « polynôme infini » comme une somme infinie de nombres ; une telle somme s'appelle une *série infinie*. Le but de la présente section est de nous familiariser avec les séries infinies.

4.2.1 Séries et sommes partielles

Précisons dès le départ qu'une série infinie n'est pas une simple addition. L'addition de nombres réels est une opération binaire, c'est-à-dire que les nombres s'additionnent deux à la fois. La raison pour laquelle une expression telle que « 1 + 2 + 3 » a du sens repose sur la possibilité de grouper les termes afin de les additionner ensuite deux à la fois. La propriété d'associativité de l'addition garantit le même résultat quelle que soit la façon de faire le regroupement :

$$1 + (2 + 3) = 1 + 5 = 6 \text{ et } (1 + 2) + 3 = 3 + 3 = 6.$$

Bref, une somme finie de nombres réels donne toujours un nombre réel, c'est-à-dire le résultat d'un nombre fini d'opérations binaires. Mais dans le cas d'une somme infinie de nombres réels, il en va tout autrement et cela nécessite une définition rigoureuse.

Commençons en cherchant ce que signifie l'expression suivante.

$$1 + \frac{1}{2} + \frac{1}{4} + \frac{1}{8} + \frac{1}{16} + \cdots$$

La façon d'aborder le problème consiste à additionner les termes un par un à partir du début puis à chercher un modèle qui représente la suite des sommes partielles ainsi calculées.

Sommes partielles	Valeur	Modèle
Première :	$s_1 = 1$	$s_1 = 1 = 2 - 1$
Deuxième :	$s_2 = 1 + \frac{1}{2}$	$s_2 = \frac{3}{2} = 2 - \frac{1}{2}$
Troisième :	$s_3 = 1 + \frac{1}{2} + \frac{1}{4}$	$s_3 = \frac{7}{4} = 2 - \frac{1}{4}$
⋮	⋮	⋮ ⋮
n^e :	$s_n = 1 + \frac{1}{2} + \frac{1}{4} + \ldots + \frac{1}{2^{n-1}}$	$s_n = \frac{2^n - 1}{2^{n-1}} = 2 - \frac{1}{2^{n-1}}$

Les sommes partielles forment une suite dont le n^e terme est

$$s_n = 2 - \frac{1}{2^{n-1}}.$$

La suite $\{s_n\}$ converge vers 2 car $\lim_{n\to\infty} (1/2^{n-1}) = 2 \lim_{n\to\infty} (1/2^n) = 0$. Nous écrivons :

« La somme de la série infinie $1 + \frac{1}{2} + \frac{1}{4} + \frac{1}{8} + \cdots + \frac{1}{2^{n-1}} + \cdots$ est 2. »

La somme d'un nombre fini de termes de cette série est-elle égale à 2 ? Non. Pouvons-nous additionner un nombre infini de termes un par un ? Non. Cependant, nous pouvons définir cette somme infinie de termes comme la limite d'une suite de sommes partielles lorsque $n \to \infty$ (ici cette limite vaut 2).

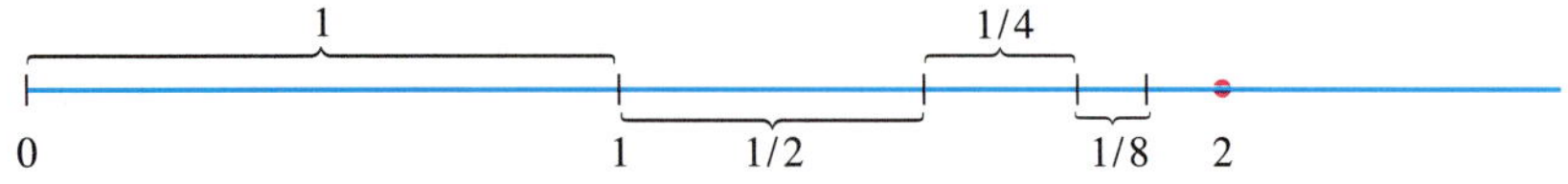

Figure 4.2.1 Lorsque les longueurs 1, 1/2, 1/4, 1/8, … sont additionnées une par une, leur somme tend vers la longueur 2.

Nos connaissances à propos des suites et des limites nous aident maintenant à sortir du carcan des sommes finies pour définir le concept entièrement nouveau de série infinie.

DÉFINITION 4.2.1 Série infinie

Soit une suite $\{a_n\}$. L'expression

$$a_1 + a_2 + a_3 + \cdots + a_n + \cdots$$

est une **série infinie**. Le nombre a_n est appelé le $\boldsymbol{n}^{\mathrm{e}}$ **terme** de la série.

Les **sommes partielles** de la série forment une suite $\{s_n\}$ de nombres réels.

$$\begin{aligned} s_1 &= a_1 \\ s_2 &= a_1 + a_2 \\ s_3 &= a_1 + a_2 + a_3 \\ &\vdots \\ s_n &= \sum_{k=1}^{n} a_k \\ &\vdots \end{aligned}$$

Il ne faut pas confondre la suite $\{a_n\}$ des termes de la série avec la suite $\{s_n\}$ des sommes partielles de la série.

DÉFINITION 4.2.2 Série convergente, série divergente

Chaque terme de la suite $\{s_n\}$ est une somme partielle finie. Si cette **suite de sommes partielles** possède une limite S lorsque $n \to \infty$, nous disons que la série **converge** vers la somme S et nous écrivons :

$$a_1 + a_2 + a_3 + \cdots + a_n + \cdots = \sum_{k=1}^{\infty} a_k = S.$$

Dans le cas contraire, nous disons que la série **diverge**.

EXEMPLE 1 Reconnaître une série convergente

La série suivante est-elle convergente ?

$$\frac{3}{10} + \frac{3}{100} + \frac{3}{1000} + \cdots + \frac{3}{10^n} + \cdots$$

Solution

En notation décimale, la suite $\{s_n\}$ des sommes partielles s'écrit :

$$\{s_n\} = 0{,}3,\ 0{,}33,\ 0{,}333,\ 0{,}3333,\ \ldots$$

La limite de cette suite est $0{,}\overline{3}$, qui, en notation fractionnaire, s'écrit $1/3$. La série converge donc vers la somme $1/3$.

Généralement, lorsque nous étudions une série $a_1 + a_2 + a_3 + \cdots + a_n + \cdots$, nous ne savons pas *a priori* si elle converge ou si elle diverge. Quoi qu'il en soit, il est avantageux d'utiliser la notation sigma pour représenter la série de l'une ou l'autre des façons suivantes :

$$\sum_{n=1}^{\infty} a_n, \quad \sum_{k=1}^{\infty} a_k,$$

ou tout simplement

$$\sum a_n.$$

Notation condensée utile qui sous-entend une sommation de 1 à l'infini

4.2.2 Séries géométriques

La série de l'exemple 1 (voir page 275) est une série géométrique. En effet, chaque terme est obtenu à partir de son prédécesseur en le multipliant par une constante r (dans cet exemple, $r = 1/10$). La série des aires rectangulaires présentée au début du chapitre constitue un autre exemple de série géométrique (dans ce cas, $r = 1/2$). La convergence des séries géométriques est l'un des quelques problèmes faisant intervenir la notion d'infini dont la solution était connue bien avant l'avènement du calcul différentiel. Voyons pourquoi.

DÉFINITION 4.2.3 Série géométrique

La **série géométrique** est une série de la forme

$$a + ar + ar^2 + \cdots + ar^{n-1} + \cdots = \sum_{n=1}^{\infty} ar^{n-1},$$

où $a \neq 0$ et r sont des nombres réels constants.

Le rapport r s'appelle la **raison** de la série ; il peut être positif comme dans

$$1 + \frac{1}{2} + \frac{1}{4} + \cdots + \left(\frac{1}{2}\right)^{n-1} + \cdots$$

ou négatif comme dans

$$1 - \frac{1}{3} + \frac{1}{9} - \cdots + \left(-\frac{1}{3}\right)^{n-1} + \cdots.$$

Forme ouverte versus forme fermée

Dans l'égalité

$$a + ar + ar^2 + \cdots + ar^{n-1} = \frac{a(1-r^n)}{1-r}, \text{ où } r \neq 1,$$

le membre de gauche exprime la somme dans une **forme ouverte** et le membre de droite exprime la somme dans une **forme fermée** ; de façon générale, une forme ouverte comporte un nombre d'opérations qui augmente avec la valeur de n, tandis qu'une forme fermée comporte un nombre fixe d'opérations indépendant de la valeur de n.

À la condition de poser $r \neq 1$, il est possible d'exprimer la n^e somme partielle s_n d'une série géométrique dans une forme fermée de la façon suivante.

$$s_n = a + ar + ar^2 + \cdots + ar^{n-1}$$

$$rs_n = ar + ar^2 + \cdots + ar^{n-1} + ar^n$$ Multiplier s_n par r

$$s_n - rs_n = a - ar^n$$ Soustraire rs_n de s_n. Presque tous les termes du membre de droite s'annulent

$$s_n(1-r) = a(1-r^n)$$ Mettre en évidence

$$s_n = \frac{a(1-r^n)}{1-r}, \ (r \neq 1)$$ Expliciter s_n avec la condition $r \neq 1$ (1)

L'analyse de la formule (1) permet d'établir la convergence ou la divergence d'une série géométrique.

- Si $|r| < 1$, alors $s_n \to a/(1-r)$ car $r^n \to 0$ lorsque $n \to \infty$ (voir table 4.1.1, formule **4**, page 266).
- Si $|r| > 1$, alors la série diverge car $|r^n| \to \infty$.
- Si $r = -1$, alors la série diverge car la n^e somme partielle s_n oscille entre 0 et a selon que n est respectivement pair ou impair.

- Si $r = 1$, la formule (1) ne s'applique pas, mais il est facile de constater directement que la n^e somme partielle de la série géométrique est

$$s_n = a + a(1) + a(1)^2 + \cdots + a(1)^{n-1} = na$$

et qu'alors, la série diverge car $\lim_{n \to \infty} s_n = \pm\infty$ selon le signe de a.

Résumons les quatre résultats précédents.

THÉORÈME 4.2.1 Convergence de la série géométrique

La série géométrique

$$a + ar + ar^2 + ar^3 + \cdots + ar^{n-1} + \cdots = \sum_{n=1}^{\infty} ar^{n-1}$$

converge vers la somme $a/(1 - r)$ si $|r| < 1$ et diverge si $|r| \geq 1$.

L'équation

$$\sum_{n=1}^{\infty} ar^{n-1} = \frac{a}{1-r}, \text{ où } |r| < 1$$

n'est vérifiée que si la sommation commence avec $n = 1$.

Voilà qui met fin à l'étude des séries géométriques infinies. Nous savons maintenant lesquelles convergent et lesquelles divergent. De plus, dans le cas des séries convergentes, nous pouvons même en déterminer la somme. L'intervalle]–1, 1[est l'intervalle de convergence de la série géométrique.

EXEMPLE 2 Écrire des séries géométriques infinies en notation sigma

Écrivez chaque série donnée en notation sigma et déterminez-en la somme si elle converge à l'aide des valeurs de a et r.

a) $\frac{1}{9} + \frac{1}{27} + \frac{1}{81} + \cdots$

b) $4 - 2 + 1 - \frac{1}{2} + \frac{1}{4} - \cdots$

Solution

a) $\frac{1}{9} + \frac{1}{27} + \frac{1}{81} + \cdots = \sum_{n=1}^{\infty} \frac{1}{9}\left(\frac{1}{3}\right)^{n-1} = \frac{1/9}{1-(1/3)} = \frac{1}{6}$,

où $a = 1/9$ et $r = 1/3$.

b) $4 - 2 + 1 - \frac{1}{2} + \frac{1}{4} - \cdots = \sum_{n=1}^{\infty} 4\left(-\frac{1}{2}\right)^{n-1} = \frac{4}{1-(-1/2)} = \frac{8}{3}$,

où $a = 4$ et $r = -1/2$.

Voir les exercices **1** à **4**.

EXEMPLE 3 Analyser des séries géométriques infinies

Déterminez si les séries suivantes convergent ou divergent. Si elles convergent, quelle est leur somme ?

a) $\sum_{n=1}^{\infty} 3\left(\frac{1}{2}\right)^{n-1}$

b) $1 - \frac{1}{2} + \frac{1}{4} - \frac{1}{8} + \cdots + \left(-\frac{1}{2}\right)^{n-1} + \cdots$

c) $\sum_{k=0}^{\infty}\left(\frac{3}{5}\right)^{k} = \sum_{k=1}^{\infty}\left(\frac{3}{5}\right)^{k-1}$

d) $\frac{\pi}{2} + \frac{\pi^2}{4} + \frac{\pi^3}{8} + \cdots$

Solution

a) Le premier terme est $a = 3$ et la raison est $r = 1/2 < 1$. La série converge donc vers

$$\frac{3}{1-(1/2)} = 6.$$

b) Le premier terme est $a = 1$ et la raison est $r = -1/2 > -1$. La série converge donc vers

$$\frac{1}{1-(-1/2)} = \frac{2}{3}.$$

c) Le premier terme est $a = (3/5)^0 = 1$ et la raison est $r = 3/5 < 1$. La série converge donc vers

$$\frac{1}{1-(3/5)} = \frac{5}{2}.$$

d) Dans cette série, $r = \pi/2 > 1$. Donc, la série diverge.

Voir les exercices **7** à **12**.

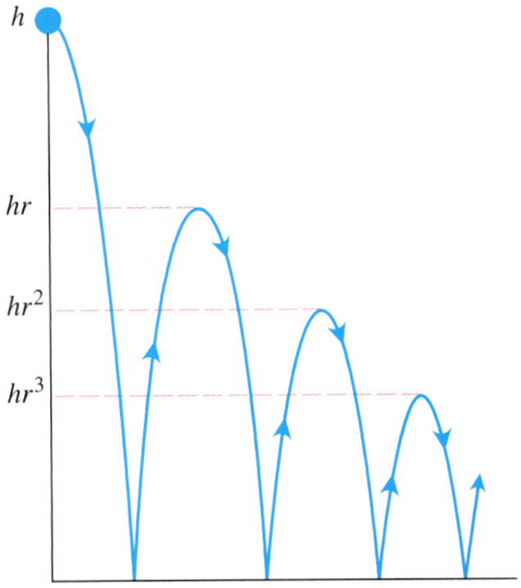

a)

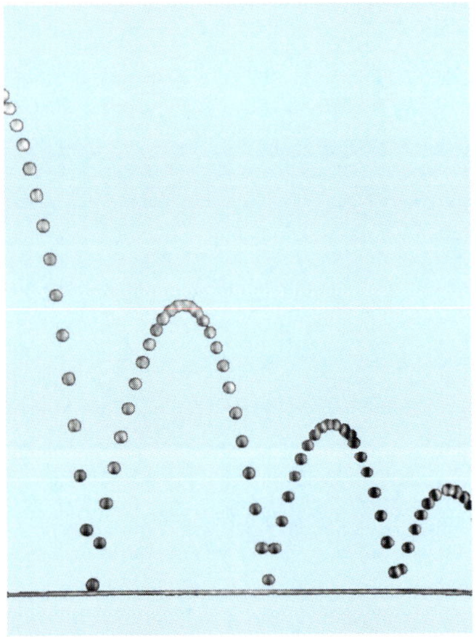

b)

Figure 4.2.2 **a)** L'exemple 4 montre comment utiliser une série géométrique pour calculer la distance totale parcourue par une balle qui rebondit sur une surface plane lorsque la hauteur de chaque rebond est réduite par un même facteur r.
b) Photo stroboscopique de la balle.

EXEMPLE 4 Trouver la distance parcourue par une balle qui rebondit

Vous laissez tomber une balle d'une hauteur de h mètres sur une surface plane et dure. Supposons que, lorsque la balle tombe d'une hauteur de h mètres, elle rebondit toujours à une hauteur de hr mètres, où r est un nombre positif inférieur à 1. Trouvez la distance totale parcourue par la balle (figure 4.2.2).

Solution

La distance totale est

$$\begin{aligned} s &= h + 2hr + 2hr^2 + 2hr^3 + \cdots \\ &= h + \sum_{n=1}^{\infty} 2hr \cdot r^{n-1} \\ &= h + \frac{2hr}{1-r} \\ &= h\left(1 + \frac{2r}{1-r}\right) \\ &= h\left(\frac{1+r}{1-r}\right). \end{aligned}$$

Dans Σ, le premier terme est $a = 2hr$ et la raison est r

Par exemple, si $h = 6$ m et $r = 2/3$, la distance est égale à

$$s = 6\left(\frac{1+(2/3)}{1-(2/3)}\right) = 6\left(\frac{5/3}{1/3}\right) = 30 \text{ m}.$$

Voir les exercices **47** et **48**, **33** à **40**, **49** à **51**, **55** et **56**.

EXEMPLE 5 Décimales périodiques

Exprimez le nombre décimal périodique 5,23 23 23… sous la forme d'un rapport de deux entiers.

Solution

$$5{,}23\ 23\ 23\ldots = 5 + \frac{23}{100} + \frac{23}{(100)^2} + \frac{23}{(100)^3} + \cdots$$

$$= 5 + \frac{23}{100}\underbrace{\left(1 + \frac{1}{100} + \left(\frac{1}{100}\right)^2 + \cdots\right)}_{1/(1-0{,}01)} \qquad a = 1,\ r = 1/100$$

$$= 5 + \frac{23}{100}\left(\frac{1}{0{,}99}\right) = 5 + \frac{23}{99} = \frac{518}{99}$$

Voir les exercices **41** à **46**.

Nous commençons à peine l'étude des séries infinies. Il est encourageant de déjà connaître une classe complète de séries, à savoir les séries géométriques. À l'instar des mathématiciens de la Renaissance, nous voici prêts à explorer d'autres séries.

Malheureusement, les formules fermées, comme celle de la somme d'une série géométrique, sont rares. Avec la plupart des séries, il faudra nous contenter d'un test de convergence puis d'une approximation de la somme à condition que la série passe le test (nous y reviendrons). Toutefois, l'exemple 6 est un autre cas intéressant où la somme d'une série sous une forme fermée est trouvable.

EXEMPLE 6 Série télescopique

Trouvez la somme de la série infinie

$$\sum_{n=1}^{\infty} \frac{1}{n(n+1)}.$$

Solution

Essayons de trouver un modèle décrivant la suite des sommes partielles afin d'exprimer s_k dans une forme fermée. Ici, la clé réside dans les fractions partielles. D'après ce que nous avons appris à la section 3.3 sur la méthode des fractions partielles,

$$\frac{1}{k(k+1)} = \frac{1}{k} - \frac{1}{k+1}.$$

Cela nous permet d'écrire la somme partielle

$$\sum_{n=1}^{k} \frac{1}{n(n+1)} = \frac{1}{1\cdot 2} + \frac{1}{2\cdot 3} + \cdots + \frac{1}{k\cdot(k+1)}$$

sous la forme

$$s_k = \left(\frac{1}{1} - \frac{1}{2}\right) + \left(\frac{1}{2} - \frac{1}{3}\right) + \cdots + \left(\frac{1}{k} - \frac{1}{k+1}\right).$$

Il s'agit d'une somme télescopique telle que présentée à la section A.1. Les termes d'une telle somme s'annulent comme les segments d'une antenne télescopique qui s'emboîtent les uns dans les autres. En enlevant les

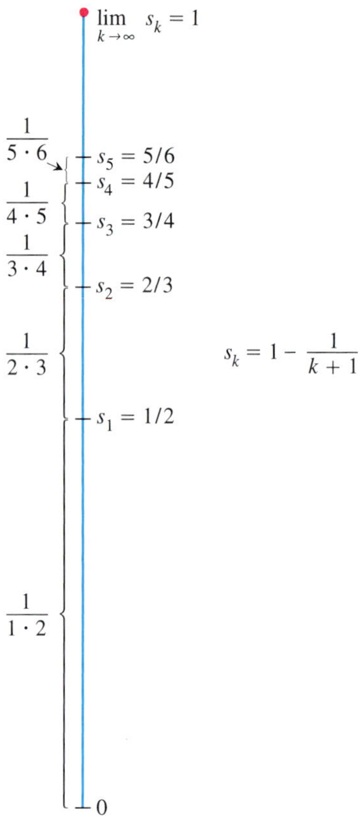

Figure 4.2.3 Sommes partielles s_k de la série de l'exemple 6 (voir page 279).

parenthèses et en simplifiant les termes semblables de signes opposés, la somme se réduit à

$$s_k = 1 - \frac{1}{k+1}.$$

Nous voyons maintenant sans peine que $s_k \to 1$ lorsque $k \to \infty$ de sorte que la série converge vers 1 (figure 4.2.3).

$$\sum_{n=1}^{\infty} \frac{1}{n(n+1)} = 1$$

Voir les exercices **5**, **6** et **13** à **18**.

4.2.3 Séries divergentes

Les séries géométriques telles que $|r| \geq 1$ ne sont pas les seuls exemples de séries divergentes.

EXEMPLE 7 Sommes partielles dépassant toute borne

a) La série

$$\sum_{n=1}^{\infty} n^2 = 1 + 4 + 9 + \cdots + n^2 + \cdots$$

diverge car les sommes partielles deviennent plus grandes que tout nombre L. Pour $n > 1$, les sommes partielles $s_n = 1 + 4 + 9 + \ldots + n^2$ sont toujours supérieures à n^2.

b) La série

$$\sum_{n=1}^{\infty} \frac{n+1}{n} = \frac{2}{1} + \frac{3}{2} + \frac{4}{3} + \cdots + \frac{n+1}{n} + \cdots$$

diverge car les sommes partielles finissent par dépasser tout nombre donné. En effet, chaque terme est supérieur à 1 et la somme de n termes est donc supérieure à n.

Dans l'exemple 8, nous constaterons qu'une série peut diverger même si ses sommes partielles ne deviennent pas très grandes. Il suffit que ces sommes oscillent entre deux valeurs.

EXEMPLE 8 Reconnaître une série divergente alternée

La série $1 - 1 + 1 - 1 + 1 - 1 + \cdots$ converge-t-elle ?

Solution

Nous pourrions être tentés d'écrire la série sous la forme

$$(1 - 1) + (1 - 1) + (1 - 1) + \cdots.$$

Cette stratégie exige cependant la formation d'une infinité de paires ; donc, cette manipulation ne peut se justifier par la propriété d'associativité de l'addition, valable uniquement pour des sommes finies. Comme il s'agit d'une série infinie, la somme, si elle existe, doit forcément être la limite de la suite $\{s_k\}$ des sommes partielles,

$$s_1 = 1$$
$$s_2 = 1 - 1 = 0$$

$$
\begin{aligned}
s_3 &= 1 - 1 + 1 = 1 \\
s_4 &= 1 - 1 + 1 - 1 = 0 \\
s_5 &= 1 - 1 + 1 - 1 + 1 = 1 \\
&\vdots
\end{aligned}
$$

Puisque cette suite n'a pas de limite, la série ne converge pas, mais diverge.

4.2.4 Test du n^e terme pour la divergence

Si une série $\sum_{n=1}^{\infty} a_n$ converge, alors $\lim_{n\to\infty} a_n$ doit nécessairement être égale à zéro. Pour nous en convaincre, désignons par S la somme de la série et par $s_n = a_1 + a_2 + \cdots + a_n$ sa n^e somme partielle. Lorsque n est grand, s_n et s_{n-1} sont toutes deux voisines de S et leur différence a_n devrait donc tendre vers zéro.

THÉORÈME 4.2.2 Limite du n^e terme d'une série convergente

Si $\sum_{n=1}^{\infty} a_n$ converge, alors $a_n \to 0$.

Le théorème 4.2.2 ne permet pas de conclure que $\sum_{n=1}^{\infty} a_n$ converge chaque fois que $a_n \to 0$. En effet, il est possible qu'une série diverge même si $a_n \to 0$ (voir exemple 10, page 282). Autrement dit, $\lim_{n\to\infty} a_n = 0$ est une condition nécessaire mais non suffisante pour que la série $\sum_{n=1}^{\infty} a_n$ converge.

Preuve du théorème 4.2.2

$$
\begin{aligned}
\lim_{n\to\infty} a_n &= \lim_{n\to\infty} (s_n - s_{n-1}) \\
&= \lim_{n\to\infty} s_n - \lim_{n\to\infty} s_{n-1} \\
&= S - S \\
&= 0
\end{aligned}
$$

Limite d'une différence (voir théorème 4.1.1, page 262)

■

Le théorème 4.2.2 justifie le test de divergence suivant pour des séries comme celles des exemples 7 et 8.

THÉORÈME 4.2.3 Test du n^e terme pour la divergence

Si $\lim_{n\to\infty} a_n$ n'existe pas ou est différente de 0, alors $\sum_{n=1}^{\infty} a_n$ diverge.

EXEMPLE 9 Appliquer le test du n^e terme

a) $\sum_{n=1}^{\infty} n^2$ diverge, car $n^2 \to \infty$ (exemple 7 **a**).

b) $\sum_{n=1}^{\infty} \frac{n+1}{n}$ diverge, car $\frac{n+1}{n} \to 1$ (exemple 7 **b**).

c) $\sum_{n=1}^{\infty} (-1)^{n+1}$ diverge, car $\lim_{n\to\infty} (-1)^{n+1}$ n'existe pas.

d) $\sum_{n=1}^{\infty} \frac{-n}{2n+5}$ diverge, car $\lim_{n\to\infty} \left(\frac{-n}{2n+5}\right) = -\frac{1}{2} \neq 0$.

EXEMPLE 10 **Cas où $a_n \to 0$, mais la série diverge**

La série

$$1 + \underbrace{\frac{1}{2} + \frac{1}{2}}_{2 \text{ termes}} + \underbrace{\frac{1}{4} + \frac{1}{4} + \frac{1}{4} + \frac{1}{4}}_{4 \text{ termes}} + \cdots + \underbrace{\frac{1}{2^n} + \frac{1}{2^n} + \cdots + \frac{1}{2^n}}_{2^n \text{ termes}} + \cdots$$

$$= 1 + 1 + 1 + \cdots + 1 + \cdots$$

diverge même si ses termes forment une suite qui converge vers 0.

Voir les exercices **19** à **32**.

4.2.5 Ajout ou retrait de termes

Nous pouvons toujours ajouter ou retrancher un nombre fini de termes à une série sans modifier la convergence ou la divergence de celle-ci ; toutefois, dans le cas de la convergence, la valeur de la somme pourra évidemment changer. Si $\sum_{n=1}^{\infty} a_n$ converge, alors $\sum_{n=k}^{\infty} a_n$ converge pour tout $k > 1$ et

$$\sum_{n=1}^{\infty} a_n = a_1 + a_2 + \cdots + a_{k-1} + \sum_{n=k}^{\infty} a_n.$$

Réciproquement, si $\sum_{n=k}^{\infty} a_n$ converge pour tout $k > 1$, alors $\sum_{n=1}^{\infty} a_n$ converge. Par exemple,

$$\sum_{n=1}^{\infty} \frac{1}{5^n} = \frac{1}{5} + \frac{1}{25} + \frac{1}{125} + \sum_{n=4}^{\infty} \frac{1}{5^n}$$

et

$$\sum_{n=4}^{\infty} \frac{1}{5^n} = \left(\sum_{n=1}^{\infty} \frac{1}{5^n}\right) - \frac{1}{5} - \frac{1}{25} - \frac{1}{125}.$$

Voir l'exercice **62**.

4.2.6 Changement d'indices

Il est possible de changer les indices des termes d'une série sans affecter sa convergence à la condition de conserver l'ordre des termes (voir exemple 3 **c**, page 278).

Marche à suivre

Changement d'indices

Pour augmenter l'indice du premier terme d'une série de h unités, remplacez n par $n - h$:

$$\sum_{n=1}^{\infty} a_n = \sum_{n-h=1}^{\infty} a_{n-h} = \sum_{n=1+h}^{\infty} a_{n-h} = a_1 + a_2 + a_3 + \cdots.$$

Pour diminuer l'indice du premier terme d'une série de h unités, remplacez n par $n + h$:

$$\sum_{n=1}^{\infty} a_n = \sum_{n+h=1}^{\infty} a_{n+h} = \sum_{n=1-h}^{\infty} a_{n+h} = a_1 + a_2 + a_3 + \cdots.$$

Translation horizontale

Cette opération est analogue à une translation horizontale.

EXEMPLE 11 Changer les indices d'une série géométrique

Soit la série géométrique

$$1 + \frac{1}{2} + \frac{1}{4} + \frac{1}{8} + \cdots.$$

Écrivez cette série dans la notation sigma en assignant à sa borne inférieure les valeurs suivantes :

a) $n = 0$; **b)** $n = 5$; **c)** $n = -4$.

Solution

a) $\sum_{n=0}^{\infty} \frac{1}{2^n}$ **b)** $\sum_{n=5}^{\infty} \frac{1}{2^{n-5}}$ **c)** $\sum_{n=-4}^{\infty} \frac{1}{2^{n+4}}$

Les sommes partielles demeurent exactement les mêmes quels que soient les indices utilisés.

Il est généralement préférable de choisir la façon d'indexer qui permette d'écrire le n^e terme d'une série le plus simplement possible.

4.2.7 Combinaisons de séries

Quand nous sommes en présence de deux séries convergentes, il est possible de les additionner terme à terme, de les soustraire terme à terme ou de les multiplier par une constante pour créer de nouvelles séries convergentes.

THÉORÈME 4.2.4 Propriétés des séries convergentes

Si $\sum a_n = A$ et $\sum b_n = B$ sont des séries convergentes, alors

1. *Somme de deux séries :* $\sum (a_n + b_n) = \sum a_n + \sum b_n = A + B$;
2. *Différence de deux séries :* $\sum (a_n - b_n) = \sum a_n - \sum b_n = A - B$;
3. *Multiple d'une série :* $\sum ka_n = k\sum a_n = kA$, où k est un nombre réel quelconque.

EXEMPLE 12 Appliquer le théorème 4.2.4

Trouvez la somme des séries suivantes.

a) $\sum_{n=1}^{\infty} \frac{3^{n-1} - 1}{6^{n-1}}$ **b)** $\sum_{n=1}^{\infty} \frac{4}{2^{n-1}}$

Solution

$$\sum_{n=1}^{\infty} \frac{3^{n-1} - 1}{6^{n-1}} = \sum_{n=1}^{\infty} \left(\frac{1}{2^{n-1}} - \frac{1}{6^{n-1}}\right)$$

$$= \sum_{n=1}^{\infty} \frac{1}{2^{n-1}} - \sum_{n=1}^{\infty} \frac{1}{6^{n-1}}$$ Différence de deux séries

$$= \frac{1}{1 - (1/2)} - \frac{1}{1 - (1/6)}$$ Séries géométriques avec $a = 1$ et $r = 1/2$ ou $1/6$

$$= 2 - \frac{6}{5}$$

$$= \frac{4}{5}$$

b) $\sum_{n=1}^{\infty} \frac{4}{2^{n-1}} = 4 \sum_{n=1}^{\infty} \frac{1}{2^{n-1}}$ — Multiple d'une série

$$= 4\left(\frac{1}{1-(1/2)}\right)$$ — Série géométrique avec $a = 1$ et $r = 1/2$

$$= 8$$

Preuve du théorème 4.2.4 Les trois propriétés des séries énoncées dans le théorème découlent des propriétés analogues des suites étudiées à la section 4.1 (voir théorème 4.1.1, page 262). Pour démontrer la propriété de la somme de deux séries, posons :

$$A_n = a_1 + a_2 + \cdots + a_n, \quad B_n = b_1 + b_2 + \cdots + b_n.$$

Alors, les sommes partielles de $\sum (a_n + b_n)$ sont

$$\begin{aligned} S_n &= (a_1 + b_1) + (a_2 + b_2) + \cdots + (a_n + b_n) \\ &= (a_1 + \cdots + a_n) + (b_1 + \cdots + b_n) \\ &= A_n + B_n. \end{aligned}$$

Puisque $A_n \to A$ et $B_n \to B$, il s'ensuit que $S_n \to A + B$ par la propriété de la limite d'une somme de deux suites (voir théorème 4.1.1, page 262).

Le raisonnement démontrant la propriété de la différence de deux séries est en tous points semblable à ce qui précède.

Pour démontrer la propriété du multiple d'une série, observons que les sommes partielles de $\sum ka_n$ forment la suite

$$S_n = ka_1 + ka_2 + \cdots + ka_n = k(a_1 + a_2 + \cdots + a_n) = kA_n,$$

qui converge vers kA par la propriété de la limite du multiple d'une suite (voir théorème 4.1.1, page 262). ■

THÉORÈME 4.2.5

1. Si $\sum a_n$ diverge et si k est un nombre réel non nul, alors $\sum ka_n$ diverge.
2. Si $\sum a_n$ converge et si $\sum b_n$ diverge, alors $\sum (a_n - b_n)$ ainsi que $\sum (a_n + b_n)$ divergent.

La preuve est omise.

Voir les exercices **58** à **61** et **63**.

Trouver des sommes partielles

Trouvez la formule donnant la n^e somme partielle de chacune des séries suivantes et trouvez la somme des séries convergentes.

1. $2 + \frac{2}{3} + \frac{2}{9} + \frac{2}{27} + \cdots + \frac{2}{3^{n-1}} + \cdots$

2. $\frac{9}{100} + \frac{9}{100^2} + \frac{9}{100^3} + \cdots + \frac{9}{100^n} + \cdots$

3. $1 - \frac{1}{2} + \frac{1}{4} - \frac{1}{8} + \cdots + (-1)^{n-1}\frac{1}{2^{n-1}} + \cdots$

4. $1 - 2 + 4 - 8 + \cdots + (-1)^{n-1}\, 2^{n-1} + \cdots$

5. $\frac{1}{2 \cdot 3} + \frac{1}{3 \cdot 4} + \frac{1}{4 \cdot 5} + \cdots + \frac{1}{(n+1)(n+2)} + \cdots$

6. $\frac{5}{1 \cdot 2} + \frac{5}{2 \cdot 3} + \frac{5}{3 \cdot 4} + \cdots + \frac{5}{n(n+1)} + \cdots$

Séries géométriques

Trouvez les trois ou quatre premiers termes des séries suivantes. Trouvez ensuite la somme de chacune des séries.

7. $\sum_{n=0}^{\infty} \frac{(-1)^n}{4^n}$

8. $\sum_{n=1}^{\infty} \frac{7}{4^n}$

9. $\sum_{n=0}^{\infty} \left(\frac{5}{2^n} + \frac{1}{3^n}\right)$

10. $\sum_{n=0}^{\infty} \left(\frac{5}{2^n} - \frac{1}{3^n}\right)$

11. $\sum_{n=0}^{\infty} \left(\frac{1}{2^n} + \frac{(-1)^n}{5^n}\right)$

12. $\sum_{n=0}^{\infty} \left(\frac{2^{n+1}}{5^n}\right)$

Séries télescopiques

Trouvez la somme des séries suivantes en utilisant des fractions partielles.

13. $\sum_{n=1}^{\infty} \frac{4}{(4n-3)(4n+1)}$

14. $\sum_{n=1}^{\infty} \frac{6}{(2n-1)(2n+1)}$

15. $\sum_{n=1}^{\infty} \frac{40n}{(2n-1)^2(2n+1)^2}$

16. $\sum_{n=1}^{\infty} \frac{2n+1}{n^2(n+1)^2}$

Trouvez la somme des deux séries suivantes.

17. $\sum_{n=1}^{\infty} \left(\frac{1}{\sqrt{n}} - \frac{1}{\sqrt{n+1}}\right)$

18. $\sum_{n=1}^{\infty} \left(\frac{1}{\ln(n+2)} - \frac{1}{\ln(n+1)}\right)$

Convergence ou divergence

Parmi les séries suivantes, lesquelles convergent ? Lesquelles divergent ? Trouvez la somme des séries convergentes.

19. $\sum_{n=0}^{\infty} \left(\frac{1}{\sqrt{2}}\right)^n$

20. $\sum_{n=0}^{\infty} \left(\sqrt{2}\right)^n$

21. $\sum_{n=1}^{\infty} (-1)^{n+1}\frac{3}{2^n}$

22. $\sum_{n=0}^{\infty} \frac{\cos n\pi}{5^n}$

23. $\sum_{n=0}^{\infty} e^{-2n}$

24. $\sum_{n=1}^{\infty} \ln\left(\frac{1}{n}\right)$

25. $\sum_{n=0}^{\infty} \frac{1}{x^n},\ |x| > 1$

26. $\sum_{n=0}^{\infty} \frac{2^n - 1}{3^n}$

27. $\sum_{n=1}^{\infty} \left(1 - \frac{1}{n}\right)^n$

28. $\sum_{n=0}^{\infty} \left(\frac{e}{\pi}\right)^n$

29. $\sum_{n=1}^{\infty} \ln\left(\frac{n}{n+1}\right)$

30. $\sum_{n=0}^{\infty} \frac{e^{n\pi}}{\pi^{ne}}$

31. $\sum_{n=0}^{\infty} \frac{n!}{1000^n}$

32. $\sum_{n=1}^{\infty} \frac{n^n}{n!}$

Séries géométriques

Trouvez les trois ou quatre premiers termes des séries géométriques suivantes, puis déterminez a et r. Trouvez ensuite la somme de chacune des séries. Exprimez enfin l'inégalité $|r| < 1$ en fonction de x et trouvez les valeurs de x pour lesquelles l'inégalité est vérifiée, et donc, pour lesquelles la série converge.

33. $\sum_{n=0}^{\infty} (-1)^n x^n$

34. $\sum_{n=0}^{\infty} (-1)^n x^{2n}$

35. $\sum_{n=0}^{\infty} 3\left(\frac{x-1}{2}\right)^n$

36. $\sum_{n=0}^{\infty} \frac{(-1)^n}{2}\left(\frac{1}{3 + \sin x}\right)^n$

Trouvez les valeurs de x pour lesquelles chacune des séries suivantes converge. Trouvez ensuite la somme de ces séries en fonction de x.

37. $\sum_{n=0}^{\infty} 2^n x^n$

38. $\sum_{n=0}^{\infty} (-1)^n x^{-2n}$

39. $\sum_{n=0}^{\infty} \left(-\frac{1}{2}\right)^n (x-3)^n$

40. $\sum_{n=0}^{\infty} (\ln x)^n$

Nombres décimaux périodiques

Exprimez chacun des nombres suivants sous la forme d'un rapport de deux entiers.

41. $0{,}\overline{23} = 0{,}23\ 23\ 23\ \ldots$

42. $0{,}\overline{234} = 0{,}234\ 234\ 234\ \ldots$

43. $0{,}\overline{7} = 0{,}7777\ \ldots$

44. $1{,}\overline{414} = 1{,}414\ 414\ 414\ \ldots$

45. $1{,}24\overline{123} = 1{,}24\ 123\ 123\ 123\ \ldots$

46. $3{,}\overline{142857} = 3{,}142857\ 142857\ \ldots$

Théorie et exemples

47. Distance parcourue par une balle qui rebondit. Une balle tombe d'une hauteur de 4 m. Chaque fois que la balle touche le sol, elle rebondit aux trois quarts de sa hauteur h. Trouvez la distance totale parcourue par la balle.

48. Temps total du parcours d'une balle qui rebondit. Trouvez le temps de parcours de la distance trouvée à l'exercice **47**.

(Indication : La formule $h = 4{,}9t^2$ donne $t = \sqrt{h/4{,}9}$ où t est mesuré en secondes.)

49. Somme d'aires. L'illustration ci-dessous représente les cinq premières figures d'une suite de carrés. L'aire du carré extérieur est de 4 m². Chaque carré successif est obtenu en joignant les points milieux des côtés du carré précédent. Calculez la somme des aires de tous les carrés.

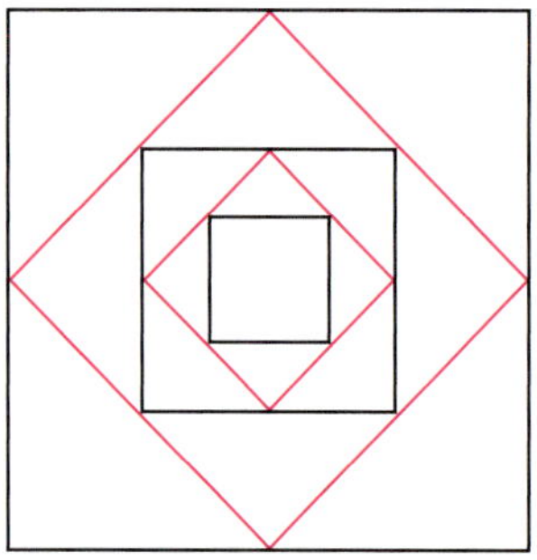

50. Somme d'aires. L'illustration ci-dessous représente les trois premières rangées et le début de la quatrième rangée d'une suite de demi-cercles. La n^e rangée comprend 2^n demi-cercles de rayon $1/2^n$. Calculez la somme des aires de tous les demi-cercles.

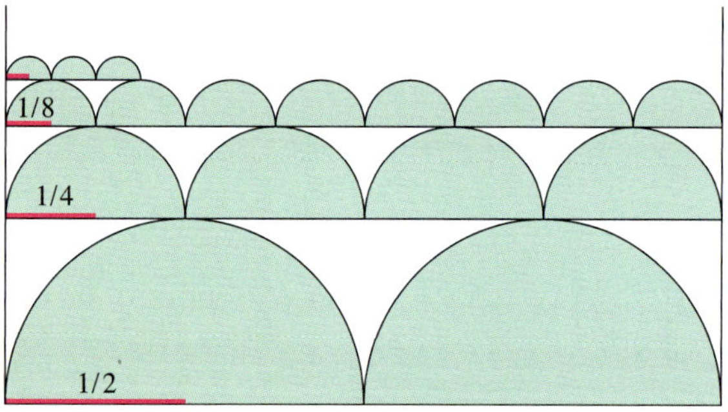

51. Le flocon de neige de Helge von Koch. Tracez un triangle équilatéral dont les côtés sont de longueur 1 et appelez C_1 la courbe formée par le périmètre du triangle. Sur les tiers centraux de chacun des côtés, construisez ensuite un triangle équilatéral pointant vers l'extérieur, puis effacez les tiers centraux. Vous venez de compléter la courbe C_2. À présent, pour construire la courbe C_3, placez des triangles équilatéraux pointant vers l'extérieur sur tous les tiers centraux de tous les côtés de C_2, puis effacez ces tiers centraux. En répétant ce processus à l'infini, vous définissez une suite $\{C_n\}$ de courbes planes dont la limite est la courbe en flocon de neige de Koch.

La longueur de la courbe de Koch est infinie, mais la région qu'elle enferme est d'aire finie. Prouvons-le.

a) Trouvez la longueur L_n de la courbe C_n et montrez que $\lim_{n \to \infty} L_n = \infty$.

b) Trouvez l'aire A_n de la région enfermée par la courbe C_n et calculez $\lim_{n \to \infty} A_n$.

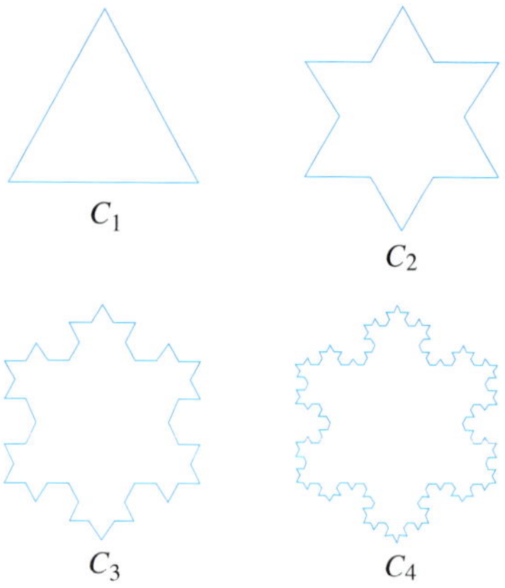

52. La figure ci-dessous fournit une preuve intuitive que la somme $\sum_{n=1}^{\infty} (1/n^2)$ est inférieure à 2. Expliquez comment.

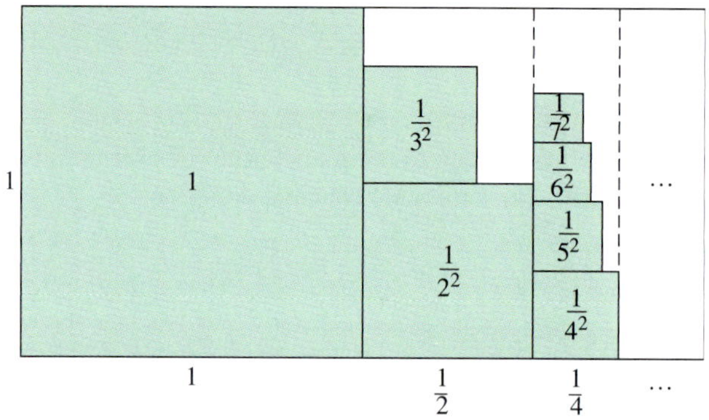

53. Changement d'indices. La série de l'exercice **6** peut s'écrire aussi

$$\sum_{n=1}^{\infty} \frac{1}{(n+1)(n+2)} \quad \text{ou encore} \quad \sum_{n=-1}^{\infty} \frac{1}{(n+3)(n+4)}.$$

Représentez-la dans la notation sigma avec la borne inférieure

a) $n = -2$; **b)** $n = 0$; **c)** $n = 5$.

54. Construisez une série de termes non nuls dont la somme égale

a) 1 ; **b)** -3 ; **c)** 0.

Pouvez-vous construire des séries infinies qui convergent vers n'importe quel nombre arbitraire ? Expliquez.

55. Séries géométriques. Trouvez la valeur de b pour laquelle

$$1 + e^b + e^{2b} + e^{3b} + \cdots = 9.$$

56. Séries géométriques modifiées. Pour quelles valeurs de r la série infinie

$$1 + 2r + r^2 + 2r^3 + r^4 + 2r^5 + r^6 + \cdots$$

est-elle convergente ? Trouvez la somme de la série quand elle converge.

57. Erreur dans les sommes partielles. Montrez que l'erreur $(L - s_n)$, obtenue en remplaçant une série géométrique convergente par une de ses sommes partielles s_n, est égale à $ar^n/(1-r)$.

58. Produit terme à terme. Trouvez deux séries convergentes $A = \sum a_n$ et $B = \sum b_n$ qui illustrent le fait que la série $\sum a_n b_n$ peut converger sans être nécessairement égale à AB.

59. Quotient terme à terme. Trouvez deux séries convergentes $A = \sum a_n$ et $B = \sum b_n \neq 0$, où tous les $b_n \neq 0$, qui illustrent le fait que la série $\sum (a_n/b_n)$ peut converger sans être nécessairement égale à A/B.

60. Quotient terme à terme. Montrez par un exemple que la série $\sum (a_n/b_n)$ peut diverger même si $\sum a_n$ et $\sum b_n$ convergent et qu'aucun b_n n'est égal à zéro.

61. Inverse terme à terme. Si $\sum a_n$ converge et $a_n > 0$ pour tout n, que déduisez-vous au sujet de $\sum (1/a_n)$? Justifiez votre réponse.

62. Ajouter ou retrancher des termes. Que se passe-t-il quand vous ajoutez ou enlevez un nombre fini de termes à une série divergente ? Justifiez votre réponse.

63. Additionner une série convergente à une série divergente. Si $\sum a_n$ converge et $\sum b_n$ diverge, que déduisez-vous au sujet de $\sum (a_n + b_n)$? Justifiez votre réponse.

4.3 Séries à termes positifs

4.3.1	Test de l'intégrale
4.3.2	Série harmonique et séries-p
4.3.3	Tests de comparaison
4.3.4	Test du rapport et test de la racine n^e

Étant donné une série $\sum a_n$, deux questions se posent :

1. La série converge-t-elle ?
2. Si la série converge, quelle en est la somme ?

Dans la présente section, nous étudierons des séries qui ne comportent aucun terme négatif. Ce type de séries est très intéressant pour la raison suivante : soit une série à termes non négatifs, $\sum a_n$, où $a_n \geq 0$ pour tout n ; lorsque nous calculons les sommes partielles $s_1, s_2, s_3, \cdots$, nous constatons que chacune est supérieure ou égale à celle qui la précède, car $s_n = s_{n-1} + a_n$.

$$s_1 \leq s_2 \leq s_3 \leq \cdots \leq s_n \leq s_{n+1} \leq \cdots$$

Ainsi, les sommes partielles d'une série à termes non négatifs forment toujours une suite non décroissante ; or, d'après le théorème 4.1.5 (voir page 269) des suites monotones, si une suite non décroissante est bornée supérieurement, alors elle converge. Donc, pour montrer qu'une série à termes non négatifs converge, il suffit de montrer qu'il existe une borne que la suite $\{s_n\}$ des sommes partielles ne peut dépasser.

THÉORÈME 4.3.1 Convergence d'une série à termes non négatifs

Une série $\sum_{n=1}^{\infty} a_n$ à termes non négatifs converge si et seulement si ses sommes partielles forment une suite $\{s_n\}$ bornée supérieurement.

Ce résultat est à la base des tests de convergence étudiés dans cette section.

4.3.1 Test de l'intégrale

Nous introduisons ce test dû à Maclaurin (voir biographie, page 337) à l'aide d'un exemple.

EXEMPLE 1 Appliquer le théorème 4.3.1

Est-ce que la série

$$\sum_{n=1}^{\infty} \frac{1}{n^2} = 1 + \frac{1}{4} + \frac{1}{9} + \frac{1}{16} + \cdots + \frac{1}{n^2} + \cdots$$

converge ou diverge ?

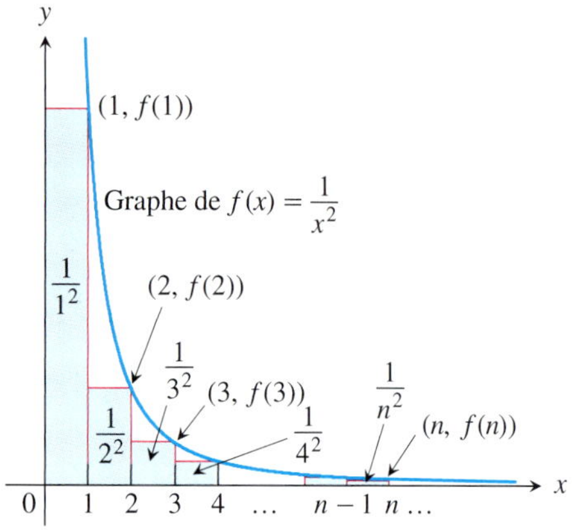

Figure 4.3.1 Comparaison entre les aires (exemple 1).

Solution

Si nous pouvons montrer que la suite $\{s_n\}$ des sommes partielles de la série $\sum_{n=1}^{\infty} (1/n^2)$ est bornée supérieurement, nous aurons démontré que la série converge. Dans l'étude des intégrales impropres, à la section 3.6, nous avons appris, à l'exemple 3, que

$$\int_1^{\infty} \frac{1}{x^2}\,dx \text{ converge vers } 1.$$

Ce résultat suggère la possibilité d'établir la convergence de la série $\sum_{n=1}^{\infty} (1/n^2)$ par comparaison avec l'intégrale $\int_1^{\infty} 1/x^2\,dx$. Dans ce but, imaginons les termes de la série comme étant les valeurs de la fonction $f(x) = 1/x^2$, puis interprétons ces valeurs comme les aires des rectangles sous la courbe d'équation $y = 1/x^2$.

Comme l'indique la figure 4.3.1 :

$$f(2) + f(3) + \cdots + f(n) < \int_1^{n} \frac{1}{x^2}\,dx.$$

Donc,

$$\begin{aligned} s_n &= \frac{1}{1^2} + \frac{1}{2^2} + \frac{1}{3^2} + \cdots + \frac{1}{n^2} \\ &= f(1) + f(2) + f(3) + \cdots + f(n) \\ &< f(1) + \int_1^{n} \frac{1}{x^2}\,dx \\ &< 1 + \int_1^{\infty} \frac{1}{x^2}\,dx \\ &< 1 + 1 = 2. \end{aligned}$$

$\int_1^{\infty} (1/x^2)\,dx = 1$

D'après ce qui précède, les sommes partielles de $\sum_{n=1}^{\infty} (1/n^2)$ forment une suite croissante bornée supérieurement par 2 ; cette suite possède donc une limite et la série converge.

Voici l'énoncé du test de l'intégrale dans toute sa généralité.

THÉORÈME 4.3.2 Test de l'intégrale

Soit $\{a_n\}$ une suite de termes positifs. Soit $a_n = f(n)$, où f est une fonction de x continue, positive et décroissante pour tout $x \geq N$ (où N est un entier positif). Alors, la série $\sum_{n=N}^{\infty} a_n$ converge si et seulement si l'intégrale $\int_N^{\infty} f(x)dx$ converge.

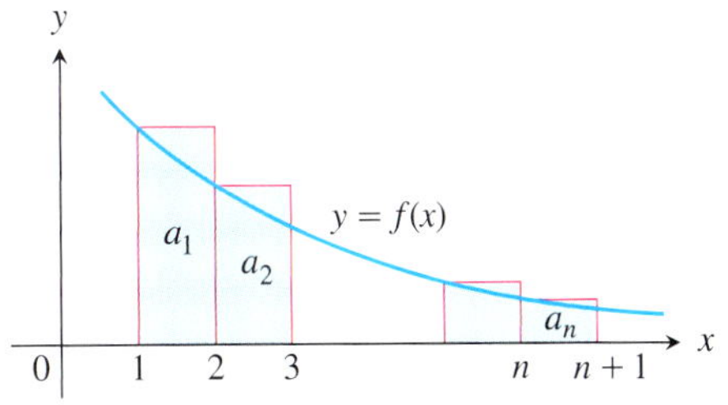

a)

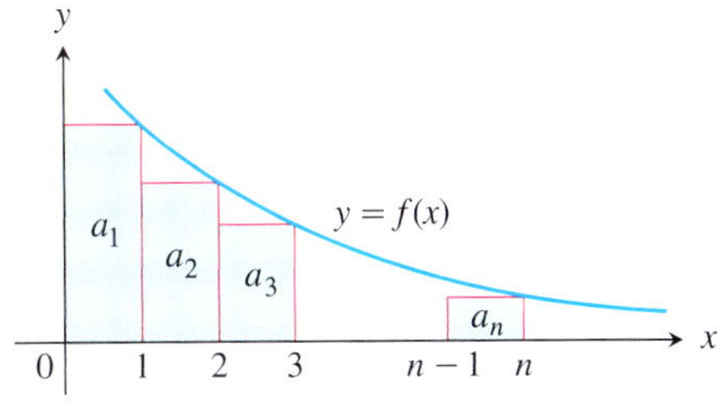

b)

Figure 4.3.2 Dans les conditions du test de l'intégrale, la série $\sum_{n=1}^{\infty} a_n$ et l'intégrale $\int_1^{\infty} f(x)dx$ convergent toutes deux ou divergent toutes deux.

Preuve du théorème 4.3.2 Montrons la validité du test pour $N = 1$. La démonstration pour N quelconque est semblable.

Posons d'abord l'hypothèse que f est une fonction décroissante avec $f(n) = a_n$ pour tout n. Nous observons alors que les rectangles de la figure 4.3.2 **a** d'aires $a_1, a_2, a_3, \cdots, a_n$ occupent ensemble une surface d'aire plus grande que celle de la région sous la courbe d'équation $y = f(x)$ de $x = 1$ à $x = n + 1$. Autrement dit,

$$\int_1^{n+1} f(x)dx \leq a_1 + a_2 + \cdots + a_n.$$

À la figure 4.3.2 **b**, les rectangles de hauteur $f(x)$ sont tracés à la gauche de x plutôt qu'à sa droite. Si nous négligeons momentanément le premier rectangle d'aire a_1, nous constatons que

$$a_2 + a_3 + \cdots + a_n \leq \int_1^n f(x)dx.$$

En y incluant a_1, nous avons :

$$a_1 + a_2 + \cdots + a_n \leq a_1 + \int_1^n f(x)dx.$$

En combinant les deux résultats, nous trouvons :

$$\int_1^{n+1} f(x)dx \leq a_1 + a_2 + \cdots + a_n \leq a_1 + \int_1^n f(x)dx.$$

Si $\int_1^{\infty} f(x)dx$ converge, l'inégalité de droite indique que $\sum a_n$ converge aussi. Si $\int_1^{\infty} f(x)dx$ diverge, l'inégalité de gauche indique que $\sum a_n$ diverge aussi. Dès lors, la série converge si et seulement si l'intégrale converge. ■

Dans le cas où la série converge, elle n'a pas nécessairement la même valeur que l'intégrale. Ainsi, dans l'exemple 1, $\int_1^{\infty} (1/x^2)dx = 1$ et il est connu que $\sum_{n=1}^{\infty} (1/n^2)$ vers $\pi^2/6$, comme nous l'apprend une méthode ingénieuse développée par Euler en réponse à un problème posé par Jacques Bernoulli.

EXEMPLE 2 Appliquer le test de l'intégrale

La série $\sum_{n=1}^{\infty} \frac{1}{n\sqrt{n}}$ converge-t-elle ?

Solution

Le test de l'intégrale est applicable ici, car

$$f(x) = \frac{1}{x\sqrt{x}}$$

est une fonction de x continue, positive et décroissante pour $x > 1$.

EULER

Leonhard Euler (Suisse, 15 avril 1707 – Russie, 1783) est le mathématicien le plus prolifique de tous les temps : dans 74 volumes d'écrits, il a touché à toutes les branches des mathématiques. Premier chercheur à comprendre que la fonction est le sujet propre de l'analyse, il traite le sinus en tant que fonction plutôt que comme rapport de segment de rayons et de cordes. Nous lui devons la notation $f(x)$, le e comme symbole des logarithmes naturels, i pour $\sqrt{-1}$, Σ pour les sommes et Δ pour les différences. Il a opéré la synthèse des œuvres de Newton et de Leibniz en analyse mathématique et a laissé des travaux majeurs sur les orbites, la navigation, la lumière, l'hydraulique, la théorie des nombres, la musique et autres. Calculateur prodige, Euler pouvait faire des opérations extrêmement compliquées même après être devenu aveugle.

Nous avons :

$$\begin{aligned}\int_1^\infty \frac{1}{x\sqrt{x}}\,dx &= \lim_{k\to\infty} \int_1^k x^{-3/2}dx \\ &= \lim_{k\to\infty} \left[-2x^{-1/2}\right]_1^k \\ &= \lim_{k\to\infty} \left(\frac{-2}{\sqrt{k}} - \frac{-2}{\sqrt{1}}\right) \\ &= \lim_{k\to\infty} \left(-\frac{2}{\sqrt{k}} + 2\right) \\ &= 2.\end{aligned}$$

Puisque l'intégrale converge, la série converge aussi (mais pas nécessairement vers 2).

Voir les exercices **1** à **8**.

4.3.2 Série harmonique et séries-p

Nous allons maintenant utiliser le test de l'intégrale pour régler la question de la convergence de toute série de la forme $\sum_{n=1}^{\infty} (1/n^p)$, où p est une constante réelle positive (la série de l'exemple 2 est de ce type, avec $p = 3/2$). Les séries de ce type sont appelées **séries-*p*** (ou **séries de Riemann**).

THÉORÈME 4.3.3 Test de convergence pour les séries-*p*

La série-p

$$\sum_{n=1}^{\infty} \frac{1}{n^p} = \frac{1}{1^p} + \frac{1}{2^p} + \frac{1}{3^p} + \cdots + \frac{1}{n^p} + \cdots,$$

où p est une constante réelle, converge si $p > 1$ et diverge si $p \leq 1$.

Preuve du théorème 4.3.3 Selon l'exemple 4 de la section 3.5 (voir page 237), l'intégrale $\int_1^\infty (1/x^p)dx$ converge si $p > 1$ et diverge si $p \leq 1$. Par le test de l'intégrale, la même conclusion s'impose au sujet de la série-p $\sum_{n=1}^{\infty} (1/n^p)$: elle converge si $p > 1$ et diverge si $p \leq 1$. ■

Pourquoi « harmonique » ?

Les termes de la série harmonique représentent les nœuds d'une corde vibrante qui produisent les multiples de la fréquence fondamentale. Par exemple, $1/2$ représente l'harmonique qui est deux fois la fréquence fondamentale, $1/3$ représente la fréquence qui est trois fois la fréquence fondamentale, et ainsi de suite. La fréquence fondamentale est la note la plus basse produite par une corde qui vibre.

La série-p avec $p = 1$ est appelée **série harmonique** : c'est probablement l'exemple le plus connu de série divergente en mathématiques. Le test pour les séries-p indique que la série harmonique est à peine divergente : si, par exemple, nous augmentons p de 1 à 1,000000001, la série converge.

La lenteur avec laquelle les sommes partielles de la série harmonique tendent vers l'infini est étonnante. L'exemple 3 illustre cette particularité.

EXEMPLE 3 La divergence lente de la série harmonique

Environ combien de termes de la série harmonique faut-il additionner pour former une somme partielle supérieure à 20 ?

Solution

Les graphiques de la figure 4.3.3 facilitent la compréhension.

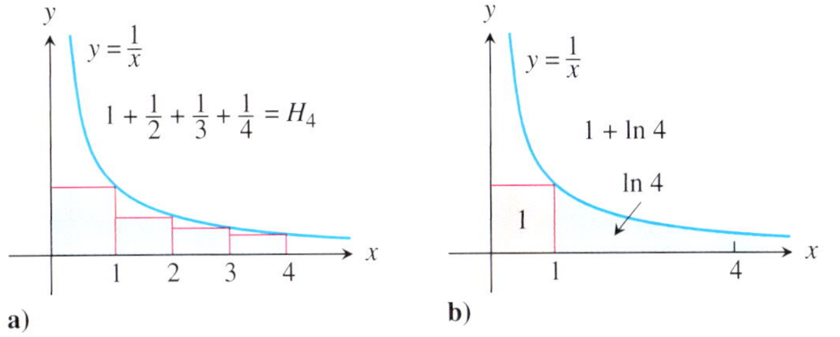

Figure 4.3.3 Recherche d'une borne supérieure pour une des sommes partielles de la série harmonique.

Soit H_n la n^e somme partielle de la série harmonique. En comparant les deux graphiques, il apparaît que $H_4 < (1 + \ln 4)$ et, en général, que $H_n < (1 + \ln n)$. Pour que H_n soit supérieure à 20, il faut que

$$\begin{aligned} 20 &< H_n < 1 + \ln n \\ 20 &< 1 + \ln n \\ 19 &< \ln n \\ e^{19} &< n. \end{aligned}$$

La valeur de e^{19} arrondie à l'entier près est 178 482 301. Ce nombre représente la quantité minimale de termes requis pour que les sommes partielles de la série harmonique soient supérieures à 20. Votre calculatrice aurait à fonctionner durant plusieurs semaines pour additionner un si grand nombre de termes. Malgré tout, la série harmonique diverge !

Voir les exercices **75** et **76**.

ORESME

Nicole Oresme (en Normandie v. 1325 – Lisieux, 1382) se range parmi les précurseurs de la science moderne. Précédant Galilée de trois siècles, il préconise le modèle de l'accélération constante (développé par Aristote mais largement ignoré au Moyen Âge) pour les corps en chute libre. Avant Descartes, il comprend l'équivalence logique d'un graphe et d'un tableau de valeurs ; c'est donc lui qui a conçu le système de coordonnées.

Il se penche aussi sur les séries infinies. Nous lui devons une preuve astucieuse de la divergence de la série harmonique qu'il répartit par tranches de 2^n termes, de la façon suivante :

« Or, $1/3 + 1/4$ est supérieur à $1/4 + 1/4$, et donc à $1/2$; $1/5 + 1/6 + 1/7 + 1/8$ est supérieur à $1/8 + 1/8 + 1/8 + 1/8$, et donc à $1/2$. Le même raisonnement s'applique aux autres tranches de la série, dont chacune est plus grande que $1/2$: la divergence est évidente. »

L'influence d'Oresme s'étend autant au monde politique qu'au milieu scolastique. En 1370, il devient aumônier et conseiller du roi Charles V. On le citera en tant qu'adversaire farouche de l'astrologie. Il écrit pourtant que cette étude, dans ses grandes lignes, « est moult belle science ». Il s'oppose principalement aux faiseurs d'horoscopes dont les prédictions contredisent la liberté de l'esprit humain.

4.3.3 Tests de comparaison

Le test de convergence pour les séries-p révèle tout ce qui doit être connu sur la convergence ou la divergence des séries de la forme $\sum (1/n^p)$. Bien qu'il s'agisse d'une classe assez réduite, il est possible de tester beaucoup d'autres séries en les comparant avec des séries-p.

Le principe d'un test par **comparaison** est le suivant : supposons qu'à partir d'un certain rang, tous les termes d'une série soient plus petits que les termes du même rang d'une autre série ; si « la plus grande série » converge, alors « la plus petite série » converge aussi ; par ailleurs, si « la plus petite série » diverge, alors « la plus grande série » diverge aussi. Un raisonnement analogue a déjà été utilisé à la section 3.5 lorsque nous avons introduit le test de comparaison directe entre intégrales (voir théorème 3.5.2, page 243).

THÉORÈME 4.3.4 Test de comparaison directe

Soit $\sum a_n$ une série à termes non négatifs.

a) S'il existe une série convergente $\sum c_n$ telle que $c_n \geq a_n$ pour tout $n > N$, où N est un entier donné, alors la série $\sum a_n$ converge.

b) S'il existe une série divergente à termes non négatifs $\sum d_n$ telle que $d_n \leq a_n$ pour tout $n > N$, où N est un entier donné, alors la série $\sum a_n$ diverge.

Preuve du théorème 4.3.4 **a)** Les sommes partielles de $\sum a_n$ sont bornées supérieurement par

$$M = a_1 + a_2 + \cdots + a_N + \sum_{n=N+1}^{\infty} c_n.$$

Donc, selon le théorème 4.3.1 (voir page 287), puisque les sommes partielles de $\sum a_n$ sont bornées supérieurement, la série converge.

b) Ici, les sommes partielles de $\sum a_n$ n'ont pas de borne supérieure ; en effet, si une telle borne existait, les sommes partielles de $\sum d_n$ seraient bornées par

$$M^* = d_1 + d_2 + \cdots + d_N + \sum_{n=N+1}^{n} a_n$$

et alors $\sum d_n$ convergerait, ce qui est contraire à l'hypothèse. ■

Dans la section 4.2, nous avons appris qu'il est toujours possible d'ajouter ou de retrancher un nombre fini de termes à une série sans en modifier la convergence ou la divergence (voir page 282). Donc, pour appliquer le test de comparaison directe, il n'est pas nécessaire d'inclure les premiers termes de la série. Nous pouvons appliquer le test à partir d'une valeur N à la condition, bien sûr, d'inclure tous les termes de la série d'indice supérieur à N.

EXEMPLE 4 Appliquer le test de comparaison directe

La série suivante converge-t-elle ?

$$5 + \frac{2}{3} + 1 + \frac{1}{7} + \frac{1}{2} + \frac{1}{3!} + \frac{1}{4!} + \cdots + \frac{1}{k!} + \cdots$$

Solution

Ne tenons pas compte des quatre premiers termes de la série et comparons les termes suivants avec ceux de la série convergente $\sum_{n=1}^{\infty} (1/2^n)$:

$$\frac{1}{2} + \frac{1}{3!} + \frac{1}{4!} + \cdots \leq \frac{1}{2} + \frac{1}{4} + \frac{1}{8} + \cdots.$$

Par conséquent, selon le test de comparaison directe, la série donnée converge.

Pour appliquer le test de comparaison directe, il est utile de disposer d'une « banque » de séries dont nous savons si elles convergent ou non. Voici un résumé de ce que nous avons déjà appris.

Séries convergentes	Séries divergentes
Séries géométriques avec $\|r\| < 1$.	Séries géométriques avec $\|r\| \geq 1$.
Séries télescopiques comme $\sum_{n=1}^{\infty} \frac{1}{n(n+1)}$.	Série harmonique $\sum_{n=1}^{\infty} \frac{1}{n}$.
Série $\sum_{n=0}^{\infty} \frac{1}{n!}$ (exemple 4).	Toute série $\sum a_n$ pour laquelle $\lim_{n\to\infty} a_n$ n'existe pas ou $\lim_{n\to\infty} a_n \neq 0$.
Toute série-p $\sum_{n=1}^{\infty} \frac{1}{n^p}$ avec $p > 1$.	Toute série-p $\sum_{n=1}^{\infty} \frac{1}{n^p}$ avec $p \leq 1$.

Voir les exercices **9** à **14**.

Il existe un autre test de comparaison à la fois plus puissant et souvent plus simple d'application : le test de comparaison par une limite. Il est particulièrement adapté à des séries dont le terme général a_n est une fonction rationnelle de n.

THÉORÈME 4.3.5 Test de comparaison par une limite

Soit $a_n > 0$ et $b_n > 0$ pour tout $n \geq N$, où N est un entier positif.

1. Si $\lim_{n\to\infty} \frac{a_n}{b_n} = c$, où $0 < c < \infty$, alors $\sum a_n$ converge si et seulement si $\sum b_n$ converge.

2. Si $\lim_{n\to\infty} \frac{a_n}{b_n} = 0$ et $\sum b_n$ converge, alors $\sum a_n$ converge.

3. Si $\lim_{n\to\infty} \frac{a_n}{b_n} = \infty$ et $\sum b_n$ diverge, alors $\sum a_n$ diverge.

Preuve du théorème 4.3.5 Nous allons prouver le 1er cas. Les 2e et 3e cas sont abordés à l'exercice **65**. Le principe de la preuve consiste à appliquer le test de comparaison directe à $\sum a_n$ et à un multiple adéquat de $\sum b_n$. Rappelons que, par hypothèse, $\lim_{n\to\infty} \frac{a_n}{b_n} = c$, où $0 < c < \infty$. Puisque $c/2 > 0$, il existe un entier N tel que pour tout n,

$$n > N \Rightarrow \left|\frac{a_n}{b_n} - c\right| < \frac{c}{2}.$$

Définition de la limite avec $\varepsilon = c/2$, $L = c$ et a_n remplacé par a_n/b_n

Donc, pour $n > N$,

$$-\frac{c}{2} < \frac{a_n}{b_n} - c < \frac{c}{2},$$

$$\frac{c}{2} < \frac{a_n}{b_n} < \frac{3c}{2},$$

$$\left(\frac{c}{2}\right)b_n < a_n < \left(\frac{3c}{2}\right)b_n.$$

Si $\sum b_n$ converge, alors $\sum (3c/2)b_n$ converge et $\sum a_n$ converge selon le test de comparaison directe. Si $\sum b_n$ diverge, alors $\sum (c/2)b_n$ diverge et $\sum a_n$ diverge selon le test de comparaison directe. ■

EXEMPLE 5 Utiliser le test de comparaison par une limite

Déterminez si les séries suivantes convergent ou divergent.

a) $\dfrac{3}{4} + \dfrac{5}{9} + \dfrac{7}{16} + \dfrac{9}{25} + \cdots = \displaystyle\sum_{n=1}^{\infty} \frac{2n+1}{(n+1)^2} = \sum_{n=1}^{\infty} \frac{2n+1}{n^2+2n+1}$

b) $\dfrac{1}{1} + \dfrac{1}{3} + \dfrac{1}{7} + \dfrac{1}{15} + \cdots = \displaystyle\sum_{n=1}^{\infty} \frac{1}{2^n - 1}$

c) $\dfrac{1+2\ln 2}{9} + \dfrac{1+3\ln 3}{14} + \dfrac{1+4\ln 4}{21} + \cdots = \displaystyle\sum_{n=2}^{\infty} \frac{1+n\ln n}{n^2+5}$

Solution

a) Soit $a_n = (2n+1)/(n^2+2n+1)$. Pour n suffisamment grand, nous savons que la fraction rationnelle a_n se comporte comme le quotient des termes de puissances dominantes, c'est-à-dire $2n/n^2 = 2/n$. Nous pourrions donc prendre $b_n = 2/n$, mais $b_n = 1/n$ est plus simple et fonctionnera aussi bien. Puisque

$$\sum_{n=1}^{\infty} b_n = \sum_{n=1}^{\infty} \frac{1}{n}$$

diverge et puisque

$$\begin{aligned}\lim_{n\to\infty} \frac{a_n}{b_n} &= \lim_{n\to\infty} \frac{2n^2+n}{n^2+2n+1}\\ &= \lim_{n\to\infty} \frac{(2n^2)/n^2 + n/n^2}{n^2/n^2 + (2n)/n^2 + 1/n^2}\\ &= \lim_{n\to\infty} \frac{2+1/n}{1+2/n+1/n^2}\\ &= 2,\end{aligned}$$

$\sum a_n$ diverge selon le 1er cas du test de comparaison par une limite.

b) Soit $a_n = 1/(2^n - 1)$. Pour n suffisamment grand, nous prévoyons que a_n se comportera comme $1/2^n$. Dès lors, posons $b_n = 1/2^n$. Puisque

$$\sum_{n=1}^{\infty} b_n = \sum_{n=1}^{\infty} \frac{1}{2^n}$$

converge et puisque

$$\begin{aligned}\lim_{n\to\infty} \frac{a_n}{b_n} &= \lim_{n\to\infty} \frac{2^n}{2^n - 1}\\ &= \lim_{n\to\infty} \frac{2^n/2^n}{2^n/2^n - 1/2^n}\\ &= \lim_{n\to\infty} \frac{1}{1-(1/2^n)}\\ &= 1,\end{aligned}$$

$\sum a_n$ converge selon le 1er cas du test de comparaison par une limite.

c) Soit $a_n = \dfrac{1 + n \ln n}{n^2 + 5}$. Pour n suffisamment grand, nous prévoyons que a_n se comportera comme $(n \ln n)/n^2 = (\ln n)/n$, qui est plus grand que $1/n$ pour $n \geq 3$. Dès lors, posons $b_n = 1/n$. Puisque

$$\sum_{n=1}^{\infty} b_n = \sum_{n=1}^{\infty} \frac{1}{n}$$

diverge et puisque

$$\lim_{n\to\infty} \frac{a_n}{b_n} = \lim_{n\to\infty} \frac{n + n^2 \ln n}{n^2 + 5}$$
$$= \infty,$$

$\sum a_n$ diverge selon le 3e cas du test de comparaison par une limite.

Voir les exercices **15** à **20** et **65**.

Les tests de convergence qui dépendent de la comparaison d'une série avec une autre série sont dits *extrinsèques*. Bien que ces tests nous aient démontré leur utilité, il existe de bonnes raisons de vouloir disposer de tests ne nécessitant aucune comparaison. En effet, en pratique, il est parfois impossible de trouver une série de comparaison appropriée et, en théorie, toute l'information à propos d'une série devrait être contenue dans ses propres termes. C'est pourquoi nous nous intéresserons maintenant à des tests intrinsèques, qui font intervenir uniquement la série considérée.

4.3.4 Test du rapport et test de la racine n[e]

Le test du rapport permet de mesurer le taux de croissance ou de décroissance d'une série en examinant le rapport a_{n+1}/a_n de deux termes généraux consécutifs. Nous savons que pour une série géométrique $\sum ar^n$, ce rapport est constant $((ar^{n+1})/(ar^n) = r)$, et que la série converge si et seulement si le rapport r est plus petit que 1 en valeur absolue. Le test du rapport (ou test de d'Alembert) est une généralisation de cette propriété et constitue un outil précieux pour l'étude de la convergence des séries.

THÉORÈME 4.3.6 Test du rapport (test de d'Alembert)

Soit $\sum a_n$ une série à termes positifs et soit

$$\lim_{n\to\infty} \frac{a_{n+1}}{a_n} = \rho.$$

a) La série $\sum a_n$ converge si $\rho < 1$.

b) La série $\sum a_n$ diverge si $\rho > 1$ ou si ρ est infini.

c) Le test n'est pas concluant si $\rho = 1$.

Preuve du théorème 4.3.6 a) $\rho < 1$. Soit r un nombre compris entre ρ et 1. Alors le nombre $\varepsilon = r - \rho$ est positif. Puisque

$$\frac{a_{n+1}}{a_n} \to \rho,$$

D'ALEMBERT

Peu après la naissance de **Jean Le Rond d'Alembert** (né et mort à Paris, 1717–1783), sa mère l'abandonne sur le parvis de la chapelle Saint-Jean-le-Rond (d'où son deuxième nom). Néanmoins, des proches lui donnent les moyens de faire de bonnes études.

À 23 ans, d'Alembert devient membre de l'Académie des sciences de Paris grâce à ses mémoires sur le calcul intégral et la mécanique des fluides. Fougueux, il se brouille facilement avec ses collègues, et il est parfois obligé de publier ses travaux à ses frais.

Il est le type de savant pour qui la mécanique est une pure discipline mathématique, d'Alembert proposera certains concepts élégants sans tenir compte des réalités expérimentales. Il améliorera toutefois l'hydrodynamique de Daniel Bernoulli et la théorie newtonienne de la force.

Son chef-d'œuvre mathématique : le test de d'Alembert pour la convergence. Son plus grand triomphe : la rédaction des articles scientifiques de l'*Encyclopédie* dont, avec Diderot, il est le moteur principal. Ses écrits sur les limites et les fonctions présentent aux lecteurs de l'*Encyclopédie* la pensée mathématique la plus avancée de l'époque. Passionné pour les lettres et la philosophie, d'Alembert sera longtemps secrétaire de l'Académie française.

a_{n+1}/a_n doit se situer à une distance de ρ inférieure à ε lorsque n est suffisamment grand, c'est-à-dire pour tout $n \geq N$. En particulier,

$$\frac{a_{n+1}}{a_n} < \rho + \varepsilon = r, \text{ si } n \geq N.$$

Donc,

$$\begin{aligned}
a_{N+1} &< ra_N,\\
a_{N+2} &< ra_{N+1} < r^2 a_N,\\
a_{N+3} &< ra_{N+2} < r^3 a_N,\\
&\vdots\\
a_{N+m} &< ra_{N+m-1} < r^m a_N.
\end{aligned}$$

Ces inégalités montrent que les termes de la série de rang supérieur à N tendent vers 0 plus rapidement que les termes de la série géométrique de raison $r < 1$. Plus précisément, soit la série $\sum c_n$, où $c_n = a_n$ pour $n = 1, 2, 3, \cdots, N$ et $c_{N+1} = r a_N$, $c_{N+2} = r^2 a_N$, $\cdots$, $c_{N+m} = r^m a_N$, $\cdots$.

D'après les développements qui précèdent, il est clair que $a_n \leq c_n$ pour tout n. Nous avons:

$$\begin{aligned}
\sum_{n=1}^{\infty} c_n &= a_1 + a_2 + \cdots + a_{N-1} + a_N + r a_N + r^2 a_N + \cdots\\
&= a_1 + a_2 + \cdots + a_{N-1} + a_N(1 + r + r^2 + \cdots).
\end{aligned}$$

La série géométrique $1 + r + r^2 + \cdots$ converge car $|r| < 1$; donc la série $\sum c_n$ converge. Puisque $a_n \leq c_n$ pour tout n, $\sum a_n$ converge également selon le test de comparaison directe (voir théorème 4.3.4, page 292).

b) **$\rho > 1$ ou ρ infini.** À partir d'un certain rang M,

$$1 < \frac{a_{M+1}}{a_M},\ 1 < \frac{a_{M+2}}{a_{M+1}},\ 1 < \frac{a_{M+3}}{a_{M+2}},\ \cdots$$

d'où

$$a_M < a_{M+1} < a_{M+2} < a_{M+3} < \cdots.$$

Les termes de la série ne tendent pas vers 0 lorsque n tend vers l'infini et la série diverge donc selon le test du n^{e} terme pour la divergence (voir théorème 4.2.3, page 281).

c) **$\rho = 1$.** Les deux séries

$$\sum_{n=1}^{\infty} \frac{1}{n} \quad \text{et} \quad \sum_{n=1}^{\infty} \frac{1}{n^2}$$

sont des exemples montrant qu'un autre test doit être utilisé quand $\rho = 1$. Voyons pourquoi.

$$\text{Pour } \sum_{n=1}^{\infty} \frac{1}{n} : \quad \frac{a_{n+1}}{a_n} = \frac{1/(n+1)}{1/n} = \frac{n}{n+1} \to 1.$$

$$\text{Pour } \sum_{n=1}^{\infty} \frac{1}{n^2} : \quad \frac{a_{n+1}}{a_n} = \frac{1/(n+1)^2}{1/n^2} = \left(\frac{n}{n+1}\right)^2 \to 1^2 = 1.$$

Dans ces deux cas, $\rho = 1$; pourtant la première série diverge alors que la seconde converge. ■

EXEMPLE 6 **Appliquer le test du rapport**

Étudiez la convergence des séries suivantes.

a) $\displaystyle\sum_{n=0}^{\infty} \frac{2^n + 5}{3^n}$ **b)** $\displaystyle\sum_{n=1}^{\infty} \frac{(2n)!}{n!n!}$ **c)** $\displaystyle\sum_{n=1}^{\infty} \frac{4^n n!n!}{(2n)!}$

Le test du rapport est souvent efficace lorsque les termes de la série contiennent des expressions élevées à la puissance n ou des factorielles d'expressions contenant n.

Solution

a) Pour la série $\displaystyle\sum_{n=0}^{\infty} (2^n + 5)/3^n$,

$$\frac{a_{n+1}}{a_n} = \frac{(2^{n+1} + 5)/3^{n+1}}{(2^n + 5)/3^n} = \frac{1}{3} \cdot \frac{2^{n+1} + 5}{2^n + 5}$$
$$= \frac{1}{3} \cdot \frac{2^{n+1}/2^n + 5/2^n}{2^n/2^n + 5/2^n} = \frac{1}{3} \cdot \left(\frac{2 + 5/2^n}{1 + 5/2^n}\right).$$

Donc,

$$\lim_{n\to\infty} \frac{a_{n+1}}{a_n} = \frac{1}{3} \cdot \frac{2}{1} = \frac{2}{3}.$$

La série converge car $\rho = 2/3$ est plus petit que 1. Attention ! Cela ne signifie pas que $2/3$ soit la limite de la série. En fait, nous pouvons calculer la limite dans ce cas particulier puisqu'il s'agit d'une série égale à la somme de deux séries géométriques :

$$\sum_{n=0}^{\infty} \frac{2^n + 5}{3^n} = \sum_{n=0}^{\infty} \left(\frac{2}{3}\right)^n + \sum_{n=0}^{\infty} \frac{5}{3^n} = \frac{1}{1 - (2/3)} + \frac{5}{1 - (1/3)} = \frac{21}{2}.$$

b) Si $a_n = \dfrac{(2n)!}{n!n!}$, alors $a_{n+1} = \dfrac{(2n+2)!}{(n+1)!(n+1)!}$

et alors,

$$\frac{a_{n+1}}{a_n} = \frac{(2n+2)!}{(n+1)!(n+1)!} \cdot \frac{n!n!}{(2n)!}$$
$$= \frac{(2n+2)(2n+1)(2n)!}{(n+1)n!(n+1)n!} \cdot \frac{n!n!}{(2n)!}$$
$$= \frac{(2n+2)(2n+1)}{(n+1)(n+1)} = \frac{4n+2}{n+1} \to 4.$$

La série diverge car $\rho = 4$ est plus grand que 1.

c) Si $a_n = 4^n n!n!/(2n)!$, alors $a_{n+1} = 4^{n+1}(n+1)!(n+1)!/(2n+2)!$

et

$$\frac{a_{n+1}}{a_n} = \frac{4^{n+1}(n+1)!(n+1)!}{(2n+2)!} \cdot \frac{(2n)!}{4^n n!n!}$$
$$= \frac{4^{n+1}(n+1)n!(n+1)n!(2n)!}{(2n+2)(2n+1)(2n)!4^n n!n!}$$
$$= \frac{4(n+1)(n+1)}{(2n+2)(2n+1)} = \frac{2(n+1)}{2n+1} \to 1.$$

Puisque la limite est $\rho = 1$, le test du rapport ne permet pas de conclure si la série converge ou non. Toutefois, en observant que $a_{n+1}/a_n = 2(n+1)/(2n+1) = (2n+2)/(2n+1)$, nous pouvons conclure que a_{n+1} est toujours plus grand que a_n car $(2n+2)/(2n+1)$ est toujours plus grand que 1. Par conséquent, tous les termes sont supérieurs ou égaux à $a_1 = (4^1 \cdot 1! \cdot 1!)/(2 \cdot 1)! = 2$ et le n^e terme ne tend donc pas vers 0 lorsque $n \to \infty$. En conclusion, d'après le test du n^e terme pour la divergence (voir théorème 4.2.3, page 281), la série diverge.

Voir les exercices **21** à **28**.

Il existe des séries pour lesquelles aucun des tests présentés jusqu'ici n'est adéquat. Considérons l'exemple 7.

EXEMPLE 7 **Le test du rapport ne fonctionne pas**

Soit

$$a_n = \begin{cases} n/2^n, & \text{si } n \text{ est impair} \\ 1/2^n, & \text{si } n \text{ est pair.} \end{cases}$$

Est-ce que la série converge ?

Solution

Écrivons plusieurs termes de la série :

$$\sum a_n = \frac{1}{2} + \frac{1}{4} + \frac{3}{8} + \frac{1}{16} + \frac{5}{32} + \frac{1}{64} + \frac{7}{128} + \frac{1}{256} + \frac{9}{512} + \cdots + a_n + \cdots.$$

Il ne s'agit pas d'une série géométrique. Comme le n^e terme tend vers 0 quand $n \to \infty$, il est impossible d'invoquer le test du n^e terme pour la divergence. Le test de l'intégrale est impraticable étant donné la forme du terme général a_n.

Essayons le test du rapport :

$$\frac{a_{n+1}}{a_n} = \begin{cases} \dfrac{1/2^{n+1}}{n/2^n} = \dfrac{1}{2n}, & \text{si } n \text{ est impair} \\[2ex] \dfrac{(n+1)/2^{n+1}}{1/2^n} = \dfrac{n+1}{2}, & \text{si } n \text{ est pair.} \end{cases}$$

Dans le cas où n est impair, le rapport $a_{n+1}/a_n = 1/2n$ tend vers 0 quand $n \to \infty$.

Dans le cas où n est pair, le rapport $a_{n+1}/a_n = (n+1)/2$ tend vers l'infini quand $n \to \infty$.

Donc, la suite a_{n+1}/a_n ne tend ni vers une limite finie ni vers l'infini, et ce, en raison de son comportement oscillant.

Un nouveau test permettra de résoudre le problème : le test de la racine n^e. Pour l'appliquer, prenons la racine n^e du terme général, c'est-à-dire du n^e terme a_n :

$$\sqrt[n]{a_n} = \begin{cases} \sqrt[n]{n}\,/2, & \text{si } n \text{ est impair} \\ 1/2, & \text{si } n \text{ est pair.} \end{cases}$$

Par conséquent,

$$\frac{1}{2} \le \sqrt[n]{a_n} \le \frac{\sqrt[n]{n}}{2}.$$

Puisque $\sqrt[n]{n} \to 1$ (voir table 4.1.1, page 266), nous avons $\lim_{n\to\infty} \sqrt[n]{a_n} = 1/2$ d'après le théorème du sandwich pour les suites (voir théorème 4.1.2, page 263). Puisque la limite de $\sqrt[n]{a_n}$ est inférieure à 1 comme nous le verrons ci-après, le test de la racine n^e révèle que la série converge.

THÉORÈME 4.3.7 Test de la racine n^e

Soit $\sum a_n$ une série où $a_n \geq 0$ pour $n \geq N$ et soit

$$\lim_{n\to\infty} \sqrt[n]{a_n} = \rho.$$

a) La série $\sum a_n$ converge si $\rho < 1$.

b) La série $\sum a_n$ diverge si $\rho > 1$ ou si ρ est infini.

c) Le test n'est pas concluant si $\rho = 1$.

Remarquez que les trois conclusions du test de la racine n^e sont identiques à celles du test du rapport.

La preuve de ce test, similaire à celle du test du rapport, se trouve à l'exercice **67**.

Les deux problèmes de l'exemple 8 seraient bien difficiles à résoudre sans le test de la racine n^e.

EXEMPLE 8 Appliquer le test de la racine n^e

Étudiez la convergence des séries suivantes.

a) $\displaystyle\sum_{n=1}^{\infty} \left(\frac{5n+4}{3n-1}\right)^n$

b) $\displaystyle\sum_{n=1}^{\infty} \frac{1}{(\ln(n+2))^n}$

Solution

a) $\displaystyle\sum_{n=1}^{\infty} \left(\frac{5n+4}{3n-1}\right)^n$ diverge selon le test de la racine n^e car

$$\rho = \lim_{n\to\infty} \sqrt[n]{\left(\frac{5n+4}{3n-1}\right)^n} = \lim_{n\to\infty} \frac{5n+4}{3n-1} = \frac{5}{3} > 1.$$

b) $\displaystyle\sum_{n=1}^{\infty} \frac{1}{(\ln(n+2))^n}$ converge selon le test de la racine n^e car

$$\rho = \lim_{n\to\infty} \sqrt[n]{\frac{1}{(\ln(n+2))^n}} = \lim_{n\to\infty} \frac{1}{\ln(n+2)} = 0 < 1.$$

Voir les exercices **29** à **64**, **67** à **72** et **77** à **79**.

Exercices 4.3

Test de l'intégrale

Utilisez le test de l'intégrale pour déterminer la convergence ou la divergence des séries suivantes.

1. $\displaystyle\sum_{n=1}^{\infty} \frac{5}{n+1}$

2. $\displaystyle\sum_{n=1}^{\infty} \frac{1}{2n-1}$

3. $\displaystyle\sum_{n=2}^{\infty} \frac{\ln n}{n}$

4. $\displaystyle\sum_{n=2}^{\infty} \frac{\ln n}{\sqrt{n}}$

5. $\displaystyle\sum_{n=1}^{\infty} \frac{e^n}{1+e^{2n}}$

6. $\displaystyle\sum_{n=1}^{\infty} \frac{1}{\sqrt{n}\left(\sqrt{n}+1\right)}$

7. $\displaystyle\sum_{n=3}^{\infty} \frac{(1/n)}{(\ln n)\sqrt{\ln^2 n - 1}}$

8. $\displaystyle\sum_{n=1}^{\infty} \frac{1}{n(1+\ln^2 n)}$

Test de comparaison directe

Utilisez le test de comparaison directe pour déterminer la convergence ou la divergence des séries suivantes.

9. $\sum_{n=1}^{\infty} \frac{1}{2\sqrt{n} + \sqrt[3]{n}}$

10. $\sum_{n=1}^{\infty} \frac{3}{n + \sqrt{n}}$

11. $\sum_{n=1}^{\infty} \frac{\sin^2 n}{2^n}$

12. $\sum_{n=1}^{\infty} \frac{1 + \cos n}{n^2}$

13. $\sum_{n=1}^{\infty} \left(\frac{n}{3n+1}\right)^n$

14. $\sum_{n=3}^{\infty} \frac{1}{\ln(\ln n)}$

Test de comparaison par une limite

Utilisez le test de comparaison par une limite pour déterminer la convergence ou la divergence des séries suivantes.

15. $\sum_{n=2}^{\infty} \frac{1}{(\ln n)^2}$

16. $\sum_{n=1}^{\infty} \frac{(\ln n)^2}{n^3}$

17. $\sum_{n=1}^{\infty} \frac{(\ln n)^3}{n^3}$

18. $\sum_{n=2}^{\infty} \frac{1}{\sqrt{n} \ln n}$

19. $\sum_{n=1}^{\infty} \frac{(\ln n)^2}{n^{3/2}}$

20. $\sum_{n=1}^{\infty} \frac{1}{1 + \ln n}$

Test du rapport

Utilisez le test du rapport pour déterminer la convergence ou la divergence des séries suivantes.

21. $\sum_{n=1}^{\infty} \frac{n^{\sqrt{2}}}{2^n}$

22. $\sum_{n=1}^{\infty} n^2 e^{-n}$

23. $\sum_{n=1}^{\infty} n! e^{-n}$

24. $\sum_{n=1}^{\infty} \frac{n!}{10^n}$

25. $\sum_{n=1}^{\infty} \frac{n^{10}}{10^n}$

26. $\sum_{n=1}^{\infty} \frac{n \ln n}{2^n}$

27. $\sum_{n=1}^{\infty} \frac{(n+1)(n+2)}{n!}$

28. $\sum_{n=1}^{\infty} e^{-n}(n^3)$

Test de la racine n^e

Utilisez le test de la racine n^e pour déterminer la convergence ou la divergence des séries suivantes.

29. $\sum_{n=1}^{\infty} \frac{(\ln n)^n}{n^n}$

30. $\sum_{n=1}^{\infty} \left(\frac{1}{n} - \frac{1}{n^2}\right)^n$

31. $\sum_{n=2}^{\infty} \frac{n}{(\ln n)^n}$

32. $\sum_{n=2}^{\infty} \frac{n}{(\ln n)^{(n/2)}}$

33. $\sum_{n=1}^{\infty} \frac{(n!)^n}{(n^n)^2}$

34. $\sum_{n=1}^{\infty} \frac{n^n}{(2^n)^2}$

Déterminer la convergence ou la divergence

Parmi les séries suivantes, déterminez celles qui divergent et celles qui convergent. Justifiez vos réponses. En vérifiant vos réponses, rappelez-vous qu'il existe plus d'une façon de tester la convergence ou la divergence.

35. $\sum_{n=1}^{\infty} e^{-n}$

36. $\sum_{n=1}^{\infty} \frac{n}{n+1}$

37. $\sum_{n=1}^{\infty} \frac{3}{\sqrt{n}}$

38. $\sum_{n=1}^{\infty} \frac{-2}{n\sqrt{n}}$

39. $\sum_{n=1}^{\infty} \frac{1}{(1 + \ln n)^2}$

40. $\sum_{n=2}^{\infty} \frac{\ln(n+1)}{n+1}$

41. $\sum_{n=2}^{\infty} \frac{1}{n\sqrt{n^2 - 1}}$

42. $\sum_{n=1}^{\infty} \left(\frac{n-2}{n}\right)^n$

43. $\sum_{n=1}^{\infty} \frac{(n+3)!}{3!n!3^n}$

44. $\sum_{n=1}^{\infty} \frac{n2^n(n+1)!}{3^n n!}$

45. $\sum_{n=1}^{\infty} \frac{n!}{(2n+1)!}$

46. $\sum_{n=1}^{\infty} \frac{n!}{n^n}$

47. $\sum_{n=1}^{\infty} \frac{8 \arctan n}{1 + n^2}$

48. $\sum_{n=1}^{\infty} \frac{n}{n^2 + 1}$

49. $\sum_{n=1}^{\infty} \frac{2 + (-1)^n}{1{,}25^n}$

50. $\sum_{n=1}^{\infty} \left(1 - \frac{1}{3n}\right)^n$

51. $\sum_{n=1}^{\infty} \frac{\ln n}{n^3}$

52. $\sum_{n=1}^{\infty} \frac{\ln n}{n}$

53. $\sum_{n=1}^{\infty} \frac{10n + 1}{n(n+1)(n+2)}$

54. $\sum_{n=3}^{\infty} \frac{5n^3 - 3n}{n^2(n-2)(n^2+5)}$

55. $\sum_{n=1}^{\infty} \frac{\arctan n}{n^{1,1}}$

56. $\sum_{n=1}^{\infty} \frac{\operatorname{arc\,sec} n}{n^{1,3}}$

57. $\sum_{n=1}^{\infty} n \sin \frac{1}{n}$

58. $\sum_{n=1}^{\infty} \frac{2}{1 + e^n}$

Termes définis par une formule récursive

Parmi les séries $\sum_{n=1}^{\infty} a_n$ définies par les formules des exercices **59** à **64**, déterminez celles qui convergent et celles qui divergent. Justifiez vos réponses.

59. $a_1 = 2,\ a_{n+1} = \frac{1 + \sin n}{n} a_n$

60. $a_1 = 1,\ a_{n+1} = \frac{1 + \arctan n}{n} a_n$

61. $a_1 = \frac{1}{3},\ a_{n+1} = \frac{3n - 1}{2n + 5} a_n$

62. $a_1 = 3,\ a_{n+1} = \frac{n}{n+1} a_n$

63. $a_1 = \frac{1}{3},\ a_{n+1} = \sqrt[n]{a_n}$

64. $a_1 = \frac{1}{2},\ a_{n+1} = (a_n)^{n+1}$

Théorie et exemples

65. Démontrez **a)** le 2e cas et **b)** le 3e cas du test de comparaison par une limite.

66. Déterminez si les séries suivantes convergent ou divergent. Justifiez vos réponses.

a) $\dfrac{1+2\ln 2}{9}+\dfrac{1+3\ln 3}{14}+\dfrac{1+4\ln 4}{21}+\cdots=\sum_{n=2}^{\infty}\dfrac{1+n\ln n}{n^2+5}$

b) $\dfrac{\ln 1}{1}+\dfrac{\ln 2}{8}+\dfrac{\ln 3}{27}+\cdots=\sum_{n=1}^{\infty}\dfrac{\ln n}{n^3}$

67. Démontrez la validité du test de la racine n^{e}.

68. Si $\sum_{n=1}^{\infty} a_n$ est une série convergente à termes non négatifs, que pouvez-vous conclure au sujet de $\sum_{n=1}^{\infty}(a_n/n)$? Expliquez.

69. Soit $a_n > 0$ et $b_n > 0$ pour $n \geq N$, où N est un entier positif. Si $\lim_{n\to\infty}(a_n/b_n)=\infty$ et $\sum a_n$ converge, que pouvez-vous conclure au sujet de $\sum b_n$? Justifiez votre réponse.

70. Élever les termes au carré. Prouvez que si $\sum a_n$ est une série convergente à termes non négatifs, alors $\sum a_n^2$ converge.

Pour quelles valeurs de a les séries suivantes des exercices **71** et **72** convergent-elles ?

71. $\sum_{n=1}^{\infty}\left(\dfrac{a}{n+2}-\dfrac{1}{n+4}\right)$ **72.** $\sum_{n=3}^{\infty}\left(\dfrac{1}{n-1}-\dfrac{2a}{n+1}\right)$

73. Test de condensation de Cauchy. (voir biographie, page 377) Soit $\{a_n\}$ une suite non croissante (c'est-à-dire $a_n \geq a_{n+1}$, pour tout n) de termes positifs qui converge vers 0. Alors, $\sum a_n$ converge si et seulement si $\sum 2^n a_{2^n}$ converge. Par exemple, $\sum(1/n)$ diverge parce que $\sum 2^n\cdot(1/2^n)=\sum 1$ diverge. Montrez pourquoi ce test fonctionne.

74. Utilisez le test de Cauchy présenté à l'exercice **73** pour montrer que

a) $\sum_{n=2}^{\infty}\dfrac{1}{n\ln n}$ diverge ;

b) $\sum_{n=1}^{\infty}\dfrac{1}{n^p}$ converge si $p>1$ et diverge si $p\leq 1$.

75. Séries-*p* logarithmiques.

a) Montrez que

$$\int_2^{\infty}\frac{dx}{x(\ln x)^p},\ \text{où } p \text{ est une constante positive,}$$

converge si et seulement si $p>1$.

b) Quelles sont les conséquences du résultat précédent sur la convergence de la série suivante ?

$$\sum_{n=2}^{\infty}\frac{1}{n(\ln n)^p}$$

Justifiez votre réponse.

76. Suite de l'exercice **75**

Utilisez le résultat précédent pour déterminer quelles sont les séries convergentes et les séries divergentes parmi les séries suivantes. Justifiez vos réponses.

a) $\sum_{n=2}^{\infty}\dfrac{1}{n(\ln n)}$ b) $\sum_{n=2}^{\infty}\dfrac{1}{n(\ln n)^{1{,}01}}$

c) $\sum_{n=2}^{\infty}\dfrac{1}{n\ln(n^3)}$ d) $\sum_{n=2}^{\infty}\dfrac{1}{n(\ln n)^3}$

77. Une autre série-*p* logarithmique. Montrez que ni le test du rapport ni le test de la racine n^{e} ne fournissent d'indications à propos de la convergence de

$$\sum_{n=2}^{\infty}\frac{1}{(\ln n)^p},\ \text{où } p \text{ est un nombre réel.}$$

78. Soit

$$a_n=\begin{cases} n/2^n, & \text{si } n \text{ est un nombre premier}\\ 1/2^n, & \text{si } n \text{ n'est pas un nombre premier.}\end{cases}$$

Est-ce que $\sum a_n$ converge ? Justifiez votre réponse.

79. Séries-*p*. Ni le test du rapport ni le test de la racine n^{e} ne fonctionnent avec une série-*p*. Essayez ces tests avec la série

$$\sum_{n=1}^{\infty}\frac{1}{n^p}$$

et montrez que ceux-ci ne permettent pas de conclure à propos de la convergence de cette série.

EXPLORATIONS À L'ORDINATEUR

Un mystère non encore éclairci

80. Il n'a pas encore été établi si la série

$$\sum_{n=1}^{\infty}\frac{1}{n^3\sin^2 n}$$

converge ou diverge. Utilisez un logiciel de calcul symbolique pour explorer le comportement de cette série en respectant les étapes suivantes.

a) Définissez la suite des sommes partielles

$$s_k=\sum_{n=1}^{k}\frac{1}{n^3\sin^2 n}.$$

Que se passe-t-il lorsque vous essayez de calculer la limite de s_k pour $k\to\infty$? Le logiciel retourne-t-il une formule fermée pour cette limite ?

b) Tracez les 100 premiers points (k, s_k) de la suite des sommes partielles. Observez-vous une convergence apparente ? D'après ce que vous voyez, essayez d'estimer la limite de $\{s_k\}$.

c) Tracez les 200 premiers points (k, s_k) et discutez du comportement de la suite.

d) Tracez les 400 premiers points (k, s_k). Que se passe-t-il lorsque $k=355$? Calculez le nombre $355/113$. À partir de ce calcul, expliquez ce qui s'est passé à $k=355$. À votre avis, pour quelles valeurs de k le comportement observé à 355 peut-il se reproduire ?

Vous trouverez une discussion intéressante sur cette série dans le chapitre 72 de *Mazes for the Mind* de Clifford A. Pickover, New York, St. Martin's Press, 1992.

4.4 Séries alternées, convergences absolue et conditionnelle

Les tests de convergence que nous avons déjà étudiés s'appliquent uniquement à des séries à termes non négatifs. Dans la présente section, nous traiterons les séries comportant des termes négatifs, dont les séries alternées constituent un exemple important. Nous verrons quelles séries convergentes peuvent être réarrangées sans que leur somme en soit affectée.

4.4.1 Séries alternées

Une série dont les termes sont alternativement positifs et négatifs se nomme **série alternée**. En voici trois exemples.

$$1 - \frac{1}{2} + \frac{1}{3} - \frac{1}{4} + \frac{1}{5} - \cdots + \frac{(-1)^{n+1}}{n} + \cdots \tag{1}$$

$$-2 + 1 - \frac{1}{2} + \frac{1}{4} - \frac{1}{8} + \cdots + \frac{(-1)^n 4}{2^n} + \cdots \tag{2}$$

$$1 - 2 + 3 - 4 + 5 - 6 + \cdots + (-1)^{n+1} n + \cdots \tag{3}$$

La série (1) est la **série harmonique alternée**. Elle converge, comme nous le verrons sous peu.

La série (2) est une série géométrique avec $a = -2$ et $r = -1/2$; elle converge vers $-2/(1+1/2) = -4/3$. La série (3) diverge selon le test du n^e terme pour la divergence.

Nous établirons la convergence de la série harmonique alternée en appliquant le test suivant, conçu par Leibniz (voir biographie, page 21).

THÉORÈME 4.4.1 Test des séries alternées (théorème de Leibniz)

La série

$$\sum_{n=1}^{n} (-1)^{n+1} u_n = u_1 - u_2 + u_3 - u_4 + \cdots$$

converge si les trois conditions suivantes sont satisfaites.

1. Les u_n sont tous positifs.
2. $u_n \geq u_{n+1}$ pour tout $n \geq N$, où N est un entier positif.
3. $u_n \to 0$.

Nous étudierons la preuve du théorème 4.4.1 après l'exemple 2. Cependant, voyons tout de suite une interprétation graphique de ce théorème en examinant le comportement des sommes partielles.

La construction de la figure 4.4.1 indique la façon dont une série alternée converge vers sa limite L lorsqu'elle satisfait aux conditions du théorème 4.4.1. En partant de l'origine O, on représente d'abord la distance positive $s_1 = u_1$ à l'aide d'un segment rectiligne dirigé vers la droite. Pour représenter le point correspondant à $s_2 = u_1 - u_2$, on recule vers la gauche d'une distance égale à u_2 ; étant donné que $u_2 \leq u_1$, il est impossible que ce pas vers la gauche dépasse O. Maintenant, on repart vers la droite d'une distance u_3 et le point obtenu correspond à $s_3 = u_1 - u_2 + u_3$; étant donné que $u_3 \leq u_2$, ce pas vers la droite ne peut pas être plus grand que le pas précédent vers la gauche et c'est pourquoi $s_3 \leq s_1$. On continue ce mouvement de va-et-vient indéfiniment, un pas à droite, un pas à gauche, en accord avec l'alternance des signes. Puisque $u_{n+1} \leq u_n$, chaque pas est de longueur inférieure ou égale au pas précédent. Les sommes partielles franchissent donc continuellement la limite L à gauche puis à droite en alternance, en se rapprochant graduellement de celle-ci à chaque étape. En d'autres mots, on engendre un mouvement oscillatoire autour de la limite L et, puisque $u_n \to 0$, l'amplitude des oscillations tend vers 0. Les sommes partielles de rangs pairs $s_2, s_4, s_6, \ldots, s_{2m}, \ldots$ forment une suite croissante qui tend vers L, alors que les sommes partielles de rangs impairs $s_1, s_3, s_5, \ldots, s_{2m+1}, \ldots$ forment une suite décroissante qui tend vers L.

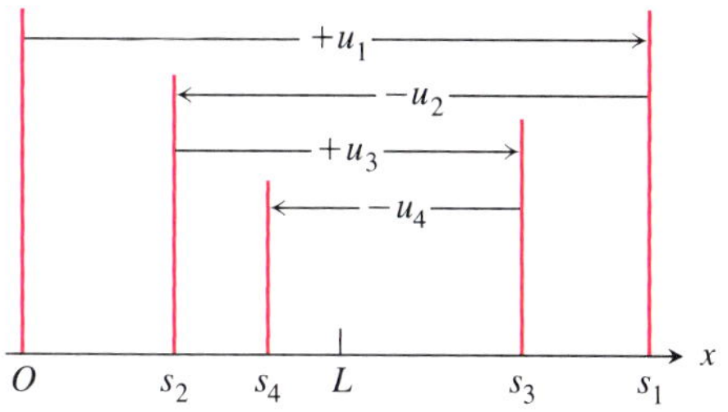

Figure 4.4.1 Les sommes partielles d'une série alternée qui satisfont aux hypothèses du théorème 4.4.1 pour $N = 1$ encadrent la limite L en se resserrant progressivement autour d'elle.

Si la série est interrompue à la n^e somme partielle s_n, nous savons que le terme suivant ($\pm u_{n+1}$) aura pour effet de faire dépasser la limite L vers la droite ou la gauche selon le signe de u_{n+1}. Donc, la limite L se situe entre deux sommes partielles successives s_n et s_{n+1}, et elle diffère de s_n en valeur absolue d'une valeur inférieure à u_{n+1}. Symboliquement,

$$|L - s_n| < u_{n+1}.$$

Cette indication fournit une borne convenable pour l'erreur due à la troncature présentée au théorème 4.4.2.

THÉORÈME 4.4.2 Théorème de l'estimation des séries alternées

Si la série alternée $\sum (-1)^{n+1} u_n$ satisfait aux trois conditions du théorème 4.4.1, alors la n^e somme partielle

$$s_n = u_1 - u_2 + \cdots + (-1)^{n+1}\, u_n$$

se rapproche de la somme L de la série avec une **erreur due à la troncature** inférieure en valeur absolue à u_{n+1}. De plus, cette erreur ($L - s_n$) est affectée du même signe que u_{n+1}.

Le mode de détermination du signe de l'erreur est présenté à l'exercice **51**.

Voir les exercices **51** et **60**.

EXEMPLE 1 La série harmonique alternée

Démontrez que la série harmonique alternée converge, mais que la série correspondante des valeurs absolues ne converge pas. Trouvez une borne pour l'erreur due à la troncature après 99 termes.

À propos de la borne de l'erreur

Le théorème 4.4.2 (voir page 303) ne donne pas une formule pour l'erreur due à la troncature, mais plutôt une borne pour cette erreur. Dans les faits, la valeur exacte de l'erreur est souvent nettement inférieure à cette borne. Par exemple, la somme partielle des 99 premiers termes de la série harmonique alternée est environ 0,6981721793, alors que la somme exacte de cette série est $\ln 2 \approx 0{,}6931471806$. L'erreur due à la troncature est donc très proche de 0,005 ($\approx 0{,}6981721793 - \ln 2$), soit à peu près la moitié de l'estimation 0,01 basée sur le théorème 4.4.2 (voir page 303).

Solution

Les termes sont de signes alternés et ils décroissent en valeur absolue dès le départ :

$$1 > \frac{1}{2} > \frac{1}{3} > \cdots.$$

De plus,

$$\frac{1}{n} \to 0.$$

D'après le théorème 4.4.1 des séries alternées (voir page 302),

$$\sum_{n=1}^{\infty} \frac{(-1)^{n+1}}{n} = 1 - \frac{1}{2} + \frac{1}{3} - \frac{1}{4} + \cdots$$

converge.

Par ailleurs, la série des valeurs absolues de $(-1)^{n+1}/n$ est tout simplement la série harmonique $\sum_{n=1}^{\infty} (1/n)$ qui diverge.

Le théorème 4.4.2 de l'estimation des séries alternées (voir page 303) nous assure que l'erreur due à la troncature après 99 termes sera inférieure à $|u_{99+1}| = 1/(99+1) = 1/100 = 0{,}01$.

Voir les exercices **1** à **10**, **49** et **50**.

EXEMPLE 2 Appliquer le théorème de l'estimation des séries alternées

Soit la série géométrique convergente

$$\sum_{n=0}^{\infty} (-1)^n \frac{1}{2^n} = 1 - \frac{1}{2} + \frac{1}{4} - \frac{1}{8} + \frac{1}{16} - \frac{1}{32} + \frac{1}{64} - \frac{1}{128} + \frac{1}{256} - \cdots.$$

En appliquant le théorème 4.4.2 (voir page 303), calculez l'estimation de l'erreur due à la troncature après le 8e terme. Compte tenu du fait qu'il est possible de trouver la somme exacte de la série, comparez votre estimation de l'erreur à sa valeur exacte.

Solution

D'après le théorème 4.4.2 (voir page 303), si la série est tronquée après le 8e terme, l'erreur due à cette troncature est positive et inférieure à $1/256$. Par ailleurs, la somme de la série est

$$\frac{1}{1-(-1/2)} = \frac{1}{3/2} = \frac{2}{3}.$$

La somme des 8 premiers termes est 0,6640625. L'erreur exacte est donc égale à la différence $(2/3) - 0{,}6640625 = 0{,}0026041\overline{6}$. Nous constatons que cette erreur est positive et qu'elle est bien inférieure à $(1/256) = 0{,}00390625$.

Voir les exercices **43** à **48**

Preuve du théorème 4.4.1 Si n est un entier pair, c'est-à-dire si $n = 2m$ pour un entier m quelconque, alors la somme des n premiers termes est

$$\begin{aligned} s_{2m} &= (u_1 - u_2) + (u_3 - u_4) + \ldots + (u_{2m-1} - u_{2m}) \\ &= u_1 - (u_2 - u_3) - (u_4 - u_5) - \ldots - (u_{2m-2} - u_{2m-1}) - u_{2m}. \end{aligned}$$

La première égalité implique que s_{2m} représente la somme de m termes non négatifs, car chaque terme entre parenthèses est positif ou nul. Donc, $s_{2m+2} \geq s_{2m}$ et la suite $\{s_{2m}\}$ des sommes partielles de rang pair est non décroissante. La seconde égalité implique que $s_{2m} \leq u_1$. Selon le théorème des suites monotones (voir théorème 4.1.5, page 269), étant donné que $\{s_{2m}\}$ est non décroissante et bornée supérieurement (par u_1), elle possède une limite, soit

$$\lim_{m\to\infty} s_{2m} = L. \tag{4}$$

Pour l'instant, nous avons seulement démontré que la sous-suite des sommes partielles de rang pair convergeait vers une limite L. Établissons maintenant que la suite complète des sommes partielles $\{s_n\}$ converge également vers L, en d'autres mots que la série $\sum (-1)^{n+1} u_n$ converge vers L. Si n est un entier impair, c'est-à-dire si $n = 2m + 1$ pour un entier m quelconque, alors la somme partielle s_n des n premiers termes est égale à

$$s_{2m+1} = s_{2m} + u_{2m+1}.$$

Puisque $u_n \to 0$ quand $n \to \infty$, nous avons

$$\lim_{m\to\infty} u_{2m+1} = 0$$

et

$$\lim_{m\to\infty} s_{2m+1} = \lim_{m\to\infty} (s_{2m} + u_{2m+1}) = L + 0 = L. \tag{5}$$

En combinant les équations (4) et (5), nous obtenons $\lim_{n\to\infty} s_n = L$. Ce dernier raisonnement se justifie par le résultat suivant à propos des sous-suites : soit la suite $\{a_n\}$ dont les termes de rangs pairs sont notés a_{2k} et les termes de rangs impairs a_{2k+1}. Si $a_{2k} \to L$ et $a_{2k+1} \to L$, alors $a_n \to L$ (voir section 4.1, exercice **86**). ■

4.4.2 Convergences absolue et conditionnelle

DÉFINITION 4.4.1 Convergence absolue

Une série $\sum a_n$ **converge absolument** si la série correspondante des valeurs absolues, $\sum |a_n|$, converge. (Dans ce cas, nous disons aussi que $\sum a_n$ est **absolument convergente**.)

La série géométrique

$$1 - \frac{1}{2} + \frac{1}{4} - \frac{1}{8} + \cdots$$

converge absolument, car la série correspondante des valeurs absolues

$$1 + \frac{1}{2} + \frac{1}{4} + \frac{1}{8} + \cdots$$

converge. Par contre, la série harmonique alternée (voir exemple 1, page 303) ne converge pas absolument ; en effet, la série correspondante des valeurs absolues est la série harmonique, qui diverge.

DÉFINITION 4.4.2 Convergence conditionnelle

Une série **converge conditionnellement** si elle est convergente sans être absolument convergente. (Dans ce cas, nous disons aussi que la série est **conditionnellement convergente**.)

Selon cette définition, nous convenons désormais que la série harmonique alternée converge conditionnellement.

EXEMPLE 3 Convergences absolue et conditionnelle

Pour chacune des séries suivantes, déterminez si elle est absolument convergente, conditionnellement convergente ou divergente. Justifiez vos réponses.

a) $\sum_{n=1}^{\infty} (-1)^{n+1} \frac{1}{\sqrt{n}} = 1 - \frac{1}{\sqrt{2}} + \frac{1}{\sqrt{3}} - \frac{1}{\sqrt{4}} + \cdots$

b) $\sum_{n=2}^{\infty} (-1)^{n} \left(1 - \frac{1}{n}\right)^{n} = \left(\frac{1}{2}\right)^{2} - \left(\frac{2}{3}\right)^{3} + \left(\frac{3}{4}\right)^{4} - \cdots$

c) $\sum_{n=1}^{\infty} (-1)^{n(n+1)/2} \frac{1}{2^n} = -\frac{1}{2} - \frac{1}{4} + \frac{1}{8} + \frac{1}{16} - \cdots$

Solution

a) La série converge selon le test des séries alternées puisque $(1/\sqrt{n}) > (1/\sqrt{n+1})$ et, pour $n \to \infty$, $(1/\sqrt{n}) \to 0$. La série $\sum_{n=1}^{\infty} (1/\sqrt{n})$ des valeurs absolues diverge car cette série est une série-p, où $p = (1/2) < 1$. Dès lors, la série est conditionnellement convergente.

b) La série diverge d'après le test du n^{e} terme pour la divergence, car $\lim_{n\to\infty} (1 - (1/n))^{n} = e^{-1} \neq 0$ (voir table 4.1.1, formule **5**, page 266).

c) Cette série n'est pas une série alternée. Cependant,

$$\sum_{n=1}^{\infty} \left| (-1)^{n(n+1)/2} \frac{1}{2^n} \right| = \sum_{n=1}^{\infty} \frac{1}{2^n}$$

est une série géométrique convergente et nous en déduisons que la série donnée est absolument convergente.

La convergence absolue est importante pour deux raisons. Premièrement, nous disposons de bons tests pour les séries à termes positifs. Deuxièmement, si une série converge absolument, alors la série converge. C'est l'essence du théorème 4.4.3.

THÉORÈME 4.4.3 Test de convergence absolue

Si $\sum_{n=1}^{\infty} |a_n|$ converge, alors $\sum_{n=1}^{\infty} a_n$ converge.

Preuve du théorème 4.4.3 Pour tout n,

$$-|a_n| \leq a_n \leq |a_n|, \text{ donc } 0 \leq a_n + |a_n| \leq 2|a_n|.$$

Si $\sum_{n=1}^{\infty} |a_n|$ converge, alors $\sum_{n=1}^{\infty} 2|a_n|$ converge aussi et, selon le test de comparaison directe, la série non négative $\sum_{n=1}^{\infty} (a_n + |a_n|)$ converge. L'égalité $a_n = (a_n + |a_n|) - |a_n|$ permet d'exprimer $\sum_{n=1}^{\infty} a_n$ comme la différence de deux séries convergentes :

Nous pouvons reformuler le théorème 4.4.3 en disant que toute série absolument convergente converge. Cependant, la réciproque est fausse : plusieurs séries convergentes ne sont pas absolument convergentes.

$$\sum_{n=1}^{\infty} a_n = \sum_{n=1}^{\infty} \left(a_n + |a_n| - |a_n|\right) = \sum_{n=1}^{\infty} \left(a_n + |a_n|\right) - \sum_{n=1}^{\infty} |a_n|.$$

Par conséquent, $\sum_{n=1}^{\infty} a_n$ converge. ■

EXEMPLE 4 Appliquer le test de convergence absolue

Soit la série

$$\sum_{n=1}^{\infty} (-1)^{n+1}\frac{1}{n^2} = 1 - \frac{1}{4} + \frac{1}{9} - \frac{1}{16} + \cdots.$$

La série correspondante des valeurs absolues est la série convergente

$$\sum_{n=1}^{\infty} \frac{1}{n^2} = 1 + \frac{1}{4} + \frac{1}{9} + \frac{1}{16} + \cdots.$$

La série alternée initiale converge car elle est absolument convergente.

EXEMPLE 5 Appliquer le test de convergence absolue

Soit la série

$$\sum_{n=1}^{\infty} \frac{\sin n}{n^2} = \frac{\sin 1}{1} + \frac{\sin 2}{4} + \frac{\sin 3}{9} + \cdots.$$

La série correspondante des valeurs absolues est

$$\sum_{n=1}^{\infty} \left|\frac{\sin n}{n^2}\right| = \frac{|\sin 1|}{1} + \frac{|\sin 2|}{4} + \cdots,$$

qui converge par comparaison avec $\sum_{n=1}^{\infty} (1/n^2)$ car $|\sin n| \leq 1$ pour tout n. La série initiale converge car elle est absolument convergente.

EXEMPLE 6 Séries-*p* alternées

Si p est un nombre réel positif, la suite $\{1/n^p\}$ est une suite décroissante dont la limite est 0. Par conséquent, la série-p alternée

$$\sum_{n=1}^{\infty} \frac{(-1)^{n-1}}{n^p} = 1 - \frac{1}{2^p} + \frac{1}{3^p} - \frac{1}{4^p} + \cdots, \text{ où } p > 0,$$

converge.

Si $p > 1$, la série converge absolument. Si $0 < p \leq 1$, la série converge conditionnellement. Par exemple,

convergence conditionnelle : $1 - \frac{1}{\sqrt{2}} + \frac{1}{\sqrt{3}} - \frac{1}{\sqrt{4}} + \cdots;$

convergence absolue : $1 - \frac{1}{2^{3/2}} + \frac{1}{3^{3/2}} - \frac{1}{4^{3/2}} + \cdots.$

Voir les exercices **11** à **42** et **52** à **56**.

4.4.3 Réarrangement des termes d'une série

THÉORÈME 4.4.4 Théorème du réarrangement pour les séries absolument convergentes

Si une série $\sum_{n=1}^{\infty} a_n$ converge absolument et si $b_1, b_2, \ldots, b_n, \ldots$ est un réarrangement (permutation des termes) quelconque de la suite $\{a_n\}$, alors $\sum_{n=1}^{\infty} b_n$ converge absolument et

$$\sum_{n=1}^{\infty} b_n = \sum_{n=1}^{\infty} a_n.$$

La preuve de ce théorème est du niveau d'un cours de calcul avancé.

EXEMPLE 7 Appliquer le théorème du réarrangement

Comme nous l'avons vu à l'exemple 4 (voir page 307), la série

$$1 - \frac{1}{4} + \frac{1}{9} - \frac{1}{16} + \cdots + (-1)^{n-1}\frac{1}{n^2} + \cdots$$

converge absolument. Il est possible de réarranger des termes de la série de la façon suivante : on commence la série avec un terme positif suivi de deux termes négatifs, suivis de trois termes positifs, suivis de quatre termes négatifs, et ainsi de suite ; après k termes de même signe, on trouvera toujours $k + 1$ termes de signe opposé. Les 10 premiers termes d'une telle série seraient donc

$$1 - \frac{1}{4} - \frac{1}{16} + \frac{1}{9} + \frac{1}{25} + \frac{1}{49} - \frac{1}{36} - \frac{1}{64} - \frac{1}{100} - \frac{1}{144} + \cdots.$$

Le théorème du réarrangement permet d'affirmer que les deux séries convergent vers la même valeur. Dans cet exemple, si nous avions d'abord rencontré la seconde série, nous aurions préféré l'exprimer dans sa première formulation. En fait, nous disposons d'une meilleure solution : la somme de l'une ou l'autre des séries est égale à

$$\sum_{n=1}^{\infty} \frac{1}{(2n-1)^2} - \sum_{n=1}^{\infty} \frac{1}{(2n)^2}.$$

Voir l'exercice **59**.

Si nous réarrangeons une infinité de termes d'une série conditionnellement convergente, nous pouvons obtenir des résultats très différents de la somme initiale.

EXEMPLE 8 (difficile) Réarranger la série harmonique alternée

Rappelons que la série harmonique alternée

$$\frac{1}{1} - \frac{1}{2} + \frac{1}{3} - \frac{1}{4} + \frac{1}{5} - \frac{1}{6} + \frac{1}{7} - \frac{1}{8} + \frac{1}{9} - \frac{1}{10} + \frac{1}{11} - \cdots$$

est conditionnellement convergente et que sa somme est ln 2. Mais elle peut être réarrangée pour diverger ou pour converger vers n'importe quel nombre !

a) Réarranger $\sum_{n=1}^{\infty} (-1)^{n+1}/n$ pour que la série diverge. La série des termes de rangs impairs $\sum_{n=1}^{\infty} 1/(2n-1)$ diverge vers $+\infty$ et la série des termes de rangs pairs $\sum_{n=1}^{\infty} (-1/2n)$ diverge vers $-\infty$. Quel que soit le point de départ dans la série à indices impairs, il est toujours possible d'ajouter suffisamment de nombres positifs pour obtenir une somme aussi grande que souhaitée. Pareillement, dans la série à indices pairs, il est toujours possible d'ajouter suffisamment de nombres négatifs pour obtenir une somme négative aussi grande en valeur absolue que souhaitée. Voici comment réarranger la série pour la faire diverger : commençons en additionnant des termes d'indices impairs jusqu'à l'obtention d'une somme supérieure à $+3$; puis continuons avec des nombres négatifs consécutifs jusqu'à l'obtention d'une somme inférieure à -4 ; ensuite, additionnons suffisamment de nombres positifs consécutifs pour obtenir une somme supérieure à $+5$; puis continuons avec la suite des nombres négatifs encore inutilisés pour que la somme devienne inférieure à -6, et ainsi de suite. De cette façon, nous créons des oscillations de grandeur croissante et la série ainsi réarrangée est divergente.

b) Réarranger $\sum_{n=1}^{\infty} (-1)^{n+1}/n$ pour que la série converge vers 1. Une autre possibilité consiste à viser une limite particulière. Supposons, par exemple, que nous cherchions un arrangement pour faire converger la série vers le nombre 1. Commençons avec $1/1$, puis retranchons $1/2$; ensuite ajoutons $1/3$ et $1/5$, ce qui ramène le total au-dessus de 1. Continuons de la même façon : chaque fois que l'addition de termes négatifs consécutifs amène la somme partielle au-dessous de 1, nous ajoutons des termes positifs consécutifs pour que le total dépasse légèrement 1 ; puis nous retranchons suffisamment de termes pour que la somme redevienne légèrement inférieure à 1, et ainsi de suite indéfiniment. Les deux sous-suites $\{-1/2n\}$ et $\{1/(2n-1)\}$, formées respectivement par les termes de rangs pairs et par les termes de rangs impairs, tendent chacune vers 0 lorsque $n \to \infty$; par conséquent, les distances entre les sommes partielles paires et le nombre 1 ainsi que les distances entre les sommes partielles paires et le nombre 1 tendent chacune vers 0. La série ainsi réarrangée converge donc vers 1 et elle prend la forme suivante :

$$\frac{1}{1} - \frac{1}{2} + \frac{1}{3} + \frac{1}{5} - \frac{1}{4} + \frac{1}{7} + \frac{1}{9} - \frac{1}{6} + \frac{1}{11} + \frac{1}{13} - \frac{1}{8} + \frac{1}{15} + \frac{1}{17} - \frac{1}{10}$$
$$+ \frac{1}{19} + \frac{1}{21} - \frac{1}{12} + \frac{1}{23} + \frac{1}{25} - \frac{1}{14} + \frac{1}{27} - \frac{1}{16} + \cdots.$$

Voir les exercices **5** et **58**.

Le genre de comportement illustré à l'exemple 8 est typique de ce qui peut se produire avec toute série conditionnellement convergente. Conclusion : il faut toujours additionner les termes d'une série conditionnellement convergente dans l'ordre donné.

4.4.4 Stratégie pour déterminer la convergence de séries

L'organigramme suivant ordonne et résume les connaissances utiles pour déterminer la convergence ou la divergence d'une série infinie $\sum a_n$.

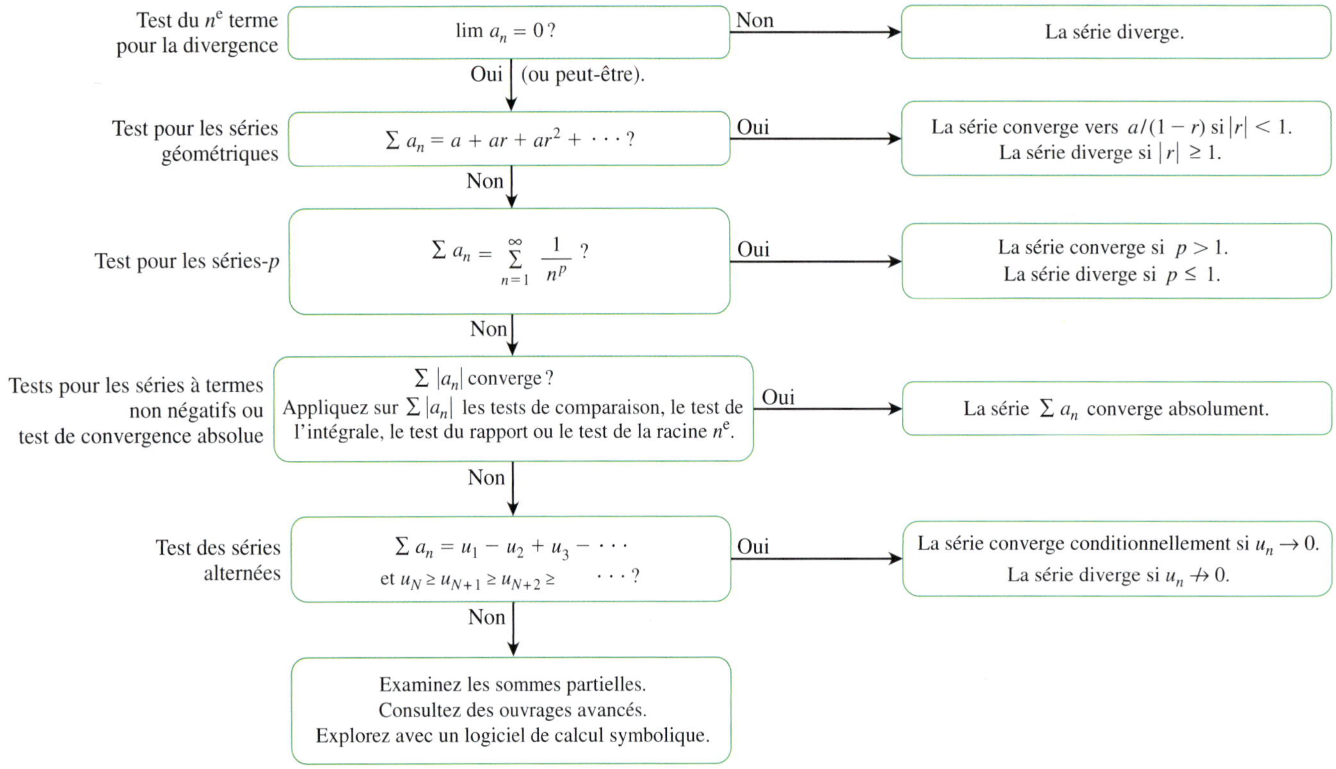

Figure 4.4.2 Stratégie pour déterminer la convergence de séries, présentée sous forme d'organigramme.

Exercices 4.4

Convergence ou divergence d'une série alternée

Parmi les séries alternées suivantes, lesquelles convergent et lesquelles divergent ? Justifiez vos réponses.

1. $\sum_{n=1}^{\infty} (-1)^{n+1} \frac{1}{n^2}$

2. $\sum_{n=1}^{\infty} (-1)^{n+1} \frac{1}{n^{3/2}}$

3. $\sum_{n=1}^{\infty} (-1)^{n+1} \left(\frac{n}{10}\right)^n$

4. $\sum_{n=1}^{\infty} (-1)^{n+1} \frac{10^n}{n^{10}}$

5. $\sum_{n=2}^{\infty} (-1)^{n+1} \frac{1}{\ln n}$

6. $\sum_{n=1}^{\infty} (-1)^{n+1} \frac{\ln n}{n}$

7. $\sum_{n=2}^{\infty} (-1)^{n+1} \frac{\ln n}{\ln n^2}$

8. $\sum_{n=1}^{\infty} (-1)^{n} \ln\left(1 + \frac{1}{n}\right)$

9. $\sum_{n=1}^{\infty} (-1)^{n+1} \frac{\sqrt{n} + 1}{n + 1}$

10. $\sum_{n=1}^{\infty} (-1)^{n+1} \frac{3\sqrt{n + 1}}{\sqrt{n} + 1}$

Convergence absolue ou conditionnelle

Parmi les séries suivantes, lesquelles convergent absolument, lesquelles convergent conditionnellement et lesquelles divergent ? Justifiez vos réponses.

11. $\sum_{n=1}^{\infty} (-1)^{n+1} (0{,}1)^n$

12. $\sum_{n=1}^{\infty} (-1)^{n+1} \frac{(0{,}1)^n}{n}$

13. $\sum_{n=1}^{\infty} (-1)^{n} \frac{1}{\sqrt{n + 1}}$

14. $\sum_{n=1}^{\infty} \frac{(-1)^n}{1 + \sqrt{n}}$

15. $\sum_{n=1}^{\infty} (-1)^{n+1} \frac{n}{n^3 + 1}$

16. $\sum_{n=1}^{\infty} (-1)^{n+1} \frac{n!}{2^n}$

17. $\sum_{n=1}^{\infty} (-1)^{n} \frac{1}{n + 3}$

18. $\sum_{n=1}^{\infty} (-1)^{n} \frac{\sin n}{n^2}$

19. $\sum_{n=1}^{\infty} (-1)^{n+1} \frac{3 + n}{5 + n}$

20. $\sum_{n=2}^{\infty} (-1)^{n} \frac{1}{\ln (n^3)}$

21. $\sum_{n=1}^{\infty} (-1)^{n+1} \frac{1+n}{n^2}$

22. $\sum_{n=1}^{\infty} \frac{(-2)^{n+1}}{n+5^n}$

23. $\sum_{n=1}^{\infty} (-1)^n n^2(2/3)^n$

24. $\sum_{n=1}^{\infty} (-1)^{n+1}\left(\sqrt[n]{10}\right)$

25. $\sum_{n=1}^{\infty} (-1)^n \frac{\arctan n}{n^2+1}$

26. $\sum_{n=2}^{\infty} (-1)^{n+1} \frac{1}{n \ln n}$

27. $\sum_{n=1}^{\infty} (-1)^n \frac{n}{n+1}$

28. $\sum_{n=1}^{\infty} (-1)^n \frac{\ln n}{n - \ln n}$

29. $\sum_{n=1}^{\infty} \frac{(-100)^n}{n!}$

30. $\sum_{n=1}^{\infty} (-5)^{-n}$

31. $\sum_{n=1}^{\infty} \frac{(-1)^{n-1}}{n^2+2n+1}$

32. $\sum_{n=2}^{\infty} (-1)^n \left(\frac{\ln n}{\ln n^2}\right)^n$

33. $\sum_{n=1}^{\infty} \frac{\cos n\pi}{n\sqrt{n}}$

34. $\sum_{n=1}^{\infty} \frac{\cos n\pi}{n}$

35. $\sum_{n=1}^{\infty} \frac{(-1)^n(n+1)^n}{(2n)^n}$

36. $\sum_{n=1}^{\infty} \frac{(-1)^{n+1}(n!)^2}{(2n)!}$

37. $\sum_{n=1}^{\infty} (-1)^n \frac{(2n)!}{2^n n!\, n}$

38. $\sum_{n=1}^{\infty} (-1)^n \frac{(n!)^2 3^n}{(2n+1)!}$

39. $\sum_{n=1}^{\infty} (-1)^n\left(\sqrt{n+1} - \sqrt{n}\right)$

40. $\sum_{n=1}^{\infty} (-1)^n\left(\sqrt{n^2+n} - n\right)$

41. $\sum_{n=1}^{\infty} (-1)^n\left(\sqrt{n+\sqrt{n}} - \sqrt{n}\right)$

42. $\sum_{n=1}^{\infty} \frac{(-1)^n}{\sqrt{n}+\sqrt{n+1}}$

Estimation de l'erreur

Aux exercices **43** à **46**, estimez la grandeur de l'erreur introduite en tronquant la série après les quatre premiers termes.

43. $\sum_{n=1}^{\infty} (-1)^{n+1} \frac{1}{n}$

On peut montrer que la somme infinie est ln 2

44. $\sum_{n=1}^{\infty} (-1)^{n+1} \frac{1}{10^n}$

45. $\sum_{n=1}^{\infty} (-1)^{n+1} \frac{(0{,}01)^n}{n}$

On verra à la section 4.5 que la somme infinie est ln (1,01)

46. $\frac{1}{1+t} = \sum_{n=0}^{\infty} (-1)^n t^n,\ 0 < t < 1$

Trouvez une approximation dont l'erreur en valeur absolue soit inférieure à 5×10^{-6} pour chacune des sommes suivantes.

47. $\sum_{n=0}^{\infty} (-1)^n \frac{1}{(2n)!}$

On verra à la section 4.6 que la somme est cos 1

48. $\sum_{n=0}^{\infty} (-1)^n \frac{1}{n!}$

On verra à la section 4.6 que la somme est e^{-1}

Théorie et exemples

49. **a)** La série

$$\frac{1}{3} - \frac{1}{2} + \frac{1}{9} - \frac{1}{4} + \frac{1}{27} - \frac{1}{8} + \cdots + \frac{1}{3^n} - \frac{1}{2^n} + \cdots$$

ne remplit pas une des conditions du théorème 4.4.1 (voir page 302). De quelle condition s'agit-il ?

b) Trouvez la somme de la série décrite en **a**).

50. La limite L d'une série alternée qui satisfait aux trois conditions du théorème 4.4.1 (voir page 302) est toujours située entre les valeurs de deux sommes partielles consécutives. Cela suggère de prendre la moyenne

$$\frac{s_n + s_{n+1}}{2} = s_n + \frac{1}{2}(-1)^{n+2}a_{n+1}$$

pour estimer L. Calculez

$$s_{20} + \frac{1}{2} \cdot \frac{1}{21}$$

pour obtenir une approximation de la somme de la série harmonique alternée. La valeur exacte de la somme est $\ln 2 \approx 0{,}6931$.

51. **Signe du reste d'une série alternée qui satisfait aux conditions du théorème 4.4.1.** Prouvez le théorème 4.4.2 (voir page 303), qui stipule que si une série alternée satisfait aux trois conditions du théorème 4.4.1 (voir page 302) et si l'on utilise une somme partielle comme approximation de la somme, alors le reste (la somme des termes non employés) est de même signe que celui du premier terme non utilisé. (Indication : Regroupez les termes non utilisés en paires consécutives.)

52. Montrez que la somme des $2n$ premiers termes de la série

$$1 - \frac{1}{2} + \frac{1}{2} - \frac{1}{3} + \frac{1}{3} - \frac{1}{4} + \frac{1}{4} - \frac{1}{5} + \frac{1}{5} - \frac{1}{6} + \cdots$$

est la même que la somme des n premiers termes de la série

$$\frac{1}{1 \cdot 2} + \frac{1}{2 \cdot 3} + \frac{1}{3 \cdot 4} + \frac{1}{4 \cdot 5} + \frac{1}{5 \cdot 6} + \cdots.$$

Est-ce que ces séries convergent ? Quelle est la somme des $2n + 1$ premiers termes de la première série ? Si les séries convergent, quelle en est leur somme ?

53. **Divergence.** Montrez que si $\sum_{n=1}^{\infty} a_n$ diverge, alors $\sum_{n=1}^{\infty} |a_n|$ diverge également.

54. Montrez que si $\sum_{n=1}^{\infty} a_n$ converge absolument, alors

$$\left|\sum_{n=1}^{\infty} a_n\right| \le \sum_{n=1}^{\infty} |a_n|.$$

55. **Règles de convergence absolue.** Montrez que si $\sum_{n=1}^{\infty} a_n$ et $\sum_{n=1}^{\infty} b_n$ sont toutes deux absolument convergentes, alors les séries suivantes le sont également.

a) $\sum_{n=1}^{\infty} (a_n + b_n)$

b) $\sum_{n=1}^{\infty} (a_n - b_n)$

c) $\sum_{n=1}^{\infty} ka_n$, où k est un nombre réel quelconque.

56. Produits des termes deux à deux. Montrez par un exemple que $\sum_{n=1}^{\infty} a_n b_n$ peut diverger même si $\sum_{n=1}^{\infty} a_n$ et $\sum_{n=1}^{\infty} b_n$ convergent toutes deux.

57. Réarrangement. Reprenez l'exemple 8 (voir page 308), mais supposez cette fois que le but soit de réarranger les termes pour obtenir une série qui converge vers $-1/2$. Commencez avec le premier terme négatif, $-1/2$. Lorsque la somme devient inférieure ou égale à $-1/2$, introduisez des termes positifs consécutifs jusqu'à parvenir à une nouvelle somme supérieure à $-1/2$. À ce moment, additionnez des termes négatifs jusqu'à l'obtention d'une somme encore une fois inférieure ou égale à $-1/2$. Continuez ce processus jusqu'à l'étape où les sommes partielles auront été au-dessus de la cible au moins trois fois et qu'une somme tombe sur la valeur de la cible ou en dessous de celle-ci. Si s_n est la somme des n premiers termes de votre nouvelle série, reportez les points (n, s_n) sur un graphique pour illustrer le comportement des sommes partielles.

58. Série harmonique alternée. Trouvez l'erreur dans le raisonnement suivant.

Multipliez par 2 les deux membres de l'équation

$$S = 1 - \frac{1}{2} + \frac{1}{3} - \frac{1}{4} + \frac{1}{5} - \frac{1}{6} + \frac{1}{7} - \frac{1}{8} + \frac{1}{9} - \frac{1}{10} + \frac{1}{11} - \frac{1}{12} + \cdots$$

pour obtenir

$$2S = 2 - 1 + \frac{2}{3} - \frac{1}{2} + \frac{2}{5} - \frac{1}{3} + \frac{2}{7} - \frac{1}{4} + \frac{2}{9} - \frac{1}{5} + \frac{2}{11} - \frac{1}{6} + \cdots.$$

Regroupez les termes de même dénominateur en suivant les flèches pour obtenir

$$2S = 1 - \frac{1}{2} + \frac{1}{3} - \frac{1}{4} + \frac{1}{5} - \frac{1}{6} + \cdots.$$

La série au membre de droite de l'équation est la série initiale. Dès lors, $2S = S$ et en divisant par S, vous obtenez un résultat surprenant : $2 = 1$!

Source : Stewart Galanor, « Riemann's Rearrangement Theorem », dans *Mathematics Teacher*, vol. 80, n° 8, 1987, p. 675-681.

59. Convergence absolue et « fermeture éclair ».

a) Montrez que si $\sum_{n=1}^{\infty} |a_n|$ converge et si

$$b_n = \begin{cases} a_n, & \text{si } a_n \geq 0 \\ 0, & \text{si } a_n < 0, \end{cases}$$

alors $\sum_{n=1}^{\infty} b_n$ converge.

b) Utilisez le résultat précédent pour montrer que si $\sum_{n=1}^{\infty} |a_n|$ converge et si

$$c_n = \begin{cases} 0, & \text{si } a_n \geq 0 \\ a_n, & \text{si } a_n < 0, \end{cases}$$

alors $\sum_{n=1}^{\infty} c_n$ converge.

En d'autres mots, si une série converge absolument, alors ses termes positifs forment une série convergente et il en est de même pour ses termes négatifs. De plus,

$$\sum_{n=1}^{\infty} a_n = \sum_{n=1}^{\infty} b_n + \sum_{n=1}^{\infty} c_n$$

car $b_n = \left(a_n + |a_n|\right)/2$ et $c_n = \left(a_n - |a_n|\right)/2$.

60. Tracez une figure semblable à la figure 4.4.1 (voir page 303) pour illustrer la convergence d'une série alternée lorsqu'elle satisfait aux conditions du théorème 4.4.1 (voir page 302) dans le cas où $N > 1$.

4.5 Séries entières

Si $|x| < 1$, alors la formule de la somme d'une série géométrique permet d'affirmer que

$$1 + x + x^2 + x^3 + \cdots + x^n + \cdots = \frac{1}{1-x}.$$

Examinons cette expression sous un autre angle. Le membre de droite représente une fonction dont le domaine est l'ensemble de tous les nombres réels $x \neq 1$. Le membre de gauche représente une fonction dont le domaine est l'intervalle de convergence, $|x| < 1$. L'équation se vérifie uniquement sur le domaine restreint pour lequel les deux membres de l'égalité sont définis. Sur ce domaine, la série représente la fonction $1/(1-x)$.

Dans la présente section et la suivante, nous étudierons des « polynômes infinis » de la forme $\sum_{n=0}^{\infty} x^n$ et nous apprendrons à représenter des fonctions particulières à l'aide de ces polynômes appelés *séries entières*. Presque toute fonction qui possède un nombre infini de dérivées successives peut se représenter par une série entière à condition que les valeurs de ses dérivées ne deviennent pas trop grandes. Par exemple, nous pouvons trouver des approximations d'une précision illimitée des valeurs de e^x, $\sin x$, $\cos x$, $\ln(1+x)$ ou $\operatorname{arc\,tan} x$ grâce à leurs représentations par des séries entières.

4.5.1 Séries entières et convergence

Les séries entières $\sum_{n=0}^{\infty} c_n x^n$ ressemblent à des polynômes en ce sens qu'elles sont des sommes de coefficients multipliés par des puissances de x. Comme les polynômes, les séries entières peuvent être additionnées, soustraites, multipliées, dérivées ou intégrées. Cependant, contrairement aux polynômes, les séries entières sont des sommes infinies qui peuvent être affectées par des problèmes de convergence pour des valeurs de x non adéquates. Tout comme une série infinie de nombres n'est pas une simple somme, une série entière n'est pas un simple polynôme.

Compromis sur la notation

Quand nous posons $x = 0$ dans l'expression

$$\sum_{n=0}^{\infty} c_n x^n = c_0 + c_1 x + c_2 x^2 + \cdots + c_n x^n + \cdots,$$

nous obtenons c_0 au membre de droite mais $c_0 \cdot 0^0$ au membre de gauche. Puisque 0^0 n'est pas un nombre, la notation contient une petite faille dont nous choisissons de ne pas tenir compte. La même situation se produit lorsque nous posons $x = a$ dans

$$\sum_{n=0}^{\infty} c_n (x - a)^n.$$

Dans les deux cas, nous adoptons la convention que l'expression doit être égale à c_0 ; comme ce résultat est mathématiquement vrai, il ne s'agit donc que d'un léger compromis sur la notation, non sur la rigueur mathématique elle-même.

DÉFINITION 4.5.1 Séries entières

Une **série entière** est une série de la forme

$$\sum_{n=0}^{\infty} c_n x^n = c_0 + c_1 x + c_2 x^2 + \cdots + c_n x^n + \cdots,$$

et une **série entière centrée en $x = a$** est une série de la forme

$$\sum_{n=0}^{\infty} c_n (x-a)^n = c_0 + c_1(x-a) + c_2(x-a)^2 + \cdots + c_n(x-a)^n + \cdots.$$

Dans les deux cas, les **coefficients** $c_0, c_1, c_2, \cdots, c_n, \cdots$ sont des constantes réelles. Les termes $c_n x^n$ et $c_n(x-a)^n$ sont respectivement les **n^e termes** de chaque série. Le nombre a est le **centre** de la seconde série entière.

Chaque fois qu'une valeur est attribuée à la variable x, les séries entières deviennent des séries de constantes dont il est possible de tester la convergence.

La première équation de la définition 4.5.1 est un cas particulier de la seconde équation où $a = 0$.

EXEMPLE 1 Séries géométriques

En posant la valeur 1 pour tous les coefficients de la série entière telle que définie en 4.5.1, nous obtenons la série géométrique

$$\sum_{n=0}^{\infty} x^n = 1 + x + x^2 + \cdots + x^n + \cdots.$$

L'ensemble des valeurs de x pour lesquelles cette série entière centrée en $x = 0$ converge vers $1/(1-x)$ est l'intervalle $]-1, 1[$, qui est également centré en $x = 0$ (figure 4.5.1). Il s'agit d'un comportement typique, comme nous le verrons sous peu.

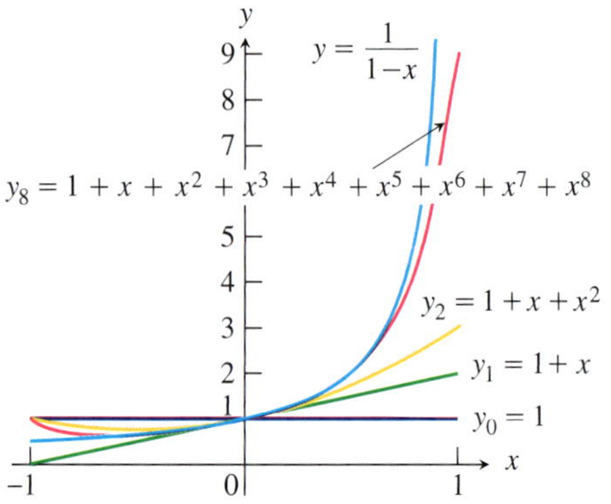

Figure 4.5.1 Graphes de $f(x) = 1/(1-x)$ et de quatre approximations polynomiales (exemple 1).

Jusqu'à présent, nous utilisions l'équation

$$\frac{1}{1-x} = 1 + x + x^2 + \cdots + x^n + \cdots, \text{ où } -1 < x < 1,$$

comme une formule donnant la somme de la série du membre de droite.

Changeons maintenant de point de vue : considérons les sommes partielles de la série comme une suite de polynômes $P_n(x)$ qui permettent d'évaluer approximativement la fonction du membre de gauche. Pour des valeurs de x au voisinage de 0, il suffit d'utiliser quelques termes de la série pour obtenir une approximation raisonnable. À mesure que x se rapproche de −1 ou de 1, il faut utiliser de plus en plus de termes. La figure 4.5.1 illustre le graphe de $f(x) = 1/(1-x)$ ainsi que ceux de quatre approximations polynomiales d'équations $y_n = P_n(x)$ pour $n = 0, 1, 2$ et 8.

EXEMPLE 2 Appliquer la définition

Déterminez la fonction représentée par la série entière

$$1 - \frac{1}{2}(x-3) + \frac{1}{4}(x-3)^2 - \cdots + \left(-\frac{1}{2}\right)^n (x-3)^n + \cdots.$$

Solution

La série entière est centrée en $a = 3$ et ses coefficients sont $c_0 = 1$, $c_1 = -1/2$, $c_2 = 1/4, \cdots, c_n = (-1/2)^n$. Il s'agit d'une série géométrique de premier terme 1 et de raison $r = -(x-3)/2$. Cette série converge donc pour $|-(x-3)/2| < 1$. Or,

$$|-(x-3)/2| < 1 \Leftrightarrow -1 < (x-3)/2 < 1 \Leftrightarrow -2 < x-3 < 2 \Leftrightarrow 1 < x < 5.$$

Donc, la série entière converge pour les valeurs de x comprises dans $]1, 5[$. Sa somme est

$$\frac{1}{1-r} = \frac{1}{1 + \frac{x-3}{2}} = \frac{2}{x-1}.$$

Ainsi, nous pouvons écrire :

$$\frac{2}{x-1} = 1 - \frac{(x-3)}{2} + \frac{(x-3)^2}{4} - \cdots + \left(-\frac{1}{2}\right)^n (x-3)^n + \cdots, \text{ où } 1 < x < 5.$$

Cette série entière engendre une suite d'approximations polynomiales de $f(x) = 2/(x-1)$ pour des valeurs de x au voisinage de 3 :

$$y_0 = P_0(x) = 1$$

$$y_1 = P_1(x) = 1 - \frac{1}{2}(x-3) = \frac{5}{2} - \frac{x}{2}$$

$$y_2 = P_2(x) = 1 - \frac{1}{2}(x-3) + \frac{1}{4}(x-3)^2 = \frac{19}{4} - 2x + \frac{x^2}{4},$$

et ainsi de suite (figure 4.5.2). La valeur de $(x-3)^n$ décroît rapidement à mesure que n augmente à condition que $|x-3|$ soit petit.

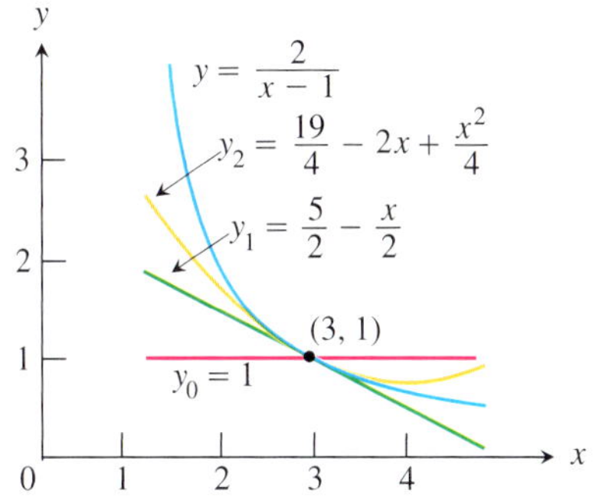

Figure 4.5.2 Graphes de $f(x) = 2/(1-x)$ et de ses trois premiers polynômes d'approximation (exemple 2).

Il serait intéressant de savoir si l'exemple 2 peut se résoudre « à l'envers » : connaissant la somme $2/(x-1)$, serait-il possible de retrouver son développement en série entière géométrique centrée en $a = 3$? Oui, c'est possible en utilisant la formule de la somme d'une série géométrique : nous devons transformer $2/(x-1)$ afin de l'exprimer sous la forme du deuxième membre de l'équation

$$\frac{2}{x-1} = \frac{\text{premier terme}}{1 - \text{raison}}.$$

Premièrement, puisque la série doit être centrée en $a = 3$, exprimons $2/(x-1)$ autrement en faisant apparaître $(x-3)$ au dénominateur.

$$\frac{2}{x-1} = \frac{2}{2 + (x-3)}$$

Deuxièmement, pour faire apparaître le « 1 » de la formule de la somme au deuxième membre de l'égalité précédente, transformons le « 2 » du dénominateur en « 1 », en divisant tous les termes par 2.

$$\frac{2}{x-1} = \frac{2/2}{2/2+(x-3)/2} = \frac{1}{1+\frac{x-3}{2}}$$

Troisièmement, il ne reste plus qu'à transformer le «+» en «−» afin d'obtenir la forme $\frac{\text{premier terme}}{1 - \text{raison}}$.

$$\frac{2}{x-1} = \frac{1}{1-\left(-\frac{x-3}{2}\right)}$$

Le résultat final donne tout ce qu'il suffit de connaître pour développer $2/(x-1)$ en série entière géométrique : sachant que le premier terme est 1 et que la raison est $-(x-3)/2$, nous pouvons reconstituer la série initiale.

Voir les exercices **39** à **44**.

4.5.2 Rayon et intervalle de convergence

Observons d'abord que toute série entière de la forme $\sum_{n=0}^{\infty} c_n(x-a)^n$ converge toujours trivialement pour $x = a$; cela garantit l'existence d'au moins une valeur réelle pour laquelle la série doit converger. Par ailleurs, certaines séries entières convergent absolument pour tous les réels. Finalement, nous rencontrons souvent des séries entières, comme les séries géométriques des exemples 1 et 2 (voir pages 314 et 315), qui ne convergent absolument que sur un intervalle fini centré en a. En résumé, soit qu'une série entière converge uniquement au centre lui-même, soit qu'elle converge absolument pour tout x ou encore, qu'elle converge absolument sur un intervalle fini centré sur la même valeur que la série. Il est intéressant de noter qu'il s'agit là des trois seules possibilités, ainsi que l'énonce le théorème 4.5.1 (qui ne sera pas démontré).

THÉORÈME 4.5.1 Théorème de convergence des séries entières

Il n'existe que trois possibilités concernant la convergence des séries $\sum_{n=0}^{\infty} c_n(x-a)^n$.

1. La série converge en $x = a$ et diverge partout ailleurs.
2. La série converge absolument pour tout x.
3. Il existe un nombre positif R tel que la série converge absolument pour tout x tel que $|x-a| < R$, c'est-à-dire sur l'intervalle $a - R < x < a + R$, mais diverge pour $|x-a| > R$ (car le n^e terme ne converge même pas vers 0 pour ces valeurs de x). Pour $|x-a| = R$, tout est possible : à chacune des deux bornes $x = a - R$ et $x = a + R$, la série peut converger absolument, converger conditionnellement ou diverger.

Le nombre R s'appelle le **rayon de convergence** et l'ensemble des valeurs de x pour lesquelles la série converge s'appelle l'**intervalle de convergence**. La convergence d'une série entière est absolue en tout point intérieur de son intervalle de convergence. Dans le premier cas, puisque la série ne converge qu'en $x = a$, le rayon de convergence est nul ($R = 0$) et l'intervalle de convergence est réduit au seul nombre a. Dans le deuxième cas, la convergence de la série est absolue pour tout x, donc le rayon de convergence est infini ($R = \infty$) et l'intervalle de convergence est la droite réelle. Finalement, dans le troisième cas, l'intervalle de convergence est défini par l'inégalité $|x - a| < R$ qui peut s'écrire aussi comme $]a - R, a + R[$; il reste alors à régler la question de la convergence aux bornes de l'intervalle. Selon les résultats trouvés à chaque borne, l'intervalle prendra l'une des quatre formes suivantes :

$$]a - R, a + R[, \quad]a - R, a + R], \quad [a - R, a + R[, \quad [a - R, a + R].$$

L'exemple 3 illustre comment trouver des intervalles de convergence.

EXEMPLE 3 Déterminer l'intervalle de convergence d'une série entière en utilisant le test du rapport

Pour quelles valeurs de x les séries entières suivantes convergent-elles ?

a) $\displaystyle\sum_{n=1}^{\infty} (-1)^{n-1} \frac{x^{2n-1}}{2n-1} = x - \frac{x^3}{3} + \frac{x^5}{5} - \cdots$

b) $\displaystyle\sum_{n=0}^{\infty} \frac{x^n}{n!} = 1 + x + \frac{x^2}{2!} + \frac{x^3}{3!} + \cdots$

c) $\displaystyle\sum_{n=0}^{\infty} n!x^n = 1 + x + 2!x^2 + 3!x^3 + \cdots$

d) $\displaystyle\sum_{n=1}^{\infty} (-1)^{n-1} \frac{(x-3)^n}{n} = (x-3) - \frac{(x-3)^2}{2} + \frac{(x-3)^3}{3} - \frac{(x-3)^4}{4} + \cdots$

Solution

Dans la plupart des cas, le rayon de convergence d'une série $\sum u_n$ s'obtient par l'application du test du rapport à la série $\sum |u_n|$. Mais ce test n'est d'aucune utilité quand x prend la valeur d'une des deux bornes de l'intervalle de convergence ; il faut donc toujours recourir à un autre test pour déterminer la convergence à chacune de ces bornes.

a) Soit $u_n = (-1)^{n-1} \dfrac{x^{2n-1}}{2n-1}$. Alors,

$$\begin{aligned}
\left|\frac{u_{n+1}}{u_n}\right| &= \left|(-1)^n \frac{x^{2n+1}}{2n+1} \cdot \frac{1}{(-1)^{n-1}} \frac{2n-1}{x^{2n-1}}\right| \\
&= \left|-\frac{2n-1}{2n+1} x^2\right| \\
&= \frac{2 - 1/n}{2 + 1/n} x^2 \to x^2, \text{ lorsque } n \to \infty.
\end{aligned}$$

Suivant le test du rapport, la série entière converge absolument pour $x^2 < 1$, c'est-à-dire pour $-1 < x < 1$. Elle diverge pour $x^2 > 1$, car le n^e terme ne converge pas vers 0 pour ces valeurs de x.

Envisageons séparément les bornes $x = 1$ et $x = -1$. À $x = 1$, la série devient $1 - 1/3 + 1/5 - 1/7 + \cdots$, qui converge d'après le théorème des séries alternées. À $x = -1$, la série converge aussi car elle devient l'opposé de la série alternée précédente, $-1 + 1/3 - 1/5 + 1/7 - \cdots$; elle satisfait donc, ici encore, aux conditions de convergence d'une série alternée. Finalement, la série entière converge pour $-1 \leq x \leq 1$ et diverge partout ailleurs.

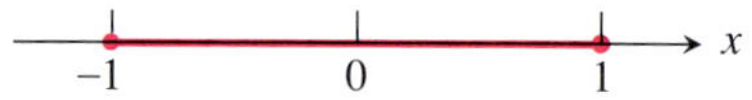

b) Soit $u_n = \dfrac{x^n}{n!}$. Alors,

$$\left|\frac{u_{n+1}}{u_n}\right| = \left|\frac{x^{n+1}}{(n+1)!} \cdot \frac{n!}{x^n}\right|$$

$$= \frac{|x|}{n+1} \to 0, \text{ pour tout } x, \text{ lorsque } n \to \infty.$$

Suivant le test du rapport, la série entière converge absolument pour tout x.

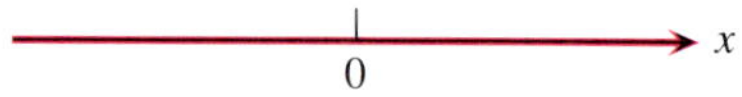

c) Soit $u_n = n!x^n$. Alors,

$$\left|\frac{u_{n+1}}{u_n}\right| = \left|\frac{(n+1)!x^{n+1}}{n!\,x^n}\right|$$

$$= (n+1)|x| \to \infty \text{ lorsque } n \to \infty, \text{ sauf en } x = 0.$$

Suivant le test du rapport, la série entière diverge pour tout x, sauf $x = 0$. La série entière converge donc uniquement en $x = 0$.

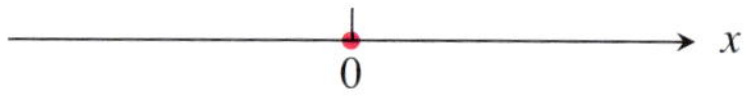

d) Soit $u_n = (-1)^{n-1}\dfrac{(x-3)^n}{n}$. Ici, $\sum u_n$ est une série entière centrée en $a = 3$. Alors,

$$\left|\frac{u_{n+1}}{u_n}\right| = \left|(-1)^n \frac{(x-3)^{n+1}}{(n+1)} \cdot \frac{1}{(-1)^{n-1}} \frac{n}{(x-3)^n}\right|$$

$$= \left|-\frac{n}{n+1}(x-3)\right|$$

$$= \frac{1}{1+1/n}|x-3| \to |x-3| \text{ lorsque } n \to \infty.$$

Selon le test du rapport, la série converge absolument pour $|x-3| < 1$; elle diverge pour $|x-3| > 1$, car le n^e terme ne converge pas vers 0 pour ces valeurs de x. Or,

$$|x-3| < 1 \Leftrightarrow -1 < x-3 < 1 \Leftrightarrow 2 < x < 4.$$

Donc, la série entière est absolument convergente quand $2 < x < 4$ et divergente quand $x < 2$ ou $x > 4$.

Envisageons séparément les bornes $x = 2$ et $x = 4$. À $x = 4$, la série devient $1 - 1/2 + 1/3 - 1/4 + \cdots$, qui converge d'après le théorème des séries alternées. À $x = 2$, la série devient la série harmonique négative divergente $-1 - 1/2 - 1/3 - 1/4 - \cdots$. En conclusion, la série entière converge pour $2 < x \leq 4$ et diverge partout ailleurs.

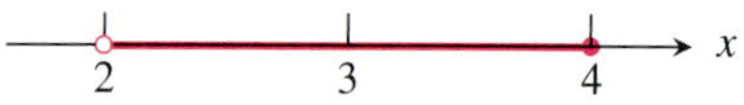

Voici un résumé des étapes à suivre pour trouver l'intervalle de convergence d'une série entière.

Marche à suivre

Pour trouver l'intervalle de convergence d'une série entière

Étape 1 *Utilisez le test du rapport (ou le test de la racine* n^e*) pour trouver l'intervalle de convergence absolue.* Habituellement, il s'agit d'un intervalle ouvert.

$$|x-a|<R \quad \text{ou} \quad a-R<x<a+R.$$

Étape 2 *Si l'intervalle de convergence absolue est fini, vérifiez s'il y a convergence ou divergence aux bornes de l'intervalle,* comme dans les exemples 3 **a** et 3 **d** (voir page 311). Ici, le test du rapport ou le test de la racine n^e ne sont d'aucune utilité ; utilisez plutôt un test de comparaison, le test de l'intégrale ou le test des séries alternées.

Étape 3 *Si l'intervalle de convergence absolue est* $a-R<x<a+R$*, la série diverge pour* $|x-a|>R$*,* car le n^e terme ne tend pas vers zéro pour ces valeurs de x.

Appliquons ce procédé en trois étapes à une autre série entière.

EXEMPLE 4 Déterminer l'intervalle et le rayon de convergence

Pour quelles valeurs de x la série entière suivante converge-t-elle ?

$$\sum_{n=0}^{\infty}(-2)^n\frac{(x+3)^n}{\sqrt{n+1}}=1-\frac{2(x+3)}{\sqrt{2}}+\frac{2^2(x+3)^2}{\sqrt{3}}-\frac{2^3(x+3)^3}{\sqrt{4}}+\frac{2^4(x+3)^4}{\sqrt{5}}-\cdots$$

Il s'agit d'une série entière centrée en $a=-3$.

Solution

Soit $u_n=(-2)^n\dfrac{(x+3)^n}{\sqrt{n+1}}$. Alors,

$$\begin{aligned}\left|\frac{u_{n+1}}{u_n}\right| &= \left|\frac{(-2)^{n+1}(x+3)^{n+1}}{\sqrt{n+2}}\cdot\frac{\sqrt{n+1}}{(-2)^n(x+3)^n}\right|\\ &= \left|(-2)\frac{\sqrt{n+1}}{\sqrt{n+2}}(x+3)\right|\\ &= 2\sqrt{\frac{n+1}{n+2}}\,|x+3|\\ &= 2\sqrt{\frac{1+1/n}{1+2/n}}\,|x+3| \to 2|x+3| \text{ lorsque } n\to\infty.\end{aligned}$$

Selon le test du rapport, la série converge absolument pour $2|x+3|<1$; elle diverge pour $2|x+3|>1$, car le n^e terme ne converge pas vers 0 pour ces valeurs de x. Or,

$$2|x+3|<1 \Leftrightarrow |x+3|<1/2 \Leftrightarrow -1/2<x+3<1/2 \Leftrightarrow -7/2<x<-5/2.$$

Donc, la série entière est absolument convergente quand $-7/2<x<-5/2$ et divergente quand $x<-7/2$ ou $x>-5/2$.

Envisageons séparément les bornes $x = -7/2$ et $x = -5/2$. À $x = -7/2$, la série devient :

$$\sum_{n=0}^{\infty} (-2)^n \frac{((-7/2)+3)^n}{\sqrt{n+1}} = 1 - \frac{2((-7/2)+3)}{\sqrt{2}} + \frac{2^2((-7/2)+3)^2}{\sqrt{3}} - \frac{2^3((-7/2)+3)^3}{\sqrt{4}} + \frac{2^4((-7/2)+3)^4}{\sqrt{5}} - \cdots$$

$$= 1 - \frac{2(-1/2)}{\sqrt{2}} + \frac{2^2(-1/2)^2}{\sqrt{3}} - \frac{2^3(-1/2)^3}{\sqrt{4}} + \frac{2^4(-1/2)^4}{\sqrt{5}} - \cdots$$

$$= 1 + \frac{1}{\sqrt{2}} + \frac{1}{\sqrt{3}} + \frac{1}{\sqrt{4}} + \frac{1}{\sqrt{5}} + \cdots.$$

Cette série est divergente en tant que série-p, où $p = 1/2 < 1$.

À $x = -5/2$, la série devient :

$$\sum_{n=0}^{\infty} (-2)^n \frac{((-5/2)+3)^n}{\sqrt{n+1}} = 1 - \frac{2((-5/2)+3)}{\sqrt{2}} + \frac{2^2((-5/2)+3)^2}{\sqrt{3}} - \frac{2^3((-5/2)+3)^3}{\sqrt{4}} + \frac{2^4((-5/2)+3)^4}{\sqrt{5}} - \cdots$$

$$= 1 - \frac{2(1/2)}{\sqrt{2}} + \frac{2^2(1/2)^2}{\sqrt{3}} - \frac{2^3(1/2)^3}{\sqrt{4}} + \frac{2^4(1/2)^4}{\sqrt{5}} - \cdots$$

$$= 1 - \frac{1}{\sqrt{2}} + \frac{1}{\sqrt{3}} - \frac{1}{\sqrt{4}} + \frac{1}{\sqrt{5}} - \cdots$$

Cette série est convergente d'après le test des séries alternées.

Finalement, la série entière converge pour $-7/2 < x \leq -5/2$ et diverge partout ailleurs.

Le rayon de convergence de la série est :

$$R = |\text{borne} - \text{centre}| = |(-7/2) - (-3)| = 1/2.$$

Voir les exercices **1** à **38**.

Dans la suite de la présente section ainsi qu'à la section 4.6, nous apprendrons à manipuler les séries entières dans le but d'obtenir les développements en série de plusieurs fonctions. Quel est l'intérêt d'une telle démarche ? Les séries entières constituent un outil d'une remarquable efficacité pour approcher des fonctions à l'aide de polynômes, pour résoudre des équations différentielles ou pour intégrer certaines fonctions qui n'ont pas de primitive élémentaire.

4.5.3 Dérivation terme à terme

Selon un théorème d'analyse qui ne sera pas démontré ici, une série entière peut être dérivée terme à terme en tout point intérieur de son intervalle de convergence.

THÉORÈME 4.5.2 Théorème de la dérivation terme à terme

Si une série entière $\sum_{n=0}^{\infty} c_n(x-a)^n$ converge sur $a - R < x < a + R$ pour un certain $R > 0$, alors elle définit une fonction f:

$$f(x) = c_0 + c_1(x-a) + c_2(x-a)^2 + c_3(x-a)^3 + c_4(x-a)^4 + \cdots$$
$$= \sum_{n=0}^{\infty} c_n(x-a)^n, \text{ où } a - R < x < a + R.$$

Une telle fonction possède des dérivées successives de tous ordres dans son intervalle de convergence. Il est possible de les calculer en dérivant la série initiale terme à terme:

$$f'(x) = c_1 + 2c_2(x-a) + 3c_3(x-a)^2 + 4c_4(x-a)^3 + \cdots$$
$$= \sum_{n=1}^{\infty} nc_n(x-a)^{n-1},$$

$$f''(x) = 2c_2 + 3 \cdot 2c_3(x-a) + 4 \cdot 3c_4(x-a)^2 + \cdots$$
$$= \sum_{n=2}^{\infty} n(n-1)c_n(x-a)^{n-2},$$

et ainsi de suite. Chacune des séries dérivées converge en tout point intérieur de l'intervalle de convergence de la série initiale.

La dérivation terme à terme est parfois impossible pour certains types de séries qui ne sont pas entières. Par exemple, on peut montrer que la série trigonométrique

$$\sum_{n=1}^{\infty} \frac{\sin(n!x)}{n^2}$$

converge pour tout x. Cependant, si nous dérivons terme à terme, nous obtenons la série

$$\sum_{n=1}^{\infty} \frac{n! \cos(n!x)}{n^2},$$

qui diverge pour tout x.

EXEMPLE 5 Appliquer la dérivation terme à terme

Soit

$$f(x) = \frac{1}{1-x} = 1 + x + x^2 + x^3 + x^4 + \cdots + x^n + \cdots$$
$$= \sum_{n=0}^{\infty} x^n, \text{ où } -1 < x < 1.$$

Trouvez les séries pour $f'(x)$ et $f''(x)$.

Solution

En appliquant le théorème 4.5.2, nous trouvons:

$$f'(x) = \frac{1}{(1-x)^2} = 1 + 2x + 3x^2 + 4x^3 + \cdots + nx^{n-1} + \cdots$$
$$= \sum_{n=1}^{\infty} nx^{n-1}, \text{ où } -1 < x < 1.$$

Nous pouvons récrire la réponse autrement en remplaçant n par $n + 1$:

$$\frac{1}{(1-x)^2} = \sum_{n=0}^{\infty} (n+1)x^n, \text{ où } -1 < x < 1$$

$$f''(x) = \frac{2}{(1-x)^3} = (1 + 2x + 3x^2 + 4x^3 + \cdots + nx^{n-1} + \cdots)'$$
$$= 2 + 6x + 12x^2 + \cdots + n(n-1)x^{n-2} + \cdots$$
$$= \sum_{n=2}^{\infty} n(n-1)x^{n-2}, \text{ où } -1 < x < 1.$$

Ici encore, en remplaçant n par $n + 2$, la réponse peut s'écrire :

$$\frac{2}{(1-x)^3} = \sum_{n=0}^{\infty} (n+2)(n+1)x^n, \text{ où } -1 < x < 1.$$

EXEMPLE 6 **Trouver quelle fonction familière est représentée par une série donnée**

Quel est le nom familier de la fonction f définie par la série entière

$$f(x) = \sum_{n=1}^{\infty} (-1)^{n+1} \frac{x^{2n-1}}{2n-1} = x - \frac{x^3}{3} + \frac{x^5}{5} - \cdots, \text{ où } -1 \leq x \leq 1\ ?$$

Solution

Dérivons la série terme à terme selon le théorème 4.5.2 (voir page 321) afin d'obtenir une série bien connue.

$$f'(x) = \sum_{n=1}^{\infty} (-1)^{n+1} \frac{(2n-1)x^{2n-2}}{2n-1} = 1 - x^2 + x^4 - x^6 + \cdots, \text{ où } -1 < x < 1.$$

$f'(x)$ est une série géométrique dont le premier terme est 1 et dont la raison est $-x^2$. Dès lors,

$$f'(x) = \frac{1}{1-(-x^2)} = \frac{1}{1+x^2}.$$

Somme d'une série géométrique $= a/(1-r)$

À présent, intégrons $f'(x) = 1/(1+x^2)$ pour revenir à $f(x)$.

$$\int f'(x)dx = \int \frac{dx}{1+x^2} = \text{arc tan } x + C$$

Donc,

$$f(x) = \text{arc tan } x + C.$$

Pour déterminer la valeur de C, posons $x = 0$ dans cette dernière équation :

$$f(0) = \text{arc tan } 0 + C.$$

Or, $f(0) = 0$ d'après la série qui définit $f(x)$ et arc tan $0 = 0$. Par conséquent, $C = 0$ et

$$f(x) = x - \frac{x^3}{3} + \frac{x^5}{5} - \frac{x^7}{7} + \cdots = \text{arc tan } x, \text{ où } -1 < x < 1.$$

Il s'agit de la série dite *de Gregory-Leibniz* (voir biographie à la page suivante).

Voir l'exercice **63**.

À la fin de la section, nous verrons que la dérivation terme à terme d'une série entière est à la base d'une méthode fructueuse pour résoudre des équations différentielles.

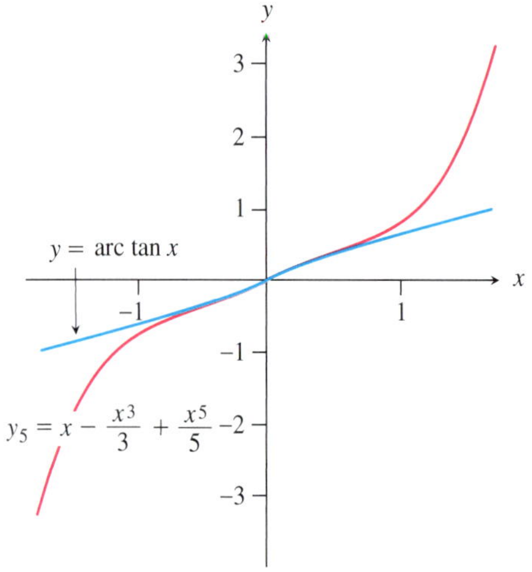

Figure 4.5.3 Graphes de $f(x)$ = arc tan x et de son polynôme d'approximation du 5e degré.

On peut démontrer que la série initiale de l'exemple 6 converge aux bornes de l'intervalle de convergence $-1 \leq x \leq 1$ donné au départ, mais pas en vertu du théorème 4.5.2 (voir page 321). En effet, le théorème de la dérivation terme à terme assure que le rayon de convergence reste le même quand une série entière est dérivée, mais il garantit la convergence de la série dérivée uniquement à l'intérieur de l'intervalle. Une remarque similaire s'applique au théorème 4.5.3.

4.5.4 Intégration terme à terme

Un autre théorème d'analyse énonce qu'une série entière peut être intégrée terme à terme en tout point intérieur de son intervalle de convergence.

THÉORÈME 4.5.3 Théorème de l'intégration terme à terme

Si une série entière $\sum_{n=0}^{\infty} c_n(x-a)^n$ converge sur $a - R < x < a + R$ pour un certain $R > 0$, alors elle définit une fonction f:

$$f(x) = c_0 + c_1(x-a) + c_2(x-a)^2 + \cdots = \sum_{n=0}^{\infty} c_n(x-a)^n, \text{ où } a - R < x < a + R.$$

Donc, en intégrant cette égalité,

$$\int f(x)dx = C + c_0(x-a) + c_1\frac{(x-a)^2}{2} + c_2\frac{(x-a)^3}{3} + \cdots$$

$$= C + \sum_{n=0}^{\infty} c_n \frac{(x-a)^{n+1}}{n+1},$$

où

$$\sum_{n=0}^{\infty} c_n \frac{(x-a)^{n+1}}{n+1}$$

converge pour $a - R < x < a + R$.

EXEMPLE 7 Trouver une série pour ln (1 + *x*)

Trouvez une série qui représente $\ln(1+x)$ sur son intervalle de convergence.

Solution

La dérivée de $\ln(1+x)$ est une fonction dont nous connaissons bien la représentation par une série entière (voir figure 4.5.4, page 324).

$$[\ln(1+x)]' = \frac{1}{1+x} = 1 - x + x^2 - x^3 + \cdots$$

Cette dernière expression est une série géométrique qui converge sur l'intervalle ouvert $-1 < x < 1$. Par conséquent, en intégrant cette série terme à terme d'après le théorème 4.5.4 (voir page 324),

$$\int \frac{1}{1+x}dx = x - \frac{x^2}{2} + \frac{x^3}{3} - \frac{x^4}{4} + \cdots = \ln(1+x) + C.$$

Trouvons la valeur de C en posant $x = 0$ dans la dernière équation.

$$0 - \frac{0^2}{2} + \frac{0^3}{3} - \frac{0^4}{4} + \cdots = \ln(1+0) + C$$

$$0 = 0 + C$$

Par conséquent, $C = 0$ et

$$\ln(1+x) = x - \frac{x^2}{2} + \frac{x^3}{3} - \frac{x^4}{4} + \cdots, \text{ où } -1 < x < 1.$$

Il est possible de montrer que la série converge au point $x = 1$ bien que ce résultat ne soit pas garanti par le théorème 4.5.3.

Voir l'exercice **64**.

GREGORY

James Gregory (Drumoak, Écosse, 1638 – Édimbourg, 1675) reçoit sa première formation mathématique de sa mère et de son frère aîné, David. Sa passion pour l'astronomie et l'optique devient évidente lorsqu'il complète ses études à Aberdeen. Encouragé par son frère, il conçoit un télescope comportant à la fois des miroirs et une lentille : la combinaison est inédite et en fait l'instrument le plus efficace de l'époque.

Cette invention est décrite dans son premier livre, *Optica promota* (1663), où il est question d'optique, de lumière et d'orbites planétaires.

Pendant un long séjour à l'étranger, notamment à l'université de Padoue en Italie, Gregory approfondit la méthode des tangentes (précurseur de la dérivation) et celle des quadratures (précurseur de l'intégration) : il comprend que l'une est l'inverse de l'autre. Dans *Vera circuli et hyperbolæ quadratura* (Padoue, 1667), il applique la méthode des séries convergentes au calcul de l'aire sous l'hyperbole. Parmi les mathématiciens dont les découvertes ont précédé celles de Newton et de Leibniz, Gregory est le plus rigoureux. Vers cette époque, il développe la série qui portera le nom de Taylor cinquante années plus tard.

Il découvre une série infinie fort utile :

$$\text{arc tan } x = x - x^3/3 + x^5/5 - x^7/7 + x^9/9 - x^{11}/11 + \cdots.$$

Cette série (dite *de Gregory–Leibniz*) est intéressante du fait qu'elle permet de calculer la valeur de π. Par exemple, $\text{arc tan } 1 = \pi/4 = 1 - 1/3 + 1/5 - \ldots$, toutefois au prix d'une convergence très lente. Gauss effectuera une approximation plus efficace de π en utilisant la même formule avec des variables inférieures à 1 : $\pi = 48 \text{ arc tan } 1/18 + 32 \text{ arc tan } 1/57 - 20 \text{ arc tan } 1/239$.

Gregory hésitera toujours à publier des résultats s'ils risquent de susciter des débats quant à leur paternité. Il aura ébauché une preuve de la nature non algébrique de π et de e, démontré une connaissance parfaite des expansions des fonctions trigonométriques, bien compris les équations différentielles et soupçonné que les équations de degré supérieur à 4 ne pouvaient pas se résoudre par radicaux. Plusieurs de ses exploits demeureront inconnus avant qu'on n'en découvre la trace, vers 1930, dans ses papiers.

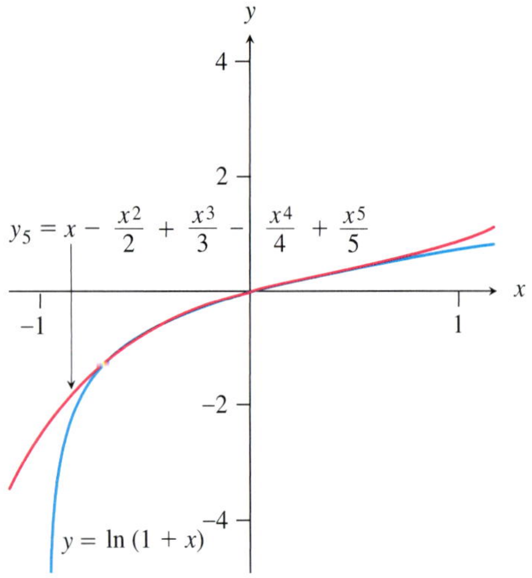

Figure 4.5.4 Graphes de $f(x) = \ln(1 + x)$ et de son polynôme d'approximation du 5e degré.

4.5.5 Multiplication de séries entières

Un autre théorème, démontré en analyse, permet d'affirmer que deux séries entières absolument convergentes peuvent être multipliées comme des polynômes pour donner une troisième série absolument convergente.

THÉORÈME 4.5.4 Théorème de la multiplication de séries entières

Si $A(x) = \sum_{n=0}^{\infty} a_n x^n$ et $B(x) = \sum_{n=0}^{\infty} b_n x^n$ convergent absolument pour $|x| < R$, et si

$$c_n = a_0 b_n + a_1 b_{n-1} + a_2 b_{n-2} + \cdots + a_{n-1} b_1 + a_n b_0 = \sum_{k=0}^{n} a_k b_{n-k},$$

alors $\sum_{n=0}^{\infty} c_n x^n$ converge absolument vers $A(x) \cdot B(x)$ pour $|x| < R$:

$$\left(\sum_{n=0}^{\infty} a_n x^n\right) \cdot \left(\sum_{n=0}^{\infty} b_n x^n\right) = \sum_{n=0}^{\infty} c_n x^n.$$

EXEMPLE 8 Appliquer le théorème de la multiplication

Multipliez la série géométrique

$$\sum_{n=0}^{\infty} x^n = 1 + x + x^2 + \cdots + x^n + \cdots = \frac{1}{1-x}, \text{ où } |x| < 1,$$

par elle-même pour obtenir une série entière qui représente $1/(1-x)^2$ pour $|x| < 1$.

Solution

Soit

$$A(x) = \sum_{n=0}^{\infty} a_n x^n = 1 + x + x^2 + \cdots + x^n + \cdots = 1/(1-x),$$

$$B(x) = \sum_{n=0}^{\infty} b_n x^n = 1 + x + x^2 + \cdots + x^n + \cdots = 1/(1-x)$$

et

$$c_n = \underbrace{a_0 b_n + a_1 b_{n-1} + \cdots + a_k b_{n-k} + \cdots + a_n b_0}_{n+1 \text{ termes de valeur } 1}$$

$$= \underbrace{1 + 1 + \cdots + 1}_{n+1 \text{ termes}} = n + 1.$$

Tous les coefficients a_k et b_k valent 1

Selon le théorème 4.5.4 de la multiplication de séries entières,

$$A(x) \cdot B(x) = \sum_{n=0}^{\infty} c_n x^n = \sum_{n=0}^{\infty} (n+1) x^n$$
$$= 1 + 2x + 3x^2 + 4x^3 + \cdots + (n+1)x^n + \cdots$$

est la série qui représente $1/(1-x)^2$. Cette série converge absolument pour $|x| < 1$.

Nous avons déjà obtenu cette série autrement par dérivation de $1/(1-x)$ à l'exemple 5 (voir page 321).

Voir les exercices **65** à **68** et **70**.

4.5.6 Résolution d'équations différentielles à l'aide de séries

Lorsqu'il est difficile, sinon impossible, d'exprimer la solution d'une équation différentielle à l'aide d'une expression relativement simple, nous essayons de représenter la solution sous forme de série entière. Si ce procédé fonctionne, nous obtenons immédiatement une suite d'approximations polynomiales de la solution, suite qui, bien souvent, suffit à nos besoins. L'exemple 9 traite d'une équation différentielle linéaire du premier ordre dont la solution est habituellement obtenue à l'aide d'une méthode dite de *facteur intégrant exponentiel*. Avec cet exemple, nous apprendrons comment résoudre une équation différentielle à l'aide de séries entières sans utiliser la méthode du facteur intégrant. L'exemple 10 (voir page 326) traite d'une équation différentielle impossible à résoudre explicitement sous la forme d'une combinaison finie de fonctions familières.

EXEMPLE 9 Résoudre une équation différentielle à l'aide de séries

Résolvez l'équation différentielle avec la valeur initiale suivante :

$$y' - y = x, \text{ où } y(0) = 1.$$

Solution

Supposons qu'il existe une solution de la forme

$$y = a_0 + a_1x + a_2x^2 + \cdots + a_{n-1}x^{n-1} + a_nx^n + \cdots. \quad (1)$$

La méthode consiste à trouver les coefficients a_0, a_1, a_2, … tels que la série (1) et sa dérivée première

$$y' = a_1 + 2a_2x + 3a_3x^2 + \cdots + na_nx^{n-1} + \cdots \quad (2)$$

vérifient l'équation différentielle $y' - y = x$ ainsi que la condition initiale $y(0) = 1$. La série qui représente $y' - y$ est égale à la différence des séries (1) et (2) :

$$y' - y = (a_1 - a_0) + (2a_2 - a_1)x + (3a_3 - a_2)x^2 + \cdots$$
$$+ (na_n - a_{n-1})x^{n-1} + \cdots. \quad (3)$$

Pour que l'équation $y' - y = x$ soit respectée, la série (3) doit être égale à x. Puisque les représentations en séries entières sont uniques (voir exercice **69**), les coefficients de la série (3) doivent tous être nuls, sauf le coefficient de x qui doit valoir 1. Les coefficients doivent donc satisfaire aux équations suivantes :

$$a_1 - a_0 = 0, \; 2a_2 - a_1 = 1 \text{ et } na_n - a_{n-1} = 0, \text{ où } n \geq 3.$$

Les deux premières équations donnent respectivement $a_1 = a_0$ et $a_2 = (1 + a_1)/2$. La troisième équation est une relation récursive à partir de $n = 3$ que nous récrivons en explicitant a_n :

$$a_n = \frac{a_{n-1}}{n}, \text{ où } n \geq 3.$$

Nous calculons tous les coefficients en posant successivement $n = 0, 1, 2, 3, \cdots$.

$n = 0 : a_0 = 1$ — Car $y(0) = 1 = a_0$

$n = 1 : a_1 = a_0 = 1$

$n = 2 : a_2 = (1 + a_1)/2 = (1 + 1)/2 = 1$

Solution de l'équation différentielle $y' - y = x$

Il existe une solution de l'équation différentielle $y' - y = x$ exprimable comme une combinaison finie de fonctions familières puisqu'il s'agit d'une équation linéaire du premier ordre de la forme

$$y' + P(x)y = Q(x).$$

Cette équation se résout habituellement à l'aide de la formule suivante :

$$y = \frac{1}{v(x)}\int v(x)Q(x)dx,$$

où $v(x) = e^{\int P(x)dx}$ est un facteur intégrant. Dans le cas particulier de l'équation $y' - y = x$, $Q(x) = x$ et $P(x) = -1$. Dès lors, $v(x) = e^{\int -dx} = e^{-x}$ (nous omettons la constante d'intégration). Donc,

$$y = e^x \int e^{-x}\, xdx$$
$$= e^x\left[-xe^{-x} - e^{-x} + C\right] \quad \text{Intégration par parties}$$
$$= -x - 1 + Ce^x.$$

Nous trouvons la valeur de C en appliquant la condition initiale $y(0) = 1$ à la dernière équation : $1 = -0 - 1 + Ce^0 = -1 + C$. D'où $C = 2$. La solution est donc :

$$y = -x - 1 + 2e^x.$$

Nous allons démontrer que cette solution est équivalente à la solution (4) (voir page 326). À la section 4.6 (exemple 2), nous verrons le développement en série de e^x selon la formule de Taylor-Maclaurin :

$$e^x = 1 + x + \frac{x^2}{2!} + \frac{x^3}{3!} + \frac{x^4}{4!} + \cdots + \frac{x^n}{n!} + \cdots.$$

Il est également possible d'obtenir ce résultat en résolvant l'équation différentielle $y = y'$ avec la valeur initiale $y(0) = 1$ à l'aide de séries (voir exercice **66**).

En substituant la série de e^x dans $y = -x - 1 + 2e^x$, nous retrouvons exactement l'équation (4).

$$y = -x - 1 + 2\left(1 + x + \frac{x^2}{2!} + \frac{x^3}{3!} + \frac{x^4}{4!} + \cdots + \frac{x^n}{n!} + \cdots\right)$$
$$= -x - 1 + 2 + 2x + x^2 + \frac{2}{3!}x^3 + \frac{2}{4!}x^4 + \cdots + \frac{2}{n!}x^n + \cdots$$
$$= 1 + x + x^2 + \frac{2}{3!}x^3 + \frac{2}{4!}x^4 + \cdots + \frac{2}{n!}x^n + \cdots \quad (4)$$

Cependant, il ne faudrait pas croire qu'il soit toujours possible d'exprimer la solution d'une équation différentielle sous la forme d'une combinaison finie de fonctions familières.

$$n = 3: \ a_3 = \frac{a_2}{3} = \frac{1}{3}$$

$$n = 4: \ a_4 = \frac{a_3}{4} = \frac{1}{4 \cdot 3}$$

$$n = 5: \ a_5 = \frac{a_4}{5} = \frac{1}{5 \cdot 4 \cdot 3}$$

En général, pour $n \geq 3$,

$$a_n = \frac{1}{n(n-1)(n-2) \cdots 5 \cdot 4 \cdot 3} = \frac{2}{n!}.$$

En remplaçant les coefficients dans l'équation (1), nous obtenons la solution

$$y = 1 + x + x^2 + \frac{2}{3!}x^3 + \frac{2}{4!}x^4 + \frac{2}{5!}x^5 + \cdots + \frac{2}{n!}x^n + \cdots. \qquad (4)$$

EXEMPLE 10 Résoudre une équation différentielle

Exprimez sous forme de série la solution de l'équation différentielle suivante:

$$y'' + x^2 y = 0. \qquad (5)$$

Solution

Supposons qu'il existe une solution de la forme

$$y = a_0 + a_1 x + a_2 x^2 + \cdots + a_{n-4}x^{n-4} + a_{n-3}x^{n-3} + a_{n-2}x^{n-2} + a_{n-1}x^{n-1} + a_n x^n + \cdots \qquad (6)$$

et déterminons les coefficients $a_0, a_1, a_2, \cdots$ tels que la série (6) et sa dérivée seconde

$$y'' = 2a_2 + 3 \cdot 2a_3 x + 4 \cdot 3a_4 x^2 + \cdots + n(n-1)a_n x^{n-2} + \cdots \qquad (7)$$

vérifient l'équation (5). La série qui représente $x^2 y$ est égale au produit de x^2 avec le membre de droite de l'équation (6):

$$x^2 y = a_0 x^2 + a_1 x^3 + a_2 x^4 + \cdots + a_{n-4}x^{n-2} + a_{n-3}x^{n-1} + a_{n-2}x^n + a_{n-1}x^{n+1} + a_n x^{n+2} + \cdots. \qquad (8)$$

La série qui représente $y'' + x^2 y$ est la somme des séries des équations (7) et (8):

$$y'' + x^2 y = 2a_2 + 3 \cdot 2a_3 x + (4 \cdot 3a_4 + a_0)x^2 + \cdots + [n(n-1)a_n + a_{n-4}]x^{n-2} + \cdots. \qquad (9)$$

Pour que l'équation (5) soit vérifiée, les coefficients de cette dernière série doivent tous être nuls. Ils doivent donc satisfaire aux équations suivantes:

$$2a_2 = 0, \ 3 \cdot 2a_3 = 0 \ \text{et} \ [n(n-1)a_n + a_{n-4}] = 0, \ \text{où } n \geq 4.$$

Les deux premières équations donnent respectivement $a_2 = 0$ et $a_3 = 0$. La troisième équation est une relation récursive à partir de $n = 4$ que nous récrivons en explicitant a_n:

$$a_n = -\frac{a_{n-4}}{n(n-1)}, \ \text{où } n \geq 4.$$

Nous calculons tous les coefficients en posant successivement $n = 0$, 1, 2, 3, $\cdots$.

$n = 0: \; a_0 = \text{constante arbitraire} = y(0)$. D'après l'équation (6)

$n = 1: \; a_1 = \text{constante arbitraire} = y'(0)$. D'après la dérivée de l'équation (6)

$n = 2: \; a_2 = 0$

$n = 3: \; a_3 = 0$

$$n = 4: \; a_4 = -\frac{a_0}{4 \cdot 3}$$

$$n = 5: \; a_5 = -\frac{a_1}{5 \cdot 4}$$

$$n = 6: \; a_6 = -\frac{a_2}{6 \cdot 5} = 0$$

$$n = 7: \; a_7 = -\frac{a_3}{7 \cdot 6} = 0$$

$$n = 8: \; a_8 = -\frac{a_4}{8 \cdot 7} = \frac{a_0}{8 \cdot 7 \cdot 4 \cdot 3}$$

$$n = 9: \; a_9 = -\frac{a_5}{9 \cdot 8} = \frac{a_1}{9 \cdot 8 \cdot 5 \cdot 4}$$

$$n = 10: \; a_{10} = -\frac{a_6}{10 \cdot 9} = 0$$

$$n = 11: \; a_{11} = -\frac{a_7}{11 \cdot 10} = 0$$

$$n = 12: \; a_{12} = -\frac{a_8}{12 \cdot 11} = -\frac{a_0}{12 \cdot 11 \cdot 8 \cdot 7 \cdot 4 \cdot 3}$$

$$n = 13: \; a_{13} = -\frac{a_9}{13 \cdot 12} = -\frac{a_1}{13 \cdot 12 \cdot 9 \cdot 8 \cdot 5 \cdot 4},$$

et ainsi de suite. La régularité est maintenant compréhensible :

pour les coefficients de rang $4k + 2$, $a_{4k+2} = 0$;

pour les coefficients de rang $4k + 3$, $a_{4k+3} = 0$;

pour les coefficients de rang $4k$,

$$a_{4k} = (-1)^k \frac{a_0}{(4k)(4k-1)(4k-4)(4k-5) \cdots 8 \cdot 7 \cdot 4 \cdot 3};$$

pour les coefficients de rang $4k + 1$,

$$a_{4k+1} = (-1)^k \frac{a_1}{(4k+1)(4k)(4k-3)(4k-4) \cdots 9 \cdot 8 \cdot 5 \cdot 4}.$$

La réponse finale est plus facile à exprimer sous la forme d'une somme de deux séries différentes dont l'une est multipliée par a_0 et l'autre, par a_1 :

$$y = a_0\left(1 - \frac{x^4}{4 \cdot 3} + \frac{x^8}{8 \cdot 7 \cdot 4 \cdot 3} - \frac{x^{12}}{12 \cdot 11 \cdot 8 \cdot 7 \cdot 4 \cdot 3} + \cdots\right)$$
$$+ a_1\left(x - \frac{x^5}{5 \cdot 4} + \frac{x^9}{9 \cdot 8 \cdot 5 \cdot 4} - \frac{x^{13}}{13 \cdot 12 \cdot 9 \cdot 8 \cdot 5 \cdot 4} + \cdots\right).$$

Nous pouvons vérifier avec le test du rapport que les deux séries convergent absolument pour tout x.

Contrairement à la situation de l'exemple 9, la solution de l'exemple 10 ne correspond à aucune fonction élémentaire.

Voir les exercices **45** à **62**.

Exercices 4.5

Intervalles de convergence

Aux exercices **1** à **32**, **a)** trouvez le rayon et l'intervalle de convergence de chacune des séries. Pour quelles valeurs de x la convergence est-elle **b)** absolue ? **c)** conditionnelle ?

1. $\sum_{n=0}^{\infty} x^n$

2. $\sum_{n=0}^{\infty} (x+5)^n$

3. $\sum_{n=0}^{\infty} (-1)^n(4x+1)^n$

4. $\sum_{n=1}^{\infty} \frac{(3x-2)^n}{n}$

5. $\sum_{n=0}^{\infty} \frac{(x-2)^n}{10^n}$

6. $\sum_{n=0}^{\infty} (2x)^n$

7. $\sum_{n=0}^{\infty} \frac{nx^n}{n+2}$

8. $\sum_{n=1}^{\infty} \frac{(-1)^n(x+2)^n}{n}$

9. $\sum_{n=1}^{\infty} \frac{x^n}{n\sqrt{n}\,3^n}$

10. $\sum_{n=1}^{\infty} \frac{(x-1)^n}{\sqrt{n}}$

11. $\sum_{n=0}^{\infty} \frac{(-1)^n x^n}{n!}$

12. $\sum_{n=0}^{\infty} \frac{3^n x^n}{n!}$

13. $\sum_{n=0}^{\infty} \frac{x^{2n+1}}{n!}$

14. $\sum_{n=0}^{\infty} \frac{(2x+3)^{2n+1}}{n!}$

15. $\sum_{n=0}^{\infty} \frac{x^n}{\sqrt{n^2+3}}$

16. $\sum_{n=0}^{\infty} \frac{(-1)^n x^n}{\sqrt{n^2+3}}$

17. $\sum_{n=0}^{\infty} \frac{n(x+3)^n}{5^n}$

18. $\sum_{n=0}^{\infty} \frac{nx^n}{4^n(n^2+1)}$

19. $\sum_{n=0}^{\infty} \frac{\sqrt{n}\,x^n}{3^n}$

20. $\sum_{n=1}^{\infty} \sqrt[n]{n}\,(2x+5)^n$

21. $\sum_{n=1}^{\infty} \left(1+\frac{1}{n}\right)^n x^n$

22. $\sum_{n=1}^{\infty} (\ln n)x^n$

23. $\sum_{n=1}^{\infty} n^n x^n$

24. $\sum_{n=0}^{\infty} n!\,(x-4)^n$

25. $\sum_{n=1}^{\infty} \frac{(-1)^{n+1}(x+2)^n}{n2^n}$

26. $\sum_{n=0}^{\infty} (-2)^n(n+1)(x-1)^n$

27. $\sum_{n=2}^{\infty} \frac{x^n}{n(\ln n)^2}$ (Indication : Voir section 4.3, exercice **75**.)

28. $\sum_{n=2}^{\infty} \frac{x^n}{n\ln n}$ (Indication : Voir section 4.3, exercice **75**.)

29. $\sum_{n=1}^{\infty} \frac{(4x-5)^{2n+1}}{n^{3/2}}$

30. $\sum_{n=1}^{\infty} \frac{(3x+1)^{n+1}}{2n+2}$

31. $\sum_{n=1}^{\infty} \frac{(x+\pi)^n}{\sqrt{n}}$

32. $\sum_{n=0}^{\infty} \frac{\left(x-\sqrt{2}\right)^{2n+1}}{2^n}$

Séries géométriques en *x*

Aux exercices **33** à **38**, trouvez l'intervalle de convergence de chacune des séries. Trouvez ensuite la somme de chaque série comme fonction de x définie sur son intervalle de convergence.

33. $\sum_{n=0}^{\infty} \frac{(x-1)^{2n}}{4^n}$

34. $\sum_{n=0}^{\infty} \frac{(x+1)^{2n}}{9^n}$

35. $\sum_{n=0}^{\infty} \left(\frac{\sqrt{x}}{2}-1\right)^n$

36. $\sum_{n=0}^{\infty} (\ln x)^n$

37. $\sum_{n=0}^{\infty} \left(\frac{x^2+1}{3}\right)^n$

38. $\sum_{n=0}^{\infty} \left(\frac{x^2-1}{2}\right)^n$

Séries entières déduites de séries géométriques

Aux exercices **39** à **44**, trouvez une série entière centrée en $x = a$ dont la somme, sur l'intervalle de convergence, est la fonction de x indiquée.

39. $\frac{3}{4-x}$ centrée en $a = 0$.

40. $\frac{3x}{x+6}$ centrée en $a = 0$.

41. $\frac{5x^2}{3-2x}$ centrée en $a = 0$.

42. $\frac{4x^3}{3+5x}$ centrée en $a = 0$.

43. $\frac{(x-2)^2}{5-3x}$ centrée en $a = 2$.

44. $\frac{2(x+3)^3}{3x-1}$ centrée en $a = -3$

Équations différentielles

Trouvez les séries qui représentent les solutions des équations différentielles suivantes avec les valeurs initiales données.

45. $y' + y = 0$, $y(0) = 1$

46. $y' - 2y = 0$, $y(0) = 1$

47. $y' - y = 1$, $y(0) = 0$

48. $y' + y = 1$, $y(0) = 2$

49. $y' - y = x$, $y(0) = 0$

50. $y' + y = 2x$, $y(0) = -1$

51. $y' - xy = 0$, $y(0) = 1$

52. $y' - x^2y = 0$, $y(0) = 1$

53. $(1-x)y' - y = 0$, $y(0) = 2$

54. $(1+x^2)y' + 2xy = 0$, $y(0) = 3$

55. $y'' - y = 0$, $y'(0) = 1$ et $y(0) = 0$.

56. $y'' + y = 0$, $y'(0) = 0$ et $y(0) = 1$.

57. $y'' + y = x$, $y'(0) = 1$ et $y(0) = 2$.

58. $y'' - y = x$, $y'(0) = 2$ et $y(0) = -1$.

59. $y'' - y = -x$, $y'(2) = -2$ et $y(2) = 0$.

60. $y'' - x^2y = 0$, $y'(0) = b$ et $y(0) = a$.

61. $y'' + x^2y = x$, $y'(0) = b$ et $y(0) = a$.

62. $y'' - 2y' + y = 0$, $y'(0) = 1$ et $y(0) = 0$.

Théorie et exemples

63. Dérivation terme à terme. Pour quelles valeurs de x la série suivante converge-t-elle ?

$$1 - \frac{1}{2}(x-3) + \frac{1}{4}(x-3)^2 + \cdots + \left(-\frac{1}{2}\right)^n (x-3)^n + \cdots$$

Quelle en est la somme ? Quelle série obtenez-vous en dérivant la série initiale terme à terme ? Pour quelles valeurs de x la nouvelle série converge-t-elle ? Quelle en est la somme ?

64. Intégration terme à terme. Si vous intégrez terme à terme la série de l'exercice **63**, quelle série obtenez-vous ? Pour quelles valeurs de x la nouvelle série converge-t-elle ? Quelle en est la somme ?

65. Développement en série de sin x. La série

$$\sin x = x - \frac{x^3}{3!} + \frac{x^5}{5!} - \frac{x^7}{7!} + \frac{x^9}{9!} - \frac{x^{11}}{11!} + \cdots$$

converge vers $\sin x$ pour tout x.

a) Trouvez les six premiers termes du développement en série de $\cos x$. Pour quelles valeurs de x la série converge-t-elle ?

b) En remplaçant x par $2x$ dans le développement en série de $\sin x$, trouvez le développement en série de $\sin 2x$ pour tout x.

c) En utilisant les résultats trouvés en **a)** et le théorème de la multiplication de séries entières, calculez les six premiers termes du développement en série de $2 \sin x \cos x$. Comparez votre réponse avec celle trouvée en **b)**.

66. Développement en série de e^x. La série

$$e^x = 1 + x + \frac{x^2}{2!} + \frac{x^3}{3!} + \frac{x^4}{4!} + \frac{x^5}{5!} + \cdots$$

converge vers e^x pour tout x.

a) Trouvez le développement en série de de^x/dx. Obtenez-vous la série qui représente e^x ? Expliquez votre réponse.

b) Trouvez le développement en série de $\int e^x dx$. Obtenez-vous la série qui représente e^x ? Expliquez votre réponse.

c) Remplacez x par $-x$ dans la série qui représente e^x afin de trouver une série qui converge vers e^{-x} pour tout x, puis multipliez ensemble les séries de e^x et e^{-x} pour trouver les six premiers termes de la série qui représente $e^x \cdot e^{-x}$.

67. Développement en série de tan x. La série

$$\tan x = x + \frac{x^3}{3} + \frac{2x^5}{15} + \frac{17x^7}{315} + \frac{62x^9}{2835} + \cdots$$

converge vers $\tan x$ pour $-\pi/2 < x < \pi/2$.

a) Trouvez les cinq premiers termes de la série qui représente $\ln |\sec x|$. Pour quelles valeurs de x la série converge-t-elle ?

b) Trouvez les cinq premiers termes de la série qui représente $\sec^2 x$. Pour quelles valeurs de x la série converge-t-elle ?

c) Vérifiez le résultat obtenu en **b)**, en élevant au carré la série donnée pour $\sec x$ à l'exercice **68**.

68. Développement en série de sec x. La série

$$\sec x = 1 + \frac{x^2}{2} + \frac{5}{24}x^4 + \frac{61}{720}x^6 + \frac{277}{8064}x^8 + \cdots$$

converge vers $\sec x$ pour $-\pi/2 < x < \pi/2$.

a) Trouvez les cinq premiers termes de la série qui représente $\ln |\sec x + \tan x|$. Pour quelles valeurs de x la série converge-t-elle ?

b) Trouvez les quatre premiers termes de la série qui représente $\sec x \tan x$. Pour quelles valeurs de x la série converge-t-elle ?

c) Vérifiez le résultat obtenu en **b)**, en multipliant la série qui représente $\sec x$ par la série donnée pour $\tan x$ à l'exercice **67**.

69. Unicité des séries entières convergentes.

a) Montrez que si deux séries entières $\sum_{n=0}^{\infty} a_n x^n$ et $\sum_{n=0}^{\infty} b_n x^n$ convergent et sont égales pour tout x sur un intervalle ouvert $]-c, c[$, alors $a_n = b_n$ pour tout n.

(Indication : Soit $f(x) = \sum_{n=0}^{\infty} a_n x^n = \sum_{n=0}^{\infty} b_n x^n$. Dérivez les séries terme à terme pour montrer que a_n et b_n sont tous deux égaux à $f^{(n)}(0)/n!$.)

b) Montrez que si $\sum_{n=0}^{\infty} a_n x^n = 0$ pour tout x sur un intervalle ouvert $]-c, c[$, alors $a_n = 0$ pour tout n.

70. Somme de la série $\sum_{n=0}^{\infty} (n^2/2^n)$. Pour trouver la somme de la série

$$\frac{1}{2} + \frac{4}{4} + \frac{9}{8} + \frac{16}{16} + \frac{25}{32} + \cdots = \sum_{n=0}^{\infty} (n^2/2^n),$$

exprimez $1/(1 - x)$ sous la forme d'une série géométrique, dérivez les deux membres de l'équation par rapport à x, multipliez les deux membres du résultat par x, dérivez encore une fois, puis multipliez le résultat de nouveau par x et enfin posez $x = 1/2$. Qu'obtenez-vous ?

Source : « David E. Dobbs's letter to the editor », *Illinois Mathematics Teacher*, vol. 33, n° 4, 1982, p. 27.

71. Convergence aux bornes. Montrez par des exemples que la convergence d'une série entière aux bornes de son intervalle de convergence peut être conditionnelle ou absolue.

72. Intervalles de convergence. Créez une série entière dont l'intervalle de convergence est

a) $]-3, 3[$; **b)** $]-2, 0[$; **c)** $]1, 5[$.

4.6 Séries de Taylor et de Maclaurin, et série du binôme

Dans la section 4.5, nous avons appris à représenter certaines fonctions par des séries entières développées à partir de séries géométriques. Dans la présente section, nous étudierons une technique beaucoup plus générale qui permet de représenter des fonctions par des séries entières. Ainsi, nous verrons comment construire des séries, appelées *séries de Taylor*, à partir de toute fonction qui possède une infinité de dérivées successives ; de plus, nous apprendrons comment contrôler l'erreur d'approximation commise lorsque nous utilisons une somme partielle d'une série de Taylor pour approcher la valeur de la fonction qu'elle représente.

4.6.1 Séries de Taylor et de Maclaurin

Nous savons qu'à l'intérieur de son intervalle de convergence, une série entière est une fonction continue avec des dérivées successives de tous ordres. Qu'en est-il toutefois de l'énoncé inverse ? Une fonction $f(x)$ qui possède des dérivées de tous ordres sur un intervalle I peut-elle s'exprimer sous la forme d'une série entière sur I ? Dans l'affirmative, quels en sont les coefficients ?

La réponse à la seconde question est simple à la condition de supposer que la fonction $f(x)$ est représentable par une série entière sur un intervalle de convergence I centré en $x = a$ et de rayon R non nul, c'est-à-dire à la condition de supposer que

$$f(x) = c_0 + c_1(x - a) + c_2(x - a)^2 + c_3(x - a)^3 + c_4(x - a)^4 + \dots + c_n(x - a)^n + \dots,$$

où $|x-a|<R$. Par dérivations successives de $f(x)$ à l'intérieur de l'intervalle de convergence I, nous obtenons les équations

$$\begin{aligned}
f'(x) &= c_1 + 2c_2(x-a) + 3c_3(x-a)^2 + 4c_4(x-a)^3 + \cdots + nc_n(x-a)^{n-1} + \cdots,\\
f''(x) &= 2c_2 + 3\cdot 2c_3(x-a) + 4\cdot 3c_4(x-a)^2 + \cdots + n(n-1)c_n(x-a)^{n-2} + \cdots,\\
f'''(x) &= 3!c_3 + 4\cdot 3\cdot 2c_4(x-a) + \cdots + n(n-1)(n-2)c_n(x-a)^{n-3} + \cdots,\\
f^{(4)}(x) &= 4!c_4 + \cdots + n(n-1)(n-2)(n-3)c_n(x-a)^{n-4} + \cdots,
\end{aligned}$$

et ainsi de suite. La n^{e} dérivée de f est égale à

$$f^{(n)}(x) = n!c_n + [\text{une somme de termes possédant tous } (x-a) \text{ comme facteur}].$$

En posant $x=a$ dans toutes ces équations, les termes $(x-a)$ deviennent tous nuls et nous obtenons :

$$\begin{aligned}
f(a) &= c_0\\
f'(a) &= c_1\\
f''(a) &= 2c_2\\
f'''(a) &= 3!c_3\\
f^{(4)}(a) &= 4!c_4\\
&\vdots\\
f^{(n)}(a) &= n!c_n.
\end{aligned}$$

Ces égalités révèlent une merveilleuse régularité suivie par tous les coefficients de n'importe quelle série entière $\sum_{n=0}^{\infty} c_n(x-a)^n$ qui représente f sur I. À condition qu'une telle série existe pour une fonction f, alors cette série est unique et ses coefficients sont

$$c_0 = f(a),\ c_1 = f'(a),\ c_2 = \frac{f''(a)}{2!},\ c_3 = \frac{f'''(a)}{3!},\ c_4 = \frac{f^{(4)}(a)}{4!},\ \cdots$$

et, de façon générale,

$$c_n = \frac{f^{(n)}(a)}{n!}.$$ ■

THÉORÈME 4.6.1 Développement en série de Taylor

Si la fonction f est représentable par une série entière sur un intervalle de convergence centré en a et de rayon R non nul, c'est-à-dire si

$$f(x) = \sum_{n=0}^{\infty} c_n(x-a)^n, \text{ où } |x-a| < R,$$

alors les coefficients c_n sont donnés par la formule

$$c_n = \frac{f^{(n)}(a)}{n!}.$$

La fonction f admet donc le développement en série entière

$$f(x) = \sum_{n=0}^{\infty} \frac{f^{(n)}(a)}{n!}(x-a)^n = f(a) + f'(a)(x-a) + \frac{f''(a)}{2!}(x-a)^2$$
$$+ \frac{f'''(a)}{3!}(x-a)^3 + \cdots + \frac{f^{(n)}(a)}{n!}(x-a)^n + \cdots.$$

Cette formule est appelée **série de Taylor de la fonction f en a** (ou **centrée en a**).

Dans le cas particulier où $a = 0$, la série de Taylor devient

$$\sum_{n=0}^{\infty} \frac{f^{(n)}(0)}{n!}x^n = f(0) + f'(0)x + \frac{f''(0)}{2!}x^2 + \frac{f'''(0)}{3!}x^3 + \cdots$$
$$+ \frac{f^{(n)}(0)}{n!}x^n + \cdots$$

et la formule prend le nom de **série de Maclaurin de la fonction f.**

Nous avons montré que, si f peut être représentée par une série entière centrée en a, alors cette série entière doit être égale à la série de Taylor engendrée par f en $x = a$. Mais il existe des fonctions infiniment dérivables qui ne sont pas égales à la série de Taylor qu'elles engendrent parce que, au départ, elles ne sont pas représentables par une série entière. L'exercice **79** en donne un exemple.

EXEMPLE 1 Trouver une série de Taylor

Trouvez la série de Taylor engendrée par $f(x) = 2/(x-1)$ en $a = 3$. Pour quelles valeurs de x cette série converge-t-elle vers $2/(x-1)$?

Solution

Trouvons d'abord $f(a), f'(a), f''(a), \cdots$. En dérivant successivement puis en remplaçant x par 3, nous obtenons :

$$\begin{aligned}
f(x) &= 2(x-1)^{-1} & f(3) &= 2(2)^{-1} = 1\\
f'(x) &= 2(-1)(x-1)^{-2} & f'(3) &= 2(-1)(2)^{-2} = -1/2\\
f''(x) &= 2(2!)(x-1)^{-3} & f''(3) &= 2(2!)(2)^{-3} = 2!/2^2\\
f'''(x) &= 2(-3!)(x-1)^{-4} & f'''(3) &= 2(-3!)(2)^{-4} = -3!/2^3\\
f^{(4)}(x) &= 2(4!)(x-1)^{-5} & f^{(4)}(3) &= 2(4!)(2)^{-5} = 4!/2^4\\
&\vdots & &\vdots\\
f^{(n)}(x) &= 2(-1)^n(n!)(x-1)^{-(n+1)} & f^{(n)}(3) &= 2(-1)^n(n!)(2)^{-(n+1)} = (-1/2)^n n!.
\end{aligned}$$

La série de Taylor est donc

$$f(x) = f(3) + f'(3)(x-3) + \frac{f''(3)}{2!}(x-3)^2$$
$$+ \frac{f'''(3)}{3!}(x-3)^3 + \frac{f^{(4)}(3)}{4!}(x-3)^4 + \cdots + \frac{f^{(n)}(3)}{n!}(x-3)^n + \cdots$$

$$= 1 + (-1/2)(x-3) + \frac{2!/2^2}{2!}(x-3)^2$$

$$+ \frac{-3!/2^3}{3!}(x-3)^3 + \frac{4!/2^4}{4!}(x-3)^4 + \cdots + \frac{(-1/2)^n n!}{n!}(x-3)^n + \cdots$$

$$= 1 - \frac{(x-3)}{2} + \frac{(x-3)^2}{2^2}$$

$$- \frac{(x-3)^3}{2^3} + \frac{(x-3)^4}{2^4} + \cdots + \left(-\frac{1}{2}\right)^n (x-3)^n + \cdots.$$

Il s'agit de la série géométrique de premier terme 1 et de raison $r = -(x-3)/2$; cette série a été développée à la fin de l'exemple 2 de la section 4.5 (voir page 315) à l'aide d'une méthode plus rapide mais beaucoup moins générale que la formule de Taylor. La série converge absolument pour $|r| = |-(x-3)/2| < 1$, c'est-à-dire dans l'intervalle $1 < x < 5$. Sa somme est

$$\frac{\text{premier terme}}{1 - \text{raison}} = \frac{1}{1 + (x-3)/2} = \frac{2}{2 + (x-3)} = \frac{2}{x-1},$$

ce qui correspond bien à la fonction initiale $f(x)$.

En résumé, la série de Taylor engendrée par $f(x) = 2/(x-1)$ en $a = 3$ converge vers $2/(x-1)$ pour $1 < x < 5$.

Voir les exercices **7** à **14** et **15** à **20**.

TAYLOR

Issu d'une famille aisée, **Brook Taylor** (Edmonton, Middlesex, 18 août 1685 – Londres, 1731) a déjà reçu une bonne formation à domicile lorsqu'il entre à l'université de Cambridge à l'âge de 17 ans. Étudiant en droit, il est autant doué pour les arts que pour les mathématiques. En 1715, il écrira un livre sur la perspective linéaire, sujet qui préoccupe les peintres depuis la Renaissance. On y trouve les notions de base de ce qui deviendra la géométrie descriptive et la géométrie projective. Durant la même année, Taylor élabore la description physique d'une corde qui vibre. Ses premières amours, la peinture et la musique, ont sûrement inspiré ces travaux.

Taylor aborde les grands thèmes scientifiques de son temps – la chaleur, le magnétisme, le mouvement des fluides dans les vaisseaux capillaires. Cependant, son nom est à tout jamais lié aux séries et aux polynômes dont il traite dans son chef-d'œuvre, *Methodus incrementorum directa et inversa*, ainsi qu'au célèbre théorème qui passera presque inaperçu de son vivant, mais que le mathématicien français Lagrange nommera *principe fondamental du calcul différentiel*.

On dit que Taylor n'a pu exploiter son talent à fond. Son caractère impatient, dû à des soucis familiaux et de santé, le porta à s'exprimer de façon très concise et parfois même agressive.

4.6.2 Polynômes de Taylor

La linéarisation d'une fonction dérivable f au point $x = a$ est le polynôme

$$P_1(x) = f(a) + f'(a)(x-a).$$

Si f possède des dérivées d'ordre supérieur en a, alors elle possède également des approximations polynomiales d'ordre supérieur pour chaque dérivée disponible. Ces polynômes sont appelés les *polynômes de Taylor* de f.

DÉFINITION 4.6.1 Polynômes de Taylor d'ordre *n*

Soit f une fonction qui possède des dérivées d'ordre k, où $k = 1, 2, 3, \ldots, N$, sur un intervalle contenant a comme point intérieur. Pour tout entier n compris entre 0 et N, le **polynôme de Taylor d'ordre *n*** engendré par f en $x = a$ est le polynôme

$$P_n(x) = f(a) + f'(a)(x-a) + \frac{f''(a)}{2!}(x-a)^2 + \cdots + \frac{f^{(n)}(a)}{n!}(x-a)^n$$

$$= \sum_{k=0}^{n} \frac{f^{(k)}(a)}{k!}(x-a)^k.$$

Chaque polynôme de Taylor d'ordre n peut être obtenu en tronquant une série de Taylor après le n^e terme.

Ordre *n* versus degré *n*

On parle d'un polynôme d'ordre n plutôt que de degré n, car $f^{(n)}(a)$ peut être nulle. Par exemple, les deux premiers polynômes de Taylor engendrés par la fonction $\cos x$ en $x = 0$ sont $P_0(x) = 1$ et $P_1(x) = 1$. Ici, le polynôme d'ordre 1 est de degré 0, non de degré 1.

Tout comme la linéarisation d'une fonction f en $x = a$ fournit la « meilleure » approximation linéaire de f dans le voisinage de a, les polynômes d'ordre supérieur donnent respectivement les « meilleures » approximations polynomiales de degrés correspondants (voir exercice **84**).

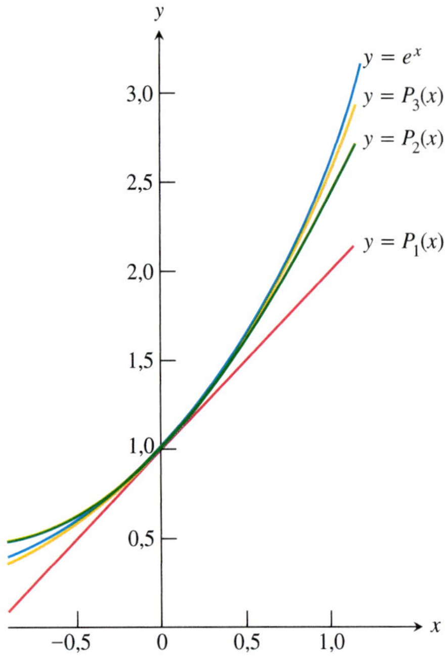

Figure 4.6.1 Graphes de $f(x) = e^x$ et de ses polynômes de Taylor.

$P_1(x) = 1 + x$

$P_2(x) = 1 + x + (x^2/2!)$

$P_3(x) = 1 + x + (x^2/2!) + (x^3/3!)$

Observez la justesse des approximations par ces polynômes au voisinage de $x = 0$.

EXEMPLE 2 **Trouver les polynômes de Taylor engendrés par e^x**

Trouvez la série de Taylor et les polynômes de Taylor engendrés par $f(x) = e^x$ en $x = 0$.

Solution

Puisque

$$f(x) = e^x,\ f'(x) = e^x,\ \cdots,\ f^{(n)}(x) = e^x,\ \cdots,$$

nous avons

$$f(0) = e^0 = 1,\ f'(0) = 1,\ \cdots,\ f^{(n)}(0) = 1,\ \cdots.$$

La série de Taylor engendrée par f en $x = 0$ est

$$f(0) + f'(0)x + \frac{f''(0)}{2!}x^2 + \cdots + \frac{f^{(n)}(0)}{n!}x^n + \cdots = 1 + x + \frac{x^2}{2!} + \cdots + \frac{x^n}{n!} + \cdots$$
$$= \sum_{k=0}^{\infty} \frac{x^k}{k!}.$$

Par définition, puisque la série est centrée en $x = 0$, il s'agit de la série de Maclaurin de la fonction e^x. Nous verrons plus loin que cette série converge vers e^x pour tout x.

Le polynôme de Taylor d'ordre n en $x = 0$ est

$$P_n(x) = 1 + x + \frac{x^2}{2!} + \cdots + \frac{x^n}{n!}.$$

(figure 4.6.1)

EXEMPLE 3 **Trouver les polynômes de Taylor engendrés par cos *x***

Trouvez la série de Taylor et les polynômes de Taylor engendrés par $f(x) = \cos x$ en $x = 0$.

Solution

La fonction $f(x)$ et ses dérivées successives sont

$$\begin{aligned} f(x) &= \cos x, & f'(x) &= -\sin x, \\ f''(x) &= -\cos x, & f'''(x) &= \sin x, \\ &\vdots & &\vdots \\ f^{(2n)}(x) &= (-1)^n \cos x, & f^{(2n+1)}(x) &= (-1)^{n+1} \sin x. \end{aligned}$$

À $x = 0$, le cosinus vaut 1 et le sinus vaut 0 ; donc

$$f^{(2n)}(0) = (-1)^n \text{ et } f^{(2n+1)}(0) = 0.$$

La série de Taylor engendrée par f en $x = 0$ est

$$f(0) + f'(0)x + \frac{f''(0)}{2!}x^2 + \frac{f'''(0)}{3!}x^3 + \cdots + \frac{f^{(n)}(0)}{n!}x^n + \cdots$$

$$= 1 + 0 \cdot x - \frac{x^2}{2!} + 0 \cdot x^3 + \frac{x^4}{4!} + \cdots + (-1)^n \frac{x^{2n}}{(2n)!} + \cdots = \sum_{n=0}^{\infty} \frac{(-1)^n x^{2n}}{(2n)!}.$$

Par définition, puisque la série est centrée en $x = 0$, il s'agit de la série de Maclaurin de la fonction $\cos x$; observons qu'elle ne comporte que des puissances paires de x. Nous verrons plus loin, à l'exemple 6 (voir page 339), que cette série converge vers $\cos x$ pour tout x.

Puisque $f^{(2n+1)}(0) = 0$, les polynômes de Taylor d'ordres $2n$ et $2n + 1$ sont identiques:

$$P_{2n}(x) = P_{2n+1}(x) = 1 - \frac{x^2}{2!} + \frac{x^4}{4!} - \cdots + (-1)^n \frac{x^{2n}}{(2n)!}.$$

La figure 4.6.2 ci-dessous illustre combien ces approximations polynomiales de $f(x) = \cos x$ sont précises au voisinage de $x = 0$. Nous représentons seulement la portion de droite des graphes puisqu'ils sont tous symétriques par rapport à l'axe des y.

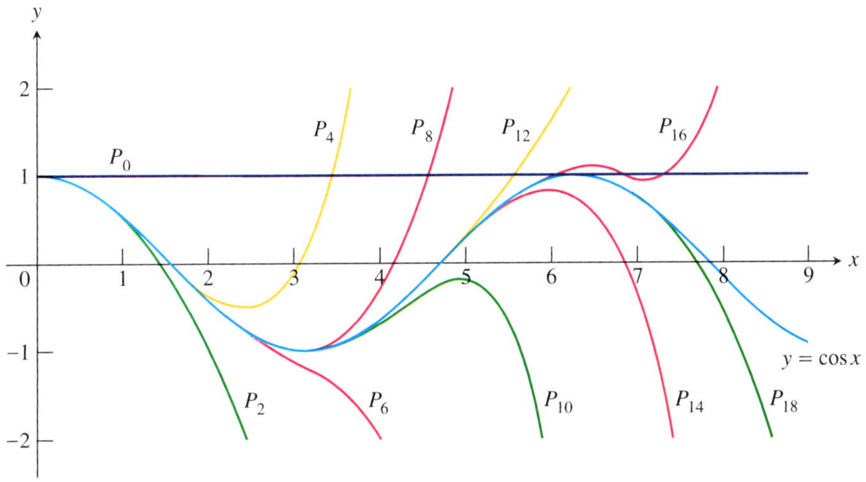

Figure 4.6.2 Les polynômes

$$P_{2n}(x) = \sum_{k=0}^{n} \frac{(-1)^k x^{2k}}{(2k)!}$$

convergent vers $\cos x$ lorsque $n \to \infty$. N'est-il pas surprenant de constater qu'il est possible de connaître entièrement le comportement de $\cos x$ en tous points, en connaissant uniquement les valeurs du cosinus et de ses dérivées au seul point (0, 0)?

Voir les exercices **1** à **6**.

Deux questions restent en suspens.

- Pour quelles valeurs de x une série de Taylor converge-t-elle vers la fonction qui l'engendre?
- Dans quelle mesure l'approximation d'une fonction par des polynômes de Taylor est-elle proche de la fonction sur un intervalle donné?

Nous répondrons à ces deux questions dans ce qui suit.

4.6.3 Reste d'un polynôme de Taylor

Pour mesurer la précision d'une approximation de la valeur d'une fonction $f(x)$ par un de ses polynômes de Taylor, nous utiliserons l'idée de *reste*.

DÉFINITIONS 4.6.2 Reste et erreur d'une série de Taylor

Soit une fonction $f(x)$ et soit $P_n(x)$ son polynôme de Taylor d'ordre n. Le **reste d'ordre n**, $R_n(x)$, est défini par

$$f(x) = P_n(x) + R_n(x).$$

Valeur exacte — Approximation — Reste

La valeur absolue du reste, $|R_n(x)| = |f(x) - P_n(x)|$, est appelée **erreur d'ordre n** associée à l'approximation de f par $P_n(x)$.

Le théorème suivant présente une façon d'estimer le reste associé à un polynôme de Taylor.

THÉORÈME 4.6.2 Théorème de Taylor

Si une fonction f est dérivable successivement au moins $n + 1$ fois sur un intervalle ouvert I contenant a, alors, pour tout x dans I, il existe un nombre c entre a et x tel que

$$f(x) = f(a) + f'(a)(x-a) + \frac{f''(a)}{2!}(x-a)^2 + \cdots + \frac{f^{(n)}(a)}{n!}(x-a)^n + R_n(x),$$

où

$$R_n(x) = \frac{f^{(n+1)}(c)}{(n+1)!}(x-a)^{n+1}.$$

Constatez-vous à quel point le théorème de Taylor est remarquable ? Pour n'importe quelle valeur de n, ce théorème donne à la fois une approximation polynomiale de f d'ordre n et une formule qui décrit l'erreur entraînée par l'utilisation de cette approximation sur l'intervalle I.

Bien que la valeur de c soit inconnue, nous savons qu'elle est comprise entre a et x : elle dépend donc de a et de x ainsi que de n.

Le théorème de Taylor est une généralisation du théorème de la moyenne de Lagrange (voir exercice **73**). Sa démonstration, fort longue, est donnée à la section A.8.

4.6.4 Convergence des séries de Taylor

Demandons-nous maintenant pour quelles valeurs de x la série de Taylor centrée en a d'une fonction f converge vers $f(x)$. Supposons que

$$f(x) = f(a) + f'(a) + \cdots + \frac{f^{(k)}(a)}{k!}(x-a)^k + \cdots = \sum_{k=0}^{\infty} \frac{f^{(k)}(a)}{k!}(x-a)^k.$$

$f(x)$ peut également s'écrire sous la forme

$$f(x) = \lim_{n\to\infty} \sum_{k=0}^{n} \frac{f^{(k)}(a)}{k!}(x-a)^k,$$

ce qui entraîne

$$\lim_{n\to\infty} \left[f(x) - \sum_{k=0}^{n} \frac{f^{(k)}(a)}{k!}(x-a)^k \right] = 0.$$

Puisque l'expression entre crochets correspond exactement à $R_n(x)$, la dernière égalité devient

$$\lim_{n \to \infty} R_n(x) = 0.$$

Nous avons démontré le théorème 4.6.3.

THÉORÈME 4.6.3 Convergence d'une série de Taylor

La série de Taylor engendrée par une fonction f en $x = a$ converge vers f sur I si et seulement si $R_n(x) \to 0$ lorsque $n \to \infty$ pour tout x dans I. Dans ces conditions, nous écrirons :

$$f(x) = \sum_{k=0}^{\infty} \frac{f^{(k)}(a)}{k!}(x-a)^k.$$

EXEMPLE 4 La série de Maclaurin de e^x

Démontrez que, pour tout x réel, e^x est égal à la somme de sa série de Taylor. Plus précisément, démontrez que la série de Taylor engendrée par $f(x) = e^x$ en $x = 0$ converge vers $f(x)$ pour toute valeur réelle de x.

Solution

Cette fonction possède des dérivées de tous ordres sur l'intervalle $I =]-\infty, \infty[$ et, selon l'exemple 2 et le théorème 4.6.2 (voir pages 334 et 336),

$$e^x = 1 + x + \frac{x^2}{2!} + \cdots + \frac{x^n}{n!} + R_n(x),$$

où

$$R_n(x) = \frac{e^c}{(n+1)!}x^{n+1} = e^c \frac{x^{n+1}}{(n+1)!}$$ pour une valeur c comprise entre 0 et x.

Selon le théorème 4.6.3, il faut démontrer que, pour tout x,

$$\lim_{n \to \infty} R_n(x) = \lim_{n \to \infty} e^c \frac{x^{n+1}}{(n+1)!} = 0.$$

Considérons les trois cas $x > 0$, $x < 0$ et $x = 0$.

- $\boldsymbol{x > 0}$ **:** dans ce cas, $0 < c < x$ et alors $0 < e^0 < e^c < e^x$, car e^x est une fonction croissante de x. Dès lors,

$$0 < e^c \frac{x^{n+1}}{(n+1)!} < e^x \frac{x^{n+1}}{(n+1)!}$$

$$0 < R_n(x) < e^x \frac{x^{n+1}}{(n+1)!}.$$

- $\boldsymbol{x < 0}$ **:** dans ce cas, $x < c < 0$, donc c est négatif et alors $0 < e^c < 1$. Dès lors,

$$0 < e^c \left| \frac{x^{n+1}}{(n+1)!} \right| < 1 \cdot \left| \frac{x^{n+1}}{(n+1)!} \right|$$

$$0 < |R_n(x)| < \left| \frac{x^{n+1}}{(n+1)!} \right|.$$

- $\boldsymbol{x = 0}$ **:** $e^x = e^0 = 1 + 0 + 0 + 0 + \cdots$ et alors $R_n(x) = 0$ (dans ce cas, la convergence est triviale).

MACLAURIN

La famille de **Colin Maclaurin** (Kilmodan, Écosse, février 1698 – Édimbourg, 1746) compte plusieurs membres du clergé écossais, milieu où l'érudition est vénérée. Le petit Colin a 11 ans lorsque son oncle, qui en est le gardien depuis la mort de ses parents, l'inscrit à l'université de Glasgow. À 14 ans, Colin défend sa thèse de maîtrise, fondée sur les théories de Newton.
Maclaurin passe alors quelques années idylliques chez son oncle, poursuivant ses recherches tout en faisant des expéditions dans les montagnes. Il est nommé professeur à l'université d'Aberdeen (1717) et enfin, grâce en partie à l'appui de Newton, à l'université d'Édimbourg (1725). Très apprécié comme enseignant, il rédigera son célèbre *Traité des fluxions* en 1742. Ce livre servira de référence, notamment en ce qui concerne les extremums, l'attraction des corps ellipsoïdaux et le test de l'intégrale pour la convergence. On y trouve la formule dite *de Maclaurin*. Pour son analyse des marées, il partagera (avec Euler et Daniel Bernoulli) un prix décerné par l'Académie des sciences de Paris.

Dans les deux premiers cas, nous utilisons le résultat suivant :

$$\lim_{n\to\infty} \frac{x^{n+1}}{(n+1)!} = 0 \text{ pour tout } x.$$

Table 4.1.1, formule **6** (voir page 266)

Si nous combinons ce résultat avec le théorème du sandwich sur les limites, nous déduisons dans les deux premiers cas que $\lim\limits_{n\to\infty} R_n(x) = 0$ et que, par conséquent, la série converge vers e^x pour tout x.

4.6.5 Estimation du reste

Il est souvent possible d'estimer $R_n(x)$ comme nous venons de le faire dans l'exemple 4 (voir page 337). Selon le théorème de Taylor, le reste $R_n(x)$ est toujours exprimable sous la forme

$$\frac{f^{(n+1)}(c)}{(n+1)!}(x-a)^{n+1}.$$

Nous savons que c est compris entre a et x mais, puisque nous en ignorons la valeur exacte, nous sommes généralement incapables de déterminer la valeur exacte de $f^{(n+1)}(c)$. Cependant, dans le but d'estimer par excès l'erreur $|R_n(x)|$, il est souvent possible de trouver un majorant de $|f^{(n+1)}(c)|$, c'est-à-dire une constante positive M telle que $|f^{(n+1)}(c)| \leq M$. Cette méthode d'estimation est si pratique que nous l'énoncerons sous la forme d'un théorème souvent utilisé pour démontrer que $\lim\limits_{n\to\infty} R_n(x) = 0$ lorsque nous voulons établir la convergence d'une série de Taylor vers une fonction f qui l'engendre.

THÉORÈME 4.6.4 Estimation du reste de Taylor

S'il existe une constante positive M telle que $|f^{(n+1)}(x)| \leq M$ pour $|x-a| < R$, alors le reste $R_n(x)$ du théorème de Taylor satisfait à l'inégalité

$$|R_n(x)| \leq M\frac{|x-a|^{n+1}}{(n+1)!} \quad \text{pour } |x-a| < R.$$

Si ces conditions sont remplies pour tout n et si toutes les autres conditions du théorème de Taylor sont remplies par f, alors la série converge vers $f(x)$.

Les deux prochains exemples illustrent comment régler des questions de convergence par l'utilisation du théorème de convergence d'une série de Taylor (voir théorème 4.6.3, page 337) combiné avec le théorème d'estimation du reste de Taylor (théorème 4.6.4). À la fin de la section, nous verrons aussi comment appliquer ces théorèmes pour déterminer avec quelle précision une fonction peut être approchée par un de ses polynômes de Taylor.

EXEMPLE 5 La série de Maclaurin de sin *x*

Montrez que la série de Maclaurin engendrée par $\sin x$ converge vers $\sin x$ pour tout x.

Solution

La fonction $f(x)$ et ses dérivées successives sont

$$\begin{aligned} f(x) &= \sin x, & f'(x) &= \cos x, \\ f''(x) &= -\sin x, & f'''(x) &= -\cos x, \\ &\vdots & &\vdots \\ f^{(2k)}(x) &= (-1)^k \sin x, & f^{(2k+1)}(x) &= (-1)^k \cos x. \end{aligned}$$

À $x = 0$, le sinus vaut 0 et le cosinus vaut 1 ; donc

$$f^{(2k)}(0) = 0 \text{ et } f^{(2k+1)}(0) = (-1)^k.$$

La série ne comporte que des puissances impaires de x et, pour $n = 2k + 1$, le théorème de Taylor donne

$$\sin x = x - \frac{x^3}{3!} + \frac{x^5}{5!} - \cdots + \frac{(-1)^k x^{2k+1}}{(2k+1)!} + R_{2k+1}(x).$$

La valeur absolue de toutes les dérivées de $\sin x$ est toujours inférieure ou égale à 1, de sorte qu'il est possible d'appliquer le théorème de l'estimation du reste de Taylor (théorème 4.6.4) avec $M = 1$ pour obtenir

$$|R_{2k+1}(x)| \leq 1 \cdot \frac{|x|^{2k+2}}{(2k+2)!}.$$

Quelle que soit la valeur de x, le membre de droite de l'inégalité tend vers 0 lorsque $k \to \infty$, et ainsi, le reste $R_{2k+1}(x)$ tend vers 0. Par conséquent, la série de Maclaurin engendrée par la fonction $\sin x$ converge vers $\sin x$ pour tout x.

EXEMPLE 6 La série de Maclaurin de cos *x*

Montrez que la série de Maclaurin engendrée par la fonction $\cos x$ converge vers $\cos x$ pour tout x.

Solution

Ajoutons le reste au polynôme de Taylor pour $\cos x$ trouvé à l'exemple 3 (voir page 334) afin d'obtenir la formule du théorème de Taylor (voir théorème 4.6.2, page 336) pour $\cos x$ avec $n = 2k$:

$$\cos x = 1 - \frac{x^2}{2!} + \frac{x^4}{4!} - \cdots + (-1)^k \frac{x^{2k}}{(2k)!} + R_{2k}(x).$$

Puisque la valeur absolue des dérivées du cosinus est inférieure ou égale à 1, le théorème de l'estimation du reste de Taylor (théorème 4.6.4) avec $M = 1$ donne :

$$|R_{2k}(x)| \leq 1 \cdot \frac{|x|^{2k+1}}{(2k+1)!}.$$

Ainsi, pour toute valeur de x, $R_{2k}(x) \to 0$ lorsque $k \to \infty$. Par conséquent, la série converge vers $\cos x$ pour toute valeur de x.

4.6.6 Série du binôme

La série de Maclaurin engendrée par $f(x) = (1 + x)^m$, où m est constante, est égale à

$$1 + mx + \frac{m(m-1)}{2!}x^2 + \frac{m(m-1)(m-2)}{3!}x^3 + \cdots$$
$$+ \frac{m(m-1)(m-2)\cdots(m-k+1)}{k!}x^k + \cdots.$$

Observez que tous les coefficients de la série sont des quotients dont le numérateur et le dénominateur comportent toujours le même nombre de facteurs.

Cette série, appelée **série du binôme**, converge absolument pour $|x| < 1$. Pour la développer, nous procédons de la façon habituelle :

$$f(x) = (1 + x)^m$$
$$f'(x) = m(1 + x)^{m-1}$$

$$\begin{aligned}
f''(x) &= m(m-1)(1+x)^{m-2}\\
f'''(x) &= m(m-1)(m-2)(1+x)^{m-3}\\
&\ \vdots\\
f^{(k)}(x) &= m(m-1)(m-2)\cdots(m-k+1)(1+x)^{m-k}.
\end{aligned}$$

En évaluant ces expressions en $x = 0$ puis en remplaçant les $f^{(k)}(0)$ dans la formule de la série de Maclaurin, nous obtenons la série du binôme.

Dans le cas particulier où m est un entier non négatif, la série s'arrête après le terme de degré m. En effet, à partir de m, les dérivées successives de $f(x) = (1 + x)^m$ sont :

$$f^{(m)}(x) = m(m-1)(m-2)\cdots(m-m+1)(1+x)^{m-m} = m!(1+x)^0 = m!$$
$$f^{(m+1)}(x) = 0,\ f^{(m+2)}(x) = 0,\ f^{(m+3)}(x) = 0, \text{ et ainsi de suite.}$$

Par conséquent, les termes de puissances supérieures à m sont tous nuls et la série devient un polynôme de degré m.

Si m n'est pas un entier positif ou nul, le raisonnement précédent ne tient plus, car les dérivées successives de $f(x) = (1 + x)^m$ n'atteindront jamais la puissance 0. La série est alors infinie et elle converge pour $|x| < 1$. Pour le prouver, désignons par u_k le terme de puissance k et appliquons ensuite le test du rapport pour la convergence absolue :

$$\left|\frac{u_{k+1}}{u_k}\right| = \left|\frac{m(m-1)\cdots(m-k+1)(m-k)x^{k+1}}{(k+1)!}\cdot\frac{k!}{m(m-1)\cdots(m-k+1)x^k}\right|$$
$$= \left|\frac{m-k}{k+1}x\right| = \left|\frac{(m/k)-1}{1+(1/k)}x\right| = \frac{|1-(m/k)|}{1+(1/k)}|x| \to |x|, \text{ lorsque } k \to \infty. \quad ■$$

Cette façon de construire la série du binôme montre uniquement qu'elle est engendrée par $f(x) = (1 + x)^m$ et qu'elle converge pour $|x| < 1$. Rien ne prouve encore que la série du binôme converge effectivement vers $f(x) = (1 + x)^m$. Il faudrait pour cela démontrer que le reste $R_n(x)$ tend vers 0, mais, comme cette preuve dépasse le niveau de ce manuel, nous accepterons le résultat sans démonstration.

THÉORÈME 4.6.5 Série du binôme

Pour $-1 < x < 1$,

$$(1+x)^m = 1 + \sum_{k=1}^{\infty}\binom{m}{k}x^k,$$

où, par définition,

$$\binom{m}{1} = m,\ \binom{m}{2} = \frac{m(m-1)}{2!}$$

et

$$\binom{m}{k} = \frac{m(m-1)(m-2)\cdots(m-k+1)}{k!} \quad \text{pour } k \geq 3.$$

La série du binôme n'est qu'un cas particulier des séries de Maclaurin, mais elle intervient assez souvent pour qu'il soit recommandé de la mémoriser.

EXEMPLE 7 Valider la série du binôme par un exemple connu

Montrez que la série du binôme donne la série géométrique

$$\frac{1}{1+x} = 1 - x + x^2 - x^3 + \cdots + (-1)^k x^k + \cdots.$$

Solution

Puisque $1/(1+x) = (1+x)^{-1}$, utilisons la série du binôme avec $m = -1$.

Si $m = -1$,

$$\binom{-1}{1} = -1, \binom{-1}{2} = \frac{-1(-2)}{2!} = 1$$

et, pour $k \geq 3$,

$$\binom{-1}{k} = \frac{-1(-2)(-3)\cdots(-1-k+1)}{k!} = (-1)^k \left(\frac{k!}{k!}\right) = (-1)^k.$$

Avec ces coefficients, la formule de la série du binôme devient

$$(1+x)^{-1} = 1 + \sum_{k=1}^{\infty} (-1)^k x^k = 1 - x + x^2 - x^3 + \cdots + (-1)^k x^k + \cdots$$

qui est bien la série géométrique demandée.

EXEMPLE 8 Utiliser la série du binôme

Trouvez la série de Maclaurin de la fonction $f(x) = 1/\sqrt{4+x}$ ainsi que son rayon de convergence.

Solution

Telle quelle, la fonction $f(x)$ n'est pas sous la forme $(1+x)^m$, mais nous pouvons la récrire de la façon suivante :

$$\frac{1}{\sqrt{4+x}} = \frac{1}{\sqrt{4(1+x/4)}} = \frac{1}{2\sqrt{1+x/4}} = \frac{1}{2}(1+x/4)^{-1/2}.$$

Utilisons maintenant la série du binôme avec $m = -1/2$, en remplaçant x par $x/4$.

Si $m = -1/2$,

$$\binom{-1/2}{1} = -1/2, \binom{-1/2}{2} = \frac{(-1/2)(-3/2)}{2!}$$

et, pour $k \geq 3$,

$$\binom{-1/2}{k} = \frac{(-1/2)(-3/2)(-5/2)\cdots(-1/2-k+1)}{k!}.$$

Avec ces coefficients, la série s'écrit :

$$\begin{aligned}
\frac{1}{\sqrt{4+x}} &= \frac{1}{2}(1+x/4)^{-1/2} \\
&= \frac{1}{2}\Bigg[1 + (-1/2)(x/4) + \frac{(-1/2)(-3/2)}{2!}(x/4)^2 \\
&\qquad + \frac{(-1/2)(-3/2)(-5/2)}{3!}(x/4)^3 + \cdots \\
&\qquad \cdots + \frac{(-1/2)(-3/2)(-5/2)\cdots(-1/2-k+1)}{k!}(x/4)^k + \cdots\Bigg]
\end{aligned}$$

$$= \frac{1}{2}\left[1 - \frac{1}{8}x + \frac{1 \cdot 3}{2!8^2}x^2 - \frac{1 \cdot 3 \cdot 5}{3!8^3}x^3 + \cdots \right.$$

$$\left. \cdots + (-1)^k \frac{1 \cdot 3 \cdot 5 \cdot \cdots \cdot (2k-1)}{k!8^k}x^k + \cdots \right].$$

Cette série converge pour $-1 < x/4 < 1$, c'est-à-dire pour $-4 < x < 4$. Donc, le rayon de convergence vaut 4.

Voir les exercices **21** à **34**.

4.6.7 Table de séries de Maclaurin

Les séries de Maclaurin les plus utilisées sont regroupées dans la table 4.6.1 ci-dessous. Dans les exemples subséquents et les exercices, vous devrez utiliser ces séries comme point de départ pour calculer d'autres séries (par exemple, arc tan x^2 ou $7xe^x$). Les intervalles de convergence sont également indiqués dans la table.

TABLE 4.6.1

Séries de Maclaurin

1. $\frac{1}{1-x} = 1 + x + x^2 + \cdots + x^n + \cdots \qquad = \sum_{n=0}^{\infty} x^n \quad (|x| < 1)$

2. $\frac{1}{1+x} = 1 - x + x^2 - \cdots + (-x)^n + \cdots \qquad = \sum_{n=0}^{\infty} (-1)^n x^n \quad (|x| < 1)$

3. $e^x = 1 + x + \frac{x^2}{2!} + \cdots + \frac{x^n}{n!} + \cdots \qquad = \sum_{n=0}^{\infty} \frac{x^n}{n!}$ (pour tout x réel).

4. $\sin x = x - \frac{x^3}{3!} + \frac{x^5}{5!} - \cdots + (-1)^n \frac{x^{2n+1}}{(2n+1)!} + \cdots = \sum_{n=0}^{\infty} (-1)^n \frac{x^{2n+1}}{(2n+1)!}$ (pour tout x réel).

5. $\cos x = 1 - \frac{x^2}{2!} + \frac{x^4}{4!} - \cdots + (-1)^n \frac{x^{2n}}{(2n)!} + \cdots \qquad = \sum_{n=0}^{\infty} (-1)^n \frac{x^{2n}}{(2n)!}$ (pour tout x réel).

6. $\ln(1+x) = x - \frac{x^2}{2} + \frac{x^3}{3} - \cdots + (-1)^{n-1}\frac{x^n}{n} + \cdots = \sum_{n=1}^{\infty} (-1)^{n-1}\frac{x^n}{n} \quad (-1 < x \leq 1)$

7. $\text{arc tan } x = x - \frac{x^3}{3} + \frac{x^5}{5} - \cdots + (-1)^n \frac{x^{2n+1}}{2n+1} + \cdots = \sum_{n=0}^{\infty} (-1)^n \frac{x^{2n+1}}{2n+1} \quad (|x| \leq 1)$

8. $$(1+x)^m = 1 + mx + \frac{m(m-1)x^2}{2!} + \frac{m(m-1)(m-2)x^3}{3!} + \cdots$$

$$+ \frac{m(m-1)(m-2)\cdots(m-k+1)x^k}{k!} + \cdots$$

$$= 1 + \sum_{k=1}^{\infty} \binom{m}{k} x^k \quad |x| < 1,$$

où

$$\binom{m}{1} = m, \binom{m}{2} = \frac{m(m-1)}{2!}, \binom{m}{k} = \frac{m(m-1)\cdots(m-k+1)}{k!} \text{ pour } k \geq 3.$$

4.6.8 Combinaisons de séries de Taylor

Sur l'intersection de leurs intervalles de convergence, les séries de Taylor peuvent être additionnées, soustraites ou encore multipliées par des constantes ou par des puissances de x, et les résultats obtenus demeurent des séries de Taylor. La série de Taylor de $f(x) + g(x)$ est la somme de la série de Taylor de $f(x)$ avec celle de $g(x)$ car la dérivée n^e de $f + g$ est $f^{(n)} + g^{(n)}$, et ainsi de suite. Nous pouvons obtenir la série de Maclaurin de $(1 + \cos 2x)/2$ en remplaçant x par $2x$ dans la série de Maclaurin de $\cos x$, en ajoutant 1 puis en divisant par 2. La série de Maclaurin de $\sin x + \cos x$ est obtenue en additionnant terme à terme les séries de $\sin x$ et de $\cos x$. Nous obtenons la série de $x \sin x$ en multipliant par x tous les termes de la série de Maclaurin de $\sin x$.

EXEMPLE 9 Trouver une série de Maclaurin par changement de variable

Trouvez la série de Maclaurin de $\cos 2x$.

Solution

Nous trouvons la série de Maclaurin de $\cos 2x$ en remplaçant x par $2x$ dans la série de Maclaurin de $\cos x$:

$$\cos 2x = \sum_{k=0}^{\infty} \frac{(-1)^k (2x)^{2k}}{(2k)!} = 1 - \frac{(2x)^2}{2!} + \frac{(2x)^4}{4!} - \frac{(2x)^6}{6!} + \cdots$$

Table 4.6.1, formule **5** avec $2x$ au lieu de x

$$= 1 - \frac{2^2x^2}{2!} + \frac{2^4x^4}{4!} - \frac{2^6x^6}{6!} + \cdots$$

$$= \sum_{k=0}^{\infty} (-1)^k \frac{2^{2k}x^{2k}}{(2k)!}.$$

La formule **5** de la table 4.6.1 est vérifiée pour $-\infty < x < \infty$; donc, la dernière équation est vérifiée pour $-\infty < 2x < \infty$ et cela implique que la nouvelle série converge pour tout x. À l'exercice **78**, nous verrons pourquoi la série obtenue est effectivement la série de Maclaurin de $\cos 2x$.

Voir les exercices **35** à **38**.

EXEMPLE 10 Trouver une série de Maclaurin par multiplication

Trouvez la série de Maclaurin de $x \sin x$.

Solution

Nous trouvons la série de Maclaurin de $x \sin x$ en multipliant par x la série de $\sin x$:

$$x \sin x = x\left(x - \frac{x^3}{3!} + \frac{x^5}{5!} - \frac{x^7}{7!} + \cdots\right)$$

Table 4.6.1, formule **4**

$$= x^2 - \frac{x^4}{3!} + \frac{x^6}{5!} - \frac{x^8}{7!} + \cdots.$$

La nouvelle série converge pour tout x, car la série de $\sin x$ converge pour tout x. À l'exercice **78**, nous verrons pourquoi la série obtenue est effectivement la série de Maclaurin de $x \sin x$.

Voir les exercices **39** à **48**.

4.6.9 Évaluation d'intégrales non élémentaires

Suivant une méthode développée par Newton, les séries sont souvent utilisées pour exprimer des intégrales non élémentaires. Par exemple, la fonction $f(x) = \sin x^2$ ne peut pas être intégrée à l'aide des techniques apprises jusqu'ici, car elle n'a pas de primitive simple.

EXEMPLE 11 **Exprimer une intégrale indéfinie comme une série entière**

Exprimez $\int \sin x^2\, dx$ comme une série entière.

Solution

En remplaçant x par x^2 dans la formule **4** de la table 4.6.1 (voir page 342), nous trouvons :

$$\sin x^2 = x^2 - \frac{x^6}{3!} + \frac{x^{10}}{5!} - \frac{x^{14}}{7!} + \frac{x^{18}}{9!} - \cdots.$$

Par conséquent,

$$\int \sin x^2\, dx = C + \frac{x^3}{3} - \frac{x^7}{7 \cdot 3!} + \frac{x^{11}}{11 \cdot 5!} - \frac{x^{15}}{15 \cdot 7!} + \frac{x^{19}}{19 \cdot 9!} - \cdots.$$

EXEMPLE 12 **Estimer une intégrale définie**

Estimez $\int_0^1 \sin x^2\, dx$ avec une erreur inférieure à 0,001.

Solution

Selon le résultat de l'exemple 11,

$$\int_0^1 \sin x^2\, dx = \frac{1}{3} - \frac{1}{7 \cdot 3!} + \frac{1}{11 \cdot 5!} - \frac{1}{15 \cdot 7!} + \frac{1}{19 \cdot 9!} - \cdots.$$

Nous pourrions appliquer le théorème de convergence d'une série de Taylor (voir théorème 4.6.3, page 337) combiné avec le théorème d'estimation du reste de Taylor (voir théorème 4.6.4, page 338) afin de déterminer le nombre de termes requis pour atteindre la précision demandée ; mais, dans cet exemple, nous y arriverons plus simplement, car il s'agit d'une série alternée qui satisfait aux trois conditions du test des séries alternées (voir théorème 4.4.1, page 302). D'après le théorème de l'estimation des séries alternées (voir théorème 4.4.2, page 303), l'erreur due à la troncature après le n^e terme est inférieure à la valeur absolue du $(n+1)^e$ terme. Par essais et erreurs, nous trouvons que

$$\frac{1}{11 \cdot 5!} \approx 0{,}000\,76$$

est le premier terme de valeur absolue inférieure à 0,001. La somme des deux termes précédents donne l'estimation recherchée :

$$\int_0^1 \sin x^2\, dx \approx \frac{1}{3} - \frac{1}{7 \cdot 3!} \approx 0{,}310.$$

Avec deux termes supplémentaires, nous pouvons estimer

$$\int_0^1 \sin x^2\, dx \approx \frac{1}{3} - \frac{1}{42} + \frac{1}{1320} - \frac{1}{75\,600} \approx 0{,}310\,268\,158$$

avec une erreur inférieure à 10^{-6} et, en ajoutant seulement un terme de plus, nous obtenons l'estimation

$$\int_0^1 \sin x^2\, dx \approx \frac{1}{3} - \frac{1}{42} + \frac{1}{1320} - \frac{1}{75\,600} + \frac{1}{6\,894\,720} \approx 0{,}310\,268\,303,$$

où l'erreur est inférieure à 10^{-8}. Pour obtenir le même niveau de précision avec la méthode des trapèzes, il faudrait utiliser environ 13 000 sous-intervalles.

Voir les exercices **49** à **52**.

4.6.10 Erreur due à la troncature

La série de Maclaurin engendrée par e^x converge vers e^x pour tout x. Nous aimerions déterminer le nombre de termes requis dans l'approximation de e^x pour atteindre un niveau de précision donné. Nous pouvons répondre à cette question à la condition de disposer d'une méthode permettant d'estimer la grandeur de l'erreur due à la troncature. Il y a deux méthodes possibles pour faire cette estimation.

- Si la série est alternée et satisfait aux trois conditions du test des séries alternées (voir théorème 4.4.1, page 302), nous utilisons le théorème de l'estimation des séries alternées (voir théorème 4.4.2, page 303), comme nous l'avons fait à l'exemple 12.
- Dans tous les cas, nous pouvons utiliser le théorème de convergence d'une série de Taylor (voir théorème 4.6.3, page 337) combiné avec le théorème d'estimation du reste de Taylor (voir théorème 4.6.4, page 338). Rappelons que, selon ce dernier théorème,

$$\text{si } |f^{(n+1)}(x)| \leq M, \text{ alors } |R_n(x)| \leq M\frac{|x-a|^{n+1}}{(n+1)!}.$$

EXEMPLE 13 Calculer le nombre *e*

Calculez le nombre e avec une erreur inférieure à 10^{-6}.

Solution

Utilisons le résultat de l'exemple 2 avec $x = 1$. Nous obtenons :

$$e = 1 + 1 + \frac{1}{2!} + \cdots + \frac{1}{n!} + R_n(1),$$

avec

$$R_n(1) = e^c\frac{1}{(n+1)!}$$

Pour un nombre c compris entre 0 et 1 (d'après le théorème 4.6.2, page 336)

Aux fins de cet exemple, nous supposons déjà savoir que $e < 3$. Dès lors, nous sommes assurés que

$$\frac{1}{(n+1)!} < R_n(1) = \frac{e^c}{(n+1)!} < \frac{3}{(n+1)!},$$

car $0 < c < 1 \Rightarrow 1 < e^c < 3$.

Par essais et erreurs, nous trouvons que $1/(9)! > 10^{-6}$ alors que $3/(10)! < 10^{-6}$. Nous devrions par conséquent prendre $(n + 1)$ au moins égal à 10, c'est-à-dire n au moins égal à 9. Avec une erreur inférieure à 10^{-6}, nous pouvons écrire :

$$e = 1 + 1 + \frac{1}{2} + \frac{1}{3!} + \cdots + \frac{1}{9!} \approx 2{,}718\,282.$$

Remarquons que la série de Maclaurin de $\sin x$ est une série alternée pour toute valeur non nulle de x. Comme elle satisfait aux trois conditions du test des séries alternées, nous aurions pu résoudre le problème en utilisant le théorème de l'estimation des séries alternées (voir théorème 4.4.2, page 303). De cette façon, nous aurions même trouvé une information que le théorème de l'estimation du reste de Taylor ne donne pas, à savoir que l'estimation $x - (x3/3!)$ de $\sin x$ est une approximation par défaut lorsque x est positive; en effet, rappelons que, selon le théorème 4.4.2, l'erreur est affectée du même signe que le terme suivant, ici $x^5/120$, qui est positif pour $x > 0$.

EXEMPLE 14 Représenter la fonction sinus par un polynôme de degré 3

Pour quelles valeurs de x pouvons-nous représenter la fonction sinus par $x - (x^3/3!)$ avec une erreur inférieure à 3×10^{-4}?

Solution

Selon le résultat de l'exemple 5 (voir page 338), $x - (x^3/3!) = 0 + x + 0x^2 - (x^3/3!) + 0x^4$ est le polynôme de Taylor de $\sin x$ d'ordre 4 aussi bien que d'ordre 3. Ainsi,

$$\sin x = x - \frac{x^3}{3!} + 0 + R_4.$$

Le théorème de l'estimation du reste de Taylor avec $M = 1$ donne

$$|R_4| \leq 1 \cdot \frac{|x|^5}{5!} = \frac{|x|^5}{120}.$$

Par conséquent, l'erreur sera inférieure à 3×10^{-4} si

$$\frac{|x|^5}{120} < 3 \times 10^{-4}, \text{ c'est-à-dire } |x| < \sqrt[5]{360 \times 10^{-4}} \approx 0{,}514.$$ Arrondir par défaut pour plus de sécurité

La figure 4.6.3 représente les graphes de $\sin x$ et de quelques-uns de ses polynômes de Taylor d'approximation. Le graphe de $P_3(x) = x - (x^3/3!)$ est presque identique à celui de $\sin x$ pour $-1 \leq x \leq 1$. Toutefois, le graphe du polynôme traverse l'axe des x à $\pm\sqrt{6} \approx \pm 2{,}45$ alors que celui du sinus traverse l'axe des x à $\pm\pi \approx \pm 3{,}14$.

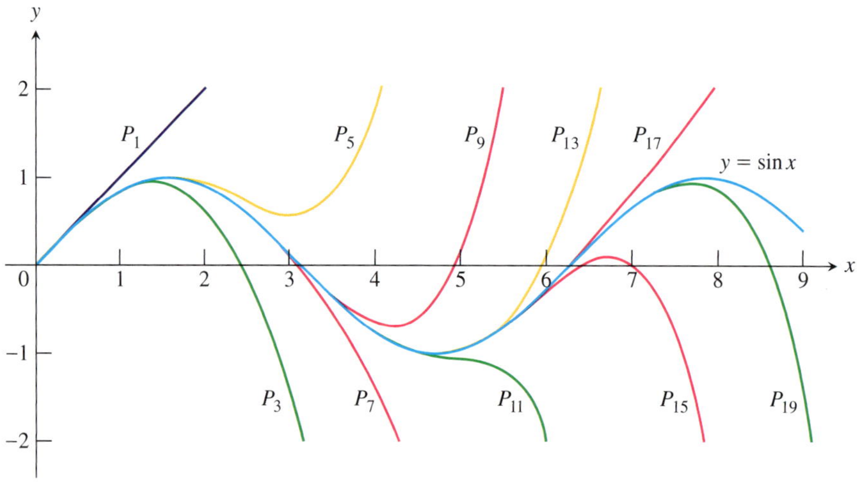

Figure 4.6.3 Les polynômes

$$P_{2n+1}(x) = \sum_{k=0}^{n} \frac{(-1)^k x^{2k+1}}{(2k+1)!}$$

convergent vers $\sin x$ lorsque $n \to \infty$.

Voir les exercices **57** à **66**.

4.6.11 Formes indéterminées

Il est souvent possible d'éviter d'utiliser la règle de L'Hospital quand on évalue la limite d'une forme indéterminée, et ce, en exprimant les fonctions en jeu sous forme de séries de Taylor.

EXEMPLE 15 Évaluer une limite à l'aide de séries entières

Évaluez

$$\lim_{x \to 0} \frac{\sin x - \tan x}{x^3}.$$

Solution

Les séries de Maclaurin d'ordre 5 de sin x et de tan x sont

$$\sin x = x - \frac{x^3}{3!} + \frac{x^5}{5!} - \cdots, \tan x = x + \frac{x^3}{3} + \frac{2x^5}{15} + \cdots.$$

Voir l'exercice **67** (section 4.5) pour le développement de tan x en série de Maclaurin

D'où

$$\sin x - \tan x = -\frac{x^3}{2} - \frac{x^5}{8} - \cdots = x^3\left(-\frac{1}{2} - \frac{x^2}{8} - \cdots\right)$$

et alors

$$\lim_{x \to 0} \frac{\sin x - \tan x}{x^3} = \lim_{x \to 0}\left(-\frac{1}{2} - \frac{x^2}{8} - \cdots\right)$$
$$= -\frac{1}{2}.$$

Voir les exercices **67** à **72**.

Exercices 4.6

Trouver des polynômes de Taylor

Trouvez les polynômes de Taylor d'ordres 0, 1, 2 et 3 centrés en $x = a$ et engendrés par les fonctions suivantes.

1. $f(x) = \ln x$, $a = 1$

2. $f(x) = \ln(1 + x)$, $a = 0$

3. $f(x) = \dfrac{1}{(x+2)}$, $a = 0$

4. $f(x) = \sin x$, $a = \pi/4$

5. $f(x) = \cos x$, $a = \pi/4$

6. $f(x) = \sqrt{x}$, $a = 4$

Trouver des séries de Maclaurin

Trouvez les séries de Maclaurin engendrées par les fonctions suivantes.

7. e^{-x}

8. $\dfrac{1}{1+x}$

9. $\sin 3x$

10. $7 \cos(-x)$

11. $\cosh x = \dfrac{e^x + e^{-x}}{2}$

12. $\sinh x = \dfrac{e^x - e^{-x}}{2}$

13. $x^4 - 2x^3 - 5x + 4$

14. $(x + 1)^2$

Trouver des séries de Taylor

Trouvez les séries de Taylor centrées en $x = a$ et engendrées par les fonctions suivantes.

15. $f(x) = x^3 - 2x + 4$, $a = 2$

16. $f(x) = 3x^5 - x^4 + 2x^3 + x^2 - 2$, $a = -1$

17. $f(x) = 1/x^2$, $a = 1$

18. $f(x) = x/(1 - x)$, $a = 0$

19. $f(x) = e^x$, $a = 2$

20. $f(x) = 2^x$, $a = 1$

Série du binôme

Trouvez les quatre premiers termes de la série du binôme des fonctions suivantes.

21. $(1 + x)^{1/2}$

22. $(1 + x)^{1/3}$

23. $(1 - x)^{-1/2}$

24. $(1 - 2x)^{1/2}$

25. $\left(1 + \dfrac{x}{2}\right)^{-2}$

26. $\left(1 - \dfrac{x}{2}\right)^{-2}$

27. $(4+x^3)^{-1/2}$ **28.** $(8+x^2)^{-1/3}$

29. $\left(1+\frac{1}{x}\right)^{1/2}$ **30.** $\left(1-\frac{2}{x}\right)^{1/3}$

Trouvez la série du binôme des fonctions suivantes.

31. $(1+x)^4$ **32.** $(1+x^2)^3$

33. $(1-2x)^3$ **34.** $\left(1-\frac{x}{2}\right)^4$

Séries de Maclaurin par changement de variable

Utilisez un changement de variable similaire à celui de l'exemple 9 (voir page 343) afin de trouver les séries de Maclaurin engendrées par les fonctions suivantes.

35. e^{-5x} **36.** $e^{-x/2}$

37. $\sin\left(\frac{\pi x}{2}\right)$ **38.** $\cos\sqrt{x}$

Combinaisons de séries de Maclaurin

Combinez les séries de Maclaurin de la table 4.6.1 (voir page 342) afin de trouver les séries engendrées par les fonctions suivantes.

39. xe^x **40.** $x^2 \sin x$

41. $\frac{x^2}{2} - 1 + \cos x$ **42.** $\sin x - x + \frac{x^3}{3!}$

43. $x \cos \pi x$

44. $\cos^2 x$ (Indication : $\cos^2 x = (1+\cos 2x)/2$)

45. $\sin^2 x$ **46.** $\frac{x^2}{1-2x}$

47. $x \ln(1+2x)$ **48.** $\frac{1}{(1-x)^2}$

Approximation d'intégrales par des polynômes

Aux exercices **49** à **52**, trouvez le polynôme d'approximation de $F(x)$ sur l'intervalle indiqué, dont l'erreur est inférieure à 10^{-3}.

49. $F(x) = \frac{1}{\sqrt{2\pi}}\int_0^x e^{-t^2/2}dt$, $[0, 1]$. ($F(x) + 0{,}5$ est appelée *loi de Gauss*, ou encore *fonction de répartition de la loi normale centrée réduite* ; fondamentale en statistique, elle se retrouve dans les ouvrages sous forme de tables calculées à l'aide de la série utilisée dans cet exercice.)

50. $F(x) = \int_0^x t^2 e^{-t^2} dt$, $[0, 1]$

51. $F(x) = \int_0^x \arctan t \, dt$ **a)** $[0 ; 0{,}5]$ **b)** $[0, 1]$

52. $F(x) = \int_0^x \frac{\ln(1+t)}{t} dt$ **a)** $[0 ; 0{,}5]$ **b)** $[0, 1]$

Approximations quadratiques

Le polynôme de Taylor d'ordre 2 engendré par une fonction $f(x)$ deux fois dérivable en $x = a$ est appelé une *approximation quadratique* de f au point $x = a$. Aux exercices **53** à **56**, trouvez :

a) la linéarisation (polynôme de Taylor d'ordre 1) en $x = 0$;

b) l'approximation quadratique de f en $x = 0$.

53. $f(x) = \ln(\cos x)$ **54.** $f(x) = e^{\sin x}$

55. $f(x) = 1/\sqrt{1-x^2}$ **56.** $f(x) = \cosh x$

(Indication : Voir exercice **11**.)

Estimation de l'erreur due à la troncature

57. Pour quelles valeurs de x est-il possible de remplacer $\sin x$ par $x - (x^3/6)$ avec une erreur d'approximation inférieure ou égale à 5×10^{-4} ? Justifiez votre réponse.

58. Estimez l'erreur d'approximation si $\cos x$ est remplacé par $1 - (x^2/2)$ lorsque $|x| < 0{,}5$. Est-ce que $1 - (x^2/2)$ donne une approximation de $\cos x$ par excès ou par défaut ? Justifiez votre réponse.

59. Approximation linéaire de sin *x*. Estimez l'erreur obtenue en faisant l'approximation $\sin x \approx x$ lorsque $|x| < 10^{-3}$. Pour quelles valeurs de x est-il possible d'écrire $x < \sin x$?

60. Approximation linéaire de $\sqrt{1+x}$. L'estimation $\sqrt{1+x} \approx 1 + (x/2)$ est valable lorsque x est petite. Estimez l'erreur d'approximation lorsque $|x| < 0{,}01$.

61. Approximation quadratique de e^x.

a) L'approximation $1 + x + (x^2/2)$ est valable lorsque x est petite. Utilisez le théorème de l'estimation du reste de Taylor (voir théorème 4.6.4, page 338) pour estimer l'erreur lorsque $|x| < 0{,}1$.

b) Lorsque $x < 0$, la série de e^x est une série alternée. Utilisez le théorème de l'estimation des séries alternées (voir théorème 4.4.2, page 303) pour estimer l'erreur qui résulte du remplacement de e^x par $1 + x + (x^2/2)$ lorsque $-0{,}1 < x < 0$. Comparez votre estimation avec celle obtenue en **a)**.

62. Approximation cubique de sinh *x*. (Voir exercice **12**) Estimez l'erreur obtenue en faisant l'approximation $\sinh x \approx x + (x^3/3!)$ lorsque $|x| < 0{,}5$. (Indication : Utilisez R_4, non R_3.)

63. Approximation linéaire de e^h. Montrez que si $0 \le h \le 0{,}01$, il est possible de remplacer e^h par $1 + h$ avec une erreur inférieure à 0,6 % de la valeur de h. Utilisez $e^{0{,}01} = 1{,}01$.

64. Approximation de ln (1 + *x*) par *x*. Pour quelles valeurs positives de x pouvez-vous faire l'approximation $\ln(1+x) \approx x$ avec une erreur inférieure à 1 % de la valeur de x ?

65. Estimer $\pi/4$. Vous désirez estimer $\pi/4$ en évaluant la série de Maclaurin de $\arctan x$ en $x = 1$. Utilisez le théorème de l'estimation des séries alternées (voir théorème 4.4.2, page 303) pour déterminer le nombre de termes de la série qu'il faut additionner si l'on veut garantir une estimation correcte à deux décimales près.

66. Bornes pour $y = (\sin x)/x$.

a) Utilisez la série de Maclaurin de $\sin x$ et le théorème de l'estimation des séries alternées (voir théorème 4.4.2, page 303) pour montrer que

$$1 - \frac{x^2}{6} < \frac{\sin x}{x} < 1, \text{ où } x \neq 0.$$

b) Tracez le graphe de $f(x) = (\sin x)/x$ dans la même fenêtre que les graphes des fonctions $y = 1 - x^2/6$ et $y = 1$ pour $-5 \leq x \leq 5$. Discutez de la relation entre ces graphes.

Formes indéterminées

Évaluez les limites suivantes à l'aide de séries entières.

67. $\lim\limits_{x \to 0} \dfrac{e^x - (1 + x)}{x^2}$

68. $\lim\limits_{t \to 0} \dfrac{1 - \cos t - (t^2/2)}{t^4}$

69. $\lim\limits_{x \to \infty} x^2(e^{-1/x^2} - 1)$

70. $\lim\limits_{y \to 0} \dfrac{\text{arc tan } y - \sin y}{y^3 \cos y}$

71. $\lim\limits_{x \to 0} \dfrac{\ln(1 + x^2)}{1 - \cos x}$

72. $\lim\limits_{x \to \infty} (x + 1) \sin\left(\dfrac{1}{x + 1}\right)$

Théorie et exemples

73. Théorème de Taylor et théorème de la moyenne. Expliquez en quoi le théorème de la moyenne de Lagrange (voir section A.4) est un cas particulier du théorème de Taylor (voir théorème 4.6.2, page 336).

74. Linéarisation aux points d'inflexion. Montrez que si le graphe d'une fonction $f(x)$ deux fois dérivable présente un point d'inflexion en $x = a$, alors la linéarisation de f en $x = a$ est aussi l'approximation quadratique de f en $x = a$. Cela explique pourquoi les tangentes épousent si bien les courbes en leurs points d'inflexion.

75. Deuxième test de la dérivée seconde. Utilisez l'équation

$$f(x) = f(a) + f'(a)(x - a) + \frac{f''(c_2)}{2}(x - a)^2$$

pour établir le test suivant.

Soit f une fonction qui possède des dérivées première et seconde continues et soit $f'(a) = 0$. Alors,

a) f présente un maximum relatif en $x = a$ si $f'' \leq 0$ sur un intervalle ouvert contenant a ;

b) f présente un minimum relatif en $x = a$ si $f'' \geq 0$ sur un intervalle ouvert contenant a.

76. Approximation cubique. Utilisez la formule de Taylor avec $a = 0$ et $n = 3$ afin de trouver l'approximation cubique standard de $f(x) = 1/(1 - x)$ en $x = 0$. Trouvez un majorant pour l'erreur d'approximation lorsque $|x| \leq 0{,}1$.

77. Améliorer les approximations de π.

a) Soit P une approximation de π précise à n décimales près. Montrez que $P + \sin P$ donne une approximation correcte à $3n$ décimales près. (Indication : Représentez P sous la forme $P = \pi + x$.)

b) Vérifiez ce résultat à l'aide d'une calculatrice.

78. La série de Maclaurin engendrée par $f(x) = \sum_{n=0}^{\infty} a_n x^n$ est $\sum_{n=0}^{\infty} a_n x^n$. Une fonction définie par la série entière $\sum_{n=0}^{\infty} a_n x^n$ avec un rayon de convergence $c > 0$ engendre une série de Maclaurin qui converge vers la fonction en tout point de $]-c,\ c[$. Illustrez cette propriété en montrant que la série de Maclaurin engendrée par $f(x) = \sum_{n=0}^{\infty} a_n x^n$ est la série $\sum_{n=0}^{\infty} a_n x^n$ elle-même. Une conséquence immédiate de cette propriété est la suivante : les séries entières telles que

$$x \sin x = x^2 - \frac{x^4}{3!} + \frac{x^6}{5!} - \frac{x^8}{7!} + \cdots$$

et

$$x^2 e^x = x^2 + x^3 + \frac{x^4}{2!} + \frac{x^5}{3!} + \cdots,$$

qui sont obtenues en multipliant des séries de Maclaurin par des puissances de x, de même que les séries entières qui sont obtenues par intégration et dérivation de séries entières convergentes, sont toutes elles-mêmes précisément les séries de Maclaurin engendrées par les fonctions qu'elles représentent.

79. Fonction f engendrant une série de Taylor qui converge pour tout x, mais qui ne converge pas vers $f(x)$. Démontrez que la fonction définie par

$$f(x) = \begin{cases} 0, & \text{si } x = 0 \\ e^{-1/x^2}, & \text{si } x \neq 0 \end{cases}$$

n'est pas égale à la série de Maclaurin qu'elle engendre. (Indication : Il faut montrer que $f^{(n)}(0) = 0$ pour tout ordre n.)

80. Suite de l'exercice **79**
Tracez le graphe de la fonction définie à l'exercice **79** avec la calculatrice graphique et commentez son comportement dans le voisinage de $x = 0$.

81. Séries de Maclaurin de fonctions paires et de fonctions impaires. Supposons que $f(x) = \sum_{n=0}^{\infty} a_n x^n$ converge pour tout x sur un intervalle ouvert $]-c, c[$.

a) Montrez que si f est paire, alors $a_1 = a_3 = a_5 = \cdots = 0$; autrement dit, la série de f ne contient que des puissances paires de x.

b) Montrez que si f est impaire, alors $a_0 = a_2 = a_4 = \cdots = 0$; autrement dit, la série de f ne contient que des puissances impaires de x.

82. Polynômes de Taylor pour fonctions périodiques.

a) Démontrez que toute fonction périodique continue $f(x)$, où $-\infty < x < \infty$, est bornée en montrant qu'il existe une constante positive M telle que $|f(x)| \leq M$ pour tout x.

b) Montrez que le graphe de tout polynôme de Taylor de degré positif engendré par $y = \cos x$ doit nécessairement s'éloigner du graphe de $\cos x$ lorsque $|x|$ augmente (voir figure 4.6.2, page 335). Les polynômes de Taylor de $\sin x$ se comportent de la même façon (voir figure 4.6.3, page 346).

83. a) **Deux graphes.** Tracez le graphe des courbes d'équations $y = (1/3) - x^2/5$ et $y = (x - \arctan x)/x^3$ dans la même fenêtre que la droite d'équation $y = 1/3$.

b) Utilisez une série de Maclaurin afin d'expliquer ce que vous observez. Évaluez

$$\lim_{x \to 0} \frac{x - \arctan x}{x^3}.$$

84. De tous les polynômes de degré ≤ n, le polynôme de Taylor d'ordre n donne la meilleure approximation. Soit $f(x)$ une fonction n fois dérivable sur un intervalle centré en $x = a$ et soit $g(x) = b_0 + b_1(x - a) + \cdots + b_n(x - a)^n$ un polynôme de degré n à coefficients constants $b_0, \cdots, b_n$. Soit enfin $E(x) = f(x) - g(x)$. Montrez que, si nous imposons les conditions suivantes sur g :

a) $E(a) = 0$, — L'erreur sur l'approximation est zéro en $x = a$

b) $\lim_{x \to a} \dfrac{E(x)}{(x - a)^n} = 0$, — L'erreur est négligeable lorsque comparée à $(x - a)^n$

alors

$$g(x) = f(a) + f'(a)(x - a) + \frac{f''(a)}{2!}(x - a)^2 + \cdots + \frac{f^{(n)}(a)}{n!}(x - a)^n.$$

Dès lors, le polynôme de Taylor $P_n(x)$ est le seul polynôme de degré inférieur ou égal à n dont l'erreur est à la fois zéro en $x = a$ et négligeable lorsque comparée à $(x - a)^n$.

85. Développement en série de $\ln(1 - x)$, où $|x| < 1$. Remplacez x par $-x$ dans la série de Maclaurin de $\ln(1 + x)$ pour obtenir un développement en série de $\ln(1 - x)$. Soustrayez ce résultat de la série de $\ln(1 + x)$ afin de montrer que, pour $|x| < 1$,

$$\ln\left(\frac{1 + x}{1 - x}\right) = 2\left(x + \frac{x^3}{3} + \frac{x^5}{5} + \cdots\right).$$

86. Combien de termes faut-il additionner dans la série de Maclaurin de $\ln(1 + x)$ pour être certain de calculer $\ln(1, 1)$ avec une erreur inférieure à 10^{-8} ? Justifiez votre réponse.

87. D'après le théorème de l'estimation des séries alternées (voir théorème 4.4.2, page 303), combien de termes faut-il additionner dans la série de Maclaurin de $\arctan 1$ pour être certain de trouver une approximation de $\pi/4$ comportant une erreur inférieure à 10^{-3} ? Justifiez votre réponse.

88. Développement de $\arctan x$ en série de Maclaurin. Montrez que la série de Maclaurin de $f(x) = \arctan x$ diverge pour $|x| > 1$.

89. Développement en série de $\arcsin x$.

a) En utilisant le fait que

$$\frac{d}{dx} \arcsin x = (1 - x^2)^{-1/2},$$

intégrez la série du binôme de la fonction $(1 - x^2)^{-1/2}$ pour montrer que

$$\arcsin x = x + \sum_{n=1}^{\infty} \frac{1 \cdot 3 \cdot 5 \cdot \cdots \cdot (2n - 1)}{2 \cdot 4 \cdot 6 \cdot \cdots \cdot (2n)} \frac{x^{2n+1}}{2n + 1}.$$

b) Quel est l'intervalle de convergence de cette série ?

90. Développement en série de $\arccos x$. Utilisez le résultat précédent pour trouver les cinq premiers termes non nuls de la série de Maclaurin de $\arccos x$.

91. Développement en série de $\arctan x$ pour $|x| > 1$. Déduisez les séries

$$\arctan x = \frac{\pi}{2} - \frac{1}{x} + \frac{1}{3x^3} - \frac{1}{5x^5} + \cdots, \text{ où } x > 1$$

$$\arctan x = -\frac{\pi}{2} - \frac{1}{x} + \frac{1}{3x^3} - \frac{1}{5x^5} + \cdots, \text{ où } x < -1$$

en intégrant la série

$$\frac{1}{1 + t^2} = \frac{1}{t^2} \cdot \frac{1}{1 + (1/t^2)} = \frac{1}{t^2} - \frac{1}{t^4} + \frac{1}{t^6} - \frac{1}{t^8} + \cdots$$

de x à ∞ dans le premier cas et de $-\infty$ à x dans le second cas.

92. Valeur de $\sum_{n=0}^{\infty} \arctan (2/n^2)$.

a) Utilisez la formule de la tangente d'une différence de deux angles pour montrer que

$$\tan(\arctan(n + 1) - \arctan(n - 1)) = \frac{2}{n^2}$$

et donc que

$$\arctan \frac{2}{n^2} = \arctan(n + 1) - \arctan(n - 1).$$

b) Montrez que

$$\sum_{n=1}^{N} \arctan \frac{2}{n^2} = \arctan(N + 1) + \arctan N - \frac{\pi}{4}.$$

c) Trouvez la valeur de $\sum_{n=1}^{\infty} \arctan (2/n^2)$.

EXPLORATIONS À L'ORDINATEUR

Approximations linéaire, quadratique et cubique

La formule de Taylor avec $n = 1$ et $a = 0$ correspond à la linéarisation d'une fonction en $x = 0$. Avec $n = 2$ et $n = 3$, nous obtenons les approximations quadratique et cubique standards. Dans les exercices suivants, nous explorerons les erreurs associées à de telles approximations. Nous voulons répondre aux deux questions suivantes.

a) Pour quelles valeurs de x est-il possible de remplacer une fonction par chacune de ces trois approximations avec une erreur inférieure à 10^{-2} ?

b) Quelle est l'erreur maximale prévisible si nous remplaçons la fonction par chaque approximation sur l'intervalle indiqué ?

En utilisant un logiciel de calcul symbolique, respectez les étapes suivantes pour vous aider à répondre aux deux questions posées relativement aux fonctions et intervalles décrits aux exercices **93** à **98**.

Étape 1 Tracez le graphe de la fonction sur l'intervalle indiqué.

Étape 2 Trouvez les polynômes de Taylor $P_1(x)$, $P_2(x)$ et $P_3(x)$ en $x = 0$.

Étape 3 Calculez la $(n+1)^e$ dérivée $f^{(n+1)}(c)$ associée au reste pour chaque polynôme de Taylor. Tracez le graphe de la dérivée en fonction de c sur l'intervalle mentionné et estimez sa valeur absolue maximale M.

Étape 4 Calculez le reste $R_n(x)$ pour chaque polynôme. En utilisant l'estimation M obtenue à l'étape 3, au lieu de $f^{(n+1)}(c)$, tracez $R_n(x)$ sur l'intervalle indiqué. Estimez enfin les valeurs de x qui répondent à la question posée en **a)**.

Étape 5 Comparez votre estimation de l'erreur avec l'erreur réelle $E_n(x) = |f(x) - P_n(x)|$ en traçant $E_n(x)$ sur l'intervalle indiqué. Cela vous permettra de répondre à la question posée en **b)**.

Étape 6 Tracez le graphe de la fonction dans la même fenêtre que ceux de ses trois approximations de Taylor. Analysez les graphes sur la base de l'information découverte aux étapes 4 et 5.

93. $f(x) = \dfrac{1}{\sqrt{1+x}}, \quad |x| \le \dfrac{3}{4}$

94. $f(x) = (1+x)^{3/2}, \quad -\dfrac{1}{2} \le x \le 2$

95. $f(x) = \dfrac{x}{x^2+1}, \quad |x| \le 2$

96. $f(x) = (\cos x)(\sin 2x), \quad |x| \le 2$

97. $f(x) = e^{-x} \cos 2x, \quad |x| \le 1$

98. $f(x) = e^{x/3} \sin 2x, \quad |x| \le 2$

Questions de révision

1. Qu'est-ce qu'une suite infinie ? Que signifient la convergence ou la divergence d'une telle suite ? Donnez des exemples.
2. De quels théorèmes disposez-vous pour calculer la limite d'une suite ? Donnez des exemples.
3. Quel théorème permet d'utiliser parfois la règle de L'Hospital pour calculer la limite d'une suite ? Donnez un exemple.
4. Quelles sont les six limites de suites qui interviennent souvent lorsque nous travaillons avec des suites et des séries ?
5. Qu'est-ce qu'une sous-suite ? Quelles sont les sous-suites importantes ? Quelles sont les applications des sous-suites ? Donnez des exemples.
6. Qu'est-ce qu'une suite non décroissante ? une suite non croissante ? une suite monotone ? À quelles conditions de telles suites possèdent-elles une limite ? Donnez des exemples.
7. Qu'est-ce qu'une série infinie ? Que signifient la convergence ou la divergence d'une telle série ? Donnez des exemples.
8. Qu'est-ce qu'une série géométrique ? Quand une telle série converge-t-elle ? Quand diverge-t-elle ? Quelle est la somme d'une série géométrique convergente ? Donnez des exemples.
9. À part les séries géométriques, quelles autres séries convergentes ou divergentes connaissez-vous ?
10. Qu'est-ce que le test du n^e terme pour la divergence ? Quelle idée sous-tend ce test ?
11. Que diriez-vous au sujet de la somme et de la différence terme à terme de deux séries convergentes ? Que diriez-vous au sujet du produit d'une série convergente ou d'une série divergente par une constante ?
12. Que se passe-t-il lorsque vous ajoutez un nombre fini de termes à une série convergente ou à une série divergente ? Que se passe-t-il lorsque vous retranchez un nombre fini de termes d'une série convergente ou d'une série divergente ?
13. À quelles conditions une série infinie de termes non négatifs converge-t-elle ou diverge-t-elle ? Pourquoi l'étude des séries de termes non négatifs est-elle pertinente ?
14. Qu'est-ce que le test de l'intégrale ? Quelle idée sous-tend ce test ? Donnez un exemple de son utilisation.
15. Quand une série-*p* converge-t-elle ou diverge-t-elle ? Donnez des exemples de séries-*p* convergentes et de séries-*p* divergentes.
16. Énoncez le test de comparaison directe et le test de comparaison par une limite. Quelles idées sous-tendent ces deux tests ? Donnez des exemples de leur utilisation.
17. Énoncez le test du rapport et le test de la racine n^e. Donnent-ils toujours l'information recherchée au sujet de la convergence ou de la divergence ? Donnez des exemples.
18. Qu'est-ce qu'une série alternée ? Dans quel théorème sont énoncés les critères de convergence d'une telle série ?
19. Comment estimeriez-vous l'erreur engendrée par l'approximation de la somme d'une série alternée par une de ses sommes partielles ? Sur quoi est basée cette estimation ?

20. Que sont la convergence absolue et la convergence conditionnelle ? Comment ces deux types de convergence sont-ils reliés ?

21. Que pouvez-vous dire au sujet du réarrangement des termes d'une série absolument convergente ou des termes d'une série conditionnellement convergente ? Donnez des exemples.

22. Qu'est-ce qu'une série entière ? Comment pouvez-vous tester la convergence d'une série entière ? Quels sont les résultats possibles ?

23. Que savez-vous au sujet de

a) la dérivation terme à terme d'une série entière ?

b) l'intégration terme à terme d'une série entière ?

c) la multiplication de deux séries entières ?

Donnez des exemples.

24. Qu'est-ce qu'une série de Taylor engendrée par une fonction $f(x)$ en un point d'abscisse $x = a$? Quelle information faut-il détenir au sujet de f pour construire la série ? Donnez un exemple.

25. Qu'est-ce qu'une série de Maclaurin ?

26. Une série de Taylor converge-t-elle nécessairement vers la fonction qui l'engendre ? Expliquez.

27. Que sont les polynômes de Taylor ? Quelle est leur utilité ?

28. Qu'est-ce que le théorème de Taylor ? Qu'énonce-t-il au sujet de l'erreur liée à l'utilisation des polynômes de Taylor pour approcher une fonction ? En particulier, que dit le théorème de l'estimation du reste de Taylor au sujet de l'erreur engendrée par une linéarisation ou par une approximation quadratique ?

29. Qu'est-ce que la série du binôme ? Sur quel intervalle converge-t-elle ? Comment s'utilise-t-elle ?

30. Quels sont les développements en série de Maclaurin des fonctions définies par $f(x) = 1/(1-x)$, $1/(1+x)$, e^x, $\sin x$, $\cos x$, $\ln(1+x)$ et $\arctan x$?

Exercices récapitulatifs

Suites convergentes ou divergentes

Par les suites dont le n^e terme est donné ci-dessous, déterminez celles qui convergent et celles qui divergent. Trouvez la limite des suites convergentes.

1. $a_n = 1 + \dfrac{(-1)^n}{n}$

2. $a_n = \dfrac{1-(-1)^n}{\sqrt{n}}$

3. $a_n = \dfrac{1-2^n}{2^n}$

4. $a_n = 1 + (0{,}9)^n$

5. $a_n = \sin\left(\dfrac{n\pi}{2}\right)$

6. $a_n = \sin(n\pi)$

7. $a_n = \dfrac{\ln(n^2)}{n}$

8. $a_n = \dfrac{\ln(2n+1)}{n}$

9. $a_n = \dfrac{n + \ln n}{n}$

10. $a_n = \dfrac{\ln(2n^3+1)}{n}$

11. $a_n = \left(\dfrac{n-5}{n}\right)^n$

12. $a_n = \left(1 + \dfrac{1}{n}\right)^{-n}$

13. $a_n = \sqrt[n]{\dfrac{3^n}{n}}$

14. $a_n = \left(\dfrac{3}{n}\right)^{1/n}$

15. $a_n = n(2^{1/n} - 1)$

16. $a_n = \sqrt[n]{2n+1}$

17. $a_n = \dfrac{(n+1)!}{n!}$

18. $a_n = \dfrac{(-4)^n}{n!}$

Séries convergentes

Trouvez la limite des séries suivantes.

19. $\displaystyle\sum_{n=3}^{\infty} \frac{1}{(2n-3)(2n-1)}$

20. $\displaystyle\sum_{n=2}^{\infty} \frac{-2}{n(n+1)}$

21. $\displaystyle\sum_{n=1}^{\infty} \frac{9}{(3n-1)(3n+2)}$

22. $\displaystyle\sum_{n=3}^{\infty} \frac{-8}{(4n-3)(4n+1)}$

23. $\displaystyle\sum_{n=0}^{\infty} e^{-n}$

24. $\displaystyle\sum_{n=1}^{\infty} (-1)^n \frac{3}{4^n}$

Séries convergentes ou divergentes

Parmi les séries suivantes, lesquelles convergent absolument, lesquelles convergent conditionnellement et lesquelles divergent ? Justifiez vos réponses.

25. $\displaystyle\sum_{n=1}^{\infty} \frac{1}{\sqrt{n}}$

26. $\displaystyle\sum_{n=1}^{\infty} \frac{-5}{n}$

27. $\displaystyle\sum_{n=1}^{\infty} \frac{(-1)^n}{\sqrt{n}}$

28. $\displaystyle\sum_{n=1}^{\infty} \frac{1}{2n^3}$

29. $\displaystyle\sum_{n=1}^{\infty} \frac{(-1)^n}{\ln(n+1)}$

30. $\displaystyle\sum_{n=2}^{\infty} \frac{1}{n(\ln n)^2}$

31. $\displaystyle\sum_{n=1}^{\infty} \frac{\ln n}{n^3}$

32. $\displaystyle\sum_{n=3}^{\infty} \frac{\ln n}{\ln(\ln n)}$

33. $\displaystyle\sum_{n=1}^{\infty} \frac{(-1)^n}{n\sqrt{n^2+1}}$

34. $\displaystyle\sum_{n=1}^{\infty} \frac{(-1)^n 3n^2}{n^3+1}$

35. $\sum_{n=1}^{\infty} \frac{n+1}{n!}$

36. $\sum_{n=1}^{\infty} \frac{(-1)^n(n^2+1)}{2n^2+n-1}$

37. $\sum_{n=1}^{\infty} \frac{(-3)^n}{n!}$

38. $\sum_{n=1}^{\infty} \frac{2^n 3^n}{n^n}$

39. $\sum_{n=1}^{\infty} \frac{1}{\sqrt{n(n+1)(n+2)}}$

40. $\sum_{n=2}^{\infty} \frac{1}{n\sqrt{n^2-1}}$

Séries entières

Aux exercices **41** à **48**, **a)** trouvez le rayon et l'intervalle de convergence des séries. Déterminez ensuite les valeurs de x pour lesquelles les séries convergent : **b)** absolument ; **c)** conditionnellement.

41. $\sum_{n=1}^{\infty} \frac{(x+4)^n}{n3^n}$

42. $\sum_{n=1}^{\infty} \frac{(x-1)^{2n-2}}{(2n-1)!}$

43. $\sum_{n=1}^{\infty} \frac{(-1)^{n-1}(3x-1)^n}{n^2}$

44. $\sum_{n=0}^{\infty} \frac{(n+1)(2x+1)^n}{(2n+1)2^n}$

45. $\sum_{n=1}^{\infty} \frac{x^n}{n^n}$

46. $\sum_{n=1}^{\infty} \frac{x^n}{\sqrt{n}}$

47. $\sum_{n=0}^{\infty} \frac{(n+1)x^{2n-1}}{3^n}$

48. $\sum_{n=0}^{\infty} \frac{(-1)^n(x-1)^{2n+1}}{2n+1}$

Séries de Maclaurin

Chacune des séries suivantes représente la valeur de la série de Maclaurin d'une fonction $f(x)$ en une valeur de x particulière. Quelle est cette fonction et quelle est la valeur de x ? Quelle est la somme de la série ?

49. $1 - \frac{1}{4} + \frac{1}{16} - \cdots + (-1)^n \frac{1}{4^n} + \cdots$

50. $\frac{2}{3} - \frac{4}{18} + \frac{8}{81} - \cdots + (-1)^{n-1} \frac{2^n}{n3^n} + \cdots$

51. $\pi - \frac{\pi^3}{3!} + \frac{\pi^5}{5!} - \cdots + (-1)^n \frac{\pi^{2n+1}}{(2n+1)!} + \cdots$

52. $1 - \frac{\pi^2}{9 \cdot 2!} + \frac{\pi^4}{81 \cdot 4!} - \cdots + (-1)^n \frac{\pi^{2n}}{3^{2n}(2n)!} + \cdots$

53. $1 + \ln 2 + \frac{(\ln 2)^2}{2!} + \cdots + \frac{(\ln 2)^n}{n!} + \cdots$

54. $\frac{1}{\sqrt{3}} - \frac{1}{9\sqrt{3}} + \frac{1}{45\sqrt{3}} - \cdots + (-1)^{n-1} \frac{1}{(2n-1)(\sqrt{3})^{2n-1}} + \cdots$

Trouvez la série de Maclaurin de chacune des fonctions suivantes.

55. $\frac{1}{1-2x}$

56. $\frac{1}{1+x^3}$

57. $\sin(\pi x)$

58. $\sin\left(\frac{2x}{3}\right)$

59. $\cos(x^{5/2})$

60. $\cos(\sqrt{5x})$

61. $e^{(\pi x/2)}$

62. e^{-x^2}

Séries de Taylor

Aux exercices **63** à **66**, trouvez les quatre premiers termes de la série de Taylor engendrée par f en $x = a$.

63. $f(x) = \sqrt{3 + x^2}$ en $x = -1$.

64. $f(x) = 1/(1-x)$ en $x = 2$.

65. $f(x) = 1/(x+1)$ en $x = 3$.

66. $f(x) = 1/x$ en $x = a > 0$.

Équations différentielles avec une condition initiale

Utilisez un développement en série pour résoudre les équations différentielles suivantes avec les valeurs initiales indiquées.

67. $y' + y = 0$, $y(0) = -1$

68. $y' - y = 0$, $y(0) = -3$

69. $y' + 2y = 0$, $y(0) = 3$

70. $y' + y = 1$, $y(0) = 0$

71. $y' - y = 3x$, $y(0) = -1$

72. $y' + y = x$, $y(0) = 0$

73. $y' - y = x$, $y(0) = 1$

74. $y' - y = -x$, $y(0) = 2$

Formes indéterminées

Aux exercices **75** à **80** :

a) utilisez une série entière pour évaluer la limite demandée ;

b) à l'aide d'une calculatrice graphique, analysez la vraisemblance de vos réponses.

75. $\lim_{x \to 0} \frac{7 \sin x}{e^{2x} - 1}$

76. $\lim_{\theta \to 0} \frac{e^\theta - e^{-\theta} - 2\theta}{\theta - \sin \theta}$

77. $\lim_{t \to 0} \left(\frac{1}{2 - 2\cos t} - \frac{1}{t^2}\right)$

78. $\lim_{h \to 0} \frac{(\sin h)/h - \cos h}{h^2}$

79. $\lim_{z \to 0} \frac{1 - \cos^2 z}{\ln(1-z) + \sin z}$

80. $\lim_{y \to 0} \frac{y^2}{\cos y - e^y + y}$

Théorie et exemples

81. Une série convergente.

a) Montrez que la série

$$\sum_{n=1}^{\infty} \left[\sin\left(\frac{1}{2n}\right) - \sin\left(\frac{1}{2n+1}\right)\right]$$

converge.

b) Estimez l'erreur reliée à l'utilisation de la somme des sinus jusqu'à $n = 20$ dans l'approximation de la somme de la série. S'agit-il d'une approximation par excès ou par défaut ? Justifiez votre réponse.

82. Série convergente.

a) Montrez que la série

$$\sum_{n=1}^{\infty} \left[\tan\left(\frac{1}{2n}\right) - \tan\left(\frac{1}{2n+1}\right)\right]$$

converge.

b) Estimez l'erreur reliée à l'utilisation de la somme des tangentes jusqu'à $-\tan(1/41)$ dans l'approximation de la somme de la série. S'agit-il d'une approximation par excès ou par défaut ? Justifiez votre réponse.

83. Rayon de convergence. Trouvez le rayon de convergence de la série

$$\sum_{n=1}^{\infty} \frac{2 \cdot 5 \cdot 8 \cdot \cdots \cdot (3n-1)}{2 \cdot 4 \cdot 6 \cdot \cdots \cdot (2n)} x^n.$$

84. Rayon de convergence. Trouvez le rayon de convergence de la série

$$\sum_{n=1}^{\infty} \frac{3 \cdot 5 \cdot 7 \cdot \cdots \cdot (2n-1)}{4 \cdot 9 \cdot 14 \cdot \cdots \cdot (5n-1)} (x-1)^n.$$

85. n^e somme partielle. Exprimez la n^e somme partielle de la série $\sum_{n=2}^{\infty} \ln\,(1 - (1/n^2))$ dans une forme fermée et utilisez cette formule pour déterminer si la série converge ou diverge.

86. n^e somme partielle. Évaluez $\sum_{k=2}^{\infty} (1/(k^2 - 1))$ en trouvant la limite de la n^e somme partielle de la série lorsque $n \to \infty$.

87. a) Intervalle de convergence. Trouvez l'intervalle de convergence de la série

$$y = 1 + \frac{1}{6}x^3 + \frac{4}{720}x^6 + \cdots + \frac{1 \cdot 4 \cdot 7 \cdot \cdots \cdot (3n-2)}{(3n)!}x^{3n} + \cdots.$$

b) Équation différentielle. Montrez que la fonction définie par la série précédente satisfait à une équation différentielle de la forme

$$\frac{d^2y}{dx^2} = x^a y + b$$

et trouvez la valeur des constantes a et b.

88. a) Série de Maclaurin. Trouvez la série de Maclaurin de la fonction définie par $f(x) = x^2/(1 + x)$.

b) Est-ce que cette série converge en $x = 1$? Expliquez.

89. Si $\sum_{n=1}^{\infty} a_n$ et $\sum_{n=1}^{\infty} b_n$ sont des séries convergentes non négatives, quelles conclusions pouvez-vous tirer au sujet de $\sum_{n=1}^{\infty} a_n b_n$? Justifiez votre réponse.

90. Si $\sum_{n=1}^{\infty} a_n$ et $\sum_{n=1}^{\infty} b_n$ sont des séries divergentes non négatives, quelles conclusions pouvez-vous tirer au sujet de $\sum_{n=1}^{\infty} a_n b_n$? Justifiez votre réponse.

91. Suites et séries. Prouvez qu'une suite $\{x_n\}$ converge si et seulement si la série $\sum_{n=1}^{\infty} (x_{k+1} - x_k)$ converge.

92. Convergence. Prouvez que si $a_n > 0$ pour tout n et si $\sum_{n=1}^{\infty} a_n$ converge, alors $\sum_{n=1}^{\infty} (a_n/(1 + a_n))$ converge.

93. a) Divergence. Soit $a_1, a_2, a_3, \ldots, a_n, \ldots$ des nombres positifs satisfaisant aux conditions suivantes :

i) $a_1 \geq a_2 \geq a_3 \geq \ldots$;

ii) la série $a_2 + a_4 + a_8 + a_{16} + \ldots$ diverge.

Montrez que la série

$$\frac{a_1}{1} + \frac{a_2}{2} + \frac{a_3}{3} + \cdots$$

diverge.

b) Utilisez le résultat précédent pour montrer que

$$1 + \sum_{n=2}^{\infty} \frac{1}{n \ln n}$$

diverge.

94. Estimer une intégrale. Si vous voulez obtenir une estimation rapide de la valeur de l'intégrale $\int_0^1 x^2 e^x dx$, il existe différentes façons de procéder.

a) Utilisez la règle du trapèze avec $n = 2$ pour estimer $\int_0^1 x^2 e^x dx$.

b) Écrivez les trois premiers termes non nuls de la série de Maclaurin de x^2e^x pour obtenir le polynôme $P(x)$ d'ordre 4 de x^2e^x. Utilisez ensuite $\int_0^1 P(x)\,dx$ pour obtenir une seconde valeur approximative de $\int_0^1 x^2 e^x dx$.

c) La dérivée seconde de $f(x) = x^2e^x$ est positive pour tout $x > 0$. En quoi cela vous permet-il de conclure que la réponse obtenue par la règle du trapèze en **a)** est une approximation par excès ?

d) Toutes les dérivées de $f(x) = x^2e^x$ sont positives pour tout $x > 0$. En quoi cela vous permet-il de conclure que toutes les approximations polynomiales de $f(x)$ de Maclaurin pour x dans l'intervalle $[0, 1]$ seront des approximations par défaut ?
(Indication : $f(x) = P_n(x) + R_n(x)$.)

e) Utilisez l'intégration par parties pour évaluer $\int_0^1 x^2 e^x dx$.

95. Série de arc tan x.

a) Intégrez de $t = 0$ à $t = x$ chaque membre de l'équation

$$\frac{1}{1+t^2} = 1 - t^2 + t^4 - t^6 + \cdots + (-1)^n t^{2n} + \frac{(-1)^{n+1} t^{2n+2}}{1+t^2},$$

où le dernier terme est obtenu en additionnant les termes restants, comme une série géométrique de premier terme $a = (-1)^{n+1} t^{2n+2}$ et de raison $r = -t^2$.

b) Montrez que le reste de la série obtenue en **a)** est donné par

$$R_n(x) = \int_0^x \frac{(-1)^{n+1} t^{2n+2}}{1+t^2}\,dt$$

et trouvez $\lim_{n \to \infty} R_n(x)$ si $|x| \leq 1$.

c) Trouvez la série entière de arc tan x en vous basant sur le résultat obtenu en **b)**.

d) Posez $x = 1$ dans la série de arc tan x pour obtenir la **formule de Leibniz** :

$$\frac{\pi}{4} = 1 - \frac{1}{3} + \frac{1}{5} - \frac{1}{7} + \frac{1}{9} - \cdots + \frac{(-1)^n}{2n+1} + \cdots.$$

Convergence ou divergence

Parmi les séries suivantes, trouvez celles qui convergent et celles qui divergent. Justifiez vos réponses.

1. $\displaystyle\sum_{n=1}^{\infty} \frac{1}{(3n-2)^{n+(1/2)}}$

2. $\displaystyle\sum_{n=1}^{\infty} \frac{(\arctan n)^2}{n^2+1}$

3. $\displaystyle\sum_{n=1}^{\infty} (-1)^n \frac{e^n - e^{-n}}{e^n + e^{-n}}$

4. $\displaystyle\sum_{n=2}^{\infty} \frac{\log_n (n!)}{n^3}$

Parmi les séries suivantes, trouvez celles qui convergent et celles qui divergent. Justifiez vos réponses.

5. $a_1 = 1,\ a_{n+1} = \dfrac{n(n+1)}{(n+2)(n+3)} a_n$

(Indication : Écrivez plusieurs termes, réduisez les facteurs qui peuvent être simplifiés et généralisez.)

6. $a_1 = a_2 = 7,\ a_{n+1} = \dfrac{n}{(n-1)(n+1)} a_n$ si $n \geq 2$.

7. $a_1 = a_2 = 1,\ a_{n+1} = \dfrac{1}{1+a_n}$ si $n \geq 2$.

8. $a_n = 1/3^n$ si n est impair, $a_n = n/3^n$ si n est pair.

Choisir un centre dans une série de Taylor

La formule de Taylor

$$f(x) = f(a) + f'(a)(x-a) + \frac{f''(a)}{2!}(x-a)^2$$
$$+ \cdots + \frac{f^{(n)}(a)}{n!}(x-a)^n + \frac{f^{(n+1)}(c)}{(n+1)!}(x-a)^{n+1}$$

donne la valeur d'une fonction $f(x)$ en fonction des valeurs de f et de ses dérivées en $x = a$. Pour effectuer des calculs numériques, il importe de connaître un nombre a pour lequel nous connaissons les valeurs de f ainsi que celles de ses dérivées. De plus, a doit être suffisamment proche des valeurs de f qui nous intéressent de sorte que $(x-a)^{n+1}$ soit assez petit pour que le reste soit négligeable.

Aux exercices **9** à **14**, quelle série de Taylor représente la fonction indiquée au voisinage de la valeur de x donnée ? (Il peut y avoir plus d'une bonne réponse.) Écrivez les quatre premiers termes non nuls des séries que vous avez trouvées.

9. $\cos x$ près de $x = 1$.

10. $\sin x$ près de $x = 6{,}3$.

11. e^x près de $x = 0{,}4$.

12. $\ln x$ près de $x = 1{,}3$.

13. $\cos x$ près de $x = 69$.

14. $\arctan x$ près de $x = 2$.

Théorie et exemples

15. Racine n^e de $a^n + b^n$. Soit a et b des constantes telles que $0 < a < b$. Est-ce que la suite $\{(a^n + b^n)^{1/n}\}$ converge ? Si oui, quelle est sa limite ?

16. Nombre décimal périodique. Trouvez la somme de la série infinie

$$1 + \frac{2}{10} + \frac{3}{10^2} + \frac{7}{10^3} + \frac{2}{10^4} + \frac{3}{10^5} + \frac{7}{10^6} + \frac{2}{10^7} + \frac{3}{10^8} + \frac{7}{10^9} + \cdots.$$

17. Somme d'intégrales. Évaluez

$$\sum_{n=0}^{\infty} \int_n^{n+1} \frac{1}{1+x^2}\,dx.$$

18. Convergence absolue. Trouvez toutes les valeurs de x pour lesquelles

$$\sum_{n=1}^{\infty} \frac{nx^n}{(n+1)(2x+1)^n}$$

converge absolument.

19. Constante d'Euler. Des graphes tels que ceux de la figure 4.3.2 (voir page 289) illustrent bien que si n est grand, il y a peu de différence entre la somme

$$1 + \frac{1}{2} + \cdots + \frac{1}{n}$$

et l'intégrale

$$\ln n = \int_1^n \frac{1}{x}\,dx.$$

Dans le but d'explorer cette notion, suivez les étapes proposées.

a) En posant $f(x) = 1/x$ dans la figure 4.3.2 (voir page 289), montrez que

$$\ln(n+1) \leq 1 + \frac{1}{2} + \cdots + \frac{1}{n} \leq 1 + \ln n,$$

c'est-à-dire que

$$0 < \ln(n+1) - \ln n \leq 1 + \frac{1}{2} + \cdots + \frac{1}{n} - \ln n \leq 1.$$

Par conséquent, la suite

$$a_n = 1 + \frac{1}{2} + \cdots + \frac{1}{n} - \ln n$$

est bornée à la fois supérieurement et inférieurement.

b) Montrez que

$$\frac{1}{n+1} < \int_n^{n+1} \frac{1}{x}dx = \ln(n+1) - \ln n,$$

et utilisez ce résultat pour montrer que la suite $\{a_n\}$ de la partie **a)** est non croissante.

Puisqu'une suite non croissante et bornée inférieurement est toujours convergente, la suite $\{a_n\}$ définie en **a)** converge :

$$1 + \frac{1}{2} + \cdots + \frac{1}{n} - \ln n \to \gamma.$$

Le nombre γ, dont la valeur est 0,5772…, est appelé *constante d'Euler*. Contrairement à d'autres nombres spéciaux comme π ou e, aucune formulation plus simple de γ n'a été trouvée à ce jour.

20. Généralisation de la constante d'Euler. La figure suivante représente le graphe d'une fonction f positive, décroissante, deux fois dérivable et dont la dérivée seconde est positive sur $]0, \infty[$. Pour tout n, le nombre A_n est l'aire de la lunule comprise entre la courbe et le segment de droite joignant les points $(n, f(n))$ et $(n+1, f(n+1))$.

a) Utilisez la figure suivante pour montrer que

$$\sum_{n=1}^{\infty} A_n < (1/2)(f(1) - f(2)).$$

b) Montrez ensuite l'existence de

$$\lim_{n\to\infty}\left[\sum_{k=1}^{n} f(k) - \frac{1}{2}(f(1)+f(n)) - \int_1^n f(x)dx\right].$$

c) Enfin, montrez l'existence de

$$\lim_{n\to\infty}\left[\sum_{k=1}^{n} f(k) - \int_1^n f(x)dx\right].$$

Si $f(x) = 1/x$, la limite obtenue en **c)** est la constante d'Euler.

Source : P.J. Rippon, « Convergence with Pictures », *American Mathematical Monthly*, vol. 93, n° 6, 1986, p. 476-478.

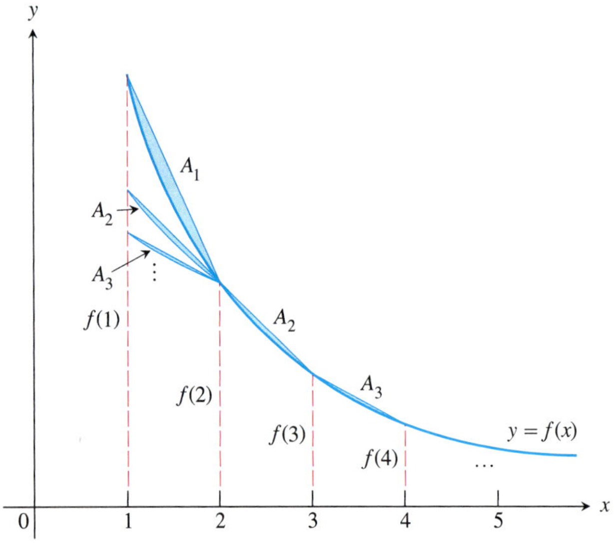

21. Découper des triangles. Le présent exercice a comme point de départ un triangle équilatéral « à l'endroit » dont la longueur des côtés est $2b$ (voir figure suivante). Des triangles équilatéraux « inversés » sont découpés et retranchés progressivement du triangle initial tel qu'illustré dans la figure. La somme des aires des triangles retranchés forme une série infinie.

a) Trouvez cette série infinie.

b) Trouvez la somme de cette série infinie et, dès lors, déterminez l'aire totale découpée et retranchée du triangle initial.

c) Tous les points du triangle initial ont-ils été retranchés ? Expliquez.

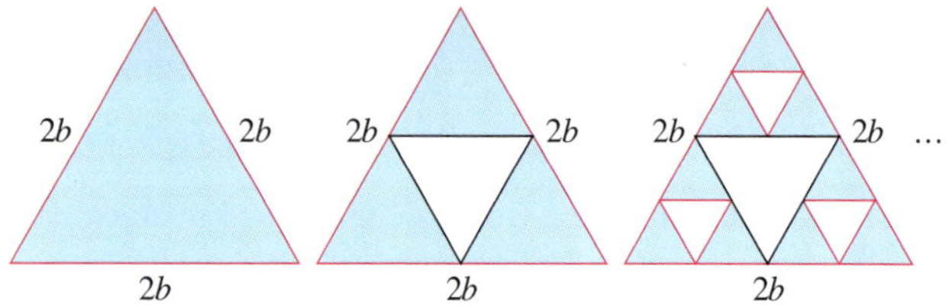

22. Estimation rapide de $\pi/2$. À l'exercice **22** de la section 4.1, vous avez dû remarquer la convergence rapide vers $\pi/2$ de la suite engendrée récursivement par $x_0 = 1$ et $x_{n+1} = x_n + \cos x_n$. Afin d'expliquer la rapidité de cette convergence, posez $\varepsilon_n = (\pi/2) - x_n$ (voir figure ci-dessous). Alors,

$$\begin{aligned}\varepsilon_{n+1} &= \frac{\pi}{2} - x_n - \cos x_n \\ &= \varepsilon_n - \cos\left(\frac{\pi}{2} - \varepsilon_n\right) \\ &= \varepsilon_n - \sin \varepsilon_n \\ &= \frac{1}{3!}(\varepsilon_n)^3 - \frac{1}{5!}(\varepsilon_n)^5 + \cdots.\end{aligned}$$

Utilisez cette égalité pour montrer que

$$0 < \varepsilon_{n+1} < \frac{1}{6}(\varepsilon_n)^3.$$

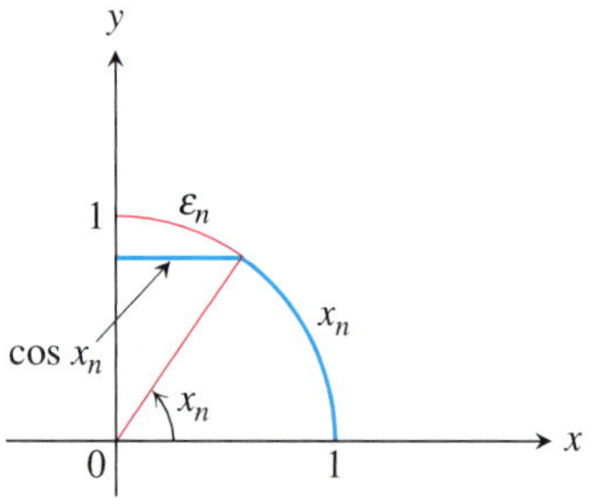

23. Exploration à l'ordinateur.

a) Est-ce que la valeur de $\lim_{n\to\infty}\left(1 - \frac{\cos(a/n)}{n}\right)^n$, où a est une constante, semble dépendre de la valeur de a ? Si oui, de quelle façon ?

b) Est-ce que la valeur de $\lim_{n\to\infty}\left(1 - \frac{\cos(a/n)}{bn}\right)^n$, où a et b sont des constantes et $b \neq 0$, semble dépendre de la valeur de b ? Si oui, de quelle façon ?

c) Utilisez la règle de L'Hospital pour justifier vos réponses en **a)** et **b)**.

24. Montrez que si $\sum_{n=1}^{\infty} a_n$ converge, alors

$$\sum_{n=1}^{\infty}\left(\frac{1+\sin(a_n)}{2}\right)^n$$

converge.

25. Rayon de convergence. Trouvez la valeur de la constante b qui rend égal à 5 le rayon de convergence de la série entière

$$\sum_{n=2}^{\infty}\frac{b^n x^n}{\ln n}.$$

26. Fonctions transcendantes. Comment savez-vous que les fonctions sin x, ln x et e^x ne sont pas des fonctions polynomiales ? Justifiez vos réponses.

27. Test de Raabe (ou de Gauss). Le test suivant, présenté ici sans démonstration, est une extension du test du rapport.

Test de Raabe : Si $\sum_{n=1}^{\infty} u_n$ est une série à termes positifs et s'il existe des nombres C, K et N tels que

$$\frac{u_n}{u_{n+1}} = 1 + \frac{C}{n} + \frac{f(n)}{n^2},$$

où $|f(n)| < K$ pour $n \geq N$, alors u_n converge si $C > 1$ et diverge si $C \leq 1$.

Montrez que les résultats du test de Raabe sont en accord avec ce que vous savez au sujet des séries $\sum_{n=1}^{\infty} (1/n^2)$ et $\sum_{n=1}^{\infty} (1/n)$.

28. Appliquer le test de Raabe. Soit la série $\sum_{n=1}^{\infty} u_n$ dont les termes sont définis par récurrence de la façon suivante :

$$u_1 = 1,\ u_{n+1} = \frac{(2n-1)^2}{2n(2n+1)} u_n.$$

Appliquez le test de Raabe afin de déterminer si la série converge.

29. Soit une série convergente $\sum_{n=1}^{\infty} a_n$, où $a_n \neq 1$ et $a_n > 0$ pour tout n.

a) **Élever les termes au carré.** Montrez que $\sum_{n=1}^{\infty} a_n^2$ converge.

b) Est-ce que $\sum_{n=1}^{\infty} a_n/(1 - a_n)$ converge ? Expliquez.

30. Suite de l'exercice **29**

Si $\sum_{n=1}^{\infty} a_n$ converge et si $0 < a_n < 1$ pour tout n, montrez que $\sum_{n=1}^{\infty} \ln\,(1 - a_n)$ converge (Indication : Montrez d'abord que $|\ln\,(1 - a_n)| \leq a_n/(1 - a_n)$.)

31. Théorème de Nicole Oresme. Démontrez le théorème de Nicole Oresme (voir biographie, page 291) selon lequel

$$1 + \frac{1}{2} \cdot 2 + \frac{1}{4} \cdot 3 + \cdots + \frac{n}{2^{n-1}} + \cdots = 4.$$

(Indication : Dérivez les deux membres de l'équation $1/(1 - x) = 1 + \sum_{n=1}^{\infty} x^n$.)

32. a) **Dérivation terme à terme.** Montrez que

$$\sum_{n=1}^{\infty} \frac{n(n+1)}{x^n} = \frac{2x^2}{(x-1)^3}$$

pour $|x| > 1$ en dérivant deux fois l'identité

$$\sum_{n=1}^{\infty} x^{n+1} = \frac{x^2}{1-x},$$

en multipliant le résultat par x, puis en remplaçant x par $1/x$.

b) Utilisez le résultat obtenu en **a)** pour trouver la solution réelle supérieure à 1 de l'équation

$$x = \sum_{n=1}^{\infty} \frac{n(n+1)}{x^n}.$$

33. Additionner des puissances exponentielles. Utilisez le test de l'intégrale pour montrer que

$$\sum_{n=0}^{\infty} e^{-n^2}$$

converge.

34. Si $\sum_{n=1}^{\infty} a_n$ est une série convergente à termes positifs, que pouvez-vous affirmer au sujet de la convergence de $\sum_{n=1}^{\infty} \ln\,(1 + a_n)$? Justifiez votre réponse.

35. Contrôle de la qualité.

a) Dérivez la série

$$\frac{1}{1-x} = 1 + x + x^2 + \cdots + x^n + \cdots$$

afin d'obtenir un développement en série de $1/(1 - x)^2$.

b) **Lancer de dés.** Lorsqu'on lance deux dés, la probabilité d'obtenir un total de 7 est $p = 1/6$. En lançant les dés de façon répétée, la probabilité d'obtenir un total de 7 pour la première fois au n^e lancer est $q^{n-1}p$, où $q = 1 - p = 5/6$. Le nombre moyen de lancers nécessaires pour obtenir le premier 7 est donné par $\sum_{n=1}^{\infty} nq^{n-1}p$. Trouvez la somme de cette série.

c) En tant qu'ingénieur responsable du contrôle statistique de la qualité d'une opération industrielle, vous vérifiez la production au hasard sur la chaîne de montage. Chaque article vérifié est classé comme « bon » ou « mauvais ». Supposons que la probabilité qu'un article soit bon est p et la probabilité qu'un article soit « mauvais » est $q = 1 - p$. Alors la probabilité que le premier « mauvais » article trouvé soit le n^e article vérifié est $p^{n-1}q$. Le nombre moyen d'articles à vérifier jusqu'à l'obtention du premier « mauvais » article est $\sum_{n=1}^{\infty} np^{n-1}q$. Évaluez cette somme en supposant que $0 < p < 1$.

36. Espérance mathématique. Soit X une variable aléatoire qui prend les valeurs 1, 2, 3, ... avec des probabilités respectives de $p_1, p_2, p_3, \ldots$, où p_k est la probabilité que X soit égale à k (où $k = 1, 2, 3, \ldots$). Soit aussi $p_k \geq 0$ et $\sum_{k=1}^{\infty} p_k = 1$. L'**espérance mathématique** de X, notée $E(X)$, est le nombre kp_k pourvu que la série converge. Dans chacun des cas suivants, vérifiez que $\sum_{k=1}^{\infty} p_k = 1$ et trouvez $E(X)$ si elle existe. (Indication : Voir exercice **35**.)

a) $p_k = 2^{-k}$

b) $p_k = \dfrac{5^{k-1}}{6^k}$

c) $p_k = \dfrac{1}{k(k+1)} = \dfrac{1}{k} - \dfrac{1}{k+1}$

37. Dosage sécuritaire et efficace. La concentration sanguine d'un médicament à la suite de l'absorption d'une dose décroît dans le temps à mesure que la substance est éliminée par l'organisme. Il faut donc répéter périodiquement la dose afin d'empêcher une chute de la concentration en dessous d'un certain seuil. Un modèle qui représente l'effet de doses répétées à intervalles réguliers indique la concentration résiduelle dans l'organisme juste avant l'administration de la $(n+1)^e$ dose à l'aide de la formule suivante :

$$R_n = C_0 e^{-kt0} + C_0 e^{-2kt0} + \ldots + C_0 e^{-nkt0},$$

où C_0 = l'augmentation de la concentration obtenue avec une dose (en milligrammes par millilitre), k = la constante d'élimination (à l'heure) et t_0 = l'intervalle de temps entre deux doses (en heures)(voir figure ci-dessous).

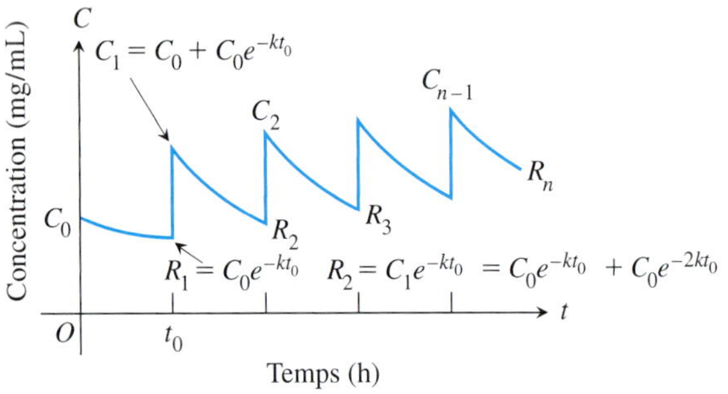

a) Écrivez la somme R_n dans une forme fermée comme une simple fraction et trouvez $R = \lim_{n\to\infty} R_n$.

b) Calculez R_1 et R_{10} pour $C_0 = 1$ mg/mL, $k = 0{,}1$/h et $t_0 = 10$ h. Mesurez la qualité de l'approximation de R par R_{10} en calculant la valeur de l'erreur relative $(R - R_{10})/R$.

c) Si $k = 0{,}01$/h et $t_0 = 10$ h, trouvez la plus petite valeur de n telle que $R_n > (1/2)R$.

Source : B. Horelick, et S. Koont, *Prescribing Safe and Effective Dosage*, Lexington, MA COMAP inc., 1979.

38. Intervalle de temps entre deux doses. (suite de l'exercice **37**) Sachant qu'un certain médicament est inefficace à une concentration inférieure à C_B et qu'il est dangereux à une concentration supérieure à C_H, trouvez les valeurs de C_0 et de t_0 qui détermineront une plage de concentrations à la fois sécuritaire (pas supérieure à C_H) et efficace (pas inférieure à C_B)(voir figure ci-dessous).

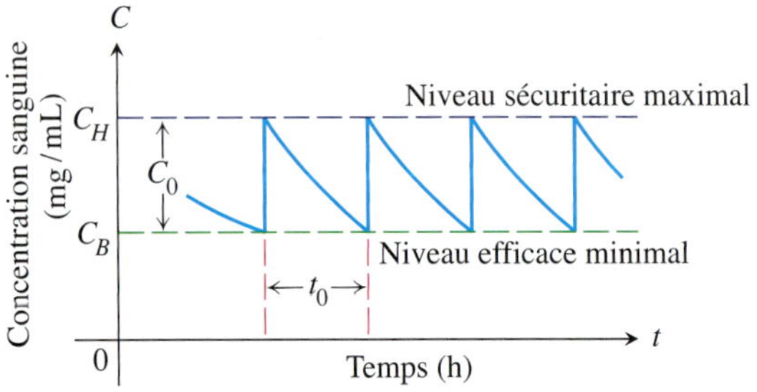

Il faut donc trouver des valeurs de C_0 et de t_0 pour lesquelles

$$R = C_B \text{ et } C_0 + R = C_H.$$

Ainsi, $C_0 = C_H - C_B$. En substituant ces valeurs dans la formule de R développée à l'exercice **37 a**, nous trouvons :

$$C_B = \frac{C_H - C_B}{e^{kt_0} - 1}$$

$$e^{kt_0} = \frac{C_H - C_B}{C_B} - 1 = \frac{C_H}{C_B}.$$

D'où

$$t_0 = \frac{1}{k}\ln\frac{C_H}{C_B}.$$

Pour atteindre rapidement un niveau efficace, il faut administrer une dose de départ capable de produire une concentration de C_H milligrammes par millilitre. Par la suite, à chaque t_0 heures, il faut administrer une dose capable d'élever la concentration de $C_0 = C_H - C_B$ milligrammes par millilitre.

a) Si $k = 0{,}05/h$ et si le niveau de concentration sécuritaire maximal est égal à e fois le niveau de concentration efficace minimal, trouvez l'intervalle de temps entre les doses qui assure des concentrations à la fois sécuritaires et efficaces.

b) En supposant que $C_H = 2$mg/mL, $C_B = 0{,}5$ mg/mL et $k = 0{,}02$/h, de quelle façon le médicament doit-il être administré ?

c) Supposons que $k = 0{,}2$/h et que le niveau de concentration efficace minimal est de 0,03 mg/mL. Pendant combien de temps le médicament conservera-t-il son efficacité après l'administration d'une dose produisant une concentration de 0,1 mg/mL ?

39. Un produit infini. Le produit infini

$$\prod_{n=1}^{\infty}(1 + a_n) = (1 + a_1)(1 + a_2)(1 + a_3)\cdots$$

est considéré comme convergent si la série

$$\sum_{n=1}^{\infty}\ln(1 + a_n),$$

obtenue en prenant le logarithme naturel du produit, est une série convergente. Prouvez que le produit converge si $a_n > -1$ pour tout n et si $\sum_{n=1}^{\infty}|a_n|$ converge (Indication : Montrez que

$$|\ln(1 + a_n)| \le \frac{|a_n|}{1 - |a_n|} \le 2|a_n|$$

si $|a_n| < 1/2$.)

WALLIS

John Wallis (Ashford, Angleterre, 23 novembre 1616 – Oxford, 1703) est dans la vingtaine quand éclate la longue guerre civile anglaise. Pendant le conflit, il décode des instructions secrètes dérobées à l'armée royaliste pour le compte du Parti républicain. Vers la même époque, il rassemble un cercle de chercheurs passionnés qui s'intéressent aux mathématiques, à l'astronomie et à l'industrie. Sous la monarchie restaurée (et heureusement, peu rancunière), ce groupe deviendra la Royal Society, centre de l'activité scientifique en Grande-Bretagne au XVIIe et au XVIIIe siècle.

Wallis est le précurseur de la géométrie infinitésimale. En imaginant un nombre infini de rectangles inscrits dans un quart de cercle pour en calculer l'aire, il déduit une célèbre formule pour π qui porte toujours son nom ; cette formule est basée sur un produit infini :

$$\frac{\pi}{2} = \frac{2\times 2}{1\times 3}\times\frac{4\times 4}{3\times 5}\times\frac{6\times 6}{5\times 7}\times\frac{8\times 8}{7\times 9}\times\frac{10\times 10}{9\times 11}\cdots.$$

Wallis développe aussi la loi des exposants, démontrant que $x^{-1} = 1/x$, que $x^{1/2} = \sqrt{x}$, etc. Il est également l'inventeur du plan complexe.

40. Extension d'une série-*p* logarithmique. Si p est une constante, montrez que la série

$$1 + \sum_{n=3}^{\infty} \frac{1}{n \cdot \ln n \cdot [\ln(\ln n)]^p}$$

a) converge si $p > 1$,

b) diverge si $p \leq 1$.

En général, si $f_1(x) = x$ et si $f_{n+1}(x) = \ln(f_n(x))$, quand n prend les valeurs 1, 2, 3, …, nous trouvons que $f_2(x) = \ln x$, $f_3(x) = \ln(\ln x)$, et ainsi de suite. Si $f_n(a) > 1$, alors

$$\int_a^{\infty} \frac{dx}{f_1(x)f_2(x)\cdots f_n(x)(f_{n+1}(x))^p}$$

converge si $p > 1$ et diverge si $p \leq 1$.

EXPLORATIONS À L'ORDINATEUR

41. Équation logistique discrète et bifurcation. La relation récursive

$$a_{n+1} = ra_n(1 - a_n)$$

est appelée **équation logistique discrète**. Lorsque la valeur initiale a_0 est donnée, l'équation définit la **suite logistique** $\{a_n\}$. Dans le présent exercice, nous choisissons a_0 dans l'intervalle $0 < a_0 < 1$, par exemple, $a_0 = 0{,}3$.

a) Soit $r = 3/4$. Calculez et représentez graphiquement les points (n, a_n) pour les 100 premiers termes de la suite. Est-ce que cette suite semble converger ? Quelle pourrait être sa limite ? Est-ce que la limite semble dépendre du choix de a_0 ?

b) Choisissez plusieurs valeurs de r dans l'intervalle $1 < r < 3$ et répétez les étapes de la partie **a**). Assurez-vous de choisir quelques points au voisinage des bornes de l'intervalle. Décrivez le comportement des suites représentées graphiquement.

c) Examinez maintenant le comportement de la suite pour des valeurs de r voisines des bornes de l'intervalle $3 < r < 3{,}45$. La valeur de transition $r = 3$ est appelée **valeur de bifurcation** et le nouveau comportement des suites dans l'intervalle est appelé **cycle d'attraction d'ordre 2**. Expliquez pourquoi cela décrit bien le comportement des suites.

d) Explorez à présent le comportement des suites pour des valeurs de r voisines des bornes des intervalles $3{,}45 < r < 3{,}54$ ainsi que $3{,}54 < r < 3{,}55$. Représentez graphiquement les 200 premiers termes des suites. Décrivez dans vos mots les comportements observés pour chacun des intervalles. Autour de combien de valeurs la suite semble-t-elle osciller pour chacun des intervalles ? Les valeurs $r = 3{,}45$ et $r = 3{,}54$ (arrondies à deux décimales) sont également des valeurs de bifurcation parce que le comportement des suites change lorsque r passe par ces valeurs.

e) La situation peut devenir encore plus intéressante. Il existe en fait une suite croissante de valeurs de bifurcation $3 < 3{,}45 < 3{,}54 < \ldots < c_n < c_{n+1}$, telles que pour $c_n < r < c_{n+1}$ la suite logistique $\{a_n\}$ oscille régulièrement autour de 2^n valeurs. Ce comportement est un **cycle d'attraction d'ordre 2^n**. De plus, la suite de bifurcation $\{c_n\}$ est bornée supérieurement par 3,57 et, donc, elle converge. Si vous choisissez une valeur de $r < 3{,}57$, vous observerez un cycle d'ordre 2^n. Choisissez $r = 3{,}5695$ et représentez graphiquement 300 points.

f) Voyons ce qui se passe lorsque $r > 3{,}57$. Choisissez $r = 3{,}65$ et calculez, puis représentez graphiquement les 300 premiers termes de $\{a_n\}$. Observez comment les termes sont engendrés de façon imprévisible et chaotique. Il est impossible de prédire la valeur de a_{n+1} à partir de la valeur de a_n.

g) Pour $r = 3{,}65$, choisissez deux valeurs initiales de a_0 proches l'une de l'autre, par exemple $a_0 = 0{,}3$ et $a_0 = 0{,}301$. Calculez, puis représentez graphiquement les 300 premières valeurs des suites définies par chacune des valeurs initiales. Comparez les comportements des suites représentées graphiquement. Jusqu'où faut-il se rendre pour que les termes correspondants des deux suites semblent se séparer ? Répétez cette exploration pour $r = 3{,}75$. Observez à quel point les représentations graphiques diffèrent selon le choix de a_0. On dit que la suite logistique est **sensible à la condition initiale** a_0.

LOGISTIQUE

La fonction logistique a vu le jour deux fois !

Pierre-François Verhulst (né et mort à Bruxelles, 1804-1849) publie ses recherches sur la courbe logistique en 1838. Elles sont inspirées directement des écrits de l'économiste Malthus, qui connaissait seulement la croissance exponentielle et craignait les effets catastrophiques du surpeuplement.

Raymond Pearl (Farmington, New Hampshire, 1879 – Hershey, Pennsylvanie, 1940), écologiste théoricien spécialisé dans l'étude des populations humaines, redécouvre la fonction logistique vers 1920. L'expérience de Pearl est classique et célèbre ; Pearl y emploie des données obtenues en laboratoire par d'autres chercheurs, car son intention est avant tout de démontrer comment appliquer un concept mathématique.

Il aura fallu attendre Pearl, organisateur scientifique efficace et fondateur de deux grandes revues de biologie, pour que la fonction logistique devienne monnaie courante.

ANNEXES

A.1 Preuve de la formule b) du théorème 1.1.2 (sommation des carrés d'entiers consécutifs)

Dans la présente annexe, nous démontrerons la formule **b)** du théorème 1.1.2 (voir page 10).

THÉORÈME 1.1.2 Sommations de certaines puissances d'entiers consécutifs

b) $\sum_{k=1}^{n} k^2 = 1^2 + 2^2 + 3^2 + \cdots + n^2 = \dfrac{n(n+1)(2n+1)}{6}$

Le raisonnement qui démontre cette formule repose sur une méthode encore plus ingénieuse que celle utilisée pour la sommation **a)** à l'exemple 7 de la section 1.1 (voir pages 9 et 10).

Preuve du théorème 1.1.2 L'astuce consiste à développer de deux façons différentes une somme de différences de cubes consécutifs puis à égaler les deux développements.

Première façon

$$\sum_{k=1}^{n} [(k+1)^3 - k^3]$$

$$= [2^3 - 1^3] + [3^3 - 2^3] + [4^3 - 3^3] + [5^3 - 4^3] + \cdots + [n^3 - (n-1)^3] + [(n+1)^3 - n^3]$$

On dit de cette somme qu'elle est télescopique, car chaque terme annule une partie du terme suivant (pensez à une lunette d'approche télescopique ou à une antenne télescopique dont les segments s'emboîtent les uns dans les autres). Après réduction, la somme devient

$$\begin{aligned}\sum_{k=1}^{n} [(k+1)^3 - k^3] &= (n+1)^3 - 1^3 \\ &= (n^3 + 3n^2 + 3n + 1) - 1^3 \\ &= n^3 + 3n^2 + 3n. \qquad (1)\end{aligned}$$

Deuxième façon

Puisque

$$(k+1)^3 - k^3 = (k^3 + 3k^2 + 3k + 1) - k^3 = 3k^2 + 3k + 1,$$

nous pouvons écrire :

$$\sum_{k=1}^{n} [(k+1)^3 - k^3] = \sum_{k=1}^{n} (3k^2 + 3k + 1)$$

$$= 3\sum_{k=1}^{n} k^2 + 3\sum_{k=1}^{n} k + \sum_{k=1}^{n} 1$$

Théorème 1.1.1 (voir page 8)

$$= 3\sum_{k=1}^{n} k^2 + 3\sum_{k=1}^{n} k + n$$

$$= 3\sum_{k=1}^{n} k^2 + 3\frac{n(n+1)}{2} + n. \qquad (2)$$

Théorème 1.1.2 **a** : (voir page 10) $\sum_{k=1}^{n} k = \frac{n(n+1)}{2}$

En écrivant l'égalité des expressions (2) et (1), nous obtenons :

$$3\sum_{k=1}^{n} k^2 + 3\frac{n(n+1)}{2} + n = n^3 + 3n^2 + 3n.$$

Il ne reste plus qu'à expliciter $\sum_{k=1}^{n} k^2$ dans cette dernière équation :

$$3\sum_{k=1}^{n} k^2 = n^3 + 3n^2 + 3n - 3\frac{n(n+1)}{2} - n$$

$$= n^3 + 3n^2 + 3n - \frac{3n^2}{2} - \frac{3n}{2} - n$$

$$= n^3 + \frac{3n^2}{2} + \frac{n}{2}.$$

En conséquence,

$$\sum_{k=1}^{n} k^2 = \frac{1}{3}\left(n^3 + \frac{3n^2}{2} + \frac{n}{2}\right) = \frac{2n^3 + 3n^2 + n}{6} = \frac{n(n+1)(2n+1)}{6}. \qquad ■$$

La formule **c)** du théorème 1.1.2 (voir page 10) s'obtient en utilisant une méthode similaire à la précédente ; la preuve en est laissée à la curiosité du lecteur.

A.2 Preuve du théorème 1.2.1 (erreur maximale d'approximation)

Plutôt que de faire une preuve formelle du théorème 1.2.1 (voir page 15), nous en étudierons simplement le principe en réexaminant notre première approximation de l'aire de la région sous une hyperbole à l'aide de quatre rectangles (voir exemple 1, section 1.1, pages 2 et 3).

L'aire totale des rectangles inscrits était donnée par

$$\underline{S_4} = a_1 + a_2 + a_3 + a_4.$$

L'aire totale des rectangles circonscrits était donnée par

$$\overline{S_4} = A_1 + A_2 + A_3 + A_4.$$

Nous pouvons observer à la figure A.2.1 que

$$a_1 = A_2$$
$$a_2 = A_3$$
$$a_3 = A_4.$$

Donc, en soustrayant $\underline{S_4}$ de $\overline{S_4}$, nous trouvons :

$$\begin{aligned}\overline{S_4} - \underline{S_4} &= (A_1 + A_2 + A_3 + A_4) - (a_1 + a_2 + a_3 + a_4)\\ &= (A_1 + A_2 + A_3 + A_4) - (A_2 + A_3 + A_4 + a_4)\\ &= A_1 - a_4.\end{aligned}$$

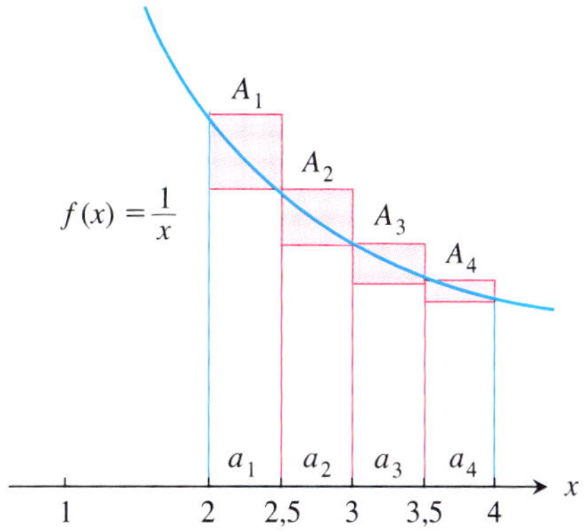

Figure A.2.1 L'estimation de l'aire A sous l'hyperbole $f(x) = 1/x$ à l'aide de quatre rectangles inscrits d'aires a_1, a_2, a_3 et a_4 et de quatre rectangles circonscrits d'aires A_1, A_2, A_3 et A_4.

La différence entre l'approximation par excès $\overline{S_4}$ et l'approximation par défaut $\underline{S_4}$ est représentée par la partie colorée en rouge dans la figure A.2.1 ; or, nous venons de démontrer que cette différence est égale à la différence entre l'aire A_1 du plus grand rectangle circonscrit et l'aire a_4 du plus petit rectangle inscrit. Donc, l'erreur maximale d'approximation de A lorsque n vaut 4 est

$$\begin{aligned}\overline{S_4} - \underline{S_4} &= A_1 - a_4\\ &= (0{,}5)(1/2) - (0{,}5)(1/4)\\ &= 1/8\end{aligned}$$

conformément au résultat déjà trouvé à l'exemple 1 de la section 1.1 (voir pages 2 et 3). ■

Ce résultat peut être généralisé pour un nombre n quelconque de rectangles de même largeur à condition que la fonction f soit monotone sur l'intervalle entre les deux bornes. (Rappelons qu'une fonction f est monotone sur un intervalle si f est croissante sur tout l'intervalle ou décroissante sur tout l'intervalle.)

THÉORÈME 1.2.1 Erreur maximale d'approximation

Soit f une fonction continue non négative et monotone sur un intervalle $[a,\ b]$. Soit $\underline{S_n}$ et $\overline{S_n}$ respectivement les approximations par défaut et par excès de l'aire A de la région sous le graphe de f entre a et b. Pour tout n, l'erreur maximale d'approximation $\overline{S_n} - \underline{S_n}$ sera toujours égale à la différence entre l'aire du plus grand rectangle circonscrit et celle du plus petit rectangle inscrit, c'est-à-dire qu'elle égalera $A_1 - a_n$ pour f décroissante et $A_n - a_1$ pour f croissante.

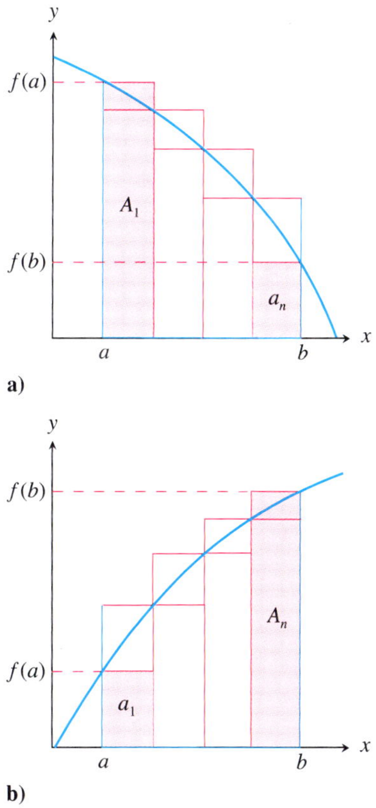

Figure A.2.2 **a)** Pour f décroissante, la hauteur du rectangle d'aire A_1 est $f(a)$ et la hauteur du rectangle d'aire a_n est $f(b)$. **b)** Pour f croissante, la hauteur du rectangle d'aire A_n est $f(b)$ et la hauteur du rectangle d'aire a_1 est $f(a)$.

Pour f décroissante, les hauteurs des rectangles d'aires A_1 et a_n sont toujours respectivement $f(a)$ et $f(b)$ (figure A.2.2 **a**). Pour f croissante, les hauteurs des rectangles d'aires A_n et a_1 sont toujours respectivement $f(b)$ et $f(a)$ (figure A.2.2 **b**).

A.3 Preuve des propriétés 3 et 6 du théorème 1.2.4 (propriétés des intégrales définies)

Dans la présente annexe, nous démontrerons les propriétés **3** et **6** du théorème 1.2.4 (voir page 25).

THÉORÈME 1.2.4 Propriétés des intégrales définies

Soit f et g des fonctions intégrables et soit k une constante.

3. *Multiple de fonction :* $\int_a^b kf(x)\,dx = k\int_a^b f(x)\,dx$, — Pour tout k

en particulier si $k = -1$: $\int_a^b [-f(x)]\,dx = -\int_a^b f(x)\,dx$.

6. *Inégalité max-min :* si $\max f$ et $\min f$ sont respectivement les valeurs maximale et minimale de f sur $[a, b]$, alors

$$\min f \cdot (b-a) \leq \int_a^b f(x)\,dx \leq \max f \cdot (b-a).$$

Preuve de la propriété 3 Selon la propriété **3**, l'intégrale de k fois une fonction est égale à k fois l'intégrale de la fonction. Cette propriété est vraie, car

$$\int_a^b kf(x)\,dx = \lim_{\max \Delta x_i \to 0} \sum_{i=1}^{n} kf(c_i)\Delta x_i \qquad \text{Définition}$$

$$= \lim_{\max \Delta x_i \to 0} k \sum_{i=1}^{n} f(c_i)\Delta x_i \qquad \text{Propriété de } \Sigma \text{ (voir théorème 1.1.1 c, page 8)}$$

$$= k \lim_{\max \Delta x_i \to 0} \sum_{i=1}^{n} f(c_i)\Delta x_i \qquad \text{Propriété d'une limite}$$

$$= k\int_a^b f(x)\,dx. \qquad \text{Définition}$$

■

Démontrons maintenant la propriété **6**, l'inégalité max-min, dont l'importance est évidente dans la section 1.3 au moment de démontrer le fameux théorème fondamental du calcul intégral.

Selon cette propriété, l'intégrale de f sur l'intervalle $[a, b]$ n'est jamais plus petite que la valeur minimale de f multipliée par la longueur de l'intervalle, et elle n'est jamais plus grande que la valeur maximale de f multipliée par la longueur de l'intervalle.

Preuve de la propriété 6 Quelle que soit la partition de $[a, b]$ et quel que soit le choix des points c_k,

$$\min f \cdot (b-a) = \min f \cdot \sum_{k=1}^{n} \Delta x_k \qquad \sum_{i=1}^{n} \Delta x_k = b-a$$

$$= \sum_{k=1}^{n} \min f \cdot \Delta x_k$$

$$\leq \sum_{k=1}^{n} f(c_k) \cdot \Delta x_k \qquad \min f \leq f(c_k)$$

$$\leq \sum_{k=1}^{n} \max f \cdot \Delta x_k \qquad f(c_k) \leq \max f$$

$$= \max f \cdot \sum_{k=1}^{n} \Delta x_k = \max f \cdot (b - a).$$

Bref, toute somme de Riemann pour f sur $[a, b]$ satisfait aux inégalités :

$$\min f \cdot (b - a) \leq \sum_{k=1}^{n} f(c_k)\Delta x_k \leq \max f \cdot (b - a).$$

Par conséquent, la limite, c'est-à-dire l'intégrale, satisfait aux mêmes inégalités. ■

A.4 Théorème de Rolle et théorème de la moyenne de Lagrange

Conséquence du théorème de Rolle, le théorème de la moyenne de Lagrange est un principe fondamental du calcul différentiel ; ce théorème établit un lien entre le taux de variation moyen d'une fonction sur un intervalle et son taux de variation instantané en un point de cet intervalle. Le théorème de la moyenne de Lagrange est le fondement de plusieurs résultats importants.

A.4.1 Théorème de Rolle

D'un point de vue géométrique, il est assez évident qu'entre deux points où une courbe dérivable prend la même valeur, il existe toujours au moins un point de la courbe où la tangente est horizontale. Un théorème de Michel Rolle, publié en 1691, établit clairement ce fait. Nous verrons plus loin que le théorème de Rolle est un cas particulier du théorème de la moyenne de Lagrange.

THÉORÈME A.4.1 Théorème de Rolle

Soit f une fonction vérifiant les trois conditions suivantes :

- f est continue en tout point de l'intervalle fermé $[a, b]$;
- f est dérivable en tout point de l'intervalle ouvert $]a, b[$;
- $f(a) = f(b)$.

Alors, il existe au moins un nombre c dans l'intervalle $]a, b[$ tel que $f'(c) = 0$ (figure A.4.1).

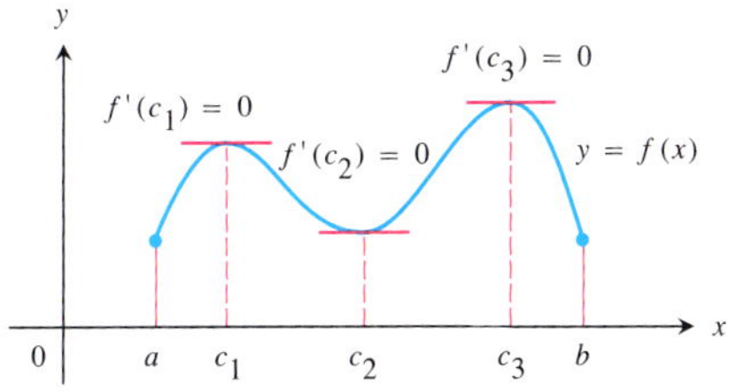

Figure A.4.1 Selon le théorème de Rolle, toute courbe dérivable admet au moins une tangente horizontale entre deux points d'ordonnées égales. Le nombre c pour lequel $f'(c) = 0$ n'est pas nécessairement unique : ici, $f'(x) = 0$ en trois points.

Preuve du théorème de Rolle Puisque f est continue, le théorème des extremums absolus garantit que f atteint un maximum et un minimum absolus sur l'intervalle $[a, b]$. En conséquence du théorème des extremums relatifs, ces deux extremums ne peuvent se trouver qu'aux points suivants de l'intervalle :

1. aux bornes de l'intervalle $[a, b]$;
2. à un point intérieur de l'intervalle où $f'(x) = 0$;
3. à un point intérieur de l'intervalle où f' n'existe pas.

Selon l'hypothèse, la fonction f est dérivable en tout point de $]a, b[$, ce qui élimine l'option **3**. Les seules possibilités sont donc les bornes a et b ainsi que les points intérieurs où $f'(x) = 0$. Voyons ces deux cas.

1. Si le maximum et le minimum sont tous les deux en a et en b, alors les valeurs maximale et minimale de f sont égales, c'est-à-dire que $f(x) = f(a) = f(b)$. Donc f est une fonction constante et $f'(x) = 0$ pour tout x dans l'intervalle $]a, b[$; c peut alors être choisi n'importe où dans l'intervalle $]a, b[$.

2. Si le maximum ou le minimum existe en un point intérieur c de l'intervalle, alors $f'(c) = 0$ selon le théorème des extremums relatifs et nous avons trouvé un point c confirmant la conclusion du théorème de Rolle. ■

Prêtez attention aux hypothèses du théorème de Rolle. Si l'une des conditions n'est pas observée, il est possible que la fonction f n'admette aucune tangente horizontale sur l'intervalle (figure A.4.2).

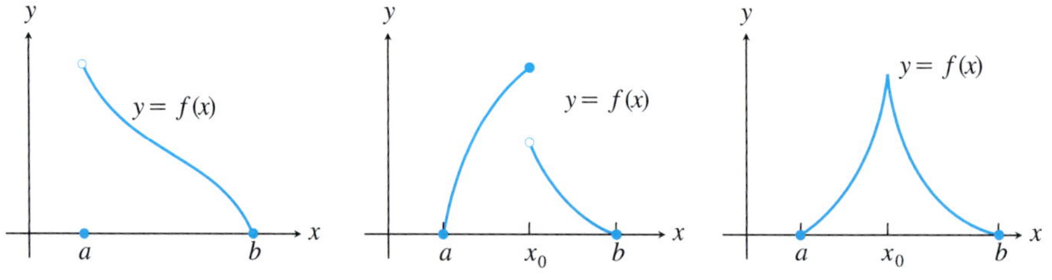

a) f dérivable partout sur $]a, b[$ mais discontinue à l'une des bornes.

b) f discontinue en un point intérieur et nécessairement non dérivable en un point x_0 de $]a, b[$.

c) f continue sur $[a, b]$, mais non dérivable en un point x_0 de $]a, b[$.

Figure A.4.2 Trois situations où aucune tangente à f horizontale n'existe sur $]a, b[$.

ROLLE

Mathématicien autodidacte, **Michel Rolle** (Ambert, 1652 – Paris, 1719) était comptable et il étudiait l'algèbre dans ses moments libres. En 1690, il publie le traité d'algèbre qui contient sa « méthode des cascades », permettant d'encadrer les racines réelles de certains types d'équations ; en 1691, dans sa « Démonstration d'une méthode pour résoudre les égalités de tous les degrés », on y trouve le théorème qui porte son nom et selon lequel « une fonction ne peut s'annuler plus d'une fois dans l'intervalle séparant deux racines réelles consécutives de sa fonction dérivée ». De nos jours, on formule ce théorème de façon equivalente en disant qu'entre deux zéros d'une fonction dérivable se trouve toujours au moins un zéro de sa dérivée. Rolle se méfiait des nouvelles méthodes du calcul différentiel et il dépensa beaucoup d'énergie à les dénoncer et à combattre le livre de calcul de L'Hospital. Ironie du sort que ce mathématicien français soit reconnu pour son apport dans le domaine qu'il essaya de discréditer !

EXEMPLE 1 Explorer le théorème de Rolle

Montrez que les conditions du théorème de Rolle sont satisfaites par

$$f(x) = \frac{x^3}{3} - 3x + 1 \text{ sur l'intervalle } [-3, 3],$$

et trouvez une valeur c telle que $f'(c) = 0$.

Solution

En tant que polynôme, $f(x)$ est continue et dérivable partout ; donc, $f(x)$ est continue et dérivable sur $[-3, 3]$. Nous avons également

$$f(-3) = 1 = f(3).$$

Les conditions du théorème de Rolle sont donc satisfaites. D'après ce théorème, f' doit valoir 0 au moins une fois en un point c de l'intervalle ouvert $]-3, 3[$. Or, $f'(x) = x^2 - 3$. Cette dérivée prend la valeur 0 deux fois sur l'intervalle $]-3, 3[$, une fois à $x = -\sqrt{3} = c_1$ et l'autre fois, à $x = \sqrt{3} = c_2$.

Voir les exercices **5**, **24** et **25**.

A.4.2 Théorème de la moyenne de Lagrange

Le théorème de la moyenne de Lagrange, appelé aussi **théorème des accroissements finis**, peut être considéré comme une version « inclinée » du théorème de Rolle.

THÉORÈME A.4.2 Théorème de la moyenne de Lagrange

Soit f une fonction vérifiant les deux conditions suivantes :

- f est continue en tout point de $[a, b]$;
- f est dérivable en tout point de $]a, b[$.

Alors, il existe au moins un nombre c dans l'intervalle $]a, b[$ tel que

$$f'(c) = \frac{f(b) - f(a)}{b - a},$$

c'est-à-dire $f'(c)(b - a) = f(b) - f(a)$.

Preuve du théorème A.4.2 Représentons le graphe de f par une courbe dans le plan (figure A.4.3) et traçons la droite passant par les points $A(a, f(a))$ et $B(b, f(b))$. Voici l'équation point-pente décrivant cette droite :

$$g(x) = f(a) + \frac{f(b) - f(a)}{b - a}(x - a). \qquad (1)$$

L'écart vertical séparant les graphes de f et g au point d'abscisse x est donné par

$$\begin{aligned} h(x) &= f(x) - g(x) \\ &= f(x) - f(a) - \frac{f(b) - f(a)}{b - a}(x - a). \qquad (2) \end{aligned}$$

La figure A.4.4 (voir page 368) présente simultanément les graphes de f, g et h.

La fonction h satisfait aux trois conditions du théorème de Rolle sur $[a, b]$: elle est continue sur $[a, b]$ et dérivable sur $]a, b[$ puisque f et g le sont également. En effet, de plus, $h(a) = h(b)$ puisque les graphes de f et g se coupent aux points A et B ; d'ailleurs, nous pouvons le vérifier algébriquement en détail :

$$\begin{aligned} h(a) &= f(a) - f(a) - \frac{f(b) - f(a)}{b - a}(a - a) \\ &= 0 \end{aligned}$$

et

$$\begin{aligned} h(b) &= f(b) - f(a) - \frac{f(b) - f(a)}{b - a}(b - a) \\ &= f(b) - f(a) - [f(b) - f(a)] \\ &= 0. \end{aligned}$$

Selon le théorème de Rolle, il existe donc un nombre c dans l'intervalle $]a, b[$ pour lequel $h'(c) = 0$.

Dérivons les deux membres de l'équation (2) par rapport à x, puis posons $x = c$:

$$h'(x) = f'(x) - \frac{f(b) - f(a)}{b - a} \qquad \text{Dérivée de l'équation (2)...}$$

LAGRANGE

Louis Lagrange (Turin, 25 janvier 1736 – Paris, 1813) a 19 ans lorsqu'il communique à Leonhard Euler une méthode pour trouver les extremums d'une fonction. Le grand homme lui exprime son admiration ; pour Lagrange, ce sera toujours son résultat le plus important, mais il y en aura tant d'autres ! Il trouvera une façon d'analyser les vibrations d'une corde sous tension et obtiendra des résultats remarquables en dynamique des astres.
Appelé à Berlin par Frédéric II de Prusse, il y produira des œuvres en mécanique, en probabilités et en analyse fondamentale. En 1787, il devient membre de l'Académie des sciences à Paris, qui publiera son œuvre magistrale sur la mécanique, synthèse de tous les développements dans ce domaine depuis Newton. La France devient ainsi sa dernière patrie : il fera partie de la commission qui créera le système métrique et sera anobli par Napoléon.
On doit à Lagrange la notation prime pour les dérivées et le fameux théorème de la moyenne, qui porte d'ailleurs son nom.

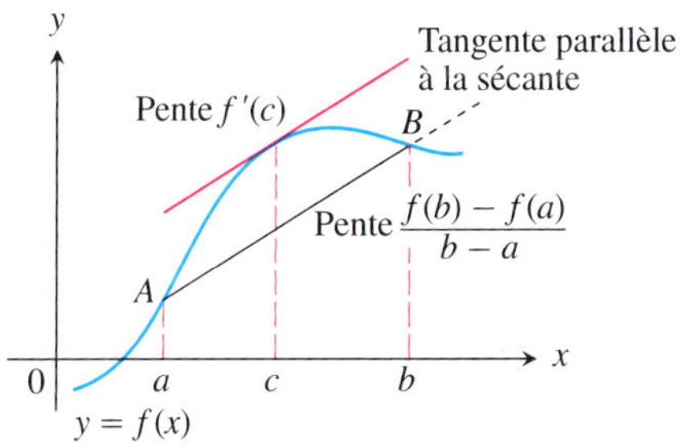

Figure A.4.3 En termes géométriques, le théorème de la moyenne de Lagrange affirme qu'en un point situé quelque part entre A et B, la courbe admet au moins une tangente parallèle à la sécante AB.

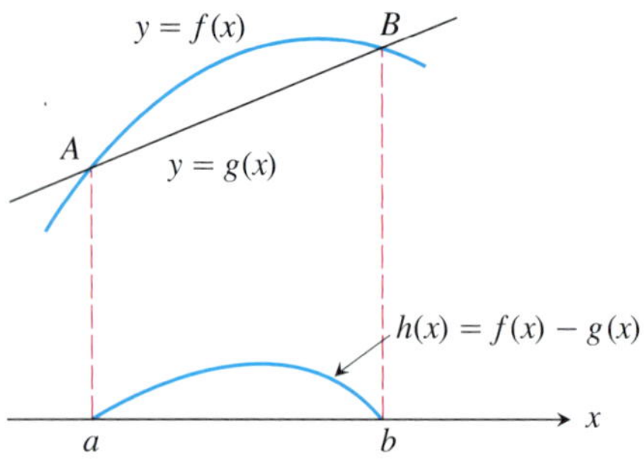

Figure A.4.4 La sécante AB est le graphe de la fonction $g(x)$. La fonction $h(x) = f(x) - g(x)$ correspond à l'écart vertical séparant les graphes de f et g au point d'abscisse x.

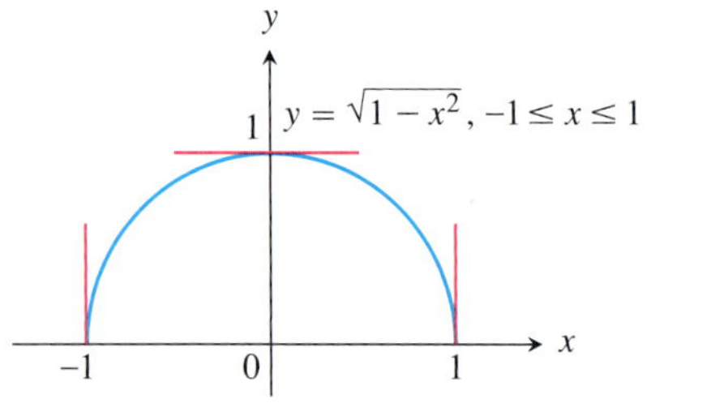

Figure A.4.5 La fonction $f(x) = \sqrt{1 - x^2}$ satisfait aux conditions du théorème de Rolle et donc à celles du théorème de la moyenne de Lagrange sur $[-1, 1]$, même si f n'est pas dérivable en -1 et en 1.

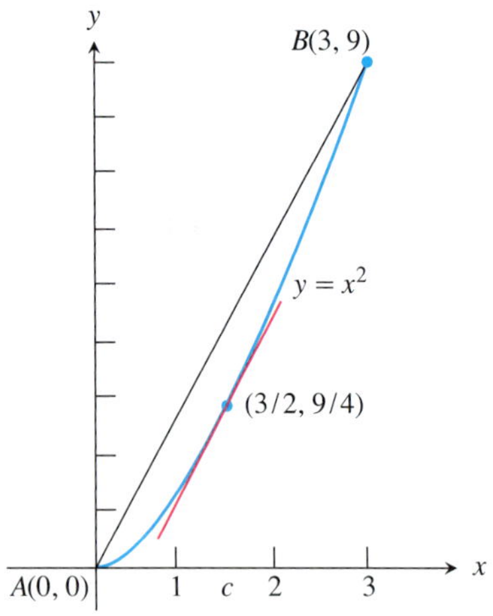

Figure A.4.6 Comme nous le voyons à l'exemple 2, la tangente au point d'abscisse $c = 3/2$ est parallèle à la sécante. Leur pente commune vaut 3.

$$h'(c) = f'(c) - \frac{f(b) - f(a)}{b - a} \qquad \text{… évaluée en } x = c$$

$$0 = f'(c) - \frac{f(b) - f(a)}{b - a} \qquad h'(c) = 0 \text{ par le théorème de Rolle sur la fonction } h$$

$$f'(c) = \frac{f(b) - f(a)}{b - a}, \qquad f'(c) \text{ isolée}$$

comme nous voulions le démontrer. ■

Les conditions du théorème de la moyenne de Lagrange n'exigent pas que f soit dérivable en a ou en b. Il suffit que la fonction soit continue à droite en a et à gauche en b (figure A.4.5).

Normalement, tout ce que nous savons sur le point d'abscisse c est ce que nous en dit le théorème, c'est-à-dire que c existe. Il y a des cas où nous pouvons satisfaire notre curiosité sur la position exacte de c comme à l'exemple 2. Cependant, l'importance du théorème n'a rien à voir avec l'emplacement du point d'abscisse c. D'ailleurs, les cas où nous pouvons le faire sont l'exception plutôt que la règle.

EXEMPLE 2 Explorer le théorème de la moyenne de Lagrange

La fonction $f(x) = x^2$ (figure A.4.6) est continue sur $0 \leq x \leq 3$ et dérivable sur $0 < x < 3$. Puisque $f(0) = 0$ et $f(3) = 9$, selon le théorème de la moyenne de Lagrange, il doit exister un point c de l'intervalle de définition de la dérivée pour lequel $f'(x) = 2x$ est égale à $(f(3) - f(0))/(3 - 0) = (9 - 0)/(3 - 0) = 3$. Ici, nous pouvons trouver c au moyen de l'équation $f'(c) = 2c = 3$, soit $c = 3/2$.

Voir les exercices **1** à **4** et **6**.

A.4.3 Conséquences mathématiques du théorème de la moyenne de Lagrange

Comme nous l'avons souligné au début de la section A.4, le théorème de la moyenne de Lagrange est le fondement de plusieurs résultats importants du calcul différentiel. Les deux théorèmes qui vont suivre sont des conséquences importantes du théorème de la moyenne de Lagrange.

Nous savons déjà que si une fonction f est constante sur un intervalle, alors $f'(x) = 0$ sur tout l'intervalle. Le premier théorème du théorème de la moyenne de Lagrange donne la réciproque de cet énoncé.

THÉORÈME A.4.3 Les fonctions de dérivée nulle sont des fonctions constantes

Soit f une fonction continue sur un intervalle fermé $[a, b]$ et dérivable sur $]a, b[$. Si $f'(x) = 0$ pour tout x dans $]a, b[$, alors f est constante sur $[a, b]$.

Preuve du théorème A.4.3 En partant des hypothèses du théorème, nous devons démontrer que la fonction f possède une valeur constante sur l'intervalle $[a, b]$. Pour ce faire, prouvons que si x_1 et x_2 sont deux points de l'intervalle $[a, b]$, alors $f(x_1) = f(x_2)$.

Soit x_1 et x_2 deux points de $[a, b]$ tels que $x_1 < x_2$. La fonction f satisfait alors aux conditions du théorème de la moyenne de Lagrange sur $[x_1, x_2]$, car elle satisfait déjà à ces hypothèses sur $[a, b]$ qui contient $[x_1, x_2]$. Donc,

$$\frac{f(x_2) - f(x_1)}{x_2 - x_1} = f'(c)$$

pour une certaine valeur c entre x_1 et x_2. Puisque $f'(x) = 0$ partout sur $]a, b[$, il est clair que $f'(c) = 0$ et alors,

$$\frac{f(x_2) - f(x_1)}{x_2 - x_1} = 0, \text{ d'où } f(x_2) - f(x_1) = 0 \text{ et enfin } f(x_1) = f(x_2). \quad ■$$

Le théorème A.4.4 permet d'affirmer que deux fonctions peuvent avoir la même dérivée sur un intervalle $]a, b[$ seulement si leurs valeurs présentent une différence constante sur l'intervalle $[a, b]$. Nous savons, par exemple, que la dérivée de $f(x) = x^2$ sur $]-\infty, \infty[$ est $2x$. Toute autre fonction ayant $2x$ comme dérivée sur $]-\infty, \infty[$ doit être égale à $x^2 + C$ pour un C quelconque (figure A.4.7).

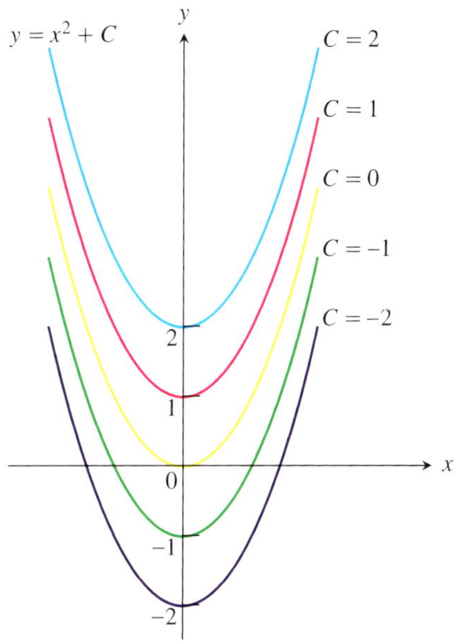

Figure A.4.7 Du point de vue géométrique, le corollaire A.4.4 du théorème de la moyenne de Lagrange montre que les graphes des fonctions ayant la même dérivée sur un intervalle ne peuvent se distinguer que par une translation verticale. Les graphes des fonctions ayant $2x$ comme dérivée sont les paraboles $y = x^2 + C$. Nous en voyons ici des exemples pour diverses valeurs de C.

THÉORÈME A.4.4 Les fonctions ayant une même dérivée sur un intervalle ne diffèrent entre elles que par une valeur constante

Si f et g sont des fonctions continues sur un intervalle fermé $[a, b]$ et si $f'(x) = g'(x)$ pour tout x dans $]a, b[$, alors $f - g$ est constante sur $[a, b]$, c'est-à-dire qu'il existe une constante C telle que $f(x) = g(x) + C$ pour tout x dans $[a, b]$.

Preuve du théorème A.4.4 Pour tout x dans $]a, b[$, la dérivée de la fonction différence $h = f - g$ est

$$\begin{aligned} h'(x) &= (f(x) - g(x))' \\ &= f'(x) - g'(x) \\ &= 0. \end{aligned}$$

$f'(x) = g'(x)$ sur $]a, b[$ par hypothèse

Donc, il existe une constante C telle que $h(x) = C$ sur $[a, b]$ selon le théorème A.4.3 : c'est-à-dire $f(x) - g(x) = C$ sur $[a, b]$, ou encore $f(x) = g(x) + C$. ■

Exercices A.4

Vérifier les conditions d'un théorème et les appliquer

Aux exercices **1** à **4**, montrez : **a)** que la fonction f satisfait aux conditions du théorème de la moyenne de Lagrange sur l'intervalle $[a, b]$; **b)** trouvez chaque valeur de c dans $]a, b[$ vérifiant l'équation :

$$f'(c) = \frac{f(b) - f(a)}{b - a}.$$

1. $f(x) = x^2 + 2x - 1$, $[0, 1]$ **2.** $f(x) = x^{2/3}$, $[0, 1]$

3. $f(x) = \arcsin x$, $[-1, 1]$ **4.** $f(x) = \ln(x - 1)$, $[2, 4]$

5. La fonction

$$f(x) = \begin{cases} x, & 0 \le x < 1 \\ 0, & x = 1 \end{cases}$$

s'annule aux abscisses $x = 0$ et $x = 1$. Elle est dérivable sur $]0, 1[$, mais sa dérivée ne s'annule pas sur l'intervalle. Est-ce possible ? Le théorème de Rolle n'indique-t-il pas que la dérivée doit s'annuler au moins une fois sur cet intervalle ? Justifiez votre réponse.

6. Pour quelles valeurs de a, de m et de b la fonction suivante satisfait-elle aux conditions du théorème de la moyenne de Lagrange sur l'intervalle $[0, 2]$?

$$f(x) = \begin{cases} 3, & x = 0 \\ -x^2 + 3x + a, & 0 < x < 1 \\ mx + b, & 1 \leq x \leq 2 \end{cases}$$

Équations différentielles

7. Soit $f(-1) = 3$ et $f'(x) = 0$ pour tout x. Est-ce que $f(x) = 3$ pour tout x ? Justifiez votre réponse.

8. Soit $g(0) = 5$ et $g'(t) = 2$ pour tout t. Est-ce que $g(t) = 2t + 5$ pour tout t ? Justifiez votre réponse.

Dans les exercices **9** à **12**, la dérivée est donnée. Quelles sont toutes les fonctions possibles admettant cette dérivée ?

9. a) $y' = x$
b) $y' = x^2$
c) $y' = x^3$

10. a) $y' = 2x$
b) $y' = 2x - 1$
c) $y' = 3x^2 + 2x - 1$

11. a) $r' = \dfrac{1}{\theta}$
b) $r' = 1 - \dfrac{1}{\theta}$
c) $r' = 5 + \dfrac{1}{\theta}$

12. a) $y' = \dfrac{1}{2\sqrt{t}}$
b) $y' = \dfrac{1}{\sqrt{t}}$
c) $y' = 4t - \dfrac{1}{\sqrt{t}}$

Dans les exercices **13** à **16**, la dérivée est donnée ainsi qu'un point P de la solution, c'est-à-dire un point par lequel le graphe de la fonction recherchée doit passer. Trouvez la fonction satisfaisant à ces conditions.

13. $f'(x) = 2x - 1$, $P(0, 0)$

14. $g'(x) = \dfrac{1}{x} + 2x$, $P(1, -1)$

15. $f'(x) = e^{2x}$, $P\left(0, \dfrac{3}{2}\right)$

16. $r'(t) = \sec t \tan t - 1$, $P(0, 0)$

Applications

17. Une variation de température. En 14 s, la température d'un thermomètre au mercure est passée de −19 °C à 100 °C après qu'on l'eut sorti du congélateur et plongé dans l'eau bouillante. Montrez qu'à un moment donné, la température s'élevait à un taux de 8,5 °C/s.

18. Un excès de vitesse. Un chauffeur de poids lourd a remis son billet à un poste de péage à la sortie d'une autoroute. Le billet indiquait une distance de 255 km parcourue en 2 h. Sachant que la limite de vitesse est de 100 km/h sur cette autoroute, pouvez-vous expliquer pourquoi le chauffeur a reçu une contravention pour excès de vitesse ? Justifiez votre réponse.

19. Les trirèmes. On rapporte qu'une trirème de 170 rameurs (galère de l'Antiquité) a déjà parcouru 184 milles nautiques en 24 h. Expliquez pourquoi à un moment donné de cet exploit, la vitesse de la trirème a dû être supérieure à 7,5 nœuds (1 nœud = 1 mille nautique à l'heure).

20. Un marathon. La distance du marathon est de 42,195 km. Montrez que la vitesse d'un coureur a été exactement de 18 km/h au moins deux fois s'il a achevé la course en 2 h 12 min.

Théorie et exemples

21. La moyenne géométrique de deux nombres *a* et *b*. Par définition, la moyenne géométrique de deux nombres réels positifs a et b est $\sqrt{ab}$. Montrez que le nombre c du théorème de la moyenne de Lagrange pour la fonction $f(x) = 1/x$ sur l'intervalle $[a, b]$ est $c = \sqrt{ab}$.

22. La moyenne arithmétique de deux nombres *a* et *b*. Par définition, la moyenne arithmétique de deux nombres réels positifs a et b est $(a + b)/2$. Montrez que le nombre c du théorème de la moyenne de Lagrange pour la fonction $f(x) = x^2$ sur l'intervalle $[a, b]$ est $c = (a + b)/2$.

23. Un graphe surprenant. Tracez le graphe de la fonction

$$f(x) = \sin x \sin (x + 2) - \sin^2 (x + 1).$$

Décrivez l'allure du graphe. Pourquoi la fonction se comporte-t-elle de la sorte ? Justifiez votre réponse.

24. Le théorème de Rolle.

a) Construisez une fonction polynomiale $f(x)$ dont les zéros sont $x = -2, -1, 0, 1$ et 2.

b) Tracez les graphes de $f(x)$ et de $f'(x)$ dans la même fenêtre. De quelle façon ces graphes illustrent-ils le théorème de Rolle ?

c) Les graphes de $g(x) = \sin x$ et de sa dérivée $g'(x)$ illustrent-ils le même principe ?

25. Une solution unique. Soit $f(x)$ une fonction continue sur l'intervalle $[a, b]$ et dérivable sur $]a, b[$. Si $f(a)$ et $f(b)$ sont de signes opposés et si $f'(x) \neq 0$ entre a et b, montrez que $f(x) = 0$ exactement une fois entre a et b.

26. Les tangentes parallèles. Soit f et g deux fonctions dérivables sur l'intervalle $[a, b]$ et soit $f(a) = g(a)$ et $f(b) = g(b)$. Montrez qu'il existe au moins un point entre a et b pour lequel les tangentes aux graphes de f et g sont parallèles ou confondues. Illustrez votre résultat à l'aide d'un dessin.

27. Des graphes identiques. Si les graphes de deux fonctions dérivables $f(x)$ et $g(x)$ partent du même point et si les deux fonctions ont le même taux de variation en tout point, doivent-ils être nécessairement identiques ? Justifiez votre réponse.

28. Le signe de $f'(x)$. Soit $f(x)$ une fonction dérivable sur l'intervalle $[a, b]$ et soit $f(b) < f(a)$. Montrez que $f'(x)$ est nécessairement négative pour au moins une valeur comprise entre a et b.

A.5 Dérivées des fonctions trigonométriques inverses

On appelle également une fonction inverse *fonction réciproque*.

À titre de rappel, revoyons brièvement les dérivées des fonctions trigonométriques inverses sans les démontrer.

Rappelons que

$$\frac{d}{dx}(\text{arc sin } x) = \frac{1}{\sqrt{1-x^2}}.$$

Remarquons que l'expression n'est pas définie pour les valeurs limites 1 et −1 ; cela correspond au fait que la dérivée devient infinie en approchant ces valeurs et que le graphe de arc sin x possède des tangentes verticales en ces deux points (figure A.5.1).

Donc, si u est une fonction dérivable de x avec $|u| < 1$, en appliquant la règle de dérivation en chaîne, nous obtenons :

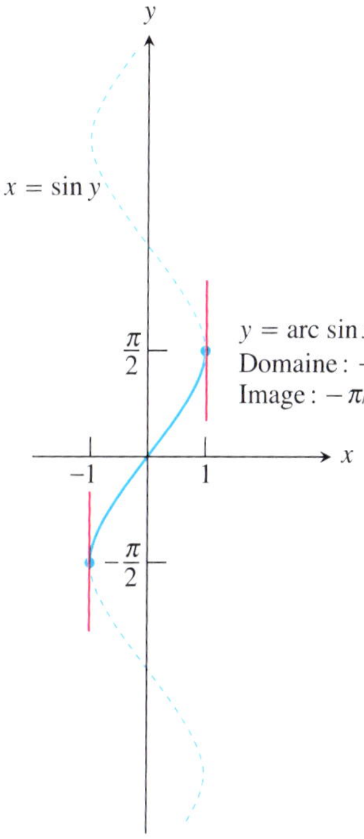

Figure A.5.1 Le graphe de $y = \text{arc sin } x$ admet des tangentes verticales en $x = -1$ et en $x = 1$.

THÉORÈME A.5.1 Dérivée de la fonction arc sinus

$$\frac{d}{dx}\text{ arc sin } u = \frac{1}{\sqrt{1-u^2}}\frac{du}{dx}, \quad \text{où } |u| < 1.$$

Voir l'exercice **23**.

Contrairement à la fonction $y = \text{arc sin } x$, dont le domaine $[-1, 1]$ est assez restreint, la fonction $y = \text{arc tan } x$ est définie pour tous les nombres réels.

Si u est une fonction dérivable de x, en appliquant la règle de dérivation en chaîne, nous obtenons :

THÉORÈME A.5.2 Dérivée de la fonction arc tangente

$$\frac{d}{dx}\text{ arc tan } u = \frac{1}{1+u^2}\frac{du}{dx}$$

Voir l'exercice **24**.

La dérivée de arc sec x est donnée par

$$\frac{d}{dx}(\text{arc sec } x) = \pm\frac{1}{x\sqrt{x^2-1}}.$$

Que faire avec les signes « ± » ? La figure A.5.2 montre que la pente de la tangente à $y = \text{arc sec } x$ est toujours positive. En utilisant le symbole de la valeur absolue, nous pouvons éviter les signes « ± » et le résultat s'écrira plus simplement

$$\frac{d}{dx}\text{ arc sec } x = \frac{1}{|x|\sqrt{x^2-1}}.$$

Si u est une fonction dérivable de x et $|u| > 1$, en appliquant la règle de dérivation en chaîne, nous obtenons :

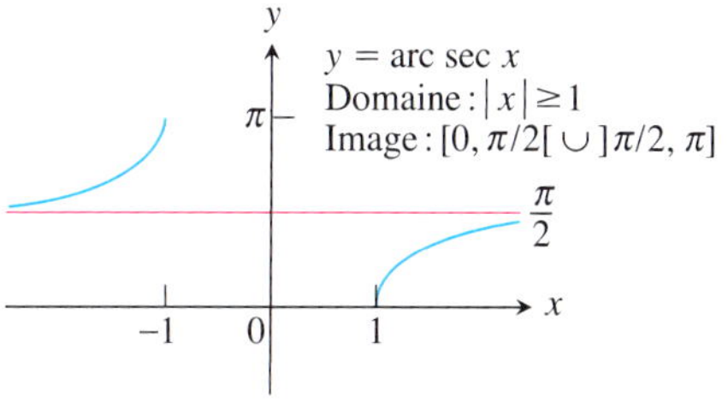

Figure A.5.2 La dérivée de la courbe $y = \text{arc sec } x$ est positive autant pour $x < -1$ que pour $x > 1$.

THÉORÈME A.5.3 Dérivée de la fonction arc sécante

$$\frac{d}{dx} \text{ arc sec } u = \frac{1}{|u|\sqrt{u^2 - 1}} \frac{du}{dx}, \text{ où } |u| > 1.$$

Voir l'exercice **25**.

Pour trouver les dérivées des trois autres fonctions trigonométriques, inverses nous utiliserons les trois identités suivantes.

THÉORÈME A.5.4 Identités entre fonctions trigonométriques inverses

$$\text{arc cos } x = \pi/2 - \text{arc sin } x$$
$$\text{arc cot } x = \pi/2 - \text{arc tan } x$$
$$\text{arc csc } x = \pi/2 - \text{arc sec } x$$

Voir l'exercice **26**.

$$\frac{d}{dx} \text{ arc cos } x = \frac{d}{dx}\left(\frac{\pi}{2} - \text{arc sin } x\right) = -\frac{d}{dx} \text{ arc sin } x = \frac{-1}{\sqrt{1 - x^2}}$$

$$\frac{d}{dx} \text{ arc cot } x = \frac{d}{dx}\left(\frac{\pi}{2} - \text{arc tan } x\right) = -\frac{d}{dx} \text{ arc tan } x = \frac{-1}{1 + x^2}$$

$$\frac{d}{dx} \text{ arc csc } x = \frac{d}{dx}\left(\frac{\pi}{2} - \text{arc sec } x\right) = -\frac{d}{dx} \text{ arc sec } x = \frac{-1}{|x|\sqrt{x^2 - 1}}$$

Si u est une fonction dérivable de x, en appliquant la règle de dérivation en chaîne aux résultats précédents, nous obtenons les trois formules suivantes.

THÉORÈME A.5.5 Dérivée de la fonction arc cosinus

$$\frac{d}{dx} \text{ arc cos } u = \frac{-1}{\sqrt{1 - u^2}} \frac{du}{dx}, \text{ où } |u| < 1.$$

THÉORÈME A.5.6 Dérivée de la fonction arc cotangente

$$\frac{d}{dx} \text{ arc cot } u = \frac{-1}{1 + u^2} \frac{du}{dx}$$

THÉORÈME A.5.7 Dérivée de la fonction arc cosécante

$$\frac{d}{dx} \text{ arc csc } u = \frac{-1}{|u|\sqrt{u^2 - 1}} \frac{du}{dx}, \text{ où } |u| > 1.$$

Calculer des dérivées

Aux exercices **1** à **18**, calculez la dérivée de y par rapport à la variable appropriée.

1. $y = \text{arc cos } (x^2)$

2. $y = \text{arc cos } (1/x)$

3. $y = \text{arc sin}\left(\sqrt{2}\,t\right)$

4. $y = \text{arc sin } (1 - t)$

5. $y = \text{arc sec } (2s + 1)$

6. $y = \text{arc sec } (5s)$

7. $y = \text{arc csc } (x^2 + 1)$

8. $y = \text{arc csc } (x/2)$

9. $y = \text{arc sec}\left(\dfrac{1}{t}\right),\ 0 < t < 1$

10. $y = \text{arc sin}\left(\dfrac{3}{t^2}\right)$

11. $y = \text{arc cot}\left(\sqrt{t}\right)$

12. $y = \text{arc cot}\left(\sqrt{t-1}\right)$

13. $y = s\sqrt{1-s^2} + \text{arc cos } s$

14. $y = \sqrt{s^2-1} - \text{arc sec } s$

15. $y = \text{arc tan}\left(\sqrt{x^2-1}\right) + \text{arc csc } x,\ \ x > 1$

16. $y = \text{arc cot}\left(\dfrac{1}{x}\right) - \text{arc tan } x$

17. $y = x \text{ arc sin } x + \sqrt{1-x^2}$

18. $y = \dfrac{1}{\text{arc sin } (2x)}$

Théorie et exemples

19. **a)** Trouvez l'équation de la tangente à la courbe d'équation $y = \tan x$ au point $(\pi/4, 1)$.

b) Trouvez l'équation de la tangente à la courbe d'équation $y = \text{arc tan } x$ au point $(1, \pi/4)$.

20. Soit $f(x) = x^5 + 2x^3 + x - 1$.

a) Trouvez $f(1)$ et $f'(1)$. **b)** Trouvez $f^{-1}(3)$ et $(f^{-1})'(3)$.

21. Soit $f(x) = \cos x + 3x$.

a) Montrez que l'inverse de f est une fonction dérivable.

b) Trouvez $f(0)$ et $f'(0)$. **c)** Trouvez $f^{-1}(1)$ et $(f^{-1})'(1)$.

22. **Mouvement d'une particule.** Une particule se déplace sur l'axe des x. Sa position instantanée est donnée par $x = \text{arc tan } t$ pour $t \geq 0$.

a) Montrez que la particule se déplace toujours vers la droite.

b) Montrez que la particule décélère constamment.

c) Quelle est la position limite de la particule lorsque t tend vers l'infini ?

Aux exercices **23** à **25**, utilisez la dérivée d'une fonction inverse ainsi que la dérivation implicite pour calculer la dérivée des fonctions données.

23. $\text{arc sin } x$ **24.** $\text{arc tan } x$ **25.** $\text{arc sec } x$

26. **Identités.** Vérifiez les identités suivantes pour $x > 0$.

a) $\text{arc cos } x + \text{arc sin } x = \pi/2$

b) $\text{arc tan } x + \text{arc cot } x = \pi/2$

c) $\text{arc sec } x + \text{arc csc } x = \pi/2$

A.6 Tables d'intégrales

A.6.1 Tables d'intégrales

Les deux techniques de base pour intégrer sont le changement de variable et l'intégration par parties ; elles servent souvent pour transformer des intégrales non familières en intégrales connues ou en intégrales apparaissant dans une table. Avec l'avènement de logiciels de calcul symbolique de plus en plus performants, ces techniques sont progressivement supplantées par le travail à l'ordinateur.

A.6.1 Tables d'intégrales

À la fin de l'ouvrage figure une table d'intégrales succincte. Dans les formules d'intégration qui s'y trouvent, vous rencontrerez souvent des constantes a, b, c, m, n, etc. En général, elles représentent des nombres réels quelconques et pas forcément des nombres entiers (à moins de mention explicite du contraire). Certaines restrictions sur la valeur de ces constantes accompagnent parfois la formule qui les contient. Par exemple, la formule **5** impose la restriction $n \neq -1$, tandis que la formule **11** impose la restriction $n \neq -2$.

Bien sûr, les constantes ne doivent jamais prendre des valeurs qui entraîneraient une division par 0 ou l'extraction d'une racine paire d'un nombre négatif. Ainsi, la formule **8** sous-entend que $a \neq 0$ et la formule **13 a)** n'est valable que si b est positive.

EXEMPLE 1 Utiliser une table d'intégrales

Calculez

$$\int \left(\frac{1}{x^2+1} + \frac{1}{x^2-2x+5}\right)dx.$$

Solution

$$\int \left(\frac{1}{x^2+1} + \frac{1}{x^2-2x+5}\right)dx = \int \frac{1}{x^2+1}\,dx + \int \frac{1}{x^2-2x+5}\,dx \qquad (1)$$

Les deux intégrales du membre de droite se calculent à l'aide de la formule **16** de la table d'intégrales.

$$\textbf{16.}\ \int \frac{dx}{a^2+x^2} = \frac{1}{a}\ \text{arc tan}\ \frac{x}{a} + C$$

Vous savez probablement déjà que

$$\int \frac{dx}{1+x^2} = \text{arc tan}\ x + C.$$

Sinon, vous pouvez retrouver cette formule en posant $a = 1$ dans la formule **16**.

Pour calculer la deuxième intégrale, il est nécessaire de compléter le carré :

$$x^2 - 2x + 5 = x^2 - 2x + 1 + 4 = (x-1)^2 + 4.$$

Ainsi,

$$\begin{aligned}
\int \frac{dx}{x^2-2x+5} &= \int \frac{dx}{(x-1)^2+4} \\
&= \int \frac{du}{4+u^2} && u = x-1,\ du = dx \\
&= \frac{1}{2}\ \text{arc tan}\ \frac{u}{2} + C && \text{Formule } \mathbf{16} \text{ avec } a = 2 \\
&= \frac{1}{2}\ \text{arc tan}\left(\frac{x-1}{2}\right) + C.
\end{aligned}$$

En combinant les deux intégrales, nous obtenons le résultat

$$\int \left(\frac{1}{x^2+1} + \frac{1}{x^2-2x+5}\right)dx = \text{arc tan}\ x + \frac{1}{2}\ \text{arc tan}\left(\frac{x-1}{2}\right) + C.$$

La manipulation et le changement de variable de l'exemple 1 sont typiques des procédés utilisés pour calculer une intégrale à l'aide d'une table.

EXEMPLE 2 Utiliser une table d'intégrales

Calculez

$$\int \frac{dx}{x^2\sqrt{2x-4}}.$$

Solution

Commençons avec la formule **15**:

$$\textbf{15.}\ \int \frac{dx}{x^2\sqrt{ax+b}} = -\frac{\sqrt{ax+b}}{bx} - \frac{a}{2b}\int \frac{dx}{x\sqrt{ax+b}} + C.$$

En posant $a = 2$ et $b = -4$, nous obtenons:

$$\int \frac{dx}{x^2\sqrt{2x-4}} = -\frac{\sqrt{2x-4}}{-4x} + \frac{2}{2\cdot 4}\int \frac{dx}{x\sqrt{2x-4}} + C.$$

Nous utilisons ensuite la formule **13 a)** afin de calculer l'intégrale du membre de droite:

$$\textbf{13. a)}\ \int \frac{dx}{x\sqrt{ax-b}} = \frac{2}{\sqrt{b}} \text{ arc tan } \sqrt{\frac{ax-b}{b}} + C.$$

En posant $a = 2$ et $b = 4$, nous obtenons:

$$\int \frac{dx}{x\sqrt{2x-4}} = \frac{2}{\sqrt{4}} \text{ arc tan } \sqrt{\frac{2x-4}{4}} + C = \text{arc tan } \sqrt{\frac{x-2}{2}} + C.$$

En combinant les deux intégrales, nous obtenons le résultat recherché:

$$\int \frac{dx}{x^2\sqrt{2x-4}} = \frac{\sqrt{2x-4}}{4x} + \frac{1}{4} \text{ arc tan } \sqrt{\frac{x-2}{2}} + C.$$

Exercices A.6

Emploi des tables d'intégrales

Calculez les intégrales suivantes à l'aide de la table d'intégrales présentée à la fin de l'ouvrage.

1. $\int \frac{dx}{x\sqrt{x-3}}$

2. $\int \frac{x\,dx}{\sqrt{x-2}}$

3. $\int x\sqrt{2x-3}\,dx$

4. $\int \frac{\sqrt{9-4x}}{x^2}\,dx$

5. $\int x\sqrt{4x-x^2}\,dx$

6. $\int \frac{dx}{x\sqrt{7+x^2}}$

7. $\int \frac{\sqrt{4-x^2}}{x}\,dx$

8. $\int \sqrt{25-p^2}\,dp$

9. $\int \frac{r^2}{\sqrt{4-r^2}}\,dr$

10. $\int \frac{d\theta}{5+4\sin 2\theta}$

11. $\int e^{2t}\cos 3t\,dt$

12. $\int x \text{ arc cos } x\,dx$

13. $\int \frac{ds}{(9-s^2)^2}$

14. $\int \frac{\sqrt{4x+9}}{x^2}\,dx$

15. $\int \frac{\sqrt{3t-4}}{t}\,dt$

16. $\int x^2 \text{ arc tan } x\,dx$

17. $\int \sin 3x \cos 2x\,dx$

18. $\int 8\sin 4t \sin \frac{t}{2}\,dt$

19. $\int \cos\frac{\theta}{3}\cos\frac{\theta}{4}\,d\theta$

20. $\int \cos\frac{\theta}{2}\cos 7\theta\,d\theta$

Changement de variable et tables d'intégrales

Calculez les intégrales suivantes à l'aide d'un changement de variable permettant de transformer l'intégrale en une intégrale disponible dans la table d'intégrales.

21. $\int \frac{x^3 + x + 1}{(x^2 + 1)^2}\, dx$

22. $\int \frac{x^2 + 6x}{(x^2 + 3)^2}\, dx$

23. $\int \text{arc sin}\left(\sqrt{x}\right) dx$

24. $\int \frac{\text{arc cos}\left(\sqrt{x}\right)}{\sqrt{x}}\, dx$

25. $\int \cot t \sqrt{1 - \sin^2 t}\, dt,\ 0 < t < \pi/2$

26. $\int \frac{dt}{\tan t \sqrt{4 - \sin^2 t}}$

27. $\int \frac{dy}{y\sqrt{3 + (\ln y)^2}}$

28. $\int \frac{\cos \theta\, d\theta}{\sqrt{5 + \sin^2 \theta}}$

29. $\int \frac{3dr}{\sqrt{9r^2 - 1}}$

30. $\int \frac{3dy}{\sqrt{1 + 9y^2}}$

31. $\int \text{arc cos}\left(\sqrt{x}\right) dx$

32. $\int \text{arc tan}\left(\sqrt{y}\right) dy$

Produits de puissances de *x* et d'exponentielles

Calculez les intégrales suivantes à l'aide des formules **101** à **104** de la table d'intégrales. Il est également possible de calculer ces intégrales au moyen de l'intégration tabulaire présentée à la section 3.2.

33. $\int xe^{3x} dx$

34. $\int x^3 e^{x/2} dx$

35. $\int x^2 2^x dx$

36. $\int x\pi^x dx$

Théorie et exemples

Les exercices suivants se rapportent à la table d'intégrales présentée à la fin de l'ouvrage.

37. Utilisez le changement de variable $u = ax + b$ pour calculer l'intégrale

$$\int \frac{x}{(ax + b)^2}\, dx.$$

Vous aurez ainsi démontré la formule **9**.

38. Utilisez une substitution trigonométrique pour calculer

$$\int \sqrt{a^2 - x^2}\, dx.$$

Vous aurez ainsi démontré la formule **28**.

39. Utilisez une intégration par parties pour calculer

$$\int x^n (\ln ax)^m\, dx.$$

Vous aurez ainsi démontré la formule **108**.

40. Utilisez une intégration par parties pour calculer

$$\int x^n \text{ arc sin } ax\, dx.$$

Vous aurez ainsi démontré la formule **97**.

41. **Trouver un volume.** Le service de la comptabilité d'une entreprise vous demande de trouver une formule permettant de faire l'inventaire de la quantité d'essence contenue dans les réservoirs de l'entreprise à l'aide d'un programme informatique. Un réservoir typique a la forme d'un cylindre circulaire droit horizontal de rayon r et de longueur L (voir schéma ci-dessous). Les données parviennent au service de la comptabilité sous la forme de mesures (en centimètres) de la hauteur d'essence restant dans le réservoir.

a) En vous servant du schéma, montrez que le volume d'essence restant dans le réservoir lorsque la jauge indique une hauteur de d cm est

$$V = 2L\int_{-r}^{-r+d} \sqrt{r^2 - y^2}\, dy.$$

b) Calculez cette intégrale.

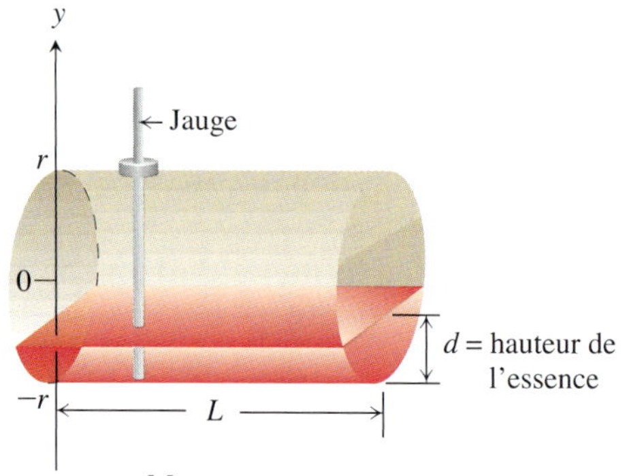

Mesures en cm

42. Quelle est la plus grande valeur de l'intégrale

$$\int_a^b \sqrt{x - x^2}\, dx$$

pour a et b quelconques ? Justifiez votre réponse.

EXPLORATIONS À L'ORDINATEUR

Aux exercices **43** et **44**, utilisez un logiciel de calcul symbolique pour effectuer les intégrations.

43. Calculez les intégrales **a)**, **b)** et **c)**.

a) $\int x \ln x\, dx$ **b)** $\int x^2 \ln x\, dx$

c) $\int x^3 \ln x\, dx$

d) Quelle régularité observez-vous ? Imaginez une formule pour $\int x^4 \ln x\, dx$ et vérifiez votre conjecture à l'aide d'un logiciel de calcul symbolique.

e) Quelle serait la formule pour calculer l'intégrale $\int x^n \ln x\, dx$, où $n \geq 1$? Vérifiez votre conjecture à l'aide d'un logiciel de calcul symbolique.

44. Calculez les intégrales **a)**, **b)** et **c)**.

a) $\int \frac{\ln x}{x^2}\, dx$ **b)** $\int \frac{\ln x}{x^3}\, dx$

c) $\int \frac{\ln x}{x^4}\, dx$

d) Quelle régularité observez-vous ? Imaginez une formule pour

$$\int \frac{\ln x}{x^5}\,dx$$

et vérifiez votre conjecture à l'aide d'un logiciel de calcul symbolique.

e) Quelle serait la formule pour calculer l'intégrale

$$\int \frac{\ln x}{x^n}\,dx, \text{ où } n \geq 2\,?$$

Vérifiez votre conjecture à l'aide d'un logiciel de calcul symbolique.

45. **a)** Utilisez un logiciel de calcul symbolique pour évaluer

$$\int_0^{\pi/2} \frac{\sin^n x}{\sin^n x + \cos^n x}\,dx,$$

où n est un entier positif quelconque. Votre logiciel de calcul symbolique donne-t-il la réponse ?

b) Calculez l'intégrale pour les valeurs de $n = 1, 2, 3, 5, 8$.

c) Effectuez le changement de variable $x = (\pi/2) - u$ et additionnez la nouvelle et l'ancienne intégrale. Quelle est la valeur de

$$\int_0^{\pi/2} \frac{\sin^n x}{\sin^n x + \cos^n x}\,dx\,?$$

Cet exercice illustre qu'un peu d'ingéniosité mathématique aide à trouver la solution d'un problème qui ne se résout pas directement avec un logiciel de calcul symbolique.

A.7 Théorème de la moyenne de Cauchy et preuve du théorème 3.4.2 (règle forte de L'Hospital)

Dans la présente annexe, nous démontrerons la règle forte de L'Hospital (voir théorème 3.4.2, page 225). Reformulons d'abord cette règle dans une notation plus appropriée aux fins de la démonstration.

THÉORÈME 3.4.2 Règle forte de L'Hospital

Supposons que $f(x_0) = g(x_0) = 0$; de plus, supposons que f et g sont des fonctions dérivables sur un intervalle ouvert $]a, b[$ contenant x_0 et que $g'(x) \neq 0$ partout sur l'intervalle $]a, b[$ si $x \neq x_0$. Alors,

$$\lim_{x \to x_0} \frac{f(x)}{g(x)} = \lim_{x \to x_0} \frac{f'(x)}{g'(x)}, \qquad (1)$$

à condition que la limite du membre de droite existe.

La démonstration de cette règle repose sur le théorème de la moyenne de Cauchy, qui est une généralisation du théorème de la moyenne de Lagrange faisant intervenir deux fonctions plutôt qu'une. Nous allons d'abord démontrer le théorème de Cauchy puis expliquer comment ce théorème conduit à la règle de L'Hospital.

THÉORÈME A.7.1 Théorème de la moyenne de Cauchy

Soit f et g deux fonctions continues sur l'intervalle $[a, b]$, dérivables sur $]a, b[$ et telles que $g'(x) \neq 0$ sur $]a, b[$. Alors, il existe au moins un nombre c dans $]a, b[$ tel que

$$\frac{f'(c)}{g'(c)} = \frac{f(b) - f(a)}{g(b) - g(a)}. \qquad (2)$$

Le théorème de la moyenne de Lagrange (voir théorème A.4.2, page 367) correspond au cas où $g(x) = x$.

CAUCHY

Né 38 jours après la prise de la Bastille, **Augustin-Louis Cauchy** (Paris, 21 août 1789 – Sceaux, 1857) aura de mauvaises relations avec le monde de l'après-Révolution. Son talent est certes remarqué très tôt, mais son conservatisme brouillera ses rapports professionnels. L'œuvre de Cauchy se révèle riche et versatile : il définit la limite de manière précise et, représentant la dérivée en tant que limite, donne sa forme moderne au calcul différentiel. Notons aussi son théorème des valeurs intermédiaires, ses écrits rigoureux et novateurs sur la convergence des séries infinies, et la définition formelle de l'intégrale. Son œuvre occupe 27 volumes.

Bien qu'ayant connu une jeunesse difficile, il ne sera pas enclin à aider les jeunes mathématiciens – son comportement mesquin envers Abel et le génial Évariste Galois entachera sa réputation pour la postérité. Abel écrira : « Cauchy est dément et il n'y a rien à faire avec lui mais, actuellement, il est le seul à savoir comment on doit faire les mathématiques. »

Preuve du théorème A.7.1 **(voir page 377)** Nous appliquons d'abord le théorème de la moyenne de Lagrange pour montrer que $g(a) \neq g(b)$; en effet, si $g(b)$ était égale à $g(a)$, le théorème de la moyenne de Lagrange donnerait

$$g'(c) = \frac{g(b) - g(a)}{b - a} = 0$$

pour un nombre c compris entre a et b, ce qui est impossible puisque $g'(x) \neq 0$ sur $]a, b[$.

Considérons maintenant la fonction

$$F(x) = f(x) - f(a) - \frac{f(b) - f(a)}{g(b) - g(a)}[g(x) - g(a)].$$

Cette fonction satisfait aux conditions du théorème de Rolle (voir théorème A.4.1, page 365) : en effet, $F(x)$ est continue et dérivable partout où f et g le sont et, par ailleurs, $F(b) = F(a) = 0$. Par conséquent, selon le théorème de Rolle, il existe un nombre c compris entre a et b pour lequel $F'(c) = 0$.

Exprimée en fonction de f et de g, cette équation devient

$$F'(c) = f'(c) - \frac{f(b) - f(a)}{g(b) - g(a)}[g'(c)] = 0$$

ou

$$\frac{f'(c)}{g'(c)} = \frac{f(b) - f(a)}{g(b) - g(a)}.$$

■

Preuve du théorème 3.4.2 **(voir page 225)** Nous prouverons d'abord l'équation (1) dans le cas où $x \to x_0^+$. La démarche est presque identique dans le cas où $x \to x_0^-$ et elle sera laissée à la discrétion du lecteur. La combinaison de ces deux résultats permet d'établir complètement l'équation (1).

Soit x située à la droite de x_0. Donc, $g'(x) \neq 0$ et nous pouvons alors appliquer le théorème de la moyenne de Cauchy sur l'intervalle fermé de x_0 à x. Cela permet d'établir l'existence d'un nombre c compris entre x_0 et x tel que

$$\frac{f'(c)}{g'(c)} = \frac{f(x) - f(x_0)}{g(x) - g(x_0)}.$$

Or, $f(x_0) = g(x_0) = 0$ et dès lors,

$$\frac{f'(c)}{g'(c)} = \frac{f(x)}{g(x)}.$$

Lorsque x tend vers x_0, c tend vers x_0, car c est compris entre x et x_0. Par conséquent,

$$\lim_{x \to x_0^+} \frac{f(x)}{g(x)} = \lim_{c \to x_0^+} \frac{f'(c)}{g'(c)} = \lim_{x \to x_0^+} \frac{f'(x)}{g'(x)},$$

ce qui permet d'établir la règle de L'Hospital dans le cas où x tend vers x_0 par la droite. Tel que mentionné précédemment, la même démarche peut se faire dans le cas où x tend vers x_0 par la gauche, et ce, en appliquant le théorème de la moyenne de Cauchy sur l'intervalle fermé $[x, x_0]$, avec $x < x_0$. ■

A.8 Preuve du théorème de Taylor (théorème 4.6.2)

Dans la présente annexe, nous démontrerons le théorème de Taylor (voir théorème 4.6.2, page 336) sous une forme légèrement modifiée.

THÉORÈME 4.6.2 Théorème de Taylor

Si une fonction f et ses n premières dérivées $f', f'', \ldots, f^{(n)}$ sont des fonctions continues sur $[a, b]$ ou sur $[b, a]$ et si $f^{(n)}$ est dérivable sur $]a, b[$ ou sur $]b, a[$, alors il existe un nombre c compris entre a et b tel que

$$f(b) = f(a) + f'(a)(b-a) + \frac{f''(a)}{2!}(b-a)^2 + \cdots + \frac{f^{(n)}(a)}{n!}(b-a)^n + R_n(b),$$

où

$$R_n(b) = \frac{f^{(n+1)}(c)}{(n+1)!}(b-a)^{n+1}.$$

Preuve du théorème 4.6.2 Nous démontrerons le théorème de Taylor dans le cas où $a < b$. Dans le cas où $a > b$, la preuve est similaire.

Pour tout x appartenant à l'intervalle $[a, b]$, le polynôme de Taylor

$$P_n(x) = f(a) + f'(a)(x-a) + \frac{f''(a)}{2!}(x-a)^2 + \cdots + \frac{f^{(n)}(a)}{n!}(x-a)^n$$

ainsi que ses n premières dérivées coïncident avec la fonction f et ses n premières dérivées en $x = a$. Cette adéquation n'est aucunement affectée par l'ajout d'un autre terme de la forme $K(x-a)^{n+1}$ où K est une constante quelconque, car un tel terme et ses n dérivées sont tous nuls en $x = a$. La nouvelle fonction

$$\phi_n(x) = P_n(x) + K(x-a)^{n+1}$$

et ses n dérivées coïncident encore avec f et ses n premières dérivées au point d'abscisse $x = a$.

Choisissons à présent une valeur particulière de K telle que la courbe $y = \phi_n(x)$ croise la courbe $y = f(x)$ au point $(b, f(b))$. Symboliquement,

$$f(b) = P_n(b) + K(b-a)^{n+1}, \text{ c'est-à-dire } K = \frac{f(b) - P_n(b)}{(b-a)^{n+1}}. \qquad (1)$$

Avec K définie par la dernière équation, la fonction

$$F(x) = f(x) - \phi_n(x)$$

mesure la différence entre la fonction initiale f et son polynôme d'approximation ϕ_n pour tout x appartenant à l'intervalle $[a, b]$.

Utilisons à présent le théorème de Rolle (voir théorème A.4.1, page 365). D'abord, puisque $F(a) = F(b) = 0$ et puisque F et F' sont continues sur $[a, b]$, nous savons que

$$F'(c_1) = 0 \text{ pour une valeur } c_1 \text{ dans }]a, b[.$$

Ensuite, puisque $F'(a) = F'(c_1) = 0$ et que F' et F'' sont continues sur $[a, c_1]$, nous savons que

$$F''(c_2) = 0 \text{ pour une valeur } c_2 \text{ dans }]a, c_1[.$$

L'application du théorème de Rolle à F'', F''', …, $F^{(n-1)}$ établit successivement l'existence de

$$\begin{array}{lll} c_3 \text{ dans }]a, c_2[& \text{tel que} & F'''(c_3) = 0 \\ c_4 \text{ dans }]a, c_3[& \text{tel que} & F^{(4)}(c_4) = 0 \\ \vdots & & \\ c_n \text{ dans }]a, c_{n-1}[& \text{tel que} & F^{(n)}(c_n) = 0. \end{array}$$

Enfin, puisque $F^{(n)}$ est continue sur $[a, c_n]$ et dérivable sur $]a, c_n[$, et puisque $F^{(n)}(a) = F^{(n)}(c_n) = 0$, le théorème de Rolle implique qu'il existe un nombre c_{n+1} dans $]a, c_n[$ tel que

$$F^{(n+1)}(c_{n+1}) = 0. \qquad (2)$$

En dérivant $(n + 1)$ fois l'expression $F(x) = f(x) - P_n(x) - K(x - a)^{n+1}$, nous obtenons :

$$F^{(n+1)}(x) = f^{(n+1)}(x) - 0 - (n + 1)!K. \qquad (3)$$

En combinant les équations (2) et (3), nous trouvons :

$$K = \frac{f^{(n+1)}(c)}{(n+1)!} \text{ pour une valeur } c = c_{n+1} \text{ dans }]a, b[. \qquad (4)$$

Les équations (1) et (4) donnent

$$f(b) = P_n(b) + \frac{f^{(n+1)}(c)}{(n+1)!}(b - a)^{n+1}. \qquad (5)$$ ■

RÉPONSES

CHAPITRE 1

Section 1.1, p. 11-14

1. a) $\underline{S_8} \approx 0{,}6628719$ **b)** $\overline{S_8} \approx 0{,}7253719$

c) Les résultats sont identiques. En fait, si on compare les rectangles respectifs des deux situations, on constate que dans le présent exercice, les longueurs des bases des rectangles sont deux fois plus petites que dans l'exemple 2, alors que les hauteurs sont deux fois plus grandes, de sorte que les aires sont identiques.

3. a) $\underline{S_{18}} \approx 66{,}111$ **b)** $\overline{S_{18}} \approx 78{,}111$ **c)** $A \approx 72{,}111$

5. a) 87 cm **b)** 87 cm

7. a) 1,11 km **b)** 1,22 km

9. a) $80\,\pi$ **b)** 6 %

11. a) $93\,\pi/2$
C'est une approximation par excès, puisque la fonction est décroissante sur l'intervalle [0, 4].

b) 9 %

13. a) $237\,\pi/2$ **b)** 11 %

15. a) $10\pi\ \text{m}^3$
C'est une approximation par défaut, puisque la fonction est croissante sur l'intervalle [0, 5].

b) 20 %

17. a) 22,8 m/s **b)** 13,8 m/s **c)** 44,8 m

19. a) Approximation par excès : 3 032 L
Approximation par défaut : 2 172 L

b) Approximation par excès : 9 462 L
Approximation par défaut : 6 782 L

c) Dans le pire des cas : environ 31,4 h de plus
Dans le meilleur des cas : environ 32,4 h de plus

21. a) i) 2 **ii)** 2,828 **iii)** 3,061

b) Les aires des trois polygones sont inférieures à l'aire du cercle de rayon 1, soit π. On remarque toutefois que l'aire des polygones tend vers π lorsque n devient de plus en plus grand.

23. 7 **25.** 0

27. $\dfrac{\sqrt{3}-2}{2}$

29. a) 3 825 **b)** 297 925 **c)** 24 001 875

31. 714 180

33. a) $\underline{S_{180}} \approx 71{,}4011$ **b)** $\overline{S_{180}} \approx 72{,}6011$ **c)** $A \approx 72{,}0011$

Section 1.2, p. 27-28

1. a) $S_4 = -0{,}25$ **b)** $S_4 = 1{,}75$

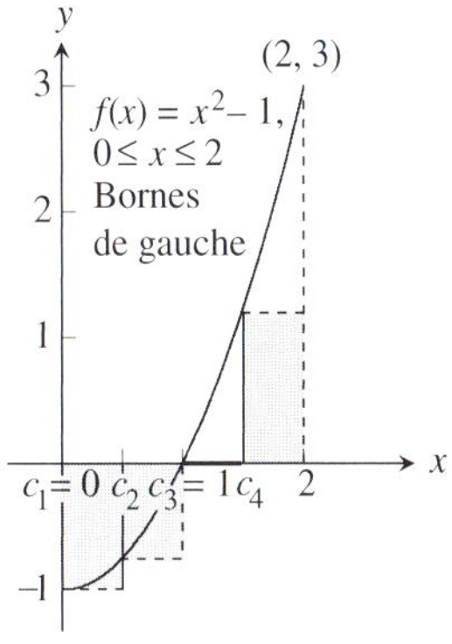

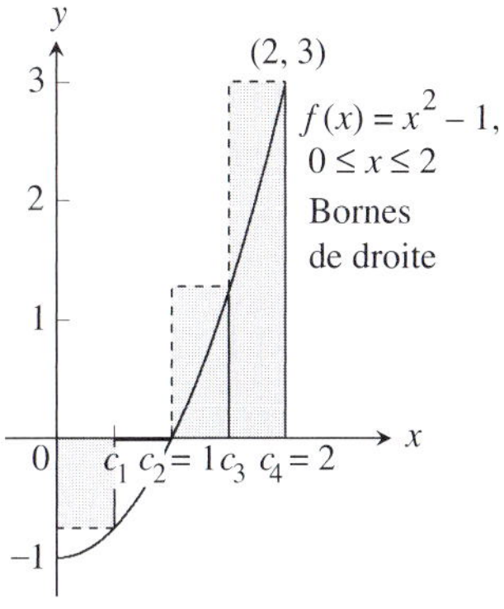

c) $S_4 = 0{,}625$

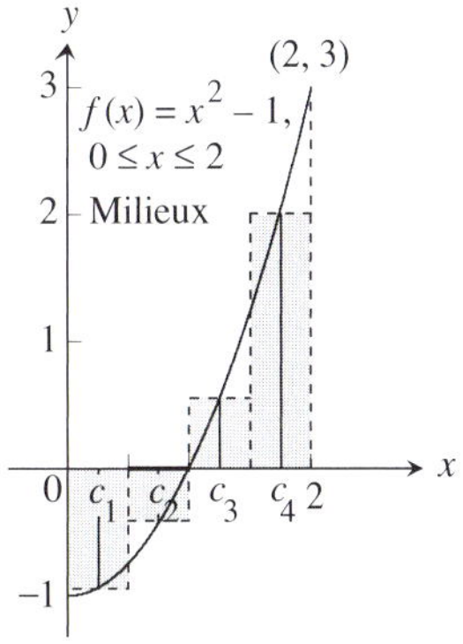

3. a) $S_4 = 0$ **b)** $S_4 = 0$

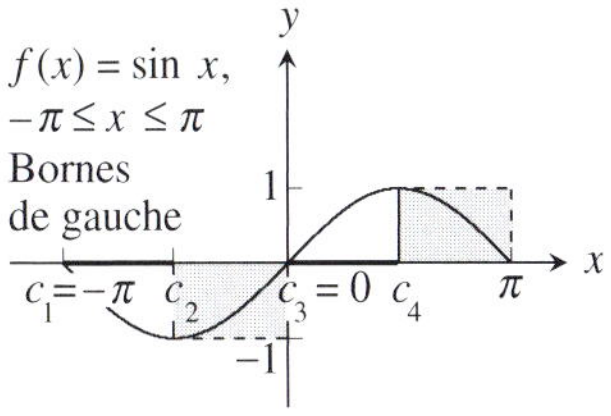

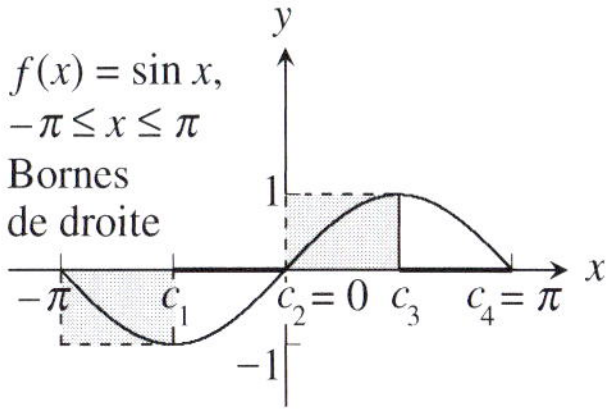

c) $S_4 = 0$

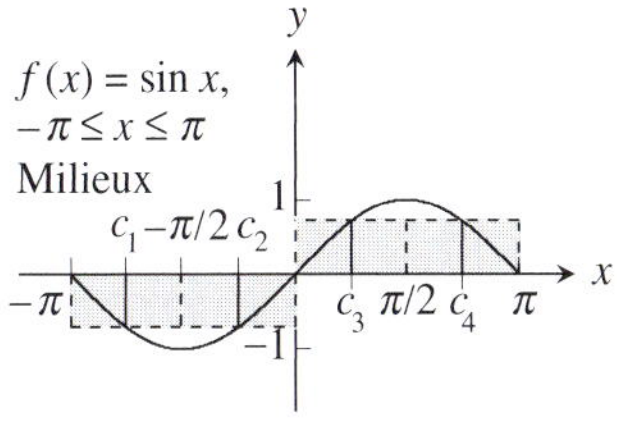

5. $\int_0^2 x^2dx$

7. $\int_{-7}^5 (x^2-3x)dx$

9. $\int_0^1 \sqrt{4-x^2}\,dx$

11. $b^4/4$

13. 20

15. 5/2

17. $b^2/2$

19. a) 0 b) −8 c) −12 d) 10 e) −2 f) 16

21. a) 5 b) $5\sqrt{3}$ c) −5 d) −5

23. a) 4 b) −4

25. $a=0$ et $b=1$

29. 1 est un majorant de l'intégrale et 1/2 est un minorant.

Section 1.3, p. 40-42

1. 6

3. 1

5. π

7. 0

9. $\frac{2\pi^3}{3}$

11. $\frac{16\sqrt{2}-17}{48}$

13. $\cos(\sqrt{x})\cdot\frac{1}{2\sqrt{x}}$

15. $4t^5$

17. $\sqrt{1+x^2}$

19. $-\frac{\sin x}{2\sqrt{x}}$

21. $\frac{e^{x+3}}{3x^{2/3}}$

23. $f(x)=\int_2^x \sec t\,dt$

25. a) 9 \$ b) 10 \$

27. a) 2 m/s b) L'accélération est négative. c) 4,5 m d) En $t=6$

e) En $t=4$ et en $t=7$

f) Elle se rapproche entre $t=6$ et $t=9$. Elle s'éloigne entre $t=0$ et $t=6$.

g) À droite de l'origine.

29. $\frac{320\pi}{3}$

31. $2x-2$

33. $-3x+5$

35. a) Vrai b) Vrai c) Vrai d) Faux e) Vrai f) Faux g) Vrai

37. a) 125/6 b) 25/4 c) 125/6

Section 1.4, p. 51-54

1. a) $3x^2$ b) $\frac{x^8}{8}$ c) $\frac{x^8}{8}-3x^2+8x$

3. a) $\frac{1}{x^2}$ b) $-\frac{1}{4x^2}$ c) $\frac{x^4}{4}+\frac{1}{2x^2}$

5. a) $x^{2/3}$ b) $x^{1/3}$ c) $\frac{1}{x^{1/3}}$

7. a) $\tan x$ b) $2\tan\left(\frac{x}{3}\right)$ c) $-\frac{2}{3}\tan\left(\frac{3x}{2}\right)$

9. $\frac{x^2}{2}+x+C$

11. $\ln x-5\arctan x+C$

13. $-e^{-x}+\frac{1}{\ln 4}\cdot 4^x+C$

15. $2\arcsin y-\frac{4}{3}y^{3/4}+C$

17. $\frac{1}{7}y+\frac{4}{y^{1/4}}+C$

19. $2\sqrt{t}-\frac{2}{\sqrt{t}}+C$

21. $-21\cos\left(\frac{\theta}{3}\right)+C$

23. $\tan\theta+C$

25. $-\cos\theta+\theta+C$

31. a) Faux b) Faux c) Vrai

33. b)

35. $y=x^2-7x+10$

37. $y=9x^{1/3}+4$

39. $s=\sin t-\cos t$

41. $v=3\sec^{-1}t-\pi$

43. $y=x^2-x^3+4x+1$

45. $y=x^3-4x^2+5$

47. $s(t)=4{,}9t^2+5t+10$

49. $s(t)=16t^2+20t+5$

51. $y=2x^{3/2}-50$

53. $y=x-x^{4/3}+0{,}5$

55. $y=-\cos x-\sin x-2$

57. 48 m/s

59. $k=\frac{(27{,}8)^2}{150}\approx 5{,}15$

61. a) $v(t)=10t^{3/2}-6t^{1/2}$ b) $s(t)=4t^{5/2}-4t^{3/2}$

65. a) i) 33,2 unités ii) 33,2 unités iii) 33,2 unités

b) Oui

Section 1.5, p. 65-68

1. $-\frac{1}{4}\cos(2x^2)+C$

3. $-\frac{1}{(7x-2)^4}+C$

5. $-6\sqrt{1-r^3}+C$

7. $\frac{1}{3}(x^{3/2}-1)-\frac{1}{6}\sin[2(x^{3/2}-1)]+C$

9. a) $-\frac{1}{4}\cot^2(2\theta)+C$ b) $-\frac{1}{4}\csc^2(2\theta)+C$

11. $-\frac{1}{3}(3-2s)^{3/2}+C$

13. $\frac{3}{2-x}+C$

15. $-\frac{1}{3}(7-3y^2)^{3/2}+C$

17. $4e^{\sqrt{x}}+C$

19. $\frac{1}{3}\tan(3x+2)+C$

21. $-e^{1/t}+C$

23. $-\frac{2}{3}\cos(x^{3/2}+1)+C$

25. $\frac{1}{2\cos(2t+1)}+C$

27. $-\frac{2}{3}(\cot y)^{3/2}+C$

29. $\frac{1}{2}\ln|2x-1|+C$

31. $\ln|2-\cos t|+C$

33. $\frac{1}{2}\arcsin(2x)+C$

35. $\frac{1}{\sqrt{2}}\operatorname{arc\,sec}\left|\frac{5}{\sqrt{2}}x\right|+C$

37. $\frac{1}{3}\arctan(3x+1)+C$

39. $\arctan(e^x)+C$

41. a), b) et c) $-\frac{6}{2+\tan^3 x}+C$

43. $\frac{1}{6}\sin\sqrt{3(2r-1)^2+6}+C$

45. $s=\frac{(3t^2-1)^4}{2}+C$

47. $s=4t-2\sin\left(2t+\frac{\pi}{6}\right)+9$

49. $y=1-\cos(e^t-2)$

51. $s=\sin\left(2t-\frac{\pi}{2}\right)+100t+1$

53. $y=2e^{-x}+2x-1$

55. $y=\arcsin(x)$

57. $y=\operatorname{arc\,sec}(x)+\frac{2\pi}{3}$

59. $y=\frac{1}{2}\arctan(x^2)+8$

61. 6 m

65. a) $\arcsin\left(\frac{x}{3}\right)+C$ b) $\frac{1}{\sqrt{3}}\arctan\left(\frac{x}{\sqrt{3}}\right)+C$

67. $\ln|\sec x+\tan x|+C$

69. a) $\frac{14}{3}$ b) $\frac{2}{3}$

71. a) 2 b) 2

73. a) 0 b) $\frac{1}{8}$

75. a) 0 **b)** 0

77. $\frac{1}{6}$ **79.** $\frac{1}{5}$

81. e^{-1} **83.** 1

87. a) nulle **b)** nulle **c)** nulle **d)** non nulle
e) nulle **f)** nulle **g)** nulle

Section 1.6, p. 74-75

1. $2\sqrt{8x^2+1}+C$ **3.** $2(\sin v)^{3/2}+C$

5. $2\sqrt{10}-2\sqrt{2}$ **7.** $2\ln\left(\sqrt{x}+1\right)+C$

9. $-\frac{1}{7}\ln|\sin(3-7x)|+C$

11. $-\ln|\csc(e^{\theta}+1)+\cot(e^{\theta}+1)|+C$

13. $3\ln\left|\sec\left(\frac{t}{3}\right)+\tan\left(\frac{t}{3}\right)\right|+C$

15. $-\ln|\csc(s-\pi)+\cot(s-\pi)|+C$

17. 1 **19.** $e^{\tan v}+C$

21. $\frac{3^{x+1}}{\ln 3}+C$ **23.** $\frac{2^{\sqrt{w}}}{\ln 2}+C$

25. $3\arctan 3u+C$ **27.** $\pi/18$

29. $\arcsin s^2+C$ **31.** $6\,\mathrm{arc\,sec}\,|5x|+C$

33. $\arctan e^x+C$ **35.** $\ln\left(2+\sqrt{3}\right)$

37. 2π **39.** $\arcsin(t-2)+C$

41. $\mathrm{arc\,sec}\,|x+1|+C$, pour $|x+1|>1$

43. $\tan x-2\ln|\csc x+\cot x|-\cot x-x+C$

45. $x+\sin 2x+C$ **47.** $x-\ln|x+1|+C$

49. $7+\ln 8$ **51.** $2t^2-t+2\arctan\left(\frac{t}{2}\right)+C$

53. $\arcsin x+\sqrt{1-x^2}+C$ **55.** $\sqrt{2}$

57. $\tan x-\sec x+C$ **59.** $\ln|1+\sin\theta|+C$

61. $\cot x+x+\csc x+C$ **63.** 4

65. $\sqrt{2}$ **67.** 2

69. $\ln|\sqrt{2}+1|-\ln|\sqrt{2}-1|$ **71.** $4-\frac{\pi}{2}$

73. $-\ln|\csc(\sin\theta)+\cot(\sin\theta)|+C$

75. $\ln|\sin x|+\ln|\cos x|+C$ **77.** $12\arctan\left(\sqrt{y}\right)+C$

79. $\mathrm{arc\,sec}\left|\frac{x-1}{7}\right|+C$

Section 1.7, p. 85-88

1. I: a) 1,5 , 0 **b)** 1 ,5 , 0 **c)** 0 %
II: a) 1,5 , 0 **b)** 1 ,5 , 0 **c)** 0 %

3. I: a) 2,75 , 1/12 **b)** 2 ,67 , 1/12 **c)** 0,0313 ≈ 3 %
II: a) 2,67 , 0 **b)** 2 ,67 , 0 **c)** 0 %

5. I: a) 6,25 , 0,5 **b)** 6 , 0,25 **c)** 0,0417 ≈ 4 %
II: a) 6 , 0 **b)** 6 , 0 **c)** 0 %

7. I: a) 0,509 , 0,3125 **b)** 0 ,5 , 0,009 **c)** 0,018 ≈ 2 %
II: a) 0,5004 , 0,002604 **b)** 0 ,5 , 0,0004 **c)** 0,08 %

9. I: a) 1,8961 , 0,161 **b)** 2 , 0,1039 **c)** 0,052 ≈ 5 %
II: a) 2,00456 , 0,0066 **b)** 2 , 0,0046 **c)** 0,23 %

11. a) 0,31929 **b)** 0,32812
c) $\frac{1}{3}$, 0,01404 , 0,00521

13. a) 1,95643 **b)** 2,00421
c) 2 , 0,04357 , –0,00421

15. 4 717,5 m³ **17.** 1,58 km

19. 3,64 m **21.** 4,4

23. $S_{10}=0{,}8427$

25. a) $f''(x)=2\cos(x^2)-4x^2\sin(x^2)$
b) $y=-4x^2\sin(x^2)+2\cos(x^2)$

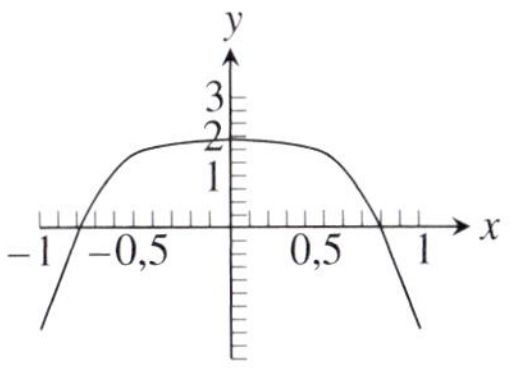

c) Selon le graphe, $-3\leq f''(x)\leq 2$ pour $-1\leq x\leq 1$.

d) $|E_T|\leq\frac{1-(-1)}{12}(h^2)(3)=\frac{h^2}{2}$

e) $|E_T|\leq\frac{h^2}{2}\leq\frac{(0{,}1)^2}{2}<0{,}01$

f) $n\geq 20$

27. $S_{50}=3{,}1379$, $S_{100}=3{,}14029$ **29.** 1,37076

31. a) $T_{10}\approx 1{,}983523538$; $T_{100}\approx 1{,}999835504$; $T_{1000}\approx 1{,}999998355$

b)

n	$\lvert E_T\rvert=2-T_n$
10	$0{,}016476462=1{,}6476462\times 10^{-2}$
100	$1{,}64496\times 10^{-4}$
1000	$1{,}645\times 10^{-6}$

c) $|E_{T_{10n}}|\leq 10^{-2}|E_{T_n}|$

d) $b-a=\pi$; $h^2=\frac{\pi^2}{n^2}$; $M=1$

$$|E_{T_n}|\leq\frac{\pi}{12}\left(\frac{\pi^2}{n^2}\right)=\frac{\pi^3}{12n^2}$$

$$|E_{T_{10n}}|\leq\frac{\pi^3}{12(10n)^2}=10^{-2}|E_{T_n}|$$

Exercices récapitulatifs, p. 89-92

1. a) Environ 680 m

b)

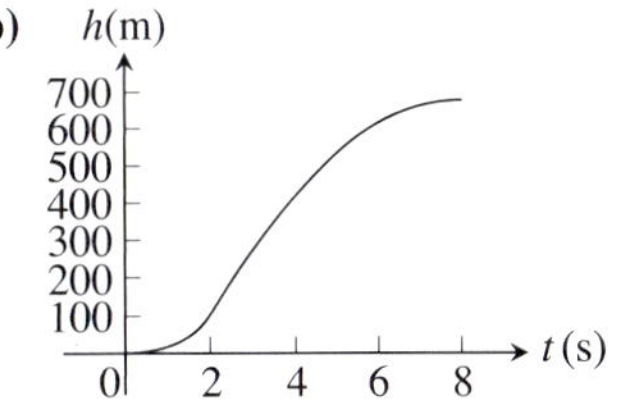

3. $\int_1^5(2x-1)^{-1/2}dx=2$ **5.** $\int_{-\pi}^{0}\cos\left(\frac{x}{2}\right)dx=2$

7. a) 4 **b)** 2 **c)** –2
d) -2π **e)** 8/5

9. $\frac{x^4}{4}+\frac{5}{2}x^2-7x+C$ **11.** $2t^{3/2}-\frac{4}{t}+C$

13. $-\frac{1}{2(r^2+5)}+C$ **15.** $-(2-\theta^2)^{3/2}+C$

17. $-\cos(e^x)+C$ **19.** $\tan(e^x-7)+C$

21. $-[\ln|\cos(\ln v)|]+C$ **23.** $\frac{1}{2}x-\sin\left(\frac{x}{2}\right)+C$

25. $-\cot(1 + \ln r) + C$

27. $\dfrac{1}{2 \ln 3}\,(3^{x^2}) + C$

29. 16

31. $\dfrac{15}{16} + \ln 2$

33. 1

35. 8

37. 1/6

39. $2\sqrt{2} - 2$

41. 9/14

43. $\pi/\sqrt{3}$

45. −1

47. $\pi/12$

49. 1

51. $\dfrac{\sqrt{3}\,\pi}{4}$

53. 8/3

55. 62

57. $y = x - \dfrac{1}{x} - 1$

59. $r = 4t^{5/2} + 4t^{3/2} - 8t$

63. $y = \displaystyle\int_5^x \left(\frac{\sin t}{t}\right) dt - 3$

65. $\sqrt{2 + \cos^3 x}$

67. $\dfrac{-6}{3 + x^4}$

69. $T = \pi,\ S = \pi$

71. Coût ≈ 13 913 $ (méthode des trapèzes). Non.

73. Oui

75. $y = \displaystyle\int_5^x \left(\frac{\sin t}{t}\right) dt + 3$

77. **a)** 0 **b)** −1 **c)** $-\pi$
d) $x = 1$ **e)** $y = 2x + 2 - \pi$ **f)** $x = -1,\ x = 2$
g) $[-2\pi, 0]$

Exercices supplémentaires, p. 92-94

1. **a)** Oui **b)** Non

5. **a)** 1/4 **b)** $\sqrt[3]{12}$

7. $f(x) = \dfrac{x}{\sqrt{x^2 + 1}}$

9. $y = x^3 + 2x - 4$

11. 36/5

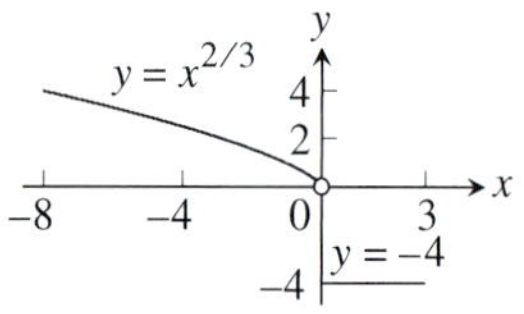

13. $\dfrac{1}{2} - \dfrac{2}{\pi}$

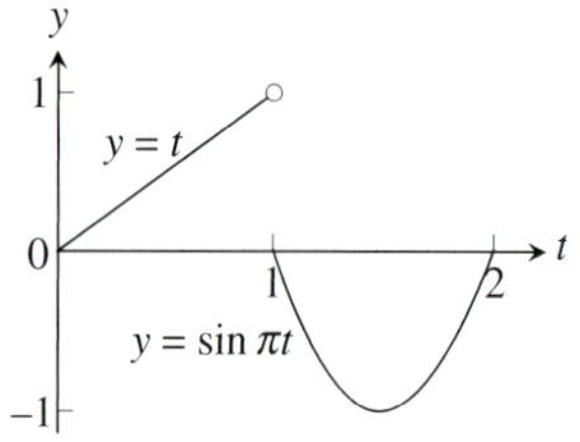

15. 13/3

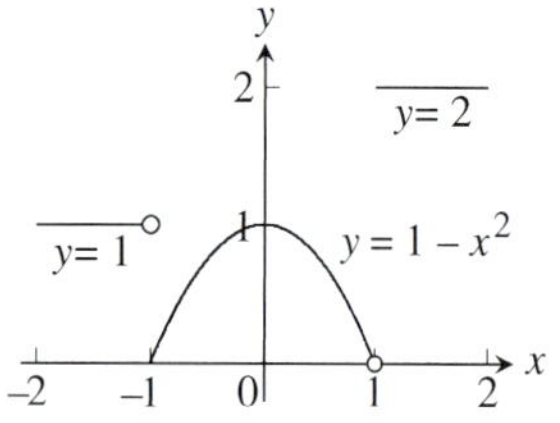

17. $2/x$

19. $\dfrac{\sin 4y}{\sqrt{y}} - \dfrac{\sin y}{2\sqrt{y}}$

CHAPITRE 2

Section 2.1, p. 106-107

1. 28/3

3. 8

5. π

7. $\dfrac{\pi}{2}$

9. 128/15

11. 38/3

13. **a)** 6 **b)** $7\frac{1}{3}$

15. **a)** 0 **b)** 8/3

17. 32/3

19. 8/3

21. 8

23. 4

25. $\dfrac{4 - \pi}{\pi}$

27. 1

29. 32/3

31. moy $(f) = 1/2$

33. moy $(f) = \pi/4$

35. 37,5 km/h

37. **b)** $V_{max} \approx 339$ volts

Section 2.2, p. 117-122

1. **a)** $A(x) = \pi(1 - x^2)$ **b)** $A(x) = 4(1 - x^2)$
c) $A(x) = 2(1 - x^2)$ **d)** $A(x) = \sqrt{3}(1 - x^2)$

3. 16

5. **a)** $\dfrac{\pi^2}{2}$ **b)** 2π

7. **a)** $2\sqrt{3}$ **b)** 8

9. 8π

11. **a)** s^2h **b)** s^2h

13. $2\pi/3$

15. $4 - \pi$

17. $32\pi/5$

19. 36π

21. π

23. $\pi\left(\dfrac{\pi}{2} + 2\sqrt{2} - \dfrac{11}{3}\right)$

25. 2π

27. 2π

29. 3π

31. $\pi^2 - 2\pi$

33. $2\pi/3$

35. $117\pi/5$

37. $\pi(\pi - 2)$

39. $4\pi/3$

41. 8π

43. $7\pi/6$

45. **a)** 8π **b)** $32\pi/5$ **c)** $8\pi/3$ **d)** $224\pi/15$

47. **a)** $16\pi/15$ **b)** $56\pi/15$ **c)** $64\pi/15$

49. $V = 2a^2b\pi^2$

51. **a)** $V = \dfrac{\pi h^2(3a - h)}{3}$ **b)** $\dfrac{1}{120\pi}$ m/s

55. $V = 3308$ cm^3

57. **a)** $c = \dfrac{2}{\pi},\ V_{min} = \dfrac{\pi^2}{2} - 4$ **b)** $c = 0$

c)

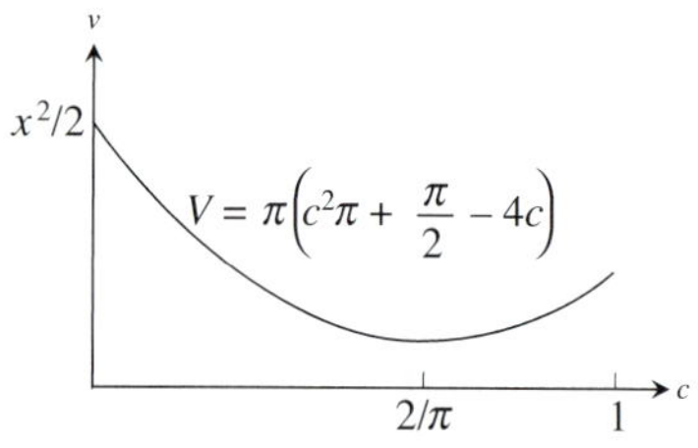

59. **a)** Valeurs (cm^2) arrondies au dixième près : 9,3 ; 6,4 ; 6,2 ; 8,3 ; 12,6 ; 19,4 ; 28,1 ; 37,1 ; 42,8 ; 42,8 ; 37,1 ; 25,8 ; 12,6.

b) $\dfrac{1}{4\pi}\displaystyle\int_0^{12} C^2(y)\, dy$ **c)** 277,7 cm^3

d) 278,336 cm^3
Nous savons que l'erreur liée à la méthode de Simpson est proportionnelle à h^4, alors que l'erreur liée à la méthode des trapèzes est proportionnelle à h^2. Ici, les deux méthodes sont comparables puisque $h = \dfrac{12 - 0}{12} = 1$, d'où $h^4 = h^2$.

Section 2.3, p. 128-130

1. 6π

3. 2π

5. $14\pi/3$

7. 8π

9. $5\pi/6$

11. $\pi\left(1 - \frac{1}{e}\right)$

13. b) 4π

15. $\frac{16\pi}{15}(3\sqrt{2} + 5)$

17. $8\pi/3$

19. $4\pi/3$

21. $16\pi/3$

23. a) $6\pi/5$ **b)** $4\pi/5$ **c)** 2π **d)** 2π

25. a) Autour de l'axe des x : $V = 2\pi/15$; autour de l'axe des y : $V = \pi/6$

b) Autour de l'axe des x : $V = 2\pi/15$; autour de l'axe des y : $V = \pi/6$

27. a) $5\pi/3$ **b)** $4\pi/3$ **c)** 2π **d)** $2\pi/3$

29. a) $4\pi/15$ **b)** $7\pi/30$

31. a) $24\pi/5$ **b)** $48\pi/5$

33. a) $9\pi/16$ **b)** $9\pi/16$

35. La méthode des disques et la méthode des disques troués nécessitent chacune le calcul de deux intégrales, alors que la méthode des tubes ne nécessite qu'une intégrale, ce qui la rend plus intéressante. On obtient dans chaque cas un volume de π.

Section 2.4, p. 141-143

1. 12

3. 53/6

5. 123/32

7. 99/8

9. 2

11. $4\pi\sqrt{5}$

13. $3\pi\sqrt{5}$

15. $\frac{98\pi}{81}$

17. 2π

19. $\frac{\pi(2\sqrt{2} - 1)}{9}$

21. $\frac{35\pi\sqrt{5}}{3}$

23. Oui, $f(x) = \pm x + C$, où C est un nombre réel quelconque.

25. a) $y = \sqrt{x}$

b) Une seule, puisque la dérivée de la fonction et sa valeur en un point d'abscisse x donné sont connues.

29. a) $L = \int_0^2 \sqrt{1 + \frac{1}{x^4}}\, dx$ **c)** $\approx 1{,}13$

31. a) $\int_0^{\pi} \sqrt{1 + \cos^2 y}\, dy$ **c)** $\approx 3{,}82$

33. a) $\int_{-1}^{3} \sqrt{1 + (y+1)^2}\, dy$ **c)** $\approx 9{,}29$

35. a) $\int_0^{\pi/6} \sec x\, dx$ **c)** $\approx 0{,}55$

37. a) $4\pi\int_0^{\pi/4} \tan x\sqrt{1 + \sec^4 x}\, dx$ **c)** $\approx 7{,}68$

39. a) $2\pi\int_1^2 \frac{1}{y}\sqrt{1 + y^{-4}}\, dy$ **c)** $\approx 5{,}02$

41. a) $2\pi\int_1^4 (3 - \sqrt{x})^2 \sqrt{1 + (1 - 3x^{-1/2})^2}\, dx$

c) $\approx 63{,}37$

43. 21,7 po

45. 1446,39 L de chaque produit

Section 2.5, p. 153-155

5. $\frac{2}{3}y^{3/2} - x^{1/2} = C$

7. $e^y - e^x = C$

9. $-x + 2\tan(\sqrt{y}) = C$

11. $e^{-y} + 2e^{\sqrt{x}} = C$

13. $y = \sin(x^2 + C)$

15. a) $p_0 = 101{,}3$ kilopascals $= -0{,}121$

b) $\approx 0{,}2389$ kilopascals **c)** $\approx 0{,}977$ km

17. 585,35 kg

19. $\approx 92{,}1$ s

21. a) $\frac{dQ}{dt} = r - kQ$

b) $Q = \frac{r}{k} + \left(Q_0 - \frac{r}{k}\right)e^{-kt}$ **c)** $\frac{r}{k}$

23. $-12{,}4$ °C

25. a) $p(x) = 54{,}61e^{-0{,}01x}$ (en dollars)

b) $p(10) = 49{,}41$ \$ et $p(90) = 22{,}20$ \$

27. $\frac{dx}{dt} = -ky$; $y = y_0e^{-kt}$

29. 864 ans environ

31. a) 12 572 av. J.-C. **b)** 12 102 av. J.-C. **c)** 13 071 av. J.-C.

33. a) 170 m environ **b)** 47 s

Section 2.6, p. 166-171

1. 588 J

3. 780 J

5. 99 310,75 J

9. 400 N/m

11. 4 cm ; 0,08 J

13. a) 982 000 N/m **b)** 49,1 J , 147,3 J

15. a) 2 122 416 J **b)** 1 h 44 min **c)** 26 min

d) (1) a) 2 117 664 J b) 1 h 44 min
(2) a) 2 128 896 J b) 1 h 45 min

17. 9 231 881 J

19. a) 5 442 076 J **b)** 5 996 605 J

21. 15 073 100 J

25. 123,26 J

27. 87,96 J

29. 148 J

31. 1 769 348 438 J

33. $5{,}144 \times 10^{10}$ J

35. 264 600 N

37. 441 000 N

39. a) 192 933 N **b)** 187 512 N

41. 5824 N

43. 176,4 N

45. a) 14 698 N **b)** 2,98 m

41. $pgb/2$

49. a) 58 800 N **b)** 62 cm **c)** Non

51. 1,96 N

Section 2.7, p. 181-182

1. 1,2 m

3. $\left(\frac{L}{4}, \frac{L}{4}\right)$

5. $M_0 = 8$, $M = 8$, $\bar{x} = 1$

7. $M_0 = 15/2$, $M = 9/2$, $\bar{x} = 5/3$

9. $M_0 = 73/6$, $M = 5$, $\bar{x} = 73/30$

11. $M_0 = 3$, $M = 3$, $\bar{x} = 1$

13. $\bar{x} = 0$, $\bar{y} = 12/5$

15. $\bar{x} = 1$, $\bar{y} = -3/5$

17. $\bar{x} = 16/105$, $\bar{y} = 8/15$

19. $\bar{x} = 0$, $\bar{y} = \pi/8$

21. $\bar{x} = 1$, $\bar{y} = -2/5$

23. $\overline{x} = \overline{y} = \dfrac{2}{4 - \pi}$

25. $\overline{x} = 3/2, \overline{y} = 1/2$

27. a) $224\pi/3$

b) $\overline{x} = 2, \overline{y} = 0$

c)

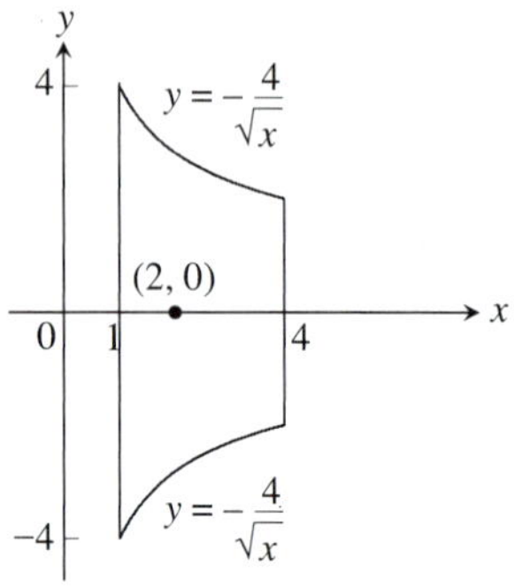

31. $\overline{x} = \overline{y} = 1/3$

33. $\overline{x} = a/3, \overline{y} = b/3$

35. $13\delta/6$

Exercices récapitulatifs, p. 183-187

1. 1

3. $1/6$

5. $\dfrac{\pi^2}{32} + \dfrac{\sqrt{2}}{2} - 1$

7. 4

9. Minimum : -4 ; maximum : 0 ; aire $= 27/4$

11. $2\sqrt{2} - \ln(3 + 2\sqrt{2})$

13. a) b

b) b

17. -5 °C

19. 600 ; 18 $

21. 300 ; 6 $

23. π^2

25. $9\pi/280$

27. π^2

29. $72\pi/35$

31. a) 2π **b)** π **c)** $12\pi/5$ **d)** $26\pi/5$

33. a) 8π **b)** $1088\pi/15$ **c)** $512\pi/15$

35. $\pi(2 - \ln 3)$

37. a) $16\pi/15$ **b)** $8\pi/5$ **c)** $8\pi/3$ **d)** $32\pi/5$

39. $28\pi/3$

41. $10/3$

43. $285/8$

45. $\ln(2 + \sqrt{3})$

47. 271,739

49. $\dfrac{425\pi}{9}$

51. $y = \left(\dfrac{x^3}{6} + C\right)^2$

53. $y = Ce^{(\ln x)^2/2}$

55. $2 \tan(\sqrt{x}) = t + C$

57. 4 640 J

59. 30 J

61. 419 000 J

63. 257 s

65. 332,8 N

67. 2196 N

69. $\overline{x} = 0, \overline{y} = 8/5$

71. $\overline{x} = 3/2, \overline{y} = 12/5$

73. $\overline{x} = 9/5, \overline{y} = 11/10$

Exercices supplémentaires, p. 188-189

1. $1/2$

3. $f(x) = \sqrt{\dfrac{2x + 1}{\pi}}$

9. 108,3042 h ; 251,4747 h

11. 76 °C

13. 10 m

17. $\overline{x} = 0, \overline{y} = \dfrac{n}{2n + 1}, \left(0, \dfrac{1}{2}\right)$

21. a) $\overline{x} = \overline{y} = \dfrac{4(a^2 + ab + b^2)}{3\pi(a + b)}$

b) $\overline{x} = \overline{y} = \dfrac{2b}{\pi}$

CHAPITRE 3

Section 3.1, p. 199-201

1. $-2x \cos\left(\dfrac{x}{2}\right) + 4 \sin\left(\dfrac{x}{2}\right) + C$

3. $t^2 \sin t + 2t \cos t - 2 \sin t + C$

5. $\ln 4 - \dfrac{3}{4}$

7. $y \arctan y - \ln \sqrt{1 + y^2} + C$

9. $x \tan x + \ln |\cos x| + C$

11. $(x^3 - 3x^2 + 6x - 6)e^x + C$

13. $(x^2 - 7x + 7)e^x + C$

15. $(x^5 - 5x^4 + 20x^3 - 60x^2 + 120x - 120)e^x + C$

17. $\dfrac{\pi^2 - 4}{8}$

19. $\dfrac{5\pi - 3\sqrt{3}}{9}$

21. $\dfrac{1}{2}(e^\theta \sin \theta - e^\theta \cos \theta) + C$

23. $\dfrac{e^{2x}}{13}(3 \sin 3x + 2 \cos 3x) + C$

25. $\dfrac{2}{3}\left(\sqrt{3s + 9}\, e^{\sqrt{3s+9}} - e^{\sqrt{3s+9}}\right) + C$

27. $\dfrac{\pi\sqrt{3}}{3} - \ln 2 - \dfrac{\pi^2}{18}$

29. $\dfrac{1}{2}[-x \cos(\ln x) + x \sin(\ln x)] + C$

31. $y = \left(\dfrac{x^2}{4} - \dfrac{x}{8} - \dfrac{1}{32}\right)e^{4x} + C$

33. $-2[\sqrt{\theta} \cos(\sqrt{\theta}) - \sin(\sqrt{\theta})] + C$

35. a) π **b)** 3π **c)** 5π **d)** $(2n + 1)\pi$

37. $2\pi(1 - \ln 2)$

39. a) $\pi(\pi - 2)$ **b)** 2π

41. $\dfrac{1}{2\pi}(1 - e^{-2\pi})$

43. $u = x^n, dv = \cos x\, dx$

45. $u = x^n, dv = e^{ax}\, dx$

47. $u = \sin^{n-1} x, dv = \sin x\, dx$. Utiliser l'identité $\cos^2 x = 1 - \sin^2 x$, puis isoler, dans l'équation obtenue, $\int \sin^n x\, dx$.

49. a) $n = 2$; $\dfrac{x}{2} - \dfrac{1}{2} \cos x \sin x$

b) $n = 4$; $\dfrac{3x}{8} - \dfrac{3}{8} \cos x \sin x - \dfrac{1}{4} \cos x \sin^3 x$

51. a) Soit $y = f^{-1}(x)$. Alors $x = f(y)$, de sorte que $dx = f'(y)\, dy$. Substituer.

b) $u = y, dv = f'(y)\, dy$

53. a) $\int \arcsin x\, dx = x \arcsin x + \cos(\arcsin x) + C$

b) $\int \arcsin x\, dx = x \arcsin x + \sqrt{1 - x^2} + C$

c) $\cos(\arcsin x) = \sqrt{1 - x^2}$

55. a) $\int \arccos x\, dx = x \arccos x - \sin(\arccos x) + C$

b) $\int \arccos x\, dx = x \arccos x - \sqrt{1 - x^2} + C$

c) $\sin(\arccos x) = \sqrt{1 - x^2}$

Section 3.2, p. 210-213

1. $\dfrac{8}{15}$

3. $\dfrac{4}{3}$

5. $-\cos y + \cos^3 y - \dfrac{3 \cos^5 y}{5} + \dfrac{\cos^7 y}{7} + C$

7. $3x - 2\sin(2x) + \frac{\sin(4x)}{4} + C$ 9. $10 - 3\pi$

11. $\frac{13\sqrt{2} - 16}{2}$ 13. 0

15. $\frac{3\pi}{2}$ 17. $35\left[\frac{\sin^5 x}{5} - \frac{\sin^7 x}{7}\right] + C$

19. $\frac{1}{2}\left[\ln x - \frac{\sin(\ln x^4)}{4}\right] + C$ 21. $2\sqrt{3} - \ln(2 - \sqrt{3})$

23. $\sqrt{2} + \ln(\sqrt{2} - 1)$ 25. $\frac{\sqrt{2} - \ln(\sqrt{2} + 1)}{2}$

27. $\frac{4}{3}$ 29. $-\cot\theta - \frac{\cot^3\theta}{3} + C$

31. $2 - \ln 4$ 33. $\frac{6\pi - 16}{3}$

35. $\tan t \cdot \ln(\cos t) + \tan t - t + C$ 37. $\frac{2}{7}\sec^{7/2} x - \frac{2}{3}\sec^{3/2} x + C$

39. $\int \cos^9\theta\, d\theta = \int \cos^8\theta \cos\theta\, d\theta = \int (1 - \sin^2\theta)^4 \cos\theta\, d\theta$

41. a) $\int \tan^5\theta\, d\theta = \frac{1}{4}\tan^4\theta - \int \tan^3\theta\, d\theta$
b) $\int \tan^7\theta\, d\theta = \frac{1}{6}\tan^6\theta - \int \tan^5\theta\, d\theta$
c) $\int \tan^{2k+1}\theta\, d\theta = \frac{1}{2k}\tan^{2k}\theta - \int \tan^{2k-1}\theta\, d\theta$

43. $-\frac{6}{5}$ 45. $\frac{3\sqrt{3} - 1}{3}$

47. $\frac{24\sqrt{3} - 18}{7}$ 51. $\ln\left|\sqrt{9 + y^2} + y\right| + C$

53. $\frac{25}{2}\arcsin\left(\frac{t}{5}\right) + \frac{t\sqrt{25 - t^2}}{2} + C$

55. $\frac{1}{2}\ln\left|\frac{2x}{7} + \frac{\sqrt{4x^2 - 49}}{7}\right| + C$ 57. $\frac{\sqrt{x^2 - 1}}{x} + C$

59. $\frac{1}{3}(x^2 + 4)^{3/2} - 4\sqrt{x^2 + 4} + C$ 61. $\frac{-2\sqrt{4 - w^2}}{w} + C$

63. $-\frac{x}{\sqrt{x^2 - 1}} + C$ 65. $-\frac{1}{5}\left(\frac{\sqrt{1 - x^2}}{x}\right)^5 + C$

67. $2\arctan(2x) + \frac{4x}{4x^2 + 1} + C$ 69. $\ln 9 - \ln(1 + \sqrt{10})$

71. $\frac{\pi}{6}$ 73. $\operatorname{arc\,sec}|x| + C$

75. $\sqrt{x^2 - 1} + C$ 77. $\frac{\pi}{8}$ 79. $\frac{2 - \sqrt{3}}{2}$

81. $\ln\left|(x - 1) + \sqrt{x^2 - 2x}\right| + C$ 83. 2

85. $\ln\left|\frac{\sqrt{s^2 - 2s + 5}}{2} + \frac{s - 1}{2}\right| + C$ 87. $\frac{1}{2}\arctan\left(\frac{3x - 1}{2}\right) + C$

89. $\ln\left|\frac{\sqrt{r^2 - 2r - 3}}{2} + \frac{r - 1}{2}\right| + C$ 91. $2\arctan 5$

93. $\frac{1}{3}\ln\left|\frac{\sqrt{9x^2 - 6x + 5}}{2} + \frac{3x - 1}{2}\right| + C$

95. $\ln(1 + \sqrt{2})$ 97. $\ln 3 - \ln\left(\frac{4 + \sqrt{7}}{3}\right)$

99. $\sqrt{r^2 + 4r + 5} - 2\ln\left|(r + 2) + \sqrt{r^2 + 4r + 5}\right| + C$

101. $y = 2\left[\frac{\sqrt{x^2 - 4}}{2} - \operatorname{arc\,sec}\left(\frac{x}{2}\right)\right]$ 103. $y = \frac{3}{2}\arctan\left(\frac{x}{2}\right) - \frac{3\pi}{8}$

105. $\frac{3\pi}{4}$ 107. $\frac{\pi}{4}$

109. 1,195 111. $2\pi + \sqrt{2}\pi\ln(1 + \sqrt{2})$

Section 3.3, p. 221-222

1. $\frac{2}{x - 3} + \frac{3}{x - 2}$ 3. $\frac{1}{x + 1} + \frac{3}{(x + 1)^2}$

5. $-\frac{2}{z} - \frac{1}{z^2} + \frac{2}{z - 1}$ 7. $1 + \frac{17}{t - 3} + \frac{-12}{t - 2}$

9. $\frac{1}{2}\ln\left|\frac{1 + x}{1 - x}\right| + C$

11. $\frac{1}{7}\ln\left|(x + 6)^2(x - 1)^5\right| + C$ 13. $\frac{\ln 15}{2}$

15. $-\frac{1}{2}\ln|t| + \frac{1}{6}\ln|t + 2| + \frac{1}{3}\ln|t - 1| + C$

17. $3\ln 2 - 2$

19. $\frac{1}{4}\ln\left|\frac{x + 1}{x - 1}\right| - \frac{x}{2(x^2 - 1)} + C$

21. $\frac{\pi + 2\ln 2}{8}$ 23. $\arctan y - \frac{1}{y^2 + 1} + C$

25. $-(s - 1)^{-2} + (s - 1)^{-1} + \arctan s + C$

27. $\frac{-1}{\theta^2 + 2\theta + 2} + \ln\left|\theta^2 + 2\theta + 2\right| - \arctan(\theta + 1) + C$

29. $x^2 + \ln\left|\frac{x - 1}{x}\right| + C$

31. $9x + 2\ln|x| + \frac{1}{x} + 7\ln|x - 1| + C$

33. $\frac{y^2}{2} - \ln|y| + \frac{1}{2}\ln(1 + y^2) + C$

35. $\ln\left|\frac{e^t + 1}{e^t + 2}\right| + C$

37. $\frac{1}{5}\ln\left|\frac{\sin y - 2}{\sin y + 3}\right| + C$

39. $\frac{(\arctan 2x)^2}{4} - 3\ln|x - 2| + \frac{6}{x - 2} + C$

41. $x = \ln\left|\frac{t - 2}{t - 1}\right| + \ln 2$

43. $x = \frac{6t}{t + 2} - 1,\ t > 2/5$

45. $\ln|y - 1| - \ln|y| = e^x - 1 - \ln 2$

47. $y = \ln\left|\frac{x - 2}{x - 1}\right| + \ln 2$ 49. $3\pi\ln 25$

51. a) $x = \frac{1000e^{4t}}{499 + e^{4t}}$ b) 1,55 jour

Section 3.4, p. 231-233

1. $\frac{1}{4}$	3. $\frac{5}{7}$	5. $\frac{1}{2}$
7. 0	9. -1	11. $\ln 2$
13. 1	15. 0	17. 1
19. 0	21. e^2	23. 0
25. 1	27. 1	29. e
31. 1	33. e^{-1}	35. $\ln 2$
37. -1	39. 3	41. 1

43. a) solution erronée b) solution correcte

45. $c = \frac{27}{10}$

47. **a)** $\ln\left(1+\frac{r}{k}\right)^k = k\ln\left(1+\frac{r}{k}\right)$. Lorsque $k \to \infty$,

$$\lim_{k\to\infty} k\ln\left(1+\frac{r}{k}\right) = \lim_{k\to\infty}\frac{\ln\left(1+\frac{r}{k}\right)}{\frac{1}{k}} = \lim_{k\to\infty}\frac{\frac{-r}{k^2}\Big/\left(1+\frac{r}{k}\right)}{\frac{-1}{k^2}} =$$

$\lim_{k\to\infty}\frac{r}{1+\frac{r}{k}} = r$. Par conséquent, $\lim_{k\to\infty}\left(1+\frac{r}{k}\right)^k = e^r$

et $\lim_{k\to\infty} A_0\left(1+\frac{r}{k}\right)^{kt} = A_0e^{rt}$.

b) Selon la partie **a)**, lorsque le nombre k de capitalisations dans une année tend vers l'infini, le capital final après k capitalisations est le même que le capital final avec capitalisation continue, de sorte que les montants d'intérêts sont aussi égaux.

49. Par la règle de l'Hospital, $\frac{2}{1-\pi^2}$.

53. **a)** $]-\infty, -1[\cup]0, \infty[$ **b)** ∞ **c)** e

Section 3.5, p. 246-248

1. **a)** Une des bornes d'intégration est infinie.
b) L'intégrale converge.
c) $\frac{\pi}{2}$

3. **a)** L'intégrande possède une discontinuité infinie en $x = 0$.
b) L'intégrale converge.
c) $-\frac{9}{2}$

5. **a)** L'intégrande possède une discontinuité infinie en $x = 0$.
b) L'intégrale diverge.

7. 1 000 **9.** 4 **11.** $\frac{\pi}{2}$

13. ln 3 **15.** $\sqrt{3}$ **17.** π

19. $\frac{\pi}{3}$ **21.** ln 4 **23.** $\frac{\pi}{2}$

25. $\ln\left(1+\frac{\pi}{2}\right)$ **27.** 6 **29.** -1

31. 2 **33.** $-\frac{1}{4}$

35. L'intégrale diverge. **37.** L'intégrale converge.
39. L'intégrale converge. **41.** L'intégrale converge.
43. L'intégrale diverge. **45.** L'intégrale converge.
47. L'intégrale converge. **49.** L'intégrale diverge.
51. L'intégrale converge. **53.** L'intégrale converge.
55. L'intégrale diverge. **57.** L'intégrale converge.
59. L'intégrale diverge. **61.** L'intégrale converge.
63. L'intégrale converge.

65. **a)** L'intégrale converge lorsque $p < 1$.
b) L'intégrale converge lorsque $p > 1$.

67. 1 **69.** $\frac{\pi}{2}$

73. **b)** $\approx 0{,}88621$ **75.** **b)** 1

Exercices récapitulatifs, p. 248-250

1. $\frac{1}{12}(4x^2-9)^{3/2}+C$ **3.** $\frac{\sqrt{8x^2+1}}{8}+C$

5. $\frac{-\sqrt{9-4t^4}}{8}+C$ **7.** $-\frac{1}{2[1-\cos(2\theta)]}+C$

9. $-\frac{1}{2}e^{\cos(2x)}+C$ **11.** $\frac{2^{x-1}}{\ln 2}+C$

13. $\ln|2+\arctan x|+C$ **15.** $\frac{1}{3}\arcsin\left(\frac{3t}{4}\right)+C$

17. $\frac{1}{5}\text{arc sec}\left|\frac{5x}{4}\right|+C$ **19.** $\frac{1}{2}\arctan\left(\frac{y-2}{2}\right)+C$

21. $\frac{x}{2}+\frac{\sin(6x)}{12}+C$

23. $\frac{1}{4}\tan^2(2t)-\frac{1}{2}\ln|\sec(2t)|+C$

25. $\ln|\sec(2x)+\tan(2x)|+C$ **27.** $\ln(3+2\sqrt{2})$

29. $2\sqrt{2}$ **31.** $x-2\arctan\left(\frac{x}{2}\right)+C$

33. $\ln(y^2+4)-\frac{1}{2}\arctan\left(\frac{y}{2}\right)+C$

35. $-\sqrt{4-t^2}+2\arcsin\left(\frac{t}{2}\right)+C$

37. $x-\tan x+\sec x+C$

39. $4\ln\left|\sin\left(\frac{x}{4}\right)\right|+C$ **41.** $\frac{z}{16(16+z^2)^{1/2}}+C$

43. $\frac{-\sqrt{1-x^2}}{x}+C$ **45.** $\ln\left|x+\sqrt{x^2-9}\right|+C$

47. $(x+1)\ln(x+1)-(x+1)+C$

49. $x\arctan(3x)-\frac{1}{6}\ln(1+9x^2)+C$

51. $(x+1)^2e^x-2(x+1)e^x+2e^x+C$

53. $\frac{2e^x\sin(2x)}{5}+\frac{e^x\cos(2x)}{5}+C$

55. $-\sqrt{16-y^2}+C$

57. $-\frac{1}{2}\ln|4-x^2|+C$ **59.** $\ln\left(\frac{1}{\sqrt{9-x^2}}\right)+C$

61. $\frac{1}{6}\ln\left|\frac{x+3}{x-3}\right|+C$

63. $2\ln|x-2|-\ln|x-1|+C$ **65.** $-\frac{1}{3}\ln\left|\frac{\cos\theta-1}{\cos\theta+2}\right|+C$

67. $\frac{1}{16}\ln\left|\frac{(v-2)^5(v+2)}{v^6}\right|+C$

69. $\frac{x^2}{2}+\frac{4}{3}\ln|x+2|+\frac{2}{3}\ln|x-1|+C$

71. $x^2-3x+\frac{2}{3}\ln|x+4|+\frac{1}{3}\ln|x-2|+C$

73. $\ln|1-e^{-s}|+C$

75. $\frac{2x^{3/2}}{3}-x+2\sqrt{x}-2\ln(\sqrt{x}+1)+C$

77. $2\sin(\sqrt{x})+C$ **79.** $\ln\left|u+\sqrt{1+u^2}\right|+C$

81. $\frac{1}{12}\ln\left|\frac{3+v}{3-v}\right|+\frac{1}{6}\arctan\left(\frac{v}{3}\right)+C$

83. $\frac{x^2}{2}+2x+3\ln|x-1|-\frac{1}{x-1}+C$

85. $-\cos(2\sqrt{x})+C$ **87.** $\frac{\sqrt{3}}{3}\arctan\left(\frac{\theta-1}{\sqrt{3}}\right)+C$

89. $\frac{1}{4}\sec^2\theta+C$ **91.** $-\frac{2}{3}(x+4)\sqrt{2-x}+C$

93. $\frac{1}{2}[x\ln|x-1|-x-\ln|x-1|]+C$

95. $\frac{1}{4}\ln|z| - \frac{1}{4z} - \frac{1}{8}\left[\ln(z^2+4) + \arc\tan\left(\frac{z}{2}\right)\right] + C$

97. $-\frac{\arc\tan x}{x} + \ln|x| - \ln\sqrt{1+x^2} + C$

99. $\tan x - x + C$

101. $\ln|\csc(2x) + \cot(2x)| + C$ **103.** $\frac{1}{4}$

105. $\arc\sec|2x-1| + C$ **107.** $\frac{1}{6}(3+4e^{\theta})^{3/2} + C$

109. $\frac{1}{3}\left(\frac{27^{3\theta+1}}{\ln 27}\right) + C$ **111.** $2\sqrt{r} - 2\ln(1+\sqrt{r}) + C$

113. $4\arc\sec\left|\frac{7m}{2}\right| + C$ **115.** La limite n'existe pas.

117. 2 **119.** 1 **121.** 0

123. $-\frac{1}{2}$ **125.** 1 **127.** ∞

129. $\frac{\pi}{2}$ **131.** 6 **133.** ln 3

135. 2 **137.** $\frac{\pi}{6}$

139. L'intégrale diverge.

141. L'intégrale diverge.

143. L'intégrale converge.

145. $\ln|y-1| - \ln|y| = e^x - 1 - \ln 2$

147. $y = \ln|x-2| - \ln|x-1| + \ln 2$

Exercices supplémentaires, p. 251-253

1. $x(\arc\sin x)^2 + 2(\arc\sin x)\sqrt{1-x^2} - 2x + C$

3. $\frac{x^2 \arc\sin x}{2} + \frac{x\sqrt{1-x^2} - \arc\sin x}{4} + C$

5. $\frac{\ln|\sec(2\theta) + \tan(2\theta)| + 2\theta}{4} + C$

7. $\frac{1}{2}\left[\ln\left|t - \sqrt{1-t^2}\right| - \arc\sin t\right] + C$

9. $\frac{1}{16}\ln\left|\frac{x^2+2x+2}{x^2-2x+2}\right| + \frac{1}{8}[\arc\tan(x+1) + \arc\tan(x-1)] + C$

11. $\frac{\pi}{2}$ **13.** $\frac{1}{\sqrt{e}}$ **15.** 0

17. 1 **19.** $\frac{32\pi}{35}$ **21.** 2π

23. a) π **b)** $\pi(2e-5)$

25. b) $\pi\left[\frac{8(\ln 2)^2}{3} - \frac{16\ln 2}{9} + \frac{16}{27}\right]$

27. $\frac{1}{2}$ **31.** $\frac{\pi}{2}(3b-a) + 2$

35. $P(x) = -3x^2 + 1$ **37.** $\frac{1}{2} < p \leq 1$

39. b) 1

41. $\frac{e^{2x}}{13}[3\sin(3x) + 2\cos(3x)] + C$

43. $\frac{\cos x \sin(3x) - 3\sin x \cos(3x)}{8} + C$

45. $\frac{e^{ax}}{a^2+b^2}(a\sin bx - b\cos bx) + C$

47. $x\ln(ax) - x + C$

CHAPITRE 4

Section 4.1, p. 269-273

1. $a_1 = 0, a_2 = -\frac{1}{4}, a_3 = -\frac{2}{9}, a_4 = -\frac{3}{16}$

3. $a_1 = 1, a_2 = -\frac{1}{3}, a_3 = \frac{1}{5}, a_4 = -\frac{1}{7}$

5. $a_n = (-1)^{n+1}, n \geq 1$ **7.** $a_n = n^2 - 1, n \geq 1$

9. $a_n = 4n - 3, n \geq 1$ **11.** $a_n = \frac{1+(-1)^{n+1}}{2}, n \geq 1$

13. $1, \frac{3}{2}, \frac{7}{4}, \frac{15}{8}, \frac{31}{16}, \frac{63}{32}, \frac{127}{64}, \frac{255}{128}, \frac{511}{256}, \frac{1023}{512}$

15. $2, 1, -\frac{1}{2}, -\frac{1}{4}, \frac{1}{8}, \frac{1}{16}, -\frac{1}{32}, -\frac{1}{64}, \frac{1}{128}, \frac{1}{256}$

17. 1, 1, 2, 3, 5, 8, 13, 21, 34, 55 **19. b)** $\sqrt{3}$

21. a) $f(x) = x^2 - 2$, $1{,}414213562 \approx \sqrt{2}$

b) $f(x) = \tan(x) - 1$, $0{,}7853981635 \approx \frac{\pi}{4}$

c) $f(x) = e^x$, la suite diverge.

23. La suite converge vers 2. **25.** La suite converge vers −1.

27. La suite diverge. **29.** La suite diverge.

31. La suite converge vers $\frac{1}{2}$. **33.** La suite converge vers $\sqrt{2}$.

35. La suite converge vers 0. **37.** La suite converge vers 0.

39. La suite diverge. **41.** La suite converge vers e^7.

43. La suite converge vers 1. **45.** La suite converge vers 1.

47. La suite converge vers 4. **49.** La suite converge vers 0.

51. La suite diverge. **53.** La suite converge vers e^{-1}.

55. La suite converge vers $e^{2/3}$. **57.** La suite converge vers x, $(x > 0)$.

59. La suite converge vers 0. **61.** La suite converge vers $\frac{\pi}{2}$.

63. La suite converge vers 0. **65.** La suite converge vers 0.

67. $N = 692$, $a_n = \sqrt[n]{0{,}5}$, $L = 1$ **69.** $N = 65$, $a_n = (0{,}9)^n$, $L = 0$

71. Non décroissante, bornée

73. Pas non décroissante, bornée

75. Converge, théorème des suites monotones

77. Converge, théorème des suites monotones

79. Diverge, définition de la divergence

81. Converge, théorème des suites monotones

83. Diverge, définition de la divergence

87. b) $\sqrt{2}$ **89. b)** 1

Section 4.2, p. 285-287

1. $s_n = \frac{2\left[1 - \left(\frac{1}{3}\right)^n\right]}{1 - \left(\frac{1}{3}\right)}$, converge vers 3

3. $s_n = \frac{1 - \left(-\frac{1}{2}\right)^n}{1 - \left(-\frac{1}{2}\right)}$, converge vers $\frac{2}{3}$

5. $s_n = \frac{1}{2} - \frac{1}{n+2}$, converge vers $\frac{1}{2}$

7. $1 - \frac{1}{4} + \frac{1}{16} - \frac{1}{64} + \cdots, \frac{4}{5}$

9. $(5+1) + \left(\frac{5}{2} + \frac{1}{3}\right) + \left(\frac{5}{4} + \frac{1}{9}\right) + \left(\frac{5}{8} + \frac{1}{27}\right) + \cdots, \frac{23}{2}$

11. $(1+1) + \left(\frac{1}{2} - \frac{1}{5}\right) + \left(\frac{1}{4} + \frac{1}{25}\right) + \left(\frac{1}{8} - \frac{1}{125}\right) + \cdots, \frac{17}{6}$

13. 1 15. 5 17. 1

19. La série converge vers $2 + \sqrt{2}$.

21. La série converge vers 1.

23. La série converge vers $\frac{e^2}{e^2 - 1}$.

25. La série converge vers $\frac{x}{x-1}$. 27. La série diverge.

29. La série diverge. 31. La série diverge.

33. $a = 1$, $r = -x$; la série converge vers $\frac{1}{1+x}$ pour $|x| < 1$.

35. $a = 3$, $r = \frac{x-1}{2}$; la série converge vers $\frac{6}{3-x}$ pour x dans]−1, 3[.

37. $|x| < \frac{1}{2}, \frac{1}{1-2x}$ 39. $1 < x < 5, \frac{2}{x-1}$

41. $\frac{23}{99}$ 43. $\frac{7}{9}$

45. $\frac{41\,333}{33\,300}$ 47. 28 m 49. 8 m^2

51. a) $3\left(\frac{4}{3}\right)^{n-1}$

b) $A_n = \frac{\sqrt{3}}{4} + \frac{27\sqrt{3}}{64}\left(\frac{4}{9}\right)^2 + \frac{27\sqrt{3}}{64}\left(\frac{4}{9}\right)^3 + \cdots$

$= \frac{\sqrt{3}}{4} + \sum_{n=2}^{\infty} \frac{27\sqrt{3}}{64}\left(\frac{4}{9}\right)^n, \ \lim_{n\to\infty} A_n = \frac{2\sqrt{3}}{5}$

53. a) $\sum_{n=-2}^{\infty} \frac{1}{(n+4)(n+5)}$ b) $\sum_{n=0}^{\infty} \frac{1}{(n+2)(n+3)}$

c) $\sum_{n=5}^{\infty} \frac{1}{(n-3)(n-2)}$

55. $\ln\left(\frac{8}{9}\right)$ 61. Elle diverge.

63. Elle diverge.

Section 4.3, p. 299-301

1. La série diverge. 3. La série diverge.

5. La série converge. 7. La série converge.

9. La série diverge : $\frac{1}{2\sqrt{n} + \sqrt[3]{n}} \geq \frac{1}{2n+n} = \frac{1}{3n}$.

11. La série converge : $\frac{\sin^2 n}{2^n} \leq \frac{1}{2^n}$.

13. La série converge : $\left(\frac{n}{3n+1}\right)^n < \left(\frac{n}{3n}\right)^n = \left(\frac{1}{3}\right)^n$.

15. La série diverge : test de comparaison par une limite avec $\sum \frac{1}{n}$.

17. La série converge : test de comparaison par une limite avec $\sum \frac{1}{n^2}$.

19. La série converge : test de comparaison par une limite avec $\sum \frac{1}{n^{5/4}}$.

21. La série converge : $\rho = 1/2$.

23. La série diverge : $\rho = \infty$.

25. La série converge : $\rho = 1/10$.

27. La série converge : $\rho = 0$.

29. La série converge : $\rho = 0$.

31. La série converge : $\rho = 0$.

33. La série diverge : $\rho = \infty$.

35. La série converge : série géométrique avec $r = \frac{1}{e} < 1$.

37. La série diverge : série-p avec $p < 1$.

39. La série diverge : test de comparaison par une limite avec $\sum \frac{1}{n}$.

41. La série converge : test de comparaison directe avec la série $\sum \frac{1}{n^{3/2}}$.

43. La série converge : test du rapport, $\rho = \frac{1}{3}$.

45. La série converge : test du rapport, $\rho = 0$.

47. La série converge : test de l'intégrale.

49. La série converge : test de comparaison directe avec la série $\sum \frac{3}{(1{,}25)^n}$.

51. La série converge : test de comparaison directe avec la série $\sum \frac{1}{n^2}$.

53. La série converge : test de comparaison par une limite avec $\sum \frac{1}{n^2}$.

55. La série converge : $\frac{\text{arc tan } n}{n^{1,1}} < \frac{\pi/2}{n^{1,1}}$.

57. La série diverge : test du n^e terme.

59. La série converge : test du rapport, $\rho = 0$.

61. La série diverge : test du rapport, $\rho = \frac{3}{2}$.

63. La série diverge : $a_n = \left(\frac{1}{3}\right)^{(1/n!)} \to 1$.

71. $a = 1$

Section 4.4, p. 310-312

1. La série converge : test des séries alternées.

3. La série diverge : a_n ne tend pas vers 0.

5. La série converge : test des séries alternées.

7. La série diverge : $a_n \to \frac{1}{2} \neq 0$.

9. La série converge : test des séries alternées.

11. La série converge absolument : la série correspondante des valeurs absolues est une série géométrique convergente.

13. La série converge conditionnellement : elle converge par le test des séries alternées, mais $\sum_{n=1}^{\infty} \frac{1}{\sqrt{n+1}}$ diverge.

15. La série converge absolument : comparaison avec la série $\sum_{n=1}^{\infty} \frac{1}{n^2}$.

17. La série converge conditionnellement : elle converge par le test des séries alternées, mais $\sum_{n=1}^{\infty} \frac{1}{n+3}$ diverge. Comparaison avec $\frac{1}{4}\sum_{n=1}^{\infty} \frac{1}{n}$.

19. La série diverge : $\frac{3+n}{5+n} \to 1$.

21. La série converge conditionnellement : $u_n > u_{n+1} > 0$ pour $n \geq 1$ et $\left(\frac{1}{n^2} + \frac{1}{n}\right) \to 0$ mais $\frac{1+n}{n^2} > \frac{1}{n}$.

23. La série converge absolument : test du rapport, $\rho = \frac{2}{3}$.

25. La série converge absolument : test de l'intégrale.

27. La série diverge : a_n ne tend pas vers 0.

29. La série converge absolument : test du rapport, $\rho = 0$.

31. La série converge absolument : $\frac{1}{n^2+2n+1} < \frac{1}{n^2}$.

33. La série converge absolument puisque

$$\sum_{n=1}^{\infty}\left|\frac{\cos n\pi}{n\sqrt{n}}\right| = \sum_{n=1}^{\infty}\left|\frac{(-1)^{n+1}}{n^{3/2}}\right| = \sum_{n=1}^{\infty}\frac{1}{n^{3/2}} \text{ (série-}p\text{ convergente).}$$

35. La série converge absolument : test de la racine n^e, $\rho = \frac{1}{2}$.

37. La série diverge : $a_n \to \infty$.

39. La série converge conditionnellement :

$\sqrt{n+1} - \sqrt{n} = \frac{1}{\sqrt{n+1}+\sqrt{n}}$, $\sum_{n=1}^{\infty}\frac{(-1)^n}{\sqrt{n+1}+\sqrt{n}}$, converge par le test des séries alternées, mais la série correspondante des valeurs absolues est divergente. Comparaison avec $\sum \frac{1}{\sqrt{n}}$.

41. La série diverge : $a_n \to \frac{1}{2} \neq 0$.

43. $|\text{Erreur}| < 0{,}2$ **45.** $|\text{Erreur}| < 2 \times 10^{-11}$

47. 0,54030

49. **a)** La condition $a_n \geq a_{n+1}$ n'est pas remplie.

b) $-\frac{1}{2}$

Section 4.5, p. 328-329

1. a) $1, -1 < x < 1$	**b)** $-1 < x < 1$	**c)** Aucune
3. a) $\frac{1}{4}, -\frac{1}{2} < x < 0$	**b)** $-\frac{1}{2} < x < 0$	**c)** Aucune
5. a) $10, -8 < x < 12$	**b)** $-8 < x < 12$	**c)** Aucune
7. a) $1, -1 < x < 1$	**b)** $-1 < x < 1$	**c)** Aucune
9. a) $3, [-3, 3]$	**b)** $[-3, 3]$	**c)** Aucune
11. a) ∞, pour tout x	**b)** Pour tout x	**c)** Aucune
13. a) ∞, pour tout x	**b)** Pour tout x	**c)** Aucune
15. a) $1, -1 \leq x < 1$	**b)** $-1 < x < 1$	**c)** $x = -1$
17. a) $5, -8 < x < 2$	**b)** $-8 < x < 2$	**c)** Aucune
19. a) $3, -3 < x < 3$	**b)** $-3 < x < 3$	**c)** Aucune
21. a) $1, -1 < x < 1$	**b)** $-1 < x < 1$	**c)** Aucune
23. a) $0, x = 0$	**b)** $x = 0$	**c)** Aucune
25. a) $2, -4 < x \leq 0$	**b)** $-4 < x < 0$	**c)** $x = 0$
27. a) $1, -1 \leq x \leq 1$	**b)** $-1 \leq x \leq 1$	**c)** Aucune
29. a) $\frac{1}{4}, 1 \leq x \leq \frac{3}{2}$	**b)** $1 \leq x \leq \frac{3}{2}$	**c)** Aucune

31. **a)** $1, (-1-\pi) \leq x < (1-\pi)$

b) $(-1-\pi) < x < (1-\pi)$ **c)** $x = -1-\pi$

33. $-1 < x < 3$, $\frac{4}{3+2x-x^2}$

35. $0 < x < 16$, $\frac{2}{4-\sqrt{x}}$

37. $-\sqrt{2} < x < \sqrt{2}$, $\frac{3}{2-x^2}$

39. $\frac{3}{4} + \frac{3}{4^2}x + \frac{3}{4^3}x^2 + \cdots + \frac{3}{4^{n+1}}x^n + \cdots$

41. $\frac{5}{3}x^2 + \frac{5 \cdot 2}{3^2}x^3 + \frac{5 \cdot 2^2}{3^3}x^4 + \cdots + \frac{5 \cdot 2^n}{3^{n+1}}x^{n+2} + \cdots$

43. $-(x-2)^2 + 3(x-2)^3 - 3^2(x-2)^4 + \cdots + (-1)^{n+1}3^n(x-2)^{n+2} + \cdots$

45. $y = \sum_{n=0}^{\infty}\frac{(-1)^n}{n!}x^n = e^{-x}$

47. $y = \sum_{n=1}^{\infty}\frac{x^n}{n!} = \sum_{n=0}^{\infty}\frac{x^n}{n!} - 1 = e^x - 1$

49. $y = \sum_{n=2}^{\infty}\frac{x^n}{n!} = \sum_{n=0}^{\infty}\frac{x^n}{n!} - x - 1 = e^x - x - 1$

51. $y = \sum_{n=0}^{\infty}\frac{x^{2n}}{2^n n!} = \sum_{n=0}^{\infty}\frac{(x^2/2)^n}{n!} = e^{x^2/2}$

53. $y = \sum_{n=0}^{\infty}2x^n = \frac{2}{1-x}$

55. $y = \sum_{n=0}^{\infty}\frac{x^{2n+1}}{(2n+1)!}$

57. $y = 2 + x - 2\sum_{n=1}^{\infty}\frac{(-1)^{n+1}x^{2n}}{(2n)!}$

59. $y = -2(x-2) - \sum_{n=1}^{\infty}\left[\frac{2(x-2)^{2n}}{(2n)!} + \frac{3(x-2)^{2n+1}}{(2n+1)!}\right]$

61. $y = a + bx + \frac{1}{2 \cdot 3}x^3 - \frac{ax^4}{3 \cdot 4} - \frac{bx^5}{4 \cdot 5} - \frac{x^7}{2 \cdot 3 \cdot 6 \cdot 7} + \frac{ax^8}{3 \cdot 4 \cdot 7 \cdot 8} + \frac{bx^9}{4 \cdot 5 \cdot 8 \cdot 9} + \cdots$. Pour $n \geq 6$, $a_n = \frac{a_{n-4}}{n(n-1)}$.

63. $1 < x < 5$, $\frac{2}{x-1}$, $1 < x < 5$, $\frac{-2}{(x-1)^2}$

65. **a)** $\cos x = 1 - \frac{x^2}{2!} + \frac{x^4}{4!} - \frac{x^6}{6!} + \frac{x^8}{8!} - \frac{x^{10}}{10!}$. Elle converge pour tout x.

b) et **c)** $2x - \frac{2^3x^3}{3!} + \frac{2^5x^5}{5!} - \frac{2^7x^7}{7!} + \frac{2^9x^9}{9!} - \frac{2^{11}x^{11}}{11!} + \cdots$

67. **a)** $\frac{x^2}{2} + \frac{x^4}{12} + \frac{x^6}{45} + \frac{17x^8}{2520} + \frac{31x^{10}}{14\,175}$, $-\frac{\pi}{2} < x < \frac{\pi}{2}$

b) $1 + x^2 + \frac{2x^4}{3} + \frac{17x^6}{45} + \frac{62x^8}{315}$, $-\frac{\pi}{2} < x < \frac{\pi}{2}$

Section 4.6, p. 347-351

1. $P_0(x) = 0$, $P_1(x) = x - 1$, $P_2(x) = (x-1) - \frac{1}{2}(x-1)^2$,

$P_3(x) = (x-1) - \frac{1}{2}(x-1)^2 + \frac{1}{3}(x-1)^3$

3. $P_0(x) = \frac{1}{2}$, $P_1(x) = \frac{1}{2} - \frac{x}{4}$, $P_2(x) = \frac{1}{2} - \frac{x}{4} + \frac{x^2}{8}$,

$P_3(x) = \frac{1}{2} - \frac{x}{4} + \frac{x^2}{8} - \frac{x^3}{16}$

5. $P_0(x) = \frac{1}{\sqrt{2}}$, $P_1(x) = \frac{1}{\sqrt{2}} - \frac{1}{\sqrt{2}}\left(x - \frac{\pi}{4}\right)$,

$P_2(x) = \frac{1}{\sqrt{2}} - \frac{1}{\sqrt{2}}\left(x - \frac{\pi}{4}\right) - \frac{1}{2\sqrt{2}}\left(x - \frac{\pi}{4}\right)^2$,

$P_3(x) = \frac{1}{\sqrt{2}} - \frac{1}{\sqrt{2}}\left(x - \frac{\pi}{4}\right) - \frac{1}{2\sqrt{2}}\left(x - \frac{\pi}{4}\right)^2 + \frac{1}{6\sqrt{2}}\left(x - \frac{\pi}{4}\right)^3$

7. $\sum_{n=0}^{\infty}\frac{(-1)^n x^n}{n!} = 1 - x + \frac{x^2}{2!} - \frac{x^3}{3!} + \frac{x^4}{4!} - \cdots$

9. $\sum_{n=0}^{\infty}\frac{(-1)^n 3^{2n+1}x^{2n+1}}{(2n+1)!}$

11. $\sum_{n=0}^{\infty}\frac{x^{2n}}{(2n)!}$ **13.** $x^4 - 2x^3 - 5x + 4$

15. $8 + 10(x-2) + 6(x-2)^2 + (x-2)^3$

17. $\sum_{n=0}^{\infty}(-1)^n(n+1)(x-1)^n$

19. $\sum_{n=0}^{\infty}\frac{e^2}{n!}(x-2)^n$ **21.** $1 + \frac{x}{2} - \frac{x^2}{8} + \frac{x^3}{16}$

23. $1 + \frac{1}{2}x + \frac{3}{8}x^2 + \frac{5}{16}x^3$ **25.** $1 - x + \frac{3x^2}{4} - \frac{x^3}{2}$

27. $\frac{1}{2} - \frac{1}{16}x^3 + \frac{3}{256}x^6 - \frac{5}{2048}x^9$ 29. $1 + \frac{1}{2x} - \frac{1}{8x^2} + \frac{1}{16x^3}$

31. $(1+x)^4 = 1 + 4x + 6x^2 + 4x^3 + x^4$

33. $(1-2x)^3 = 1 - 6x + 12x^2 - 8x^3$

35. $\sum_{n=0}^{\infty} \frac{(-1)^n 5^n x^n}{n!} = 1 - 5x + \frac{5^2x^2}{2!} - \frac{5^3x^3}{3!} + \cdots$

37. $\sum_{n=0}^{\infty} \frac{(-1)^n \pi^{2n+1} x^{2n+1}}{2^{2n+1}(2n+1)!} = \frac{\pi x}{2} - \frac{\pi^3 x^3}{2^3 \cdot 3!} + \frac{\pi^5 x^5}{2^5 \cdot 5!} - \frac{\pi^7 x^7}{2^7 \cdot 7!} + \cdots$

39. $\sum_{n=0}^{\infty} \frac{x^{n+1}}{n!} = x + x^2 + \frac{x^3}{2!} + \frac{x^4}{3!} + \frac{x^5}{4!} + \cdots$

41. $\sum_{n=2}^{\infty} \frac{(-1)^n x^{2n}}{(2n)!} = \frac{x^4}{4!} - \frac{x^6}{6!} + \frac{x^8}{8!} - \frac{x^{10}}{10!} + \cdots$

43. $x - \frac{\pi^2 x^3}{2!} + \frac{\pi^4 x^5}{4!} - \frac{\pi^6 x^7}{6!} + \cdots = \sum_{n=0}^{\infty} \frac{(-1)^n \pi^{2n} x^{2n+1}}{(2n)!}$

45. $\sum_{n=1}^{\infty} \frac{(-1)^{n+1}(2x)^{2n}}{2 \cdot (2n)!} = \frac{(2x)^2}{2 \cdot 2!} - \frac{(2x)^4}{2 \cdot 4!} + \frac{(2x)^6}{2 \cdot 6!} - \frac{(2x)^8}{2 \cdot 8!} + \cdots$

47. $\sum_{n=1}^{\infty} \frac{(-1)^{n-1} 2^n x^{n+1}}{n} = 2x^2 - \frac{2^2x^3}{2} + \frac{2^3x^4}{3} - \frac{2^4x^5}{4} + \cdots$

49. $\frac{1}{\sqrt{2\pi}}\left[x - \frac{x^3}{6} + \frac{x^5}{20 \cdot 2!} - \frac{x^7}{56 \cdot 3!}\right]$

51. a) $\frac{x^2}{2} - \frac{x^4}{12}$

b) $\frac{x^2}{2} - \frac{x^4}{3 \cdot 4} + \frac{x^6}{5 \cdot 6} - \frac{x^8}{7 \cdot 8} + \cdots + (-1)^{15}\frac{x^{32}}{31 \cdot 32}$

53. a) $L(x) = 0$ b) $Q(x) = -\frac{x^2}{2}$

55. a) $L(x) = 1$ b) $Q(x) = 1 + \frac{x^2}{2}$

57. $|x| < (0{,}06)^{1/5} < 0{,}56968$

59. $|\text{Erreur}| < \frac{(10^{-3})^3}{6} < 1{,}67 \times 10^{-10}$, $-10^{-3} < x < 0$

61. a) $|\text{Erreur}| < \frac{(3^{0,1})(0{,}1)^3}{6} < 1{,}87 \times 10^{-4}$

b) $|\text{Erreur}| < \frac{(0{,}1)^3}{6} < 1{,}67 \times 10^{-4}$

65. $n > 49$

67. $\frac{1}{2}$ 69. -1

71. $2!$ 83. b) $\frac{1}{3}$

87. 500 termes

89. L'intervalle de convergence est $]-1, 1[$.

Exercices récapitulatifs, p. 352-354

1. La suite converge vers 1.
3. La suite converge vers -1.
5. La suite diverge.
7. La suite converge vers 0.
9. La suite converge vers 1.
11. La suite converge vers e^{-5}.
13. La suite converge vers 3.
15. La suite converge vers ln 2.
17. La suite diverge.
19. $\frac{1}{6}$
21. $\frac{3}{2}$
23. $\frac{e}{e-1}$
25. La série diverge.
27. La série converge conditionnellement.
29. La série converge conditionnellement.
31. La série converge absolument.
33. La série converge absolument.
35. La série converge absolument.
37. La série converge absolument.
39. La série converge absolument.

41. a) $3, -7 \le x < -1$ b) $-7 < x < -1$ c) $x = -7$

43. a) $\frac{1}{3}, 0 \le x \le \frac{2}{3}$ b) $0 \le x \le \frac{2}{3}$ c) Aucune

45. a) ∞, pour tout x b) Pour tout x c) Aucune

47. a) $\sqrt{3}, -\sqrt{3} < x < \sqrt{3}$ b) $-\sqrt{3} < x < \sqrt{3}$ c) Aucune

49. $\frac{1}{1+x}, \frac{1}{4}, \frac{4}{5}$ 51. $\sin x, \pi, 0$

53. e^x, ln 2, 2 55. $\sum_{n=0}^{\infty} 2^n x^n$

57. $\sum_{n=0}^{\infty} \frac{(-1)^n \pi^{2n+1} x^{2n+1}}{(2n+1)!}$ 59. $\sum_{n=0}^{\infty} \frac{(-1)^n x^{5n}}{(2n)!}$

61. $\sum_{n=0}^{\infty} \frac{\pi^n x^n}{2^n \cdot n!}$

63. $2 - \frac{(x+1)}{2 \cdot 1!} + \frac{3(x+1)^2}{2^3 \cdot 2!} + \frac{9(x+1)^3}{2^5 \cdot 3!} + \cdots$

65. $\frac{1}{4} - \frac{1}{4^2}(x-3) + \frac{1}{4^3}(x-3)^2 - \frac{1}{4^4}(x-3)^3 + \cdots$

67. $y = \sum_{n=0}^{\infty} \frac{(-1)^{n+1} x^n}{n!} = -\sum_{n=0}^{\infty} \frac{(-1)^n x^n}{n!} = -e^{-x}$

69. $y = 3\sum_{n=0}^{\infty} \frac{(-1)^n 2^n}{n!} x^n = 3e^{-2x}$

71. $y = -1 - x + 2\sum_{n=2}^{\infty} \frac{x^n}{n!} = 2e^x - 3x - 3$

73. $y = -1 - x + 2\sum_{n=0}^{\infty} \frac{x^n}{n!} = 2e^x - 1 - x$

75. a) $\frac{7}{2}$ 77. a) $\frac{1}{12}$

79. a) -2

81. b) $|\text{Erreur}| < \left|\sin\left(\frac{1}{42}\right)\right| \approx 0{,}02381$; approximation par défaut puisque le reste est positif.

83. $\frac{2}{3}$

85. $\ln\left(\frac{n+1}{2n}\right)$; la série converge vers $\ln\left(\frac{1}{2}\right)$.

87. a) ∞ b) $a = 1, b = 0$

89. La série converge.

95. c) $\sum_{n=0}^{\infty} \frac{(-1)^n}{2n+1} x^{2n+1}$

Exercices supplémentaires, p. 355-360

1. La série converge : test de comparaison limite.
3. La série diverge : test du n^e terme.
5. La série converge : test de comparaison directe.
7. La série diverge : test du n^e terme.
9. Avec $a = \frac{\pi}{3}$,
$$\cos x = \frac{1}{2} - \frac{\sqrt{3}}{2}\left(x - \frac{\pi}{3}\right) - \frac{1}{4}\left(x - \frac{\pi}{3}\right)^2 + \frac{\sqrt{3}}{12}\left(x - \frac{\pi}{3}\right)^3 + \cdots$$
11. Avec $a = 0$, $e^x = 1 + x + \frac{x^2}{2!} + \frac{x^3}{3!} + \cdots$.
13. Avec $a = 22\pi$,
$$\cos x = 1 - \frac{1}{2}(x - 22\pi)^2 + \frac{1}{4!}(x - 22\pi)^4 - \frac{1}{6!}(x - 22\pi)^6 + \cdots$$

15. La suite converge. La limite égale b.

17. $\dfrac{\pi}{2}$

21. a) $\dfrac{\sqrt{3}}{4}b^2\displaystyle\sum_{n=0}^{\infty}\frac{3^n}{4^n}$ **b)** $\sqrt{3}\,b^2$

c) Non, Par exemple, les trois sommets du triangle initial n'ont pas été retirés. L'ensemble des points non retirés a pour aire 0.

23. a) Non, la limite ne semble pas dépendre de la valeur de a.

b) Oui, la limite dépend de la valeur b.

c) $\displaystyle\lim_{n\to\infty}\left(1-\frac{\cos\left(\frac{a}{n}\right)}{bn}\right)^n = e^{-1/b}$

25. $b = \pm\dfrac{1}{5}$ **29. b)** Oui

35. a) $\displaystyle\sum_{n=1}^{\infty} nx^{n-1}$ **b)** 6 **c)** $\dfrac{1}{q}$

37. a) $R_n = \dfrac{C_0e^{-kt_0}(1-e^{-nkt_0})}{1-e^{-kt_0}}$, $R = \dfrac{C_0e^{-kt_0}}{1-e^{-kt_0}} = \dfrac{C_0}{e^{kt_0}-1}$

b) $R_1 = \dfrac{1}{e} \approx 0{,}368$, $R_{10} = R(1-e^{-10}) \approx R(0{,}9999546) \approx 0{,}58195$;

$R \approx 0{,}58198$

$0 < \dfrac{R-R_{10}}{R} < 0{,}0001$

c) 7

ANNEXES

Annexe A.4, p. 369-370

1. a) f est continue sur $[0, 1]$ et dérivable sur $]0, 1[$.

b) $c = \dfrac{1}{2}$

3. a) f est continue sur $[-1, 1]$ et dérivable sur $]-1, 1[$.

b) $c = \pm\sqrt{1-\dfrac{4}{\pi^2}} \approx \pm 0{,}771$

5. La fonction $f(x)$ n'est pas continue en $x = 1$. En effet, $\displaystyle\lim_{x\to 1^-} f(x) = \lim_{x\to 1^-} x = 1$, alors que $f(1) = 0$; dès lors, le théorème de Rolle ne s'applique pas car f n'est pas continue sur $[0, 1]$.

7. Selon le corollaire A.4.3 du théorème de la moyenne, $f'(x) = 0$ pour tout $x \Rightarrow f(x) = C$, où C est une constante. Puisque $f(-1) = 3$, il s'ensuit que $C = 3$ et que $f(x) = 3$ pour tout x.

9. a) $y = \dfrac{x^2}{2} + C$ **b)** $y = \dfrac{x^3}{3} + C$ **c)** $y = \dfrac{x^4}{4} + C$

11. a) $y = \ln|\theta| + C$ **b)** $y = \theta - \ln|\theta| + C$ **c)** $y = 5\theta + \ln|\theta| + C$

13. $f(x) = x^2 - x$ **15.** $f(x) = 1 + \dfrac{e^{2x}}{2}$

17. Si $T(t)$ désigne la température du thermomètre à l'instant t, alors $T(0) = -19$ °C et $T(14) = 100$ °C. Selon le théorème de la moyenne, il existe un nombre t_0 tel que $0 < t_0 < 14$ et tel que $T'(t_0) = \dfrac{T(14)-T(0)}{14-0} = 8{,}5$ °C/s.

19. La vitesse moyenne était d'environ 7,667 nœuds. Selon le théorème de la moyenne, il s'ensuit que la trirème a atteint cette vitesse au moins une fois durant le parcours.

21. Selon le théorème de la moyenne, le nombre c vérifie l'équation $\dfrac{1/b-1/a}{b-a} = -\dfrac{1}{c^2}$, d'où $c^2\left(\dfrac{a-b}{ab}\right) = a-b$ et $c = \sqrt{ab}$.

25. Selon le théorème de la valeur intermédiaire, $f(x) = 0$ au moins une fois entre a et b. Si $f(x)$ s'annulait une deuxième fois dans l'intervalle $[a, b]$, alors, par le théorème de Rolle, il faudrait que $f'(c) = 0$ pour un certain c compris entre les deux zéros de f. Ceci ne peut être vrai puisque $f'(x) \neq 0$ pour tout x dans l'intervalle $[a, b]$. Il s'ensuit donc que $f(x)$ s'annule une fois et une seule dans l'intervalle $[a, b]$.

Annexe A.5, p. 373

1. $\dfrac{-2x}{\sqrt{1-x^4}}$ **3.** $\dfrac{\sqrt{2}}{\sqrt{1-2t^2}}$

5. $\dfrac{1}{|2s+1|\sqrt{s^2+s}}$ **7.** $\dfrac{-2x}{(x^2+1)\sqrt{x^4+2x^2}}$

9. $\dfrac{-1}{\sqrt{1-t^2}}$ **11.** $\dfrac{-1}{2\sqrt{t}(1+t)}$

13. $\dfrac{-2s^2}{\sqrt{1-s^2}}$ **15.** 0 **17.** arc sin x

19. a) $y = 2x - \dfrac{\pi}{2} + 1$ **b)** $y = \dfrac{1}{2}x - \dfrac{1}{2} + \dfrac{\pi}{4}$

21. a) $f'(x) = 3 - \sin x$ et $f'(x) \neq 0$ pour tout x. Dès lors, f possède un inverse dérivable (par le théorème A.5.1).

b) $f(0) = 1, f'(0) = 3$ **c)** $f^{-1}(1) = 0, (f^{-1})'(1) = \dfrac{1}{3}$

23. $-\dfrac{1}{\sqrt{1-x^2}}$ **25.** $-\dfrac{1}{|x|\sqrt{x^2-1}}$

Annexe A.6, p. 375-377

1. $\dfrac{2}{\sqrt{3}}\arctan\left(\sqrt{\dfrac{x-3}{3}}\right) + C$ **3.** $\dfrac{(2x-3)^{3/2}(x+1)}{5} + C$

5. $\dfrac{(x+2)(x-3)\sqrt{4x-x^2}}{3} + 4\arcsin\left(\dfrac{x-2}{2}\right) + C$

7. $\sqrt{4-x^2} - 2\ln\left|\dfrac{2+\sqrt{4-x^2}}{x}\right| + C$

9. $2\arcsin\left(\dfrac{r}{2}\right) - \dfrac{1}{2}r\sqrt{4-r^2} + C$ **11.** $\dfrac{e^{2t}}{13}[2\cos(3t) + 3\sin(3t)] + C$

13. $\dfrac{s}{18(9-s^2)} + \dfrac{1}{108}\ln\left|\dfrac{s+3}{s-3}\right| + C$

15. $2\sqrt{3t-4} - 4\arctan\left(\sqrt{\dfrac{3t-4}{4}}\right) + C$

17. $-\dfrac{\cos(5x)}{10} - \dfrac{\cos x}{2} + C$ **19.** $6\sin\left(\dfrac{\theta}{12}\right) + \dfrac{6}{7}\sin\left(\dfrac{7\theta}{12}\right) + C$

21. $\dfrac{1}{2}\ln|x^2+1| + \dfrac{x}{2(1+x^2)} + \dfrac{1}{2}\arctan x + C$

23. $\left(x-\dfrac{1}{2}\right)\arcsin(\sqrt{x}) + \dfrac{1}{2}\sqrt{x-x^2} + C$

25. $\sqrt{1-\sin^2 t} - \ln\left|\dfrac{1+\sqrt{1-\sin^2 t}}{\sin t}\right| + C$

27. $\ln\left|\ln y + \sqrt{3+(\ln y)^2}\right| + C$ **29.** $\ln\left|3r + \sqrt{9r^2-1}\right| + C$

31. $x\arccos(\sqrt{x}) + \dfrac{1}{2}\arcsin(\sqrt{x}) - \dfrac{1}{2}\sqrt{x-x^2} + C$

33. $\dfrac{e^{3x}}{9}(3x-1) + C$

35. $\dfrac{x^2 2^x}{\ln 2} - \dfrac{2}{\ln 2}\left[\dfrac{x\cdot 2^x}{\ln 2} - \dfrac{2^x}{(\ln 2)^2}\right] + C$

41. On obtient, en utilisant la formule **29** de la table d'intégrales,

$$V = 2L\left[\left(\frac{d-r}{2}\right)\sqrt{2rd-d^2} + \left(\frac{r^2}{2}\right)\left(\arcsin\left(\frac{d-r}{r}\right) + \frac{\pi}{2}\right)\right].$$

45. c) $\dfrac{\pi}{4}$

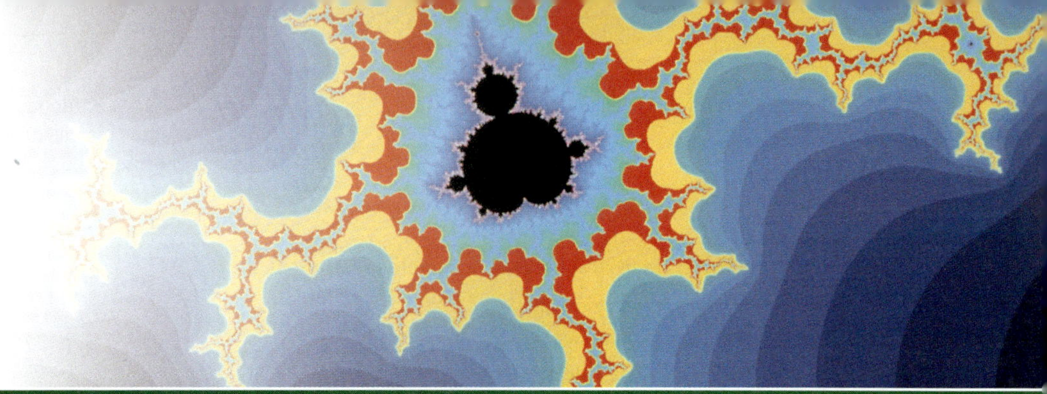

TABLE D'INTÉGRALES

1. $\int u\,dv = uv - \int v\,du$

2. $\int a^u du = \dfrac{a^u}{\ln a} + C,\ a \neq 1,\ a > 0$

3. $\int \cos u\, du = \sin u + C$

4. $\int \sin u\, du = -\cos u + C$

5. $\int (ax+b)^n\,dx = \dfrac{(ax+b)^{n+1}}{a(n+1)} + C,\ n \neq -1$

6. $\int (ax+b)^{-1}\,dx = \dfrac{1}{a}\ln|ax+b| + C$

7. $\int x(ax+b)^n\,dx = \dfrac{(ax+b)^{n+1}}{a^2}\left[\dfrac{ax+b}{n+2} - \dfrac{b}{n+1}\right] + C,\ n \neq -1, -2$

8. $\int x(ax+b)^{-1}dx = \dfrac{x}{a} - \dfrac{b}{a^2}\ln|ax+b| + C$

9. $\int x(ax+b)^{-2}\,dx = \dfrac{1}{a^2}\left[\ln|ax+b| + \dfrac{b}{ax+b}\right] + C$

10. $\int \dfrac{dx}{x(ax+b)} = \dfrac{1}{b}\ln\left|\dfrac{x}{ax+b}\right| + C$

11. $\int \left(\sqrt{ax+b}\right)^n dx = \dfrac{2}{a}\dfrac{\left(\sqrt{ax+b}\right)^{n+2}}{n+2} + C,\ n \neq -2$

12. $\int \dfrac{\sqrt{ax+b}}{x}\,dx = 2\sqrt{ax+b} + b\int \dfrac{dx}{x\sqrt{ax+b}}$

13. a) $\int \dfrac{dx}{x\sqrt{ax-b}} = \dfrac{2}{\sqrt{b}}\ \text{arc tan}\sqrt{\dfrac{ax-b}{b}} + C$

13. b) $\int \dfrac{dx}{x\sqrt{ax+b}} = \dfrac{1}{\sqrt{b}}\ln\left|\dfrac{\sqrt{ax+b}-\sqrt{b}}{\sqrt{ax+b}+\sqrt{b}}\right| + C$

14. $\int \dfrac{\sqrt{ax+b}}{x^2}\,dx = -\dfrac{\sqrt{ax+b}}{x} + \dfrac{a}{2}\int \dfrac{dx}{x\sqrt{ax+b}} + C$

15. $\int \dfrac{dx}{x^2\sqrt{ax+b}} = -\dfrac{\sqrt{ax+b}}{bx} - \dfrac{a}{2b}\int \dfrac{dx}{x\sqrt{ax+b}} + C$

16. $\int \dfrac{dx}{a^2+x^2} = \dfrac{1}{a}\ \text{arc tan}\ \dfrac{x}{a} + C$

17. $\int \dfrac{dx}{(a^2+x^2)^2} = \dfrac{x}{2a^2(a^2+x^2)} + \dfrac{1}{2a^3}\ \text{arc tan}\ \dfrac{x}{a} + C$

18. $\int \dfrac{dx}{a^2-x^2} = \dfrac{1}{2a}\ln\left|\dfrac{x+a}{x-a}\right| + C$

19. $\int \dfrac{dx}{(a^2-x^2)^2} = \dfrac{x}{2a^2(a^2-x^2)} + \dfrac{1}{4a^3}\ln\left|\dfrac{x+a}{x-a}\right| + C$

20. $\int \sqrt{a^2+x^2}\,dx = \dfrac{x}{2}\sqrt{a^2+x^2} + \dfrac{a^2}{2}\ln\left(x+\sqrt{a^2+x^2}\right) + C$

21. $\int x^2\sqrt{a^2+x^2}\,dx = \dfrac{x}{8}(a^2+2x^2)\sqrt{a^2+x^2} - \dfrac{a^4}{8}\ln\left(x+\sqrt{a^2+x^2}\right) + C$

22. $\int \dfrac{\sqrt{a^2+x^2}}{x}\,dx = \sqrt{a^2+x^2} - a\ln\left|\dfrac{a+\sqrt{a^2+x^2}}{x}\right| + C$

23. $\int \dfrac{\sqrt{a^2+x^2}}{x^2}\,dx = \ln\left(x+\sqrt{a^2+x^2}\right) - \dfrac{\sqrt{a^2+x^2}}{x} + C$

24. $\int \dfrac{x^2}{\sqrt{a^2+x^2}}\,dx = -\dfrac{a^2}{2}\ln\left(x+\sqrt{a^2+x^2}\right) + \dfrac{x\sqrt{a^2+x^2}}{2} + C$

25. $\int \dfrac{dx}{x\sqrt{a^2+x^2}} = -\dfrac{1}{a}\ln\left|\dfrac{a+\sqrt{a^2+x^2}}{x}\right| + C$

26. $\int \dfrac{dx}{x^2\sqrt{a^2+x^2}} = -\dfrac{\sqrt{a^2+x^2}}{a^2x} + C$

27. $\int \dfrac{dx}{\sqrt{a^2-x^2}} = \text{arc sin}\ \dfrac{x}{a} + C$

28. $\int \sqrt{a^2-x^2}\,dx = \dfrac{x}{2}\sqrt{a^2-x^2} + \dfrac{a^2}{2}\ \text{arc sin}\ \dfrac{x}{a} + C$

29. $\int x^2\sqrt{a^2-x^2}\,dx = \dfrac{a^4}{8}\ \text{arc sin}\ \dfrac{x}{a} - \dfrac{1}{8}x\sqrt{a^2-x^2}\,(a^2-2x^2) + C$

30. $\int \dfrac{\sqrt{a^2-x^2}}{x}\,dx = \sqrt{a^2-x^2} - a\ln\left|\dfrac{a+\sqrt{a^2-x^2}}{x}\right| + C$

31. $\int \dfrac{\sqrt{a^2-x^2}}{x^2}\,dx = -\text{arc sin}\ \dfrac{x}{a} - \dfrac{\sqrt{a^2-x^2}}{x} + C$

32. $\int \dfrac{x^2}{\sqrt{a^2-x^2}}\,dx = \dfrac{a^2}{2}\ \text{arc sin}\ \dfrac{x}{a} - \dfrac{1}{2}x\sqrt{a^2-x^2} + C$

33. $\int \dfrac{dx}{x\sqrt{a^2-x^2}} = -\dfrac{1}{a}\ln\left|\dfrac{a+\sqrt{a^2-x^2}}{x}\right| + C$

34. $\int \dfrac{dx}{x^2\sqrt{a^2-x^2}} = -\dfrac{\sqrt{a^2-x^2}}{a^2x} + C$

35. $\int \sqrt{x^2-a^2}\,dx = \dfrac{x}{2}\sqrt{x^2-a^2} - \dfrac{a^2}{2}\ln\left|x+\sqrt{x^2-a^2}\right| + C$

36. $\int \left(\sqrt{x^2-a^2}\right)^n dx = \dfrac{x\left(\sqrt{x^2-a^2}\right)^n}{n+1} - \dfrac{na^2}{n+1}\int \left(\sqrt{x^2-a^2}\right)^{n-2} dx,\ n \neq -1$

37. $\int \frac{dx}{(\sqrt{x^2-a^2})^n} = \frac{x(\sqrt{x^2-a^2})^{2-n}}{(2-n)a^2} - \frac{n-3}{(n-2)a^2}\int \frac{dx}{(\sqrt{x^2-a^2})^{n-2}},\ n \neq 2$

38. $\int x(\sqrt{x^2-a^2})^n\, dx = \frac{(\sqrt{x^2-a^2})^{n+2}}{n+2} + C,\ n \neq -2$

39. $\int x^2\sqrt{x^2-a^2}\,dx = \frac{x}{8}(2x^2-a^2)\sqrt{x^2-a^2} - \frac{a^4}{8}\ln\left|x+\sqrt{x^2-a^2}\right| + C$

40. $\int \frac{\sqrt{x^2-a^2}}{x}\,dx = \sqrt{x^2-a^2} - a\ \text{arc sec}\left|\frac{x}{a}\right| + C$

41. $\int \frac{\sqrt{x^2-a^2}}{x^2}\,dx = \ln\left|x+\sqrt{x^2-a^2}\right| - \frac{\sqrt{x^2-a^2}}{x} + C$

42. $\int \frac{x^2}{\sqrt{x^2-a^2}}\,dx = \frac{a^2}{2}\ln\left|x+\sqrt{x^2-a^2}\right| + \frac{x}{2}\sqrt{x^2-a^2} + C$

43. $\int \frac{dx}{x\sqrt{x^2-a^2}} = \frac{1}{a}\ \text{arc sec}\left|\frac{x}{a}\right| + C = \frac{1}{a}\ \text{arc cos}\left|\frac{a}{x}\right| + C$

44. $\int \frac{dx}{x^2\sqrt{x^2-a^2}} = \frac{\sqrt{x^2-a^2}}{a^2x} + C$

45. $\int \frac{dx}{\sqrt{2ax-x^2}} = \text{arc sin}\left(\frac{x-a}{a}\right) + C$

46. $\int \sqrt{2ax-x^2}\,dx = \frac{x-a}{2}\sqrt{2ax-x^2} + \frac{a^2}{2}\ \text{arc sin}\left(\frac{x-a}{a}\right) + C$

47. $\int (\sqrt{2ax-x^2})^n\,dx = \frac{(x-a)(\sqrt{2ax-x^2})^n}{n+1} + \frac{na^2}{n+1}\int (\sqrt{2ax-x^2})^{n-2}dx$

48. $\int \frac{dx}{(\sqrt{2ax-x^2})^n} = \frac{(x-a)(\sqrt{2ax-x^2})^{2-n}}{(n-2)a^2} + \frac{n-3}{(n-2)a^2}\int \frac{dx}{(\sqrt{2ax-x^2})^{n-2}}$

49. $\int x\sqrt{2ax-x^2}\,dx = \frac{(x+a)(2x-3a)\sqrt{2ax-x^2}}{6} + \frac{a^3}{2}\ \text{arc sin}\left(\frac{x-a}{a}\right) + C$

50. $\int \frac{\sqrt{2ax-x^2}}{x}\,dx = \sqrt{2ax-x^2} + a\ \text{arc sin}\left(\frac{x-a}{a}\right) + C$

51. $\int \frac{\sqrt{2ax-x^2}}{x^2}\,dx = -2\sqrt{\frac{2a-x}{x}} - \text{arc sin}\left(\frac{x-a}{a}\right) + C$

52. $\int \frac{x\,dx}{\sqrt{2ax-x^2}} = a\ \text{arc sin}\left(\frac{x-a}{a}\right) - \sqrt{2ax-x^2} + C$

53. $\int \frac{dx}{x\sqrt{2ax-x^2}} = -\frac{1}{a}\sqrt{\frac{2a-x}{x}} + C$

54. $\int \sin ax\,dx = -\frac{1}{a}\cos ax + C$

55. $\int \cos ax\,dx = \frac{1}{a}\sin ax + C$

56. $\int \sin^2 ax\,dx = \frac{x}{2} - \frac{\sin 2ax}{4a} + C$

57. $\int \cos^2 ax\,dx = \frac{x}{2} + \frac{\sin 2ax}{4a} + C$

58. $\int \sin^n ax\,dx = -\frac{\sin^{n-1} ax\cos ax}{na} + \frac{n-1}{n}\int \sin^{n-2} ax\,dx$

59. $\int \cos^n ax\,dx = \frac{\cos^{n-1} ax\sin ax}{na} + \frac{n-1}{n}\int \cos^{n-2} ax\,dx$

60. a) $\int \sin ax\cos bx\,dx = -\frac{\cos(a+b)x}{2(a+b)} - \frac{\cos(a-b)x}{2(a-b)} + C,\ a^2 \neq b^2$

b) $\int \sin ax\sin bx\,dx = \frac{\sin(a-b)x}{2(a-b)} - \frac{\sin(a+b)x}{2(a+b)} + C,\ a^2 \neq b^2$

c) $\int \cos ax\cos bx\,dx = \frac{\sin(a-b)x}{2(a-b)} + \frac{\sin(a+b)x}{2(a+b)} + C,\ a^2 \neq b^2$

61. $\int \sin ax\cos ax\,dx = -\frac{\cos 2ax}{4a} + C$

62. $\int \sin^n ax\cos ax\,dx = \frac{\sin^{n+1} ax}{(n+1)a} + C,\ n \neq -1$

63. $\int \frac{\cos ax}{\sin ax}\,dx = \frac{1}{a}\ln|\sin ax| + C$

64. $\int \cos^n ax\sin ax\,dx = -\frac{\cos^{n+1} ax}{(n+1)a} + C,\ n \neq -1$

65. $\int \frac{\sin ax}{\cos ax}\,dx = -\frac{1}{a}\ln|\cos ax| + C$

66. $\int \sin^n ax\cos^m ax\,dx = -\frac{\sin^{n-1} ax\cos^{m+1} ax}{a(m+n)} + \frac{n-1}{m+n}\int \sin^{n-2} ax\cos^m ax\,dx,\ n \neq -m$ (réduit $\sin^n ax$).

67. $\int \sin^n ax\cos^m ax\,dx = \frac{\sin^{n+1} ax\cos^{m-1} ax}{a(m+n)} + \frac{m-1}{m+n}\int \sin^n ax\cos^{m-2} ax\,dx,\ m \neq -n$ (réduit $\cos^m ax$).

68. $\int \frac{dx}{b+c\sin ax} = \frac{-2}{a\sqrt{b^2-c^2}}\tan^{-1}\left[\sqrt{\frac{b-c}{b+c}}\tan\left(\frac{\pi}{4} - \frac{ax}{2}\right)\right] + C,\ b^2 > c^2$

69. $\int \frac{dx}{b+c\sin ax} = \frac{-1}{a\sqrt{c^2-b^2}}\ln\left|\frac{c+b\sin ax+\sqrt{c^2-b^2}\cos ax}{b+c\sin ax}\right| + C,\quad b^2 < c^2$

70. $\int \frac{dx}{1+\sin ax} = -\frac{1}{a}\tan\left(\frac{\pi}{4}-\frac{ax}{2}\right)+C$

71. $\int \frac{dx}{1-\sin ax} = \frac{1}{a}\tan\left(\frac{\pi}{4}+\frac{ax}{2}\right)+C$

72. $\int \frac{dx}{b+c\cos ax} = \frac{2}{a\sqrt{b^2-c^2}}\arctan\left[\sqrt{\frac{b-c}{b+c}}\tan\frac{ax}{2}\right]+C,\ b^2>c^2$

73. $\int \frac{dx}{b+c\cos ax} = \frac{1}{a\sqrt{c^2-b^2}}\ln\left|\frac{c+b\cos ax+\sqrt{c^2-b^2}\sin ax}{b+c\cos ax}\right|+C,\ b^2<c^2$

74. $\int \frac{dx}{1+\cos ax} = \frac{1}{a}\tan\frac{ax}{2}+C$

75. $\int \frac{dx}{1-\cos ax} = -\frac{1}{a}\cot\frac{ax}{2}+C$

76. $\int x\sin ax\,dx = \frac{1}{a^2}\sin ax - \frac{x}{a}\cos ax + C$

77. $\int x\cos ax\,dx = \frac{1}{a^2}\cos ax + \frac{x}{a}\sin ax + C$

78. $\int x^n\sin ax\,dx = -\frac{x^n}{a}\cos ax + \frac{n}{a}\int x^{n-1}\cos ax\,dx$

79. $\int x^n\cos ax\,dx = \frac{x^n}{a}\sin ax - \frac{n}{a}\int x^{n-1}\sin ax\,dx$

80. $\int \tan ax\,dx = \frac{1}{a}\ln|\sec ax| + C$

81. $\int \cot ax\,dx = \frac{1}{a}\ln|\sin ax| + C$

82. $\int \tan^2 ax\,dx = \frac{1}{a}\tan ax - x + C$

83. $\int \cot^2 ax\,dx = -\frac{1}{a}\cot ax - x + C$

84. $\int \tan^n ax\,dx = \frac{\tan^{n-1} ax}{a(n-1)} - \int \tan^{n-2} ax\,dx,\ n\neq 1$

85. $\int \cot^n ax\,dx = -\frac{\cot^{n-1} ax}{a(n-1)} - \int \cot^{n-2} ax\,dx,\ n\neq 1$

86. $\int \sec ax\,dx = \frac{1}{a}\ln|\sec ax+\tan ax| + C$

87. $\int \csc ax\,dx = -\frac{1}{a}\ln|\csc ax+\cot ax| + C$

88. $\int \sec^2 ax\,dx = \frac{1}{a}\tan ax + C$

89. $\int \csc^2 ax\,dx = -\frac{1}{a}\cot ax + C$

90. $\int \sec^n ax\,dx = \frac{\sec^{n-2} ax\tan ax}{a(n-1)} + \frac{n-2}{n-1}\int \sec^{n-2} ax\,dx,\ n\neq 1$

91. $\int \csc^n ax\,dx = -\frac{\csc^{n-2} ax\cot ax}{a(n-1)} + \frac{n-2}{n-1}\int \csc^{n-2} ax\,dx,\ n\neq 1$

92. $\int \sec^n ax\tan ax\,dx = \frac{\sec^n ax}{na} + C,\ n\neq 0$

93. $\int \csc^n ax\cot ax\,dx = -\frac{\csc^n ax}{na} + C,\ n\neq 0$

94. $\int \arcsin ax\,dx = x\arcsin ax + \frac{1}{a}\sqrt{1-a^2x^2} + C$

95. $\int \arccos ax\,dx = x\arccos ax - \frac{1}{a}\sqrt{1-a^2x^2} + C$

96. $\int \arctan ax\,dx = x\arctan ax - \frac{1}{2a}\ln(1+a^2x^2) + C$

97. $\int x^n\arcsin ax\,dx = \frac{x^{n+1}}{n+1}\arcsin ax - \frac{a}{n+1}\int \frac{x^{n+1}\,dx}{\sqrt{1-a^2x^2}},\ n\neq -1$

98. $\int x^n\arccos ax\,dx = \frac{x^{n+1}}{n+1}\arccos ax + \frac{a}{n+1}\int \frac{x^{n+1}\,dx}{\sqrt{1-a^2x^2}},\ n\neq -1$

99. $\int x^n\arctan ax\,dx = \frac{x^{n+1}}{n+1}\arctan ax - \frac{a}{n+1}\int \frac{x^{n+1}\,dx}{\sqrt{1+a^2x^2}},\ n\neq -1$

100. $\int e^{ax}dx = \frac{1}{a}e^{ax} + C$

101. $\int b^{ax}dx = \frac{1}{a}\frac{b^{ax}}{\ln b} + C,\ b>0,\ b\neq 1$

102. $\int xe^{ax}dx = \frac{e^{ax}}{a^2}(ax-1) + C$

103. $\int x^ne^{ax}dx = \frac{1}{a}x^ne^{ax} - \frac{n}{a}\int x^{n-1}e^{ax}dx$

104. $\int x^nb^{ax}\,dx = \frac{x^nb^{ax}}{a\ln b} - \frac{n}{a\ln b}\int x^{n-1}b^{ax}dx,\ b>0,\ b\neq 1$

105. $\int e^{ax}\sin bx\,dx = \frac{e^{ax}}{a^2+b^2}(a\sin bx - b\cos bx) + C$

106. $\int e^{ax}\cos bx\,dx = \frac{e^{ax}}{a^2+b^2}(a\cos bx + b\sin bx) + C$

107. $\int \ln ax\,dx = x\ln ax - x + C$

108. $\int x^n(\ln ax)^m\,dx = \frac{x^{n+1}(\ln ax)^m}{n+1} - \frac{m}{n+1}\int x^n(\ln ax)^{m-1}\,dx,\ n\neq -1$

109. $\int x^{-1}(\ln ax)^m dx = \frac{(\ln ax)^{m+1}}{m+1} + C,\ m\neq -1$

110. $\int \frac{dx}{x\ln ax} = \ln|\ln ax| + C$

111. $\int_0^\infty x^{n-1}e^{-x}dx = \Gamma(n) = (n-1)!,\ n>0$

112. $\int_0^\infty e^{-ax^2}dx = \frac{1}{2}\sqrt{\frac{\pi}{a}},\ a>0$

113. $\int_0^{\pi/2} \sin^n x\,dx = \int_0^{\pi/2} \cos^n x\,dx = \begin{cases} \frac{1\cdot 3\cdot 5\cdots(n-1)}{2\cdot 4\cdot 6\cdots n}\cdot\frac{\pi}{2}, & \text{si } n \text{ est un entier pair} \geq 2. \\ \frac{2\cdot 4\cdot 6\cdots(n-1)}{3\cdot 5\cdot 7\cdots n}, & \text{si } n \text{ est un entier impair} \geq 3. \end{cases}$

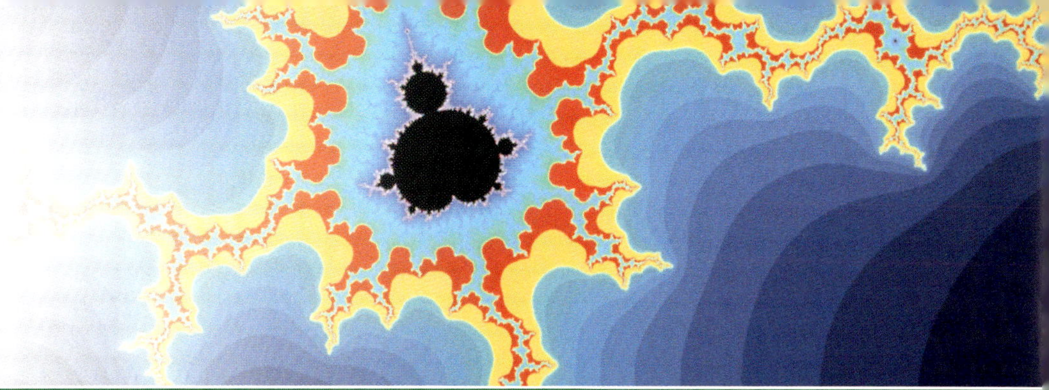

INDEX